KB108802

독자의 1초를
아껴주는 정성을
만나보세요!

세상이 아무리 바쁘게 돌아가더라도 책까지 아무렇게나 빨리 만들 수는 없습니다.
인스턴트 식품 같은 책보다 오래 익힌 술이나 장맛이 밴 책을 만들고 싶습니다.
땀 흘리며 일하는 당신을 위해 한 권 한 권 마음을 다해 만들겠습니다.
마지막 페이지에서 만날 새로운 당신을 위해 더 나은 길을 준비하겠습니다.

Let's Get IT 파이썬 프로그래밍

Let's Get IT Python

초판 발행 · 2021년 7월 5일
3쇄 발행 · 2022년 11월 1일

지은이 · 안지혜
발행인 · 이종원
발행처 · (주)도서출판 길벗
출판사 등록일 · 1990년 12월 24일
주소 · 서울특별시 마포구 월드컵로10길 56(서교동)
대표전화 · 02)332-0931 | **팩스** · 02)323-0586
홈페이지 · www.gilbut.co.kr | **이메일** · gilbut@gilbut.co.kr

기획 및 책임편집 · 정지연(stopy@gilbut.co.kr) | **디자인** · 책돼지 | **제작** · 이준호, 손일순, 이진혁
마케팅 · 임태호, 전선하, 차명환, 박민영, 박성용, 지운집 | **영업관리** · 김명자 | **독자지원** · 윤정아, 최희창

교정교열 · 이미연 | **전산편집** · 책돼지 | **출력 및 인쇄** · 북토리 | **제본** · 신정문화사

· 잘못된 책은 구입한 서점에서 바꿔 드립니다.
· 이 책은 저작권법에 따라 보호받는 저작물이므로 무단전재와 무단복제를 금합니다. 이 책의 전부 또는 일부를 이용하려면 반드시
  사전에 저작권자와 (주)도서출판 길벗의 서면 동의를 받아야 합니다.

ISBN 979-11-6521-596-5 93000
(길벗 도서번호 080251)

정가 22,000원

....

독자의 1초를 아껴주는 정성 길벗출판사

길벗 | IT단행본, IT교육서, 교양&실용서, 경제경영서
길벗스쿨 | 어린이학습, 어린이어학

페이스북 · https://www.facebook.com/gbitbook
예제소스 · https://github.com/teacher-jiejie/Lets-get-it-Python-Lecture

Let's Get IT 파이썬 프로그래밍

Vol. 1

안지혜 지음

데이터 분석 프로젝트로
프로그래밍 사고력 기르기

길벗

베타 학습단의 한마디

이 책을 처음부터 끝까지 읽으면서 '입문자를 생각해서 쓴 책'이라는 것을 느꼈습니다. 기초 문법부터 데이터 분석까지 다루고, 이를 더 간결하게 작성할 수 있도록 도와주는 고급 문법, 작성한 프로그램을 화면에 나타낼 수 있는 위젯까지 자세하게 설명되어 있습니다. 그리고 주피터 노트북과 구글 코랩으로 구성한 실습은 파이썬을 학습하는 데 매우 편했습니다. 프로그래밍을 처음 접하거나 다른 책으로 공부하다 지친 사람에게 좋은 책입니다. – 김영준

C와 C++ 언어를 주로 사용하는 전공생입니다. 파이썬이 저에게 익숙한 C나 C++ 언어와 많이 달라서 헷갈릴 줄 알았는데, 이름이나 사용 방법만 다르고 비슷한 개념이었네요. 또한, 여러 라이브러리를 제공하고 문자열을 분리하는 것이 편리해서 '신세계다!'고 느꼈습니다. 동화책을 읽듯이 설명이 쉬워서 프로그래밍 언어를 처음 접하는 사람도 이해하기 쉽습니다. – 남태우

파이썬을 제대로 빠르게 배우고 싶었는데 이번 기회에 많은 도움이 되었습니다. 개념 설명으로 익히고 여러 예제를 직접 실습해 보며 실력을 쌓을 수 있었습니다. 다시 학습단을 뽑는다면 주변에 소개하고 싶습니다. – 김정관

요즘 누구나 배운다는 코딩, 그중에서도 요즘 제일 핫한 언어인 파이썬을 학습해 볼 기회가 없었는데, 좋은 기회로 학습단을 알게 되어 2주 동안 열심히 공부했습니다. 설명이 충분하고 그림 자료로 이해하기 쉽게 되어 있어서 프로그래밍 언어를 처음 접하는 사람도 어렵지 않게 다가갈 수 있었습니다. 일상생활 속에서 접할 수 있고 활용할 수 있는 예제로 구성된 것도 마음에 들었습니다. – 이지현

파이썬 프로그래밍을 쉽고 재밌게 배울 수 있는 책이었습니다. 기초적인 프로그래밍부터 시작해 실제 공공 데이터를 사용해 그래프와 지도로 시각적 자료를 보여 주는 프로젝트까지 구현해 볼 수 있었습니다. 책을 완독하고 나니 파이썬과 라이브러리에 익숙해진 느낌이 들었습니다. 배운 것을 활용해 나만의 프로젝트도 기획하고 개발해 볼 수 있겠다는 자신감을 키워 준 책입니다. 이 책을 공부하고 나서 이어 공부할 다음 책도 출간됐으면 하는 바람입니다. – 강지승

파이썬을 혼자 공부할 때는 제대로 정리되지 않는데, 이 책을 처음부터 차근차근 따라 하다 보니 기초부터 정리할 수 있었습니다. 글이 술술 잘 읽혀서 독학으로 정리가 안 되던 부분도 한 번에 정리할 수 있었고 궁금한 점이 생기지 않네요. 파이썬 기본 문법부터 데이터 처리 방법까지 한 권으로 끝낼 수 있다는 점이 이 책의 매력입니다. 특히 파이썬 코드를 쉽게 이해하게 도와준 흥미로운 예제가 좋았습니다. – 금예은

50대 비전공자 직장인으로, 아이가 코딩을 접하기 전에 부모인 제가 먼저 배워 보려고 학습단을 신청했습니다. 좋은 교재 덕분에 코딩에 입문하는 데 큰 도움을 받았습니다. 혼자서는 학습하기 어려웠는데 이 책의 상세한 설명을 참고하고 예제를 따라 실습하면서 해결해 나갈 수 있었습니다. 저처럼 컴퓨터도 잘 모르는, 나이 많은 사람에게도 도움이 되는 좋은 교재라 주변에도 추천하고 싶네요. **– 구성우**

비전공자이고 프로그래밍 학습 경험도 없던 사람입니다. 파이썬 학습단을 통해 코딩 공부에 흥미가 붙고 제가 직접 코딩할 수 있다는 사실에 신기함과 재미를 느꼈습니다. 매일매일 학습하는 게 부담으로 느껴질 수도 있지만 새로운 분야를 배울 때는 그만큼 시간을 투자해야 하는 게 맞다고 생각합니다. 다음 학습단도 기회가 있다면 꼭 참여하고 싶습니다. **– 이지은**

비전공자로, 개발자 취업을 준비하고 있습니다. 파이썬이란 언어는 이름만 들어 봤을 뿐, 아무것도 모르는 상태에서 처음 배워 보는 것이었습니다. 새로운 언어를 배운다는 것이 쉽지는 않았는데, 이 책에 나온 많은 예제와 꼼꼼한 설명 덕분에 자신감을 갖고 끝까지 완독할 수 있어서 정말 뜻깊은 경험이었습니다. 파이썬을 주 언어로 취업할지는 모르지만 저의 개발자 커리어에 꼭 도움이 될 거라 생각하며 꾸준히 공부하려고 합니다. **– 장승민**

베타 학습단에 참여해 주신 모든 분께 감사드립니다.
여러분의 소중한 의견이 모여 더 좋은 책을 만들 수 있었습니다.

지은이의 말

안녕하세요? 이 책의 저자 안지혜입니다. 드디어 책이 출간된다니 감회가 새롭습니다.

IT를 전공하긴 했지만 대학교 1학년 1학기 C 언어 수업을 듣고 흔히 말하는 탈전공을 꿈꿨습니다. 명령어 하나하나가 외계어처럼 느껴졌고 수업을 들어도 머리에 잘 들어오지 않았습니다. 나름 열심히 공부하는 학생이었는데 C 언어 수업은 저에게 학업에서 첫 무력감을 느끼게했습니다.

왜 그렇게나 힘들었는지 지금 와서 돌이켜 보니 그 당시 저는 고등학교에서 배운 국영수사과지식에 지나치게 매몰되어 있었던 것 같습니다. 지금이야 초등학교에서도 코딩을 배울 기회가많지만 그 당시만 해도 코딩을 가르치는 학교가 많지 않았습니다. 첫 프로그래밍을 백과사전처럼 문법 위주로 배우다 보니 이해도 잘 안 가고, 이걸 왜 배워야 하는지 의욕도 떨어졌습니다. 그래서 프로그래밍과는 아예 다른 길로 가려고 했습니다.

그런데 전공 수업을 계속 듣다 보니 어느 순간 프로그래밍 언어가 하나의 외국어처럼 와닿는시점이 있었습니다. 영어나 중국어, 일본어 등의 외국어를 배울 때 이 언어 구조가 왜 이런지,왜 이런 단어를 사용하는지 알기가 쉽지 않죠. 처음 외국어를 배울 때 많은 노력이 필요합니다. 하지만 언어 체계를 한 번 받아들이고 나면 비슷한 문장 패턴을 알게 되고 언어의 규칙을발견하는 재미도 생깁니다. 언어의 역사와 문화를 동시에 배우면 흥미가 더 생기기도 합니다.외국어를 배우는 것처럼 저에게도 프로그래밍 언어가 갑자기 재밌어지는 그런 시점이 있었습니다. 그리고 제 나름대로 현실 상황을 프로그래밍 언어로 표현하며 공부하기도 했습니다. 그러다 보니 처음 C 언어를 배울 때 느꼈던 좌절감이 사라졌습니다. 머릿속에서 생각한 상황을코드로 표현해 눈으로 직접 확인할 수 있을 정도가 됐습니다.

대학을 졸업하고 금융업의 IT직에 종사했다가 현재는 교사가 됐습니다. 교사가 되어 프로그래밍을 가르치다 보니 저처럼 프로그래밍을 받아들이기 힘들어하는 학생을 많이 만나게 됐습니다. 이때부터 '어떻게 가르쳐야 아이들이 프로그래밍을 쉽고 재밌게 받아들일 수 있을까?' 하는고민을 안고, 수업을 구상하고 수정하고 또 수정했습니다. 그리고 그 고민의 결과가 이 책에오롯이 담겨 있습니다.

이 책의 특징을 이야기하기 전에 프로그래밍을 왜 배워야 하는지부터 짚고 넘어가겠습니다.

왜 프로그래밍인가, 왜 파이썬인가?

요즘 개발자가 인기 직업으로 떠오르고 있습니다. 문과생도 프로그래밍을 배우기 위해 강의를 듣거나 스터디 모임을 한다고 하죠. 프로그래밍이 왜 이렇게 중요할까요? 다들 알겠지만, 최근 대부분의 혁신이 IT를 매개로 일어나고 있습니다. 이 때문에 기업들은 IT 전문가를 찾고, IT 분야 외의 다른 업무에서도 본업과 동시에 IT를 잘 아는 인재를 찾습니다. 이런 의도가 취업 시장에 반영되고 있죠.

비슷하면서도 조금 다르게 표현해 보겠습니다. 프로그래밍이 중요한 이유는, 바로 프로그래밍 이야말로 상상력을 실현할 수 있는 빠르고 강력한 도구이기 때문입니다. 우리는 누군가가 상상한 결과물 속에서 살아갑니다. 아이폰을 상상한 스티브 잡스, 페이스북을 상상한 마크 주커버그 등 많은 사람이 본인의 상상력을 프로그래밍을 통해 실현합니다(물론 프로그래밍 외의 요소가 필요하기도 하지만 핵심은 프로그래밍입니다). 저는 프로그래밍을 배운다면 모든 사람이 본인의 상상력을 현실로 표현할 수 있다고 확신합니다. 그런 점에서 프로그래밍은 내 능력을 더욱 확장시켜 줄 치트키입니다. 모든 사람이 전문 개발자가 될 필요는 없지만, 각자 분야에서 본인이 가진 잠재력과 상상력을 현실로 나타낼 수 있다면, 본인만의 개성을 드러낼 수 있다면, 그 이유만으로 프로그래밍을 배워야 합니다. 그리고 사람들이 기사를 보고 의견을 나누듯이, 학생들이 수학 문제를 토론하듯이, 모든 사람이 코드를 매개로 의사소통할 수 있는 사회가 점점 다가오고 있습니다.

많은 프로그래밍 언어 중에서도 왜 파이썬이어야 하는지는 1장에 잘 설명해 놓았습니다. 간단히 말하면 파이썬은 프로그래밍 입문자가 배우기 쉬운 언어입니다. 하드웨어와 소프트웨어의 긴밀한 관계를 잘 파악하려면 C 언어를 배우긴 해야 하지만, 전공자가 아니라면 파이썬만으로 충분합니다. 보통 무언가를 배울 때 학습 과정이 쉬우면 그 결과는 초라한 경우가 많은데, 파이썬은 그렇지 않습니다. 파이썬에 강력한 라이브러리가 많은 덕분에 사용법만 제대로 익히면 노력 대비 훌륭한 결과를 낼 수 있습니다.

Let's Get IT 파이썬 프로그래밍의 차별점

앞서 말씀드렸듯, 이 책에는 제가 탈전공하고 싶던 시절에 무엇을 어려워했는지, 학생들이 어려워하는 부분은 무엇인지 고민한 내용이 충분히 담겨 있습니다. 실생활 사례를 많이 넣어 파이썬 코드로 구현하려 했고, 이해하기 쉽게 설명하기 위한 비유도 많습니다. 설명도 최대한 친절하게 작성하려 노력했습니다. 이 책의 분량이 많은 것은 친절한 설명과 직관적인 이해를 위한 예제를 많이 넣었기 때문입니다.

처음 프로그래밍을 배우면 내가 구상한 것이 코드로 쉽게 표현되지 않는 어려움이 있을 수 있습니다. 저 역시 그런 어려움을 겪은 적이 있기에 구현 과정을 최대한 자세히 실어 놓았습니다. 머릿속으로 구상한 아이디어를 차근차근 글이나 그림으로 옮겨 보고, 이를 코드로 옮기는 방식입니다.

그리고 실제 프로젝트를 구성해 파이썬을 배워서 무엇을 할 수 있는지를 명확하게 제시했습니다. 제가 처음 프로그래밍을 배울 때는 이 부분을 확인하지 못해 의욕이 생기지 않았습니다. 명령어를 배워 무엇을 할 수 있는지 와닿지 않았던 거죠. 이 책에서는 작은 프로젝트에서 큰 프로젝트로 점진적으로 코드의 크기를 키워갑니다. 올림픽 데이터 분석, 카드 데이터 분석, 인구 데이터 분석순으로 프로젝트의 난도와 복잡도가 서서히 올라가도록 설계해 적절한 수준의 도전정신과 흥미를 유발합니다.

초심자는 오류가 발생하면 당황할 수 있습니다. 프로그래밍에서 오류는 당연한 것입니다. 마치 자전거를 능숙하게 타기 전에 수십 번 넘어지고 부딪히는 것처럼요. 그러니 오류에 겁먹거나 당황하지 말고 오류 내용을 해석해 보기를 추천합니다. 번역 프로그램을 활용해 오류 내용을 해석하는 것도 좋습니다. 왜 오류가 났는지를 파악하고 코드를 수정하는 것이 오류를 해결하는 가장 좋은 방법입니다. 코드를 이리저리 수정해도 오류가 계속 발생한다면 인터넷에 검색해 보세요. '아하!' 하는 탄성과 함께 해결되는 경우가 대부분일 겁니다.

Thanks to

이 책을 집필하는 데 결정적 도움을 주신 해적왕 송석리 선생님께 감사드립니다. 송석리 선생님과 교육적 영감을 공유하고, 같이 성장할 수 있는 저는 행운아입니다. 그리고 투박한 제 글을 전문적으로 다듬어 주신 길벗출판사 편집팀에게도 감사의 마음을 표합니다. 저를 믿어 주신 덕분에 제 버킷리스트 중 하나를 이룰 수 있게 됐습니다. 마지막으로 저에게 도전할 용기를 끊임없이 불어넣어 주는 가족에게 감사합니다. 제가 하고 싶은 것을 원 없이 할 수 있게 지지해 주는 가족 덕분에 행복한 삶을 살고 있다고 전하고 싶습니다.

안지혜

지은이 소개 안지혜

프로그래밍을 쉽고 재밌게 가르치는 방법을 끊임없이 고민하는 고등학교 정보 교사입니다. 컴퓨터교육과를 졸업한 후 은행에 취업하여 금융 IT 업무를 담당했으나, 인생에 대한 진지한 고민 끝에 퇴사 후 교사가 됐습니다. 전공, 직업과 상관없이 프로그래밍을 배우면 본인의 분야에서 날개를 달 수 있다고 믿고, 교육을 실천하고 있습니다. 고등학교 인공지능 기초(2021, 길벗), 수리와 인공지능 교과서(2021, 한국과학창의재단) 집필에도 참여했습니다.

이 책을 학습하는 방법

혼자 하기 어려운 프로그래밍 공부! 따라 해 보고, 같이 해 봐요!

문법을 배워도 뭘 만들지 모르겠어요!

개념 이해는 물론, 1분 퀴즈와 셀프체크, 예제 프로젝트로 파이썬을 완전하게 학습할 수 있습니다.

기초 이론 → 실습 → 1분 퀴즈 → 마무리 → 셀프체크

책이 없어도 언제 어디서나 웹북, 동영상으로 학습할 수 있어요!

웹북 https://thebook.io

동영상 강의(길벗_IT 전문서 채널) http://bit.ly/glibutIT

혼자 공부하기 어려워요!

학습단과 함께 공부하면 어렵지 않습니다. 학습 프로그램에 맞춰 매일매일 조금씩 꾸준히 탄탄하게 프로그래밍 자신감을 키우세요!

학습단 카페 참여하기 https://cafe.naver.com/gilbutitbook

예제 파일로 확인해 보세요!

프로그래밍 언어를 배우는 가장 확실한 방법은 손으로 직접 입력해 실행하고 작성한 코드가 어떻게 구현됐는지 결과를 눈으로 확인하는 것입니다. 예제 파일을 사용하는 방법은 다음과 같습니다.

① 크롬 브라우저로 https://github.com/teacher-jiejie/Lets-get-it-Python-Lecture 에 접속합니다. 학습하려는 장의 실습용 파일을 클릭합니다. 모든 강의는 실습용 파일과 완성본 파일을 제공합니다. 처음 공부할 때는 실습용 파일을 사용하고, 복습할 때 완성본 파일을 참고하길 권합니다.

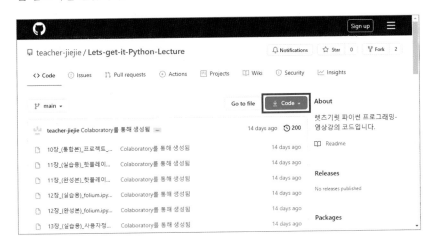

② 실습용 파일이 나타나면 가운데 보이는 **open in colab**을 클릭해 구글 코랩으로 파일을 엽니다. 파일을 내려받아 주피터 노트북으로 열어도 됩니다. 자세한 방법은 1장에서 확인할 수 있습니다.

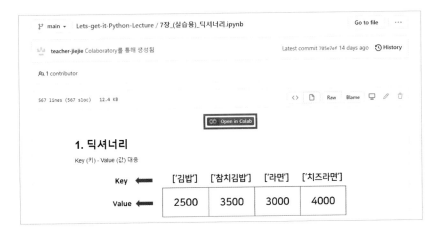

③ **Drive로 복사**를 클릭해 파일을 내 구글 드라이브로 복사합니다(구글 계정이 있어야 합니다). 실습용 파일을 본인 계정의 드라이브로 복사하는 과정입니다. 드라이브로 복사하지 않으면 변경사항이 저장되지 않으니 **Drive로 복사**를 꼭 해 주세요.

가끔 깃허브 사이트 자체 오류로 "Sorry, something went wrong. Reload?"라고 뜰 때가 있습니다. [Reload] 버튼을 누르거나 조금 뒤에 다시 시도하면 정상적으로 열립니다. 그래도 해결되지 않는다면 ①단계에서 화면 위쪽에 있는 [Code → Download ZIP] 버튼을 클릭해서 전체 파일을 내려받으세요. 내려받은 파일의 압축을 풀고 주피터 노트북에서 열면 파일을 확인할 수 있습니다.

Let's Get IT 학습 프로그램

이 책으로 파이썬을 효과적으로 학습할 수 있는 방법을 알려 드리겠습니다. 자신에게 맞는 방법을 선택해 파이썬을 익히길 바랍니다.

책을 중심으로 학습하기

이 책은 입문자가 스스로 학습할 수 있도록 자세한 설명과 다양한 예제를 실었기 때문에 책만으로도 충분히 학습할 수 있습니다. 책의 코드를 차례대로 타이핑하고 설명을 보면서 차근차근 학습할 수 있습니다. 효과적인 학습을 위해 자신만의 데드라인을 설정하고, 일자별 학습을 진행해도 좋습니다. 여유시간이 많다면 하루에 1개 장을 목표로 하는 것을 추천합니다. 학업이나 직장을 병행한다면 10장까지는 하루에 1개 장(또는 2개 장), 11장부터 15장은 이틀에 1개 장으로 잡는 것을 권합니다. 강제성을 부여하고 싶다면 마음이 맞는 사람끼리 스터디 모임을 하는 것도 효과적입니다. 같이 달리는 이들이 있다는 것만으로도 이 책을 완주하는 데 큰 도움이 됩니다.

동영상 강의 수강 후 책 학습하기

개인 성향에 따라 책보다는 강의가 학습에 더 효과적인 경우도 있습니다. 이런 사람을 위해 동영상 강의를 준비했습니다. 동영상 강의는 각 장의 핵심 내용만 추렸기 때문에 책으로 진도를 나가기 전에 빠르게 내용을 학습하는 데 활용합니다. 먼저 해당 장의 동영상 강의를 시청한 후 책을 보면서 강의 내용을 복습함과 동시에 강의에 포함되지 않은 내용을 학습합니다.

학습 방법을 정할 때 참고할 수 있게 학습 프로그램을 구성했습니다. 책을 기준으로 매일매일 꾸준히 프로그래밍 공부하는 것을 목표로 합니다. 하루 학습량은 베타 학습단의 리뷰를 참고해 내용의 난이도에 따라 설정했습니다. 제시된 학습 프로그램은 하나의 예시일 뿐이므로 본인만의 스타일대로 학습하셔도 됩니다. 가장 중요한 것은 일단 시작하는 것입니다.

처음부터 빨리 달리려고 하지 마세요. 쉽게 지칩니다. 가벼운 마음으로 워밍업하면서 프로그래밍 공부에 시동을 걸어 보세요. 하루가 쌓여 한 주가 되고 한 주가 쌓여 한 달이 지나면 어느새 공부 습관이 들어 있을 거예요. 주말에는 한 주 동안 공부한 내용을 정리해 보세요. 이해되지 않는 부분이 있다면 다시 읽어 보고, 풀지 못한 1분 퀴즈와 셀프체크가 있다면 다시 풀어 보세요.

1주차	1일	2일	3일	4일	5일
책	1장 Hello, Python!	2장 데이터 입력하고 결과 출력하기	3장 변수로 데이터 저장하기	4장 조건에 따라 해야 할 일이 다를 때: 조건문	5장 같은 일을 여러 번 반복해야 할 때: 반복문
강의	1–1	2–1	3–1~3–2	4–1~4–2	5–1~5–2

2주차	1일	2일	3일	4일	5일
책	6장 여러 데이터를 한 번에 묶어 표현하기: 리스트 6.1 여러 데이터 한 번에 묶기	6장 여러 데이터를 한 번에 묶어 표현하기: 리스트 6.2 제어구조로 리스트 다루기 6.3 여러 개의 리스트 묶기	7장 문자 기준으로 데이터 묶기: 딕셔너리 7.1 사전처럼 단어와 의미 연결하기	7장 문자 기준으로 데이터 묶기: 딕셔너리 7.1 사전처럼 단어와 의미 연결하기 7.2 제어구조로 딕셔너리 다루기	8장 데이터를 그래프로 시각화하기 8.1 그래프 그리기
강의	6–1~6–2	6–3~6–4	7–1	7–2	8–1

3주차	1일	2일	3일	4일	5일
책	8장 데이터를 그래프로 시각화하기 8.2 다양한 유형의 그래프 그리기 8.3 그래프 겹쳐 그리기	9장 데이터 분석 기초 9.1 데이터 준비: 파일에서 데이터 읽어 들이기 9.2 데이터 추출: 필요한 데이터만 골라내기	9장 데이터 분석 기초 9.3 데이터 분석 도전: 카드 이용내역 분석하기	10장 프로젝트 로드맵 그리기	11장 프로젝트로 파이썬 완성하기: 핫플레이스 인구 분석 11.1 프로젝트 목표 수립하기 11.2 프로그램으로 구현하기
강의	8–2	9–1~9–2	9–3~9–4	10–1~10–2	11–1~11–3

4주차	1일	2일	3일	4일	5일
책	11장 프로젝트로 파이썬 완성하기: 핫플레이스 인구 분석 11.2 프로그램으로 구현하기	12장 위치 정보 시각화하기: folium	13장 명령어 직접 만들어 사용하기: 사용자 정의 함수 13.1 단축키 역할을 하는 사용자 정의 함수	13장 명령어 직접 만들어 사용하기: 사용자 정의 함수 13.2 함수를 사용해 핫플레이스 프로젝트 작성하기	14장 데이터와 함수를 한 단위로 묶어 재사용하기: 클래스와 객체 14.1 자주 사용되는 단위를 클래스로 정의하기
강의	11-4〜11-5	12-1〜12-2	13-1〜13-2	13-3〜13-4	14-1〜14-2

5주차	1일	2일	3일	4일	5일
책	14장 데이터와 함수를 한 단위로 묶어 재사용하기: 클래스와 객체 14.2 클래스와 객체로 프로그램 작성하기	14장 데이터와 함수를 한 단위로 묶어 재사용하기: 클래스와 객체 14.3 클래스와 객체로 핫플레이스 프로젝트 재구성하기	15장 프로그램 화면 구성하기: tkinter 15.1 tkinter 살펴보기 15.2 위젯 다루기	15장 프로그램 화면 구성하기: tkinter 15.2 위젯 다루기	15장 프로그램 화면 구성하기: tkinter 15.3 핫플레이스 프로젝트에 화면 입히기
강의	14-3	–	15-1〜15-2	15-3	15-4

Vol. 1

Vol. 2

Part 2 파이썬으로 데이터 분석하기 315

Let's Get IT

Part 1

일주일 만에 끝내는 파이썬 기초

Part 1

## 1장

Hello, Python!

최근 모든 입학생에게 파이썬 교육을 의무로 시행한다는 대학교가 늘고 있습니다. 직장인이 파이썬을 배우려는 사례도 급증하고 있습니다. 온라인에서 문과생인데 파이썬을 배울 수 있냐는 질문을 심심치 않게 볼 수 있습니다. 파이썬이 도대체 무엇이길래 이처럼 너도나도 배우려는 걸까요? 비전공자도, 학업을 놓은 지 수 년이 지난 직장인도 쉽게 배울 수 있을까요?

먼저 두 번째 질문에 '예'라고 답하겠습니다. 컴퓨팅 사고력을 강조하는 2015년 교육과정에서는 고등학생도 파이썬을 배웁니다(C 언어 등 다른 언어를 배우는 학교도 있습니다). 일부 학생은 직접 필요한 데이터를 찾아 자신의 통찰이 담긴 데이터 분석 보고서를 작성합니다. '스쿨존에서 진짜 교통사고가 적게 일어날까?'라는 궁금증을 가진 학생은 전국의 스쿨존 교통사고 데이터를, '우리 지역 버스 노선 중 가장 비효율적으로 활용되는 정류장은 어디일까?'라는 궁금증을 가진 학생은 우리 지역 버스 노선 데이터를 찾아서 파이썬으로 분석합니다. 고등학생이 파이썬을 다룰 수 있다면 대학생이나 직장인은 물론이고 의지가 있는 초등학생이나 중학생도 배울 수 있습니다.

첫 번째 질문에 대한 대답은 이 장 전반에 걸쳐 있습니다. 그럼 프로그래밍이 무엇인지, 파이썬을 왜 배우려고 하는지 알아봅시다.

1.1

프로그램과 프로그래밍

1.1.1 프로그램

프로그램은 우리 생활과 떼려야 뗄 수 없는 단어입니다. 아침에 알람을 울리는 스마트폰 알람 앱도 프로그램이고, 다음 버스가 언제 오는지 알려 주는 버스 정보 시스템도 프로그램입니다. 다른 사람과 대화할 수 있는 메신저도 프로그램이고요.

프로그램(program)이란 어떤 문제를 해결하기 위해 컴퓨터가 실행해야 하는 명령어의 집합체입니다. 명령은 다른 사람에게 무엇을 하게 하는 것입니다. 프로그램에서 명령은 사람이 컴퓨터에 어떤 일을 시키는 것을 의미합니다.

메신저 프로그램을 생각해 봅시다. 메신저 프로그램의 목적은 다른 사람과 대화하는 것입니다. 상대방에게 텍스트를 보낼 때는 [전송], 사진을 보낼 때는 [사진] 버튼을 누릅니다. [전송] 버튼은 입력한 내용을 상대방에게 전달하라는 명령어고, [사진] 버튼은 내 기기에 저장된 사진 중 하나를 선택하라는 명령어입니다.

그림 1-1 메신저 프로그램에서 명령어

이처럼 메신저에서도 사람이 시키는 작업을 수행하려면 그에 맞는 여러 명령어가 필요합니다. 그리고 이런 명령어가 모여 프로그램이 되는 것입니다.

1.1.2 프로그래밍

그렇다면 프로그래밍은 무엇일까요? **프로그래밍**(programming)은 컴퓨터 프로그램을 만들 때 필요한 모든 행위를 포함하는 개념입니다. 프로그래밍은 프로그램을 만드는 데 필요한 명령어의 순서를 설계하고, 프로그래밍 언어로 옮겨 실제 프로그램으로 만드는 모든 과정을 포함합니다.

그림 1-2 프로그래밍의 의미

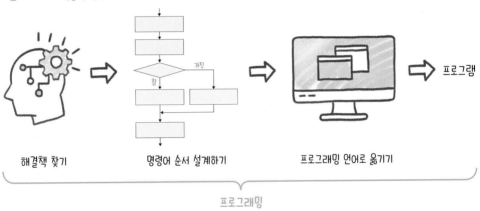

해결책 찾기 　　　　　 명령어 순서 설계하기 　　　　　 프로그래밍 언어로 옮기기

프로그래밍

그렇다면 코딩과 프로그래밍의 차이는 무엇일까요? **코딩**(coding)이란 소스 코드를 작성하는 행위를 말합니다. 이때 **소스 코드**(source code)는 프로그래밍 언어로 작성된 텍스트 파일을 의미하며, 이 소스 코드를 실행하면 프로그램이 작동합니다.

그림 1-2에서 프로그래밍 언어로 옮기는 단계가 바로 코딩에 해당합니다. 따라서 코딩은 프로그래밍에 포함되는 개념이죠. 실제로는 코딩과 프로그래밍을 엄격히 구분해 사용하지는 않지만, 차이를 알아 둘 필요는 있습니다.

1.1.3 프로그래밍의 가치

예전에는 프로그래밍을 개발자만의 영역으로 여겼습니다. 하지만 앞에서 이야기한 것처럼, 비전공자도 직장인도 심지어 초·중·고등학생도 프로그램을 배우는 추세입니다. 이제 프로그래밍 역량은 모든 사람에게 요구됩니다. 프로그래밍에는 어떤 가치가 있길래 이런 일이 벌어지는 걸까요?

프로그램은 대부분 현실의 문제를 해결하기 위한 목적으로 만듭니다. 예를 들어 버스가 언제 올지 승객들이 무작정 기다리는 것이 문제라면 버스 도착시간을 알 수 있도록 버스 정보 시스템을 만드는 것입니다. 또한, 처음 가는 장소라 길을 잘 모르는 것이 문제라면 쉽게 찾아가도록 길 찾기 프로그램을 만드는 것이죠. 이처럼 문제가 있으면 이에 따른 해결책을 찾습니다.

이 해결책이 곧 아이디어입니다. 아이디어를 실현하기 위해 필요한 명령을 도출하고, 순서를 설계하고, 실제 코드로 옮기면 프로그램이 됩니다. 즉, 프로그램은 아이디어를 구현한 결과물이죠. 아이디어는 현대 교육에서 강조하는 창의성과 직결됩니다. 아이디어를 프로그램으로 만들기 위해 다양한 노력을 기울이는 과정에서 창의성을 키우게 됩니다. 프로그래밍은 창의성을 기르고 아이디어를 현실화하는 효과적인 수단이기 때문에 프로그래밍 교육이 확대될 수밖에 없습니다. 프로그래밍 교육이 확대되면 누구나 창의적인 아이디어를 실제 프로그램으로 구현할 수 있습니다.

현대 사회에서는 대부분 아침에 일어나서 잠들 때까지 수많은 프로그램을 사용합니다. 그리고 새로운 프로그램이 끊임없이 등장하며 세상을 변화시킵니다. 따라서 개발자가 아니더라도 자신의 분야에서 특별한 해결책, 혁신적인 아이디어를 제시할 수 있으려면 프로그래밍을 알고 있는 게 당연히 유리합니다.

1.2

파이썬 프로그래밍을 시작하기 전에

1.2.1 파이썬이란

프로그램과 프로그래밍의 정의 그리고 프로그래밍의 가치에 대해서 이해했을 겁니다. 지금부터는 이 책에서 배울 파이썬이 무엇인지 살펴봅시다.

파이썬은 프로그래밍 언어 중 하나입니다. **프로그래밍 언어**란 사람과 컴퓨터의 중간자 역할을 하는 언어입니다. 예를 들어 봅시다. 한국인과 프랑스인이 대화하려고 합니다. 그런데 양측 모두 자신의 언어로만 말해서 소통하지 못하고 있습니다. 어떻게 해야 서로 대화할 수 있을까요? 한국인과 프랑스인이 둘 다 알고 있는 제3의 언어를 사용하면 됩니다. 그 언어가 영어라고 해봅시다. 한국인이 프랑스인에게 말할 때는 한국어를 영어로 바꿔 말하고, 프랑스인은 영어를 프랑스어로 바꿔 이해합니다. 반대로 프랑스인이 말할 때는 프랑스어를 영어로 바꿔 말하고, 한국인은 영어를 한국어로 바꿔 이해합니다.

그림 1-3 한국인과 프랑스인의 대화

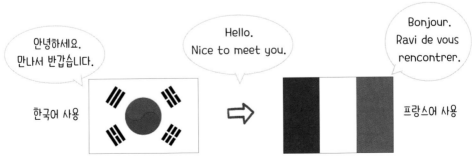

공용어: 영어

사람과 컴퓨터의 관계도 이와 비슷합니다. 컴퓨터는 0과 1만으로 이루어진 언어를 사용합니다. 사람이 이해하기 매우 어렵죠. 그래서 둘 다 이해할 수 있는 제3의 언어를 사용하는데, 이 언어가 바로 프로그래밍 언어입니다. 사람은 프로그래밍 언어로 명령을 내립니다. 그럼 컴퓨터는 프로그래밍 언어를 0과 1로 변경해 이해하고 명령을 수행합니다. 이처럼 사람과 컴퓨터가 대화할 수 있도록 중간 공용어 역할을 하는 것이 프로그래밍 언어입니다.

그림 1-4 컴퓨터가 이해하는 프로그래밍 언어

프로그래밍 언어는 종류가 많습니다. 포트란(1954년), 코볼(1959년), 베이직(1964년) 등의 초창기 언어부터 현재도 많이 사용하는 C(1972년), C++(1983년) 등이 있죠. 이런 언어들과 비교하면 파이썬은 비교적 최근에 등장한 언어입니다. 파이썬(Python)은 1991년에 귀도 반 로섬(Guido van Rossum)이 발표했습니다.

파이썬은 다른 프로그래밍 언어와 구별되는 강력한 장점이 있는데, 두 가지만 살펴보겠습니다.

1. 쉽고 직관적인 문법
파이썬은 다른 프로그래밍 언어보다 문법이 쉽습니다. 다소 어렵게 느껴질 수 있는 부분을 숨기거나 단순화해 배우기 쉽습니다. 이런 이유로 프로그래밍을 처음 배우는 사람(입문자)에게 많이 추천합니다.

2. 강력하고 풍부한 라이브러리
라이브러리는 확장 기능이라고 이해하면 쉽습니다(나중에 자세히 배웁니다). 라이브러리를 작성하는 파이썬 프로그램에 포함하면 다양한 확장 기능을 사용할 수 있습니다. 대표적으로 데이터를 시각화할 수 있는 matplotlib(맷플롯립), 다양한 머신러닝 모델을 지원하는 scikit-

learn(사이킷런), 딥러닝을 구현할 수 있게 하는 tensorflow(텐서플로) 라이브러리 등을 제공합니다.

쉽고 직관적이며 기능이 풍부하므로 프로그래밍 입문자도, 능숙한 개발자도 파이썬을 배우는 추세입니다. 우리도 한번 파이썬을 배워 봅시다.

1.2.2 파이썬으로 프로그래밍하기 위한 준비 과정

그럼 이제부터 파이썬으로 프로그래밍하도록 준비해 봅시다.

에디터 선택하기

가장 먼저 파이썬으로 코드를 작성할 수 있는 도구가 필요한데, 이를 **통합 개발 환경**(IDE) 또는 간단하게 **에디터**라고 합니다. 파이썬을 지원하는 통합 개발 환경은 종류가 굉장히 많습니다.

이 책에서는 그중에서 두 가지 에디터를 사용합니다. 구글 코랩(Google Colab, 이하 코랩)은 표 1–1에서 알 수 있듯이 설치할 필요가 없어서 사용하기 편리합니다. 8장부터는 데이터 분석을 진행하는 데 편한 주피터 노트북을 사용합니다. 처음부터 주피터 노트북을 사용하거나 파이썬에 기본으로 포함된 파이썬 IDLE을 사용해도 됩니다. 본인에게 맞는 에디터를 선택해 진행하세요.

표 1–1 코랩과 주피터 노트북 비교

구분	코랩	주피터 노트북
사용 방식	설치할 필요 없이 구글 계정으로 로그인한 후 사용하는 방식	최초 1회 설치한 후 설치된 주피터 노트북을 실행해 사용하는 방식
인터넷 연결	항상 인터넷에 연결된 상태여야 하고, 구글 계정이 필요함	인터넷 연결 필요 없음(브라우저에서 HTML 창이 열리나 온라인 연결이 필요하지 않음)
서버	구글에서 제공하는 클라우드 서버에 온라인으로 접속해 사용함	로컬 PC(주피터 노트북을 설치한 PC)를 서버로 사용함
파이썬 파일 저장	파일은 구글 드라이브의 Colab Notebooks 폴더에 저장되므로 인터넷만 연결된다면 언제 어디에서든 파일을 열어 확인할 수 있음	로컬 PC에 저장됨

코랩 사용하기

코랩은 온라인으로 파이썬 프로그래밍할 수 있는 도구로, 주피터 노트북과 기능, 구조, 사용 방법이 매우 비슷합니다. 하지만 구글 서버를 사용하기 때문에 인터넷에 꼭 연결되어 있어야 합니다.

코랩 접속하기

1 크롬 브라우저를 열고 구글(https://www.google.com)에 접속합니다. 오른쪽 위에 있는 [로그인] 버튼을 눌러 로그인하세요. 구글 계정이 없다면 먼저 회원가입을 합니다. [로그인] 버튼이 안 보인다면 구글 검색창에서 '로그인'을 검색해 보세요. 오른쪽에 [로그인] 버튼이 보일 겁니다. 또는 첫 번째 검색결과로 뜨는 '로그인 – Google 계정'을 클릭해도 됩니다.

그림 1-5 구글 로그인하기

2 로그인한 후 구글 검색창에 'colab'을 검색합니다. 첫 번째 검색결과인 'Google Colab'을 클릭합니다.

그림 1-6 코랩 검색하기

3 코랩 페이지가 열립니다.

그림 1-7 코랩 접속하기

코랩 사용하기

코랩에서 파일을 생성해 봅시다. 앞의 화면에서 [새 노트]를 클릭하거나 메뉴에서 [파일 → 새 노트]를 선택합니다. 새로운 페이지가 열리고 다음과 같은 화면이 보입니다.

그림 1-8 새 파일 만들기

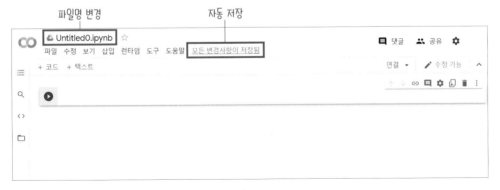

열린 파일을 보면 상단에 Untitled0.ipynb이라고 적힌 부분이 있습니다. 이 부분을 클릭하면 파일명을 수정할 수 있습니다. 확장자(.ipynb)를 제외하고 나머지 부분에 원하는 이름을 입력한 후 Enter를 누르면 파일명이 바뀝니다. 코랩은 주피터 노트북과 다르게 변경 사항을 자동으로 저장합니다. 이런 특징 덕분에 갑자기 PC가 꺼지거나 정전되는 등의 예상치 못한 상황에서 자유롭습니다.

코랩의 실행 단위는 셀(cell)입니다. 셀은 하나의 코드 블록을 의미합니다. 코랩에는 셀 유형이 두 가지인데, 코드를 입력하는 코드 셀과 텍스트를 입력하는 텍스트 셀입니다. 메뉴 아래에 있는 [+코드]를 클릭하면 코드 셀을, [+텍스트]를 클릭하면 텍스트 셀을 추가할 수 있습니다.

파일을 새로 만들면 기본 코드 셀 하나가 열려 있습니다. 코드 셀을 추가하고 싶을 때는 [+코드]를 클릭합니다. 코드 셀을 실행하는 아이콘은 코드 셀 왼쪽에 있습니다. Ctrl + Enter 또는 Shift + Enter를 눌러도 됩니다. Ctrl + Enter는 현재 셀을 실행하는 단축키고, Shift + Enter는 현재 셀을 실행한 후 다음 셀로 이동하는 단축키입니다. 코드 셀을 삭제하려면 셀을 클릭했을 때 보이는 오른쪽 메뉴에서 휴지통 아이콘을 클릭하면 됩니다.

그림 1-9 코드 셀 추가/실행/삭제하기

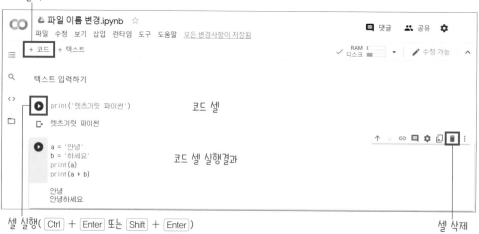

텍스트 셀은 주피터 노트북의 마크다운과 동일합니다. [+텍스트]를 클릭하면 에디터 메뉴와 함께 양 옆으로 분할된 형태로 셀이 나타나는데, 왼쪽에 텍스트를 입력하면 오른쪽에 입력 결과를 미리 보여 줍니다. 마우스를 다른 셀로 옮기거나 Shift + Enter를 누르면 입력된 내용이 반영됩니다. 텍스트 셀을 삭제하는 방법은 코드 셀을 삭제하는 방법과 동일합니다.

그림 1-10 텍스트 셀 추가/삭제하기

이제 코랩의 설정을 조금 만져 봅시다. 파일의 오른쪽 상단에 톱니바퀴 모양의 설정 버튼(⚙)이 있습니다. 설정 버튼을 클릭한 후 두 번째 탭에 있는 [편집기]를 선택합니다. 여기서 코랩 편집기의 설정을 수정할 수 있습니다. 간단하게 2개만 수정해 봅시다. 들여쓰기를 2에서 4로 변경하고, [행 번호 표시]를 체크합니다. 들여쓰기의 의미는 4장 조건문(121쪽)에서 다룹니다. [행 번호 표시]를 체크하면 코드 셀에 줄 번호를 표시합니다.

그림 1-11 코랩 편집기 설정하기

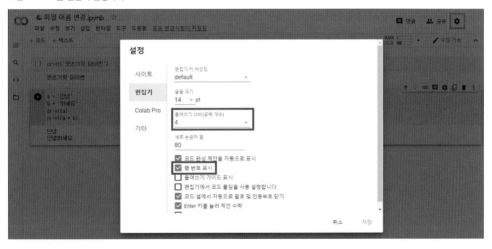

이렇게 작성한 코랩 파일은 구글 드라이브에 자동으로 저장되기 때문에 인터넷에 접속할 수만 있다면 언제 어디서나 파일을 확인하거나 편집할 수 있습니다. 드라이브에 코랩 파일이 저장됐는지 확인해 봅시다. 구글 검색창에 '구글 드라이브'를 검색합니다. 첫 번째 검색결과를 클릭하면 구글 드라이브로 이동합니다. 또는 구글 초기화면에서 로그인 창 옆에 있는 구글 앱 버튼(▦)을 클릭하면 구글 드라이브에 입장할 수 있습니다.

코랩을 처음 사용하면 구글 드라이브에 노란색의 Colab Notebooks 폴더가 자동으로 생성됩니다. 이 폴더를 클릭하면 앞에서 만든 파일을 확인할 수 있습니다.

그림 1-12 구글 드라이브에 저장된 코랩 파일 확인하기

구글 드라이브에서 코랩 파일을 클릭한 후, 상단의 [Google Colaboratory으로 열기]나 연결된 앱 [Google Colaboratory] 중 하나를 클릭하면 해당 파일을 코랩으로 다시 열 수 있습니다.

그림 1-13 구글 드라이브에서 코랩 파일 열기

주피터 노트북(아나콘다) 설치하기

프로그래밍하다 보면 라이브러리 설치가 까다롭고 귀찮은 경우가 많습니다. 이런 불편함을 제거해 간편하게 프로그래밍할 수 있게 돕는 것이 바로 아나콘다입니다. 아나콘다(Anaconda)는 파이썬과 함께 파이썬에서 자주 활용하는 주요 라이브러리를 설치해 줍니다. 주피터 노트북도 아나콘다를 설치하면 함께 설치됩니다.

그림 1-14 아나콘다에 포함된 라이브러리

아나콘다 설치하기

그럼 아나콘다를 설치해 보겠습니다. 그림을 보고 따라 하면 돼서 어렵지 않습니다.

1   브라우저에서 https://www.anaconda.com 사이트에 접속해 상단 메뉴에서 [Products → Individual Edition]을 선택합니다.

그림 1-15 아나콘다 사이트 접속하기

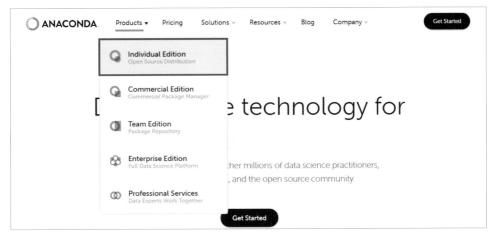

2 다운로드 페이지가 열리면 [Download] 버튼을 클릭합니다.

그림 1-16 아나콘다 설치 파일 내려받기

Individual Edition

Your data science toolkit

With over 20 million users worldwide, the open-source Individual
Edition (Distribution) is the easiest way to perform Python/R data
science and machine learning on a single machine. Developed for
solo practitioners, it is the toolkit that equips you to work with
thousands of open-source packages and libraries

Download

3 설치하려는 PC에 맞는 버전을 선택합니다. 운영 체제가 32bit라면 32-Bit Graphical installer를, 운영체제가 64bit라면 64-Bit Graphical installer를 선택합니다.

TIP 현재 최신 아나콘다는 파이썬 3.8을 지원하므로 해당 버전을 내려받습니다. 이 책에 사용한 예제는 파이썬 버전과 거의 상관이 없으므로 최신 버전으로 내려받으면 됩니다.

그림 1-17 운영 체제에 맞는 버전 선택하기

Anaconda Installers

Windows	MacOS	Linux
Python 3.8	Python 3.8	Python 3.8
○ 64-Bit Graphical Installer (457 MB)	64-Bit Graphical Installer (435 MB)	64-Bit (x86) Installer (529 MB)
32-Bit Graphical Installer (403 MB)	64-Bit Command Line Installer (428 MB)	64-Bit (Power8 and Power9) Installer (279 MB)

4 내려받은 설치 파일(*.exe)을 클릭해 실행합니다. 설치 프로그램의 초기 화면이 나오면 [Next] 버튼을 클릭하고 라이선스 동의 화면에서는 [I Agree] 버튼을 클릭합니다.

그림 1-18 아나콘다 설치 시작하고 라이선스 동의하기

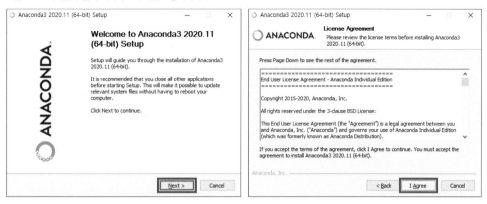

5 설치 계정을 선택하는 화면이 나옵니다. 공용 PC라면 Just Me를 고르고 개인 PC라면 All Users를 선택해도 됩니다. 선택한 후 [Next] 버튼을 클릭하면 아나콘다를 설치할 경로 가 표시됩니다. 기본값을 그대로 사용해도 되고 변경해도 됩니다. 단, 경로를 바꿀 경우 어디 에 설치했는지 설치 경로를 기억해 두세요. 이 책에서는 기본 경로로 설치한다고 가정하고 진 행합니다.

그림 1-19 설치 계정과 설치 경로 선택하기

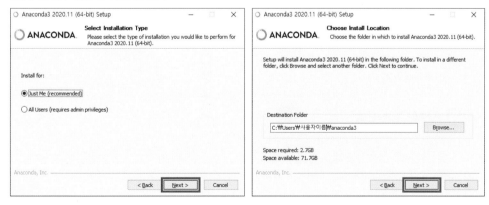

6 설치 옵션을 선택하는 화면이 나오면 아래쪽 체크박스(Register Anaconda as my default Python)를 선택한 후 [Install] 버튼을 클릭합니다. 위쪽 체크박스는 환경변수를 추가하는 내용인데, 지금은 환경변수를 추가할 필요가 없으므로 넘어갑니다. 설치가 끝나면 [Next] 버튼을 클릭합니다.

그림 1-20 설치 옵션 선택하고 설치하기

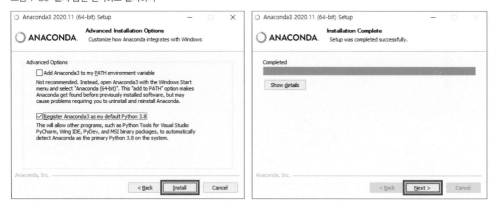

7 PyCharm 안내 화면이 나오면 [Next] 버튼을 클릭합니다. 마지막으로 설치 완료 화면이 나오면 [Finish] 버튼을 클릭합니다.

그림 1-21 설치 완료하기

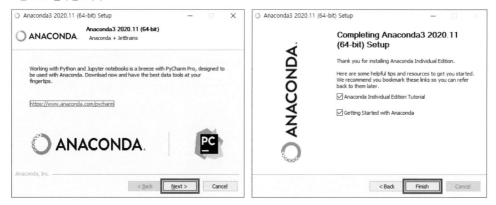

아나콘다가 설치됐습니다. 아나콘다를 설치하면서 주피터 노트북도 함께 설치되므로 별도로 주피터 노트북을 설치하지 않아도 됩니다.

주피터 노트북 사용하기

운영 체제마다 실행 방법이 조금씩 다르므로 운영 체제별로 나눠서 설명합니다.

Windows

화면 왼쪽 하단 검색창에서 Jupyter Notebook을 검색합니다(Ju만 입력해도 검색 결과에 바로 나옵니다). 검색 결과에 나온 주피터 노트북을 클릭해 실행합니다.

그림 1-22 Jupyter Notebook 검색해 실행하기

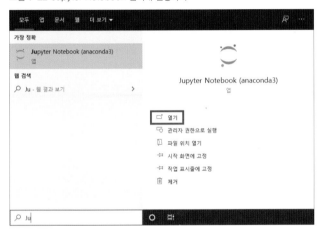

NOTE **주피터 노트북 바로 실행하기**

주피터 노트북을 매번 검색해 실행하려면 귀찮죠? 이럴 때 주피터 노트북을 작업 표시줄에 고정하면 매번 검색할 필요 없이 아이콘을 클릭해서 한 번에 주피터 노트북을 실행할 수 있습니다. 주피터 노트북을 실행한 후 화면 하단의 작업 표시줄에서 주피터 노트북 아이콘을 마우스 우클릭합니다. 메뉴에서 [작업 표시줄에 고정]을 클릭하면 작업 표시줄에 주피터 노트북 아이콘이 고정됩니다.

그림 1-23 주피터 노트북 아이콘을 작업 표시줄에 고정하기

macOS

1   Anaconda Navigator를 엽니다. 방법은 두 가지입니다.

         ① cmd ⌘ + space bar 로 스포트라이트(spotlight) 열기 → anaconda 검색

         ② launchpad 클릭 → anaconda navigator 클릭

2   메뉴에서 주피터 노트북을 클릭합니다.

그림 1-24 아나콘다에서 주피터 노트북 실행하기

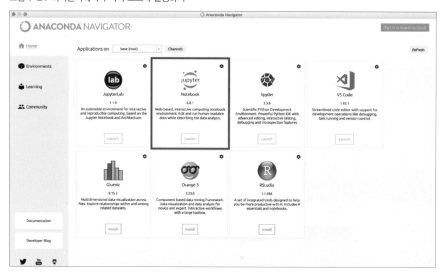

기본 화면 확인하기

주피터 노트북을 실행하면 다음과 같은 명령 프롬프트 창이 뜹니다. 이 창을 끄면 주피터 노트
북이 작동하지 않으므로 주피터 노트북을 실행하는 동안에는 이 창을 반드시 켜 두세요.

그림 1-25 주피터 노트북 실행 시 활성화되는 명령 프롬프트

Windows

macOS

조금 기다리면 기본 브라우저에 여러 폴더가 있는 화면이 뜹니다. 이 화면은 주피터 노트북이 설치된 PC의 폴더를 보여 줍니다(여기서는 C:₩Users₩사용자이름).

그림 1-26 주피터 노트북 기본 폴더

이때 기본 브라우저로 크롬을 사용해야 프로그래밍하기가 편합니다. 간단한 프로그래밍에서는 큰 문제가 없지만, 8장부터 등장하는 그래프 그리기는 크롬에서 진행해야 결과가 제대로 보입니다.

NOTE **브라우저에서 직접 주피터 노트북 폴더 열기**

명령 프롬프트는 뜨는데 브라우저 화면이 뜨지 않는 경우가 가끔 있습니다. 이럴 때는 명령 프롬프트에서 주소를 직접 복사해 브라우저의 주소창에 붙여 넣으면 됩니다. 3개 모두 같은 주소이니 하나를 선택해 사용하세요.

그림 1-27 폴더 주소 복사하기

기본 브라우저가 크롬이 아니라면 인터넷 익스플로러에서 폴더 화면이 뜹니다. 이때 크롬 브라우저를 열고 주소를 붙여 넣으면 '이 앱을 실행할 때 기본 프로그램으로 설정하시겠습니까?'라는 메시지가 나옵니다. 여기서 [예] 버튼을 클릭하면 크롬을 기본 브라우저로 설정합니다.

브라우저 화면에서 눈에 익는 폴더가 몇 개 보입니다. 여기서 [Desktop]은 바탕화면, [Documents]는 문서, [Downloads]는 다운로드 폴더를 나타냅니다. 파이썬 파일을 만들고 싶은 폴더를 클릭하면 됩니다.

주피터 노트북 사용하기

바탕화면에 파이썬 파일 하나를 만들어 봅시다. 화면 오른쪽에 있는 [New] 버튼을 클릭합니다. 메뉴가 나오면 가장 위에 있는 [Python 3]를 선택합니다. 새 파일이 만들어지고, 만들어진 파일이 브라우저에서 열립니다.

그림 1-28 새 파일 만들기

주피터 노트북에는 다양한 기능이 있지만 여기에서는 기본으로 알아 두어야 할 기능 세 가지만 짚어 보겠습니다.

새 파일을 보면 상단에 **Untitled**라고 적힌 부분이 있습니다. 이 부분을 클릭하면 파일명을 수정할 수 있습니다. 원하는 이름을 입력한 후 [Rename] 버튼을 클릭합니다. Untitled 부분이 입력한 이름으로 바뀝니다.

그림 1-29 파일명 변경하기

주피터 노트북도 코드를 셀 단위로 실행합니다. 셀 안에 명령어를 입력하고 상단 메뉴에서 [Run] 버튼을 클릭하거나 키보드에서 Shift + Enter 를 누르면 해당 셀이 실행됩니다. 실행결과는 셀 바로 아래 나타납니다. 아래에 있는 셀을 실행하면 실행결과가 역시 그 아래 나타납니다.

셀을 추가하고 싶을 때는 상단 메뉴에서 [+] 버튼을 클릭합니다. 셀을 제거하려면 [+] 버튼 옆에 있는 가위 모양의 버튼(✂)을 클릭합니다. 파일 내용을 저장하고 싶으면 디스크 모양의 버튼(💾)을 클릭하거나 키보드에서 Shift + S 키를 누르면 됩니다.

그림 1-30 파일 저장하기와 셀 추가/실행/삭제하기

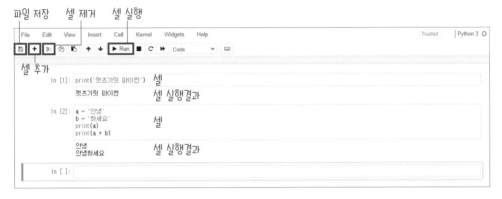

파일 메뉴에서 중간 부분을 보면 드롭 다운으로 선택할 수 있는 메뉴가 있습니다. 셀 유형을 고르는 메뉴입니다. 메뉴를 클릭하면 Code, Markdown, Raw NBConvert, Heading이 있는데, 이 책에서 주로 사용하는 유형은 Code(코드)입니다. Code는 코드를 작성하는 셀로, 실제 파이썬 코드를 작성하고 실행합니다. Markdown(마크다운)은 텍스트를 편집할 수 있는 셀로, 이 책을 학습하면서 필요한 텍스트를 넣고 싶을 때 선택적으로 사용할 수 있습니다. Markdown 셀 역시 상단의 [Run] 버튼이나 Shift + Enter 키로 실행해야 텍스트가 반영됩니다.

그림 1-31 Markdown 셀 실행하기

Raw NBConvert는 발표용 슬라이드를 만들 때 사용하는 셀로 이 책에서는 다루지 않습니다. Heading은 제목을 나타내는 셀입니다. Heading을 클릭하면 '주피터 노트북에서는 더 이상 Heading 셀을 제공하지 않는다. 그 대신 Markdown 셀에서 #을 사용해 Heading을 사용할 수 있다.'라는 알림 창이 뜹니다. 알림 창 내용처럼 Markdown 셀에서 #을 사용해 파이썬 파일 안에 제목(헤더)을 붙일 수 있습니다. 사용할 수 있는 최대 개수는 4개로 #을 많이 사용할수록 작은 크기의 제목이 만들어집니다.

그림 1-32 Markdown 셀에 제목 넣기

셀 실행 전   셀 실행 후

코랩처럼 주피터 노트북의 코드 셀에도 행 번호가 표시되게 해 봅시다. 메뉴에서 [View → Toggle Line Numbers]를 선택하면 코드 셀에 행 번호가 나타납니다.

그림 1-33 코드 셀에 행 번호 추가하기

코랩과 주피터 노트북 중 본인의 환경에 더 맞는 에디터를 선택해 테스트 파일을 만들어 보세요. 이 책에서는 코랩을 기본 에디터로 사용하고 필요에 따라 주피터 노트북과 혼용합니다.

이로써 파이썬으로 프로그래밍하기 위한 준비가 모두 끝났습니다. 그럼 다음 장부터 본격적으로 파이썬을 배워 봅시다.

2장

데이터 입력하고 결과 출력하기

1장에서는 프로그램과 프로그래밍이 무엇인지, 파이썬이 무엇인지 살펴보았습니다. 또한, 파이썬으로 프로그래밍하기 위한 준비까지 마쳤습니다. 이 장에서는 먼저 파이썬 명령어의 기본 형식을 배우고, 그 다음으로 가장 기본 명령어인 입력과 출력 명령어를 알아보겠습니다.

2.1

파이썬 명령어의 형식

사람의 언어에도 수식구조, 서술구조와 같은 문법구조가 있듯이 프로그래밍 언어에도 형식이 있습니다. 파이썬에서는 다음과 같이 명령 내용을 뜻하는 영단어 뒤에 소괄호(())를 붙입니다.

```
print()
input()
list()
next()
```

명령어와 각 명령어에 해당하는 동작 내용은 미리 정해져 있습니다. 대부분 명령어를 이루는 영단어의 뜻과 유사합니다.

print()는 print 단어의 뜻처럼 '출력하라'는 명령어고, input()은 input의 뜻처럼 입력과 관련한 일을 컴퓨터가 하게 하는 명령어입니다. 같은 이유로 나머지 명령어의 의미를 추측해 보면 list()는 '리스트로 만들어라'이고, next()는 '다음으로 가라'는 명령어일 겁니다(list()는 6장에서, next()는 9장에서 배웁니다).

· 명령어 형식: 영단어()

· 명령어 의미: 컴퓨터야, 미리 정해진 명령 내용대로 일을 해라!

명령어에 사용하는 영단어는 아무거나 쓸 수 없습니다. 해당 프로그래밍 언어를 만든 사람이 사용할 수 있는 단어를 미리 정해 놓았기 때문입니다. 예를 들어 memorize는 미리 정해 놓은 단어가 아니어서 memorize()라고 명령해도 컴퓨터가 알아듣지 못합니다. 따라서 프로그래밍을 처음 배울 때는 미리 정해 놓은(정의된) 명령어에 어떤 것이 있는지를 파악해야 합니다. 이 책에서는 파이썬의 기본 명령어를 익히고, 더 나아가 나만의 명령어를 만들 수 있는 사용자 정의 함수까지 배우겠습니다.

1분 퀴즈

1 다음 중 틀린 것을 고르세요.

① 프로그래밍은 컴퓨터가 사람의 의도대로 일을 수행하는 프로그램을 만드는 일이다.

② 사람이 시키는 대로 컴퓨터가 동작하게 하려면 명령어를 사용해야 한다.

③ 명령어는 특별한 형식이 없고 print, input과 같은 영단어만 쓰면 된다.

④ 컴퓨터가 알아듣는 명령어는 미리 정해져 있다.

정답 및 해설: 해설 노트 721쪽

2.2

실행결과를 보여 주는 출력 명령어

명령어 형식을 알았으니 파이썬 명령어를 하나씩 배워 보겠습니다. 첫 번째로 배울 명령어는 기본 중의 기본으로, 모든 프로그래밍 언어에서 절대 빠질 수 없는 출력 명령어입니다. 출력 명령어를 배우기 전에 '출력'의 정확한 뜻은 무엇인지부터 살펴볼까요?

2.2.1 출력이란

우리는 이미 수많은 출력을 접하고 있습니다. 포털 사이트에서 검색창에 검색어를 입력했을 때 나오는 뉴스, 블로그, 쇼핑 정보 등은 모두 출력 명령어의 결과물입니다.

메신저 프로그램에서 친구가 보낸 메시지가 화면에 나오고, 내가 보내는 메시지도 전송 버튼을 누르면 화면에 표시됩니다. 스마트폰의 날씨 앱은 사용자가 지정한 지역의 날씨를 간단한 아이콘으로 보여 줍니다. 이처럼 컴퓨터가 사람(프로그램 사용자)이 내린 명령을 실행한 결과를 기기(모니터나 스마트폰 등)의 화면을 통해 보여 주는 것을 **출력**이라고 합니다.

그림 2-1 출력

명령 결과 출력

우리가 프로그램을 사용하는 이유는 프로그램이 가진 고유의 기능을 활용해 결과를 빠르게 확인하기 위해서입니다. 날씨 앱(프로그램)으로는 오늘의 날씨(결과)를 확인하고, 검색 사이트(프로그램)에서는 검색어와 관련한 정보(결과)를 얻습니다. 메신저(프로그램)로는 물리적으로 떨어져 있는 사람과 실시간으로 대화(결과)합니다. 그런데 프로그램이 사용자에게 실행결과를 보여 주지 못하면 프로그램을 사용하는 의미가 없겠죠? 그래서 출력은 간단하고 당연해 보이지만, 프로그래밍에서 매우 중요한 요소입니다.

그럼 출력 명령어를 어떻게 사용하는지 배워 봅시다.

2.2.2 출력 명령어 print()

파이썬에서 출력 명령어는 print()입니다. 명령어 형식대로 출력을 뜻하는 영단어 print에 소괄호가 붙습니다. 소괄호 안에 다양한 것을 넣을 수 있으며, 소괄호 안 내용을 실행한 결과를 출력합니다.

> print(): 출력해라.

이 명령어가 어떤 일을 하는지 한번 볼까요? 1장에서 설명한 대로 코랩 또는 주피터 노트북 파일 하나를 만듭니다. 파일명은 편한 대로 정하세요. 첫 번째 셀에 다음과 같이 코드를 작성하고 실행합니다.

```
print(123)
```

실행결과

```
123
```

괄호 안에 넣은 123이 결과창에 출력됩니다. 이렇듯 print() 명령어는 괄호 안에 넣은 내용을 결과로 출력합니다. 다른 숫자도 넣어 볼까요? 다음 셀에 코드를 작성하세요.

```
print(2020)
```

2020

예상한 대로 2020이 출력되네요. 이번에는 문자를 넣어 봅시다.

```
print(가나다)
```

```
----> 1 print(가나다)
NameError: name '가나다' is not defined
```

'가나다'가 아니라 이상한 메시지가 나옵니다. 뭔가 잘못된 것 같죠? 이렇게 원하거나 예상한 결과가 아닌 어떤 문제 상황이 발생할 때 이를 **오류**(error)라고 합니다. 오류는 3장에서 설명하니 여기서는 오류가 있다는 것만 알고 넘어갑시다.

숫자는 print() 명령어에 넣은 그대로 나왔는데, 문자는 오류가 발생하네요. 이는 컴퓨터가 단순해서 그렇습니다. 컴퓨터는 숫자와 문자를 구분하지 못합니다. 하나만 알고 둘은 모르죠. 문자를 넣을 때는 '이것은 문자다'라고 표시해 줘야 알아듣습니다. 문자임을 알리려면 문자 양옆으로 큰따옴표("")나 작은따옴표('')를 붙여 줍니다. 소설 같은 문학작품에서 등장인물이 말할 때 큰따옴표를 붙이듯이 말이죠. 그러면 앞에서 오류가 난 부분에 적용해 봅시다.

```
print('가나다')
```

가나다

이제 제대로 나옵니다. 문자를 표시할 때 큰따옴표와 작은따옴표 중 어느 것을 써도 상관없습니다. 이 책에서는 작은따옴표를 사용하겠습니다.

숫자에 작은따옴표를 붙이면 어떨까요? 다음을 실행해 봅시다.

```
print('123')
```

실행결과

123

오류 없이 123이 출력됩니다. print(123)과 print('123')은 결과가 같네요. print(123)은 숫자 123을 출력한 것이 맞습니다. 그런데 print('123')도 숫자 123을 출력한 것일까요?

print(123)과 print('123')의 결과가 같아 보이지만, 사실은 같지 않습니다. print('123')은 숫자 옆에 작은따옴표가 있으므로 컴퓨터는 숫자 123이 아닌 문자 123으로 이해합니다.

다음 코드를 실행해 보세요.

```
print(123 + 2)
print('123' + 2)
```

실행결과

125

----
       1 print(123 + 2)
----> 2 print('123' + 2)
TypeError: must be str, not int

print(123 + 2)는 123 + 2의 연산 결과인 125를 출력합니다. 그런데 print('123' + 2)는 오류가 발생합니다. 우리가 숫자 123(백이십삼)과 문자 백이십삼을 구분하는 것처럼 컴퓨터 역시 123과 '123'을 다르게 받아들입니다. 컴퓨터는 다음처럼 명령어를 이해했다고 볼 수 있습니다.

```
print('일이삼' + 2)
```

사람도 문자와 숫자는 더할 수 없습니다. 컴퓨터도 '명령어가 이상한데? 알아듣지 못해서 실행할 수 없어!'라며 오류 메시지를 보여 주는 것입니다.

2.2.3 사칙연산 출력하기

이번에는 다양한 형태의 연산을 print( ) 명령어에 넣어 실행해 봅시다.

```
print(123 + 9)
print(123 - 9)
```

실행결과

132
114

두 숫자를 덧셈하고 뺄셈한 결과가 나왔습니다. 다음은 어떨까요?

```
print('123 + 9')
print('123 - 9')
```

실행결과

123 + 9
123 - 9

소괄호 안의 수식이 계산되지 않고 그대로 출력됩니다. 이처럼 작은따옴표 안에는 수식을 넣어도 숫자가 아닌 문자로 인식합니다. 그래서 123 + 9와 123 - 9가 그대로 출력되죠. 컴퓨터가 문자 일이삼 + 구로 인식해 출력한 것입니다. print(123)과 print('123')이 같아 보이지만, 사실은 같지 않았죠. 마찬가지로 print(123 + 9)와 print('123 + 9')도 비슷해 보이지만 전혀 다릅니다. 마치 일란성 쌍둥이가 얼핏 보면 같아 보이지만, 사실은 전혀 다른 두 인물인 것처럼요.

덧셈과 나눗셈이 나왔으니 곱셈과 나눗셈도 해 볼까요? 108 × 8과 108 ÷ 8을 출력해 보세요.

TIP 앗! 키보드에 덧셈과 뺄셈 기호는 있지만, 곱셈과 나눗셈 기호는 찾을 수 없네요. 어떻게 해야 할까요? 여러분도 알다시피 수학에서 사용하는 사칙연산의 기호는 +, −, ×, ÷입니다. 하지만 컴퓨터에서는 곱셈과 나눗셈 기호가 다릅니다. 컴퓨터에서는 ×가 알파벳의 x와 헷갈릴 수 있어서 *로 표시합니다. ÷도 컴퓨터에서 표현하기가 어려워서 ÷ 대신 /를 사용합니다. 다시 108 × 8과 108 ÷ 8을 출력해 보세요. 이번에는 출력할 수 있겠죠?

```
print(108 * 8)
print(108 / 8)
```

실행결과

```
864
13.5
```

사칙연산이 모두 잘 수행됩니다. 프로그래밍에서는 이런 사칙연산 기호를 **연산자**라고 합니다. 사칙연산 기호 외에도 프로그래밍에서 사용하는 연산자가 더 있습니다. 그중 몇 가지를 배워 보겠습니다.

2.2.4 기타 연산자 출력하기

프로그래밍하다 보면 나눗셈의 몫과 나머지가 필요할 때가 종종 있습니다. 앞에서 print(108 / 8)을 출력했을 때 결과는 몫과 나머지를 구분하지 않고 13.5로 나왔습니다. 여기에서 몫만 알고 싶다면 나눗셈 연산자를 2개 붙인 //를 사용하면 됩니다.

```
print(108 // 8)
```

실행결과

```
13
```

그럼 나머지만 알고 싶을 때 어떻게 할까요? 나머지를 구하는 연산자는 %입니다. 나눗셈 기호 (/) 양 옆에 동그라미가 달린 형태로 **퍼센트 기호**라고 합니다. 프로그래밍에서 %는 백분율을 나타내는 단위인 퍼센트가 아니라 나머지를 나타내는 기호입니다.

```
print(108 % 8)
```

실행결과

```
4
```

이번에는 조금 더 재미있는 연산자를 배워 보겠습니다. 나눗셈 연산자가 2개면 몫을 구하는 연산자가 되는데, 곱셈 연산자가 2개면 어떻게 될까요?

```
print(108 ** 8)
```

실행결과

18509302102818816

엄청 큰 숫자가 나왔네요. 알아보기 쉽게 작은 숫자를 넣어 볼까요?

```
print(5 ** 2)
```

실행결과

25

곱셈 연산자를 두 번 쓰면 거듭제곱 연산자가 됩니다. ** 연산자 앞의 숫자인 5가 밑이 되고, ** 뒤의 숫자 2가 지수가 되어 5^2을 계산하는 것이죠. 따라서 앞에 나온 print(108 ** 8)은 108을 여덟제곱한(108^8) 값임을 알 수 있습니다.

지금까지 배운 연산자를 표로 정리하면 다음과 같습니다.

표 2-1 연산자

연산자	의미
a + b	a와 b를 더한 값
a - b	a에서 b를 뺀 값
a * b	a와 b를 곱한 값
a / b	a를 b로 나눈 값
a // b	a를 b로 나눈 몫
a % b	a를 b를 나눈 나머지
a ** b	a의 b제곱

2.2.5 여러 요소 연결해 출력하기

앞에서 숫자와 숫자를 연산자로 연결하면 숫자끼리 연산한 값이 출력됐습니다.

```
print(14 + 31)
```

실행결과

45

그럼 문자를 연산자로 연결하면 어떻게 출력될까요?

```
print('파이썬' + '프로그래밍')
```

실행결과

파이썬프로그래밍

+ 연산자는 없어지고 두 단어가 한 단어처럼 붙어서 출력됩니다. 이처럼 문자와 문자에 + 연산자를 사용하면 문자를 연결해 출력할 수 있습니다.

문자를 연결해 출력하는 방법에는 + 연산자 외에도 콤마(,)를 사용하는 방법이 있습니다.

```
print('파이썬', '프로그래밍')
print(14, 31)
```

실행결과

파이썬 프로그래밍
14 31

+ 연산자와 마찬가지로 두 문자가 연결되어 출력됩니다. 단, +로 연결된 것과는 다르게 중간에 공백 한 칸이 생깁니다. 숫자도 연산 없이 문자처럼 연결되어 출력됩니다. 기호의 한글 이름 (더하기표와 쉼표)을 생각해 보면 + 연산자와 콤마가 어떤 역할을 하는지 이해하기 쉬울 거예

요. 콤마는 한 칸을 쉬고 그다음 문자를 출력하고, 더하기는 쉬지 않고 바로 다음 문자를 연결해 출력합니다.

print(숫자 + 숫자)는 두 숫자를 더해서 출력하고, print(문자 + 문자)는 두 문자를 연결해 출력합니다. 그럼 문자와 숫자에 + 연산자를 넣으면 어떨까요? 문자와 숫자로 사칙연산을 실행해 봅시다(책에서는 한 셀로 표시했지만, 코랩에서는 각각 셀에 넣어 실행해야 결과를 제대로 확인할 수 있습니다).

```
print('파이썬' + 3)
print('파이썬' - 3)
print('파이썬' / 3)
print('파이썬' * 3)
```

실행결과

```
----> 1 print('파이썬' + 3)
TypeError: must be str, not int
---------------------------------------------------------------------
----> 1 print('파이썬' - 3)
TypeError: unsupported operand type(s) for -: 'str' and 'int'
---------------------------------------------------------------------
----> 1 print('파이썬' / 3)
TypeError: unsupported operand type(s) for /: 'str' and 'int'
---------------------------------------------------------------------
파이썬파이썬파이썬
```

* 연산자만 빼고 모두 오류가 발생합니다. 놀랍게도 문자에 숫자를 곱하면 오류가 발생하지 않고 곱한 숫자만큼 문자를 반복해 출력합니다. 수업 시간에 중요한 내용에 '별표 곱하기 100개'라는 말을 들은 적이 있지 않나요? 별 100개를 적는 것이 힘드니 간략하게 표현한 거죠. 이것도 비슷합니다. 문자와 숫자 연산에서 * 연산자는 문자를 숫자만큼 반복하라는 뜻입니다.

그림 2-2 문자와 숫자의 곱셈 연산

제제쌤의 조언

예외 사항이 많아 보일 수도 있습니다. 일일이 외우려 하지 마세요. 외워도 좋지만 외우지 못해도 필요할 때 찾아 쓸 수 있으면 됩니다. 오류가 났을 때 오류가 난 부분을 책에서 보고 고치거나 인터넷으로 오류 내용을 찾아서 이해할 수 있을 정도로만 익혀도 훌륭합니다. 책 내용을 전부 다 머릿속에 넣겠다고 생각하지 마세요. 일상생활을 예로 생각하면 굳이 외우지 않아도 자연스럽게 받아들일 수 있습니다. 최대한 자연스럽게 프로그래밍을 이해할 수 있게 하는 것이 이 책의 목표입니다!

다음은 어떨까요?

```python
print('파이썬+프로그래밍')
print('파이썬 + 프로그래밍')
```

잠깐! 실행하기 전에 먼저 실행결과를 예상해 봅시다. 결과를 미리 예측하고 실제 결과와 비교하며 프로그래밍을 배운다면 훨씬 빠르고 재미있게 배울 수 있어요!

실행결과

파이썬+프로그래밍
파이썬 + 프로그래밍

+ 연산자도 그대로 있고 작은따옴표 사이 문자는 공백까지 그대로 출력됩니다. 즉, 작은따옴표 사이에 있는 텍스트는 공백이든 숫자든 연산자든 한 단어처럼 인식해 그대로 출력됩니다.

지금까지 배운 내용 중에서 다른 궁금한 점이 있으면 얼마든지 시도해 보세요. 프로그래밍 실력은 많이 실행해 볼수록, 오류를 많이 내 볼수록 빠르게 성장합니다. 오류가 난다고 점수를 깎는 선생님이나 교수님은 없으니 마음껏 시도해 보세요!

1분 퀴즈

2 다음과 같이 출력하는 명령어는 무엇일까요?

실행결과

안녕하세요. 무엇이든 시켜 보세요.

① 안녕하세요. 무엇이든 시켜 보세요.

② print "안녕하세요. 무엇이든 시켜 보세요."

③ print '안녕하세요. + 무엇이든 시켜 보세요'.

④ print(안녕하세요. + 무엇이든 시켜 보세요.)

⑤ print('안녕하세요. 무엇이든 시켜 보세요.')

정답 및 해설: 해설 노트 721쪽

2.3

데이터를 넣는 입력 명령어

지금까지 print()를 배웠습니다. print()는 컴퓨터가 괄호 안 내용을 실행한 결과를 보여 주는 출력 명령어였죠. 이번에는 출력 명령어와 반대되는 입력 명령어를 배워 보겠습니다. 입력 명령어를 배우기 전에 입력이 무엇인지부터 이해하고 넘어갈까요?

2.3.1 입력이란

프로그램을 사용하다 보면 다음 그림과 같은 빈칸을 많이 봅니다. SNS에 로그인할 때 아이디와 비밀번호를 넣어야 하는 빈칸, 인터넷 쇼핑 시 배송 받을 주소를 입력하는 빈칸, 포털 사이트 검색창의 빈칸 등 매우 많죠. 우리는 이 빈칸에 아이디, 비밀번호, 주소 등 요구하는 정보를 자연스럽게 넣죠. 이것이 바로 입력입니다. 프로그래밍에서 **입력**은 이처럼 사람이 직접 컴퓨터에 정보(데이터)를 넣어 주는 것을 의미합니다.

그림 2-3 실생활 속 다양한 입력 예시

프로그램의 결과를 사용자에게 보여 주는 것이 출력이라면, 입력은 사용자가 프로그램이 일하는 데 필요한 재료를 넣어 주는 것이라고 할 수 있습니다. 아이디와 비밀번호를 넣으면 로그인 화면에서는 입력된 아이디와 비밀번호로 사용자를 검색합니다. 도로명 주소를 입력하면 주소 데이터를 검색해 해당하는 우편번호를 출력합니다. 이처럼 프로그램이 수행되는 데 반드시 필요한 데이터를 사용자로부터 직접 받아야 하는 경우에 입력 명령어를 사용합니다.

2.3.2 입력 명령어 input()

파이썬에서는 입력 명령어로 input()을 사용합니다. 앞서 배운 명령어 형식처럼 영단어와 소괄호가 조합된 형태입니다.

input(): 데이터를 입력받아라.

그럼 입력을 어떻게 받는지 확인해 봅시다. input()만 작성해서 실행합니다.

```
input()
```

실행결과

파이썬

빈칸이 하나 나오고 실행 아이콘이 계속 돌아갑니다. 빈칸에 **파이썬**이라고 입력하고 키보드에서 [Enter]를 눌러 봅시다.

실행결과
파이썬
'파이썬'

입력한 단어가 결과창에 뜹니다. 컴퓨터가 데이터를 제대로 입력받았군요. 이번에는 input() 명령어를 다시 실행하고 다른 단어를 넣어 보세요. 그리고 입력한 데이터를 컴퓨터가 제대로 받아들이는지 확인해 보세요.

출력 명령어 print()에서 소괄호 안에 출력할 내용을 넣었죠? 입력 명령어 input()의 소괄호 안에도 내용을 넣을 수 있습니다. 먼저 숫자 3을 넣어 실행해 봅시다.

```
input(3)
```

실행결과

3 | 456 |

3이 출력되고 앞에서처럼 바로 옆에 빈칸이 나오고 실행 아이콘이 계속 돌아갑니다. **456**을 입력하고 Enter를 눌러 보세요.

실행결과
```
3456
'456'
```

실행결과로 두 줄이 보입니다. 첫째 줄에는 input() 명령어 소괄호 안에 있는 3과 입력된 456이 연결되어 3456이 한 번에 보이죠. 둘째 줄에는 상자에 입력한 값인 456만 보입니다.

이번에는 문자를 넣어 보겠습니다. 파이썬에서는 문자 양옆에 반드시 작은따옴표가 있어야 하는 것을 유념하며 '입력'이라는 문자를 넣어 봅시다(참고로 다음 코드에는 입력 뒤에 띄어쓰기 한 칸이 있습니다).

```
input('입력 ')
```

실행결과

입력 | 7월 5일 |

숫자를 넣었을 때와 마찬가지로 괄호 안의 내용인 입력을 출력합니다. 그리고 바로 옆에 빈칸이 나옵니다. 이번에는 날짜를 넣고 Enter를 눌러 볼까요? 예시로 7월 5일을 입력해 보겠습니다.

실행결과
```
입력 7월 5일
'7월 5일'
```

역시 첫째 줄에는 input() 소괄호 안의 내용과 입력한 내용이 같이 나타납니다. 둘째 줄은 입력한 내용만 나오고요. 두 예시로 짐작할 수 있겠지만, input()에서 소괄호 안에 내용이 있으면 해당 내용을 먼저 출력하고 바로 옆에 사용자에게서 입력을 받는 입력칸이 생깁니다. 그런데 이 기능이 왜 필요할까요? 예시를 변형해 input() 소괄호 안의 내용이 언제 필요한지 알아봅시다.

앞서 입력 개념을 설명할 때 예로 든 로그인 화면을 한 번 흉내내 볼까요? 다음과 같이 코드를 작성하고 실행합니다.

```
input('아이디: ')
input('비밀번호: ')
```

실행결과

아이디: [   ]

결과창이 로그인 화면과 비슷해 보이죠? 아이디에 gilbut을 넣고 Enter 를 눌러 보세요.

실행결과

아이디: **gilbut**
비밀번호: [   ]

비밀번호를 입력받는 칸이 뜹니다. 이 역시 매우 익숙하죠. 비밀번호도 입력해 보겠습니다.

실행결과

아이디: gilbut
비밀번호: **fighting!!!**

2개의 데이터를 입력받은 로그인 화면을 흉내내 보았습니다. 그런데 방금 실행한 프로그램에서 input() 안에 텍스트가 없다면 어땠을까요?

```
input()
input()
```

실행결과

[   ]

어떤 칸에 어떤 데이터를 입력해야 하는지 사용자가 알 수 없을 겁니다. 이것으로 input( )에서 소괄호 안의 내용이 어떤 역할을 하는지 짐작할 수 있습니다. 소괄호의 내용은 입력할 내용을 설명하는 '안내문' 역할을 합니다. 예시에서는 첫째 칸에 아이디를, 둘째 칸에 비밀번호를 입력 하라고 안내하는 역할입니다. input('도로명 주소 입력: ')이라고 하면 도로명 주소를 입력 하라는 안내문이 되고 input('학번을 입력하세요. --> ')를 실행하면 오른쪽 빈칸에 학번을 입력하라는 안내문이 됩니다.

```
input('학번을 입력하세요. --> ')
```

실행결과

학번을 입력하세요. -->

> **TIP** 코랩에서 입력 명령어를 실행하고 아무것도 입력하지 않으면 빈칸이 계속 보이고 실행 아이콘이 계속 돌아갑니다. 이 표시는 아직 명령어가 종료되지 않았음을 나타냅니다. 명령어를 아직 실행 중이라는 뜻이죠. 입력 명령어는 데이터가 입력되고 Enter 를 눌러야 종료됩니다. 데이터를 입력하지 않으면 다음 코드를 실행할 수 없으니 유의하세요!
>
> 주피터 노트북도 마찬가지입니다. 입력 명령어를 실행하면 코드 칸 왼쪽에 In[*] 표시가 보입니다. 이 역시 명령어가 종료되지 않고 아직 실행 중이라는 뜻이죠. 데이터가 입력되고 Enter 를 누르면 별표(*)가 숫자로 변하는 게 보일 거 예요. 별표가 사라지지 않으면 다음 셀이 실행되지 않으니 꼭 입력 데이터를 넣은 후 Enter 누르기를 잊지 마세요.

그림 2-4 input() 실행 시

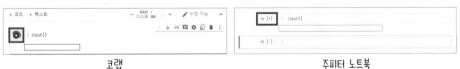

코랩   주피터 노트북

2.3.3 명령어의 실행 순서

로그인 화면을 흉내낸 예제로 다시 가봅시다. 여기에는 간단하지만 중요한 개념 하나가 숨어 있습니다. 이 예제에서는 처음으로 명령어 1개가 아닌 2개를 동시에 실행해 봤습니다. 2개의 명령어 중 어떤 명령어가 먼저 실행됐나요? 맞습니다. 첫 줄에 아이디를 입력받는 명령어가 먼

저 실행됐습니다. 아이디 입력칸에 데이터를 넣고 Enter 를 누르고 나서야 밑에 있는 두 번째 명령어가 실행되어 비밀번호를 입력받는 칸이 나타나죠.

```
input('아이디: ')    ← 첫 번째 실행
input('비밀번호: ')    ← 두 번째 실행
```

실행결과

아이디:	gilbut
비밀번호:	

이번에는 두 명령어의 순서를 바꿔 실행해 볼까요?

```
input('비밀번호: ')    ← 첫 번째 실행
input('아이디: ')    ← 두 번째 실행
```

두 명령어의 순서를 바꿔도 역시 첫째 줄에 있는 명령어가 먼저 실행되어 비밀번호를 입력하라는 명령어가 실행됩니다. 우리가 아는 로그인 화면과는 조금 다르죠.

실행결과

비밀번호:	fighting!!!

비밀번호를 입력하고 Enter 를 눌러 봅시다.

실행결과

비밀번호:	fighting!!!
아이디:	

아이디를 입력받는 빈칸이 이제서야 나타납니다. 즉, 두 번째 명령어가 실행됐습니다.

정리해 보겠습니다. 여러 개의 명령어가 있을 때 실행되는 순서는 위에서 아래입니다. 명령어의 실행 순서는 매우 중요합니다. 명령어의 실행 순서대로 프로그램의 흐름을 설계하기 때문입니다. 프로그래밍에서 프로그램의 흐름 즉, 명령어의 실행 순서를 **제어구조**라고 합니다.

TIP 갑자기 왜 제어구조가 나왔을까요? 앞에서 설명했듯이 제어구조는 명령어의 실행 순서입니다. 명령어가 하나일 때는 실행 순서를 신경 쓸 이유가 없습니다. 명령어 하나만 실행한 후 프로그램을 종료하면 되니까요. 하지만 명령어가 2개 이상일 때는 명령어 사이에 순서가 생기게 됩니다. 출력 명령어와 입력 명령어를 배우고 나면 여러 개의 명령어를 다루게 되므로 비교적 간단한 명령어를 배울 때 제어구조의 개념을 잡고 넘어가는 것이 프로그래밍을 이해하는 데 도움이 됩니다.

우리가 이 책에서 배울 제어구조는 총 3개입니다. 그중 가장 기본인 구조를 앞에서 다루었습니다. 바로 **순차구조**입니다. 순차구조는 차례대로(순서대로) 진행되는 구조를 의미합니다. 그럼 차례의 의미를 한번 생각해 봅시다. 위와 아래가 있을 때 위에서 아래로 가는 것이 순서일까요? 아래에서 위로 가는 것이 순서일까요? 위에서 아래로 진행되는 것이 일반적인 순서죠.

그림 2-5 순차구조

순차구조: **위에서 아래로 진행되는 구조**

우리 주변에서 차례대로 진행되는 것은 무엇이 있을까요? 가장 흔한 것은 아무래도 책이 아닐까 생각이 드네요. 책을 읽을 때 윗줄부터 아랫줄로 읽어 내려가죠. 명령어 역시 책을 읽을 때처럼 윗줄의 명령어가 먼저 실행되고 아랫줄로 내려가면서 차례대로 실행됩니다.

2.3.4 여러 명령어 함께 실행하기

그렇다면 명령어 2개가 아니라 3개일 때는 어떨까요? 다음을 실행해 봅시다. 실행하기 전 먼저 결과를 예상해 보고 예상이 맞는지 스스로 확인하세요.

```python
input('아이디: ')
input('비밀번호: ')
print('gilbut님 환영합니다! ')
```

실행결과

아이디: **gilbut**

비밀번호: **fighting!!!**

gilbut님 환영합니다!

예상대로 실행됐나요? 그리 어렵지 않았을 겁니다. 아이디와 비밀번호를 순서대로 입력받은 후, 마지막으로 환영인사가 출력됩니다. 하나만 더 해 볼까요? 이번에는 회원가입 페이지를 흉내낸 프로그램을 작성하겠습니다.

```
print ('---회원가입---')     ← 첫 번째 실행
input('아이디: ')            ← 두 번째 실행
print('가입을 환영합니다! ')  ← 세 번째 실행
```

실행결과

---회원가입---

아이디: **gilbut**

가입을 환영합니다!

먼저 '---회원가입---' 문구가 출력된 후, 아이디를 입력하는 빈칸이 나타납니다. 아이디를 입력하고 나면 사이트 가입을 환영하는 메시지가 나오네요. 명령어의 내용이 무엇이든 위에서 아래로 진행되는 순차구조에 따라 프로그램이 실행됩니다. 한 프로그램 안에 명령어가 10개든 50개든 순차구조로 실행된다는 점을 꼭 알아 두세요!

앞의 프로그램 실행결과에서 마지막 줄을 봅시다. '가입을 환영합니다!'보다는 'gilbut님, 가입을 환영합니다!'처럼 회원 아이디를 넣어서 출력하면 회원을 더욱더 신경 쓴 느낌이 날 것 같습니다. 어떻게 해야 할까요? 원하는 결과는 다음과 같습니다.

원하는 실행결과

아이디: | **gilbut**

---회원가입---

아이디: gilbut

gilbut님! 가입을 환영합니다!

원하는 결과가 명확하니 결과를 중심으로 어떻게 명령어를 작성할지 생각해 봅시다. 먼저 아이디를 입력받아야 합니다. 아이디를 입력받는 부분은 이미 알고 있는 것처럼 input('아이디: ')

면 되죠. 그럼 'gilbut님, 가입을 환영합니다!'는 어떻게 작성해야 할까요? 아이디(gilbut) 부분을 제외하고 생각하면 문자로 '님, 가입을 환영합니다!'를 출력하면 됩니다. 이 역시 앞에서 배운 부분이라 쉬울 겁니다. print('님, 가입을 환영합니다!')를 실행하면 되죠. 이제 아이디만 남았네요. 우선 지금까지 완성된 부분을 간단하게 정리하고, 코드로 표현해 봅시다.

〈생각 정리〉 〈코드〉

1. 아이디를 입력받는다. → input('아이디: ')

2. 입력된 아이디를 포함해 환영인사를 출력한다. → print('000님, 가입을 환영합니다!')

할일 순서를 작성하듯이 생각을 정리한 후 프로그래밍하면 더욱 효율적으로 접근할 수 있습니다. 순서에 맞는 명령어를 대응시키면 되기 때문입니다. 앞 그림을 보면 〈생각 정리〉에서 프로그램을 두 단계로 나누어서 정리했고, 〈코드〉에서 각 단계를 적절한 명령어로 표현했습니다.

두 번째 줄의 000 부분을 어떻게 해결할 수 있을까요? 입력된 아이디가 출력되길 원하니 첫 번째 줄에서 input()으로 아이디를 입력받는 코드를 그대로 넣어 주면 됩니다.

그리고 한 가지 더 추가해야 합니다. 현재 print() 안에 2개의 요소(input()과 문자)가 있기 때문에 두 요소를 연결해서 출력해야 합니다. 여러 문자를 연결해 한 번에 출력할 때 어떻게 했죠? + 연산자 또는 콤마(,)를 사용했습니다. 마찬가지로 명령어와 문자를 연결할 때도 + 연산자 또는 콤마(,)를 사용해야 합니다. 여기서는 + 연산자를 사용하겠습니다.

```
print(input('아이디: ') + '님, 가입을 환영합니다!')
```

실행결과

아이디: ⬚

아이디를 입력하는 빈칸이 나타납니다. 아이디를 입력하고 Enter를 눌러보세요.

실행결과

아이디: **gilbut**
gilbut님, 가입을 환영합니다!

아이디를 입력하니 원하던 결과가 출력됩니다. 명령어 안에 명령어를 사용했는데 이것이 어떻게 가능할까요? 더 이해하기 쉽게 익숙한 수학 연산을 예로 들어 보겠습니다.

사칙연산의 순서는 곱하기 = 나누기 〉 더하기 = 빼기입니다. 그리고 곱하기와 나누기보다 더 먼저 계산되는 것이 바로 괄호입니다. 실제 수식으로 봅시다.

$$((3 + 7) - 2) / 10$$

괄호 안에 괄호가 또 있네요. 이럴 경우 알다시피 가장 안쪽 괄호를 먼저 계산한 후, 바깥 괄호를 계산하는 것이 원칙입니다. 가장 안쪽 괄호 (3 + 7)은 10이니 (3 + 7)을 10으로 대체해 보겠습니다.

$$(10 - 2) / 10$$

괄호가 여전히 하나 남았네요. 만약 괄호가 없다면 나눗셈이 뺄셈보다 먼저 계산되지만, 지금은 뺄셈이 괄호 안에 있으니 (10 − 2)를 먼저 계산합니다. (10 − 2)는 8이 되고, 다시 수식에 반영하면 8 / 10이 되므로 최종 결과는 0.8입니다.

앞에서 작성한 명령어를 다시 볼까요? print( ) 명령어 안에 input( ) 명령어가 있는 형태지요. 이럴 때는 print( )의 괄호 안에 있는 input( ) 명령어가 먼저 실행되고 그 후에 바깥에 있는 출력 명령어가 실행됩니다. 여러 개의 괄호가 있는 수식에서 가장 안쪽 괄호를 먼저 계산한 후에 바깥쪽 괄호를 계산하는 것처럼요.

```
        ┌ 첫 번째 계산
((3 + 7) - 2) / 10
    └ 두 번째 계산
            ┌ 첫 번째 실행
print(input('아이디: ') + '님, 가입을 환영합니다!')
                        └ 두 번째 실행
```

명령어가 여러 개일 때 위에서 아래로 나열해 여러 줄로 표현할 수도 있지만, 명령어 안에 명령어를 넣어 작성할 수도 있습니다. 이처럼 명령어를 겹쳐 쓰는 형태는 프로그래밍이 익숙해질

수록 자주 사용하게 됩니다. 전체 프로그램의 줄 수를 줄일 수 있기 때문인데요. 2줄의 코드를 1줄로 줄일 수 있고, 더 전문적인 프로그램에서는 4~5줄의 코드를 1줄로 줄일 수도 있습니다.

그럼 회원가입 코드를 완성해 볼까요?

```
print ('---회원가입---')
print(input('아이디: ') + '님, 가입을 환영합니다! ')
```

실행결과

---회원가입---
아이디: **gilbut**
gilbut님, 가입을 환영합니다!

비록 진짜로 회원가입이 되는 프로그램은 아니었지만, 그래도 그럴싸해 보이네요.

마지막으로 이 프로그램의 실행 순서를 한번 볼까요? 명령어가 여러 줄이 있으므로 위부터 아래로 진행되어 첫째 줄의 print() 명령어가 먼저 실행됩니다. 그다음으로 둘째 줄이 실행됩니다. 그런데 명령어 안에 명령어가 있으므로 가장 안쪽에 있는 input() 명령어가 두 번째로 실행되고, 마지막으로 바깥쪽 명령어인 print()가 실행됩니다.

```
print ('---회원가입---')  첫 번째 실행
print(input('아이디: ') + '님, 가입을 환영합니다! ')
        └ 두 번째 실행              └ 세 번째 실행
```

지금까지 input() 명령어를 살펴보았습니다. input() 명령어는 다음 장에서 변수의 개념을 배우면서 더 다양하게 다뤄 보겠습니다. 이 장에서는 input() 명령어의 형식과 여러 개의 명령어가 있을 때 프로그램의 실행 흐름(제어구조)을 중점적으로 봐 주세요.

3 다음 중 틀린 것을 고르세요.

① 아이디와 비밀번호를 입력받는 로그인 화면이 있을 때, 필요한 입력 명령어의 개수는 2개다.

② 입력 명령어는 input()이며, input()을 실행하면 키보드로 직접 값을 넣을 수 있다.

③ input() 명령어의 소괄호 안에 적절한 텍스트를 넣으면 입력을 안내하는 문구로 활용할 수 있다.

④ 명령어 안에 또 다른 명령어를 넣어 두 명령어를 한 줄의 코드로 실행할 수 없다.

⑤ 명령어가 여러 개 있을 때, 위에서부터 아래에 있는 명령어순으로 실행된다.

정답 및 해설: 해설 노트 721쪽

2 마무리

이 장에서 배운 내용을 정리해 보겠습니다.

1 출력 명령어

명령어	실행결과	설명
print()		출력 명령어
print(5)	5	숫자 출력
print('파이썬') 또는 print("파이썬")	파이썬	문자 출력
print(5 ** 2)	25	수식을 넣으면 연산 결과 출력

2 여러 요소 연결해서 출력하기

명령어	실행결과	설명
print('문자' + '문자') 예 print('온라인' + '쇼핑')	온라인쇼핑	2개의 문자를 공백 없이 이어서 출력
print('문자', '문자') print(숫자, 숫자) 예 print('온라인', '쇼핑') 예 print(20, 20)	온라인 쇼핑 20 20	공백을 포함해 2개의 요소를 이어서 출력
print('문자' * 숫자) 예 print('블링' * 2)	블링블링	문자를 숫자 횟수만큼 출력

3 입력 명령어

명령어	실행결과	설명
input()	입력칸만 생성	입력 명령어
input('입력 안내문')	입력 안내문을 출력 후 바로 입력칸 생성	입력 안내문을 포함한 입력 명령어

4   명령어 실행 순서(제어구조)

명령어	실행결과
명령어가 여러 줄일 때	위에서부터 아래로 실행
명령어 안에 명령어가 있을 때	가장 안쪽 명령어부터 바깥쪽 명령어 순서로 실행

Self Check

1   다음은 [무궁화 꽃이 피었습니다] 놀이를 진행할 때 등장하는 말입니다. 다음 결과 처럼 출력되도록 print( ) 명령어로 프로그램을 작성하세요(단, 하나의 print( ) 명령 어 안에 문자와 연산자를 적절히 조합하세요).

실행결과
무궁화 꽃이 피었습니다! 무궁화 꽃이 피었습니다! 무궁화 꽃이 피었습니다!

2   다음 코드를 실행한 결과를 예상해 보세요. 정상적으로 실행된다면 결괏값을 적어 보고, 그렇지 않다면 그 이유를 설명해 보세요.

```
print('95' + 3)
print('95' * 3)
```

3   다음 결과처럼 출력되도록 닉네임을 입력받고 환영 인사를 해 보세요. print( )와 input( )을 적절히 활용하세요.

실행결과
닉네임을 입력해 주세요. --> 라이언
라이언님 안녕하세요.

힌트   출력 결과를 두 부분으로 나누어 생각해 보세요!

정답 및 해설: 해설 노트 721쪽

3장

변수로 데이터 저장하기

지금까지 프로그래밍의 개념과 기본 명령어인 입출력 명령어를 배웠습니다. 데이터를 넣고 출력하기는 했지만 원하는 수준의 프로그램을 작성하기에는 한계가 있었습니다. 이 장에서는 데이터를 저장하는 공간인 '변수'를 배우고 이를 활용해 좀 더 복잡한 프로그램을 작성해 봅니다. 직접 코드를 작성하고 프로그램을 실행해 보면서 코드 한 줄 한 줄의 의미를 생각한다면 쉽게 학습할 수 있을 거예요!

데이터를 저장하는 공간: 변수

3.1.1 변수란

'변수'라는 단어를 많이 들어 봤을 겁니다. 수학에 자주 나오죠. 수학에서 변수는 '여러 값으로 변하는 수'를 의미합니다. $b = a + 1$처럼 문자와 숫자를 기호로 연결해 계산하는 수식에서 a는 10일 때 $b = 10 + 1 = 11$이 됩니다. 또는 a가 20이라면 $b = 20 + 1 = 21$이 되죠. a가 변하면서 b도 변합니다. 이렇게 수식 안에서 여러 값으로 변하는 a와 b를 **변수**라고 합니다.

프로그래밍에서도 비슷합니다. 코드로 a = 10이라고 작성하면 a에 10을 넣는다는 의미입니다. 바로 실행해 봅시다.

```
a = 10
```

실행하면 어떤 일이 벌어지나요? 아무 일도 일어나지 않습니다. 아랫줄에 print(a)를 추가해 다시 실행해 보세요.

```
a = 10
print(a)
```

실행결과

10

앞에서 왜 결과가 나오지 않았는지 알겠죠? a에 값을 넣으라고만 했지 이를 출력하라고 명령하지 않아서 그렇습니다. 이번 실행결과를 보니 어떤가요? a에 10을 넣었으니 print(a)에서 a에 들어 있는 10이 출력되는 것이 당연하겠죠.

그러면 프로그래밍에서 변수가 어떤 건지 정리해 볼까요? 컴퓨터는 a = 10이라는 코드를 읽으면 컴퓨터에서 사용할 수 있는 빈 공간을 찾습니다. 그리고 찾은 공간(그림에서 박스로 표현한 부분)에 a라는 이름을 붙이고 값인 10을 넣습니다. 이렇게 하면 컴퓨터에 **변수**가 만들어집니다.

그림 3-1 프로그래밍에서 변수의 의미

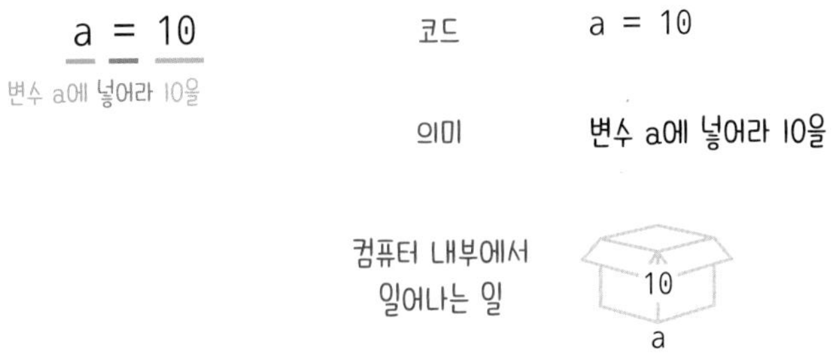

a = 10

변수 a에 넣어라 10을

코드   a = 10

의미   변수 a에 넣어라 10을

컴퓨터 내부에서
일어나는 일   10

a

3.1.2 변수에 값을 저장하고 사용하기

사람이 뇌에서 정보를 기억하듯이 컴퓨터는 '메모리(memory)'라는 장치에서 정보를 기억합니다. 앞에서 변수를 만들 때 찾은 공간이 메모리입니다. 컴퓨터는 메모리에서 빈 공간을 찾아 변수명을 붙이고 값을 넣어 기억하는 것이죠. 이처럼 변수에 값을 넣어 기억하는 행위를 **저장**이라고 합니다. 예를 들어, 컴퓨터가 a = 10이라는 코드를 읽으면 메모리 공간을 찾아 a라는 이름으로 변수를 만들고 이 변수에 10을 저장합니다. 그리고 변수를 만들 때 처음 저장하는 값을 **초깃값**이라고 합니다. 따라서 a 변수의 초깃값은 10이 됩니다. 파이썬에서 변수를 만들려면 반드시 초깃값을 저장해야 합니다. 이렇게 변수를 만들어 초깃값을 저장하는 작업을 **변수를 정의한다**고도 합니다.

변수에 값을 저장하고 나서 이를 다시 사용하려면 값 자체인 10이 아니라 변수명 a로 불러내야 합니다. 10이라는 값에 a라는 이름이 붙었다고 생각하면 됩니다. 그래서 10을 출력할 때 print(10)이 아니라 print(a)로 코드를 작성합니다. 즉, 여기서 print(a)는 문자 a를 출력하라는 명령이 아니라 변수 a에 저장된 값을 출력하라는 명령입니다.

2장에서 배운 print('a')와 3장에서 배우는 print(a)는 매우 큰 차이가 있습니다. 바로 작은따옴표가 있고 없고의 차이죠. 2장에서 작은따옴표가 양옆에 붙으면 문자로 인식한다고 했으므로 print('a')는 문자 a를 그대로 출력합니다. 작은따옴표가 붙지 않은 print(a)는 어떻게 될까요? 파이썬에서 작은따옴표나 큰따옴표가 붙지 않은 문자는 자동으로 변수로 인식합니다. 따라서 다음과 같이 변수 a에 저장된 10이 출력됩니다.

```
a = 10
print('a')
print(a)
```

실행결과

```
a
10
```

이 부분이 헷갈리면 오류가 발생합니다. 2장에 나왔던 코드를 다시 봅시다.

```
print(가나다)
```

실행결과

```
NameError: name '가나다' is not defined
```

이 부분에서 발생한 오류를 이제 이해할 수 있을 거예요. 오류 내용을 해석하면 "이름 '가나다'는 정의되지 않았다"입니다. 보다시피 문자인 가나다 양옆에 작은따옴표가 없어서 컴퓨터가 이를 문자가 아닌 변수로 인식했기 때문입니다. 즉, 이름이 '가나다'인 변수가 만들어지지 않았다는 것이죠. 컴퓨터는 '가나다'를 변수라고 인식했는데 해당 이름의 변수가 존재하지 않으니 컴퓨터가 명령을 이해하지 못해 오류가 발생한 겁니다.

앞으로 이런 NameError를 만나면 당황하지 말고 변수명과 변수에 들어 있는 값, 문자 양옆에 작은따옴표를 빠뜨리지 않았는지 확인하세요.

변수에 문자 저장하기

프로그래밍에서는 수학에서와 달리 변수에 숫자뿐만 아니라 문자도 넣을 수 있습니다.

```
b = '학생'
print(b)
```

실행결과

학생

b라는 변수에 문자 '학생'을 저장했습니다. 앞에서 설명했듯이 문자는 반드시 양옆에 작은따옴표나 큰따옴표가 있어야 문자로 인식합니다. 코드를 실행해 보니 예상한 대로 '학생'이 출력됩니다. 이 코드를 다음과 같이 바꿔 봅시다.

```
b = '학생'
c = '고등'
print(b + c)
```

실행결과

학생고등

변수 c에 문자 '고등'을 저장하고 b와 c를 합쳐 출력하니 '학생고등'이 출력됩니다. 2장에서 '문자 + 문자'는 공백 없이 문자가 합쳐져서 출력된다고 배웠습니다. b와 c에 들어 있는 값이 모두 문자이므로 문제없이 출력됩니다. 그런데 단어가 이상합니다. 고등학생이 맞는 단어죠?

이는 print()에서 먼저 등장한 변수를 출력하고, 그 다음 변수를 출력하기 때문입니다. print(b + c)는 명령어 순서대로 b에 들어 있는 '학생'을 먼저 출력하고, 그다음 c에 들어 있는 '고등'을 출력합니다. 제대로 고등학생을 출력하려면 어떻게 할까요? 명령어 순서를 바꾸면 됩니다.

```
b = '학생'
c = '고등'
print(c + b)
c = '대'
print(c + b)
```

첫 번째는 고등학생이 출력되지만, 두 번째는 대학생이 출력됩니다. 처음에 변수 c에 문자 '고등'을 저장합니다. 그리고 네 번째 줄에서 c에 새로운 문자 '대'를 저장합니다. 이렇게 하면 처음 c에 넣은 값은 사라지고 새롭게 넣은 값이 c에 저장됩니다. 즉, 변수에는 마지막으로 저장한 값만 남고 이전 값은 없어집니다. 이처럼 변수는 하나의 값만 기억(저장)합니다.

조금 더 일반적인 예를 살펴봅시다.

```python
name = '유리'
height = 175.5
age = 21
hobby = 'programming'
print(name, height, age, hobby)
```

실행결과

유리 175.5 21 programming

이 코드는 각 변수에 이름, 키, 나이, 취미를 저장합니다. 그리고 마지막 출력 명령어에서 name, height, age, hobby 변수에 저장된 값을 출력합니다. 이때 각 변수를 콤마(,)로 연결했습니다. 콤마(,)는 2장에서 배웠듯이 여러 요소를 연결하는 역할을 하며, 문자나 숫자 외에 변수를 연결할 때도 사용합니다.

4개의 변수를 만들 때 컴퓨터 내부에서 일어나는 일은 다음과 같습니다.

그림 3-2 변수 만들기

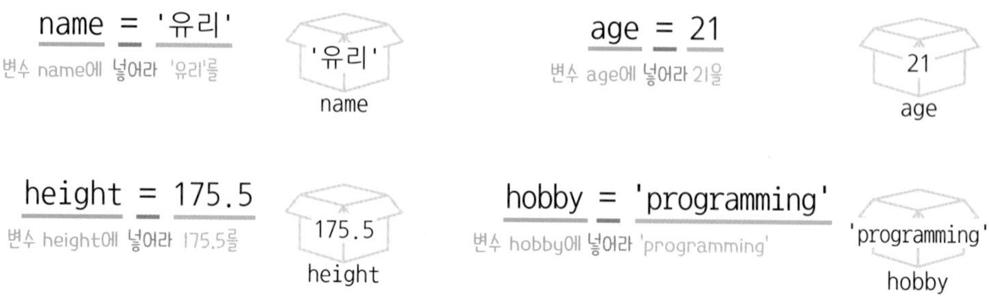

name = '유리'
변수 name에 넣어라 '유리'를
'유리'
name

age = 21
변수 age에 넣어라 21을
21
age

height = 175.5
변수 height에 넣어라 175.5를
175.5
height

hobby = 'programming'
변수 hobby에 넣어라 'programming'
'programming'
hobby

여기서 핵심은 변수에 들어 있는 값을 사용하고 싶을 때 값인 '유리'를 직접 사용하는 것이 아니라 값이 저장된 name 변수를 사용한다는 것입니다.

변수를 어떻게 활용하는지 자세히 알아봅시다. 출력 결과가 '유리 키는 175.5, 나이는 21, 취미는 programming입니다!'가 되게 하려면 앞의 코드를 어떻게 수정해야 할까요? 변수에 저장된 부분과 그렇지 않은 부분을 구분해 봅시다.

유리	키는	175.5	, 나이는	21	, 취미는	programming	입니다!
변수	문자	변수	문자	변수	문자	변수	문자

⬇

name '키는' height ', 나이는' weight ', 취미는' hobby '입니다!'

변수 부분과 문자 그대로 출력되는 부분을 색깔을 다르게 하니 구분되죠? 변수와 문자는 숫자와 문자처럼 서로 다른 요소입니다. 서로 다른 요소는 콤마(,)로 연결해 출력합니다. 따라서 노란색 부분의 변수와 파란색 부분의 문자 사이에 콤마를 넣습니다. 그리고 문자는 양옆에 작은따옴표를 붙여 표현합니다. 요소를 연결하는 콤마 외에 문자(파란색) 안에 포함된 콤마(,)도 있으니 잘 구분해야 합니다.

정리한 내용을 코드로 작성하고 실행해 봅시다.

```
name = '유리'
height = 175.5
age = 21
hobby = 'programming'
print(name, '키는', height, ', 나이는', age, ', 취미는', hobby, '입니다!')
```

실행결과

유리 키는 175.5 , 나이는 21 , 취미는 programming 입니다!

한 칸씩 공백을 넣어 출력하는 콤마 때문에 띄어쓰기가 생겼지만, 변수 값만 나오는 것보다는 조금 더 문장이 매끄러워졌네요.

이번에는 앞의 코드를 그대로 넣고 그 아래에 새로운 값을 넣은 후 다시 한번 실행해 봅시다.

```
name = '유리'
height = 175.5
age = 21
hobby = 'programming'
print(name, '키는', height, ', 나이는', age, ', 취미는', hobby, '입니다!')

name = '제임스'
height = 186
age = 24
hobby = '요리하기'
print(name, '키는', height, ', 나이는', age, ', 취미는', hobby, '입니다!')
```

실행결과

유리 키는 175.5 , 나이는 21 , 취미는 programming 입니다!
제임스 키는 186 , 나이는 24 , 취미는 요리하기 입니다!

print() 명령어로 실행한 내용은 같은데, 첫 번째 출력과 두 번째 출력이 다르게 나옵니다. 이것은 첫 번째 출력 이후 4개의 변수에 다른 값이 저장되어서 그렇습니다. 이를 그림으로 표현하면 다음과 같습니다.

그림 3-3 변수 값의 변화

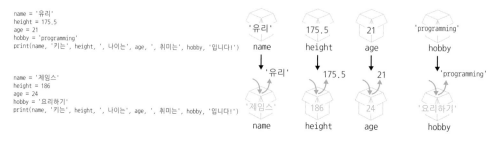

두 번째 그림에서 모든 변수에 새로운 값이 저장되면서 상자에서 값이 바뀌는 것이 보이나요? 변수에 새로운 값을 저장하면 이전 값은 사라진다는 것을 꼭 기억하세요!

> **NOTE format() 명령어**

한 문장에 변수와 문자를 구분하기 위해 콤마를 사용하는 대신 .format()을 사용해도 됩니다. 다음처럼 코드를 바꿔서 실행해 보세요.

❍ 계속

```
name = '제임스'
height = 186
age = 24
hobby = '요리하기'
print(name, '키는', height, ',', '나이는', age, ',', '취미는', hobby, '입니다!')
print('{} 키는 {}, 나이는 {}, 취미는 {}입니다!' .format(name, height, age, hobby))
```

실행결과

```
제임스 키는 186 , 나이는 24 , 취미는 요리하기 입니다!
제임스 키는 186, 나이는 24, 취미는 요리하기입니다!
```

작은따옴표로 묶여진 한 문장 안에서 중괄호({}) 부분이 변수에 저장된 값으로 변경되어 출력됩니다. .format() 명령어는 앞에 있는 문자들에서 {}를 찾아 .format()의 소괄호 안에 있는 값을 차례대로 하나씩 넣어 줍니다.

'{} 키는 {}, 나이는 {}, 취미는 {}입니다!' .format(name, height, age, hobby))

.format()은 파이썬에서 자주 활용합니다. 이 책에서는 .format()을 활용하지 않고도 충분히 진행할 수 있어서 사용하지 않지만, 직접 코드를 작성할 때는 한번 바꿔서 사용해 보세요.

변수에 연산 결과 저장하기

이번에는 변수에 숫자를 저장해 앞 장에서 배운 연산과 접목해 보겠습니다.

```
p = 3.141592
r = 5
print('원의 넓이 =', p * r ** 2)
```

실행결과

```
원의 넓이 = 78.5398
```

수학을 좋아하는 사람은 무슨 식인지 바로 알 겁니다. 원의 넓이를 구하는 공식 πr^2이죠. 공식을 몰라도 전혀 상관없습니다. 우리는 변수만 이해하면 되니까요.

코드를 살펴보겠습니다. 먼저 변수 p에는 소수점 이하 여섯째 자리까지 표현한 원주율을, r에는 반지름 5를 넣었습니다. 그리고 파이썬의 연산 방식(*는 곱하기, **는 거듭제곱임을 잊지 않았죠?)으로 원의 넓이를 구하는 공식을 표현하고 결과를 출력합니다.

이번에는 앞의 코드를 다음과 같이 바꾸어 다시 실행합니다.

```
p = 3.141592
r = 5
result = p * r ** 2
print(result)
```

실행결과

78.5398

이번에는 원의 넓이를 계산한 결과를 새로운 변수 result에 넣었습니다. 이전에는 변수에 정해진 값을 저장하는 것만 배웠습니다. 앞의 코드를 보니 result = p * r ** 2처럼 변수에 연산 결과를 저장할 수도 있습니다. 코드를 조금 더 자세히 살펴보겠습니다.

그림 3-4 변수에 연산 결과 저장하기

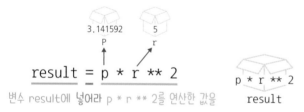

이 코드도 역시 'result 변수에 p * r ** 2를 연산한 값을 넣어라'로 이해하면 됩니다. 코드를 실행하면 컴퓨터 내부에서는 메모리 공간을 찾아 result라 이름 붙이고 p * r ** 2를 연산한 결과를 저장합니다. 이때 p에는 3.141592가, r에는 5가 들어 있으니 결국 3.141592 * 5 ** 2를 연산해 result에 저장합니다.

3.1.3 변수를 사용하는 이유

다음 두 코드는 결과는 같지만, 오른쪽 코드가 한 줄 더 깁니다. 오른쪽 코드에서는 p * r **
2의 결과를 다시 result 변수에 저장하지만, 왼쪽 코드에서는 결괏값을 변수에 저장하지 않기
때문입니다.

```
p = 3.141592
r = 5
print(p * r ** 2)
print('반지름이', r, '인 원의 넓이는', p * r
** 2)
```

```
p = 3.141592
r = 5
result = p * r ** 2
print(result)
print('반지름이', r, '인 원의 넓이는', result)
```

실행결과

78.5398
반지름이 5 인 원의 넓이는 78.5398

실행결과

78.5398
반지름이 5 인 원의 넓이는 78.5398

변수를 만들어 값을 저장하면 코드도 길어지고 번거로워 보입니다. 그런데도 변수를 사용하는
이유는 뭘까요?

첫 번째 이유는 기억하기 힘든 긴 데이터를 간단하게 저장할 수 있기 때문입니다. 원주율은 소
수점 아래로 무한한 값이 있습니다. 이 많은 숫자를 기억하기가 어려워서 보통 3.14라고 줄여
서 표현합니다. 변수를 활용하면 원주율처럼 긴 데이터를 계산할 때마다 기억하지 않아도 됩니
다. 그저 변수 p에 저장한 긴 원주율 숫자를 불러오기만 하면 됩니다. 원의 넓이뿐만 아니라 원
의 둘레, 반지름이 같은 구의 겉넓이도 변수 p에 저장된 값으로 구할 수 있습니다.

다음 코드를 실행해 보면 좀 더 이해하기 쉬울 겁니다. 참고로 원의 둘레를 구하는 공식은 $2\pi r$,
구의 겉넓이를 구하는 공식은 $4\pi r^2$입니다.

```
p = 3.141592
r = 5

# 원의 넓이
result1 = p * r ** 2
print('원의 넓이 =', result1)
```

```
# 원의 둘레
result2 = 2 * p * r
print('원의 둘레 =', result2)
# 구의 겉넓이
result3 = 4 * p * r ** 2
print('구의 겉넓이 =', result3)
```

실행결과

```
원의 넓이 = 78.5398
원의 둘레 = 31.41592
구의 겉넓이 = 314.1592
```

NOTE 주석

파이썬에서 코드 앞에 해시 기호(#)를 붙이면 해당 줄은 제외하고 실행합니다. 코드 실행에 전혀 영향을 주지 않는 부분으로, 이를 **주석**(comment)이라고 합니다. 코드가 어떤 역할이나 기능을 하는지 주석으로 설명을 넣을 수 있습니다. #은 한 줄짜리 주석을 처리할 때 사용합니다. 하지만 복잡한 프로그램을 다른 사람과 공유하려면 프로그램에 대한 설명을 상세하게 적어야 합니다. 이런 경우에 주석을 여러 줄로 작성해야 할 수 있습니다. 이때는 주석으로 처리하고 싶은 부분을 큰따옴표 3개(""")로 감싸면 됩니다.

```
"""
원의 넓이를 구하는 프로그램입니다.
변수 p는 원주율을 저장한 변수이고,
변수 r는 반지름을 저장한 변수입니다.
"""
p = 3.141592
r = 5

# 원의 넓이
result1 = p * r ** 2
print('원의 넓이 =', result1)
```

변수는 긴 데이터를 저장할 때도 편하지만, 이것보다 더 강력한 장점이 있습니다. 변수를 사용하면 값을 재사용할 수 있습니다. 예를 들어, 앞의 코드에서 반지름을 5에서 17로 변경한다고 해 봅시다. 반지름 변수를 사용하지 않는다면 어떨까요? 코드로 비교해 봅시다.

```
# 반지름 변수를 사용하지 않을 때
p = 3.141592

result1 = p * 17 ** 2
print('원의 넓이 =', result1)

result2 = 2 * p * 17
print('원의 둘레 =', result2)

result3 = 4 * p * 17 ** 2
print('구의 겉넓이 =', result3)
```

```
# 반지름 변수를 사용할 때
p = 3.141592
r = 17

result1 = p * r ** 2
print('원의 넓이 =', result1)

result2 = 2 * p * r
print('원의 둘레 =', result2)

result3 = 4 * p * r ** 2
print('구의 겉넓이 =', result3)
```

기존 코드에서 반지름의 값 5를 17로 바꿔야 하는데, 왼쪽 코드처럼 반지름 변수를 사용하지 않으면 반지름이 필요한 모든 부분을 바꿔야 합니다. 총 3번 바꾸네요. 하지만 변수를 사용하면 변수에 값을 저장하는 처음 한 번만 바꾸면 됩니다. 훨씬 간단하죠. '3번만 바꾸면 되는데 뭐가 번거롭지?'라고 생각할 수 있습니다. 프로그램에 조금 더 요소를 넣어 보겠습니다.

이번에는 반지름을 직접 입력받아 원의 넓이와 둘레, 구의 겉넓이를 구하는 프로그램을 작성합니다. 오른쪽 코드에서 딱 한 줄만 변경하면 됩니다. 어디를 변경하면 될까요? 반지름을 바꾼다고 했으니 반지름 변수에 값을 저장하는 r = 17을 변경하면 되겠네요. 그리고 입력을 받아야 하니 2장에서 배웠던 입력 명령어 input()을 사용해야죠. 그럼 바꿔 봅시다. 앞서 배운 형식을 그대로 적용하면 됩니다.

```
r = input()
```
변수 r에 저장해라 입력받은 값을

이 코드를 해석하면 '변수 r에 입력받은 값을 저장하라'고 할 수 있습니다. 이대로 두면 어떤 값을 입력해야 하는지 알기 어렵겠죠? 여기에 안내문을 넣어 봅시다. 간단하게 '반지름은?'이라고 넣겠습니다. 추가로 결괏값 출력 부분은 한 줄로 작성합니다.

```
p = 3.141592
r = input('반지름은? ')

result1 = p * r ** 2
result2 = 2 * p * r
result3 = 4 * p * r ** 2

print('원의 넓이 =', result1, '원의 둘레 =', result2, '구의 겉넓이 =', result3)
```

실행결과

반지름은? **999**

----> 4 result1 = p * r ** 2
TypeError: unsupported operand type(s) for ** or pow(): 'str' and 'int'

반지름을 입력하니 오류가 발생하네요. 오류는 나중에 설명하고, 우선 코드를 다음과 같이 조금만 수정합니다.

```
p = 3.141592
r = int(input('반지름은? '))

result1 = p * r ** 2
result2 = 2 * p * r
result3 = 4 * p * r ** 2

print('원의 넓이 =', result1, '원의 둘레 =', result2, '구의 겉넓이 =', result3)
```

실행결과

반지름은? **999**
원의 넓이 = 3135311.9575920003 원의 둘레 6276.900816 구의 겉넓이 = 12541247.830368001

이번에는 결괏값이 제대로 나옵니다. 이처럼 복잡한 값을 저장하거나 값이 수시로 변경될 때 변수를 사용하는 것이 효율적입니다. 재실행하며 반지름에 다양한 숫자를 넣어 보세요!

3.1.4 변수를 사용할 때 유의할 점

변수를 사용할 때 지키면 좋은 규칙이 있습니다. 바로 의미 있는 이름으로 변수를 만드는 것입니다. 앞의 코드에서는 변수명을 result1, result2, result3으로 했는데 변수만 보면 어떤 값을 담고 있는지 바로 알기가 어렵습니다. 그래서 변수명은 변수에 저장하는 값이 의미하는 바를 나타내도록 정하는 것이 좋습니다. 그러면 프로그래밍하기도 편하고, 다른 사람들이 여러분의 코드를 볼 때도 이해하기가 훨씬 쉽습니다. 우리가 다른 사람의 코드를 볼 때도 편하고요.

그럼 앞의 코드를 바꿔 보겠습니다. 원의 넓이는 circle area를 줄여 c_area, 원의 둘레는 circle length를 줄여 c_len, 구의 넓이는 sphere area를 줄여 s_area라고 합시다.

```
p = 3.141592
r = int(input('반지름은? '))

c_area = p * r ** 2
c_len = 2 * p * r
s_area = 4 * p * r ** 2

print('원의 넓이 =', c_area, '원의 둘레 =', c_len, '구의 겉넓이 =', s_area)
```

실행결과
반지름은? **999**
원의 넓이 = 3135311.9575920003 원의 둘레 = 6276.900816 구의 겉넓이 = 12541247.830368001

어떤 코드인지 파악하기가 좀 더 쉬워졌습니다. 사소한 차이일 수 있지만, 나중에 더 길고 정교한 프로그램을 만들게 되면 이런 직관적인 변수명이 더욱 중요해집니다.

3.1.5 변수를 사용해 간단한 프로그램 만들기 1

지금까지 배운 내용을 바탕으로 간단한 프로그램을 만들어 보겠습니다.

1. 자기 소개 프로그램을 작성해 봅시다. 이름, 나이, 특징을 입력받아 변수에 저장한 후 다음처럼 출력합니다.

실행결과

이름 : **고라니**
나이 : **4**   ⎫ 입력받는 부분
특징 : **애교가 많은 편** ⎭
고라니(4) 애교가 많은 편 ⎫ 출력하는 부분
애교가 많은 편인 고라니   ⎭

> **힌트** 프로그램을 작성하기 전에 변수가 몇 개 필요한지, 변수명은 어떻게 지을지 생각해 보세요! 그리고 나서 생각한 것과 결과가 같은지 비교하세요.

앞에서 모두 배운 내용이라 어렵지 않습니다. 다만 여러 요소를 연결해 출력하는 콤마와 + 연산자의 차이점을 잘 파악하고 적절히 활용할 수 있어야 합니다. 먼저 '고라니(4)'와 '애교가 많은 편인'을 출력할 때는 공백 없이 문자를 연결해야 하므로 + 연산자를 사용합니다. ')' 뒤에 오는 '애교가 많은 편'과 '인' 뒤에 오는 '고라니'를 출력하려면 ')' 뒤와 '인' 뒤에 공백을 한 칸 만든 후 특징을 출력해야 하므로 콤마를 사용합니다. 코드를 바꾸어 가며 출력 형태를 더 다양하게 만들어 연습해 보세요.

```
name = input('이름 : ')
age = input('나이 : ')
feature = input('특징 : ')
print(name + '(' + age + ')', feature)
print(feature + '인', name)
```

NOTE 자동 완성 기능

에디터를 사용할 때 '자동 완성' 기능을 활용하면 만들어 둔 변수나 미리 만들어진 명령어를 일일이 작성하지 않아도 돼서 코딩 속도를 빠르게 할 수 있습니다.

코랩에서는 [설정 → 편집기 → 코드 완성 제안을 자동으로 표시]에 체크되어 있으면 별다른 키를 누르지 않아도 자동으로 나타납니다(설정 메뉴는 코랩 파일의 오른쪽 상단에 있는 톱니바퀴 모양 버튼을 클릭하면 나옵니다). 이후 명령어나 변수의 첫 글자를 입력하면 작은 창이 뜨면서 클릭할 수 있는 요소가 몇 개 나옵니다. 마우스로 클릭하거나 위아

● 계속

래 화살표로 이동해 [Enter]를 누르면 자동으로 작성됩니다. 다만, 변수는 정의한 후부터 자동 완성 기능이 적용됩니다. 주피터 노트북에서는 첫 글자 다음에 [Tab] 키를 눌러 줘야 합니다. 이후 선택 방법은 같습니다.

그림 3-5 자동 완성 기능

코랩   주피터 노트북

자동 완성 기능은 코드를 잘못 작성하는 것을 막고 프로그래밍을 편하게 작성하도록 도 와줍니다. 자동 완성 기능이 있으니 좀 길더라도 의미 있는 변수명을 만들어 보세요.

2. 1년마다 키가 10cm씩 자라는 농구선수가 있습니다. 2017년에는 175.5cm, 2018년에는 185.5cm, 2019년에는 195.5cm, 2020년에는 205.5cm였습니다. 연도별 농구선수의 키를 다음처럼 출력해 봅 시다.

실행결과

```
2017 년 - 175.5 cm
2018 년 - 185.5 cm
2019 년 - 195.5 cm
2020 년 - 205.5 cm
```

> 힌트 프로그램을 작성하기 전에 실행결과를 보고 변하는 부분과 변하지 않는 부분을 나눠 보면 어디를 변수로 만들어 야 할지 알 수 있습니다.

먼저 연도가 2017, 2018, 2019, 2020으로 1씩 증가하며 변하는 것이 보입니다. 그다음 키가 175.5, 185.5, 195.5, 205.5로 10씩 증가합니다. 변하는 부분이 두 군데이니 변수 를 2개 만들어야 합니다. 연도를 저장하는 변수를 year로, 키를 저장하는 변수를 height 로 정하고 일단 첫 줄만 출력하게 작성해 보겠습니다.

```python
year = 2017
height = 175.5
print(year, '년 -', height, 'cm')
```

2017 년 - 175.5 cm

NOTE 콤마(,)와 + 연산자

오류가 발생한다면 콤마 대신에 + 연산자를 사용하지 않았는지 살펴보세요.

```
year = 2017
height = 175.5
print(year + '년 -' + height + 'cm')
```

실행결과
```
----> 3 print(year + '년 -' + height + 'cm')
TypeError: unsupported operand type(s) for +: 'int' and 'str'
```

공백이 생기지 않게 print(year + '년 -' + height + 'cm')로 작성하면 오류가 발생합니다. 결과창에 어떤 오류인지 나타납니다. 오류를 해석하는 방법은 다음 절에 배우므로 여기에서는 생략하겠습니다. 하지만 오류를 해석하지 않아도 이미 배운 부분이라서 쉽게 알 수 있습니다. + 연산자는 '숫자 + 숫자'나 '문자 + 문자'일 때는 문제가 없습니다. 그러나 '문자 + 숫자'처럼 다른 요소를 +로 연결하면 오류가 발생합니다. 앞에서도 설명했듯이 year는 양옆에 작은따옴표가 없으니 문자가 아닌 변수로 인식합니다. 숫자와 문자를 +로 연결해서 오류가 발생한 겁입니다. 공백이 신경 쓰이더라도 일단은 콤마를 사용하세요.

다음으로 year에 2018을 넣습니다. year = 2018처럼 year에 바로 2018이라는 값을 넣을 수도 있지만, 연도가 1씩 증가하므로 연산자를 활용해 봅시다. 새로운 year에는 기존 year에서 1이 증가한 값이 들어가야 합니다. 그러면 다음과 같이 표현할 수 있습니다.

```
year = year + 1
```

이 코드는 '변수 year에 year + 1을 계산한 값을 넣어라'로 해석할 수 있습니다. 이때 변수

year에는 숫자가 저장되어 있으므로 year + 1은 숫자 + 숫자가 되어 계산이 가능합니다.

<u>year</u> = <u>year + 1</u>
변수 year에 저장해라 year + 1을 계산해서

현재 year의 값이 2017이므로 1을 더한 값인 2018을 year에 다시 저장한다는 의미죠. 그러면 year에서는 2017이 사라지고 2018이 새로 저장됩니다. 이와 마찬가지로 키를 저장하는 변수 height 값을 10씩 증가시키는 코드도 작성할 수 있습니다.

```
year = 2017
height = 175.5
print(year, '년 -', height, 'cm')
year = year + 1
height = height + 10
print(year, '년 -', height, 'cm')
```

실행결과
```
2017 년 - 175.5 cm
2018 년 - 185.5 cm
```

print() 명령어에 사용한 변수는 같은데, 변수 값이 바뀌어 결과도 다른 값이 나옵니다. 남은 2019년과 2020년도 추가해 봅시다.

```
year = 2017
height = 175.5
print(year, '년 -', height, 'cm')
year = year + 1
height = height + 10
print(year, '년 -', height, 'cm')
year = year + 1
height = height + 10
print(year, '년 -', height, 'cm')
year = year + 1
height = height + 10
print(year, '년 -', height, 'cm')
```

```
2017 년 - 175.5 cm
2018 년 - 185.5 cm
2019 년 - 195.5 cm
2020 년 - 205.5 cm
```

변수에 저장된 값이 어떻게 변하는지 직접 확인하면서 프로그램을 작성해 보세요!

하나 더, 여기서 코드양을 줄일 방법이 있습니다. year = year + 1, height = height + 10은 현재 변수의 값에 숫자를 더해 다시 해당 변수에 넣는다는 공통점이 있습니다. 그런데 등호를 기준으로 왼쪽과 오른쪽에 변수명이 반복됩니다. 그래서 다음과 같이 줄여 씁니다.

```
year += 1
height += 10
```

앞의 코드를 수정하면 다음과 같습니다.

```
year = 2017
height = 175.5
print(year, '년 -', height, 'cm')
year += 1
height += 10
print(year, '년 -', height, 'cm')
year += 1
height += 10
print(year, '년 -', height, 'cm')
year += 1
height += 10
print(year, '년 -', height, 'cm')
```

실행하면 같은 결과가 나옵니다. 앞으로 이런 형태의 코드가 나오면 이 방법을 활용해 코드양을 줄여 보세요.

NOTE 연산자 줄이기

앞에서 보듯이 a = a + 1은 a += 1로 줄여 쓸 수 있습니다. 그럼 다른 연산자는 어떨까요? 코드를 실행해 보면 알겠지만, 다른 연산자도 줄여 쓸 수 있습니다.

표 3-1 연산자 줄이기

줄이기 전	줄인 후
a = a + 5	a += 5
a = a - 9	a -= 9
a = a * 7	a *= 7
a = a / 2	a /= 2

1분 퀴즈

1 변수에 대한 다음 설명 중 틀린 것을 고르세요.

① x = 99가 실행되면 x라는 변수에 99가 저장된다.

② 변수명은 변수에 담길 값의 특징을 나타내는 것이 좋다.

③ 값이 자주 바뀔 때 변수를 사용하면 프로그램 수정을 최소화할 수 있다.

④ a 변수에 22가 저장되어 있을 때 print('a')를 실행하면 22가 출력된다.

⑤ s = s * 90은 s *= 90으로 줄여 쓸 수 있다.

정답 및 해설: 해설 노트 722쪽

3.2
변수에 저장되는 데이터의 유형: 데이터 타입

3.2.1 데이터 타입이란

변수의 의미와 특징을 알아보면서 변수에 숫자, 문자 등 다양한 값을 저장했습니다. 이렇게 변수에 저장한 숫자나 문자 등을 모두 **데이터**라고 합니다.

앞에서 작성한 코드 중 일부를 다시 살펴볼까요?

```
year = 2016
height = 175.5
name = '제임스'
```

코드를 실행하면 year와 height 변수에는 2016과 175.5라는 숫자 데이터가, name 변수에는 '제임스'라는 문자 데이터가 저장됩니다. 숫자와 문자는 다른 유형의 데이터이기 때문에 이를 구분하는 방법으로 코드에서 문자 데이터 앞뒤에만 작은따옴표를 넣습니다.

그런데 2016과 175.5도 같은 숫자지만, 생김새가 조금 다릅니다. 2016은 소수점이 없고, 175.5에는 소수점이 있죠. 이렇게 숫자에 소수점이 없으면 **정수**, 소수점이 있으면 **실수**라고 합니다. 따라서 2016은 정수 데이터, 175.5는 실수 데이터입니다.

프로그래밍에서는 이런 정수, 실수, 문자를 **데이터 타입**(data type)이라고 합니다. 데이터 타입은 데이터(data)와 타입(type) 두 단어를 합친 말로, 데이터는 자료를 의미하고, 타입은 유형이나 형태를 의미합니다. 그러므로 데이터 타입은 자료의 유형이라고 할 수 있죠. 그래서 데이터 타입을 **자료형**이라고도 합니다.

앞에 나온 내용을 조금 바꿔서 말하면 2016은 정수이므로 데이터 타입이 정수형입니다. 그래서 2016이라는 정수 데이터를 담고 있는 year 변수는 자동으로 데이터 타입이 **정수형**이 됩니다. 코드로 확인해 볼까요?

```
year = 2016
print(type(year))
```

실행결과

```
<class 'int'>
```

type()은 데이터 타입을 알려 주는 명령어로, 소괄호 안에 데이터 타입을 알고 싶은 값을 넣습니다. type(year)의 결과를 눈으로 확인하기 위해 print()도 추가했습니다.

실행결과의 class는 일단 '그룹' 정도로 이해하면 됩니다. 나중에 설명하니 여기서는 크게 신경 쓰지 않아도 됩니다. year의 데이터 타입이 int라고 나왔네요. int는 정수를 뜻하는 integer의 약자로, 정수형을 뜻합니다. 마찬가지로 175.5는 실수 데이터이므로 175.5를 담고 있는 변수 height 역시 자동으로 데이터 타입이 **실수형**이 됩니다.

```
height = 175.5
print(type(height))
```

실행결과

```
<class 'float'>
```

이번에는 float가 나오네요. 부동소수점을 의미하는 floating point를 줄여 float라고 합니다. floating point는 직역하면 '떠다니는 점'인데, 실수에 등장하는 소수점이 숫자들 사이에서 떠다니는 듯 보여서 이렇게 부른다고 합니다.

'제임스'로 넘어가 봅시다. '제임스'는 문자입니다. 그러니 '제임스'가 들어 있는 name 변수의 데이터 타입도 당연히 문자형이 됩니다.

```
name = '제임스'
print(type(name))
```

실행결과

`<class 'str'>`

파이썬에서 문자는 string의 약자인 str로 표현합니다. string은 원래 끈, 줄 등을 의미하는데, 컴퓨터에서는 하나 이상의 문자나 단어를 의미하게 됐습니다. 그래서 문자 데이터의 데이터 타입은 **문자열**(string)이라고 합니다.

그럼 지금까지 나온 데이터 타입을 정리해 봅시다.

표 3-2 파이썬의 데이터 타입

데이터 타입		파이썬에서 데이터 타입 표기	의미
숫자형	정수형	`int`	integer
	실수형	`float`	floating point
문자열		`str`	string

3.2.2 초보자가 겪는 흔한 오류

2장 55쪽에 나온 나온 코드를 다시 한번 봅시다. TypeError가 발생한 코드입니다.

```
print('123' + 2)
```

실행결과

```
----> 1 print('123' + 2)
TypeError: must be str, not int
```

이렇게 오류가 발생하면 오류 내용의 가장 마지막 줄을 먼저 보는 게 좋습니다. 오류의 종류와 구체적 내용을 보여 주거든요. 마지막 줄에 TypeError: must be str, not int라고 나옵니다

(주피터 노트북 등의 일부 에디터에서는 TypeError: can only concatenate str (not "int") to str로 나옵니다. 의미는 동일하니 당황하지 마세요).

프로그래밍 언어들은 외국에서 만들어지다 보니 설명이 대부분 영어로 나옵니다. 수준 높은 독해력이 필요하지 않으니 모르는 단어는 인터넷으로 찾아가며 직접 해석해 보기를 권합니다. 오류 내용을 해석해 보면 "타입오류: 정수형이 아닌 문자열이어야 한다"가 되겠네요. 문자와 숫자를 더해서 오류가 발생한 것이죠. 데이터 타입을 공부하고 나니 오류 내용이 이제 이해됩니다.

90쪽에 나온 코드도 다시 한번 살펴볼까요? 반지름을 입력받는 부분에서 오류가 났습니다. 오류 내용을 직접 해석해 봅시다.

```
p = 3.141592
r = input('반지름은? ')

result1 = p * r ** 2
result2 = 2 * p * r
result3 = 4 * p * r ** 2

print('원의 넓이 =', result1, '원의 둘레 =', result2, '구의 겉넓이 =', result3)
```

실행결과

반지름은? **999**

----> 4 result1 = p * r ** 2
TypeError: unsupported operand type(s) for ** or pow(): 'str' and 'int'

4번째 줄에서 오류가 발생했습니다. 마지막 줄의 오류 내용을 해석해 보면 "타입오류: ** 또는 거듭제곱에서 지원하지 않는 연산자 타입: '문자열'과 '정수형'"입니다. 문자와 숫자 간에는 제곱 연산이 불가능하다는 뜻입니다. 그럼 p * r ** 2 중 어떤 변수가 str(문자열)일까요? 변수 p는 프로그램 첫 줄에서 실수 형태의 원주율을 저장했기 때문에 float입니다. 그러면 r이 str이겠네요. 그런데 조금 이상하죠. 입력 값으로 999를 넣었으니 int(정수) 타입이어야 하는데 왜 str일까요? 다음 코드로 확인해 봅시다.

```
a = input()
print(type(a))
```

입력칸에 '안녕하세요'를 입력하면 어떤 데이터 타입이 나올까요?

실행결과

```
안녕하세요
<class 'str'>
```

str이 나옵니다. 문자를 넣었으니 당연히 str이 나오죠. 그럼 999를 입력했을 때 결과를 예상해 보세요. int가 나올까요?

실행결과

```
999
<class 'str'>
```

당연히 int가 나올 줄 알았는데 str이 나왔네요. 어떻게 된 걸까요? 그 비밀은 input()에 숨어 있습니다. input()은 데이터를 입력받는 명령어입니다. 그런데 파이썬에서는 데이터가 문자든, 숫자든 상관없이 input()으로 입력받는 모든 값을 그냥 문자열로 취급합니다. 그래서 앞에서 TypeError가 발생한 것이죠.

input()으로 입력받는 데이터는 모두 문자열(str)로 인식한다.

따라서 입력받은 데이터로 계산하려면 문자열을 숫자형으로 바꿔야 합니다. 이처럼 프로그램에서는 종종 변수의 데이터 타입을 바꿔야 하는 일이 생깁니다. 문자열을 숫자형으로 또는 숫자형을 문자로 바꾸기도 하죠. 그럼 데이터 타입은 어떻게 바꿀까요?

3.2.3 데이터 타입 바꾸기

변수의 데이터 타입을 바꾸는 방법은 매우 간단합니다. 변경하려는 데이터 타입으로 해당 변수를 감싸면 됩니다. 만약 소수점까지 표현할 수 있는 실수로 바꾸고 싶다면 바꾸고 싶은 변수를 실수형을 나타내는 float()로 감싸 줍니다.

```
score = 79
print(type(score), score)

# 실수형으로 바꾸기
score = float(score)
print(type(score), score)
```

실행결과
```
<class 'int'> 79
<class 'float'> 79.0
```

score 변수의 데이터 타입은 int(정수형)로 나옵니다. 데이터 타입을 바꾸고 싶은 score 변수를 float()로 감싸 실수형으로 바꾸고 이를 다시 변수 score에 저장합니다. 그러고 나서 score 변수의 데이터 타입과 저장된 값을 출력합니다. score의 데이터 타입은 float고, 저장된 값은 실수로 변환한 79.0이 나옵니다.

이해하기 쉽게 그림으로 볼까요? 원래 79가 저장되어 있던 score 변수를 float()로 감싸 주면 실수형으로 값이 변경됩니다.

그림 3-6 정수형 데이터를 실수형으로 바꾸기

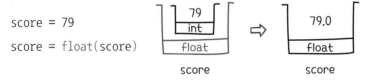

```
score = 79
score = float(score)
```

이번에는 실수형을 정수형으로 바꿔 볼까요? 어떻게 하면 될까요? 맞습니다. 바꾸려는 값이 저장된 변수를 정수형을 나타내는 int()로 감싸면 됩니다.

```
avg = 84.3
print(type(avg), avg)

# 정수형으로 바꾸기
avg = int(avg)
print(type(avg), avg)
```

```
<class 'float'> 84.3
<class 'int'> 84
```

TIP 가끔 int(avg)만 타이핑하고 실행하는 사람이 종종 있습니다. int(avg)와 avg = int(avg)는 매우 다릅니다. 데이터 타입을 바꾸는 것은 동일하지만, 바꾼 값을 변수에 다시 저장하느냐 저장하지 않느냐의 차이가 있습니다. 데이터 타입을 바꾸고 다시 변수에 저장하지 않으면 바꾼 내용을 컴퓨터가 기억하지 않으므로 의미가 없습니다. 데이터 타입을 바꾼 후 다시 저장하기를 잊지 마세요.

84.3이 저장된 avg 변수를 int()로 감싸서 정수형으로 만들었습니다. 이때 유의해야 할 부분이 있습니다. 실수형을 정수형으로 바꾸는 것은 소수점이 있는 형태에서 없는 형태로 변경하는 것이어서 소수점과 소수점 이하의 수를 버리게 됩니다. int로 데이터 타입을 변경할 때는 이 부분에 유의하세요!

그림 3-7 실수형 데이터를 정수형으로 바꾸기

```
avg = 84.3
avg = int(avg)
```

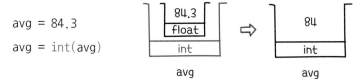

그러면 정수형이나 실수형을 문자열로 바꾸고 싶을 때는 어떻게 할까요? 이도 마찬가지로 변경하려는 변수를 문자열을 나타내는 str()로 감싸면 됩니다.

```
x = 32
y = 32.9

x = str(x)
y = str(y)

print(type(x), type(y))
print(x + y)
```

실행결과

```
<class 'str'><class 'str'>
3232.9
```

정수 32가 들어 있는 x 변수를 str()로 감싸면 데이터가 문자 '32'로 바뀌어 다시 x에 저장됩니다. y 변수 역시 문자 '32.9'로 변경되어 저장됩니다. 두 변수가 모두 문자로 변환됐기 때문에 print(x + y)를 실행했을 때 숫자 + 숫자가 아닌 문자 + 문자 연산을 합니다. 그래서 64.9가 아닌 3232.9가 출력됩니다.

이번에는 문자열을 숫자형으로 변경해 볼까요?

```
a = '30'
print(type(a))

a = int(a)
print(type(a), a * 3)
```

실행결과
```
<class 'str'>
<class 'int'> 90
```

문자열인 a 변수를 int()로 감싸서 숫자형으로 만듭니다. 마지막 줄에서 a * 3을 하니 숫자 연산이 되어 출력됩니다. 만약 a가 숫자형으로 바뀌지 않았다면 90이 아니라 303030이 출력됐겠죠?

그림 3-8 문자열 데이터를 정수형으로 바꾸기

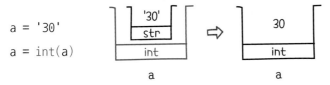

그런데 숫자를 작은따옴표로 감싼 문자열이 아니라 진짜 문자열을 숫자형으로 바꾸면 어떻게 될까요? 예를 들어, a 변수에 '제임스'가 저장됐을 때 int()로 감싸면 정수형으로 바뀔까요? 한번 실행해 봅시다.

```
a = '제임스'
print(type(a))

a = int(a)
print(type(a), a * 3)
```

```
<class 'str'>
----------------------------------------------------------------------
----> 4 a = int(a)
ValueError: invalid literal for int() with base 10: '제임스'
```

역시 오류가 발생합니다. 4번째 줄에서 오류가 발생했네요. 마지막 줄의 ValueError 내용을 해석해 봅시다. base 10은 '10진법'을 의미하므로 "값오류: 10진법에서 정수형에 유효하지 않은 문자: '제임스'"라고 해석할 수 있습니다. 이는 a 변수에 저장된 '제임스'를 정수형으로 바꿀 수 없다는 뜻입니다. 한글이나 알파벳으로 된 문자는 int()로 감싸도 정수형으로 바꿀 수 없습니다. float()도 마찬가지고요.

> **제제쌤의 조언**
> 파이썬은 데이터 타입만 잘 이해해도 훨씬 수월하게 프로그래밍할 수 있습니다. 데이터 타입이 다소 지루하게 느껴지더라도 천천히 꼼꼼하게 학습해서 자신의 것으로 만들길 바랍니다.

그러면 **3.2.2 초보자가 겪는 흔한 오류**에서 본 두 가지 오류를 고치려면 어떻게 해야 할까요?

첫 번째 오류는 문자와 숫자 사이에 +를 사용할 수 없는 오류였죠. 해결 방법은 두 가지입니다. 문자를 숫자로 바꾸거나 숫자를 문자로 바꾸는 방법입니다.

수정 전 코드	수정 후 코드

```
print('123' + 2)
```

```
print('123' + '2')
# 또는
print(int('123') + 2)
```

실행결과
```
1232
125
```

input()으로 반지름을 입력받은 101쪽 두 번째 코드의 오류를 봅시다. 앞에서 오류를 해결할 때 input('반지름은? ')을 int()로 감싸서 실행했습니다.

```
p = 3.141592
r = int(input('반지름은? '))
# 또는 두 줄로
```

```
# r = input('반지름은? ')
# r = int(r)

result1 = p * r ** 2
result2 = 2 * p * r
result3 = 4 * p * r ** 2

print('원의 넓이 =', result1, '원의 둘레 =', result2, '구의 겉넓이 =', result3)
```

실행결과

반지름은? **999**
원의 넓이 = 3135311.9575920003 원의 둘레 6276.900816 구의 겉넓이 = 12541247.830368001

input()으로 입력받으면 값이 문자열로 인식됩니다. 그러므로 입력받은 값을 정수형으로 바꿔야 합니다. input('반지름은?') 부분을 int()로 감싸면 문자열로 인식된 입력값이 정수형으로 다시 바뀌어 변수 r에 저장됩니다.

```
r = input('반지름은? ')          → str
```
⬇
```
r = int(input('반지름은? '))  → int
```


3.2.4 변수를 사용해 간단한 프로그램 만들기 2

지금까지 내용을 바탕으로 간단한 프로그램을 만들어 보겠습니다.

1. 마트에서 과자와 라면, 햄을 사려고 합니다. 과자와 라면, 햄의 개수를 각각 입력받아 총 금액이 얼마인지 알려 주는 프로그램을 작성해 봅시다. 이때 과자는 1200원, 라면은 800원, 햄은 2400원이고, 다음처럼 출력합니다.

실행결과

과자를 몇 개 구매하겠습니까? **3**
라면을 몇 개 구매하겠습니까? **5** ⎫ 입력받는 부분
햄을 몇 개 구매하겠습니까? **2** ⎭
총 금액: 12400 ⎱ 출력하는 부분

힌트 이 프로그램에는 과자의 가격과 개수, 라면의 가격과 개수, 햄의 가격과 개수, 총 금액까지 모두 7개의 요소가 있습니다. 이 모든 요소를 변수로 만들어야 할까요? 프로그램 안에서 변하는 요소와 변하지 않는 요소를 잘 구분해서 작성해 보세요.

7가지 요소 중 변하는 부분은 입력받는 부분인 과자 개수, 라면 개수, 햄 개수일 겁니다. 따라서 이 세 요소를 변수에 담는 것이 좋죠. 과자 개수는 snack count 줄여 s_cnt, 라면 개수는 ramen count를 줄여 r_cnt, 햄 개수는 ham count를 줄여 h_cnt로 변수명을 짓겠습니다. 그리고 총 금액도 입력받는 개수에 따라 변하니 변수에 저장하는 게 좋겠네요. price라고 하겠습니다. 이렇게 변수로 만들어 두면 나중에 필요할 때 변수명으로 언제든지 활용할 수 있습니다. 변수가 정해졌으니 이를 이용해 코드를 작성하면 됩니다.

```python
s_cnt = int(input('과자를 몇 개 구매하겠습니까? '))
r_cnt = int(input('라면을 몇 개 구매하겠습니까? '))
h_cnt = int(input('햄을 몇 개 구매하겠습니까? '))

price = 1200 * s_cnt + 800 * r_cnt + 2400 * h_cnt
print('총 금액:', price)
```

2. **1번 문제의 마트에서 25% 할인 행사를 한다고 합니다. 앞의 코드를 조금 수정해 할인 전 금액과 할인 후 금액을 각각 출력해 봅시다.**

실행결과

과자를 몇 개 구매하시겠습니까? **3**
라면을 몇 개 구매하시겠습니까? **5**
햄을 몇 개 구매하시겠습니까? **2**
할인 전 금액: 12400 , 할인 후 금액: 9300.0   변경된 부분

총 금액을 price에 저장해 두었기 때문에 이를 활용하면 쉽게 완성할 수 있습니다.

```python
s_cnt = int(input('과자를 몇 개 구매하겠습니까? '))
r_cnt = int(input('라면을 몇 개 구매하겠습니까? '))
h_cnt = int(input('햄을 몇 개 구매하겠습니까? '))

price = 1200 * s_cnt + 800 * r_cnt + 2400 * h_cnt
print('할인 전 금액:', price, ', 할인 후 금액:', price * 0.75)
```

NOTE 정수와 실수의 연산

결과에서 조금 이상한 점이 있죠. 할인 전 금액은 정수였는데, 할인 후 금액은 소수점이 붙은 실수로 나옵니다. 이는 컴퓨터가 숫자를 연산할 때 두 값 중 하나라도 실수면 실수를 기준으로 연산해서 그렇습니다. 정수보다 범위가 더 큰 실수를 기준으로 연산해야 버림하는 부분 없이 더 정확하게 계산 결과가 나오기 때문입니다. 확인해 볼까요?

```python
print(9 + 2.0)
print(9 - 2.0)
print(9 * 2.0)
print(9 / 2.0)
```

실행결과

```
11.0
7.0
18.0
4.5
```

정수와 실수의 사칙연산 결과는 모두 실수로 나옵니다. 이를 정수 형태로 바꾸어 출력하고 싶다면 앞에서 배운 대로 int()로 감싸면 됩니다.

그런데 정수와 정수를 연산해도 결과가 실수로 나올 때가 있습니다. 바로 나눗셈입니다.

```python
print(5 + 3)
print(5 - 3)
print(5 * 3)
print(5 / 3)
```

실행결과

```
8
2
15
1.6666666666666667
```

정수 5와 3을 사칙연산하면 나눗셈에서만 결과가 실수로 나옵니다. 나머지가 발생하지 않는 나눗셈도 실수로 나오므로 파이썬에서는 나눗셈을 하면 결과는 무조건 실수로 나온다는 점을 기억해 두세요.

3. 정수 2개를 입력받아 사칙연산하는 프로그램을 작성해 봅시다.

실행결과

숫자1 입력: **12**
숫자2 입력: **4** ─┐ 입력받는 부분

두 수를 더한 값: 16
두 수를 뺀 값: 8 ─┐ 출력하는 부분
두 수를 곱한 값: 48
두 수를 나눈 값: 3.0 ─┘

결과 코드를 보기 전에 먼저 스스로 코드를 작성해 보세요! 프로그래밍 실력 향상에 큰 도움이 됩니다!

힌트 숫자를 입력받으려면 뭐가 필요할까요? 입력받은 숫자는 어떻게 저장할까요? 변수는 몇 개가 필요할까요?

숫자 2개를 입력받으니 input()도 2개가 필요하겠죠? 또한, 숫자 2개를 각각 저장해야 하므로 변수도 2개 필요합니다. 변수명은 간단하게 num1, num2로 하겠습니다. 입력받는 숫자를 변수에 저장하는 코드는 쉽게 만들 수 있습니다. input('숫자1 입력: ')과 input('숫자2 입력: ')으로 입력받아 각각 num1, num2에 저장하면 됩니다. 그리고 input()으로 입력받은 모든 데이터는 문자열입니다. 숫자를 입력해도 문자열로 인식합니다. 따라서 int()로 감싸서 정수형으로 바꿔야 합니다. 이제 변수 num1, num2에 숫자가 저장됐으니 변수끼리 사칙연산한 후 안내문과 함께 print()로 출력하기만 하면 됩니다.

```python
num1 = int(input('숫자1 입력: '))
num2 = int(input('숫자2 입력: '))

print('두 수를 더한 값:', num1 + num2)
print('두 수를 뺀 값:', num1 - num2)
print('두 수를 곱한 값:', num1 * num2)
print('두 수를 나눈 값:', num1 / num2)
```

1분 퀴즈

2 다음 중 오류가 발생하는 코드를 고르고, 오류가 발생하지 않는 나머지 4개 항목의 결 괏값을 예상해 보세요.

①
```python
a = 99
print(str(a) +'.9')
```

②
```python
b = '45'
print(float(b) / 3)
```

③
```python
c = input('숫자 입력: ')
print(c / 5)
```

④
```python
d = input('숫자 입력: ')
print(d * 5)
```

⑤
```python
e = int(input('숫자 입력: '))  # 단, 숫자형 데이터가 입력된다고 가정
print(e * 5)
```

정답 및 해설: 해설 노트 722쪽

3
마무리

이 장에서 배운 내용을 정리해 보겠습니다.

1 **변수** 데이터를 저장하는 공간으로 저장된 데이터는 변경될 수 있다. 변수명은 저장된 데이터의 특징을 잘 살린 이름으로 짓는 것이 좋다.

2 **변수 만들기**

```
# 변수명 = 값
a = 10
```

a라는 이름의 변수를 만들고 10을 저장한다.

3 변수에 값을 연산하는 식을 넣을 수도 있다.

```
# 변수명 = 연산식
result = p * r ** 2
```

result에 p * r ** 2를 연산한 값을 저장한다.

4 변수 값을 연산해 같은 변수에 다시 넣을 경우 다음처럼 줄여 쓸 수 있다.

줄이기 전	줄인 후	의미
a = a + b	a += b	a의 값에 b의 값을 더한 결괏값을 a에 다시 저장하기
a = a - b	a -= b	a의 값에 b의 값을 뺀 결괏값을 a에 다시 저장하기
a = a * b	a *= b	a의 값에 b의 값을 곱한 결괏값을 a에 다시 저장하기
a = a / b	a /= b	a의 값을 b의 값으로 나눈 결괏값을 a에 다시 저장하기

5 **변수명과 문자**

```
print(result)   # 변수 result에 들어 있는 값을 출력한다.
print('result') # 문자 result를 출력한다.
```

6 만들지 않은 변수를 사용하면 NameError가 발생한다.

```
naem = '유리'
print(name)
```

실행결과

```
NameError: name 'name' is not defined
```

첫째 줄에서 만든 변수명은 naem이므로 print()에서 사용한 name 변수는 만들어지지 않은 상태다. 이처럼 변수가 만들어지지 않은 상태에서 사용하면 오류가 발생한다.

7 **입력받은 값을 변수에 저장하기**

```
# 변수명 = input()
r = input('반지름은? ')
```

변수 r에 input()으로 입력받은 값을 저장한다.

8 변수는 마지막에 저장된 값만 기억하고, 이전에 저장한 값은 기억하지 못한다.

```
abc = 10
abc += 5
abc = 22
print(abc)
```

실행결과

```
22
```

변수 abc에 10이 가장 먼저 저장된다. 그다음 줄에서 abc += 5를 실행하면 10이 사라지고 대신 15가 저장된다. 마지막으로 abc = 22가 실행되면 15는 사라지고 최종적으로 22가 abc에 저장된다.

9 **데이터 타입** 변수가 가진 데이터의 유형이나 형태를 의미한다.

데이터 타입		파이썬 데이터 타입 표기
숫자형	정수형	int
	실수형	float
문자열		str

10 데이터 타입을 잘못 사용해 연산하면 TypeError가 발생한다.

11 데이터 타입을 바꾸려면 바꾸려는 데이터 타입으로 데이터를 감싼다.

명령어	의미	예시	설명
int(a)	a를 정수형으로 바꿔라	x = 99.9 x = int(x)	값이 정수형으로 바뀌어 99를 저장한다.
		r = int(input())	입력받은 데이터를 정수형으로 바꿔 r에 저장한다. 단, 숫자가 아닌 문자가 입력되면 ValueError가 발생한다.
float(a)	a를 실수형으로 바꿔라	y = 99 y = float(y)	값이 실수형으로 바뀌어 y에 99.0을 저장한다.
		avg = '1.2' print(avg * 3) avg = float(avg) print(avg * 3)	avg 값은 현재 문자형이므로 처음에 1.21.21.2가 출력된다. avg를 실수형으로 바꿔 avg에 다시 저장한다. avg가 실수형이므로 3.6이 출력된다.
str(a)	a를 문자열로 바꿔라	z = 4.5 z = str(z) print('학점은 ' + z)	z를 문자열로 바꾼다. 문자 + 문자이므로 '학점은 4.5'가 출력된다.

Self Check

1 자신을 소개하는 한 단어를 입력받아 다음처럼 출력되도록 프로그램을 작성해 보세요.

실행결과

당신은 누구입니까? **전설**   입력받는 부분
나는 전설이다.

2 회원가입 프로그램을 만들려고 합니다. 아이디와 이름을 입력받아 다음처럼 출력되도록 프로그램을 작성하세요.

실행결과

아이디 입력: **yoori**
이름 입력: **유리**   입력받는 부분

유리 님! 회원가입을 환영합니다!
yoori 님에게 지금 즉시 사용 가능한 쿠폰 5개 발급!
yoori 님에게만 적립금 2000원 추가 지급!

3 다음 프로그램의 입력칸에 '파이썬'을 입력했을 때 실행결과를 예상해 보세요. 정상
   적으로 실행되면 결괏값을, 오류가 발생한다면 오류가 발생하는 부분과 그 이유를
   설명하세요.

```
x = input('단어 입력: ' )    # 파이썬 입력
x = int(x)
print(x)
```

> 힌트 입력칸에 '파이썬'을 입력한다는 것을 염두에 두고 생각해 보세요!

4 국어 16%, 수학 34%, 영어 23%로 반영하는 대학에 입학하고 싶습니다. 국어 점수,
   수학 점수, 영어 점수를 각각 입력받아 최종 점수를 다음 예시처럼 출력하는 프로그
   램을 작성하세요.

실행결과

국어 점수는? **80**
수학 점수는? **60** ⟩ 입력받는 부분
영어 점수는? **93**
최종 점수는 54.59 입니다!

> 힌트 입력을 몇 개 받아야 하는지, 입력받은 값에 어떤 연산이 필요한지 생각해 보세요!

정답 및 해설: 해설 노트 723쪽

조건에 따라 해야 할 일이 다를 때: 조건문

- - - - - - - - - - -

프로그램의 기본 요소인 입출력 명령어와 데이터를 저장하는 변수를 배웠습니다. 또 하나 배운 것이 있죠. 바로 제어구조입니다. 제어구조는 '프로그램의 흐름 즉, 여러 개의 명령어가 있을 때 실행되는 순서'라고 했습니다. 제어구조에는 총 세 가지가 있는데, 그중에서 가장 기본인 순차구조만 배웠습니다. 순차구조는 위에서 아래로 순서대로 진행되는 구조입니다. 순차구조는 간단해서 쉽게 이해했을 겁니다.

그럼 이 장에서는 두 번째 제어구조인 선택구조를 배워 보겠습니다.

4.1

조건이 하나일 때: if

4.1.1 선택구조란

특정 조건에서만 명령어가 실행되는 구조를 **선택구조**라고 합니다. 일상생활에서 우리는 다양한 선택구조를 접합니다. 예를 들어, 주류는 미성년자에게 팔 수 없고 성인에게만 판매할 수 있습니다. 명령형으로 표현하면 '성인일 때만 주류를 판매하라'입니다. 이때 조건은 '성인'이고, 실행할 내용은 '주류 판매'입니다.

성인일 **때만** 주류를 판매하라

간단하게 '조건 A를 충족할 때만 B를 하라'고 정리할 수 있습니다.

조건 A를 충족할 **때만** B를 하라

다른 예를 볼까요? 온라인 쇼핑몰에서 총 구매금액이 5만 원 이상일 때만 무료배송이 되는 경우를 보았을 거예요. 이를 선택구조로 만든다면 '총 구매금액이 5만 원 이상일 때만 무료배송을 하라'가 됩니다.

총 구매금액이 5만 원 이상일 **때만** 무료배송을 하라

아침을 시작하는 알람에도 선택구조를 적용할 수 있습니다. 주중에는 학교나 직장에 가기 위해 일찍 일어나야 하고, 주말에는 늦잠을 자면서 여유를 부립니다. 주중을 기준으로 선택구조를 만들면 '주중일 때만 아침 7시에 알람을 울려라'가 됩니다.

주중일 **때만** 아침 7시에 알람을 울려라

선택구조가 어떤 것인지 알겠죠? 그럼 파이썬에서는 선택구조를 어떻게 표현하는지 배워 봅시다.

4.1.2 선택구조를 조건문으로 표현하기

조건문의 형식

'조건 A를 충족할 때만 B를 하라'는 선택구조를 파이썬에서는 다음 형식으로 표현합니다. if와 콜론(:) 사이에 조건을 넣고, 다음 줄에 실행할 내용을 넣습니다. 이를 **조건문**이라고 합니다.

> **형식**
>
> ```
> if A:  # 조건
>     B  # 실행할 내용
> ```

TIP 2장에서 컴퓨터는 명령어만 알아듣기 때문에 미리 정의된 명령어를 사용해야 한다고 했습니다. 명령어는 대부분 앞에서 배운 print()와 input()처럼 영단어 뒤에 소괄호가 붙는 형태지만, if처럼 프로그램의 흐름을 조절하는 명령어는 영단어 뒤에 괄호가 붙지 않기도 합니다. 형식에 맞게 입력하면 에디터에서 해당 명령어 부분이 강조 표시되어 미리 정의된 명령어임을 알 수 있습니다.

그럼 앞서 예로 든 사례를 파이썬 코드로 작성해 조건문을 어떻게 만드는지 알아봅시다.

먼저 편의점에서 주류를 판매할 때 성인이면 주류를 구매할 수 있다고 출력해 봅시다. 코딩하기 전에 어떻게 작성할지 구상해 보죠. 일단 성인인지 구분하려면 나이를 알아야 합니다. 따라서 나이를 저장하는 변수가 있어야죠. 변수명은 age로 정합시다. 조건문 형식에서 조건(A)과 실행할 내용(B)에 해당하는 부분을 찾아봅시다. 조건은 '성인'이고, 조건을 충족할 때 실행할 내용은 '주류를 구매할 수 있다고 출력하기'가 됩니다. 정리하면 다음과 같습니다.

조건문 형식	형식에 맞춰 조건과 실행할 내용 넣기	실제 코드

if A:
    B
	if 성인:
	    주류를 구매할 수 있다고 출력하라
		if age > 19:
		    print('성인은 주류를 구매할 수 있습니다.')

조건과, 조건을 충족할 때 실행할 내용만 정하면 실제 코드로 옮기는 것은 어렵지 않습니다. 변수 age를 만들어 23을 넣은 후 조건문을 작성해 봅시다.

```
age = 23
if age > 19:
    print('성인은 주류를 구매할 수 있습니다.')
```

실행결과

성인은 주류를 구매할 수 있습니다.

age에 저장된 값이 23이므로 조건인 age > 19를 충족해 print() 명령어가 실행됩니다. 오타가 없고, 조건문의 형식을 잘 지켰다면 에디터에서 if가 강조 표시됩니다. 처음 if 조건문을 실행하면 다양한 오류가 발생할 수 있습니다. 가장 흔한 오류는 조건문에서 콜론(:)을 빠뜨린 경우입니다.

```
age = 23
if age > 19
    print('성인은 주류를 구매할 수 있습니다.')
```

실행결과

```
if age > 19
            ^
SyntaxError: invalid syntax
```

SyntaxError가 발생합니다. SyntaxError는 유효하지 않은 문법(invalid syntax) 즉, 문법 오류를 의미합니다. 오류 내용을 보면 조건문을 작성하는 데 필수 요소인 콜론이 빠졌음을 알려 주고 위치까지 표시합니다.

콜론이 있는데도 오류가 나는 경우가 있습니다. 이때는 if 아랫줄에 실행할 내용을 작성할 때 들여쓰기를 제대로 했는지 살펴보세요.

```
age = 23
if age > 19:
print('성인은 주류를 구매할 수 있습니다.')
```

실행결과

```
print('성인은 주류를 구매할 수 있습니다.')
        ^
IndentationError: expected an indented block
```

IndentationError는 들여쓰기(indentation)를 잘못했을 때 발생하는 오류입니다.

일반적으로 에디터에서 if 문을 작성하고 Enter 를 누르면 다음 줄에서 자동으로 들여쓰기된 후 커서가 깜빡입니다.

```
if A:
____B
```
4칸 들여쓰기

들여쓰기

조건문 형식을 보면 조건 아래에 실행할 내용을 넣을 때 4칸 들여쓰기를 했습니다. if A: B처럼 한 줄로 작성해도 조건문은 오류 없이 실행됩니다. 그러나 명령어를 줄바꿈해 작성하는 것이 일반적입니다.

파이썬의 조건문에서는 이렇게 한 덩어리의 명령어를 줄바꿈하는 경우에 반드시 들여쓰기를 해야 합니다. 들여쓰기를 해서 명령어가 조건문 안에 속한다는 것을 시각적으로 표시하죠. 앞의 코드에서 if 문 아래에 print()를 들여쓰기 하면 print() 명령어가 if 조건문과 한 덩어리(블록)라고 인식합니다.

프로그래밍 언어마다 들여쓰기 기준은 다르지만, 파이썬에서는 4칸 들여쓰기가 일반적입니다. SpaceBar 를 네 번 또는 Tab 을 한 번 누르면 됩니다. 컴퓨터 설정에 따라 Tab 이 4칸이 아닌 경우도 있습니다. 구글 코랩에서는 설정에서 들여쓰기 너비를 조정할 수 있습니다(1장 37쪽 참고). 대부분 에디터는 콜론 다음에 Enter 를 누르면 자동으로 들여쓰기가 됩니다.

이번에는 반대로 미성년자일 경우 주류를 구매할 수 없다고 출력해 보겠습니다. 앞의 조건문에서 조건(A)과 실행할 내용(B)을 수정하면 되겠죠? 조건이 미성년자이므로 조건을 age < 20로 바꾸고, 조건을 충족할 때 실행할 내용도 다음처럼 바꿉니다.

```
age = 18
if age < 20:
    print('미성년자는 주류를 구매할 수 없습니다.')
```

실행결과

미성년자는 주류를 구매할 수 없습니다.

변수 age에 18을 넣고 실행하면 조건을 충족하기 때문에 경고 문구가 출력되는 것을 볼 수 있습니다.

앞의 코드는 변수 age가 18로 고정되어 있습니다. 이번에는 나이를 직접 입력받아 age에 저장하게 바꿔 봅시다. 바뀐 코드를 바로 보지 말고 먼저 스스로 코드를 수정한 후 본인의 생각이 맞았는지 확인해 보세요.

```
age = int(input('나이가 어떻게 되세요? '))
if age < 20:
    print('미성년자는 주류를 구매할 수 없습니다.')
```

input()으로 값을 입력받아 변수 age에 저장합니다. 이때 어떤 값을 입력받는지 알기 쉽도록 input()에 안내문을 넣습니다. input()은 입력받은 데이터를 모두 문자열로 인식합니다. 따라서 숫자와 비교하려면 int()로 감싸 데이터 타입을 정수형으로 바꿔야 합니다.

입력칸에 20 미만인 수와 20 이상인 수를 하나씩 넣어 각각 실행해 봅시다.

실행결과

19를 입력했을 때
나이가 어떻게 되세요? **19**
미성년자는 주류를 구매할 수 없습니다.

22를 입력했을 때
나이가 어떻게 되세요? **22**

19를 입력하면 조건을 충족하므로 print() 명령어가 실행되어 '미성년자는 주류를 구매할 수 없습니다.'가 출력됩니다. 그러나 22를 입력하면 조건을 충족하지 않으므로 아무일도 일어나지 않고 프로그램이 종료됩니다. 이처럼 입력받은 값에 따라 실행결과가 달라집니다.

20 미만인 수를 입력했을 때

```
age = int(input('나이가 어떻게 되세요? '))                    첫 번째 실행

if age < 20: → 조건을 충족하므로 조건문 내부 명령어 실행        두 번째 실행

    print('미성년자는 주류를 구매할 수 없습니다.')              세 번째 실행
```

20 이상인 수를 입력했을 때

```
age = int(input('나이가 어떻게 되세요? '))                    첫 번째 실행

if age < 20: → 조건을 충족하지 않으므로 조건문 내부 명령어를     두 번째 실행
              실행하지 않음

    print('미성년자는 주류를 구매할 수 없습니다.')
```

이번에는 조건문 내부에 명령어를 추가해 봅시다. 미성년자가 주류를 구매하러 왔을 경우 'n년 후에 성인이 되면 오세요!'라고 출력하게 하겠습니다(이때 n은 성인이 되는 해까지 남은 연수입니다). 먼저 스스로 코드를 작성해 본 후에 책에 나온 코드를 보세요.

```
age = int(input('나이가 어떻게 되세요? '))
if age < 20:
    print('미성년자는 주류를 구매할 수 없습니다.')
    print(20 - age, '년 후에 성인이 되면 오세요!')
```

입력에 따라 출력하는 n 값이 달라져야 합니다. 그러면 n은 어떻게 구할까요? 성인이 되는 나이인 20살에서 현재 나이를 빼면 몇 년 후에 성인이 되는지 알 수 있습니다. 따라서 20 - age 를 하면 됩니다. 추가된 출력 명령어는 조건이 충족돼야만 실행되므로 if 문 아래에 첫 번째 print() 명령어 다음 줄에 4칸 들여쓰기를 해서 작성하면 됩니다.

실행결과

18을 입력했을 때
나이가 어떻게 되세요? **18**
미성년자는 주류를 구매할 수 없습니다.
2 년 후에 성인이 되면 오세요!

22를 입력했을 때
나이가 어떻게 되세요? **22**

들여쓰기를 하지 않고 작성하면 어떻게 될까요? 20 미만인 수와 20 이상인 수를 넣어 보며 한 번 테스트해 보세요.

```python
age = int(input('나이가 어떻게 되세요? '))
if age < 20:
    print('미성년자는 주류를 구매할 수 없습니다.')
print(20 - age, '년 후에 성인이 되면 오세요!')
```

실행결과

18을 입력했을 때
나이가 어떻게 되세요? 18
미성년자는 주류를 구매할 수 없습니다.
2 년 후에 성인이 되면 오세요!

22를 입력했을 때
나이가 어떻게 되세요?
-2 년 후에 성인이 되면 오세요!

18을 입력하면 제대로 결과가 나오지만, 22를 입력하면 음수가 출력됩니다. 프로그램을 재실행해 30을 입력해도 마찬가지입니다. if 문 아래에서 들여쓰기가 되면 조건문에 속하지만, 들여쓰기를 하지 않으면 조건문 소속이 아니어서 조건 충족 여부와 상관없이 실행됩니다. 그래서 20 미만인 숫자를 입력해도, 20 이상인 숫자를 입력해도 마지막 줄은 항상 실행됩니다.

그럼 나이와 상관없이 항상 '감사합니다. 안녕히 가세요.'를 출력해 볼까요?

```python
age = int(input('나이가 어떻게 되세요? '))
if age < 20:
    print('미성년자는 주류를 구매할 수 없습니다.')
    print(20 - age, '년 후에 성인이 되면 오세요!')
print('감사합니다. 안녕히 가세요.')
```

마지막 줄에 들여쓰기를 하지 않고 출력 명령어를 넣어 주면 됩니다. 20 미만인 수와 20 이상인 수를 각각 입력해 보고 원하는 대로 결과가 나오는지 확인해 보세요!

실행결과

16을 입력했을 때

나이가 어떻게 되세요? **16**

미성년자는 주류를 구매할 수 없습니다.

4년 후에 성인이 되면 오세요!

감사합니다. 안녕히 가세요.

40을 입력했을 때

나이가 어떻게 되세요? **40**

감사합니다. 안녕히 가세요.

조건문과 들여쓰기 개념을 한 번 더 확인하기 위해 실행 순서를 살펴보겠습니다.

20 미만인 수를 입력했을 때

```
age = int(input('나이가 어떻게 되세요? '))       ← 첫 번째 실행

if age < 20: → 조건을 충족하므로 조건문 내부 명령어 실행    ← 두 번째 실행

    print('미성년자는 주류를 구매할 수 없습니다.')          ← 세 번째 실행

    print(20 - age, '년 후에 성인이 되면 오세요!')         ← 네 번째 실행

print('감사합니다. 안녕히 가세요.')                      ← 다섯 번째 실행
```

20 이상인 수를 입력했을 때

```
age = int(input('나이가 어떻게 되세요? '))       ← 첫 번째 실행

if age < 20: →  조건을 충족하지 않으므로 조건문 내부 명령어를   ← 두 번째 실행
                실행하지 않음
    print('미성년자는 주류를 구매할 수 없습니다.')

    print(20 - age, '년 후에 성인이 되면 오세요!')

print('감사합니다. 안녕히 가세요.')                      ← 세 번째 실행
```

들여쓰기를 하지 않은 코드는 항상 실행되고, 들여쓰기를 한 코드는 조건문의 조건이 충족될 때만 실행된다는 점 기억해 두세요.

4.1.3 조건문을 만드는 비교 연산자

조건문의 형식을 배웠습니다. 조건 A가 충족될 때 B를 실행합니다.

형식

```
if A:
    B
```

A에는 다양한 조건이 들어갈 수 있는데, 이번에는 조건을 어떻게 작성하는지 알아보겠습니다.

앞의 예제에서는 age 〈 20처럼 조건에 부등호를 썼습니다. 수학에서는 이 식이 'age가 20보다 작다'는 의미입니다. 그런데 프로그래밍에서는 부등호가 조건에 쓰이면 의문문으로 해석하는 것이 더 정확합니다. 조건문은 조건 충족 여부에 따라 실행할 명령이 달라지므로 'age가 20보다 작은가?'라는 물음에 '예(또는 참)' 또는 '아니요(또는 거짓)'라고 답하는 것으로 조건의 충족 여부를 판단할 수 있습니다.

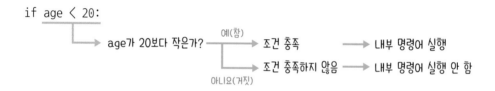

이때 대답이 '예'면 조건문 내부의 print( ) 명령어를 실행하고, '아니요'면 실행하지 않습니다. 반대로 'age가 20보다 큰가?'라고 물어보고 싶으면 부등호 방향만 바꿔서 age 〉 20로 표현하면 되겠죠? 그럼 'age가 20보다 크거나 같은가?' 또는 'age가 20보다 작거나 같은가?'는 어떻게 표현하면 될까요? 이 역시 수학에서 배운 부등호와 비슷하게 각각 age 〉= 20, age 〈= 20로 표현합니다.

> **TIP** 수학에서는 이상, 이하를 표현하는 부등호 ≥, ≤를 사용하지만, 키보드에는 이런 기호가 없습니다. 그래서 〉, 〈와 =를 위아래가 아닌 옆으로 나란히 붙여 사용합니다. ≥는 〉=로, ≤는 〈=로 표현하죠. 이때 반드시 〉, 〈가 =보다 앞에 나와야 합니다. =〉나 =〈는 잘못된 표기입니다.

'age와 20이 같은가?'라고 물어보고 싶을 때는 어떻게 해야 할까요? age = 20으로 하면 될까요? 확인해 봅시다.

```
age = 10
if age = 20:
    print(age)
```

실행결과
```
if age = 20:
         ^
SyntaxError: invalid syntax
```

앞에서 봤던 SyntaxError가 발생합니다. 문법이 틀리면 발생하는 오류라고 했죠. 사실 age = 20은 앞에서 배웠습니다. 변수 age에 20을 넣을 때 age = 20라고 작성했습니다. 즉, =는 변수에 값을 저장할 때 사용하는 연산자입니다. 프로그래밍에서 'age와 20이 같은가?'라고 값을 비교할 때는 =를 2개 붙인 == 연산자를 써야 합니다. 코드를 수정한 후 다시 실행해 봅시다.

```
age = 10
if age == 20:
    print(age)
```

age에 들어 있는 값이 10이므로 'age와 20이 같은가?'에 대한 답이 '아니요'이므로 print(age)가 실행되지 않습니다.

그럼 'age와 20이 다른가?'는 어떻게 작성할까요? 이때는 != 연산자를 사용합니다. !는 부정을 의미하므로 =에 !가 붙어서 '같지 않다'는 의미가 됩니다. 그럼 !=도 확인해 보겠습니다.

```
age = 10
if age != 20:
    print(age)
```

실행결과
```
10
```

'age와 20이 다른가?'라는 질문에서 대답이 '예'가 되므로 들여쓰기된 명령어 print(age)가 실행되어 10이 출력됩니다.

프로그래밍에서는 지금까지 배운 기호들을, 두 값의 크기를 비교하므로 **비교 연산자**라고 합니다. 비교 연산자는 다음 표와 같습니다. 표에 나온 비교 연산자를 알고 있으면 조건문에 필요한 조건을 쉽게 만들 수 있습니다.

표 4-1 비교 연산자

비교 연산자	의미	비교 연산자	의미
a > b	a가 b보다 큰가?	a <= b	a가 b보다 작거나 같은가?
a < b	a가 b보다 작은가?	a == b	a와 b가 같은가?
a >= b	a가 b보다 크거나 같은가?	a != b	a와 b가 다른가(같지 않은가)?

4.1.4 조건문으로 간단한 프로그램 만들기

무료배송

선택구조를 설명할 때 쇼핑몰의 무료배송을 예로 들었습니다. 이 부분을 프로그램으로 만들어 보겠습니다. 먼저 가격을 입력받고 입력 가격이 5만 원 미만이면 '배송비 2500원이 추가됩니다.'를 출력하는 코드를 작성해 봅시다.

제제쌤의 조언

조건문 형식에서 조건과 조건을 충족할 때 실행될 명령어가 무엇인지 잘 생각해 보세요. 앞서 작성한 편의점의 주류 판매 코드와 매우 유사하니 먼저 직접 작성해 본 후 책의 코드를 확인해 주세요!

```
price = int(input('구매금액은? '))
if price < 50000:
    print('배송비 2500원이 추가됩니다.')
```

실행결과

구매금액은? **35000**
배송비 2500원이 추가됩니다.

구매금액을 입력받아 정수형으로 변환하고 price 변수에 저장합니다. 조건은 '5만 원 미만'이고, 조건을 충족할 때 실행되는 명령어는 '배송비 2500원이 추가됩니다.'를 출력하는 것입니다. 지금까지 설명한 if 조건문을 잘 이해했다면 어렵지 않을 겁니다. 다양한 숫자를 넣으며 결과를 확인해 보세요.

여기에 하나 더 추가하겠습니다. 구매금액이 5만 원 미만이라면 실제 결제금액은 구매금액에 배송비를 더한 금액입니다. 구매금액이 5만 원 미만일 때 구매금액에 배송비 2500원을 더해서 출력합니다. 마찬가지로 먼저 코드를 생각해 본 후 책을 보세요.

5만 원 미만일 때만 배송비를 더해야 하므로 조건은 앞의 코드와 같습니다. 따라서 추가하는 코드는 if 문에 속해야 합니다. 실제 결제금액은 구매금액을 저장한 price 변수에 2500원을 더해 다시 price 변수에 저장합니다. 따라서 price = price + 2500 또는 price += 2500으로 작성합니다. 실행해 봅시다.

```python
price = int(input('구매금액은? '))
if price < 50000:
    print('배송비 2500원이 추가됩니다.')
    price += 2500
print('결제금액은', price, '원입니다.')
```

실행결과

35000을 입력했을 때
구매금액은? **35000**
배송비 2500원이 추가됩니다.
결제금액은 37500 원입니다.

70000을 입력했을 때
구매금액은? **70000**
결제금액은 70000 원입니다.

결제금액은 구매금액에 상관없이 출력돼야 하므로 조건문에 속하지 않게 마지막 줄에 들여쓰기를 하지 않고 넣습니다.

알람 설정

알람 예시도 코드로 작성해 봅시다. 사용자로부터 주중과 주말을 입력받아 값이 주중이면 '아침 7시입니다! 주인님 일어나세요!'를, 주말이면 '아침 10시입니다! 주인님 일어나세요!'를 출력합니다.

조건이 2개네요. 그럼 조건문도 2개가 필요합니다. 스스로 작성한 뒤에 책과 비교해 보세요.

```
day = input('오늘은 주중입니까? 주말입니까? ')
if day == '주중':
    print('아침 7시입니다! 주인님 일어나세요!')
if day == '주말':
    print('아침 10시입니다! 주인님 일어나세요!')
```

값을 입력받아 변수 day에 저장합니다(의미가 잘 드러난다면 변수명은 달라도 상관없습니다). 비교하는 값이 문자이므로 앞선 예제와는 달리 입력받은 값을 int()로 감싸지 않아도 됩니다. 그다음 조건문을 작성합니다. 입력받은 값인 day가 '주중'인지 '주말'인지에 따라 조건이 달라지므로 조건문은 2개를 작성합니다. 첫 번째 조건은 '변수 day의 값이 주중과 같은가?'입니다. 프로그래밍에서 같음을 나타내는 연산자는 =가 아니라 ==라는 점을 주의하세요. 그리고 day 값이 주중이라면 아침 7시 기상이므로 조건문 내부에 print()를 넣습니다. 두 번째 조건도 비슷합니다. 조건을 주중에서 주말로 바꾸고, 출력할 문장에서도 7시를 10시로 바꿉니다.

실행해서 주중과 주말을 각각 입력하고 결과가 잘 나오는지 확인하세요.

실행결과

주중을 입력했을 때
오늘은 주중입니까? 주말입니까? **주중**
아침 7시입니다! 주인님 일어나세요!

주말을 입력했을 때
오늘은 주중입니까? 주말입니까? **주말**
아침 10시입니다! 주인님 일어나세요!

주중을 입력하면 첫 번째 if 문에서 조건과 같으므로 아침 7시 알람이 출력됩니다. 두 번째 if 문에서는 조건과 같지 않으므로 print() 명령어는 실행되지 않고 프로그램이 종료됩니다. 주말을 입력하면 첫 번째 if 문의 조건과 같지 않으므로 print() 명령어가 실행되지 않고 두 번째 if 문으로 넘어갑니다. 두 번째 if 문에서는 조건과 같으므로 아침 10시 알람이 출력됩니다.

1 다음 중 옳지 <u>않은</u> 것을 고르세요.

① 어떤 조건을 충족할 때만 명령어가 선택적으로 실행돼야 할 때 조건문을 사용한다.

② 조건문의 형식은 if A: B이다.

③ 조건문을 사용할 때 콜론(:)을 넣지 않거나 들여쓰기를 잘못하면 오류가 발생한다.

④ '변수 a가 10과 같다'를 코드로 옮기면 a = 10이다.

⑤ '변수 a가 10과 같지 않다'를 코드로 옮기면 a != 10이다.

정답 및 해설: 해설 노트 724쪽

4.2

조건을 충족하지 않을 때: else

4.2.1 그렇지 않으면 else

앞에서 작성한 알람 설정 프로그램에서 주중과 주말, 두 가지 조건을 동시에 충족하는 경우가 있을까요? 당연히 없습니다. 일주일은 주중과 주말로 나뉩니다. 그럼 '주중이면 아침 7시에 알람을 울리고, 그렇지 않으면 아침 10시에 알람을 울려라.'로 조건을 바꿔도 되지 않을까요? 파이썬에서는 조건이 2개일 때 앞서 배운 if에 '그렇지 않으면'이라는 의미의 else를 추가해 다음 형식으로 표현합니다.

> **형식**
>
> ```
> if A:  # 조건
>     B  # 조건을 충족할 때 실행할 내용
> else:
>     C  # 조건을 충족하지 않을 때 실행할 내용
> ```

조건 A를 충족하면 B를 실행하고, 조건 A를 충족하지 않으면 C를 실행하는 구조입니다. 알람 설정 프로그램을 if-else 조건문 구조로 수정해 봅시다.

```
day = input('오늘은 주중입니까? 주말입니까? ')
if day == '주중':
    print('아침 7시입니다! 주인님 일어나세요!')
else:
    print('아침 10시입니다! 주인님 일어나세요!')
```

else는 '또 다른, 그 밖의'라는 뜻이 있습니다. 단어의 의미를 생각하며 형식을 살펴봅시다. 코드의 조건을 이해하기 쉽게 그림으로 나타냈습니다. 그림에서 마름모는 조건을 의미합니다. '오늘은 주중인가?'라는 조건에 대한 대답이 예(참)라면 왼쪽 화살표를 타고 내려와 아침 7시 알람을 실행합니다. 반면 대답이 아니요(거짓)라면 오른쪽 화살표를 따라 아침 10시 알람을 실행합니다.

그림 4-1 알람 설정 프로그램의 if-else 구조

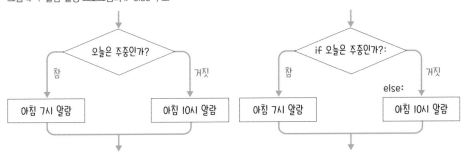

이처럼 프로그램의 흐름(단계)을 순서대로 구조화해 나타낸 그림을 **순서도**라고 합니다. 순서도는 프로그램의 흐름을 한눈에 볼 수 있어서 프로그램을 작성하기 전에 프로그램 구조를 정리할 때 유용합니다.

일주일에서 주중이 아닐 때는 주말밖에 없습니

> **제제쌤의 조언**
> 순서도는 원래 사용하는 모양이 따로 있고, 포함해야 하는 조건도 있지만, 여기서는 간단하게 표현했습니다. 프로그램의 흐름을 도식화한 것이 **순서도**이고, 요소들을 화살표로 연결해 순서를 나타낸다고 알면 됩니다.

다. 이처럼 조건을 충족하지 않는 나머지 경우에 실행할 명령어가 있으면 else를 활용하는 것이 if 조건문을 여러 개 사용하는 것보다 효율적입니다. else는 '그렇지 않으면'이라는 의미를 담고 있어서 if처럼 조건을 붙일 필요가 없습니다. 단, else 옆에 콜론(:)이 붙는 점은 같으니 유의하세요! 콜론(:)을 생략하면 마찬가지로 SyntaxError가 발생합니다. 그리고 else에 속한 명령어도 반드시 들여쓰기를 해야 합니다.

```
day = input('오늘은 주중입니까? 주말입니까? ')
if day == '주중':
    print('아침 7시입니다! 주인님 일어나세요!')
else
    print('아침 10시입니다! 주인님 일어나세요!')
```

```
else
    ^
SyntaxError: invalid syntax
```

4.2.2 if-else로 간단한 프로그램 만들기

if-else로 간단한 예제 프로그램을 작성해 보겠습니다.

차량 2부제

미세먼지가 심한 날은 미세먼지 저감을 위해 차량 2부제가 간헐적으로 시행됩니다. 짝수인 날에는 차량번호 끝자리가 짝수인 차량만 통행이 가능하고, 홀수인 날에는 차량번호 끝자리가 홀수인 차량만 통행이 가능합니다.

날짜를 숫자로 입력받아 짝수이면 '짝수번호 차량만 통행 가능합니다. 홀수번호 차주는 오늘 대중교통을 이용하세요.'를, 홀수이면 '홀수번호 차량만 통행 가능합니다. 짝수번호 차주는 오늘 대중교통을 이용하세요.'를 출력하게 프로그래밍해 보세요.

> **힌트** 짝수와 홀수인 조건을 어떻게 만들지 고민된다면 짝수와 홀수의 정의를 생각해 보세요. 짝수는 2로 나누었을 때 나머지가 0인 수이고, 홀수는 2로 나누었을 때 나머지가 1인 수입니다. 나머지를 구하는 연산자는 2장에서 배웠죠? 잘 생각해 보고 프로그램을 작성한 후에 책과 비교해 보세요.

```python
date = int(input('오늘은 며칠입니까? '))
if date % 2 == 0:
    print('짝수번호 차량만 통행 가능합니다.')
    print('홀수번호 차주는 오늘 대중교통을 이용하세요.')
else:
    print('홀수번호 차량만 통행 가능합니다.')
    print('짝수번호 차주는 오늘 대중교통을 이용하세요.')
```

날짜를 입력받으려면 input() 명령어와 입력받은 값을 저장할 변수가 필요합니다. 날짜를 뜻하는 date라는 이름으로 변수를 만듭니다. input()으로 입력받은 날짜를 int()로 감싸 정수형으로 바꾸고 이를 변수 date에 저장하는 것까지 이제 손쉽게 할 수 있을 거예요.

다음으로 조건을 봅시다. 조건은 날짜가 짝수인 날과 홀수인 날입니다. 조건이 2개고 서로 배타적이니 if-else 조건문을 사용하면 됩니다. 조건 하나를 if로, 나머지 조건을 else로 합니다. 여기서는 짝수를 기준으로 작성합니다. 그럼 조건은 입력받은 날짜가 짝수, 즉 'date가 짝수인가?'가 되겠죠? 이 조건은 어떻게 작성하면 좋을까요? 힌트에서 보듯이 날짜를 2로 나눈 나머지가 0이면 입력한 날짜는 짝수입니다. 나머지 연산자는 %이므로 조건은 date % 2 == 0 으로 작성할 수 있습니다.

if date % 2 == 0

date를 2로 나눈 나머지가 같은가? 0과 → 조건을 충족하므로 조건문 내부 명령어 실행

if 문에서 date % 2를 실행해 나머지를 구한 후 0과 같은지를 비교합니다. 여기서 '예'가 나오면 짝수번호 차량만 통행 가능하다고 출력하고, 그렇지 않으면 else로 넘어가 홀수번호 차량만 통행 가능하다고 출력하게 됩니다.

반대로 홀수를 기준으로 프로그램을 작성해도 됩니다. 홀수를 기준으로 프로그램을 작성하면 date % 2가 같은지 비교하는 값을 1로 바꾸면 되겠죠? 결과는 동일합니다.

```python
print('미세먼지 저감 조치에 따른 차량 2부제를 시행합니다!')
date = int(input('오늘은 며칠입니까? '))
if date % 2 == 1:
    print('홀수번호 차량만 통행 가능합니다.')
    print('짝수번호 차주는 오늘 대중교통을 이용하세요.')
else:
    print('짝수번호 차량만 통행 가능합니다.')
    print('홀수번호 차주는 오늘 대중교통을 이용하세요.')
```

조금 더 친절하게 첫 줄에 미세먼지 저감을 위한 차량 2부제를 실행한다고 출력하게 했습니다. 다양한 값을 넣으며 테스트해 보세요.

실행결과

20을 입력했을 때
미세먼지 저감 조치에 따른 차량 2부제를 시행합니다!
오늘은 며칠입니까? **20**

짝수번호 차량만 통행 가능합니다.
홀수번호 차주는 오늘 대중교통을 이용하세요.

17을 입력했을 때
미세먼지 저감 조치에 따른 차량 2부제를 시행합니다!
오늘은 며칠입니까? **17**
홀수번호 차량만 통행 가능합니다.
짝수번호 차주는 오늘 대중교통을 이용하세요.

무인계산기

프로그램을 하나 더 작성해 봅시다. 목욕탕에 무인계산기를 설치하려고 합니다. 나이를 입력받아 성인일 경우 15,000원, 미성년자일 경우 6,000원의 입장료를 내도록 안내하는 프로그램입니다. 왼쪽 그림처럼 순서도를 작성할 수 있겠죠. 그리고 나이를 저장하는 변수는 age, 입장료를 저장하는 변수는 price로 한다면 오른쪽 순서도처럼 코드로 표현할 수 있습니다.

그림 4-2 무인계산기 입장료 안내 순서도

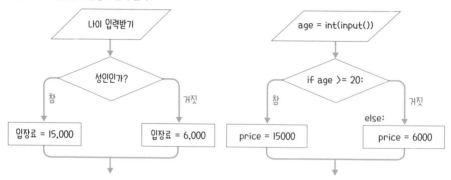

나이(숫자)를 입력받지만, input()으로 입력받은 값은 문자열이므로 int()로 감싸 정수형으로 바꾼 후 변수 age에 저장합니다. 조건이 성인과 미성년자로 나뉘므로 if-else 형식으로 나이가 20살 이상이면 성인, 그렇지 않으면 미성년자를 표현합니다.

TIP 순서도에서 입출력은 평행사변형으로 표현합니다. 따라서 나이를 입력받는 부분을 평행사변형으로 표현했습니다.

순서도를 참고해 코드를 작성해 봅시다. 적절한 입력 안내문과 가격 안내문을 포함하겠습니다.

```
age = int(input('나이가 어떻게 되세요? '))
if age >= 20:
```

```
        print('성인은 15,000원입니다.')
        price = 15000
    else:
        print('미성년자는 6,000원입니다.')
        price = 6000
```

코드를 여러 번 재실행해 미성년자 나이도 넣고, 성인 나이도 넣어 테스트해 보세요. 나이에 따라 다른 문장이 출력될 겁니다.

> **TIP** 앞의 프로그램은 성인(age >= 20)을 기준으로 작성했지만, 미성년자(age < 20)를 기준으로 해도 조건 순서만 다를 뿐 결과는 같습니다.

이렇게 입장료를 알려 주고 나면 무인계산기의 투입구가 열리고 현금을 넣을 수 있다고 해 봅시다. 그러면 투입된 금액이 맞는지 확인해야죠. 투입금액이 입장료보다 적으면 부족한 금액을 출력하고, 입장료보다 많으면 거스름돈이 얼마인지 출력해 봅시다.

앞에 작성한 코드에 이어 투입금액 확인 부분을 추가해야겠네요. 순서도로 표현하면 다음과 같습니다. 프로그램 구조를 if-else 조건문 형식으로 표현하면 오른쪽 순서도와 같습니다. 투입 금액을 저장하는 변수는 price_input이라고 합시다.

그림 4-3 무인계산기 프로그램의 구조

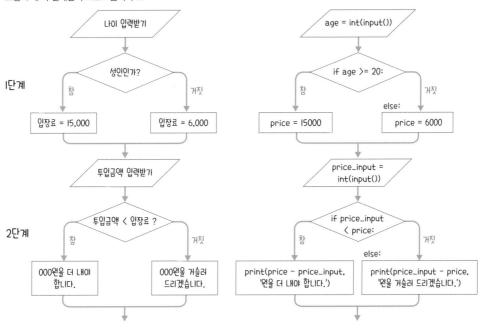

그림으로 보니 프로그램 구조가 잘 보이네요. 그림처럼 if-else 조건문은 총 2개가 필요합니다. 첫 번째 조건문에서는 나이를 조건으로, 두 번째 조건문에서는 입장료를 조건으로 하면 됩니다. 두 번째 조건문에서 입장료는 첫 번째 조건문의 나이에 따라 달라집니다. 나이에 따라 값이 바뀌니 역시 변수가 필요하죠. 앞에서 입장료를 저장한 변수 price를 사용하겠습니다.

고객이 투입금액을 입력하면 추가 금액을 요구하는 경우와 돈을 거슬러 주는 경우가 생깁니다. 투입금액 price_input이 입장료 price보다 적은 경우와 그렇지 않은 경우입니다. 먼저 투입 금액이 입장료보다 적은 조건을 코드로 작성하면 price_input < price입니다. 그리고 차액은 더 큰 금액인 입장료에서 투입금액을 뺀 price - price_input이 되고요. 그렇지 않으면, 즉 투입금액이 입장료보다 많으면 price_input이 더 크므로 차액은 큰 숫자에서 작은 숫자를 뺀 price_input - price로 구합니다.

앞에서 작성한 1단계 코드에 이어 2단계 코드를 작성해 봅시다.

```
# 1단계 - 나이 입력받아 입장료 결정하기
age = int(input('나이가 어떻게 되세요? '))
if age >= 20:
    print('성인은 15,000원입니다.')
    price = 15000
else:
    print('미성년자는 6,000원입니다.')
    price = 6000

# 2단계 - 투입금액을 입력받아 입장료와 비교하기
price_input = int(input('입장료를 넣어 주세요. --> '))
if price_input < price:
    print(price-price_input, '원을 더 내야 합니다.')
else:
    print(price_input-price, '원을 거슬러 드리겠습니다.')
```

price_input에 투입금액을 저장하는 부분은 나이를 입력받는 부분과 유사하므로 참고해서 작성하면 됩니다.

결과는 ① 성인이 입장료보다 적은 금액을 투입한 경우 ② 성인이 입장료보다 많은 금액을 투입한 경우 ③ 미성년자가 입장료보다 적은 금액을 투입한 경우 ④ 미성년자가 입장료보다 많은 금액을 투입한 경우, 총 네 가지를 생각해 봅시다. 프로그램을 여러 번 실행하면서 다양한 숫자를 입력해 봅시다.

실행결과

나이 45, 투입금액 10000 입력 시
나이가 어떻게 되세요? **45**
성인은 15,000원입니다.
입장료를 넣어 주세요. --> **10000**
5000 원을 더 내야 합니다.

나이 6, 투입금액 25000 입력 시
나이가 어떻게 되세요? **6**
미성년자는 6,000원입니다.
입장료를 넣어 주세요. --> **25000**
19000 원을 거슬러 드리겠습니다.

그런데 입장료와 같은 금액을 넣으면 어떻게 될까요? 프로그램을 다시 실행해 나이 45, 투입금액 15000을 입력해 봅시다.

실행결과

나이가 어떻게 되세요? **45**
성인은 15,000원입니다.
입장료를 넣어 주세요. --> **15000**
0 원을 거슬러 드리겠습니다.

입장료와 같은 금액을 넣어도 돈을 거슬러 준다고 출력됩니다. 왜 이런 결과가 나왔는지 코드를 살펴봅시다. if-else 조건문에서 if 조건을 충족하지 않으면 모두 else가 됩니다. 따라서 이 코드에서 투입금액과 입장료가 같을 때, 즉 price_input와 price가 같은 값일 때는 price_input < price 조건을 충족하지 않으므로 else로 넘어가게 됩니다.

이 부분을 고쳐 봅시다. 조건을 바꿔 price_input <= price 또는 price_input > price로 수정하면 될까요? 이렇게 바꿔도 문제는 해결되지 않습니다. 결과가 궁금하다면 직접 코드를 수정하고 확인해 보세요. 바로 다음 절에서 이 문제를 해결해 보겠습니다.

2 다음 코드를 해석한 것으로 옳지 <u>않은</u> 것을 고르세요.

```
a = int(input('숫자 입력: '))
if a < 0:
    a = -a
else:
    a *= 5
print(a)
```

① a는 정수를 저장하는 변수다.

② 음수가 입력되면 a < 0 조건을 충족하므로 결과는 양수로 바뀐다.

③ 양수가 입력되면 a에 5를 곱한 값이 출력된다.

④ 0이 입력되면 오류가 발생한다.

⑤ 마지막 줄의 print(a)는 항상 실행된다.

정답 및 해설: 해설 노트 724쪽

4.3

조건이 여러 개일 때: elif

4.3.1 조건이 3개일 때

무인계산기 프로그램에서 입장료에 맞게 정확한 금액을 넣었는데 왜 결과가 이상하게 나왔을까요? 표현할 수 있는 조건의 개수를 생각하면 원인을 알 수 있습니다. if는 조건을 충족하는한 가지 경우만 표현할 수 있습니다. if-else는 조건을 충족하는 경우와 그렇지 않은 경우 두가지를 표현할 수 있습니다.

문제 상황으로 돌아가 봅시다. 돈이 투입됐을 때 가능한 상황은 몇 가지인가요? ① 입장료 〈투입금액, ② 입장료 〉투입금액, ③ 입장료 == 투입금액, 총 세 가지입니다. 그래서 두 가지조건을 표현하는 if-else로는 한계가 있을 수밖에 없습니다. 이를 그림으로 나타내면 다음과같습니다.

그림 4-4 현재 무인계산기 프로그램의 구조

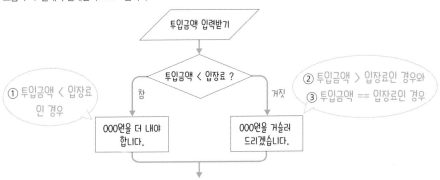

조건이 3개인 무인계산기에서는 if와 else 사이에 조건을 하나 더 추가하면 됩니다.

4.3.2 else if를 뜻하는 elif

조건이 3개 이상, 즉 조건이 여러 개일 때는 if-else 구조에서 if와 else 사이에 '그렇지 않고 만약 ~라면 ~해라'라는 조건을 추가합니다. 파이썬에서는 이를 다음과 같이 표현합니다.

형식

```
if A:    # 조건
    B    # 조건 A를 충족할 때 실행할 내용
elif C:  # 조건
    D    # 조건 A를 충족하지 않고 조건 C를 충족할 때 실행할 내용
else:
    E    # 조건 A, C를 모두 충족하지 않을 때 실행할 내용
```

if와 else 사이에 elif를 추가했습니다. elif는 else와 if가 합쳐진 단어입니다. elif가 추가된 조건문은 조건 A를 충족하지 않으면 B를 실행하지 않고 바로 다음 줄인 elif로 가서 조건 C를 충족하는지를 확인합니다. 여기서도 조건을 충족하지 않으면 else로 가서 E를 실행합니다.

무인계산기 프로그램으로 돌아가 봅시다. 투입금액(price_input)과 입장료(price)가 같은 조건을 if와 else 사이에 넣어 봅시다. elif는 if 조건이 충족되지 않을 때 실행되므로 if가 거짓일 때에 추가돼야 합니다. 그리고 if도 거짓이고, elif도 거짓일 때 비로소 else가 실행됩니다. 그러면 프로그램 구조는 다음과 같이 바뀝니다.

그림 4-5 elif를 추가한 무인계산기 프로그램 구조

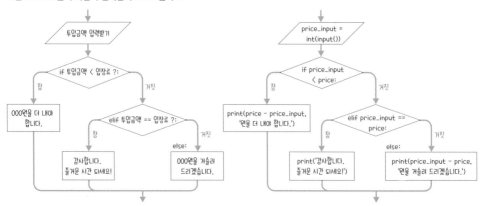

추가한 조건을 코드에 반영해 봅시다.

```python
# 1단계
age = int(input('나이가 어떻게 되세요? '))
if age >= 20:
    print('성인은 15,000원입니다.')
    price = 15000
else:
    print('미성년자는 6,000원입니다.')
    price = 6000

# 2단계
price_input = int(input('입장료를 넣어 주세요. --> '))
if price_input < price:
    print(price-price_input, '원을 더 내야 합니다.')
elif price_input == price:
    print('감사합니다. 즐거운 시간 되세요!')
else:
    print(price_input-price, '원을 거슬러 드리겠습니다.')
```

실행결과

```
나이가 어떻게 되세요? 45
성인은 15,000원입니다.
입장료를 넣어 주세요. --> 15000
감사합니다. 즐거운 시간 되세요!
```

투입금액이 입장료와 같으면 첫 번째 if 조건은 충족하지 않고 두 번째 elif 조건을 충족하므로 print('감사합니다. 즐거운 시간 되세요!')를 실행하고 종료합니다.

4.3.3 elif로 간단한 프로그램 만들기

elif로 간단한 예제 프로그램을 작성해 보겠습니다.

무료배송 수정하기

물건을 주문할 때 최저 구매금액이 조건으로 붙는 경우가 있습니다. 최저 구매금액이 2만 원이고, 2만 원 이상 5만 원 미만이면 구매금액에 배송비 2500원이 추가되며, 5만 원 이상이면 무료배송을 제공한다고 합시다. 구매금액을 입력받아 금액이 2만 원 미만이면 '주문금액이 부족합니다.'를 출력합니다. 2만 원 이상, 5만 원 미만이면 '배송비 2500원이 추가됩니다.'를, 5만 원 이상이면 '무료배송됩니다.'를 출력합니다.

그리고 모든 경우에 대해 실제 결제금액을 알려주고 프로그램을 종료하겠습니다. 앞에서 작성한 무료배송 프로그램을 참고해 프로그램을 작성해 봅시다.

> **제제쌤의 조언**
>
> 해답을 보기 전에 먼저 어떤 변수가 있어야 하는지, 조건은 몇 개인지, 각각의 조건은 어떻게 되는지를 생각해 본 후 작성하세요!

```python
price = int(input('구매금액은? '))
if price < 20000:
    print('주문금액이 부족합니다.')
elif price < 50000:
    print('배송비 2500원이 추가됩니다.')
    price += 2500
else:
    print('무료배송됩니다.')
print('최종 결제금액은', price, '원입니다.')
```

실행결과

구매금액은? **20000**
배송비 2500원이 추가됩니다.
최종 결제금액은 22500 원입니다.

먼저 구매금액을 입력받아 변수에 저장합니다. 그런 다음 조건에 따라 조건문을 만듭니다. 조건은 금액이 2만 원 미만일 때, 2만 원 이상 5만 원 미만일 때, 5만 원 이상일 때 세 가지이므로 elif를 활용해야 모든 조건을 표현할 수 있습니다. 조건 구간은 다음과 같습니다.

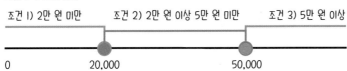

그림 4-6 조건 범위

| 조건 1) 2만 원 미만 | 조건 2) 2만 원 이상 5만 원 미만 | 조건 3) 5만 원 이상 |

0   20,000   50,000

첫 번째 조건은 '구매금액이 2만 원 미만'이므로 price < 20000이 되고, 실행할 명령어는 print('주문금액이 부족합니다.')입니다. 두 번째 조건은 2만 원 이상이면서 5만 원 미만에 해당하므로 20000 <= price < 50000일까요? 아닙니다. elif에는 이미 첫 번째 조건인 '2만 원 미만'을 충족하지 않는다는 의미가 포함되어 있으므로 두 번째 조건에서 '2만 원 이상(20000 <= price)'을 비교할 필요가 없습니다. 세 번째 조건인 5만 원 이상도 price >= 50000이라고 조건을 적지 않아도 됩니다. else에 이미 '첫 번째 조건과 두 번째 조건을 충족하지 않는다'는 의미가 들어 있기 때문이죠.

그리고 최종 결제금액은 항상 알려 주어야 하기 때문에 들여쓰기를 하지 않고 조건문 밖에서 작성해야 합니다. 따라서 조건 충족 여부와 상관없이 print('최종 결제금액은', price, '원 입니다.')가 실행됩니다.

차량 2부제 수정하기

앞에서 작성한 차량 2부제 프로그램도 다시 살펴봅시다.

```
print('미세먼지 저감 조치에 따른 차량 2부제를 시행합니다!')

date = int(input('오늘은 며칠입니까? '))
if date % 2 == 1:
    print('홀수번호 차량만 통행 가능합니다.')
    print('짝수번호 차주는 오늘 대중교통을 이용하세요.')
else:
    print('짝수번호 차량만 통행 가능합니다.')
    print('홀수번호 차주는 오늘 대중교통을 이용하세요.')
```

날짜를 입력받아 홀짝을 판단한 후 차량 2부제를 안내했습니다. 이 프로그램에 45를 입력하면 어떻게 될까요? 직접 실행해 봅시다. 앞서 저장한 코드를 다시 불러와도 되고, 그리 길지 않은 코드이니 새로 작성하면서 예제를 복습해도 좋습니다.

미세먼지 저감 조치에 따른 차량 2부제를 시행합니다!
오늘은 며칠입니까? **45**
홀수번호 차량만 통행 가능합니다.
짝수번호 차주는 오늘 대중교통을 이용하세요.

45를 입력하면 당연히 홀수번호 차량이 통행 가능하다는 메시지가 출력되죠. 하지만 1년 중 45일이 있는 달은 없습니다. 날짜에서 가장 큰 숫자는 31입니다. 따라서 31을 초과한 숫자를 입력하면 입력이 잘못 됐음을 안내해야 합니다. 31을 초과한 숫자가 입력되면 '올바른 날짜를 입력하세요.'라고 출력해 봅시다.

> **제제쌤의 조언**
>
> 조건과 각 조건의 범위가 어떻게 되는지 생각해 보세요. 먼저 스스로 작성해 본 후 책의 코드를 확인하기 바랍니다.

```python
print('미세먼지 저감 조치에 따른 차량 2부제를 시행합니다!')

date = int(input('오늘은 며칠입니까? '))
if date > 31:
    print('올바른 날짜를 입력하세요.')
elif date % 2 == 1:
    print('홀수번호 차량만 통행 가능합니다.')
    print('짝수번호 차주는 오늘 대중교통을 이용하세요.')
else:
    print('짝수번호 차량만 통행 가능합니다.')
    print('홀수번호 차주는 오늘 대중교통을 이용하세요.')
```

홀수와 짝수를 판단하기 전에 먼저 31을 초과한 숫자가 입력되면 올바른 날짜를 입력하라는 문구를 출력해야 합니다. 31을 초과하는지를 먼저 확인하는 이유는 입력값이 유효한지 검증하기 위해서입니다. 유효하지 않은 값이 입력되면 홀수와 짝수를 판단할 필요가 없습니다. 홀짝 판단을 먼저 한 후에 유효하지 않은 값임을 알게 됐을 때는 프로그램이 이미 상당 부분 진행된 상태입니다. 유효한 값만으로 홀짝을 판단하는 것이 순서에 맞고, 더 효율적입니다.

그래서 유효성을 검증하는 date > 31을 첫 번째 조건으로 사용합니다. 첫 번째 조건을 충족한다면 올바른 입력이 아니란 의미죠. 역으로 첫 번째 조건을 충족하지 않는다면 올바른 입력이란 뜻입니다. 따라서 두 번째, 세 번째 조건에서 홀수와 짝수를 판단해 알맞은 안내문을 출력합니다. 이를 순서도로 표현하면 다음과 같습니다.

그림 4-7 차량 2부제 프로그램의 순서도

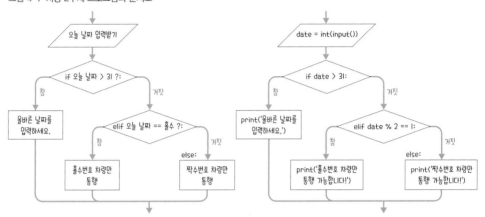

앞에서 배웠듯이 elif는 'date > 31을 충족하지 않는다'는 의미를 포함하므로 '31 이하의 숫자 중 홀수'를 의미합니다. else도 date > 31과 date % 2 == 1에 모두 해당하지 않는 경우이므로 '31 이하의 숫자 중 짝수'를 의미합니다. if를 활용해 입력값의 유효성을 검증하는 방법은 실제 프로그래밍에서도 매우 흔하게 사용합니다. 효율적인 프로그램을 만드는 데 도움이 되니 구조를 잘 익혀 두기 바랍니다.

조건문은 다양한 방법으로 만들 수 있습니다. 반드시 date > 31이 첫 번째 조건으로 오지 않더라도 조건을 잘 설계하기만 하면 같은 결과가 나오는 프로그램을 작성할 수 있습니다. 다음 절에서 좀 더 자세히 알아보겠습니다.

─NOTE **조건이 3개 이상일 때**

조건이 3개가 아니라 4개 또는 그 이상일 수도 있습니다. 이런 경우 조건이 늘어날 때마다 elif 블록을 추가하면 됩니다.

○ 계속

```
if 조건 1:              if 조건 1:              if 조건 1:
    실행할 내용 1           실행할 내용 1           실행할 내용 1
elif 조건 2:            elif 조건 2:            elif 조건 2:
    실행할 내용 2           실행할 내용 2           실행할 내용 2
else:                  elif 조건 3:            elif 조건 3:
    실행할 내용 3           실행할 내용 3           실행할 내용 3
                       else:                  elif 조건 4:
                           실행할 내용 4           실행할 내용 4
                                              …
                                              else:
                                                  실행할 내용 n
```

1분 퀴즈

3 목욕탕 입구에서 성별을 입력받아 남성이면 '<-- 남성전용탕은 왼쪽입니다.'를, 여성
   이면 '여성전용탕은 오른쪽입니다. -->'를 출력하려고 합니다. 그리고 남성이나 여성
   이 아닌 값을 입력받으면 '성별을 다시 입력해 주세요.'를 출력하게 합니다. 다음 프로
   그램에서 (가), (나)에 들어갈 코드를 올바르게 연결한 답을 각각 고르세요.

```
gender = input('성별을 입력해 주세요. ')
if gender == '남성':
    print('<-- 남성전용탕은 왼쪽입니다.')
(가)
    print('여성전용탕은 오른쪽입니다. -->')
(나)
    print('성별을 다시 입력해 주세요')
```

① (가) — gender == '여성':

② (가) — else gender == '여성':

③ (가) — elif gender == '여성':

④ (나) — elif:

⑤ (나) — else:

정답 및 해설: 해설 노트 724쪽

4.4

조건문 겹쳐 사용하기

4.4.1 조건문 안의 조건문

차량 2부제 프로그램은 if 문으로 먼저 유효하지 않은 값을 걸러낸 후에 홀수와 짝수를 판단했습니다. 순서를 바꿔 먼저 날짜가 31 이하일 때 홀수와 짝수를 판단하고, 31을 초과한 숫자를 걸러내면 어떨까요? 한번 시도해 봅시다! 순서도로 표현하면 다음과 같습니다.

그림 4-8 수정한 차량 2부제 프로그램의 순서도

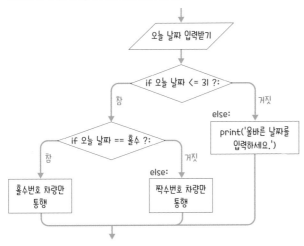

if-elif-else와 결과는 동일하나 구조가 조금 다릅니다. if 문 안에 if 문이 있습니다. 이처럼 조건문 안에 조건문이 있는 형태를 **중첩 조건문**이라 합니다. 기존 코드의 구조만 바꾸면 되니 바로 작성해 봅시다.

```
print('미세먼지 저감 조치에 따른 차량 2부제를 시행합니다!')

date = int(input('오늘은 며칠입니까? '))
if date <= 31:
    if date % 2 == 1: → if 문 안에 if 문이 들어 있는 형태
        print('홀수번호 차량만 통행 가능합니다.')
        print('짝수번호 차주는 오늘 대중교통을 이용하세요.')
    else:
        print('짝수번호 차량만 통행 가능합니다.')
        print('홀수번호 차주는 오늘 대중교통을 이용하세요.')
else:
    print('올바른 날짜를 입력하세요.')
```

홀수와 짝수를 판단하는 if-else 문은 첫 번째 if 문(if date <= 31)이 충족될 때 실행되어야 하므로 들여쓰기를 합니다. 조건의 범위만 잘 파악하면 if 안에 if를 사용하는 중첩 조건문도 쉽게 작성할 수 있습니다.

4.4.2 여러 조건을 동시에 판단하는 and와 or

지금까지 살펴본 조건문에서는 한 번에 한 가지 조건만 판단했습니다. 그래서 두 가지 조건을 판단해야 할 때는 앞에서처럼 조건문 안에 조건문을 넣어 사용했습니다. 그런데 하나의 if로 여러 조건을 동시에 판단할 수도 있습니다.

여러 조건을 동시에 충족하는 and

백화점에서 사은품 행사를 하려고 합니다. 사은품 지급 대상은 구매금액이 10만 원 이상인 고객 중 마케팅 이용약관에 동의한 고객입니다. 조건이 구매금액과 이용약관 두 가지입니다. 두 가지 조건을 동시에 충족해야 하는데 이런 경우는 어떻게 표현할까요?

여러 조건을 동시에 판단할 때는 and를 사용합니다. and는 '그리고'라는 의미죠. 따라서 '조건 A를 충족한다 **그리고** 조건 B를 충족한다', 즉 '조건 A와 조건 B를 동시에 충족한다'는 뜻이 되며, '조건 A and 조건 B' 형식으로 사용합니다.

and 형식에 맞춰 '구매금액이 10만 원 이상인 고객 중 마케팅 이용약관에 동의했는가?'를 조건문으로 작성하면 다음과 같습니다.

```
if 구매금액 >= 100000 and 마케팅 이용약관 == 'Y':
```

앞의 조건문을 반영해 백화점 사은품 행사 프로그램을 코드로 작성해 봅시다. 백화점 사은품 행사는 알람 설정 프로그램과 구조가 비슷하므로 참고해서 작성하면 쉽습니다.

```
consumption = int(input('구매금액은? '))
marketing_yn = input('마케팅 이용약관에 동의했습니까? (Y/N) ')

if consumption >= 100000 and marketing_yn == 'Y':
    print('사은품 지급 대상입니다.')
else:
    print('사은품 지급 대상이 아닙니다.')
```

실행결과

구매금액이 120000원이고, 마케팅 이용약관 동의 Y일 때
구매금액은? **120000**
마케팅 이용 약관에 동의했습니까? (Y/N) **Y**
사은품 지급 대상입니다.

구매금액이 120000원이고, 마케팅 이용약관 동의 N일 때
구매금액은? **120000**
마케팅 이용약관에 동의했습니까? (Y/N) **N**
사은품 지급 대상이 아닙니다.

구매금액 조건과 마케팅 이용약관 조건을 and로 묶어 if 문에 넣고 두 조건을 모두 충족하면 사은품 지급 대상이라고 안내합니다. 그 외 경우는 else로 표현합니다.

두 조건을 조합하면 다음 네 가지 경우가 가능합니다. 코드를 재실행하며 두 조건을 동시 충족할 때만 사은품 지급 대상이 되는지 확인해 보세요.

> **제제쌤의 조언**
> 백화점의 사은품 지급 행사는 중첩 조건문으로도 구현할 수 있습니다. 동일한 수학문제를 푸는 다양한 방법이 있는 것처럼 프로그래밍 역시 구현하는 방법이 다양합니다. 다양한 구현 방법을 알아 두면 복잡한 조건이 얽힌 상황도 쉽게 해결할 수 있으니 폭넓게 공부하는 것을 추천합니다.

표 4-2 조건 조합에 따른 사은품 지급 여부

구매금액 10만 원 이상	마케팅 이용약관 동의 Y	사은품 지급 대상
X	X	X
X	O	X
O	X	X
O	O	O

여러 조건 중 한 가지만 충족해도 되는 or

사은품 지급 대상은 두 조건을 모두 충족해야 하지만, 무료주차는 두 조건 중 하나만 충족해도 된다고 해 봅시다. 조합 결과는 다음과 같습니다.

표 4-3 조건 조합에 따른 무료주차 여부

구매금액 10만원 이상	마케팅 이용약관 동의 Y	무료주차 대상
X	X	X
X	O	O
O	X	O
O	O	O

두 조건을 모두 충족하지 않는 경우만 제외하고 모두 무료주차가 가능합니다. 이처럼 '조건 A 또는 조건 B'를 표현하는 방법은 or입니다. or는 '또는'이라는 뜻이죠. or도 and와 비슷하게 '조건 A or 조건 B' 형식으로 사용합니다. 다음 그림을 보면 조건 범위를 알 수 있습니다.

그림 4-9 and와 or의 조건 범위

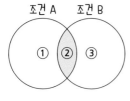

A and B : ②

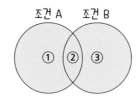

A or B : ① + ② + ③

그러면 or를 사용해 무료주차 여부를 판단하는 프로그램을 작성해 봅시다.

```
consumption = int(input('구매금액은? '))
marketing_yn = input('마케팅 이용약관에 동의했습니까? (Y/N) ')

if consumption >= 100000 or marketing_yn == 'Y':
    print('무료주차 대상입니다.')
else:
    print('무료주차 대상이 아닙니다.')
```

실행결과

구매금액은? **5000**
마케팅 이용약관에 동의했습니까? (Y/N) **Y**
무료주차 대상입니다.

이번에는 구매금액 조건과 마케팅 이용약관 조건을 or로 묶어 if 문에 넣고, 둘 중 하나라도 충족하면 무료주차 대상이라고 안내합니다. 그 외 경우는 else로 넘깁니다.

이처럼 같은 결과의 프로그램이더라도 구조를 다양하게 구현할 수 있습니다. 정말 사람이 생각하는 대로 작성하는 거죠. 논리에 허점이 없고 정확하게만 표현한다면 모두 답이 될 수 있습니다!

> **TIP** 동의 여부를 Y 또는 N으로 입력했는데 책과 다른 결과가 나와서 당황할 수 있습니다. 그렇다면 대문자 Y, N이 아니라 소문자 y, n을 입력했는지 확인해 보세요. 조건문의 조건식을 만들 때 대문자 'Y'만 조건에 넣었습니다. 만약 소문자 y도 조건에 포함하고 싶다면 consumption >= 100000 or marketing_yn == 'Y' or marketing_yn == 'y'처럼 or로 조건 하나를 더 연결하면 됩니다.

4 다음 프로그램을 보고 옳지 <u>않은</u> 것을 고르세요.

```python
a = int(input('숫자 입력: '))
if a > 50:
    if a % 3 == 0:
        print('A')
    elif a % 3 == 1:
        print('B')
    else:
        print('C')
else:
    if a % 2 == 0:
        print('D')
    else:
        print('E')
```

① 51을 입력하면 A가 출력된다.

② 92를 입력하면 B가 출력된다.

③ 86을 입력하면 C가 출력된다.

④ 44를 입력하면 D가 출력된다.

⑤ 15를 입력하면 E가 출력된다.

정답 및 해설: 해설 노트 725쪽

마무리

이 장에서 배운 내용을 정리해 보겠습니다.

1 제어구조 프로그램의 흐름이자 프로그램 안에서 명령어가 실행되는 순서

   ① **순차구조** 위에서 아래의 순서로 실행되는 구조

   ② **선택구조** 조건 충족 여부에 따라 실행할 명령어가 달라지는 구조

2 조건문 조건 충족 여부에 따라 실행되는 내용이 다른 선택구조를 파이썬 코드로 표현한 것

3 조건문의 형식

구분	형식
조건이 하나일 때	if A: B

조건을 충족할 때와 충족하지 않을 때	if A:
	    B
	else:
	    C

조건이 여러 개일 때	if A:
	    B
	elif C:
	    D
	else:
	    E

4 비교 연산자 두 값을 비교하는 연산자

비교 연산자	의미	비교 연산자	의미
a > b	a가 b보다 큰가?	a <= b	a가 b보다 작거나 같은가?
a < b	a가 b보다 작은가?	a == b	a와 b는 같은가?
a >= b	a가 b보다 크거나 같은가?	a != b	a와 b는 다른가(=같지 않은가)?

5 여러 개의 조건을 동시에 판단하는 연산자

연산자	의미
A and B	A도 충족하고 B도 충족한다면(A와 B를 동시에 충족한다면)
A or B	A를 충족하거나 B를 충족한다면(A 또는 B 둘 중 하나라도 충족한다면)

Self Check

1 독감인지 확인하는 프로그램을 작성하세요. 기침이 있으면 Y로, 기침이 없으면 N
으로 입력받고 체온도 입력받습니다(체온은 실수형으로 입력받는다고 가정합니다).
기침이 있고, 체온이 38.5도 이상이면 '독감일 수 있습니다.'를 출력하세요.

2 분식집에 메뉴가 김밥류와 라면류 두 종류가 있습니다. 김밥류에는 야채김밥(2,500
원), 참치김밥(3,500원)이 있고, 라면류에는 기본라면(3,500원), 떡라면(4,000원),
만두라면(4,000원)이 있습니다. 메뉴로 '김밥'을 입력받으면 김밥류의 하위 메뉴 2가
지를 출력하고, '라면'을 입력받으면 라면류의 하위 메뉴 3가지를 출력하는 프로그램
을 작성하세요. 입력받은 값이 '김밥'도 '라면'도 아니면 '올바른 메뉴를 입력해 주세
요.'라고 출력하세요.

3 0점부터 100점 사이의 점수를 입력받아 80점 이상이면 'A 등급', 40점 이상 80점
미만이면 'B 등급', 40점 미만이면 'C 등급'을 출력하는 프로그램을 작성하세요. 그
리고 0 미만의 음수나 100 초과의 숫자가 입력되면 '잘못된 숫자를 입력했습니다.'
를 출력하세요.

정답 및 해설: 해설 노트 725쪽

5장

같은 일을 여러 번 반복해야 할 때: 반복문

제어구조는 명령어를 실행하는 순서, 즉 프로그램의 흐름을 제어하는 구조입니다. 제어구조는 세 가지가 있습니다.

첫째, 순차구조는 위에서 아래의 순서대로 진행하는 구조입니다. 프로그램은 순차구조를 기본으로 합니다. 둘째, 선택구조는 조건을 충족할 때와 충족하지 않을 때 실행할 명령어가 달라지는 구조로, 4장에서 다룬 조건문으로 표현합니다. 셋째, 반복구조는 특정 명령어를 반복하는 구조입니다.

이 장에서 세 번째 제어구조인 반복구조를 배워 보겠습니다.

표 5-1 제어구조

순차구조	선택구조	반복구조
↓ 위에서 아래로 진행되는 구조	⅄ 조건에 따라 실행할 명령어가 달라지는 구조	↻ 특정 명령어를 반복하는 구조

5.1

범위 내에서 반복하기: for

5.1.1 반복문이란

사람이 제한된 시간 안에 어떤 일을 매우 많이 반복하기는 시간적으로나 물리적으로 어렵습니다. 그래서 컴퓨터에 명령을 내려 짧은 시간 안에 수백, 수천 번 반복되는 일을 처리하게 합니다. 컴퓨터는 반복할 명령과 구간을 정해 주면 명령을 수백, 수천 번 반복할 수 있습니다. 이것이 제어구조 중 하나인 **반복구조**입니다. 파이썬에서는 반복구조를 다음과 같은 형식으로 작성하며, 이를 **반복문**이라고 표현합니다.

> **형식**
>
> ```
> for a in data:
>     명령어 B
> ```

첫째 줄의 for에는 다양한 뜻이 있는데, 여기서는 '~하는 동안'으로 보면 됩니다. in은 '안에 있다, 속한다'는 의미이므로 첫째 줄은 'a가 data 안에 있는 동안'이 됩니다. data에는 반복할 구간이 들어갑니다. 구간은 어떤 지점과 다른 지점과의 사이이므로 시작과 끝을 나타내는 최소 2개 이상의 데이터가 있어야 합니다. 즉, data는 여러 개의 데이터가 있는 데이터 묶음입니다. a는 반복문에서 데이터 묶음 대신 사용할 변수로, data의 첫 번째 요소부터 마지막 요소까지 차례대로 변수 a에 저장되며 반복 구간을 설정합니다. 둘째 줄에 들여쓰기된 명령어 B는 a의 값이 변할 때마다 반복해서 실행됩니다. 따라서 반복문은 **a가 데이터 묶음인 data 안에 있는**

값일 동안 (반복해서) 명령어 B를 실행하라는 의미가 됩니다.

<u>for</u> a in data:
동안 a가 data 안에 있는 값일

명령어 B
명령어 B를 실행하라

형식에 맞춰 원하는 데이터와 명령어를 넣으면 반복문이 실행됩니다. 아직 알쏭달쏭할 테니 바로 코드를 작성해 결과를 확인해 봅시다.

```
for a in [1, 2, 3, 4, 5]:
    print('안녕하세요.')
```

5개의 숫자가 대괄호([ ])로 둘러쌓여 있습니다. data에는 데이터 묶음이 들어간다고 했습니다. 그래서 이 코드에서는 1부터 5까지의 수를 대괄호로 묶어 [1, 2, 3, 4, 5]라는 데이터 묶음으로 만든 것이죠. 이 부분은 다음 장에서 상세히 배울 내용이라 여기서는 간단하게 '대괄호로 데이터 묶음을 표현한다'는 정도만 알면 됩니다. 이렇게 데이터 묶음이어야 data 위치에 넣을 수 있습니다. 그럼 한번 실행해 봅시다.

실행결과
```
안녕하세요.
안녕하세요.
안녕하세요.
안녕하세요.
안녕하세요.
```

print('안녕하세요.')는 1개인데 실행결과에는 '안녕하세요.'가 다섯 번 출력됩니다. 왜 그럴까요?

앞에서 data의 첫 번째 요소부터 마지막 요소까지 차례대로 a에 저장된다고 했습니다. 따라서 [1, 2, 3, 4, 5]의 데이터가 하나씩 변수 a에 저장될 때마다 반복문 내부에 있는 print('안녕하세요.') 명령어가 실행됩니다. 처음 반복문을 실행하면 첫 번째 요소인 1이 a에 들어가고 print('안녕하세요.') 명령어를 실행합니다. 데이터 묶음에는 여전히 데이터가 남아 있으므로 다시 for 문으로 돌아가 a에 두 번째 요소인 2가 들어가고 print()를 한 번 더 실행합니다.

같은 원리로 데이터 묶음의 마지막 요소인 5가 a에 들어갈 때까지 print('안녕하세요.')를 반복 실행합니다. a에 들어갈 데이터가 더 이상 없으면 반복을 멈추고 반복문을 종료합니다.

앞의 반복문에서 반복 구간은 [1, 2, 3, 4, 5]이고, 반복되는 명령어는 print('안녕하세요.') 입니다. 반복문의 실행과정을 정리하면 다음과 같습니다.

표 5-2 반복문의 실행과정

반복 회차	a에 저장된 값	반복문 내부
첫 번째	1	for a in [1, 2, 3, 4, 5]: a에 1이 저장되고, 　　　print('안녕하세요.') '안녕하세요.' 출력
두 번째	2	for a in [1, 2, 3, 4, 5]: a에 2가 저장되고, 　　　print('안녕하세요.') '안녕하세요.' 출력
세 번째	3	for a in [1, 2, 3, 4, 5]: a에 3이 저장되고, 　　　print('안녕하세요.') '안녕하세요.' 출력
네 번째	4	for a in [1, 2, 3, 4, 5]: a에 4가 저장되고, 　　　print('안녕하세요.') '안녕하세요.' 출력
다섯 번째	5	for a in [1, 2, 3, 4, 5]: a에 5가 저장되고, 　　　print('안녕하세요.') '안녕하세요.' 출력 마지막 데이터이므로 반복문 종료

NOTE 반복문에서 오류가 발생하는 경우

반복문에서 오류가 발생하는 경우는 다음 두 가지로, 이는 조건문도 비슷합니다.

1. 콜론(:)을 입력하지 않았을 때 반복문에 콜론을 입력하지 않으면 SyntaxError가 발생합니다. 형식이 틀렸다는 의미죠. SyntaxError가 발생하면 가장 먼저 콜론(:)이 있는지 확인하세요.

2. 들여쓰기가 잘못됐을 때 반복문 내부에서 명령어를 입력할 때 앞에 4칸 들여쓰기를 하지 않으면 IndentationError가 발생합니다. 반복문에서도 콜론을 작성한 후 Enter 를 누르면 자동으로 들여쓰기가 됩니다. 그런데 들여쓰기를 무시하거나 콜론을 입력하지 않은

⊙ 계속

채 Enter 를 눌러 들여쓰기가 안 되면 오류가 발생합니다. IndentationError가 발생한다면 반복문의 둘째 줄에 들여쓰기가 제대로 됐는지 확인해 보세요!

반복문에서 변수 a의 값이 어떻게 변하는지 직접 확인해 보겠습니다.

```
for a in [1, 2, 3, 4, 5]:
    print(a, '을(를) 저장 중입니다.')
```

실행결과

```
1 을(를) 저장 중입니다.
2 을(를) 저장 중입니다.
3 을(를) 저장 중입니다.
4 을(를) 저장 중입니다.
5 을(를) 저장 중입니다.
```

반복할 때마다 a에 들어가는 값이 출력됩니다. 1부터 5까지 순서대로 출력되는 것을 보면 데이터 묶음에 있는 데이터가 변수 a에 차례대로 저장되는 것을 알 수 있습니다.

이 부분에서는 a가 변수고, 데이터 묶음의 첫 번째 요소부터 차례대로 변수 a에 저장됨을 이해하는 것이 중요합니다. a가 data 구간 안에 있는 값일 동안 명령어 B를 실행한다는 의미가 무엇인지 이제 이해될 겁니다.

만약 데이터 묶음의 값이 바뀌면 어떻게 될까요? 10개의 데이터 묶음으로 실행해 봅시다.

```
for a in [9, 8, 7, 6, 5, 4, 3, 2, 1, 0]:
    print(a, '안녕하세요.')
```

실행결과

```
9 안녕하세요.
8 안녕하세요.
7 안녕하세요.
6 안녕하세요.
5 안녕하세요.
4 안녕하세요.
```

3 안녕하세요.

2 안녕하세요.

1 안녕하세요.

0 안녕하세요.

print(a)가 10번 실행되어 결과도 10번 나왔습니다. 그리고 a에 저장된 숫자가 데이터 묶음의 첫 번째 요소 9부터 마지막 요소 0까지 차례대로 변합니다. 이것이 바로 'a가 data 안에 있는 값일 동안'의 진짜 의미입니다. 데이터 묶음 안에 숫자를 다양하게 넣어서 테스트해 보세요.

반복문의 형식이 조금 익숙해졌을 거예요. 처음 봤을 때는 어려웠지만, 몇 번 실행해 보니 생각보다 쉽죠?

5.1.2 연속된 숫자를 range()로 간단하게 표현하기

반복문을 사용해 명령어를 5번, 10번 반복하는 프로그램을 작성했습니다. 그런데 이보다 더 많이 반복해야 하는 경우에는 어떻게 할까요? 200번을 반복한다면 1부터 200까지 숫자를 데이터 묶음 안에 넣어야 할까요?

이 문제를 간단하게 해결해 주는 range()라는 명령어가 있습니다. range는 우리말로 '범위'를 뜻합니다. 범위는 시작과 끝이 있습니다. 그래서 range() 명령어에도 범위의 시작과 끝을 넣어 range(시작 숫자, 종료 숫자) 형식으로 사용합니다. 다음 코드를 실행해 봅시다.

```
for a in range(1, 20):
    print(a, '선생님, 다시는 청소를 빼먹지 않겠습니다.')
```

실행결과

1 선생님, 다시는 청소를 빼먹지 않겠습니다.

2 선생님, 다시는 청소를 빼먹지 않겠습니다.

...

18 선생님, 다시는 청소를 빼먹지 않겠습니다.

19 선생님, 다시는 청소를 빼먹지 않겠습니다.

반성문을 19번 반복해서 출력합니다. 왜 20번이 아닌 19번만 출력할까요? range(시작 숫자,

종료 숫자)에서 종료 숫자는 명령어를 종료하고 반복문을 빠져나가는 숫자를 말합니다. 따라서 20이 되면 range(1, 20)이 종료되므로 실질적인 숫자 범위는 시작 숫자 1부터 19(종료 숫자 − 1)까지입니다. 이를 데이터 묶음으로 표현하면 [1, 2, 3... 18, 19]가 됩니다. 이처럼 20번을 반복하려고 데이터를 일일이 적는 것보다는 range()로 반복할 범위를 넣어 주는 것이 간편합니다.

반복문의 실행과정을 봅시다. 처음에 a에는 range(1, 20)의 시작 숫자인 1이 들어가고 print('선생님, 다시는 청소를 빼먹지 않겠습니다.')가 실행됩니다. 두 번째 반복에서 a에 2가 들어가고 print()를 실행하며, 세 번째 반복에서도 a에 3이 들어가고 print()를 한 번 더 실행합니다. 이 과정을 19가 될 때까지 반복합니다. 반복문의 data 위치에 [1, 2, 3... 18, 19]를 입력한 것과 결과가 같습니다.

표 5-3 반복문의 실행과정

반복 회차	a에 저장된 값	반복문 내부
첫 번째	1	for a in range(1, 20): a에 1이 저장되고, print() 실행 　　print(a, '선생님, 다시는 청소를 빼먹지 않겠습니다.')
두 번째	2	for a in range(1, 20): a에 2가 저장되고, print() 실행 　　print(a, '선생님, 다시는 청소를 빼먹지 않겠습니다.')
		...
열 여덟 번째	18	for a in range(1, 20): a에 18이 저장되고, print() 실행 　　print(a, '선생님, 다시는 청소를 빼먹지 않겠습니다.')
열아홉 번째	19	for a in range(1, 20): a에 19가 저장되고 print() 실행 　　range(종료 숫자 − 1)이므로 반복문 종료 　　print(a, '선생님, 다시는 청소를 빼먹지 않겠습니다.')

그럼 20번을 온전하게 출력하고 싶으면 코드를 어떻게 바꿀까요? 먼저 코드를 바꿔 보고 실행결과를 확인하세요.

```
for a in range(1, 21):
    print(a, '선생님, 다시는 청소를 빼먹지 않겠습니다.')
```

간단하죠? range(1, 20)을 range(1, 21)로 바꾸면 됩니다. 1부터 시작해 종료 숫자 21에서 1을 뺀 20까지 반복하므로 원하는 결과가 나옵니다. 다른 방법도 있습니다. 종료 숫자가 1 증가해도 되지만, 시작 숫자가 1 감소해도 20번 반복하겠죠? 출력 숫자도 동일하게 1부터 20이 나오게 하기 위해 출력 명령어에 a 대신 a + 1로 변경해 보겠습니다.

```
for a in range(0, 20):
    print(a + 1, '선생님, 다시는 청소를 빼먹지 않겠습니다.')
```

실행결과

```
1 선생님, 다시는 청소를 빼먹지 않겠습니다.
2 선생님, 다시는 청소를 빼먹지 않겠습니다.
...
19 선생님, 다시는 청소를 빼먹지 않겠습니다.
20 선생님, 다시는 청소를 빼먹지 않겠습니다.
```

0부터 19까지 출력하니 총 출력 횟수는 20번입니다. a에 들어 가는 숫자도 0부터 19까지라, a + 1로 코드를 수정했더니 1부터 20까지 잘 출력됩니다.

마지막으로, range(시작 숫자, 종료 숫자)에서 시작 숫자가 0일 때는 시작 숫자 표기를 생략할 수 있습니다. 즉, range(0, 20)은 range(20)으로 간단히 써도 됩니다. 단, 시작 숫자를 생략하는 것은 0으로 시작할 때뿐이며 range(1, 21)처럼 0이 아닌 숫자로 시작할 경우에는 생략할 수 없습니다.

```
for a in range(20):
    print(a + 1, '선생님, 다시는 청소를 빼먹지 않겠습니다.')
```

> **NOTE range()에 간격 추가하기**
>
> range(시작 숫자, 종료 숫자)에서 숫자가 1이 아니라 2나 3씩 증가하도록 간격을 설정할 수 있습니다. 방법은 간단합니다. range(시작 숫자, 종료 숫자, 간격)으로 기존 명령어에 간격을 추가하면 됩니다. 간격이 2라면 range(1, 20, 2)라고 작성합니다. 이는 a에 1부터 시작해 20까지 2씩 간격을 주고 값을 넣으라는 의미입니다. 실행해 봅시다.

◐ 계속

```
for a in range(1, 20, 2):
    print(a)
```

실행결과

```
1
3
5
7
9
11
13
15
17
19
```

간격을 3으로 하고 싶으면 range(1, 20, 3)으로, 4로 하고 싶으면 range(1, 20, 4)로 작성하면 됩니다. 이때는 0부터 시작해도 시작 숫자를 생략할 수 없습니다. range()는 괄호 안에 든 요소가 2개면 자동으로 시작 숫자, 종료 숫자라고 생각하기 때문입니다.

지금까지 반복문의 형식과 range() 명령어를 배워 보았습니다. for a in data에서 a는 data의 요소를 차례대로 담는 변수라서 변수명이 반드시 a가 아니어도 됩니다. b나 c 또는 number 등 원하는 대로 지정할 수 있습니다. 일반적으로 프로그래밍할 때 반복문에서 사용하는 변수는 i입니다. 왜 i인지에 관해서는 여러 의견이 있습니다. 반복자를 의미하는 iterator의 약자라는 의견이 지배적이긴 하지만, 프로그래밍이 처음 만들어지는 시점에 고등 수학에서 사용하는 문자가 i여서 그대로 가지고 왔다고도 하고, index의 약자로 i를 사용한다는 의견도 있습니다.

이 책에서도 앞으로는 프로그래밍 관습에 따라 반복문에서 a 대신 i를 사용하겠습니다.

```
for i in range(20):
    print(i, '선생님, 다시는 청소를 빼먹지 않겠습니다.')
```

a를 i로 바꿔도 반복문은 정상적으로 실행됩니다. 오류가 발생하거나 결과가 이상하다면 두 줄 모두 a를 i로 바꾸었는지 확인해 보세요. 하나라도 i로 바꾸지 않으면 오류가 발생하거나 숫자가 모두 0(또는 다른 숫자)으로 출력됩니다.

NOTE 왜 오류가 발생하거나 같은 숫자가 출력되나요?

1) 주피터 노트북이나 코랩에서 새로운 파일에 코드를 작성하거나 런타임을 새로 시작할 때(메뉴 → 런타임 → 런타임 다시 시작) 다음과 같이 작성하면 NameError가 발생합니다.

```
for a in range(20):
    print(i, '선생님, 다시는 청소를 빼먹지 않겠습니다.') # ①
# 또는
for i in range(20):
    print(a, '선생님, 다시는 청소를 빼먹지 않겠습니다.') # ②
```

NameError는 3장에서 공부했듯이 변수를 정의(변수를 만들어 초깃값을 저장)하지 않은 상태에서 변수를 사용했을 때 발생합니다. ①에서는 변수 i를, ②에서는 변수 a를 만든 적이 없는데 사용하고 있어서 'a(또는 i)에 값을 저장한 적이 없는데 어디에서 값을 불러오라는 거야!'라며 컴퓨터가 명령을 이해하지 못했다고 표시하는 것입니다.

2) 숫자가 0이나 다른 숫자 하나만 연속해서 출력되는 경우도 있습니다. 주피터 노트북이나 코랩을 사용하다 보면 코드를 복사한 후 붙여넣기를 해서 다음처럼 셀별로 실행하는 경우가 많습니다.

그림 5-1 코랩에서 코드의 셀별 실행

```
[ ]    1 for a in range(20):
       2     print(i, '선생님, 다시는 청소를 빼먹지 않겠습니다.') # ①

[ ]    1 for i in range(20):
       2     print(a, '선생님, 다시는 청소를 빼먹지 않겠습니다.') # ②
```

이렇게 실행하면 첫 번째 코드에서 변수 a에 0이 저장된 상태로 오류가 나서 종료됩니다. 변수 i가 정의되지 않는데 반복문 내부에서 사용하기 때문입니다(반복문에서 정의한 변수는 a입니다). 두 번째 코드에서는 새로운 반복문을 작성해 변수 i를 만들었으나

🔵 계속

반복문 내부의 print()에서는 i가 아닌 a를 사용합니다. 두 번째 코드에서 변수 a를 만들지 않았지만, 첫 번째 코드에서 만든 a에 0이 저장되어 있으므로 이를 사용해 오류가 나지 않고 출력 명령어를 반복해서 실행합니다.

데이터 묶음의 값을 차례대로 저장할 변수로 i를 사용한다면 반복문의 내부에서도 i를 사용해야 합니다. 이 부분을 꼭 확인하세요.

5.1.3 반복문으로 간단한 프로그램 만들기

지금까지 배운 반복문과 range( ) 명령어로 간단한 프로그램을 작성해 보겠습니다.

숫자 합 구하기

1부터 50까지 숫자의 합을 구해 봅시다. 먼저 반복할 부분과 구간을 찾아야죠. 1부터 50까지 숫자의 합에서 반복되는 부분은 뭘까요? 덧셈이죠. 명령어가 반복되는 구간은 어딜까요? 문제에 이미 나와 있듯이 1부터 50까지입니다. 먼저 1부터 50까지의 합을 저장할 변수가 하나 필요합니다. 이 변수의 초깃값에 1부터 50까지 계속 더하고 이 값을 다시 변수에 저장하므로 더해지는 숫자를 반복 구간으로, 덧셈을 반복 명령어로 만들면 됩니다. 지금까지 정리한 것을 바탕으로 코드를 작성해 봅시다.

```python
# 1부터 50까지 숫자의 합을 구하는 프로그램
result = 0
for i in range(1, 51):
    result += i
print(result)
```

실행결과

1275

반복문을 시작하기 전에 먼저 결괏값을 저장할 변수 result를 만듭니다. 이때 result에는 초깃값으로 0을 넣습니다. 계산에 사용하는 변수라면 초깃값이 정말 중요합니다. result에 초깃값으로 1을 넣는다면 이미 1이 들어 있는 상태에서 1부터 50까지 더하므로 전체 계산에서 1이라는 오차가 생깁니다. 따라서 result에 초깃값으로 0을 넣어야 오차 없는 결괏값을 얻을 수 있습니다.

다음으로 반복 구간인 1부터 50까지의 수를 range( ) 명령어를 사용해 데이터 묶음 위치에 넣습니다. 이때 반복 범위는 range(1, 51)을 사용해야 함을 잊지 마세요! 반복할 때마다 변수 i를 result에 더합니다. result += i는 result = result + i를 줄여 쓴 표현입니다. 덧셈을 50번 반복하고 나면 최종 결괏값을 출력합니다. print(result)는 들여쓰기를 하지 않았으니 반복문 외부에 있습니다. 따라서 반복문이 종료되고 나면 실행됩니다.

result 변수를 반복문 내부에 만들면 어떻게 될까요?

```
for i in range(1, 51):
    result = 0
    result += i        반복되는 명령어
print(result)
```

실행결과

50

결과는 50이 나옵니다. 왜 그럴까요? result에 초깃값 0을 저장하는 코드 result = 0도 반복되기 때문이죠. result 변수를 만드는 코드를 반복문 내부에 넣으면 첫 번째 반복에서 result에 0을 넣고, 다음 줄에서 result에 1을 더합니다. 두 번째 반복에서 result에 다시 0을 넣은 뒤에 2를 더합니다. 이런 식으로 50까지 반복해도 더한 결괏값 result에 0을 넣는 것도 반복되기 때문에 결과적으로 result에 0을 넣고 여기에 마지막 i 값을 더한 50이 출력됩니다. 이는 반복문을 처음 배울 때 많이 하는 실수입니다. 다음 코드 역시 흔히 하는 실수 중 하나입니다.

```
result = 0
for i in range(1, 51):
    result += i
    print(result)        반복되는 명령어
```

실행결과

1

3

6

...

1176

1225

1275

반복문 안에 print(result)가 있어서 반복될 때마다 숫자를 더한 결괏값이 출력됩니다. 첫 번째 반복에서 result의 초깃값 0에 숫자 1을 더한 상태가 출력되고, 두 번째 반복에서 첫 번째 반복의 결괏값(result)에 2를 더한 3이 출력되고, 마지막에는 1부터 50까지 모두 더한 값인 1275가 출력됩니다. 의도한 바는 1부터 50까지 모두 더한 최종 결괏값만 확인하는 것이므로 덧셈 과정이 모두 출력되도록 반복문 안에 print(result)를 넣을 필요가 없습니다.

TIP 지금까지는 프로그램이 매우 간단해 중간 과정을 확인할 필요가 없습니다. 하지만 뒤에 나오는 데이터 분석 프로젝트를 진행할 때는 다소 복잡한 반복문을 사용하기 때문에 과정을 눈으로 확인해야 할 때가 종종 있습니다. 따라서 반복문 안에 print( )를 넣어 값이 변하는 것을 직접 확인하는 방법도 알아 두면 좋습니다.

이번에는 101부터 150까지의 합을 구하고 싶습니다. 코드를 어떻게 수정하면 될까요? 먼저 직접 수정해 본 후에 책을 보기 바랍니다.

```
result = 0
for i in range(101, 151):
    result += i
print(result)
```

실행결과

6275

반복 범위를 정하는 range( ) 안의 숫자만 바꾸면 됩니다. range(1, 51)은 1부터 50까지의 숫자 50개를 차례대로 반복한다는 의미였으니 101부터 150까지의 합을 구하려면 숫자만 range(101, 151)로 변경하면 됩니다.

숫자 곱 구하기

앞의 프로그램을 참고해 1부터 50까지 곱($1 \times 2 \ldots \times 49 \times 50$)을 구해 봅시다. 책을 보지 않고 먼저 직접 작성해 보세요.

```python
result = 1
for i in range(1, 51):
    result *= i
print(result)
```

실행결과

30414093201713378043612608166064768844377641568960512000000000000

덧셈 대신 곱셈 결과를 얻으려면 +=를 *=로 바꾸면 됩니다. 3장에서 배웠듯이 result *= i는 result = result * i를 줄여 쓴 표현입니다. 그런데 결과가 이렇게 긴 숫자가 아니라 0이 나올 수도 있습니다. 무엇이 문제일까요? 첫 번째 줄의 result = 0을 result = 1로 바꾸지 않아서 그렇습니다. result의 초깃값이 0이면 어떤 숫자를 곱해도 계속 0이 됩니다. 그래서 이때는 초깃값을 1로 해야 합니다. 덧셈에서 0이 결괏값에 영향을 미치지 않는 숫자라면 곱셈에서는 1이 결괏값에 영향을 미치지 않는 숫자입니다.

구구단 출력하기

곱셈 코드를 배웠으니 숫자 하나를 입력받아 구구단을 출력하는 프로그램을 만들어 봅시다. 예를 들어, 4를 입력받으면 4단을 출력하면 됩니다. 구조를 생각해 봅시다. 일단 숫자를 입력받아야 합니다. 그리고 입력받은 값에 1부터 9까지 곱해서 결과로 '$4 \times 1 = 4, 4 \times 2 = 8 \ldots 4 \times 9 = 36$'을 출력해야 합니다. 반복되는 부분은 어딘가요? 입력받은 숫자를 곱하는 부분으로, $4 \times \bigcirc = \bigcirc$ 형태로 표현할 수 있습니다. 반복 구간은 뭘까요? 1부터 9까지입니다.

구조를 고려해 반복문을 작성해 봅시다.

```python
num = int(input('몇 단을 외울까요? '))
for i in range(1, 10):
    print(num, 'x', i, '=', num * i)
```

실행결과

몇 단을 외울까요? **4**

4 x 1 = 4

4 x 2 = 8

4 x 3 = 12

4 x 4 = 16

4 x 5 = 20

4 x 6 = 24

4 x 7 = 28

4 x 8 = 32

4 x 9 = 36

먼저, 출력할 단을 input()으로 입력받습니다. 3장에서 배웠듯이 input()은 입력받는 값을 문자열로 취급하니 전체를 int()로 다시 감쌉니다. 앞에서 작성한 1부터 50까지 숫자 곱 구하기 코드를 참고하면 반복 범위는 for i range(1, 10)으로 작성할 수 있습니다. 그다음 줄에 반복문 내부에서 반복할 명령어를 들여쓰기로 입력합니다. 우리가 원하는 결과는 다음처럼 구구단을 출력하는 겁니다. 결과에서 변하지 않는 부분은 그대로 문자열로 출력하고, 변하는 부분은 변수를 활용합니다.

4는 입력받은 숫자가 저장된 num 변수입니다. x는 곱셈 기호인데, 변하지 않으므로 문자 그대로 사용합니다. 컴퓨터에서 곱셈 기호는 *이지만, 여기서는 보기 편하도록 알파벳 소문자 x를 사용했습니다. 그다음은 1부터 9까지 차례대로 변하는 변수입니다. 따라서 for i in range(1, 10)의 i 변수를 사용합니다. =도 변하지 않으므로 문자로 넣습니다. 마지막으로 반복 회차마다 변하는 곱셈 결과는 입력받은 숫자와 1부터 9까지 차례대로 곱하면 되므로 num * i로 작성합니다(실제 계산하는 부분이므로 곱셈 기호(*)를 사용하세요). 이를 모두 콤마(,)로 연결해 출력 명령어에 넣으면 print(num, 'x', i, '=', num * i)가 됩니다. 오류가 발생한다면 콤마를 제대로 입력했는지 확인해 보세요. 연결하는 요소가 많아서 콤마를 빠뜨리는 경우가 많습니다.

변하지 않는 부분

4 x 1 = 4

4 x 2 = 8

4 x 3 = 12

4 x 4 = 16

4 x 5 = 20

4 x 6 = 24

4 x 7 = 28

4 x 8 = 32

4 x 9 = 36

반복 회차에 따라 변하는 부분

입력받은 숫자

5.1.4 반복문으로 간단한 게임 만들기

무작위로 구구단 중 하나를 물어보면 정답을 말하는 '구구단을 외자' 게임이 있습니다. 이번에는 이 게임을 프로그램으로 만들어 보겠습니다. 구구단 게임은 숫자 2개가 있어야 하고 두 수를 곱해 답을 얻습니다. 따라서 무작위 숫자 2개를 얻는 과정이 필요합니다. 파이썬에는 무작위 수를 얻는 편리한 방법이 있습니다. 파이썬의 장점 중 하나인 라이브러리를 활용하는 방법입니다.

라이브러리에 속한 명령어 사용하기

라이브러리(library)란 우리말로 도서관을 뜻합니다. 도서관은 온갖 종류의 책, 문서, 기록 등의 자료를 모아 두고 찾아볼 수 있게 한 곳입니다. 프로그래밍에서 라이브러리도 비슷한 개념입니다. 특정 기능과 관련한 명령어를 사용하기 편하게 묶어 놓은 명령어 모음이라고 생각하면 됩니다.

그림 5-2 라이브러리

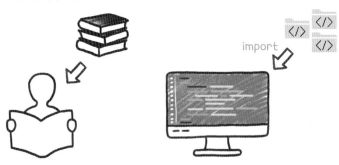

파이썬에는 다양한 기능의 라이브러리가 있습니다. 이 책 뒷부분에서는 그래프 시각화 라이브러리인 matplotlib(맷플롯립)을 사용해 데이터 분석 프로젝트를 진행합니다. 또한, 요즘 매우 주목받는 keras(케라스), tensorflow(텐서플로), scikit-learn(사이킷런) 등의 인공지능 관련 라이브러리도 있습니다.

파이썬에서 기본으로 제공하는 명령어도 있지만, 라이브러리에 속한 명령어를 사용해야 할 때도 많습니다. 라이브러리에 속한 명령어를 사용하려면 먼저 프로그램에 라이브러리를 추가해야 합니다. 라이브러리는 다음과 같이 추가합니다.

형식

```
import 라이브러리명
```

import 뒤에 추가할 라이브러리명을 넣습니다. import는 우리가 지금 작성하고 있는 파일에 라이브러리를 불러와 쓸 수 있게 하는 명령어입니다. 라이브러리를 추가하고 나면 라이브러리에 속한 명령어를 자유롭게 쓸 수 있습니다. 라이브러리에 포함된 명령어는 다음 형식으로 사용합니다.

형식

```
라이브러리명.명령어()
```

예를 들어, 구구단 게임에서 사용할 명령어는 random(랜덤) 라이브러리에 포함되어 있습니다. random 라이브러리의 random() 명령어는 다음처럼 사용합니다.

```
import random
random.random()
```

random.random()에서 앞의 random은 라이브러리고, 중간에 있는 도트(.)는 '안에 있는, 속한, 포함된'이라는 의미이며, 뒤의 random()은 사용할 명령어입니다. 따라서 'random 라이브러리에 속한 random 명령어를 사용하라'는 의미가 됩니다.

그림 5-3 라이브러리에 속한 명령어 사용하기

random()은 0 이상 1 미만의 숫자 중에서 아무 숫자나 하나를 뽑아서 돌려주는 명령어입니다. random.random()에서 어떤 값이 나오는지 print() 안에 넣어 출력해 봅시다.

```
import random
print(random.random())
```

0.9880728327512837

소수점 아래로 긴 숫자가 보이네요. 무작위 숫자이기 때문에 여러분의 결과와 다를 수 있습니다. 여러 번 실행해 보면서 값이 어떻게 변하는지 확인해 보세요. 0과 1 사이의 다양한 실수가 나올 겁니다. 그런데 우리가 원하는 것은 이런 실수가 아니죠. 한 자릿수의 정수가 무작위로 나오길 바랍니다.

이럴 때 사용하는 명령어는 random()과 앞에서 배운 range()를 합친 randrange(시작 숫자, 종료 숫자)입니다. randrange() 명령어는 range() 명령어와 매우 비슷합니다. 시작 숫자와 종료 숫자가 있어 범위 내에서 무작위 숫자를 추출합니다. 또한, 종료 숫자는 결괏값에 포함되지 않습니다. 따라서 random.randrange(1, 10)을 하면 1부터 9까지의 숫자 중 하나를 무작위로 추출합니다. 무작위 수가 나오므로 실행결과는 생략합니다.

```
import random
print(random.randrange(1, 10))
```

또한, range()에서 간격을 설정할 수 있던 것처럼 randrange()도 간격을 설정할 수 있습니다. 간격을 2로 설정하고 여러 번 재실행해 보세요. 어떤 숫자가 나오나요?

```
import random
print(random.randrange(1, 10, 2))
```

random.randrange(1, 10, 2)는 1에서 9까지의 숫자 중 1부터 간격이 2인 숫자를 무작위로 뽑으라는 의미입니다. 1부터 간격이 2인 숫자는 1, 3, 5, 7, 9로 모두 홀수죠. 따라서 항상 홀수가 나옵니다. 간격을 다른 숫자로도 바꿔 테스트해 보세요.

random.randrange()로도 무작위 정수를 얻을 수 있지만, random 라이브러리에는 조금 더 편리한 randint()가 있습니다. random()과 int()가 합쳐진 randint(시작 숫자, 종료 숫자)는 시작 숫자와 종료 숫자 사이에서 무작위로 정수 하나를 돌려줍니다. 단, randrange( )와 달리 종료 숫자도 포함합니다. 코드로 확인해 봅시다.

```
import random
print(random.randint(1, 10))
```

1부터 10 사이의 정수가 무작위로 하나씩 출력될 겁니다. 출력 명령어를 반복문 안에 넣어 여러 개의 무작위 값을 한 번에 확인해 보겠습니다.

```
import random
for i in range(20):
    print(random.randint(0, 10))
```

20번 반복하며 0부터 10 사이의 정수 20개가 출력될 겁니다. 여러 번 실행해 변하는 값을 확인하고 가장 작은 값인 0과 가장 큰 값인 10이 나오는지 확인해 보세요(무작위로 출력되므로 한 번 실행해서는 나오지 않을 수도 있습니다).

구구단을 외자(1)

라이브러리를 어떻게 사용하는지 알았으니 random 라이브러리를 사용해 구구단 게임을 작성해 보겠습니다. 처음이니 간단하게 다음처럼 결과를 출력해 봅시다.

실행결과

구구단을 외자! 구구단을 외자!
7 x 9 ? 63
3 x 7 ? 21
5 x 6 ? 30
2 x 7 ? 14
2 x 4 ? 8
6 x 9 ? 54
5 x 9 ? 45
8 x 8 ? 64
5 x 1 ? 5
3 x 3 ? 9

무작위 정수 2개를 곱하고 그 결과가 한 줄로 출력됩니다. 그리고 10번 반복됩니다. 반복되는 부분은 무엇일까요? '두 수를 곱해 결과를 한 줄로 출력하기'입니다. 그렇다면 반복 횟수가 10번이 되도록 반복문을 작성하고, 반복문 안에는 랜덤 구구단 문제와 결과를 한 줄로 출력하는 명령어를 넣어 주면 됩니다. 구조를 정리하면 다음과 같습니다.

> 10번 반복하는 반복문
>
> > 무작위 정수 2개 뽑기
> >
> > 두 수를 곱한 값을 출력하기

10번 반복하므로 for i in range(10)으로 작성할 수 있습니다. 무작위 정수 2개가 필요하므로 randint()로 숫자를 뽑고 각각 다른 변수에 저장합니다. 첫 번째 무작위 정수를 저장하는 변수를 a, 두 번째 무작위 정수를 저장하는 변수를 b라고 합시다. a와 b에 넣을 무작위 정수는 어떻게 구할까요? 구구단은 2단부터 외우니 a에는 2부터 9 사이의 정수가 들어가야 합니다. 따라서 random.randint(2, 9)로 작성합니다. b는 그대로 1부터 9 사이의 정수가 들어가므로 random.randint(1, 9)로 작성합니다.

두 수를 곱한 값을 출력하는 부분은 실행결과 '7 x 9 ? 63'을 코드로 바꾸면 됩니다. 앞의 **구구단 출력하기**에서 어떻게 작성하는지 한번 해 봤죠? 변하는 부분과 변하지 않는 부분을 나눠서 생각하면 됩니다. 변하는 부분은 7, 9, 63입니다. 앞의 두 수는 변수 a, b의 값을 가져오고, 두 수를 곱한 값은 a * b로 구하면 됩니다. 변하지 않는 부분은 x, ?이므로 문자로 넣어 줍니다. 모두 콤마로 연결해 print() 안에 순서대로 넣어 줍니다.

구조에 코드를 대입하면 다음과 같습니다(지면상 코드 부분은 들여쓰기를 생략합니다).

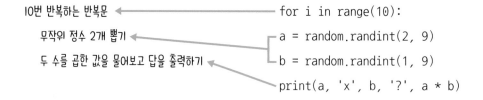

```
10번 반복하는 반복문 ◀─────────────── for i in range(10):
    무작위 정수 2개 뽑기 ◀───────┐   ┌ a = random.randint(2, 9)
    두 수를 곱한 값을 물어보고 답을 출력하기 ◀   └ b = random.randint(1, 9)
                                    print(a, 'x', b, '?', a * b)
```

그럼 나머지 코드도 작성하고 실행해 봅시다.

```
import random
print('구구단을 외자! 구구단을 외자!')
for i in range(10):
    a = random.randint(2, 9)
    b = random.randint(1, 9)
    print(a, 'x', b, '?', a * b)
```

실행결과

구구단을 외자! 구구단을 외자!
8 x 7 ? 56
2 x 3 ? 6
8 x 6 ? 48
8 x 7 ? 56
7 x 9 ? 63
9 x 7 ? 63
2 x 5 ? 10
5 x 1 ? 5
7 x 1 ? 7
2 x 5 ? 10

정수가 무작위로 생성되므로 실행결과는 각자 다를 수 있습니다. 명령어를 사용하기 전에 라이브러리를 추가하는 것도 잊지 않았겠죠? 오류가 발생한다면 라이브러리를 추가했는지 확인해 보세요.

0부터 9까지 총 10번 반복되는 for i in range(10) 반복문을 만들고 반복문 내부에 들여쓰기해서 반복되는 내용을 넣었습니다. 여러 번 프로그램을 재실행해 보면서 다양한 값이 나오는지 확인해 보세요.

NOTE 순서도로 표현한 반복문

이해하기 쉽게 설명하려고 프로그램의 구조를 순서도가 아닌 문장으로 표현했지만, 순서도의 반복문 표현도 알고 있으면 좋습니다. 다음은 앞의 프로그램을 표현한 순서도입니다.

○ 계속

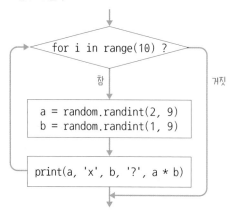

그림 5-4 순서도

순서도에서 반복문을 표현할 때 조건을 의미하는 마름모를 사용합니다. for의 의미를 조건문 형태로 표현한다면 'data 구간에 i에 저장할 요소가 남아 있는가'가 됩니다. for 반복문의 특성상 이 조건을 충족하면 자동으로 다음 요소를 i에 저장하므로 반복문은 조건과 실행할 명령어가 함께 구성되어 있다고 할 수 있습니다.

조건을 충족하면 반복문은 내부의 명령어를 실행합니다. 마지막 명령어 print(a, 'x', b, '?', a * b)가 실행되면 다시 반복 조건을 판단하는 부분으로 돌아가 i에 저장할 다음 요소가 있는지 확인합니다. 만약 있다면 조건에 대한 대답이 참이 되므로 반복문을 실행합니다. i에 현재 저장되어 있는 요소가 data의 마지막 요소라면 추가로 저장할 다음 요소가 없으므로 조건에 대한 답이 거짓이 됩니다. 반복 조건이 거짓이 되므로 반복문을 종료합니다.

코드를 보면 변수를 저장하는 두 줄이 있습니다. 지금까지는 '변수 = 값' 형식으로 하나의 변수에 값 하나를 넣었습니다. 그런데 여러 개의 변수를 한 줄로 정의할 수도 있습니다. 변수 여러 개에 값을 한 번에 넣을 때는 = 연산자 앞에 변수를, = 연산자 뒤에 값을 몰아넣고, 콤마로 각각 구분하면 됩니다. 그러면 첫 번째 변수에 첫 번째 값이, 두 번째 변수에 두 번째 값이 순서대로 저장됩니다.

변수1, 변수2 = 값1, 값2

```
a, b = 10, 20
print(a, b)
```

실행결과

```
10 20
```

a에 10, b에 20이 차례대로 저장됩니다. 변수 여러 개에 한 번에 값을 저장하는 방법은 프로그램에서 자주 활용되니 꼭 기억해 두세요!

여러 변수에 값을 저장하는 방법을 앞의 코드에 적용하면 이전 코드와 동일하게 실행됩니다. 이렇게 하면 반복문 내부에서 a와 b에 랜덤한 값을 한 번에 저장할 수 있습니다.

```
import random
print('구구단을 외자! 구구단을 외자!')
for i in range(10):
    a, b = random.randint(2, 9), random.randint(1, 9)
    print(a, 'x', b, '?', a * b)
```

그런데 컴퓨터가 혼자 묻고 답하는 거라 재미가 없습니다. 컴퓨터가 문제를 내면 사람이 답을 입력하게 해서 진짜 게임처럼 만들어 봅시다.

컴퓨터가 답을 계산해 출력하는 것에서 답을 직접 입력받는 것으로 바뀝니다. 따라서 명령어도 print()에서 input()으로 바꾸고 답을 계산하는 부분도 없애야 합니다. 구조를 정리하면 다음과 같습니다(코드 부분 들여쓰기 생략).

10번 반복하는 반복문 ◄———————————— `for i in range(10):`

무작위 정수 2개 뽑기 ◄———————————— `a, b = random.randint(2, 9),`
`random.randint(1, 9)`

두 수를 곱한 값을 물어보고 답을 입력받기 ◄ `input()`

print()에서 input()으로 변경한 부분이 눈에 들어오죠. 그런데 input()으로 바뀌면서 구구단 문제를 물어보는 부분이 없어졌습니다. 이 부분을 해결해야 합니다.

이 부분은 input()의 입력 안내문에 구구단 문제를 넣으면 해결됩니다. (a,'x', b, '?')에서 a, b는 숫자형입니다. input()은 서로 다른 요소를 콤마로 연결할 수 없습니다(콤마로 연결해 출력하는 것은 print()에서만 가능합니다). 따라서 숫자형인 a, b를 str()으로 감싸 문자열로 변경한 후, 다른 문자와 +로 연결합니다. 그리고 그 문자열을 변수 question에 저장해 input()의 입력 안내문으로 넣는 방법을 사용하겠습니다. 그럼 정리한 대로 코드를 작성해서 실행해 봅시다.

```python
import random
print('구구단을 외자! 구구단을 외자!')
for i in range(10):
    a, b = random.randint(2, 9), random.randint(1, 9)
    question = str(a) + 'x' + str(b) + '? '
    input(question)
```

실행결과

구구단을 외자! 구구단을 외자!
7x9? **63**
3x7? **21**
5x6? **30**
2x7? **14**
2x4? **8**
6x9? **54**
5x9? **45**
8x8? **64**
5x1? **5**
3x3? **9**

컴퓨터가 무작위로 구구단 문제를 출제하고 사람이 답을 입력하길 기다리는 프로그램이 됐습니다.

NOTE 변수 줄이기

이 책에서는 코드를 이해하기 쉽게 단계를 빠짐없이 설명하고 있습니다. 그래서 구구단 문제를 저장하는 question 변수를 만들었지만, 사실 그러지 않아도 됩니다. 다음 두 줄만 봅시다.

①

```
question = str(a) + 'x' + str(b) + '? '
input(question)
```

②

첫째 줄에서 계산한 값이 question 변수에 저장됩니다. 둘째 줄에서 question의 값을 input()에 넣어 안내문으로 출력합니다. 따라서 첫째 줄의 question과 둘째 줄의 question은 같은 값이죠. 그렇다면 둘째 줄의 question 대신 str(a) + 'x' + str(b) + '? '를 넣어도 결과는 같으므로 두 줄을 다음처럼 합쳐도 됩니다.

```
input(str(a) + 'x' + str(b) + '? ')
```

이 형태는 3장에서 변수를 배울 때부터 봐와서 익숙할 겁니다. 이처럼 관계를 잘 따지면 변수 question을 만들지 않고도 코드를 작성할 수 있습니다. 두 줄이던 코드를 한 줄로 줄일 수 있으니 더 효율적이죠. 하지만 바로 작성하기 어렵다면 question을 사용해 단계별로 작성해도 됩니다. 반대로 변수를 사용하지 않는 것이 편하면 한 줄로 작성해도 되고요.

그런데 이 프로그램에는 문제가 있습니다. 프로그램을 재실행해 입력칸에 정답이 아닌 다른 값을 넣어 보세요. 정답이 아닌데도 아무 문제없이 다음 문제로 넘어갑니다. 다음 절에서 이 문제를 해결해 봅시다.

1 다음 중 틀린 것을 고르세요.

```
result = 0
for i in range(10, 20):
    result += i ** 2
    (가)
(나)
```

① 이 코드는 result의 값을 반복해서 계산한다.

② 이 코드는 range(10, 20) 범위에 있는 숫자를 제곱한 후 모두 더한 값을 구한다.

③ result += i ** 2는 i가 10일 때부터 20일 때까지 총 11번 실행된다.

④ result 변수의 최종 값을 마지막에 한 줄로 출력하고 싶으면 (나)에 print(result)를 넣는다.

⑤ result 변수의 값이 반복문 안에서 변하는 과정을 알고 싶으면 (가)에 print(result)를 넣는다.

정답 및 해설: 해설 노트 728쪽

5.2

조건을 충족할 때 반복하기: while

5.2.1 while 문의 형식

반복문에 for를 사용하지 않고 다른 방법으로 반복문으로 표현할 수도 있습니다. 바로 while 입니다. for 문에서는 반복할 부분과 반복할 구간을 설정했지만, while 문에서는 반복할 부분과 반복할 조건을 설정합니다. 형식은 다음과 같습니다.

형식

```
while 조건:
    명령어
```

while이라는 단어는 for와 같은 '~동안'이라는 의미가 있습니다. 앞의 형식을 보면 while 바로 다음에 조건이 들어갑니다. 이 조건만 충족한다면 while 문 내부에 있는 명령어를 반복해서 실행합니다. for i in range(1, 20)처럼 자동으로 변수 i를 만들고, 값을 차례대로 넣어 주는 구조가 아니기 때문에 while 문에서는 조건에 사용될 변수를 미리 만들어 초깃값을 저장하는 과정이 필요합니다. 간단한 예시를 봅시다.

```
num = 0
while num < 10:
    num = int(input('숫자 입력: '))
```

반복문을 실행하기 전에 첫째 줄에서 반복문에 사용할 변수 num을 만들고 초깃값을 0으로 저장했습니다. 둘째 줄에서는 while 문으로 조건을 충족하는지 확인합니다. 현재 num에 저장된 값은 0이므로 num < 10을 충족합니다. 따라서 반복문 내부의 num = int(input('숫자 입력: '))을 실행해 입력받은 숫자가 num에 저장됩니다. 이때 입력받은 숫자가 10 미만이면 셋째 줄의 명령어가 반복되고, 입력받은 숫자가 10 이상이면 반복문을 종료합니다. 프로그램을 실행해 10 미만의 숫자를 몇 개 입력한 후 10 이상의 숫자를 입력해 보세요.

실행결과

숫자 입력: **5**
숫자 입력: **6**
숫자 입력: **12**

숫자 5, 6에서는 다음 반복이 실행되지만, 12를 입력하면 프로그램이 종료됩니다. 반복 회차별로 일어나는 일을 정리하면 다음과 같습니다.

표 5-4 반복문의 실행과정

num에 저장되는 값	반복 조건	반복 명령어
0	충족	실행 → 5 입력
5	충족	실행 → 6 입력
6	충족	실행 → 12 입력
12	충족하지 않음	실행되지 않음 → 반복문 종료

만약 첫째 줄의 num = 0을 추가하지 않으면 어떻게 될까요? 둘째 줄의 while 문을 실행하려면 반드시 그 전에 조건에 사용되는 num 변수가 만들어져야 합니다. 그렇지 않으면 다음과 같은 오류가 발생합니다.

```
while num < 10:
    num = int(input('숫자 입력: '))
```

실행결과

```
----> 1 while num < 10:
NameError: name 'num' is not defined
```

NameError는 변수가 만들어지지 않아서 발생하는 오류입니다. 만약 오류가 발생하지 않는다면 런타임을 다시 실행하세요. **런타임**이란 파이썬 프로그램이 실행(run)되고 있는 시간(time)을 의미합니다. 이전 코드를 실행한 상태, 즉 이전 코드에서부터 런타임이 유지된 상태라면 앞 코드에서 마지막으로 입력한 12가 num 변수에 저장된 상태입니다. 따라서 오류가 발생하지 않습니다. 하지만 의도한 대로 명령어가 반복되지 않으니 정확한 프로그램이라 할 수 없습니다.

런타임을 재시작하려면 구글 코랩에서는 [메뉴 → 런타임 → 런타임 초기화]를 클릭합니다. 주피터 노트북에서는 메뉴의 [RUN] 버튼 오른쪽에 있는 돌아가는 화살표 모양 버튼(C restart the kernel)을 클릭합니다. 기타 에디터 프로그램에서도 오류가 발생하지 않는다면 런타임을 초기화하고 재실행해 보세요.

5.2.2 for 문을 while 문으로 바꾸기

앞에서 for 문으로 실행했던 프로그램을 while 문으로 바꿔 실행해 봅시다.

```python
for i in range(1, 20):
    print(i, '선생님, 다시는 청소를 빼먹지 않겠습니다.')
```

변수 i의 값이 range(1, 20)으로 표현되는 숫자 구간에 있는 동안 출력을 반복하는 예제입니다. 이를 반복 조건으로 바꾸면 i가 1부터 20 미만일 때입니다. 다만, while 문에서는 반복 조건에 사용할 변수를 미리 만들어야 하므로 i에 초깃값을 저장한 후, 1씩 증가된 값을 하나씩 넣어 주어야 합니다.

```python
i = 1
while i < 20:
    print(i, '선생님, 다시는 청소를 빼먹지 않겠습니다.')
    i += 1
```

실행결과

```
1 선생님, 다시는 청소를 빼먹지 않겠습니다.
2 선생님, 다시는 청소를 빼먹지 않겠습니다.
```

```
...
18 선생님, 다시는 청소를 빼먹지 않겠습니다.
19 선생님, 다시는 청소를 빼먹지 않겠습니다.
```

i에 초깃값을 저장하는 코드를 while 문 전에 넣어 코드 둘째 줄에서 조건을 검사할 수 있게 합니다. i가 19일 때까지만 반복하므로 반복 조건을 i <= 19 또는 i < 20으로 작성합니다(예시에서는 for 문과 비교하기 위해 i < 20으로 했습니다). 반복문 내부에서 반복할 명령어를 그대로 넣어 줍니다. 그리고 추가로 i를 1 증가시키는 i += 1 코드가 반드시 필요합니다. for 문에서는 반복 구간 안에서 자동으로 다음 데이터를 i에 저장하기 때문에 이런 부분이 필요 없었습니다. 하지만 while 문에서는 조건으로 반복 여부를 확인하므로 반복할 때마다 i를 1씩 증가시켜 조건 값을 바꿔 줘야 합니다.

> **NOTE 무한 루프**
>
> 앞의 코드에서 i += 1이 없다면 반복문이 종료되지 않는 문제가 생깁니다. i = 1인 상태가 계속 유지되기 때문에 while 문의 반복 조건 i < 20을 항상 충족하게 됩니다. 그러면 print(a, '선생님, 다시는 청소를 빼먹지 않겠습니다.')가 계속 반복되죠. 이를 프로그래밍에서는 **무한 루프**라고 합니다. 루프(loop)는 '고리, 순환'이라는 의미가 있는데, 무한 루프는 한 마디로 뫼비우스의 띠처럼 프로그램이 무한으로 실행될 뿐 종료되지 않는다는 뜻입니다. 프로그램이 무한 루프에 빠지면 컴퓨터 자원(CPU나 메모리 등)을 계속 차지한 상태가 되어서 다음 코드를 실행하지 못하거나 메모리 부족 등의 문제가 발생합니다.

앞에서 1부터 50까지 숫자의 합을 구하는 프로그램을 for 문으로 작성했습니다.

```
result = 0
for i in range(1, 51):
    result += i
print(result)
```

이 프로그램을 while 문으로 변경해 봅시다. 직접 변경해 본 후 책을 확인하세요!

```
result = 0
i = 1
while i < 51:
    result += i
    i += 1
print(result)
```

실행결과

1275

for 문은 반복 구간에 초깃값(시작 숫자)과 반복 조건이 들어 있어서 반복 조건 변수를 정의할 필요 없이 반복문 내부에서 result += i를 실행하기만 하면 됩니다. 하지만 while 문에는 반복 조건만 있기 때문에 변수의 초깃값을 미리 지정하고 변수의 값을 증가시키는 과정이 필요합니다. 따라서 while 문이 시작되기 전에 i = 1로 변수 i를 정의해 반복 구간이 시작하는 값을 별도로 지정해야 합니다. 그리고 나서 result += i를 반복할 조건을 while 다음에 넣어야 합니다. i가 50일 때까지 더하므로 조건은 i <= 50 또는 i < 51을 넣으면 됩니다. 그리고 i를 1씩 증가시키는 i += 1을 while 문 내부에 반드시 포함해야 합니다. 그렇지 않으면 반복문이 끝나지 않습니다.

반복문을 작성할 때 반복 횟수가 정해져 있거나 반복 구간이 명확하다면 for 문을 활용하는 것이 더 편합니다. 그러나 횟수를 지정하지 않고 반복할 조건이 필요할 때는 while 문이 더 낫습니다.

반복문과 조건문 함께 사용하기

5.3.1 조건문을 품은 반복문

이번에는 반복문을 4장에서 배운 조건문과 함께 사용해 보겠습니다.

구구단을 외자(2)

5.1.4 반복문으로 간단한 게임 만들기에서 구구단 게임을 만들었습니다. 그런데 문제가 있었죠. 정답이 아닌 오답을 입력해도 아무런 안내 없이 바로 다음 문제로 넘어갔습니다. 이번에는 입력받은 값이 정답이 아니면 '틀렸습니다!'를 출력해 봅시다. 반복해서 10개 문제를 출제하던 코드에 값이 틀린 경우만 추가하면 됩니다. 어떻게 구현할까요?

앞의 내용을 읽어 보면 '입력받은 값이 정답이 아니면'이라는 조건이 있습니다. 4장에서 배운 조건문으로 표현하면 '만약 입력받은 값이 정답이 아니라면 '틀렸습니다!'를 출력해라'라고 하면 됩니다. 구조를 정리하면 다음과 같습니다.

10번 반복하는 반복문

    무작위 정수 2개 뽑기

    두 수를 곱한 값을 물어보고 답을 입력받기

    만약 입력받은 값이 정답이 아니면

        '틀렸습니다!' 출력하기

프로그램 흐름을 보니 입력받은 답을 다시 조건문에서 사용합니다. 따라서 입력받은 답을 저장하는 변수가 하나 더 있어야 합니다. 답을 입력받는 코드를 변수 answer에 저장합니다. 조건문은 입력받은 값 answer와 실제 정답 a * b가 다르면(같지 않으면) '틀렸습니다!'를 출력합니다.

기존 코드에 추가된 부분을 작성해 봅시다(코드 부분 들여쓰기 생략).

```
10번 반복하는 반복문  ←─────────────────  for i in range(10):
    무작위 정수 2개 뽑기                        a, b = random.randint(2, 9),
    뽑은 정수 2개로 문제 만들기                      random.randint(1, 9)
    문제를 출력하고 답을 입력받기                  question = str(a) + 'x' + str(b) + '? '
                                              answer = input(question)
    만약 입력받은 값이 정답이 아니면               if answer != a * b:
        '틀렸습니다' 출력하기                         print('틀렸습니다!')
```

코드를 어떻게 작성해야 할지 한눈에 보입니다. 앞에는 표시하지 않았지만, input() 명령어로 입력받은 answer의 값은 문자열로 인식되므로 정수형으로 변경하는 것도 잊지 말아야 합니다. 그럼 전체 코드를 작성해 봅시다.

```python
import random
print('구구단을 외자! 구구단을 외자!')
for i in range(10):
    a, b = random.randint(2, 9), random.randint(1, 9)
    question = str(a) + 'x' + str(b) + '? '
    answer = input(question)
    answer = int(answer)
    if answer != a * b:
        print('틀렸습니다!')
```

실행결과
```
구구단을 외자! 구구단을 외자!
9x2? 18
4x4? 4
틀렸습니다!
3x2? 6
8x3? 45
```

틀렸습니다!
3x5? **15**
7x4? **29**
틀렸습니다!
2x5? **10**
6x8? **46**
틀렸습니다!

입력에 정답도 넣고 오답도 넣어 보면서 의도하는 대로 결과가 나오는지 확인해 보세요. 오답을 넣으면 '틀렸습니다!'가 출력되고 정답을 입력하면 바로 다음 문제로 넘어갑니다.

코드를 잘 보면 반복문 안에 조건문이 들어 있습니다. 이처럼 필요한 경우 반복문 안에 조건문을 넣어 사용할 수 있습니다. 이런 구조는 실제 프로그램에서 자주 사용합니다.

> **제제쌤의 조언**
> 정답을 입력했는데도 '틀렸습니다!'가 출력된다면 앞의 코드에서 깜빡하고 answer를 int()로 감쌌는지 확인하세요. input()은 입력값을 모두 문자열로 취급하므로 숫자와 비교하면 항상 다르다는 결과가 나옵니다. 6과 '6'은 컴퓨터가 다르게 인식합니다. 프로그램에서 어려운 부분을 잘 작성해도 데이터 타입을 놓쳐 엉뚱한 결과가 나오는 경우가 많습니다. 항상 데이터 타입에 유의하세요!

NOTE 코드양 줄이기

역시 여기서도 코드를 줄일 수 있습니다.

```
question = str(a) + 'x' + str(b) + '? '
answer = input(question)
answer = int(answer)
if answer != a * b:
```

첫째 줄의 question과 둘째 줄의 question은 같은 값입니다. 따라서 둘째 줄의 question을 str(a) + 'x' + str(b) + '? '로 대체할 수 있습니다. 그리고 둘째 줄의 answer와 셋째 줄의 answer도 같은 값입니다. 따라서 셋째 줄도 answer도 input(str(a) + 'x' + str(b) + '? ')로 바꿔 작성할 수 있습니다.

◑ 계속

```
answer = int(input(str(a) + 'x' + str(b) + '? '))
if answer != a * b:
```

코드가 네 줄에서 두 줄로 줄죠? 그런데 answer 변수를 매개로 한 번 더 합칠 수 있습니다. 역시 첫째 줄의 answer와 둘째 줄의 answer는 같은 값입니다. 따라서 둘째 줄의 answer 대신 int(input(str(a)+'x'+str(b)+'? '))를 넣으면 됩니다.

```
if int(input(str(a) + 'x' + str(b) + '? ')) != a * b:
```

두 줄이 한 줄로 줄었습니다. 여기에서도 역시 본인이 원하는 방식에 맞게 변수를 사용해도 되고, 코드양을 줄이고 싶으면 변수를 사용하지 않아도 됩니다.

홀짝 게임

반복문 안에 조건문이 있는 구조를 조금 더 연습해 봅시다. 1부터 30까지 숫자의 홀짝을 출력하는 프로그램을 만들겠습니다. 실행결과는 '1 홀수, 2 짝수, 3 홀수 … 29 홀수, 30 짝수'입니다.

프로그램을 작성하기 전에 전체 흐름을 한번 생각해 볼까요? 1부터 30까지의 숫자가 차례대로 출력되고, 각 숫자가 홀수인지 짝수인지도 함께 출력됩니다. 일단 반복되는 패턴을 먼저 찾아야 합니다. 숫자와 홀짝이 출력되는 부분이 반복되죠. 반복되는 범위는 1부터 30까지입니다. 따라서 1부터 30까지 반복하는 반복문이 있어야겠네요. 그리고 현재 숫자가 홀수면 '홀수'를 출력하고 그렇지 않으면 '짝수'를 출력해야 하니 홀짝을 판단하는 조건문이 필요하고요. 이를 숫자마다 판단해야 하니 조건문은 반복문 안에 있어야 합니다. 구조를 정리하면 다음과 같습니다.

1부터 30까지 반복하는 반복문
   만약 현재 숫자가 홀수라면
      '홀수' 출력하기
   그렇지 않다면(짝수라면)
      '짝수' 출력하기

홀수와 짝수를 판단하는 방법은 4장에서 배웠듯이 2로 나눈 나머지를 활용하면 됩니다. 2로 나눈 나머지가 1이면 홀수이므로 '홀수'를 출력하고, 그렇지 않으면 짝수이므로 '짝수'를 출력합니다. 이를 조건문으로 작성합니다.

구조와 코드를 합쳐 봅시다.

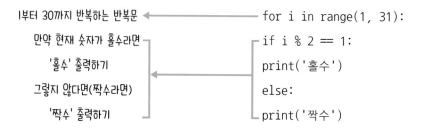

코드를 작성하고 결과를 확인해 봅시다.

```
for i in range(1, 31):
    if i % 2 == 1:
        print(i, '홀수')
    else:
        print(i, '짝수')
```

실행결과

```
1 홀수
2 짝수
...
29 홀수
30 짝수
```

4장에서도 배운 내용이니 어렵지 않을 겁니다. 코드가 진행되는 과정을 정리하면 다음과 같습니다.

표 5-5 반복문의 실행과정

반복 회차	i에 저장되는 값	반복문 내부

첫 번째	1	```for i in range(1, 31):``` i에 1 저장
		``` if i % 2 == 1:``` 조건 판단: 1을 2로 나눈 나머지는 1이므로 충족
		``` print(i, '홀수')``` '홀수' 출력 실행
		``` else:```
		``` print(i, '짝수')```

두 번째	2	```for i in range(1, 31):``` i에 2 저장
		``` if i % 2 == 1:``` 조건 판단: 2를 2로 나눈 나머지는 0이므로 충족하지 않음
		``` print(i, '홀수')```
		``` else:```
		``` print(i, '짝수')``` '짝수' 출력 실행

		...

스물아홉 번째	29	```for i in range(1, 31):``` i에 29 저장
		``` if i % 2 == 1:``` 조건 판단: 29를 2로 나눈 나머지는 1이므로 충족
		``` print(i, '홀수')``` '홀수' 출력 실행
		``` else:```
		``` print(i, '짝수')```

서른 번째	30	```for i in range(1, 31):``` i에 30 저장
		``` if i % 2 == 1:``` 조건 판단: 30을 2로 나눈 나머지는 0이므로 충족하지 않음
		``` print(i, '홀수')```
		``` else:```
		``` print(i, '짝수')``` '짝수' 출력 실행

반복문이 실행될 때마다 1부터 30이 차례대로 i에 저장되고, 조건문에서 i의 값이 조건을 충족하는지 판단합니다. 반복문 안에 조건문이 들어 있으므로 조건문도 30번 반복됩니다.

그런데 결과가 30줄이나 출력되어 한눈에 보기가 불편합니다. 이럴 때 출력 명령어에 end 옵션을 추가하면 쉽게 해결됩니다.

```python
for i in range(1, 31):
    if i % 2 == 1:
        print(i, '홀수', end=', ')
    else:
        print(i, '짝수', end=', ')
```

실행결과

1 홀수, 2 짝수, 3 홀수, 4 짝수, 5 홀수, 6 짝수, 7 홀수, 8 짝수, 9 홀수, 10 짝수, 11 홀수, 12 짝수, 13 홀수, 14 짝수, 15 홀수, 16 짝수, 17 홀수, 18 짝수, 19 홀수, 20 짝수, 21 홀수, 22 짝수, 23 홀수, 24 짝수, 25 홀수, 26 짝수, 27 홀수, 28 짝수, 29 홀수, 30 짝수,

print()에서 end에 원하는 문자를 넣으면 마지막 출력 문자를 지정할 수 있습니다. 앞의 코드처럼 콤마 후 한 칸 공백을 지정하면 줄이 바뀌지 않고 콤마(,)를 넣고 한 칸 띄어 쓴 후 다음 결과를 이어서 출력합니다. 콤마 대신에 '->, /' 등 원하는 문자를 넣고 테스트해 보세요!

369 게임(1)

이번에는 또 다른 게임인 369 게임을 프로그램으로 만들어 보겠습니다. 369 게임은 1부터 차례대로 숫자를 말하다가 3, 6, 9가 포함된 숫자일 때는 숫자가 아닌 박수를 치는 게임입니다. 예를 들어 13, 26, 32일 때는 숫자를 말하지 않고 박수를 쳐야 합니다.

숫자에 3, 6, 9가 들어 있는지 어떻게 알아낼까요? 이럴 때 사용하는 것이 바로 in입니다. in은 조건문에서도 사용할 수 있습니다. 다음 코드를 봅시다.

```python
if '아버지' in '아버지가방에들어가신다.':
    print('yes')
```

반복문을 처음 배울 때 in은 '안에 있다'는 의미라고 했습니다. 이에 맞춰 코드를 해석하면 "'아버지가방에들어가신다.' 안에 '아버지'가 있으면 'yes'를 출력하라"입니다. 굉장히 직관적이죠? 실행하면 'yes'가 출력됩니다.

yes

이번에는 '아버지'가 있으면 'yes'를, 없으면 'no'를 출력하도록 수정해 봅시다.

```
if '아버지' in '아버지가방에들어가신다.':
    print('yes')
else:
    print('no')
```

yes

'어머니'도 있는지 확인해 볼까요?

```
if '어머니' in '아버지가방에들어가신다.':
    print('yes')
else:
    print('no')
```

no

'어머니'가 없으므로 'no'가 출력되네요. 이때 in이 아니라 not in으로 작성해도 됩니다. not in은 in과 반대로 '안에 없다'는 의미입니다.

```
if '어머니' not in '아버지가방에들어가신다.':
    print('yes')
else:
    print('no')
```

yes

'어머니'가 없으면 'yes'를 출력하는 코드입니다. in과 not in은 상당히 직관적이어서 if 문에

서 자주 사용합니다. 다만, in과 not in은 문자열에서만 사용할 수 있고, 숫자형에서는 사용할
수 없습니다.

1부터 100까지 숫자를 차례대로 출력하되 3, 6, 9가 들어 있는 숫자에서는 '짝!'을 출력한다고
했을 때 구조를 정리하면 다음과 같습니다.

1 1부터 100까지 반복해야 하니 반복문이 필요합니다.

2 숫자에 3, 6, 9가 있는지 판단해야 해서 반복문 안에 조건문이 필요합니다. 1부터 100까
지 숫자가 차례대로 저장되는 i에 3 또는 6 또는 9가 있으면 '짝!'을 출력합니다.

정리한 내용으로 코드를 작성해 봅시다. 세 조건(3 in i, 6 in i, 9 in i) 중 하나만 만족해도
되니 세 조건을 or로 연결해 조건문을 작성합니다.

```
print('3~ 6~ 9~ 369~ 3~ 6~ 9~ 369~ ')
for i in range(1, 101):
    if 3 in i or 6 in i or 9 in i:
        print('짝!', end=' ')
    else:
        print(i, end=' ')
```

실행결과

```
----> 3 if 3 in i or 6 in i or 9 in i:
TypeError: argument of type 'int' is not iterable
```

TypeError가 발생합니다. 설명을 보니 조건문에서 오류가 났네요. 앞에서 설명했듯이 in에는
문자열만 사용할 수 있는데 int, 즉 정수형을 사용해서 생긴 오류입니다.

조건을 in에 사용할 수 있는 문자열로 수정해 봅시다. 3, 6, 9 모두 문자로 바꾸고 변수 i도 숫
자이므로 str()로 감싸 문자열로 바꿉시다.

```
print('3~ 6~ 9~ 369~ 3~ 6~ 9~ 369~ ')
for i in range(1, 101):
    if '3' in str(i) or '6' in str(i) or '9' in str(i):
        print('짝!', end=' ')
    else:
        print(i, end=' ')
```

실행결과

```
1 2 짝! 4 5 짝! 7 8 짝! 10 11 12 짝! 14 15 짝! 17 18 짝! 20 21 22 짝! 24 25 짝! 27 28
짝! 짝! 짝! 짝! 짝! 짝! 짝! 짝! 짝! 짝! 40 41 42 짝! 44 45 짝! 47 48 짝! 50 51 52
짝! 54 55 짝! 57 58 짝! 짝! 짝! 짝! 짝! 짝! 짝! 짝! 짝! 70 71 72 짝! 74 75 짝!
77 78 짝! 80 81 82 짝! 84 85 짝! 87 88 짝! 짝! 짝! 짝! 짝! 짝! 짝! 짝! 짝! 100
```

1부터 100까지 오류 없이 잘 출력됩니다. end 옵션을 줘서 결과가 줄바꿈되지 않게 했습니다.

결과를 보니 계속해서 박수를 치는 구간이 있습니다. 사람이 369 게임을 하면 중간에 누군가는 틀리기 때문에 100까지 진행되는 경우가 거의 없습니다. 그런데 컴퓨터는 틀린 부분 없이 빠르게 게임을 끝냅니다.

이렇게 출력만 하고 끝나면 너무 시시하니 구구단 게임처럼 답을 입력받아 틀리면 프로그램이 끝나게 해 봅시다. 이 부분은 다음 절에서 다루니 코드를 잠깐 저장해 두었다가 **5.4.2 break를 사용한 게임 만들기**에서 다시 열겠습니다.

5.3.2 반복문과 조건문 중첩 사용하기

반복문과 조건문은 프로그램 안에서 여러 번 중첩해 사용할 수도 있습니다. 앞에서 작성한 구구단 게임으로 확인해 봅시다. 이번에는 오답을 입력하면 '틀렸습니다! 5번 반복해 읽어 봅시다!'를 출력한 뒤에 정답을 5번 출력하는 프로그램을 작성해 봅시다. 틀렸을 경우 정답을 5번 출력하므로 입력받은 답이 맞는지 확인하는 조건문 안에 반복문이 들어가야 합니다. 구조를 살펴봅시다.

```
10번 반복하는 반복문
    무작위 정수 2개 뽑기
    두 수를 곱한 값을 물어보고 답을 입력받기
    만약 입력받은 값이 정답이 아니면     ◀──────  if answer != a * b:
        문제와 답을 5번 출력하는 반복문  ◀──  ┌ for j in range(5):
                                        └ print(a, 'x', b, '?', a * b)
```

print(a, 'x', b, '?', a * b)가 5번 실행되도록 if 조건문 내부에 반복문을 작성합니다. 이때 반복문의 변수는 i가 아니라 j임에 유의하세요! i는 이미 상위 반복문(for i in range(10))에서 쓰였기 때문에 같은 변수를 사용하면 컴퓨터가 이해하지 못합니다. 물론 다른 변수를 사용해도 되며 결과에도 영향이 없습니다. 코드를 작성하고 실행해 봅시다.

```python
import random
print('구구단을 외자! 구구단을 외자!')
for i in range(10):
    a, b = random.randint(2, 9), random.randint(1, 9)
    answer = input(str(a) + 'x' + str(b) + '? ')
    answer = int(answer)
    if answer != a * b:
        print('틀렸습니다! 5번 반복해 읽어 봅시다.')
        for j in range(5):
            print(a, 'x', b, '?', a * b)
```

실행결과

구구단을 외자! 구구단을 외자!
6x2? **12**
7x6? **42**
6x2? **10**
틀렸습니다! 5번 반복해 읽어 봅시다.
6 x 2 ? 12
6 x 2 ? 12
6 x 2 ? 12
6 x 2 ? 12
6 x 2 ? 12
4x5? **20**
...

정답과 오답을 입력해 보고 의도한 대로 결과가 나오는지 확인하세요.

2 코드를 보고 다음 중 틀린 것을 고르세요.

```python
for i in range(100):
    if i % 5 == 1:
        print('쿵', end=' ')
    elif i % 5 == 2:
        print('짝', end=' ')
    else:
        print(i, end=' ')
```

① 반복문 내부에 있는 코드를 100번 반복한다.

② 가장 먼저 '쿵'이 출력된다.

③ i가 32일 때 '짝'이 출력된다.

④ 마지막으로 99가 출력된다.

⑤ print()에 end 옵션을 추가했으므로 줄바꿈되지 않고, 한 칸 공백 후 다음 글자가 출력된다.

정답 및 해설: 해설 노트 728쪽

5.4
열심히 달리는 반복문에 브레이크 밟기: break

5.4.1 반복 멈추기

반복문으로 컴퓨터에 일을 시키던 중 실행을 멈추고 싶으면 어떻게 해야 할까요? 예를 들어, 구구단 게임에서 정답을 말하면 그다음 문제로 진행하지만, 틀렸을 때는 게임을 중단하고 벌칙을 수행하게 하고 싶습니다. 이를 프로그램으로 구현하려면 답이 틀렸을 경우 다음 문제를 내지 않고 반복문을 중단해야 합니다.

달리는 차를 멈출 때 브레이크를 밟듯이 파이썬에서도 반복문을 멈출 때 break를 사용합니다. 간단한 코드로 break를 어떻게 사용하는지 알아봅시다.

```
for i in range(20):
    print(i)
    break
```

실행결과

0

0 하나만 출력한 뒤 프로그램이 종료되네요. 차근차근 살펴봅시다. range(20)은 0부터 19(즉, 20−1)까지 진행한다는 의미이므로 변수 i에는 0부터 19까지 차례대로 들어갑니다. i에 첫 숫자 0이 들어갈 때 print(i)가 실행되어 0이 출력됩니다. 그다음에 바로 break가 나옵니다. 그러면 i에 1이 들어가기 전에 반복문을 종료합니다. 프로그램을 조금 수정해 봅시다.

```
for i in range(20):
    print(i)
    if i == 2:
        break
```

실행결과

```
0
1
2
```

반복문 내부에 있는 조건문은 i가 2일 때 반복문을 멈추라는 의미입니다. i에 0, 1이 들어가면 조건문을 충족하지 않으므로 break가 실행되지 않다가 i에 2가 들어가면 조건을 충족해 break 가 실행되고 반복문을 종료합니다.

표 5-6 반복문의 실행과정

반복 회차	a에 저장된 값	반복문 내부	

첫 번째	0	`for i in range(20):`
		`    print(i)`
		`    if i == 2:`
		`        break`
			i에 0이 저장되고
			i 값 0 출력
			조건을 충족하지 않음

두 번째	1	`for i in range(20):`
		`    print(i)`
		`    if i == 2:`
		`        break`
			i에 1이 저장되고
			i 값 1 출력
			조건을 충족하지 않음

세 번째	2	`for i in range(20):`
		`    print(i)`
		`    if i == 2:`
		`        break`
			i에 2가 저장되고
			i 값 2 출력
			조건을 충족함
			break가 실행되어 반복문 종료

반복문과 조건문의 구조를 잘 파악하면 break가 포함된 프로그램도 이해하기 쉽습니다.

이번에는 0부터 19까지의 숫자 중 하나를 입력받으면 해당 숫자까지 출력하고 프로그램을 종료하도록 앞의 프로그램을 수정해 봅시다. 결과가 한 줄로 출력되도록 end=' '옵션도 넣습니다.

```python
answer = int(input('숫자 입력: '))
for i in range(20):
    print(i, end=' ')
    if i == answer:
        break
```

실행결과

숫자 입력: **12**
0 1 2 3 4 5 6 7 8 9 10 11 12

input()으로 숫자를 입력받습니다. 입력받은 숫자를 int()로 감싸서 정수형으로 변환하고 변수 answer에 저장합니다. 반복문에서 i 값을 출력하고 조건문에서 i가 answer 값과 같은지 비교합니다. 만약 같으면 break가 실행되어 반복을 종료합니다.

다음처럼 print()와 조건문의 순서를 바꾸면 어떻게 될까요?

```python
answer = int(input('숫자 입력: '))
for i in range(20):
    if i == answer:
        break
    print(i, end=' ')
```

실행결과

숫자 입력: **12**
0 1 2 3 4 5 6 7 8 9 10 11

12를 입력하면 이전과 달리 11까지 출력됩니다. 이런 차이가 왜 발생하는 걸까요? 바로 위에서부터 아래로 실행되는 순차구조 때문입니다. 코드를 잘 봅시다. 이전 코드의 반복문에서는 먼저 print()로 숫자를 출력한 후에 조건문을 실행합니다. 즉, i와 answer의 값이 같을 때도 출력 명령어가 실행된 후에 break를 만나기 때문에 i가 출력되고 나서 반복문이 종료됩니다. 하지만 바뀐 코드에서는 출력 명령어보다 조건문이 더 위에 있기 때문에 i와 answer의 값이 같으면 break가 먼저 실행되어 반복문을 종료합니다. 그래서 입력받은 숫자가 출력되지 않죠. 이처럼 break가 어디에 위치하느냐에 따라 결과가 달라지므로 break를 사용할 때 유의해야 합니다.

5.4.2 break를 사용한 게임 만들기

break의 동작을 이해했으니 앞에서 만든 게임 프로그램을 완성해 보겠습니다.

구구단을 외자(3)

먼저 구구단 게임부터 바꿔 봅시다. 오답을 입력하면 '땡!'을, 정답을 입력하면 정답을 출력한 후 프로그램을 종료하게 수정해 봅시다.

```python
import random
print('구구단을 외자! 구구단을 외자!')
for i in range(10):
    a, b = random.randint(2, 9), random.randint(1, 9)
    answer = input(str(a) + 'x' + str(b) + '? ')
    answer = int(answer)
    if answer != a * b:
        print('땡! 정답은', a * b)
        break
```

실행결과

구구단을 외자! 구구단을 외자!
4x4? **16**
7x9? **74**
땡! 정답은 63

오답을 입력하면 반복문을 종료하므로 조건문 내부에 출력 명령어와 break를 넣으면 됩니다. 오답일 때 프로그램이 종료되니 이제야 진짜 게임 같네요. 정답과 오답을 골고루 입력해서 프로그램이 잘 완성됐는지 확인해 보세요!

while 문에서도 break를 사용할 수 있습니다. 그런데 while 문의 구조를 잘 활용하면 break를 사용하지 않고도 반복을 멈출 수 있습니다. break 조건을 while 문의 조건으로 표현하면 됩니다. while 문은 '조건을 충족할 때만 반복을 진행'합니다. 구구단 프로그램은 '반복문 안에서 입력된 숫자가 정답이 아닐 때 반복을 중지'했습니다. 이를 while 문으로 바꾸면 '입력된 숫자가 정답일 때만 구구단 반복문을 진행'한다고 할 수 있죠. 그럼 앞의 구구단 프로그램을 while 문으로 바꿔 봅시다.

```python
import random
print('구구단을 외자! 구구단을 외자!')
answer, a, b = 0, 0, 0
while answer == a * b:
    a, b = random.randint(2, 9), random.randint(1, 9)
    answer = input(str(a) + 'x' + str(b) + '? ')
    answer = int(answer)
print('땡! 정답은', a * b)
```

실행결과

구구단을 외자! 구구단을 외자!
7x5? **35**
8x4? **32**
6x3? **18**
8x1? **6**
땡! 정답은 8

반복 조건은 간단합니다. 입력한 answer가 정답 a * b와 일치할 때만 구구단 문제를 계속 내면 되므로 answer == a * b로 작성하면 됩니다. 그런데 while이 등장하기 전에 while에서 사용되는 변수가 이미 만들어져야 오류가 발생하지 않았죠? 따라서 while이 등장하기 전에 변수 answer와 a, b를 정의해야 합니다. 3개의 변수에 모두 0을 저장하는 코드를 한 줄로 작성합니다.

세 변수에 각각 0을 넣으면 처음 실행할 때도 answer == a * b를 충족합니다. 반복문은 정답이 틀리면 종료합니다. 정답이 틀리면 while 문을 종료하고 다음 코드로 넘어가므로 정답이 틀릴 때 출력하는 명령어는 while 문 외부에 마지막으로 적어 주면 됩니다.

369 게임(2)

이번에는 앞에서 간단하게 작성한 369 게임을 발전시켜 보겠습니다. 1부터 100까지 숫자를 출력하되 3, 6, 9가 포함된 숫자에서는 '짝!'을 출력하도록 만든 프로그램이었습니다. 사실 컴퓨터가 혼자 하는 프로그램이죠. 이번에는 게임처럼 입력칸을 만들어 사람이 직접 숫자를 입력하도록 만들겠습니다.

순서에 맞는 숫자나 '짝'이 입력되면 다음 입력으로 넘어가고, 잘못된 입력이 들어오면 '틀렸습니다!'를 출력한 후 프로그램을 종료합니다. 먼저 입력받는 부분을 추가해 봅시다. 100이 될 때까지 숫자를 계속 입력받아야 하므로 반복문 안에 input()을 넣고, 입력된 값은 변수 say에 저장합니다.

```
print('3~ 6~ 9~ 369~ 3~ 6~ 9~ 369~ ')
for i in range(1, 101):
    say = input()
```

다음으로 입력값이 올바른지 확인해야죠. 숫자에 3, 6, 9가 들어 있을 때(if)부터 봅시다. 3, 6, 9가 들어 있는 숫자에서는 say에 저장된 값이 '짝'이어야 합니다. '짝'이 아니면 '틀렸습니다!'를 출력하고 바로 프로그램을 종료하면 됩니다. 따라서 첫 번째 조건문 내부에 say 값이 짝이 아닌지를 판단하는 새로운 조건문을 넣습니다.

```
print('3~ 6~ 9~ 369~ 3~ 6~ 9~ 369~ ')
for i in range(1, 101):
    say = input()
    if '3' in str(i) or '6' in str(i) or '9' in str(i):
        if say != '짝':
            print('틀렸습니다!')
            break
```

이번에는 숫자에 3, 6, 9가 없는 경우(else)를 수정해 보겠습니다. 현재 숫자는 i에 저장되어 있습니다. 따라서 i와 say에 저장된 입력값이 같지 않으면 '틀렸습니다!'를 출력하고 break로 종료하면 됩니다. 입력값은 문자열로 인식하므로 say의 데이터 타입은 문자열입니다. 따라서 i를 str()로 감싸서 문자열로 바꿔야 say와 비교할 수 있습니다.

```
print('3~ 6~ 9~ 369~ 3~ 6~ 9~ 369~ ')
for i in range(1, 101):
    say = input()
    if '3' in str(i) or '6' in str(i) or '9' in str(i):
        if say != '짝':
            print('틀렸습니다!')
            break
    else:
        if say != str(i):
            print('틀렸습니다!')
            break
```

프로그램을 실행해 보세요! '짝'을 입력해야 하는데 숫자를 입력한 경우, 틀린 숫자를 입력한
경우 등 다양하게 넣으며 break가 제대로 동작하는지도 확인해 보세요.

실행결과

'짝'을 입력해야 하는데 숫자를 입력한 경우
3~ 6~ 9~ 369~ 3~ 6~ 9~ 369~
1
2
3
틀렸습니다!

숫자를 입력해야 하는데 '짝'을 입력한 경우
3~ 6~ 9~ 369~ 3~ 6~ 9~ 369~
1
2
짝
짝
틀렸습니다!

틀린 숫자를 입력한 경우
3~ 6~ 9~ 369~ 3~ 6~ 9~ 369~
1
2
짝
5
틀렸습니다!

say가 문자열이고 i가 숫자형이기 때문에 앞에서는 i를 문자열로 변경했습니다. 이때 say를 숫자형으로 바꾸면 어떻게 될까요? 일부 입력에서 오류가 발생합니다. 예를 들어, 숫자를 입력해야 하는데 '짝'을 입력하는 경우입니다. 코드를 변경하고 실행해 봅시다.

```python
print('3~ 6~ 9~ 369~ 3~ 6~ 9~ 369~ ')
for i in range(1, 101):
    say = input()
    if '3' in str(i) or '6' in str(i) or '9' in str(i):
        if say != '짝':
            print('틀렸습니다!')
            break
    else:
        if int(say) != i:
            print('틀렸습니다!')
            break
```

실행결과

2 대신 '짝'을 입력한 경우
3~ 6~ 9~ 369~ 3~ 6~ 9~ 369~

1

짝

---> 9   if int(say) != i:
ValueError: invalid literal for int() with base 10: '짝'

숫자 입력 순서에 '짝'을 입력하니 오류가 납니다. ValueError는 값과 관련된 오류로, 3장에서 접한 적이 있습니다. 오류 내용을 해석해 보니 "int()에 유효하지 않은 글자"라고 합니다. 이는 문자열인 '짝'을 저장한 say를 int()로 감싸도 정수형으로 바꿀 수 없어서 생긴 오류입니다. 하지만 숫자가 저장된 i는 문자열로 바꿀 수 있으므로 say != str(i)로 비교하는 것이 옳은 방법입니다.

3 다음 코드를 보고 옳지 <u>않은</u> 것을 고르세요.

```python
for i in range(20):
    (가)
    if i % 2 == 0:
        print('짝수')
        (나)
    else:
        (다)
        print('홀수')
        (라)
    (마)
```

① (가)에 break를 넣으면 아무것도 출력되지 않고 프로그램이 종료된다.

② (나)에 break를 넣으면 '짝수'가 한 번 출력되고 프로그램이 종료된다.

③ (다)에 break를 넣으면 '짝수'가 한 번 출력되고 프로그램이 종료된다.

④ (라)에 break를 넣으면 '홀수'가 한 번 출력되고 프로그램이 종료된다.

⑤ (마)에 break를 넣으면 '짝수'가 한 번 출력되고 프로그램이 종료된다.

정답 및 해설: 해설 노트 728쪽

5
마무리

이 장에서 배운 내용을 정리해 보겠습니다.

1 제어구조의 종류

종류	진행 순서
순차구조	위에서 아래의 순서로 실행되는 구조
선택구조(조건문)	조건 충족 여부에 따라 실행할 명령어가 달라지는 구조
반복구조(반복문)	특정 명령어를 지정된 범위 또는 조건 내에서 반복하는 구조

2 반복문의 실행 원리

형식	의미	예시
`for a in data:` `    B`	a가 data 구간 안에 있는 값일 동안 B를 실행하라	`for a in [1, 2, 3, 4, 5]:` `    print('안녕하세요')`

`while 조건:`
`    B`
	조건을 충족하는 동안
	B를 실행하라
		`a = 1`
		`while a <= 5:`
		`    print('안녕하세요')`
		`    a += 1`

3 연속된 숫자 범위를 나타내는 range()

구분	설명
`range(시작 숫자, 종료 숫자)`	시작 숫자부터 (종료 숫자 − 1) 사이의 연속된 숫자(1씩 증가)
`range(종료 숫자)`	0부터 (종료 숫자 − 1) 사이의 연속된 숫자(1씩 증가)
`range(시작 숫자, 종료 숫자, 간격)`	시작 숫자부터 (종료 숫자 − 1)까지 간격만큼 증가

4 라이브러리 사용하기

구분	설명
라이브러리	특정 기능과 관련된 명령어를 한 데 묶어 놓은 명령어 모음
라이브러리를 포함하는 방법	`import 라이브러리명` 예 `import random`
라이브러리에 속한 명령어 사용법	`라이브러리명.명령어()`

5 random 라이브러리의 명령어

구분	설명
random.random( )	0부터 1 사이의 무작위 실수
random.randrange(시작 숫자, 종료 숫자)	시작 숫자부터 (종료 숫자 − 1) 사이의 무작위 정수
random.randrange(시작 숫자, 종료 숫자, 간격)	시작 숫자부터 (종료 숫자 − 1) 사이에서 간격만큼 떨어진 정수 중 무작위
random.randint(시작 숫자, 종료 숫자)	시작 숫자부터 종료 숫자(종료 숫자 포함) 사이의 무작위 정수

6 **break** 반복문을 멈추는 명령어로, break가 실행될 조건을 조건문으로 만들 수 있다.

```
for i in data:  # 반복문을 실행하다가
    if 조건:     # 조건이 충족되면
        break   # 반복문을 멈춘다
```

Self Check

1 10부터 100까지의 숫자를 10 간격으로 출력합니다. 주어진 반복문을 사용해 프로그램을 완성하세요.

```
for i in range(1, 11):
    (가)
```

2 다음은 홈트레이닝 계획을 출력하는 코드와 그 실행결과입니다. 실행결과를 참고해 (가)와 (나)에 들어갈 조건문을 완성하세요.

```
print('홈트레이닝 2주 계획입니다.')
for i in range(1, 15):
    (가)
```

```
        print(i, '일: 휴식일입니다.')
    (나)
        print(i, '일: 스쿼트 - 윗몸 일으키기 - 유산소 운동')
```

실행결과

홈트레이닝 2주 계획입니다.
1 일: 스쿼트 - 윗몸 일으키기 - 유산소 운동
2 일: 스쿼트 - 윗몸 일으키기 - 유산소 운동
3 일: 스쿼트 - 윗몸 일으키기 - 유산소 운동
4 일: 스쿼트 - 윗몸 일으키기 - 유산소 운동
5 일: 휴식일입니다.
6 일: 스쿼트 - 윗몸 일으키기 - 유산소 운동
7 일: 스쿼트 - 윗몸 일으키기 - 유산소 운동
8 일: 스쿼트 - 윗몸 일으키기 - 유산소 운동
9 일: 스쿼트 - 윗몸 일으키기 - 유산소 운동
10 일: 휴식일입니다.
11 일: 스쿼트 - 윗몸 일으키기 - 유산소 운동
12 일: 스쿼트 - 윗몸 일으키기 - 유산소 운동
13 일: 스쿼트 - 윗몸 일으키기 - 유산소 운동
14 일: 스쿼트 - 윗몸 일으키기 - 유산소 운동

> **힌트** 휴식하는 날의 특징을 잘 생각해 보세요. 휴식일일 경우와 그렇지 않은 경우로 나눠 생각하면 됩니다.

3 이름과 횟수를 입력받아, 입력받은 횟수만큼 이름을 말하는 게임 프로그램을 작성하려고 합니다. 게임은 5번만 실행된다고 가정합니다. 다음 빈칸에 알맞은 명령어를 넣어 실행결과처럼 나오도록 프로그램을 완성하세요.

```
print('팅 팅팅팅 탱 탱탱탱 팅팅 탱탱 후라이팬 놀이!')
for i in range(5):
```

이름과 숫자를 입력받아 입력된 숫자만큼 이름을 반복 출력하는 코드 작성

실행결과

```
# 수진-3, 명수-2, 현지-4, 동식-3, 지연-1 입력 시
팅 팅팅팅 탱 탱탱탱 팅팅 탱탱 후라이팬 놀이!
이름? 수진
횟수? 3
```

수진수진수진
이름? **명수**
횟수? **2**
명수명수
이름? **현지**
횟수? **4**
현지현지현지현지
이름? **동식**
횟수? **3**
동식동식동식
이름? **지연**
횟수? **1**
지연

힌트 반복되는 부분과 반복할 구간을 먼저 찾으세요. 이름과 횟수를 입력받으므로 각각 다른 변수에 저장한 후 입력된 횟수만큼 이름을 출력하면 되겠죠? 문자를 숫자만큼 반복해서 출력하는 방법은 앞에서 배웠습니다. '별표 * 100'을 생각해 보세요.

정답 및 해설: 해설 노트 728쪽

여러 데이터를 한 번에 묶어 표현하기: 리스트

- - - - - - - - - - -

지금까지 프로그래밍의 기본이 되는 입력과 출력, 변수, 조건문과 반복문을 살펴보았습니다. 수학의 사칙연산과 영어의 5형식을 배운 것과 같습니다.

이제부터는 파이썬으로 조금 더 재미있고 복잡한 작업을 하는 데 필요한 개념을 배워 보겠습니다. 먼저 이 장에서는 리스트를 배웁니다. 리스트만 알아도 데이터 분석 프로젝트를 할 수 있으니 이 장에서 배운 내용을 확실히 자기 것으로 만들기 바랍니다.

여러 데이터 한 번에 묶기

6.1.1 리스트란

여러분이 월별 지출을 정리하는 가계부 프로그램을 만든다고 가정해 봅시다. 지출을 월별로 저장해야 하므로 지금까지 배운 대로 한다면 다음처럼 12개의 변수가 필요하겠죠.

```
jan = 25
feb = 36
...
nov = 40
dec = 25
```

변수가 12개라서 적어 보일 수 있지만, 매일 지출을 정리한다면 어떨까요? 365개의 변수를 만들어야 합니다. 코드로 작성하기가 만만치 않습니다. 어떻게 해야 많은 데이터를 좀 더 효율적으로 다룰 수 있을까요?

데이터를 다룰 때 많이 사용하는 방법으로 표가 있습니다. 월별 지출을 표로 만들어 봅시다.

표 6-1 월별 지출표

월	1월	2월	3월	4월	5월	6월	7월	8월	9월	10월	11월	12월
지출	25	36	8	53	24	56	38	79	94	20	40	25

헤더를 제외하고 총 12칸짜리 표를 만들 수 있습니다. 표에서 지출은 월을 기준으로 순서대로 나열됩니다. 첫 번째 칸은 1월 지출, 두 번째 칸은 2월 지출, 열두 번째 칸은 12월 지출입니다. 12월 지출이 궁금하면 '지출표의 열두 번째 칸' 또는 '지출표의 마지막 칸'으로 찾을 수 있습니다. 표로 구조화하니 데이터를 보기가 한결 편합니다.

파이썬에서도 이런 표 형태로 데이터를 저장할 수 있는데, 이를 **리스트**(list)라고 합니다. 리스트는 여러 개의 데이터를 묶어서 변수 하나에 담아 표현하는 파이썬의 데이터 타입입니다. 리스트를 만드는 방법은 다음과 같습니다.

> **형식**
>
> 리스트명 = [데이터, 데이터…]

간단하게 1월부터 6월까지 상반기 지출만 넣어 리스트로 만들어 봅시다.

```
spending = [25, 36, 8, 53, 24, 56]
```

이처럼 데이터를 묶어 대괄호([ ])에 넣으면 리스트가 됩니다(반복문을 배울 때 사용한 적이 있는데, 이것이 리스트였습니다). 리스트 안에 넣은 데이터는 **요소**(element) 또는 원소라고 하고, 각 요소는 콤마(,)로 구분합니다. 이를 spending이라는 이름의 변수에 담아 저장합니다. 코드를 실행하면 컴퓨터 내부에서는 다음 형태로 리스트가 만들어집니다.

코드		컴퓨터 내부에 만들어진 리스트
spending = [25, 36, 8, 53, 24, 56]	➡	spending 25 36 8 53 24 56

그럼 예제를 보며 리스트를 좀 더 자세히 알아봅시다.

리스트의 데이터 타입 확인하기

앞의 코드를 실행하면 아무것도 출력되지 않습니다. 이제는 왜 그런지 압니다. print()로 출력하지 않았기 때문이죠. 그럼 abc라는 리스트를 만들고 print(abc)로 출력해 봅시다.

```
abc = [1, 2, 3, 4, 5]
print(abc)
```

실행결과

```
[1, 2, 3, 4, 5]
```

리스트가 출력됩니다. 콤마로 구분된 5개 데이터와 대괄호까지 출력됩니다. 이처럼 리스트를 출력하면 각각의 데이터가 아니라 데이터를 대괄호로 묶어 전체를 보여 줍니다.

type()으로 abc의 데이터 타입을 출력해 봅시다.

```
abc = [1, 2, 3, 4, 5]
print(type(abc), abc)
```

실행결과

```
<class 'list'> [1, 2, 3, 4, 5]
```

데이터 타입과 리스트가 동시에 출력됩니다. abc는 리스트 타입이며 [1, 2, 3, 4, 5]를 저장하고 있다는 것을 보여 줍니다(3장에서 class는 '그룹'으로 이해하면 된다고 했으니 여기서도 리스트 그룹이라고 보면 됩니다). 그러므로 리스트도 정수형, 실수형, 문자열처럼 하나의 데이터 타입임을 알 수 있습니다.

len()으로 리스트 길이 알아내기

이번에는 처음에 예로 든 일년 지출과 상반기 지출을 각각 리스트로 만든 후 데이터 타입과 그 값을 출력해 봅시다.

```
# 일년 지출
spending_year = [25, 36, 8, 53, 24, 56, 38, 79, 94, 20, 40, 25]
print(type(spending_year), spending_year)
# 상반기 지출
spending_6mon = [25, 36, 8, 53, 24, 56]
print(type(spending_6mon), spending_6mon)
```

```
<class 'list'> [25, 36, 8, 53, 24, 56, 38, 79, 94, 20, 40, 25]
<class 'list'> [25, 36, 8, 53, 24, 56]
```

spending_year와 spending_6mon에 각각 12개와 6개 데이터가 잘 들어갔는지 확인해 봅시다. 이럴 때 사용하기 좋은 명령어가 있습니다. 리스트 길이를 알려 주는 len()입니다. len은 length의 앞 세 글자를 딴 명령어로, len(spending_year)처럼 소괄호 안에 길이를 알고 싶은 리스트를 넣으면 됩니다.

```
# 일년 지출
spending_year = [25, 36, 8, 53, 24, 56, 38, 79, 94, 20, 40, 25]
print(len(spending_year))

# 상반기 지출
spending_6mon = [25, 36, 8, 53, 24, 56]
print(len(spending_6mon))
```

실행결과

```
12
6
```

결과로 12와 6이 나옵니다. 다른 숫자가 나온다면 데이터 개수가 제대로 입력되지 않았다는 뜻이니 코드를 다시 살펴보세요.

리스트가 어떤 것인지 조금 알게 됐으니 이번에는 숫자가 아닌 문자를 넣어 보겠습니다. 다음은 음식을 좋아하는 순서대로 리스트에 저장해 출력하는 코드입니다.

```
# 좋아하는 음식
food = ['피자', '치킨', '떡볶이', '스테이크', '딸기', '파스타']
print(food)
```

실행결과

```
['피자', '치킨', '떡볶이', '스테이크', '딸기', '파스타']
```

숫자와 마찬가지로 각 문자를 콤마(,)로 구분해 리스트에 넣었습니다. 이때 문자임을 표시하기 위해 작은따옴표로 감쌉니다. 좋아하는 순서대로 입력했으니 가장 좋아하는 음식은 food 리스트의 첫 번째 요소고, 두 번째로 좋아하는 음식은 food 리스트의 두 번째 요소겠죠.

food 리스트의 길이도 출력해 볼까요? 출력하는 내용이 뭔지 알 수 있게 '좋아하는 음식 개수:' 와 '좋아하는 음식 순서:'를 넣어 출력하겠습니다.

```
# 좋아하는 음식
food = ['피자', '치킨', '떡볶이', '스테이크', '딸기', '파스타']
print('좋아하는 음식 개수:', len(food))
print('좋아하는 음식 순서:', food)
```

실행결과
```
좋아하는 음식 개수: 6
좋아하는 음식 순서: ['피자', '치킨', '떡볶이', '스테이크', '딸기', '파스타']
```

좋아하는 음식 개수가 6개네요. 이처럼 리스트를 다룰 때 len()을 자주 사용하니 사용법을 잘 익혀 두세요.

6.1.2 리스트 사용하기

리스트가 무엇이고 어떻게 만드는지 알아봤습니다. 이번에는 리스트의 데이터를 어떻게 사용하는지 알아보겠습니다.

리스트의 인덱스

리스트는 일상생활에서도 흔히 쓰는 단어입니다. 마트에 장 보러 갈 때 사야 할 물건 리스트를 작성하거나 해 보고 싶은 일을 버킷 리스트로 적기도 합니다. 리스트의 사전적 정의는 '물품이나 사람의 이름 따위를 일정한 순서로 적어 놓은 명단, 목록'입니다. 여기서 '일정한 순서로 적어 놓은'이라는 부분을 주목해 봅시다.

버킷 리스트는 순서를 나타내는 숫자를 적고, 가장 하고 싶은 일부터 나열합니다. 번호와 데이터가 대응된 형태죠. 파이썬의 리스트도 비슷합니다. 리스트의 요소에는 순서가 있고, 이 순서를 숫자로 표현할 수 있습니다. 다음을 보면 리스트 위에 번호가 있습니다. 이는 리스트 안에서 요소의 위치를 알려 주는 숫자로, **인덱스**(index)라고 합니다.

버킷 리스트

1. 혼자 여행가기
2. 독립하기
3. 자동차 사기

파이썬의 리스트

	[0]	[1]	[2]	[3]	[4]	[5]	➡ 번호(인덱스)
spending	25	36	8	53	24	56	➡ 데이터(요소)

그래서 인덱스를 알면 리스트의 요소를 알 수 있습니다. 리스트의 요소에는 리스트명[인덱스] 형식으로 접근합니다. 즉, spending[0]은 25를, spending[1]은 36을, spending[5]는 56을 나타냅니다.

그런데 그림을 보면 인덱스가 1이 아닌 0부터 시작합니다. 실생활에서는 번호나 순서, 범위를 셀 때는 1부터 시작하지만, 컴퓨터에서는 0부터 시작합니다. 앞서 배운 range()도 시작 숫자를 생략하면 자동으로 시작 숫자를 0으로 간주했습니다. 리스트도 인덱스를 0부터 시작해서 요소가 6개 있으면 마지막 인덱스는 5가 됩니다(인덱스가 0부터 시작해서 편리한 부분이 있는데, 이는 뒤에서 다루겠습니다). 예를 들어, 다음과 같이 코드를 작성하면 '리스트 spending의 첫 번째 값을 출력해.'라는 뜻입니다.

```
print(spending[0])
```

실행결과

25

리스트는 앞에서 보듯이 표현 방법이 매우 직관적입니다. 리스트명과 인덱스만 알면 되죠. 인덱스 1에 들어 있는 값은 spending[1], 인덱스 2에 들어 있는 값은 spending[2]로 표현합니다.

spending 리스트 인덱스 0의 값 → spending[0]   spending

	[0]	[1]	[2]	[3]	[4]	[5]
	25	36	8	53	24	56

spending 리스트 인덱스 1의 값 → spending[1]   spending

	[0]	[1]	[2]	[3]	[4]	[5]
	25	36	8	53	24	56

spending 리스트 인덱스 2의 값 → spending[2]   spending

	[0]	[1]	[2]	[3]	[4]	[5]
	25	36	8	53	24	56

spending 리스트 인덱스 3의 값 → spending[3]   spending

	[0]	[1]	[2]	[3]	[4]	[5]
	25	36	8	53	24	56

spending 리스트 인덱스 4의 값 → spending[4]   spending

	[0]	[1]	[2]	[3]	[4]	[5]
	25	36	8	53	24	56

spending 리스트 인덱스 5의 값 → spending[5]   spending

	[0]	[1]	[2]	[3]	[4]	[5]
	25	36	8	53	24	56

코드로 직접 확인해 봅시다. 상반기 지출을 담은 spending 리스트를 다시 만들고 첫 번째 값을 출력해 봅시다.

```
spending = [25, 36, 8, 53, 24, 56]
print(spending[0])
```

실행결과

25

25가 출력됩니다. spending이 1월부터 6월까지의 지출을 차례대로 담은 리스트이므로 25는 1월 지출입니다. 인덱스가 0부터 시작하므로 spending[0]을 하면 1월 지출이 출력됩니다.

4월 지출은 어떻게 출력할까요? 앞의 코드에서 인덱스 숫자만 3으로 바꾸면 됩니다.

```
print(spending[3])
```

4월 지출은 spending 리스트의 네 번째 요소입니다. 따라서 spending[3]을 출력하면 4월 지출이 나옵니다.

만약 리스트에 없는 인덱스를 출력하면 어떻게 될까요? 다음 코드를 실행해 봅시다.

```
print(spending[6])
```

실행결과
```
----> 1 print(spending[6])
IndexError: list index out of range
```

IndexError가 발생합니다. 오류 메시지를 보면 리스트 인덱스가 범위를 벗어났다고 되어 있네요. 존재하지 않는 인덱스 [6]의 데이터에 접근하려고 해서 컴퓨터가 오류를 낸 겁니다. 이는 프로그래밍 입문자가 가장 흔하게 겪는 오류입니다. 인덱스를 살펴보면 금방 해결할 수 있으니 당황하지 마세요.

리스트의 값 변경하기

이번에는 리스트의 값을 바꿔 보겠습니다. 3월에 현금으로 사용한 10만 원이 누락되어 3월 지출에 10을 더해야 한다고 합시다. 3월 지출은 spending[2]에 있습니다. 여기에 10만 원을 더하면 되므로 spending[2] = spending[2] + 10으로 작성합니다. 이는 spending[2] += 10으로 줄여 쓸 수 있습니다. 변수에 값을 더하고 빼는 방법과 같죠. 추가로 변경 전과 변경 후의 값을 비교하기 위해 덧셈 연산 전후로 리스트 값을 확인할 수 있는 코드를 넣어 실행해 봅시다.

```
print('3월 지출 변경 전:', spending)
spending[2] += 10
print('3월 지출 변경 후:', spending)
```

실행결과
```
3월 지출 변경 전: [25, 36, 8, 53, 24, 56]
3월 지출 변경 후: [25, 36, 18, 53, 24, 56]
```

결과를 보면 세 번째 데이터가 8에서 18로 바뀌었습니다.

이번에는 5월 지출에 환불받은 2만 원이 포함됐다고 해 봅시다. 그럼 5월 지출에서 2를 빼야 합니다.

```
spending[4] -= 2
print('5월 지출 변경 후:', spending)
```

실행결과
5월 지출 변경 후: [25, 36, 18, 53, 22, 56]

리스트의 다섯 번째 요소가 24에서 22로 바뀌었습니다. 이처럼 리스트 안에 있는 개별 요소가 필요할 때는 해당 위치의 인덱스를 활용하면 됩니다.

6.1.3 반복문으로 리스트 다루기

이번에는 반복문으로 리스트의 요소를 출력해 보겠습니다.

리스트명 사용하기

반복문의 형식은 for i in data입니다. data에는 데이터 묶음이 들어가므로 리스트는 data 부분에 넣습니다. spending 리스트를 그대로 data 위치에 넣고 실행해 봅시다.

```
for i in [25, 36, 8, 53, 24, 56]:
    print(i)
```

실행결과
25
36
8
53
24
56

리스트의 첫 번째 데이터인 25부터 마지막 데이터인 56까지 차례대로 i에 들어가 print(i)가 실행됐습니다.

이제 데이터 묶음이 리스트라는 것을 알았으니 반복문에 데이터를 직접 넣는 대신에 리스트를 넣어도 됩니다. 반복문에서 리스트를 사용하면 보통 변수에 인덱스를 의미하는 i 대신 리스트의 첫 글자를 따서 넣습니다. 여기서도 spending 리스트의 앞 글자를 딴 s를 넣어 for s in spending로 작성해 보겠습니다.

spending 리스트를 다시 만든 다음 반복문에서 리스트를 사용하도록 코드를 바꿔 실행합니다.

```
spending = [25, 36, 8, 53, 24, 56]
for s in spending:
    print(s)
```

결과가 기존과 동일하게 나옵니다. spending 리스트에 [25, 36, 8, 53, 24, 56]이 담겨 있으니 컴퓨터는 for s in spending과 for s in [25, 36, 8, 53, 24, 56]이 같다고 인식합니다. 앞으로는 반복문에 데이터를 일일이 넣는 대신 리스트명을 넣어 리스트의 요소에 접근하면 됩니다.

인덱스 사용하기

이번에는 인덱스로 리스트의 요소를 출력해 보겠습니다. spending 리스트의 요소는 spending[0], spending[1]··· spending[5]로 접근할 수 있습니다. 반복되는 부분과 변하는 부분이 보이나요? spending[]은 6번 반복되고 대괄호 안의 숫자인 인덱스만 0부터 5까지 1씩 증가합니다. 따라서 반복문에서 배운 range()를 사용해 다음처럼 코드를 작성할 수 있습니다.

```
spending = [25, 36, 8, 53, 24, 56]
for i in range(6):
    print(spending[i])
```

리스트를 반복문에서 활용할 때 for a in 리스트처럼 리스트를 반복문에 직접 넣을 수도 있고 (이때 a는 리스트명의 첫 글자), for i in range()처럼 인덱스를 활용할 수도 있습니다. 선택한 방법에 따라 반복해서 실행되는 코드가 조금 달라집니다.

이번에는 좀 더 정보를 보여 줄 수 있게 '1월 지출은 25' 형태로 출력해 보겠습니다. 먼저 월은

1부터 6까지 1씩 증가합니다. 0부터 5까지 증가하는 인덱스보다 월이 항상 1만큼 큽니다. 따라서 출력 부분은 print(i, '월 지출은')이 아닌 print(i + 1, '월 지출은')이 돼야 합니다. 이를 기존 반복문에 추가해 실행해 봅시다.

```
for i in range(6):
    print(i + 1,'월 지출은', spending[i])
```

실행결과

```
1 월 지출은 25
2 월 지출은 36
3 월 지출은 8
4 월 지출은 53
5 월 지출은 24
6 월 지출은 56
```

이처럼 인덱스를 활용할 때는 인덱스가 0부터 시작한다는 점을 유의해야 합니다.

이번에는 반복문에서 리스트를 사용할 때 입문자가 자주 겪는 또 다른 오류 상황을 살펴보겠습니다. 리스트를 사용하다 보면 리스트의 요소 개수를 헷갈릴 때가 종종 있습니다. 다음처럼 range() 안의 숫자를 7로 바꾸고 실행해 봅시다.

```
for i in range(7):
    print(i + 1,'월 지출은', spending[i])
```

실행결과

```
1 월 지출은 25
2 월 지출은 36
3 월 지출은 8
4 월 지출은 53
5 월 지출은 24
6 월 지출은 56
--------------------------------------------------------------------
      1 for i in range(7):
----> 2 print(i + 1, '월 지출은', spending[i])
IndexError: list index out of range
```

i가 0부터 5일 때까지 정상적으로 출력되다가 6이 될 때 IndexError가 발생합니다. 인덱스는 6개인데 이를 초과한 7로 범위를 설정해서 그렇습니다. 지금처럼 코드가 짧을 때는 리스트 길이를 기억해 이런 오류가 거의 발생하지 않습니다. 하지만 리스트가 여러 개거나 데이터가 많으면 리스트 길이를 일일이 기억하기가 어렵습니다. 이럴 때 앞에서 나온 len()을 사용하면 됩니다.

리스트의 인덱스는 항상 0부터 시작하기 때문에 인덱스 범위는 0~(리스트 길이 − 1)입니다. spending 리스트도 길이는 6이지만, 인덱스는 0부터 5까지입니다. 이를 range() 명령어에 활용할 수 있습니다. range(종료 숫자)는 자동으로 0부터 (종료 숫자 − 1) 사이의 연속된 숫자를 의미했죠. 이때 종료 숫자 대신 리스트 길이를 넣으면 어떻게 될까요? 코드로 작성해 봅시다.

```
for i in range(len(spending)):
    print(i + 1, '월 지출은', spending[i], end=', ')
```

실행결과

1 월 지출은 25, 2 월 지출은 36, 3 월 지출은 8, 4 월 지출은 53, 5 월 지출은 24, 6 월 지출은 56

인덱스로 범위를 정했을 때와 마찬가지로 1월부터 6월까지 지출이 출력됩니다. 이처럼 리스트의 첫 인덱스부터 마지막 인덱스까지 반복 범위를 설정하고 싶을 때, 인덱스를 입력하지 않고도 range(len(리스트명))으로 리스트 안의 모든 데이터에 접근할 수 있습니다.

새로운 리스트를 만들어 봅시다. 앞에서처럼 좋아하는 음식을 순서대로 저장한 food 리스트를 만듭니다. 이 리스트에서 가장 좋아하는 음식, 세 번째로 좋아하는 음식, 가장 덜 좋아하는 음식을 출력해 봅시다. 직접 코드를 작성하고 책과 비교해 보세요. 앞에서 배운 내용이니 작성하기 어렵지 않을 겁니다.

```
food = ['피자', '치킨', '떡볶이', '스테이크', '파스타']
# 가장 좋아하는 음식은?
print(food[0])
# 세 번째로 좋아하는 음식은?
print(food[2])
# 가장 덜 좋아하는 음식은?
print(food[4])
```

실행결과

피자
떡볶이
파스타

가장 좋아하는 음식은 food[0]을, 세 번째로 좋아하는 음식은 food[2]를, 가장 덜 좋아하는 음식은 마지막 데이터이므로 food[4]를 출력합니다.

그런데 리스트의 마지막 인덱스는 (리스트 길이 − 1)이었죠. 그렇다면 가장 덜 좋아하는 음식을 출력할 때 인덱스를 직접 넣는 대신 (리스트 길이 − 1)로 바꿔 봅시다.

```python
# 가장 덜 좋아하는 음식은?
print(food[len(food) - 1])
```

실행결과

파스타

이처럼 인덱스 위치에 식이 들어가도 됩니다. 인덱스 역시 숫자이므로 연산이 가능한 수식이 들어가도 정상적으로 실행됩니다.

음수 인덱스 사용하기

지금까지는 인덱스가 모두 양수였습니다. 양수 인덱스는 왼쪽부터 시작해 오른쪽으로 1씩 증가합니다. 그런데 인덱스에 음수도 들어갈 수 있습니다. 음수 인덱스는 오른쪽에서 시작해 왼쪽으로 1씩 감소합니다.

	[0]	[1]	[2]	[3]	[4]
food	피자	치킨	떡볶이	스테이크	파스타
	[-5]	[-4]	[-3]	[-2]	[-1]

리스트 위에 있는 숫자는 지금까지 배운 양수 인덱스입니다. 리스트 아래 있는 숫자를 봅시다. 가장 오른쪽 숫자는 −1이고, 왼쪽으로 갈수록 1씩 감소해 −2, −3, −4, −5가 됩니다.

코드로 확인해 봅시다. 가장 덜 좋아하는 음식은 food[4]였으니 음수 인덱스로 food[-1]을 출력하면 됩니다.

```python
# 가장 덜 좋아하는 음식은?
print(food[-1])
```

실행결과

파스타

food 리스트의 마지막에 있는 파스타가 출력됩니다. 두 번째로 덜 좋아하는 음식과 세 번째로 덜 좋아하는 음식도 출력해 봅시다.

```python
# 두 번째로 덜 좋아하는 음식?
print(food[-2])
# 세 번째로 덜 좋아하는 음식?
print(food[-3])
```

실행결과

스테이크
떡볶이

food[-2]는 뒤에서 두 번째 데이터를 의미하므로 '스테이크'가 출력되고, food[-3]은 뒤에서 세 번째 데이터인 '떡볶이'를 출력합니다. 지금은 음수 인덱스의 유용성이 와닿지 않겠지만, 방대한 데이터를 분석할 때 큰 위력을 발휘하니 잘 알아 두기 바랍니다.

> **NOTE 음수 인덱스는 왜 0부터 시작하지 않을까요?**
>
> 인덱스에 0을 2개나 쓸 수 없기 때문입니다. 음수 인덱스가 0부터 시작한다면 첫 번째 데이터와 마지막 데이터 모두 인덱스가 0이 되겠죠. 그러면 컴퓨터는 인덱스 0이 어떤 데이터를 의미하는지 헷갈릴 수밖에 없습니다. 그래서 왼쪽에서 시작하는 인덱스는 0부터, 오른쪽에서 시작하는 음수 인덱스는 −1부터 시작합니다.

6.1.4 리스트에 요소 추가하고 삭제하기

리스트에 요소를 추가하고 삭제해 보겠습니다.

요소 추가하기

추가하는 방법부터 살펴봅시다. 리스트에 요소를 추가할 때는 append( ) 명령어를 사용합니다. append( ) 명령어는 다음과 같이 사용합니다.

> **형식**
>
> 리스트명.append(데이터)

명령어 형식도 일종의 규칙이므로 잘 기억해 두세요. 'food 리스트에 '감자칩'을 추가하라'고 하고 싶으면 food.append('감자칩')을 실행하면 됩니다. 참고로 append는 '덧붙이다'는 의미가 있으니 단어의 의미를 생각하면 어떤 일을 하는지 이해하기 쉽습니다.

food.append('감자칩')
food 리스트에   추가하라   '감자칩'을

바로 확인해 봅시다.

```
food = ['피자', '치킨', '떡볶이', '스테이크', '파스타']
food.append('감자칩')
print(food)
```

실행결과

['피자', '치킨', '떡볶이', '스테이크', '파스타', '감자칩']

food는 처음에 데이터가 5개인 리스트였습니다. food.append('감자칩')을 실행하고 나면 리스트의 맨 뒤에 감자칩이 추가되어 데이터는 6개가 됩니다. 데이터를 하나 더 추가해 볼까요? '카레'를 추가해 봅시다.

```
food.append('카레')
print(food)
```

```
['피자', '치킨', '떡볶이', '스테이크', '파스타', '감자칩', '카레']
```

food 리스트 맨 뒤에 카레가 추가됐습니다. 이처럼 append() 명령어는 리스트의 맨 뒤에 데이터를 추가합니다. append()가 실행될 때 컴퓨터 내부에서는 다음과 같은 일이 일어납니다.

	[0]	[1]	[2]	[3]	[4]		
food	피자	치킨	떡볶이	스테이크	파스타		

food.append('감자칩') ⬇

	[0]	[1]	[2]	[3]	[4]	[5]	
food	피자	치킨	떡볶이	스테이크	파스타	감자칩	

food.append('카레') ⬇

	[0]	[1]	[2]	[3]	[4]	[5]	[6]
food	피자	치킨	떡볶이	스테이크	파스타	감자칩	카레

리스트에 데이터가 추가되면 리스트 길이도 늘어나고 인덱스도 추가됩니다. 또한, 빈 리스트를 만들어 데이터를 추가할 수도 있습니다. 다음 코드를 봅시다.

```
abc = [] # 빈 리스트 만들기
abc.append(24)
abc.append(38)
abc.append(19)
abc.append(40)
print(abc)
```

```
[24, 38, 19, 40]
```

abc = []처럼 리스트명에 아무런 데이터 없이 대괄호만 넣으면 빈 리스트가 생성됩니다. 그다음 append()로 빈 리스트에 24, 38, 18, 40을 순서대로 추가하면 됩니다.

직접 값을 입력받아 리스트에 넣을 수도 있습니다. 해야 할 일을 입력받아 to_do 리스트에 저장해 봅시다. 어떤 값이 입력될지 모르니 데이터가 없는 빈 리스트를 만듭니다. input()으로 해야 할 일을 입력받고 append()로 리스트에 추가합니다.

```
to_do = []
task = input('해야 할 일을 입력해 주세요. --> ')
to_do.append(task)
print(to_do)
```

실행결과

해야 할 일을 입력해 주세요. --> **파이썬 공부하기**
['파이썬 공부하기']

to_do라는 이름으로 빈 리스트를 만들고 해야 할 일을 입력받아 변수 task에 저장합니다. 그리고 task를 append() 명령어로 to_do에 추가합니다(to_do와 append() 사이에 도트(.)가 있음에 유의하세요). 이때 task 변수를 사용하지 않고 바로 input()으로 입력받은 내용을 append() 명령어에 넣어도 됩니다.

```
to_do = []
to_do.append(input('해야 할 일을 입력해 주세요. --> '))
print(to_do)
```

실행결과

해야 할 일을 입력해 주세요. --> **파이썬 공부하기**
['파이썬 공부하기']

이번에는 해야 할 일 5개를 입력받아 to_do 리스트에 추가해 보겠습니다. 입력을 5번 반복해야 하니 반복문을 사용합니다.

```
to_do = []
print('해야 할 일을 차례대로 입력해 주세요.')
for i in range(5):
    to_do.append(input())
print(to_do)
```

실행결과

해야 할 일을 차례대로 입력해 주세요.

생일선물 사기

인강 듣기

파이썬 6장 공부하기

책 읽기

영단어 외우기

['생일선물 사기', '인강 듣기', '파이썬 6장 공부하기', '책 읽기', '영단어 외우기']

먼저 빈 리스트를 만듭니다. 리스트를 만들지 않은 채 데이터를 추가하면 오류가 발생합니다 (물론 기존 셀의 결괏값이 남아 있는 경우에는 오류가 발생하지 않지만, 단독 코드일 때는 오류가 발생합니다). to_do.append(input())으로 입력받은 값을 변수에 따로 저장하지 않고 바로 리스트에 추가합니다. 괄호 안의 input()을 먼저 실행하고 나서 to_do.append()를 실행하므로 입력받은 값을 바로 to_do 리스트에 추가할 수 있습니다. 입력을 5번 받아야 하므로 이 코드를 반복문 안에 넣습니다.

반복문 안에 print() 명령어를 넣어 반복문이 진행되는 동안 리스트가 어떻게 변하는지 확인해 보세요.

```python
to_do = []
print('해야 할 일을 차례대로 입력해 주세요.')
for i in range(5):
    to_do.append(input())
    print(to_do)
```

반복할 때마다 리스트 맨 뒤에 입력한 데이터가 추가될 겁니다.

요소 삭제하기

리스트에 있는 데이터를 삭제하는 방법도 배워 보겠습니다. 리스트의 데이터를 삭제하는 방법은 크게 두 가지가 있습니다. 먼저 리스트에 추가할 때처럼 리스트명 뒤에 remove(데이터)를 붙여 리스트의 데이터를 삭제할 수 있습니다.

형식

리스트명.remove(데이터)

food 리스트에서 떡볶이만 삭제해 봅시다.

```
food = ['피자', '치킨', '떡볶이', '스테이크', '파스타']
food.remove('떡볶이')
print(food)
```

실행결과

```
['피자', '치킨', '스테이크', '파스타']
```

이처럼 삭제할 데이터를 remove()를 사용해 직접 삭제합니다. 또는 인덱스를 사용해서 데이터를 삭제할 수 있습니다. 형식은 다음과 같습니다.

형식

```
del 리스트명[인덱스]
```

food 리스트에서 가장 마지막에 있는 음식을 지워 볼까요?

```
food = ['피자', '치킨', '떡볶이', '스테이크', '파스타']
del food[-1]
print(food)
```

실행결과

```
['피자', '치킨', '떡볶이', '스테이크']
```

음수 인덱스로 가장 마지막에 있는 파스타를 삭제했습니다.

6.1.5 리스트에서 필요한 요소만 꺼내기

지금까지 사용한 리스트는 매우 간단했습니다. 그러나 리스트에 더 많은 요소를 담을 수도 있습니다. 많은 요소가 있으면 때때로 필요한 부분과 필요하지 않은 부분이 섞일 수 있습니다. 그래서 원하는 정보를 얻으려면 필요한 부분만 꺼내 쓸 수 있어야 합니다.

리스트 슬라이싱하기

연, 월, 일, 시, 분을 [2020, 4, 5, 11, 30] 형태로 저장한 리스트가 있다고 가정해 봅시다. 이 리스트에서 월, 일만 필요하다면 인덱스 1과 2의 데이터만 추출해야 합니다. 또는 날짜를 제외한 시간 데이터만 필요한 경우에는 마지막 요소 2개만 골라내야죠. 앞서 사용한 food 리스트에서도 가장 좋아하는 음식 3개나 가장 덜 좋아하는 음식 2개 등 원하는 부분만 추출해야 할 수도 있습니다.

이처럼 원하는 부분만 골라내는 것을 **리스트 슬라이싱**이라고 합니다. 슬라이싱(slicing)은 (얇게) 자르는 것을 말합니다. 리스트를 자르는 게 어떤 건지 이해하기 쉽게 예를 들어 보겠습니다. 보통 '1일부터 5일까지'를 간략하게 '1~5일'로 물결표(~)를 써서 나타냅니다. 리스트 슬라이싱도 이와 비슷합니다. '여기에서 저기까지 데이터를 뽑아줘'라는 뜻입니다. '여기'와 '저기'는 데이터의 위치를 나타내니 인덱스가 필요하겠죠. 그럼 '인덱스 a에서 b까지 데이터를 뽑아줘'라고 표현할 수 있습니다. 물결표를 사용해 더 간단히 나타내면 '인덱스 a~b', 더 줄여서 [a~b]라고 표현할 수 있습니다. 다만, 파이썬에서는 물결표 대신 콜론(:)을 사용합니다. 예를 들어, 'food 리스트의 인덱스 0부터 2까지'를 표현하면 food[0:3]이 됩니다.

잠깐만요! 왜 food[0:2]가 아닌 food[0:3]일까요? range(a, b) 명령어를 생각해 보세요. range(a, b) 명령어처럼 리스트명[a:b]에서도 a는 시작 위치, b는 종료 위치입니다. b까지 실행되는 것이 아니라 b-1까지만 실행됩니다. 실제로는 b가 아닌 b-1 인덱스까지만 포함하는 것이죠.

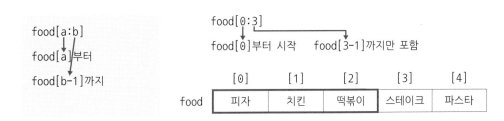

코드로 확인해 봅시다.

```
food = ['피자', '치킨', '떡볶이', '스테이크', '파스타']
print(food[0:3])
```

['피자', '치킨', '떡볶이']

food[0:3]은 food[0]부터 food[2]까지를 의미하므로 food 리스트에서 앞부터 3개의 데이터, 즉 피자부터 떡볶이까지만 출력됩니다.

이번에는 떡볶이부터 스테이크까지 출력하는 코드를 작성해 볼까요? 떡볶이는 food[2]에 있고, 스테이크는 food[3]에 있으니 food[2:4]로 슬라이싱하면 됩니다.

```
print(food[2:4])
```

실행결과

['떡볶이', '스테이크']

리스트 슬라이싱할 때 range()와 비슷해서 시작 인덱스가 0이면 생략할 수 있습니다. 따라서 food[0:3]에서 0을 생략하고 food[:3]으로도 사용합니다.

```
print(food[:3])
```

실행결과

['피자', '치킨', '떡볶이']

food[0:3]일 때와 같은 결과가 나옵니다.

그런데 리스트 슬라이싱에서는 range()와 달리 종료 인덱스도 생략할 수 있습니다. 종료 인덱스를 생략하면 시작 위치부터 리스트 끝까지 데이터를 슬라이싱합니다. 가장 덜 좋아하는 음식 2개를 추출하는 코드를 작성해 보겠습니다. food 리스트의 맨 뒤 데이터 2개를 선택하면 되겠죠. 뒤에서 세는 것이 편하니 음수 인덱스를 사용해 봅시다. 시작 위치는 뒤에서 두 번째이므로 [-2]가 되고 종료 인덱스는 생략해도 되니 food[-2:]면 됩니다.

```
print(food[-2:])
```

실행결과

['스테이크', '파스타']

뒤에서 두 번째 데이터인 스테이크부터 마지막 데이터인 파스타까지 출력됩니다.

리스트 슬라이싱의 생략 규칙을 정리하면 다음과 같습니다.

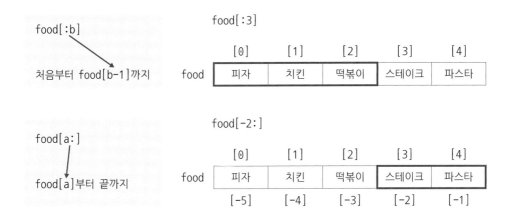

앞에서 사용한 상반기 지출 리스트로 리스트 슬라이싱해 봅시다. 1월부터 3월까지, 3월부터 5월까지, 5월부터 6월까지 지출을 각각 출력해 봅시다.

```
spending_6mon = [25, 36, 8, 53, 24, 56]
print('1월부터 3월 지출:', spending_6mon[:3])
print('3월부터 5월 지출:', spending_6mon[2:5])
print('5월부터 6월 지출:', spending_6mon[-2:])
```

실행결과

```
1월부터 3월 지출: [25, 36, 8]
3월부터 5월 지출: [8, 53, 24]
5월부터 6월 지출: [24, 56]
```

1~3월까지 지출은 spending_6mon 리스트의 인덱스 [0]부터 [2]까지이므로 spending_6mon[0:3] 이 됩니다. 시작 인덱스가 0이라서 이를 생략하고 spending_6mon[:3]으로 작성합니다. 3~5 월 지출액만 슬라이싱하려면 리스트의 인덱스 [2]부터 [4]까지 추출하면 됩니다. 따라서 spending_6mon[2:5]가 됩니다. 5~6월은 spending_6mon 리스트의 뒤에서 데이터 2개를 뽑는 것과 같습니다. 5월은 뒤에서 두 번째 데이터이므로 음수 인덱스를 사용하고, 종료 인덱스를 생략하면 spending_6mon[-2:]가 됩니다.

문자열 슬라이싱하기

문자열에서도 리스트와 마찬가지 슬라이싱할 수 있습니다. 문자열은 어떻게 슬라이싱할까요? 한 번 알아봅시다.

문자열도 리스트처럼 글자에 번호를 붙일 수 있습니다. '나는야 우주최강'이라는 문자열에 번호를 붙이면 다음과 같습니다. 이때 띄어쓰기로 생긴 공백도 문자열에 포함되므로 번호를 붙입니다.

0	1	2	3	4	5	6	7
나	는	야		우	주	최	강

문자열 슬라이싱은 리스트와 형식이 같습니다. 문자열이 a 변수에 저장되어 있을 때 앞의 세 글자인 '나는야'만 슬라이싱해 봅시다. 형식이 같으니 a[0:3] 또는 a[:3]이면 되겠죠? 코드로 확인해 봅시다.

```
a = '나는야 우주최강'
print(a[:3])
```

실행결과

나는야

3번째 글자까지 슬라이싱이 잘 됐습니다. 이번에는 '우주최강'을 슬라이싱해 봅시다. 뒤에서 네 글자만 골라내면 됩니다. 뒤에서부터 세므로 음수 인덱스를 사용해 a[-4:]로 작성하면 됩니다.

```
print(a[-4:])
```

실행결과

우주최강

이번에는 '우주'만 뽑아봅시다. 어떻게 하면 될까요? 책을 보고 그대로 작성하기 전에 스스로 생각해 봅시다! 그다음 코드를 작성하고 자신의 생각이 맞는지 책을 확인하세요.

```
print(a[-4:-2])
```

실행결과

우주

책처럼 음수 인덱스를 사용해도 되고, 양수 인덱스를 사용해도 됩니다. 바로 앞에 음수 인덱스가 나와서 그대로 음수 인덱스를 사용했습니다. 리스트 슬라이싱을 사용할 때 리스트[a:b]에서 [b]는 종료 인덱스이므로 [b-1]까지 슬라이싱됩니다. 따라서 '우주'를 출력하려면 a[-4:-2]로 작성해야 합니다.

다른 문자열로 확인해 봅시다. '2021-04-15'라는 날짜를 date 변수에 넣은 뒤 연도, 월, 일을 각각 슬라이싱해 봅시다.

```
date = '2021-04-15'
print('연도:', date[:4])
print('월:', date[5:7])
print('일:', date[-2:])
```

실행결과

연도: 2021
월: 04
일: 15

글자 위치에 맞춰 양수든 음수든 편한 쪽을 사용하면 됩니다.

split()으로 문자열 나누기

문자열을 슬라이싱할 때 인덱스를 사용하면 간단하기는 하지만, 인덱스를 일일이 세야 하기 때문에 문자열이 길어지면 결괏값이 잘못 나올 수도 있습니다. 이럴 때 유용한 split() 명령어가 있습니다. split에는 '나누다, 찢다'는 의미가 있습니다. 단어의 의미처럼 split()은 지정한 글자를 기준으로 좌우로 문자를 나눕니다. 형식은 리스트에서 명령어를 사용할 때와 비슷합니다.

> **형식**
>
> 문자열.split()

다음 코드를 실행해 봅시다.

```
a = '나는야 우주최강'
print(a.split())
```

실행결과

```
['나는야', '우주최강']
```

split()의 소괄호 안에 아무것도 지정하지 않으면 공백을 기준으로 나눕니다. 그런데 실행결과가 리스트로 나옵니다. split() 명령어를 사용하면 데이터가 1개에서 여러 개로 나뉘므로 데이터 묶음인 리스트로 출력합니다.

a.split()은 결괏값이 리스트이므로 인덱스를 붙일 수 있습니다. 확인해 봅시다.

```
a = '나는야 우주최강'
print(a.split())
print(a.split()[0])
print(a.split()[1])
```

실행결과

```
['나는야', '우주최강']
나는야
우주최강
```

이처럼 split()을 실행한 결괏값에 인덱스로 접근할 수 있습니다.

날짜가 들어 있는 date 변수도 split()으로 나눠 봅시다. date에는 공백이 없지만, 그 대신 하이픈(-)이 있으니 하이픈을 기준으로 나눠 보겠습니다. 나누는 글자를 지정하고 싶을 때는 split() 명령어 안에 넣으면 됩니다. 하이픈은 문자열이므로 양옆을 작은따옴표로 감싸야 합니다.

```
date = '2021-04-15'
print(date.split('-'))
```

실행결과

```
['2021', '04', '15']
```

date에는 하이픈(-)이 2개 있어서 하이픈을 기준으로 나누면 세 부분으로 나뉩니다. 공백을 기준으로 나눴을 때처럼 하이픈은 사라지고 연, 월, 일 숫자만 결과 리스트에 들어갑니다.

이번에는 인덱스를 사용해 연, 월, 일을 각각 출력해 봅시다.

```
date = '2021-04-15'
print(date.split('-')[0])
print(date.split('-')[1])
print(date.split('-')[2])
```

실행결과

```
2021
04
15
```

코드가 중복되긴 하지만, 인덱스를 일일이 세지 않아도 돼서 편합니다.

6.1.6 다양한 리스트 명령어 사용하기

리스트에는 정말 많은 기능이 있습니다. 이 책에서 전부 배우면 좋겠지만, 시작 단계에서 너무 많은 지식을 배우면 오히려 지칠 뿐입니다. 그래서 여기서는 몇 가지 기능만 간단히 짚어보겠습니다.

정렬하기

리스트에 들어 있는 데이터를 일정한 기준에 따라 정렬할 수 있는데, 이때 명령어 sort()를 사용합니다. 사용법은 append()와 같습니다.

> **형식**
>
> 리스트명.sort()

예를 들어 food 리스트를 정렬하고 싶다면 food.sort()라고 하면 됩니다.

```
food = ['피자', '치킨', '스테이크', '된장찌개', '바나나', '파스타', '감자칩']
food.sort()
print('정렬 후:', food)
```

실행결과

정렬 후: ['감자칩', '된장찌개', '바나나', '스테이크', '치킨', '파스타', '피자']

food 리스트에 데이터 7개를 넣고 food.sort()로 정렬하니 맨 뒤에 있던 감자칩이 첫 번째 데이터가 됐습니다. sort() 명령어를 사용할 때 아무것도 지정하지 않으면 이처럼 오름차순으로 데이터를 정렬합니다. 여기서는 한글의 가나다순으로 데이터를 정렬했습니다.

반대로 내림차순으로 정렬하려면 sort() 명령어에 reverse=True 옵션을 추가하면 됩니다. reverse는 '뒤집다, 반전시키다' 등의 의미가 있으니 의미를 생각하면 이해하기 쉬울 거예요. 단어 의미 그대로 reverse=True는 '뒤집기=참'으로 보면 됩니다. 그리고 True는 첫 글자만 대문자임에 유의하세요!

옵션을 추가하고 실행해 봅시다.

```
food = ['피자', '치킨', '스테이크', '된장찌개', '바나나', '파스타', '감자칩']
food.sort(reverse=True)
print('정렬 후:', food)
```

실행결과

정렬 후: ['피자', '파스타', '치킨', '스테이크', '바나나', '된장찌개', '감자칩']

앞의 실행결과와 반대로 피자가 맨 앞으로 왔습니다. 만약 옵션을 reverse=False로 하면 어떨까요? '뒤집기=거짓'이므로 순서를 반전하지 않겠다는 뜻이 되어 오름차순으로 데이터를 정렬합니다. 그래서 오름차순 정렬일 때는 reverse 옵션을 생략하고 food.sort()만 해도 됩니다.

이번에는 상반기 지출 중 가장 큰 금액 2개를 뽑아 보겠습니다. 배운 내용을 중심으로 생각해봅시다. 가장 큰 금액과 두 번째로 큰 금액을 찾으면 됩니다. 지출을 큰 금액부터 작은 금액순으로(내림차순) 정렬한 후 앞의 2개 데이터 뽑아내면 될 것 같습니다. 코드를 작성해 봅시다.

```
spending_6mon = [25, 36, 8, 53, 24, 56]
spending_6mon.sort(reverse=True)
print(spending_6mon[0:2])
```

실행결과

```
[56, 53]
```

내림차순으로 정렬해야 하니 sort() 명령어에 reverse=True 옵션을 추가합니다. 그런 다음 앞의 2개 데이터를 슬라이싱하면 가장 큰 금액 2개가 나옵니다.

그럼 가장 적은 금액 2개도 알아볼까요? 내림차순으로 정렬했으므로 가장 적은 금액은 리스트의 맨 뒤에 있을 겁니다. 뒤에서 두 번째 인덱스인 [-2]부터 끝까지 슬라이싱해 봅시다.

```
spending_6mon = [25, 36, 8, 53, 24, 56]
spending_6mon.sort(reverse=True)
print(spending_6mon[-2:])
```

실행결과

```
[24, 8]
```

이처럼 리스트의 기능을 복합적으로 사용하면 원하는 결과를 빠르게 얻을 수 있습니다. 데이터가 많은 리스트일수록 더욱더 그렇습니다.

최댓값과 최솟값, 합 구하기

앞에서처럼 리스트를 정렬하고 슬라이싱하면 리스트의 최댓값과 최솟값을 구할 수 있습니다.

그런데 리스트를 정렬해 슬라이싱하지 않고도 간단한 명령어로 최댓값과 최솟값을 구할 수 있습니다. 리스트의 최댓값을 구하는 명령어는 max(), 최솟값을 구하는 명령어 min()입니다. 코드로 사용법을 확인해 봅시다.

```
spending_6mon = [25, 36, 8, 53, 24, 56]
print(max(spending_6mon), min(spending_6mon))
```

실행결과

56, 8

max()와 min()은 리스트와 명령어를 도트(.)로 연결하지 않고 명령어 안에 리스트를 넣는 형태로 사용합니다. len()과 같은 형식이죠. 이 부분만 유의하세요.

리스트 데이터의 합을 구하는 sum() 명령어도 있습니다.

```
print(sum(spending_6mon))
```

실행결과

202

인덱스 찾기

마지막 기능은 인덱스를 찾는 index() 명령어입니다. 찾으려는 데이터를 index() 명령어의 소괄호 안에 넣으면 해당 데이터가 리스트의 어느 위치에 있는지, 즉 인덱스 번호를 알려줍니다. 예를 들어, spending_6mon 리스트에서 숫자 24의 인덱스를 알고 싶다면 다음과 같이 작성하면 됩니다.

```
print(spending_6mon.index(24))
```

실행결과

4

결과로 4가 나옵니다. 인덱스 [4]를 뜻하므로 실제로는 4에 1을 더한 5월 지출액을 의미합니다.

여기서 설명한 기능만 알고 있어도 리스트를 사용한 대부분의 코드를 이해할 수 있고, 리스트를 충분히 다룰 수 있습니다. 프로그래밍하다가 리스트와 관련한 다른 기능이 필요하다면 인터넷에서 검색해 보길 추천합니다.

1분 퀴즈

1 다음 중 옳지 <u>않은</u> 것을 고르세요.

① 리스트는 여러 개의 요소를 모아 놓은 데이터 묶음으로, []를 사용해 표현한다.

② a 리스트에 새로운 요소를 추가하려면 a.append() 명령어를 사용한다.

③ 범위를 지정해 리스트의 요소를 추출할 수 있는데, 이를 리스트 슬라이싱이라고 한다.

④ 반복문으로 리스트의 전체 요소를 차례대로 출력할 수 있다.

⑤ a 리스트의 최댓값, 최솟값을 구하는 명령어는 a.max(), a.min()이다.

2 다음과 같은 리스트가 있을 때, 이와 관련해 옳지 <u>않은</u> 설명을 고르세요.

```
menu = ['아메리카노', '라떼', '바닐라라떼', '카푸치노', '핸드드립']
```

① 마지막 메뉴인 핸드드립을 출력하려면 print(menu[-1])을 실행한다.

② 새로운 메뉴를 사용자로부터 직접 입력받아 menu에 추가하려면 menu.append(input('신메뉴를 입력하세요.'))라고 작성한다.

③ 세 번째 데이터부터 마지막 데이터까지 출력하는 코드는 print(menu[2:])이다.

④ print(menu[len(menu)])를 실행하면 '핸드드립'이 출력된다.

⑤ 메뉴를 오름차순으로 정렬하는 코드는 menu.sort(reverse=False)이며, reverse=False를 생략해도 같은 결과가 나온다.

정답 및 해설: 해설 노트 729쪽

6.2

제어구조로 리스트 다루기

6.2.1 조건문으로 리스트 다루기

반복문에서도 리스트를 사용하지만, 조건문에서도 리스트를 사용할 수 있습니다. 이번에는 조건문에서 리스트를 어떻게 활용하는지 배워 보겠습니다.

음식을 좋아하는 순서대로 저장한 food 리스트를 만들고 음식 이름을 입력받아 해당 음식의 순위를 출력해 봅시다. 만약 입력받은 음식이 리스트에 없으면 순위에 없다고 출력합니다. 코드를 봅시다.

```python
food = ['피자', '치킨', '스테이크', '된장찌개']
search = input('찾는 음식은? ')
if search in food:
    print(food.index(search) + 1, '위입니다.')
else:
    print(search, '은/는 순위에 없습니다.')
```

food 리스트를 만들고 음식 이름을 입력받아 search 변수에 저장합니다. if-else 조건문으로 해당 음식이 food 리스트에 있는 경우와 없는 경우를 나눕니다. 반복문에서 리스트에 원하는 데이터가 있는지 확인할 때 in을 사용했습니다. 조건문에서도 in을 사용해 if search in food로 작성합니다. 입력받은 음식이 리스트 food에 있으면 index()로 해당 음식의 인덱스를 구합니다. 인덱스는 0부터 시작하고 순위는 1위부터 시작합니다. 따라서 index()로 찾은 결과에 1을 더해야 순위가 제대로 나옵니다. 입력받은 음식이 리스트에 없다면 else로 가서 해당 음식이 순위에 없다고 출력합니다. 리스트에 있는 음식도 넣고, 없는 음식도 넣어서 실행해 보세요!

실행결과

찾는 음식은? **치킨**
2 위입니다.
찾는 음식은? **파스타**
파스타 은/는 순위에 없습니다.

이번에는 영상 추천 프로그램을 만들어 보겠습니다. 유튜브에서 어떤 영상을 시청하고 나면 해당 영상과 관련한 영상을 추천하는 것을 본 적이 있을 겁니다. 또는 어떤 단어를 검색하면 해당 키워드와 연관된 영상을 추천하죠. 이런 추천 시스템은 매우 고도화되고 정교한 알고리즘으로 운영되지만, 우리는 프로그래밍을 처음 배우는 단계이므로 추천 알고리즘의 외형만 흉내내 봅시다.

우선 시청 내역을 보관하는 리스트가 하나 있어야 하니 history라는 이름으로 만듭니다. 그리고 a가 시청 내역에 있으면 a와 관련된 a´ 영상을 추천하게 합니다. 예를 들어, 시청 내역에 '강아지'가 있으면 '고양이' 영상을 추천하는 겁니다. 여기에서는 '강아지'가 시청 내역에 있으면 '고양이' 영상을, '댄스'가 시청 내역에 있으면 '음악방송' 영상을 추천하는 코드를 작성해 봅시다.

```python
history = ['먹방', '강아지', '요리', '댄스']
if '강아지' in history:
    print('강아지 영상을 좋아하시면 고양이 영상도 추천합니다!')
if '댄스' in history:
    print('댄스 영상을 좋아하시면 음악방송 영상도 추천합니다!')
```

실행결과

강아지 영상을 좋아하시면 고양이 영상도 추천합니다!
댄스 영상을 좋아하시면 음악방송 영상도 추천합니다!

history 리스트에 시청 내역을 간단히 4개만 저장했습니다. 시청 내역에 강아지가 있으면 고양이 영상을 추천하는 코드를 작성하고, 시청 내역에 댄스가 있으면 음악방송 영상을 추천하는 코드를 각각 작성합니다. 다른 요소에도 조건문을 활용해 추천 알고리즘을 추가할 수 있습니다. 직접 조건문을 추가해 보세요.

이번에는 새로운 영상을 시청했을 때 시청 내역에 추가하는 코드를 작성해 봅시다. 시청 내역을 저장하는 history를 빈 리스트로 만들고 시청한 영상 5개를 입력받아 history에 추가해 봅시다.

```python
history = []
# 새로운 종류의 영상 시청
for i in range(5):
    history.append(input('시청한 영상은? '))
print('지금까지 시청한 영상은', history)
if '다이어트' in history:
    print('다이어트 영상을 좋아하시면 홈트레이닝 영상도 좋아하실 것 같아요!')
if '뉴스' in history:
    print('뉴스 영상을 좋아하시면 속보 영상도 추천합니다!')
```

input()으로 시청한 영상을 입력받고 append()로 리스트에 추가합니다. input()이 먼저 실행돼야 하므로 append() 안에 input()을 넣어 입력받은 값을 바로 history에 추가합니다. 이를 5번 반복하므로 반복문을 사용합니다. 그리고 나서 이전 코드처럼 추천 알고리즘을 작성합니다. 재미를 위해 여기서는 내용을 조금 바꿨습니다. 프로그램을 실행해 5개의 영상 주제를 입력해 봅시다.

실행결과

시청한 영상은? **뉴스**
시청한 영상은? **가성비 맛집**
시청한 영상은? **다이어트**
시청한 영상은? **마스크 사용법**
시청한 영상은? **스마트폰 후기**
지금까지 시청한 영상은 ['뉴스', '가성비 맛집', '다이어트', '마스크 사용법', '스마트폰 후기']
다이어트 영상을 좋아하시면 홈트레이닝 영상도 좋아하실 것 같아요!
뉴스 영상을 좋아하시면 속보 영상도 추천합니다!

이처럼 실생활의 다양한 상황을 리스트로 표현할 수 있습니다.

6.2.2 중첩 제어구조로 리스트 다루기

이번에는 조건문과 반복문을 함께 사용해 봅시다. 한 반에 25명의 학생이 있습니다. 모든 학생의 점수를 리스트에 저장하고, 70점 이상인 학생의 학생 번호와 점수를 출력합니다. 점수 25개를 직접 넣기에는 너무 많으니 random 라이브러리를 활용해 0부터 100 사이의 무작위 정수를 리스트에 추가하겠습니다. 학생 번호는 리스트에 저장된 순서대로 1번부터 25번이라고 가정합니다.

먼저 score라는 빈 리스트를 만듭니다. 그런 다음 score 리스트에 무작위 정수를 25개 넣습니다. 무작위 정수는 random.randint()로 만들 수 있습니다. 이를 score.append()에 넣어 무작위 정수를 score 리스트에 추가하는 코드를 작성합니다. 그리고 이 코드를 반복문으로 25번 반복하면 리스트에 점수 25개가 채워집니다. 반복하는 동안 변하는 score 리스트를 확인할 수 있게 print() 명령어도 반복문 내부에 넣어 봅시다.

```python
import random

score = []
for i in range(25):
    score.append(random.randint(0, 100))
    print(score)
```

실행결과
```
[44]
[44, 33]
...
[44, 33, 27, 24, 4, 76, 45, 58, 84, 98, 60, 80, 19, 41, 94, 88, 83, 67, 44, 43,
70, 56, 69, 79, 14]
[44, 33, 27, 24, 4, 76, 45, 58, 84, 98, 60, 80, 19, 41, 94, 88, 83, 67, 44, 43,
70, 56, 69, 79, 14]
```

score 리스트가 변하는 과정이 보입니다(실행결과가 길어서 중간 결과는 생략했습니다). 무작위 정수를 넣으므로 이 책과 실행결과는 다를 수 있습니다.

score 리스트를 채웠으니 반에서 70점 이상인 학생의 번호와 점수를 출력해 봅시다. 먼저 리스트의 요소 값이 70 이상인지 하나씩 확인해야 합니다. 리스트에 25개의 요소가 있으니 총 25번을 해야 합니다. 여기에서도 반복문을 사용합니다.

반복문으로 리스트의 요소에 접근하는 방법은 **6.1 여러 데이터 한 번에 묶기**에서 배웠듯이 두 가지입니다. 반복문 형식인 for i in data의 data 부분에 리스트를 그대로 넣어 요소에 직접 접근하는 방법과 range()를 사용해 인덱스로 접근하는 방법입니다. data에 어떤 것을 넣느냐에 따라 i 변수에 담기는 값이 달라집니다. 사실 반복문에서 다룬 부분이지만, 리스트를 배우기 전이었으므로 이번에 확실히 이해하고 넘어갑시다.

간단히 설명하기 위해 score에 저장된 값이 [25, 94, 63, 34, 86]이라고 가정합니다. 반복문에서 data 위치에 score 리스트를 넣으면 컴퓨터는 다음과 같이 해석합니다.

```
score = [25, 94, 63, 34, 86]
for s in score:             ➡     for s in [25, 94, 63, 34, 86]:
    print(s)                           print(s)
```

score라고 리스트명을 적었지만, score는 [25, 94, 63, 34, 86]을 담고 있으므로 컴퓨터는 코드를 오른쪽 그림처럼 인식하죠. 따라서 s 변수에(인덱스가 아니므로 변수를 i가 아닌 score의 s로 설정) 25, 94, 63, 34, 86이 차례대로 저장됩니다. 가장 먼저 s에 25가 저장되면 print(s)가 실행되어 25가 출력되고, 다음으로 s에 94가 저장되면 94가 출력됩니다. 이처럼 s에 리스트의 요소가 직접 저장됩니다.

이번에는 data 위치에 리스트가 아닌 인덱스를 넣어 리스트를 다뤄 봅시다. 0부터 4까지의 인덱스 범위를 나타낸다면 range(5)를 사용합니다.

```
score = [25, 94, 63, 34, 86]
for i in range(5):          ➡     for i in [0, 1, 2, 3, 4]:
    print(score[i])                    print(score[i])
```

range(5)는 [0, 1, 2, 3, 4]로 표현할 수 있습니다(실제로는 리스트 타입이 아니지만, 여기서는 설명하기 쉽게 데이터 묶음으로 표현했습니다). 따라서 i 변수에는 0부터 1씩 증가한 숫자가 차례대로 들어갑니다. 이때 i 변수는 score 리스트의 인덱스가 되어 score 리스트의 모든 요소를 출력할 수 있습니다.

그럼 두 방법 모두 코드로 작성해 보겠습니다. 이번에는 print( )를 반복문 외부로 빼서 한 번만 실행하게 합니다.

```
import random

score = []
for i in range(25):
    score.append(random.randint(0, 100))
print(score)

print('리스트를 사용해 70점 이상인 점수 출력하기')
for s in score:
    if s >= 70:
        print(score.index(s) + 1, '번', s)

print('인덱스를 사용해 70점 이상인 점수 출력하기')
for i in range(len(score)):  # 또는 for i in range(25)
    if score[i] >= 70:
        print(i + 1, '번', score[i])
```

실행결과

```
[93, 37, 94, 38, 73, 75, 99, 40, 87, 93, 9, 76, 31, 40, 54, 31, 25, 77, 40, 46,
40, 39, 45, 9, 68]
리스트를 사용해 70점 이상인 점수 출력하기
1 번 93
3 번 94
...
인덱스를 사용해 70점 이상인 점수 출력하기
1 번 93
3 번 94
...
```

첫 번째 코드에서는 리스트를 그대로 반복문의 data 부분에 넣습니다. 점수가 s 변수에 담기고 s의 값이 70 이상일 때만 학생 번호와 점수를 출력합니다. 이때 학생 번호는 1부터 시작하므로 s 값의 인덱스인 score.index(s)에 1을 더해 출력하고, 점수는 s 변수의 값을 그대로 출력합니다.

두 번째 코드에서는 반복문의 data 부분에 연속된 숫자 범위를 나타내는 range()를 넣습니다. 또는 리스트 길이를 사용하면 range(len(score))가 됩니다. score에는 25개의 요소가 있으므로 range(25)로 작성해도 됩니다. 이때 i 변수는 리스트의 인덱스가 되어 score[i]가 70 이상일 때만 학생 번호와 점수를 출력하는 명령어가 실행됩니다. 여기서 학생 번호는 인덱스에 1을 더한 i + 1이 되고, 점수는 score[i]가 됩니다.

두 방법 모두 결과는 같습니다. 인덱스로 반복문을 작성하는 방법이 어렵다면 다음을 참고하세요.

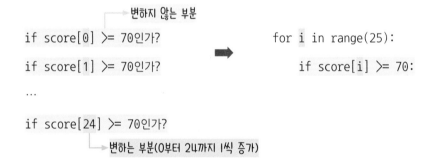

이처럼 조건문과 반복문에서 리스트를 자주 사용하니 확실하게 이해하고 넘어가기 바랍니다.

6.2.3 리스트로 간단한 프로그램 만들기

이번에는 익숙한 게임을 리스트를 사용해 프로그램으로 구현해 보겠습니다. 지하철 게임이라는 놀이가 있습니다. 술래가 호선을 지정하면 오른쪽으로 돌아가며 해당 호선에 있는 역을 차례대로 말합니다. 틀린 역을 말하거나 박자가 늦으면 벌칙을 받는 게임이죠. 예를 들어, 술래가 '2호선'을 외치면 2호선에 포함된 역만 말해야 합니다. 2호선이 아닌 다른 호선에 있는 역을 말하면 벌칙을 받습니다.

실제로는 모든 호선을 포함하지만, 여기서는 간단하게 서울 지하철 2호선을 대상으로 지하철 게임을 만들어 보겠습니다. 코드를 작성하기 전에 프로그램을 구상해 봅시다. 우선 역 이름을 입력받아야 합니다. 입력받은 역 이름이 2호선에 있으면 다음 역 이름을 입력받습니다. 입력받은 역 이름이 2호선에 없으면 게임을 멈춰야 합니다. 정리하면, 역 이름을 입력받는 것이 반복되고 입력받은 역 이름이 2호선이 아니라면 반복을 중단하는 것이죠. 이럴 때는 반복문과 반복문을 탈출하는 break를 사용하면 됩니다. 이해하기 쉽게 순서도로 표현해 보겠습니다.

두 순서도는 동일하게 동작합니다. 왼쪽 순서도부터 봅시다. 입력받은 역이 2호선에 있으면 게임을 계속해야 하므로 '예' 화살표를 따라가서 다시 입력받는 명령어를 수행합니다. 이때 '예' 화살표는 반복문을 의미합니다. 입력받은 역이 2호선에 없으면 틀렸으므로 '아니요' 화살표를 따라가서 프로그램을 종료합니다. 눈치챘겠지만 두 갈래로 갈라지는 초록색 상자는 조건문을 의미합니다. '입력받은 역 이름이 2호선에 있는가?'가 조건이 되겠죠.

오른쪽 순서도는 왼쪽 순서도에서 조건문의 조건을 조금 변경했습니다. 조건이 '입력받은 역 이름이 2호선에 있는가?'에서 '입력받은 역 이름이 2호선에 없는가?'로 바뀌었습니다. 조건이 변경되면 '예'와 '아니요' 부분도 변경됩니다. 여기에서는 오른쪽 순서도를 기준으로 프로그램을 작성하겠습니다.

> **제제쌤의 조언**
> 순서도는 원래 사용하는 모양이 따로 있지만, 여기서는 간단하게 표현했습니다. 순서도는 프로그램의 흐름을 도식화한 것이고, 요소들을 화살표로 연결해 순서를 나타낸다고 알면 됩니다.

컴퓨터는 입력받은 역 이름이 2호선에 없는지를 어떻게 판단할까요? 2호선에는 총 43개의 역이 있습니다(지선을 제외하고 본선만 센 숫자입니다). 43개 역 이름을 하나의 리스트로 묶으면 입력받은 역이 리스트에 없는지 not in으로 판단할 수 있습니다. 앞의 순서도에서 반복문과 조건문인 부분을 코드로 표현하면 다음과 같습니다.

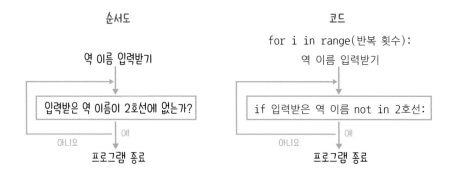

순서도

역 이름 입력받기

입력받은 역 이름이 2호선에 없는가?

아니요   예

프로그램 종료

코드

```
for i in range(반복 횟수):
    역 이름 입력받기
```

```
    if 입력받은 역 이름 not in 2호선:
```

아니요   예

프로그램 종료

그림을 참고해 2호선 지하철 게임을 작성해 보겠습니다. 먼저 2호선 43개 역 이름을 담은 리스트를 만듭니다. 리스트명은 line2로 하고 43개 역 이름을 리스트에 넣은 후 리스트 길이를 출력해 봅시다.

```
line2 = ['성수', '뚝섬', '한양대', '왕십리', '상왕십리', '신당', '동대문역사문화공원',
         '을지로4가', '을지로3가', '을지로입구', '시청', '충정로', '아현', '이대',
         '신촌', '홍대입구', '합정', '당산', '영등포구청', '문래', '신도림', '대림',
         '구로디지털단지', '신대방', '신림', '봉천', '서울대입구', '낙성대', '사당',
         '방배', '서초', '교대', '강남', '역삼', '선릉', '삼성', '종합운동장',
         '잠실새내', '잠실', '잠실나루', '강변', '구의', '건대입구']
print(len(line2))
```

실행결과

43

제제쌤의 조언

43개 역을 직접 입력하기 어려우면 이 책의 소스 코드에서 해당 부분만 복사해서 사용해도 됩니다. 또는 간략하게 몇 개의 역만 리스트로 작성해도 됩니다. 실습을 위한 프로그램이므로 완벽하게 만들 필요는 없습니다.

---

line2 리스트의 길이가 43이라고 나옵니다. 제대로 입력됐네요.

순서도를 보면 반복문 안에서 역 이름을 입력받고 해당 역이 2호선 안에 없는지를 확인합니다. 반복문을 사용하려면 반복 횟수를 정해야 하는데 여기서는 10회를 반복한다고 가정하겠습니다. 역 이름을 입력받아야 하므로 반복문 내부에 input()이 있어야 합니다. 그리고 input() 값이 line2 리스트에 없으면 프로그램을 종료합니다.

코드로 작성하면 다음과 같습니다.

```
print('지하철~ ' * 4)
# 10번 반복한다고 가정
for i in range(10):
    station = input()
    if station not in line2:
        print('땡! 해당 역은 2호선이 아닙니다!')
        break
```

input()으로 입력받은 값을 station 변수에 저장하고 station 값이 line2 리스트에 없으면 반복을 멈추도록 break를 넣습니다. 입력이 틀리면 프로그램을 종료하기 전에 입력이 틀렸다는 메시지도 출력합니다. 프로그램을 실행해 다양한 값을 넣어 봅시다.

실행결과
지하철~ 지하철~ 지하철~ 지하철~
강남
합정
역삼
낙성대
홍대
땡! 해당 역은 2호선이 아닙니다!

단순하긴 하지만 실제 놀이를 파이썬으로 작성해 봤습니다. 본인이 아는 다른 놀이로도 한번 작성해 보세요.

3 다음 코드에 대한 설명으로 옳지 <u>않은</u> 것을 고르세요.

```python
import random

score = []
A = []
B = []
C = []

for i in range(30):
    score.append(random.randint(0, 100))
for i in range(len(score)):
    if score[i] > 80:
        A.append(score[i])
    elif score[i] > 40:
        B.append(score[i])
    else:
        C.append(score[i])
```

① score에는 총 30개의 무작위 정수가 저장된다.

② score에서 80을 초과하는 숫자는 A 리스트에 저장된다.

③ score에 숫자 40이 있다면 C 리스트에 저장된다.

④ A, B, C 리스트 중 하나에 저장된 숫자는 score 리스트에서 삭제된다.

⑤ 두 번째 반복문은 다음과 같이 바꿔도 결과가 동일하다.

```python
for s in score:
    if s > 80:
        A.append(s)
    elif score[i] > 40:
        B.append(s)
    else:
        C.append(s)
```

정답 및 해설: 해설 노트 730쪽

여러 개의 리스트 묶기

6.3.1 이차원 리스트란

지금까지 여러 데이터를 묶어 하나의 리스트로 만들었습니다. 그런데 이런 리스트가 여러 개 있을 때 이를 다시 리스트로 묶을 수 있습니다. 리스트 안에 리스트가 있는 것이죠. 예를 들면 다음과 같은 형태입니다.

```
abc = [[1, 2, 3], [4, 5, 6], [7, 8, 9]]
```

abc 리스트에 3개의 요소가 들어 있습니다. abc 리스트의 각 요소 또한 리스트입니다. 이처럼 리스트 안에 리스트가 들어 있는 형태를 **이차원 리스트**라고 합니다. 따라서 앞서 배운 리스트는 일차원 리스트가 됩니다.

> TIP 리스트를 표현하는 대괄호가 많으므로 개수에 유의하세요. 빨간색은 전체 리스트를 의미하고 파란색은 abc 리스트의 요소가 되는 리스트를 의미합니다.

```
abc = [[1, 2, 3], [4, 5, 6], [7, 8, 9]]
```

이차원 리스트를 앞의 코드처럼 한 줄로 작성하면 이차원 리스트인지 한눈에 파악하기 어렵기 때문에 다음처럼 줄바꿈하기도 합니다.

```
abc = [[1, 2, 3],
```

```
    [4, 5, 6],
    [7, 8, 9]]
```

두 코드는 같은 코드입니다. 줄바꿈이 있고 없고의 차이일 뿐이니 편한 방식으로 코드를 작성하면 됩니다.

코드를 실행하면 다음 그림처럼 리스트가 만들어집니다. 일차원 리스트는 한 행만 있는 일차원 데이터였다면 이차원 리스트는 행과 열이 있는 이차원 데이터입니다.

그림 6-1 이차원 리스트의 구조

그럼 이차원 리스트의 데이터에는 어떻게 접근할까요? 일차원 리스트는 인덱스 1개로 개별 데이터를 불러올 수 있었는데, 이차원 리스트에서는 인덱스가 2개(행과 열)입니다.

그림 6-2 이차원 리스트의 인덱스

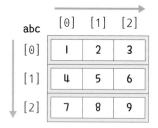

인덱스가 2개이기 때문에 두 인덱스를 함께 사용해 데이터에 접근합니다. 인덱스가 2개이니 어떻게 읽어야 할지 모르겠죠? 쉬운 예를 들어 봅시다. 아파트에는 여러 층이 있고, 각 층에는 여러 집이 있습니다. 층은 1층, 2층, 3층으로 구분하고, 한 층의 집은 1호, 2호, 3호로 구분합니다. 그리고 이 둘을 합쳐서 1층의 3호는 103호로 부릅니다. 6층의 12호면 612호가 되겠죠. 규칙을 파악했나요? 층과 호를 결합하는데, 층이 먼저 오고 그 뒤에 호가 붙는 방식으로 아파트의 호수를 붙입니다.

그림 6-3 아파트 호수 구조

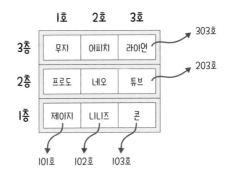

이차원 리스트도 동일합니다. 층에 해당하는 행 인덱스를 먼저 쓰고 바로 뒤에 호에 해당하는
열 인덱스를 써서 개별 데이터를 가리킵니다. 다만, 아파트와 다른 부분은 행 인덱스가 위에서
아래로 내려가는 형태라는 점입니다. 리스트는 위에서 시작하므로 가장 윗줄이 행 인덱스 [0]
이 됩니다.

그림 6-4 이차원 리스트의 행 인덱스

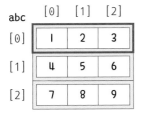
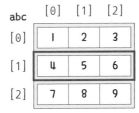

이차원 리스트를 구성하는 요소는 일차원 리스트입니다. 이차원 리스트의 각 요소를 출력해 봅
시다. 일차원 리스트처럼 리스트명 옆에 인덱스를 붙이면 됩니다.

```
abc = [[1, 2, 3], [4, 5, 6], [7, 8, 9]]
print(abc[0])
print(abc[1])
print(abc[2])
```

실행결과
```
[1, 2, 3]
[4, 5, 6]
[7, 8, 9]
```

257

이차원 리스트의 요소는 일차원 리스트이므로 abc[i] 형태를 출력하면 각각의 일차원 리스트가 출력됩니다. 이렇게 이차원 리스트명 옆에 붙인 인덱스가 행 인덱스입니다.

행 인덱스와 열 인덱스를 결합해 보겠습니다. 예로 든 아파트 형태와 읽는 방법이 동일합니다. 숫자 2가 들어 있는 칸을 봅시다. 행 인덱스가 [0]이고 열 인덱스가 [1]이므로 abc[0][1]로 나타냅니다. 숫자 6이 들어 있는 칸도 확인해 봅시다. 행 인덱스가 [1]이고 열 인덱스가 [2]니 abc[1][2]입니다.

> **제제쌤의 조언**
>
> 행과 열은 다소 헷갈릴 수 있습니다. 그럴 때 행렬을 떠올려 보세요. 이때 가로가 행이고, 세로가 열입니다. 행과 열은 가로와 세로를 한 글자로 표현한 용어입니다. 일반적으로 '가로 세로'라고 하지 '세로 가로'라고 하지 않죠? 가로(행) 세로(열)로 인지하면 덜 헷갈릴 거예요.

그림 6-5 이차원 리스트에서 숫자 2와 6의 인덱스

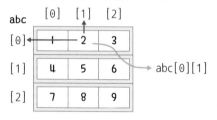 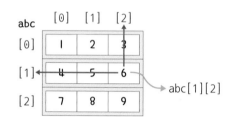

```
abc = [[1, 2, 3], [4, 5, 6], [7, 8, 9]]
print(abc[0][1])
print(abc[1][2])
```

실행결과

```
2
6
```

그럼 9는 어떻게 출력할까요? 행 인덱스가 [2], 열 인덱스가 [2]이므로 print(abc[2][2])를 실행하면 됩니다. 1도 출력해 볼까요? 행 인덱스가 [0], 열 인덱스가 [0]이므로 print(abc[0][0])을 실행하면 됩니다.

그림 6-6 이차원 리스트에서 숫자 9와 1의 인덱스

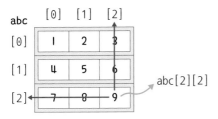

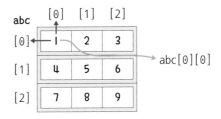

이처럼 2개의 인덱스를 사용해 이차원 리스트의 데이터에 쉽게 접근할 수 있습니다. 행 인덱스와 열 인덱스를 확인하고 행과 열 순서로 결합해 작성합니다.

> **NOTE 이차원 리스트 안의 일차원 리스트 길이**
>
> 이차원 리스트에는 다음 코드처럼 각기 다른 길이의 일차원 리스트도 들어갈 수 있습니다.
>
> ```
> abc = [[1, 2],
>        [3, 4, 5, 6],
>        [7, 8, 9],
>        [10, 11]]
> print(abc)
> ```
>
> **실행결과**
> ```
> [[1, 2], [3, 4, 5, 6], [7, 8, 9], [10, 11]]
> ```
>
> abc[0], abc[1], abc[2], abc[3]은 길이가 각각 다른 일차원 리스트지만 이들을 합쳐 이차원 리스트를 만들 수 있습니다. 다만, 이 경우에는 행 인덱스마다 열 인덱스가 다르기 때문에 코딩할 때 열 인덱스의 범위를 알고 사용해야 합니다. 그렇지 않으면 IndexError가 발생할 수 있어요.

6.3.2 반복문으로 이차원 리스트 다루기

이번에는 반복문에 이차원 리스트를 직접 넣어 보겠습니다. 반복문으로 이차원 리스트를 다룰 때에는 일반적으로 row라는 변수를 사용합니다. row는 우리말로 열(줄)을 뜻합니다. 간단하게 한 열, 한 줄이라는 의미인데 왜 이차원 리스트의 반복문의 변수로 row를 사용할까요? 다음 코드를 실행해 보고 그 이유를 생각해 봅시다.

```
for row in abc:
    print(row)
```

실행결과
```
[1, 2, 3]
[4, 5, 6]
[7, 8, 9]
```

새로운 변수 row가 나왔지만 형식은 그대로입니다. for i in data에서 data에 리스트를 넣으면 리스트에 들어 있는 값 자체가 차례대로 i 변수에 들어갔습니다. 여기서도 같습니다.

이차원 리스트의 반복문은 다음 그림처럼 진행됩니다. 이차원 리스트의 요소는 일차원 리스트입니다. 이차원 리스트 abc의 첫 번째 요소(일차원 리스트)부터 마지막 요소(일차원 리스트)까지 순서대로 row 변수에 담깁니다.

```
abc = [[1, 2, 3], [4, 5, 6], [7, 8, 9]]
for row in abc:                         ➡    for row in [[1, 2, 3], [4, 5, 6], [7, 8, 9]]:
    print(row)                                   print(row)
```

반복이 시작되면 abc 리스트의 첫 번째 데이터인 [1, 2, 3]이 row 변수에 들어가고 print(row)를 실행합니다. 두 번째 반복에서 두 번째 데이터인 [4, 5, 6]이, 마지막 반복에서 [7, 8, 9]가 row에 들어가고 print(row)를 실행합니다. 반복할 때마다 이차원 리스트의 한 행이 row 변수에 담깁니다.

표 6-2 반복문의 실행과정

반복 회차	row에 담기는 요소	반복문 내부

1	[1, 2, 3]	```for row in [[1, 2, 3], [4, 5, 6], [7, 8, 9]]:```
		row에 첫 번째 요소 [l, 2, 3] 넣고
		```print(row)``` print(row) 실행

2	[4, 5, 6]	```for row in [[1, 2, 3], [4, 5, 6], [7, 8, 9]]:```
		row에 두 번째 요소 [4, 5, 6] 넣고
		```print(row)``` print(row) 실행

3	[7, 8, 9]	```for row in [[1, 2, 3], [4, 5, 6], [7, 8, 9]]:```
		row에 세 번째 요소 [7, 8, 9] 넣고
		```print(row)``` print(row) 실행

이차원 리스트는 일차원 리스트 여러 개로 구성되기 때문에 반복문의 변수에는 이차원 리스트의 요소인 일차원 리스트가 순서대로 저장됩니다. 그런데 일차원 리스트가 눈으로 보기에는 옆으로 늘어진 한 줄처럼 보이기 때문에 변수 row를 사용하는 것이죠.

한 단계 더 들어가 보겠습니다. row에는 일차원 리스트가 담깁니다. 따라서 row에도 인덱스를 적용할 수 있습니다. row[0], row[1], row[2]처럼요. row에 첫 번째 리스트 [1, 2, 3]이 들어 있을 때 row[0]은 1, row[1]은 2, row[2]는 3입니다. row에 두 번째 리스트 [4, 5, 6]이 들어 있으면 row[0], row[1], row[2]는 각각 4, 5, 6이죠. 다음 코드를 실행해 봅시다.

```
for row in abc:
    print(row[0])
```

실행결과

```
1
4
7
```

row에 [1, 2, 3]이 들어 있을 때 row[0]은 1, [4, 5, 6]이 있을 때는 4, [7, 8, 9]가 있을 때는 7이 출력됩니다. 즉, 이차원 리스트 abc의 첫 번째 열이 출력됩니다.

이번에는 마지막 열만 출력해 보겠습니다. row의 마지막이므로 인덱스를 row[-1]로 작성합니다.

```
for row in abc:
    print(row[-1])
```

실행결과

3
6
9

표 6-3 반복문의 실행과정

반복 회차	row에 담기는 요소	row[0]	row[-1]
1	[1, 2, 3]	1	3
2	[4, 5, 6]	4	6
3	[7, 8, 9]	7	9

이처럼 반복문의 data 위치에는 이차원 리스트도 넣을 수 있습니다.

6.3.3 이차원 리스트로 간단한 프로그램 만들기

그럼 이차원 리스트는 언제, 어떻게 쓰일까요? 사실 일상생활에는 이차원 리스트가 정말 많습니다. 표로 표현되는 것은 대부분 이차원 리스트로 작성할 수 있습니다. 표는 데이터가 잘 정리되고 구조화된 형태입니다. 우리는 하루에도 몇 번씩 표를 봅니다. 뉴스에서 흔하게 접할 수 있고 게임에서도 플레이어들의 랭킹 순위를 표 형태로 제공합니다. 다음 제시된 카드 내역도 표입니다.

그림 6-7 표로 된 카드 내역

2020.03.04 18:56	주식회사 카카오페이	1,000원
2020.03.03 14:54	네이버페이	51,100원
2020.03.02 12:13	스타벅스코리아	10,000원
2020.03.01 15:49	11번가	27,500원
2020.02.26 11:40	주식회사 카카오페이	32,500원
2020.02.26 11:38	주식회사 카카오페이	32,500원
2020.02.22 15:00	G마켓	81,500원
2020.02.22 15:15	네이버페이	131,000원

표는 행과 열이 있으므로 이차원 리스트로 만들 수 있습니다. 카드 내역을 이차원 리스트로 만들면 다음과 같습니다.

```
card = [['2020/03/04', '주식회사 카카오페이', 1000],
        ['2020/03/03', '네이버페이', 51100],
        ['2020/03/02', '스타벅스코리아', 10000],
        ['2020/03/01', '11번가', 27500],
        ['2020/02/26', '주식회사 카카오페이', 32500],
        ['2020/02/26', '주식회사 카카오페이', 32500],
        ['2020/02/22', 'G마켓', 81500],
        ['2020/02/22', '네이버페이',131000]]
```

그림 6-8 이차원 리스트로 구현한 카드 내역

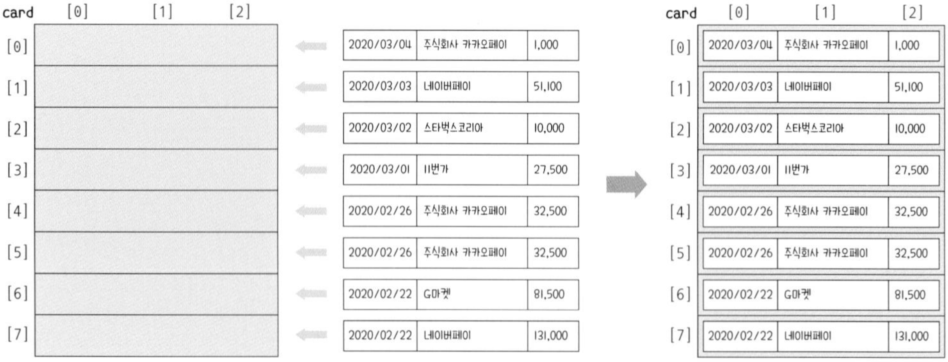

카드 내역에 8건이 있으므로 총 8개의 행이 만들어집니다. 각 행은 [이용일시, 가맹점명, 이용금액]이 있는 일차원 리스트가 됩니다. 그리고 일차원 리스트는 이차원 리스트 card의 각 요소로 저장됩니다. 따라서 card 리스트에 인덱스를 붙이면 원하는 카드 내역을 알 수 있습니다.

```
print(card[0])
print(card[3])
```

실행결과

```
['2020/03/04', '주식회사 카카오페이', 1000]
['2020/03/01', '11번가', 27500]
```

card[0]을 출력하니 첫 번째 행이, card[3]을 출력하니 네 번째 행이 리스트로 출력됩니다.

그럼 첫 번째 카드 내역과 네 번째 카드 내역의 가맹점명만 출력해 봅시다.

```
print(card[0][1])
print(card[3][1])
```

실행결과

```
주식회사 카카오페이
11번가
```

가맹점명은 각 행의 두 번째 열에 있으므로 열 인덱스는 [1]이 됩니다. 따라서 첫 번째 카드 내역과 네 번째 카드 내역의 가맹점명은 각각 card[0][1]과 card[3][1]로 구할 수 있습니다.

그림 6-9 첫 번째와 네 번째 카드 내역의 가맹점명

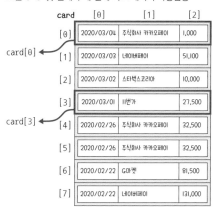

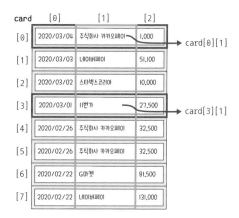

이번에는 마지막 행의 가맹점명과 이용금액을 동시에 출력해 봅시다.

```
print(card[-1][1], card[-1][-1])
```

실행결과

네이버페이 131000

마지막 행의 인덱스는 [-1]이죠. 따라서 card[-1]은 ['2020/02/22', 네이버페이', 131000]
입니다. 리스트에서 가맹점명과 이용금액은 두 번째 요소와 마지막 요소이므로 card[-1][1],
card[-1][-1]로 작성할 수 있습니다. 물론 card[-1][1], card[-1][2]로 작성해도 결과는 같
습니다.

다른 예를 들어 볼까요? 스포츠 경기에서 순위를 나타낼 때도 표 형태를 볼 수 있습니다. 다음
은 2016년 브라질에서 열린 제31회 리우데자네이루 올림픽의 순위를 나타낸 표입니다.

표 6-4 올림픽 순위[1]

순위	국가	금메달	은메달	동메달	합계
1	미국	46	37	38	121
2	영국	27	23	17	67
3	중국	26	18	26	70

◑ 계속

---

1 https://ko.wikipedia.org/wiki/2016년_하계_올림픽_메달_집계

4	러시아	19	17	19	55
5	독일	17	10	15	42
6	일본	12	8	21	41
7	프랑스	10	18	14	42
8	대한민국	9	3	9	21

1위부터 8위까지 순위로 이차원 리스트를 만들어 보겠습니다.

```
olympic =[[1, '미국', 46, 37, 38, 121],
          [2, '영국', 27, 23, 17, 67],
          [3, '중국', 26, 18, 26, 70],
          [4, '러시아', 19, 18, 19, 55],
          [5, '독일', 17, 10, 15, 42],
          [6, '일본', 12, 8, 21, 41],
          [7, '프랑스', 10, 18, 14, 42],
          [8, '대한민국', 9, 3, 9, 21]]
```

olympic 리스트에 1위부터 8위까지의 순위와 국가명, 금은동 메달 개수를 넣었습니다. 각 행에는 [순위, 국가명, 금메달 개수, 은메달 개수, 동메달 개수, 메달 합계]가 일차원 리스트 형태로 들어갑니다. 1위와 5위의 국가명과 금메달 개수를 한번 출력해 봅시다.

```
print(olympic[0][1], '금메달 개수:', olympic[0][2])
print(olympic[4][1], '금메달 개수:', olympic[4][2])
```

실행결과
미국 금메달 개수: 46
독일 금메달 개수: 17

1위는 행 인덱스 [0]에, 5위는 행 인덱스 [4]에 있습니다. 국가명은 열 인덱스 [1]에, 금메달 개수는 열 인덱스 [2]에 있고요. 따라서 이를 조합하고 중간에 적절한 출력 메시지를 추가하면 원하는 결과를 얻을 수 있습니다.

이차원 리스트 슬라이싱하기

이번에는 미국과 독일의 금은동 메달 개수를 한 번에 출력해 봅시다. 금메달 개수는 열 인덱스 [2]에, 은메달 개수는 열 인덱스 [3]에, 동메달 개수는 열 인덱스 [4]에 있습니다. 열 인덱스 [2]부터 [4]까지입니다. 이를 슬라이싱 형식으로 표현하면 [2:5]입니다. 따라서 미국이 들어 있는 행 인덱스 [0]에 열 인덱스 [2:5]를 붙여 출력하면 됩니다. 독일도 마찬가지로 행 인덱스 [4]에 행 인덱스 [2:5]를 붙이면 됩니다. 코드로 확인해 봅시다.

```
print(olympic[0][1], '금은동 메달 개수:', olympic[0][2:5])
print(olympic[4][1], '금은동 메달 개수:', olympic[4][2:5])
```

6장 여러 데이터를 한 변에 묶어 표현하기: 리스트

실행결과

```
미국 금은동 메달 개수: [46, 37, 38]
독일 금은동 메달 개수: [17, 10, 15]
```

금은동 메달 개수가 리스트로 나왔습니다. 이처럼 이차원 리스트에서도 슬라이싱할 수 있습니다. 열 인덱스에 슬라이싱을 적용하면 한 행 안에서 슬라이싱하게 됩니다.

그럼 행 인덱스에도 슬라이싱을 적용할 수 있을까요? 물론 가능합니다! 다음 코드를 실행해 보세요.

```
print(olympic[:4])
print(olympic[:4][1])
```

실행결과

```
[[1, '미국', 46, 37, 38, 121], [2, '영국', 27, 23, 17, 67], [3, '중국', 26, 18,
26, 70], [4, '러시아', 19, 18, 19, 55]]
[2, '영국', 27, 23, 17, 67]
```

olympic[:4]는 olympic 리스트의 행 인덱스 [0]부터 [3]까지 슬라이싱합니다. 그래서 결과로 4개의 리스트가 나옵니다. 리스트 안에 4개의 리스트가 들어 있으므로 이 역시 또 다른 이차원 리스트입니다. 다음 그림을 참고하세요.

그림 6-10 이차원 리스트의 슬라이싱 결과

olympic	[0]	[1]	[2]	[3]	[4]	[5]
[0]	1	미국	46	37	38	121
[1]	2	영국	27	23	17	67
[2]	3	중국	26	18	26	70
[3]	4	러시아	19	18	19	55
[4]	5	독일	17	10	15	42
[5]	6	일본	12	8	21	41
[6]	7	프랑스	10	18	14	42
[7]	8	대한민국	9	3	9	21

olympic[:4] ← (행 인덱스 [0]~[3])

olympic[:4]가 이차원 리스트이므로 olympic[:4][1]을 실행하면 행 인덱스 [1]에 있는 일차원 리스트 [2, '영국', 27, 23, 17, 67]이 출력됩니다.

앞에서 실생활에서 접할 수 있는 표를 이차원 리스트로 표현해 보고 원하는 부분만 골라 출력해 보았습니다. 이차원 리스트를 처음 접하면 다소 어려울 수 있으나 사실 개념은 간단합니다. 흩어져 있는 데이터를 한눈에 보기 좋게 정리한 표를 컴퓨터가 인식하는 방식이 바로 이차원 리스트인 셈입니다.

앞에서 배운 내용을 바탕으로 조금 더 적극적으로 이차원 리스트를 다뤄 보겠습니다.

앞에서 2016년 올림픽의 메달 순위를 이차원 리스트로 만들고, 행 인덱스와 열 인덱스로 슬라이싱해 보았습니다. 이번에는 olympic 리스트에서 순위와 국가명만 골라 출력해 봅시다. 먼저 행 인덱스 [0]일 때 열 인덱스 [0:2]를 슬라이싱하면 되겠죠? 다음으로 행 인덱스 [1]일 때 [0:2]를 슬라이싱해 출력합니다. 이렇게 모든 행 인덱스에서 열 인덱스 [0:2]를 슬라이싱해 출력하면 됩니다. 반복되는 부분이 보이나요? 코드를 작성해 봅시다.

```
for row in olympic:
    print(row[:2])
```

실행결과
```
[1, '미국']
[2, '영국']
```

```
[3, '중국']
[4, '러시아']
[5, '독일']
[6, '일본']
[7, '프랑스']
[8, '대한민국']
```

반복문으로 이차원 리스트의 모든 행(일차원 리스트)을 차례대로 row 변수에 넣은 후, 반복문 안에서 일차원 리스트의 처음 두 요소를 [:2]로 선택하면 됩니다.

중첩 제어구조로 이차원 리스트 다루기

이번에는 금메달보다 은메달이 더 많은 나라를 찾아보겠습니다. 일차원 리스트에서도 각 요소에 접근하려면 반복문을 사용해야 했습니다. 이와 마찬가지로 이차원 리스트 olympic에서 금메달보다 은메달이 많은 나라를 찾으려면 각 행에 접근해서 '금메달 개수보다 은메달 개수가 많은가?'를 일일이 확인해야 합니다. 앞서 반복문으로 이차원 리스트를 다루는 방법을 배웠으니 이를 바탕으로 프로그램을 작성해 봅시다.

```
print('금메달보다 은메달이 더 많은 나라')
for row in olympic:
    if row[2] < row[3]:
        print(row[1])
```

실행결과

```
금메달보다 은메달이 더 많은 나라
프랑스
```

반복문을 한 번 실행할 때마다 일차원 리스트 하나가 row에 들어갑니다. 첫 번째 실행에서는 row에 [1, '미국', 46, 37, 38, 121]이 저장됩니다. 그리고 반복문 내부에서 조건문으로 금메달 개수 row[2]와 은메달 개수 row[3]을 비교합니다. row[3]이 큰 리스트가 있으면 해당 리스트의 row[1] 값을 출력합니다. 금메달보다 은메달 개수가 많은 나라는 프랑스뿐이네요.

표 6-5 중첩 제어구조 실행 과정

반복 회차	row에 저장되는 데이터	row[2]와 row[3]	조건문 충족 여부 (if row[2] 〈 row[3])
첫 번째	[1, '미국', 46, 37, 38, 121]	row[2]는 46, row[3]은 37	충족함 print(row[1]) 실행 안 함
두 번째	[2, '영국', 27, 23, 17, 67]	row[2]는 27, row[3]은 23	충족하지 않음 print(row[1]) 실행 안 함
...			
일곱 번째	[7, '프랑스', 10, 18, 14, 42]	row[2]는 10, row[3]은 18	충족함 print(row[1]) 실행
마지막	[8, '대한민국', 9, 3, 9, 21]	row[2]는 9, row[3]은 3	충족하지 않음 print(row[1]) 실행 안 함

이번에는 앞의 코드를 수정해 금메달보다 동메달이 많은 나라를 출력해 봅시다.

```python
print('금메달보다 동메달이 더 많은 나라')
for row in olympic:
    if row[2] 〈 row[4]:
        print(row[1])
```

실행결과

```
금메달보다 동메달이 더 많은 나라
일본
프랑스
```

이전 코드에서 은메달 개수인 row[3]을 동메달 개수인 row[4]로 변경하기만 하면 됩니다. 결과는 일본과 프랑스입니다. 프랑스는 금메달보다 은메달, 동메달이 더 많군요.

이번에는 1위부터 8위까지 모든 국가가 획득한 금메달 개수의 합을 구해 봅시다.

```python
total_gold = 0
for row in olympic:
    total_gold += row[2]
print(total_gold)
```

1위부터 8위까지 금메달의 총 개수를 저장하는 변수로 total_gold를 만들었습니다. total_gold를 만들 때는 아직 금메달 개수를 더한 상태가 아니므로 초깃값 0을 넣어 줍니다. 그런 다음 모든 일차원 리스트(이차원 리스트의 행)를 차례대로 row에 넣는 반복문을 작성합니다. 금메달 개수는 row[2]에 있으므로 일차원 리스트의 row[2]를 total_gold에 모두 더하면 모든 나라의 금메달 개수가 구해집니다. 최종 값은 166이 나옵니다. 이 결과가 맞는지 확인하고 싶으면 직접 더해 보세요.

이번에는 나라별 총 메달 개수 중 금메달이 차지하는 비율이 40%가 넘는 나라를 구해 보겠습니다. 총 메달 개수는 마지막 열 인덱스 즉, [-1]에 있고, 금메달 개수는 열 인덱스 [2]에 있습니다. 따라서 금메달이 총 메달 개수에서 차지하는 비율은 row[2] / row[-1] * 100으로 구할 수 있습니다.

```
for row in olympic:
    gold = row[2] / row[-1] * 100
    if gold > 40:
        print(row[1], gold, '%')
```

실행결과
```
영국 40.298507462686565 %
독일 40.476190476190474 %
대한민국 42.857142857142854 %
```

먼저 행마다 금메달 비율을 구해 gold 변수에 저장합니다. 그리고 gold 변수의 값이 40을 초과하면 해당 국가명과 비율을 출력합니다.

이처럼 실생활의 데이터를 이차원 리스트로 변경하고 반복문과 조건문을 사용해 재미있는 결과를 얻을 수 있습니다. 올림픽 참가국 전체 데이터나 이전 올림픽 데이터도 있다면 더 다양한 결과를 얻을 수 있답니다. 예를 들어, 각 나라의 메달 성적 추이가 어떻게 되는지도 알 수 있겠죠. 그러면 올림픽에 참여할수록 메달 성적이 좋아지는지도 알 수 있습니다. 경제 성장 데이터가 있다면 '올림픽 개최 이후 경제가 성장하는가?'도 직접 확인해 볼 수 있고요. 또는 '경제 규모와 올림픽 순위는 비례하는가?'에 대한 답도 직접 분석할 수 있습니다.

6장에서 배운 리스트와 제어구조를 이용한 리스트 다루기는 뒤에서 진행할 데이터 분석의 바탕이 됩니다. 지금까지 과정을 잘 이해했다면 데이터 분석 프로젝트에서 잘 활용할 수 있습니다.

1분 퀴즈

4 다음 그림은 모의고사의 목표 점수와 실제 점수를 나타낸 표입니다.

월	목표 점수	실제 점수
3월	82	83
4월	85	69
6월	75	88
9월	92	89
10월	100	97

이 표를 이차원 리스트로 만들면 다음 코드와 같습니다. 다음 설명 중 **틀린** 것을 고르세요.

```
exam_score = [['3월', 82, 83],
              ['4월', 85, 69],
              ['6월', 75, 88],
              ['9월', 92, 89],
              ['10월', 100, 97]]

for row in exam_score:
    if (가):
        (나)
```

① 6월의 목표 점수와 실제 점수를 출력하려면 (가)에 row[0] == '6월', (나)에 print(row[1:])이 들어가야 한다.

② 목표 점수가 90점 이상인 월을 출력하려면 (가)에 row[1] >= 90, (나)에 print(row[0])이 들어가야 한다.

③ 실제 점수가 85점 이상인 월을 출력하려면 (가)에 row[-1] >= 85, (나)에 print(row[0])이 들어가야 한다.

④ 목표 점수보다 실제 점수가 더 높은 월을 출력하려면 (가)에 row[-1] > row[1], (나)에 print(row[0])이 들어가야 한다.

⑤ 목표 점수보다 더 낮은 점수를 받았을 때, 목표 점수와 실제 점수의 차이를 출력하려면 (가)에 row[-1] > row[1], (나)에 print(row[-1] - row[1])이 들어가야 한다.

정답 및 해설: 해설 노트 730쪽

마무리

1 리스트

여러 요소를 묶어 표현한 데이터 타입으로, 각 요소가 숫자 인덱스와 대응된다. 인덱스는 0부터 시작하는 점에 유의한다.

> **형식**
>
> 리스트명 = [요소1, 요소2···]

2 리스트에 사용할 수 있는 명령어

구분	형식
리스트 길이 구하기	len(리스트명)
리스트에 데이터 추가하기	리스트명.append(데이터)
리스트의 데이터 삭제하기	리스트명.remove(데이터) del 리스트명[인덱스]
리스트 슬라이싱하기	리스트명[시작 인덱스:종료 인덱스] (시작 인덱스부터 종료 인덱스 − 1까지 슬라이싱) 리스트명[:종료 인덱스] (처음부터 종료 인덱스 − 1까지 슬라이싱) 리스트명[시작 인덱스:] (시작 인덱스부터 끝까지 슬라이싱)
리스트 정렬하기	리스트명.sort( ) (reverse=True 옵션을 사용하면 내림차순 정렬, 옵션을 사용하지 않으면 오름차순 정렬이 기본값)

3 문자열 슬라이싱하기

구분	형식
인덱스를 사용한 문자열 슬라이싱	변수[시작 인덱스:종료 인덱스] 변수[:종료 인덱스] (처음부터 종료 인덱스 − 1까지 슬라이싱) 변수[시작 인덱스:] (시작 인덱스부터 끝까지 슬라이싱)
split( )을 사용한 문자열 나누기	변수.split(기준 문자) (기준 문자를 설정하지 않으면 공백을 기준으로 자동 분리)

4 이차원 리스트

리스트 안에 리스트가 있는 리스트다. 행 인덱스와 열 인덱스가 있으며, 행 인덱스를 먼저 쓰고 열 인덱스를 뒤에 쓴다.

Self Check

1 다음 그림처럼 2개의 리스트로 도서 제목과 도서 가격을 관리하려고 합니다. 도서 제목을 저장하는 리스트는 book_name이고, 도서 가격을 저장하는 리스트는 book_price입니다. book_name[0]에 저장된 도서의 가격은 book_price[0]에, book_name[1] 도서의 가격은 book_price[1]에 저장하는 방식으로 도서 제목과 가격을 저장한다고 합시다.

	[0]	[1]	[2]	[3]	[4]	[5]
book_name	역사탐험대	파이썬	학습법	영단어	여행에세이	삼국지

	[0]	[1]	[2]	[3]	[4]	[5]
book_price						

정리한 내용을 이차원 리스트로 만들면 다음과 같습니다. 이 코드를 바탕으로 물음에 답하세요.

```
import random
book_name = ['역사탐험대', '파이썬', '학습법', '영단어', '여행에세이', '삼국지']
book_price = []
```

1) book_name이 코드와 같을 때 15,000~25,000원 사이의 무작위 정수를 book_price에 도서 가격으로 추가하는 코드를 이어서 작성하세요. 그리고 book_name과 book_price를 출력하세요.

2) 가장 비싼 가격의 도서 제목을 출력해 보세요.

2 다음 그림은 오디션 프로그램 참가자들의 순위표입니다.

순위	참가자	이번 주 득표수	지난주 득표수
1	라이언	956412	564553
2	니니즈	861832	927175
3	어피치	796354	593175
4	프로도	534840	864326
5	네오	387896	648367

이 표를 이차원 리스트로 만들면 다음과 같습니다. 이 코드를 바탕으로 물음에 답하세요.

```
ranking = [[1, '라이언', 956412, 564553],
           [2, '니니즈', 861832, 927175],
           [3, '어피치', 796354, 593175],
           [4, '프로도', 534840, 864326],
           [5, '네오', 387896, 648367]]
```

1) 참가자의 순위-이름을 쌍으로 한 번에 출력하는 코드를 작성하세요.

2) 이번 주 득표수가 50만 표가 넘는 참가자의 이름과 이번 주 득표수를 같이 출력하세요.

3) 지난주보다 득표수가 떨어진 참가자가 누구인지 득표수가 얼마나 떨어졌는지를 출력하세요.

4) 지난주와 이번 주 득표수 중 한 번이라도 80만 표를 넘은 참가자를 출력하세요.

정답 및 해설: 해설 노트 730쪽

문자 기준으로 데이터 묶기: 딕셔너리

- - - - - - - - - - -

앞 장에서는 리스트로 여러 데이터를 정리하고, 원하는 항목을 추출하는 방법을 배웠습니다. 리스트는 매우 유용한 데이터 타입입니다. 데이터를 일정 기준에 따라 정리하고, 인덱스를 활용해 마음껏 주무를 수 있기 때문이죠.

그런데 리스트를 활용할 때 다소 불편한 점이 있습니다. 리스트의 요소에 접근하려면 인덱스를 사용해야 합니다. 예를 들어, 올림픽 순위에서 금메달 개수를 출력하고 싶으면 몇 번째 열 인덱스에 해당 요소가 있는지 알아야 합니다. 열 인덱스가 몇 개 없으면 다행이지만, 실 데이터에는 몇 백, 몇 천 개의 항목이 있기도 합니다. 이럴 때는 인덱스로 접근하기가 어렵습니다.

이런 리스트의 단점을 보완하는 딕셔너리라는 데이터 타입이 있습니다. 이 장에서는 딕셔너리에 관해 알아봅니다.

7.1

사전처럼 단어와 의미 연결하기

7.1.1 딕셔너리란

딕셔너리(dictionary)는 우리말로 '사전'이라는 뜻입니다. 파이썬의 딕셔너리는 사전과 비슷한 방식의 데이터 타입입니다. 영한사전을 한번 생각해 볼까요? 영단어가 먼저 나오고 우리말 뜻이 나옵니다. br로 시작하는 단어를 검색하면 break, bring, brush, brave와 같은 영단어가 나오고, 그다음 각 단어의 뜻이 나옵니다.

구조를 이해하기 쉽게 각 단어와 의미를 연결해 표로 만들어 보겠습니다.

표 7-1 br로 시작하는 단어와 뜻

단어	break	bring	bursh	brave
뜻	깨어지다	가져오다	붓	용감한

영단어를 위에 적고, 우리말 뜻을 아랫줄에 정리했습니다. break는 바로 아래의 '깨어지다'에 대응되고, bring 역시 아래에 있는 '가져오다'와 대응됩니다. 이것이 바로 딕셔너리의 구조입니다. 리스트에서는 값의 위치를 표기하기 위해 숫자만 인덱스로 사용했죠. 하지만 딕셔너리에서는 값의 위치를 나타낼 때 숫자뿐만 아니라 문자도 사용할 수 있습니다. 이 점이 딕셔너리의 가장 큰 특징입니다.

구조를 더 살펴봅시다. 리스트의 인덱스와 같은 역할을 하는 것이 앞의 표에서 break, bring 과 같은 영단어입니다. 그런데 이 문자들은 숫자처럼 순서를 나타내지 않기 때문에 인덱스라고 하지 않습니다. 그래서 딕셔너리에서는 break, bring, brush, brave와 같은 문자를 **키**(key) 라고 합니다. 키는 인덱스처럼 데이터의 위치를 알려 주고, 각 데이터에 접근할 수 있는 기준 이 됩니다. 그리고 각 키에 해당하는 데이터를 **값**(value)이라고 합니다.

표 7-2 딕셔너리의 키와 값

키(key)	break	bring	bursh	brave
값(value)	깨어지다	가져오다	붓	용감한

여기에서 유추할 수 있듯이 **딕셔너리에서는 키와 값이 한 쌍**입니다. 'break-깨어지다', 'bring-가져오다', 'brush-붓', 'brave-용감한'이라는 네 쌍의 키-값이 있는 것이죠. 딕셔너리는 이 처럼 요소를 키와 값 한 쌍으로 표현합니다.

그럼 딕셔너리는 어떻게 만들까요? 딕셔너리는 리스트와 형식이 비슷합니다. 딕셔너리명으로 변수를 만들고 딕셔너리를 저장하면 됩니다. 다만, 리스트가 데이터를 대괄호([ ])로 표현했다 면 딕셔너리는 **중괄호**({ })로 표현합니다. 그리고 키-값이 한 쌍이므로 데이터도 한 쌍으로 넣 어야 합니다. 한 쌍을 표현하는 방법은 키: 값입니다.

> **형식**
>
> 딕셔너리명 = {키: 값, 키: 값…}

그럼 앞에 나온 네 쌍의 키-값을 저장한 딕셔너리를 만들어 봅시다. 딕셔너리명은 eng로 짓겠 습니다.

```
eng = {'break': '깨어지다', 'bring': '가져오다', 'brush': '붓', 'brave': '용감한'}
print(eng)
```

실행결과
```
{'break': '깨어지다', 'bring': '가져오다', 'brush': '붓', 'brave': '용감한'}
```

eng 딕셔너리를 출력하니 서로 대응되는 키와 값이 콜론(:)으로 연결되어 있네요. 화면으로는 이렇게 한 줄로 출력되지만, 실제 컴퓨터 내부에서는 표와 같은 형태로 존재한다고 이해하면 됩니다.

코드

```
eng = {'break': '깨어지다',
       'bring': '가져오다',
       'brush': '붓',
       'brave': '용감한'}
```

컴퓨터 내부에 만들어진 딕셔너리

eng

['break']	['bring']	['bursh']	['brave']	➡ 키
깨어지다	가져오다	붓	용감한	➡ 값

7.1.2 딕셔너리의 키와 값

그럼 이번에는 딕셔너리에 저장된 데이터에 접근해 봅시다. 리스트에서는 인덱스를 활용해 food[2], spending[-1] 형태로 리스트의 데이터를 알 수 있었습니다. 딕셔너리도 리스트와 매우 비슷합니다. 리스트명[인덱스] 형식으로 데이터에 접근했듯이 딕셔너리명['키']로 데이터, 즉 값에 접근할 수 있습니다. 예를 들어 앞에 나온 키 break의 값을 알고 싶다면 다음과 같이 작성합니다.

```
eng = {'break': '깨어지다', 'bring': '가져오다', 'brush': '붓', 'brave': '용감한'}
print(eng['break'])
```

실행결과

깨어지다

딕셔너리명 뒤에 키를 붙이니 대응되는 값인 '깨어지다'가 출력됩니다. 리스트에서는 인덱스를 표시하는 대괄호 안에 숫자만 들어갈 수 있었습니다. 하지만 딕셔너리는 키를 기준으로 데이터를 구성하기 때문에 문자도 들어갑니다(키에 문자를 사용하는 경우가 훨씬 많지만 숫자도 사용할 수 있습니다). 그리고 두 번째 줄의 print(eng['break'])를 실행하면 딕셔너리에서 키 break에 해당하는 값 '깨어지다'를 찾아 출력합니다.

다른 값도 출력해 봅시다.

```
eng = {'break': '깨어지다', 'bring': '가져오다', 'brush': '붓', 'brave': '용감한'}
print(eng['brush'])
print(eng['brave'])
```

실행결과
붓
용감한

키 brush, brave와 쌍을 이루는 값이 출력됩니다. 리스트와 공통점, 차이점을 비교하니 딕셔너리도 이해하기 어려운 개념은 아니죠? 인덱스 대신 키를 기준으로 데이터에 접근할 수 있다는 부분이 가장 큰 차이고 그 외에는 비슷한 부분이 많습니다.

그럼 딕셔너리에 존재하지 않는 키를 넣으면 어떻게 될까요? 코드로 살펴봅시다.

```
eng = {'break': '깨어지다', 'bring': '가져오다', 'brush': '붓', 'brave': '용감한'}
print(eng['brief'])
```

실행결과
----> 2 print(eng['brief'])
KeyError: 'brief'

KeyError가 발생합니다. 딕셔너리 개념을 이해했다면 당연히 오류가 난 이유를 알겠죠? eng 딕셔너리에 저장된 값에는 brief라는 키가 존재하지 않기 때문입니다. 그래서 사용자가 어떤 데이터를 원하는지 컴퓨터가 알 수 없어서 오류가 발생합니다.

또한, 딕셔너리에서는 같은 키가 여러 개 존재할 수 없습니다. 예를 들어, brush가 의미하는 '붓'과 '빗'을 둘 다 표현하려고 다음처럼 딕셔너리를 만든다고 합시다.

```
eng = {'break': '깨어지다', 'bring': '가져오다', 'brush': '붓', 'brush': '빗',
'brave': '용감한'}
print(eng['brush'])
```

실행결과
빗

281

분명 brush 키의 값으로 붓도 저장했는데 왜 빗만 출력될까요? 딕셔너리는 키를 중복 저장하지 않도록 설계됐기 때문입니다. 그래서 키가 같으면 가장 마지막 값만 저장합니다. 따라서 앞에서처럼 같은 키로 다른 값을 넣으면 자동으로 brush 키에 두 번째 값인 빗만 저장하는 것이죠. 그래서 eng 딕셔너리에 brush 키를 두 번 넣어도 저장된 값은 하나입니다.

```
print(eng)
```

실행결과

{'break': '깨어지다', 'bring': '가져오다', 'brush': '빗', 'brave': '용감한'}

실수로 딕셔너리의 키를 중복해서 작성하면 마지막 값만 남고 나머지 값은 사라질 수 있으니 유의하세요!

TIP 키는 중복할 수 없지만, 값은 여러 개를 넣을 수 있습니다. 다음처럼 리스트 형태로 넣으면 됩니다.

```
eng = {'break': ['깨어지다', '부서지다'], 'bring': '가져오다', 'brush': ['붓', '빗']}
print(eng['break'])
```

실행결과

['깨어지다', '부서지다']

TIP 단, 리스트는 값에만 넣을 수 있고 키에는 넣을 수 없습니다.

그럼 딕셔너리를 어떻게 만들어 사용하는지 알아봅시다. 분식집 메뉴판을 딕셔너리로 만들어 보겠습니다. 손님이 메뉴를 입력하면 가격을 출력하는 프로그램을 작성해 봅시다. 메뉴판에 들어갈 메뉴와 가격은 김밥은 2,500원, 참치김밥은 3,500원, 라면은 3,000원, 치즈라면은 4,000원입니다. 먼저 딕셔너리로 저장하려면 키와 값이 대응해야 합니다. 메뉴와 가격 중 어느 것이 딕셔너리의 키가 돼야 할까요? 앞에서 메뉴를 입력했을 때 가격을 출력한다고 했으니 메뉴를 기준으로 가격을 찾아야겠죠. 따라서 메뉴가 키가 돼야 합니다.

```
menu = {'김밥': 2500, '참치김밥': 3500, '라면': 3000, '치즈라면': 4000}
eat = input('어떤 메뉴를 드시겠습니까? ')
print(menu[eat], '원입니다.')
```

실행결과

어떤 메뉴를 드시겠습니까? **참치김밥**
3500 원입니다.

메뉴를 키로, 가격을 값으로 하는 menu 딕셔너리를 만듭니다. input( ) 명령어로 메뉴를 입력받으면 이를 eat 변수에 저장합니다. 이때 입력받는 메뉴가 딕셔너리의 키이므로 menu[eat]으로 입력받은 메뉴의 가격을 찾아 출력합니다.

어떤가요? 리스트를 이해했다면 딕셔너리도 이해하기 어렵지 않을 겁니다. 리스트의 숫자 인덱스가 문자로 바뀐 것일 뿐이에요.

7.1.3 데이터 변경, 추가, 삭제하기

지금까지는 딕셔너리를 만들고 출력하기만 했습니다. 이번에는 딕셔너리의 값을 변경하는 방법과 데이터를 추가하고 삭제하는 방법을 배워 보겠습니다.

값 변경하기

값을 변경할 때는 키에 새로운 값을 넣으면 됩니다. 방법은 변수에 값을 저장할 때와 비슷합니다.

형식

딕셔너리명[키] = 값

예를 들어, 참치김밥의 가격을 3,500원에서 3,000원으로 내리려고 합니다. 참치김밥 키를 사용하면 값인 가격에 접근할 수 있죠. 따라서 menu['참치김밥'] = 3000이라고 작성하면 됩니다.

	['김밥']	['참치김밥']	['라면']	['치즈라면']
menu	2500	3500	3000	4000

menu['참치김밥'] = 3000

	['김밥']	['참치김밥']	['라면']	['치즈라면']
menu	2500	3000	3000	4000

이를 그대로 코드로 바꿔 봅시다.

```python
menu = {'김밥': 2500, '참치김밥': 3500, '라면': 3000, '치즈라면': 4000}
menu['참치김밥'] = 3000
print(menu)
```

실행결과
```
{'김밥': 2500, '참치김밥': 3000, '라면': 3000, '치즈라면': 4000}
```

menu 딕셔너리를 처음 만들 때는 참치김밥 키의 값은 3500이었습니다. menu['참치김밥'] = 3000을 실행하니 값이 3000으로 바뀌었습니다. 이처럼 딕셔너리의 값을 변경하는 것은 사실 변수의 값을 변경하는 것과 비슷합니다.

다른 메뉴의 가격도 변경해 봅시다. 라면은 2,500원으로, 치즈라면은 3,500원으로 변경하고 menu 딕셔너리를 출력합니다.

```python
menu['라면'] = 2500
print(menu)
menu['치즈라면'] = 3500
print(menu)
```

실행결과
```
{'김밥': 2500, '참치김밥': 3000, '라면': 2500, '치즈라면': 4000}
{'김밥': 2500, '참치김밥': 3000, '라면': 2500, '치즈라면': 3500}
```

라면의 가격을 바꾸려면 menu 딕셔너리에서 라면 키에 새로운 값을 저장하면 됩니다. menu['라면'] = 2500을 실행하니 기존 값인 3000이 사라지고 2500이 저장됩니다. 같은 방법으로 menu['치즈라면'] = 3500을 실행하면 치즈라면 키에 값이 3500으로 저장됩니다.

이번에는 값으로 연산해 봅시다. 가격을 올릴 때 지금처럼 새로운 값을 저장할 수도 있지만, 기존 가격에 인상 금액만 더하는 방법도 있습니다. 딕셔너리의 값을 연산하는 방법 역시 변수와 비슷합니다. 변수 += 숫자로 기존 변수 값을 증가시켰듯이 딕셔너리[키] += 숫자 형식으로 값에 더하기를 할 수 있습니다. 더하기뿐만 아니라 -=, *=, /= 등 다른 연산도 할 수 있습니다.

이 방법으로 김밥의 가격을 500원 올려 봅시다.

```
menu = {'김밥': 2500, '참치김밥': 3500, '라면': 3000, '치즈라면': 4000}
menu['김밥'] += 500
print(menu)
```

실행결과

```
{'김밥': 3000, '참치김밥': 3500, '라면': 3000, '치즈라면': 4000}
```

이번에는 참치김밥의 가격을 800원 인하합니다.

```
menu['참치김밥'] -= 800
print(menu)
```

실행결과

```
{'김밥': 3000, '참치김밥': 2700, '라면': 3000, '치즈라면': 4000}
```

이처럼 키로 값을 변경할 수 있습니다.

키-값 추가하기

이번에는 딕셔너리에 새로운 데이터를 추가해 봅시다. 데이터를 추가하는 것은 딕셔너리를 한 칸 더 늘리는 작업이라고 보면 됩니다. 새로운 키와 값 한 쌍을 넣어 주면 한 칸이 추가됩니다. 예를 들어, 가격이 6,000원인 돈가스를 추가하려면 키와 값을 대응해 menu['돈가스'] = 6000 을 실행합니다. 그러면 menu 딕셔너리의 마지막 칸에 돈가스(키)-6000(값) 쌍이 추가됩니다.

	['김밥']	['참치김밥']	['라면']	['치즈라면']
menu	2500	3500	3000	4000

menu['돈가스'] = 6000

	['김밥']	['참치김밥']	['라면']	['치즈라면']	['돈가스']
menu	2500	3500	3000	4000	6000

코드로도 확인해 봅시다.

```
menu = {'김밥': 2500, '참치김밥': 3500, '라면': 3000, '치즈라면': 4000}
menu['돈가스'] = 6000
print(menu)
```

실행결과

```
{'김밥': 2500, '참치김밥': 3500, '라면': 3000, '치즈라면': 4000, '돈가스': 6000}
```

딕셔너리에 '돈가스': 6000 쌍이 추가됐습니다.

이번에는 추가한 돈가스의 가격을 6,500원으로 변경해 보겠습니다.

```
menu['돈가스'] = 6500
print(menu)
```

실행결과

```
{'김밥': 2500, '참치김밥': 3500, '라면': 3000, '치즈라면': 4000, '돈가스': 6500}
```

돈가스 키의 값이 6500으로 변경됩니다. 코드를 보면 알 수 있듯이 **기존 값을 변경하는 것과 새로운 데이터를 추가하는 방법이 같습니다.**

형식

딕셔너리명[키] = 값

그래서 기존에 키가 있는지 없는지 확인하고 값을 변경하거나 데이터를 추가해야 합니다. 기존에 같은 키가 있다면 값을 변경하고, 같은 키가 없다면 새로운 데이터를 추가합니다.

그림 7-1 프로그램 흐름

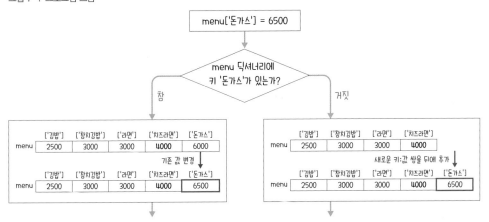

빈 딕셔너리를 만들어 데이터를 새로 추가할 수도 있습니다. 빈 리스트를 만든 후 데이터를 추가했듯이 딕셔너리도 딕셔너리명 = {} 형식으로 빈 딕셔너리를 만들고 데이터를 추가합니다.

```
eng = {}
print(eng)
eng['강아지'] = 'dog'
print(eng)
eng['고양이'] = 'cat'
print(eng)
```

실행결과
```
{}
{'강아지': 'dog'}
{'강아지': 'dog', '고양이': 'cat'}
```

처음에 데이터가 없는 빈 딕셔너리 eng를 만들면 이 상태에서는 {}만 출력됩니다. 첫 번째 데이터를 eng['강아지'] = 'dog'로 추가하고, 두 번째 데이터를 eng['고양이'] = 'cat'으로 추가했습니다.

이번에는 신메뉴 이름과 가격을 입력받아 분식집 메뉴판에 추가하는 프로그램을 작성해 봅시다. 데이터를 넣어 menu 딕셔너리를 만들고 새로운 메뉴와 가격을 input() 명령어로 입력받아 추가합니다.

코드를 보기 전에 직접 작성하고 책의 코드를 보세요! 필요한 기능은 다 배웠으니 조금만 생각하면 작성할 수 있습니다.

```
menu = {'김밥': 2500, '참치김밥': 3500, '라면': 3000, '치즈라면': 4000}
name = input('추가할 메뉴는? ')
price = int(input('메뉴의 가격은? '))
menu[name] = price
print(menu)
```

실행결과

추가할 메뉴는? **쫄면**
메뉴의 가격은? **4000**
{'김밥': 2500, '참치김밥': 3500, '라면': 3000, '치즈라면': 4000, '쫄면': 4000}

메뉴는 name, 가격은 price 변수로 각각 입력받습니다. 이때 가격은 숫자이므로 int()로 감싸 줘야 합니다. 그런 다음 입력받은 메뉴와 가격을 menu 딕셔너리에 새로운 키와 값으로 추가합니다. 새로운 키는 메뉴가 담긴 name 변수, 새로운 값은 가격이 담긴 price 변수이므로 menu[name] = price로 작성하면 됩니다. '쫄면'과 '4000'을 입력하면 menu 딕셔너리의 가장 마지막에 '쫄면: 4000' 데이터가 추가됩니다.

키-값 삭제하기

마지막으로 딕셔너리에서 키-값 쌍을 삭제하는 방법을 알아봅시다. 리스트에서 데이터를 삭제할 때 del을 사용했습니다. 딕셔너리에서도 del을 사용합니다.

형식

```
del 딕셔너리명[키]
```

del 뒤에 삭제할 키를 적어주면 해당 키-값 쌍이 삭제됩니다.

```
menu = {'김밥': 2500, '참치김밥': 3500, '라면': 3000, '치즈라면': 4000}
del menu['치즈라면']
print(menu)
```

실행결과

```
{'김밥': 2500, '참치김밥': 3500, '라면': 3000}
```

7.1.4 다양한 명령어 사용하기

앞에서 딕셔너리의 키와 값이 의미하는 바를 배웠습니다. 그렇다면 딕셔너리의 키나 값만 알고 싶을 때는 어떻게 할까요? 딕셔너리가 가진 명령어를 활용하면 됩니다. 이번에는 딕셔너리에서 데이터에 접근할 때 사용할 수 있는 다양한 명령어를 배워 보겠습니다.

딕셔너리의 키만 꺼내기: keys()

마트에서 파는 물건을 키로, 가격을 값으로 하는 딕셔너리를 만들어 봅시다. 딕셔너리명은 mart로 하고, 과자, 아이스크림, 휴지, 고기, 우유의 가격을 다음과 같이 저장합니다.

```
mart = {'과자': 1500, '아이스크림': 1700, '휴지': 4800, '고기': 10500, '우유': 2600}
```

이 딕셔너리의 구조는 다음과 같습니다.

	['과자']	['아이스크림']	['휴지']	['고기']	['우유']	➡ 키
mart	1500	1700	4800	10500	2600	➡ 값

여기에서 가격은 제외하고 어떤 물건을 파는지만 확인하고 싶다고 해 봅시다. mart 딕셔너리의 키만 뽑아내면 되는데, 이럴 때는 keys() 명령어를 사용합니다. 실행할 때는 딕셔너리명 뒤에 도트(.)를 넣고 keys() 명령어를 붙이면 됩니다.

> **형식**
>
> 딕셔너리명.keys()

mart 딕셔너리의 키만 뽑아낼 때는 mart.keys()를 실행하면 됩니다.

```
mart = {'과자': 1500, '아이스크림': 1700, '휴지': 4800, '고기': 10500, '우유': 2600}
print(mart.keys())
```

실행결과

```
dict_keys(['과자', '아이스크림', '휴지', '고기', '우유'])
```

mart 딕셔너리의 키인 물건 이름만 출력합니다. 실행결과의 가장 앞에 나온 dict_keys()는 딕셔너리의 키임을 나타내는 데이터 타입으로, keys()를 실행하면 결과는 자동으로 해당 데이터 타입이 됩니다. type(mart.keys())를 실행해 보면 dict_keys가 출력되는 것을 볼 수 있습니다.

```
type(mart.keys())
```

실행결과

```
dict_keys
```

이처럼 keys()를 사용해 간단하게 키만 추출할 수 있습니다.

딕셔너리의 값만 꺼내기: values()

이번에는 키가 아닌 값만 출력해 볼까요? 값만 선택하고 싶으면 keys()와 마찬가지로 values()를 딕셔너리명 뒤에 붙여 실행하면 됩니다.

> **형식**
>
> 딕셔너리명.values()

mart 딕셔너리의 값만 출력해 봅시다.

```
mart = {'과자': 1500, '아이스크림': 1700, '휴지': 4800, '고기': 10500, '우유': 2600}
print(mart.values())
```

실행결과

```
dict_values([1500, 1700, 4800, 10500, 2600])
```

딕셔너리의 값인 물건의 가격만 출력합니다. 그리고 mart.keys() 때처럼 결과 앞에 딕셔너리의 값임을 나타내는 데이터 타입 dict_values()가 나옵니다.

7장 문자 기준으로 데이터 뽑기: 딕셔너리

NOTE 추출한 결괏값을 리스트로 바꾸기

dict_keys와 dict_values 데이터 타입은 리스트로 바꿀 수 있습니다. 데이터 타입을 변환하는 방법은 3장 변수에서 배웠듯이 바꾸고 싶은 데이터 타입으로 바꿀 대상을 감싸는 것입니다. 리스트로 변환하는 방법도 같습니다. 변환할 대상을 list()로 감싸면 됩니다. 앞의 dict_keys를 리스트로 바꿔 출력해 봅시다.

```
mart = {'과자': 1500, '아이스크림': 1700, '휴지': 4800, '고기': 10500, '우유': 2600}
print(list(mart.keys()))
```

실행결과
```
['과자', '아이스크림', '휴지', '고기', '우유']
```

list()로 감싸니 대괄호로 둘러 쌓인 리스트 타입으로 변경됐습니다. dict_values도 리스트로 바꾸어 출력해 봅시다.

```
mart = {'과자': 1500, '아이스크림': 1700, '휴지': 4800, '고기': 10500, '우유': 2600}
print(list(mart.values()))
```

실행결과
```
[1500, 1700, 4800, 10500, 2600]
```

값만 추출한 결과도 리스트로 잘 변환됩니다. 원하는 데이터 타입으로 바꿀 수 있으니 보기 편한 쪽으로 출력하세요.

딕셔너리의 키-값 꺼내기: items()

키나 값만이 아니라 키-값을 한 쌍으로 출력하는 방법도 있습니다. 형식은 앞에서와 같고 딕셔너리명 뒤에 명령어만 items()로 바꿉니다.

딕셔너리명.items()

mart 딕셔너리의 키-값을 출력해 봅시다.

```
mart = {'과자': 1500, '아이스크림': 1700, '휴지': 4800, '고기': 10500, '우유': 2600}
print(mart.items())
```

실행결과

```
dict_items([('과자', 1500), ('아이스크림', 1700), ('휴지', 4800), ('고기', 10500),
('우유', 2600)])
```

딕셔너리의 키-값이 한 쌍씩 소괄호 안에 들어가 출력됩니다. items() 역시 제어구조에서 유용하게 쓰입니다.

딕셔너리 정렬하기: sorted()

이번에는 딕셔너리의 데이터를 정렬해 보겠습니다. 정렬은 오름차순이나 내림차순으로 데이터를 나열하는 것이죠. 딕셔너리를 정렬할 때는 sorted() 명령어를 사용합니다. 그런데 딕셔너리에는 키와 값 두 가지 요소가 있기 때문에 어떤 걸 기준으로 정렬할지를 명시해야 합니다. 이럴 때 앞에서 배운 keys(), values(), items() 명령어를 활용합니다.

mart 딕셔너리를 정렬해 봅시다. 먼저 키를 기준으로 정렬하려면 sorted() 안에 mart.keys() 를 넣어 sorted(mart.keys())를 실행합니다.

```
mart = {'과자': 1500, '아이스크림': 1700, '휴지': 4800, '고기': 10500, '우유': 2600}
print(sorted(mart.keys()))
```

실행결과

```
['고기', '과자', '아이스크림', '우유', '휴지']
```

mart 딕셔너리의 키만 추출해 오름차순으로 정렬합니다. **오름차순**은 숫자는 작은 것부터, 문자는 가나다순이나 알파벳순으로 정렬하는 방법입니다. 역순, 즉 **내림차순**으로 정렬하고 싶으면 리스트처럼 reverse=True 옵션을 추가합니다.

```
mart = {'과자': 1500, '아이스크림': 1700, '휴지': 4800, '고기': 10500, '우유': 2600}
print(sorted(mart.keys(), reverse=True))
```

실행결과

['휴지', '우유', '아이스크림', '과자', '고기']

휴지가 첫 번째에, 고기가 마지막에 배치됩니다. 오름차순이나 내림차순으로 정렬한 두 코드의 실행결과가 모두 대괄호([ ])로 감싸져 있죠. **sorted( )로 딕셔너리를 정렬하면 결과가 리스트로 나온다**는 뜻입니다. 이런 결과는 데이터를 다룰 때 유용합니다. 예를 들어, sorted(mart.keys())를 실행하면 다음처럼 리스트로 정렬됩니다.

	[0]	[1]	[2]	[3]	[4]
sorted(mart.keys())	'고기'	'과자'	'아이스크림'	'우유'	'휴지'

리스트이므로 숫자 인덱스가 생기죠. 따라서 리스트의 유용한 기능인 슬라이싱도 할 수 있습니다. 리스트에서 처음부터 두 번째 요소까지 추출하려면 [:2]를 붙입니다. sorted(mart.keys()) 자체가 하나의 리스트이므로 sorted(mart.keys()) 바로 뒤에 [:2]를 붙이면 됩니다.

```
mart = {'과자': 1500, '아이스크림': 1700, '휴지': 4800, '고기': 10500, '우유': 2600}
print(sorted(mart.keys())[:2])
```

실행결과

['고기', '과자']

이 기능은 딕셔너리의 값을 기준으로 정렬할 때 더 유용합니다. 딕셔너리의 값을 정렬하는 방법은 키를 정렬할 때와 같고 keys( )만 values( )로 바꾸어 sorted(딕셔너리명.values( ))를 실행하면 됩니다.

```
mart = {'과자': 1500, '아이스크림': 1700, '휴지': 4800, '고기': 10500, '우유': 2600}
print(sorted(mart.values()))
```

[1500, 1700, 2600, 4800, 10500]

값을 기준으로 오름차순 정렬된 결과가 나옵니다.

이번에는 높은 가격부터 낮은 가격 순서로 정렬해 보겠습니다. 앞의 코드에 내림차순 옵션인 reverse=True를 적용하면 됩니다.

```
mart = {'과자': 1500, '아이스크림': 1700, '휴지': 4800, '고기': 10500, '우유': 2600}
print(sorted(mart.values(), reverse=True))
```

[10500, 4800, 2600, 1700, 1500]

높은 가격부터 낮은 가격순으로 정렬합니다.

이번에는 mart 딕셔너리에서 가장 낮은 가격 2개를 뽑아 봅시다. mart의 값들을 오름차순 정렬한 후 가장 앞에 있는 요소 2개만 뽑아내면 되겠죠?

```
mart = {'과자': 1500, '아이스크림': 1700, '휴지': 4800, '고기': 10500, '우유': 2600}
print(sorted(mart.values())[:2])
```

[1500, 1700]

sorted(mart.values()) 자체가 리스트이므로 바로 뒤에 [:2]를 붙여 출력하면 리스트의 가장 앞에 있는 두 요소만 결과로 볼 수 있습니다.

	[0]	[1]	[2]	[3]	[4]
sorted(mart.keys())	1500	1700	2600	4800	10500

이번에는 mart에서 가장 높은 가격 3개를 뽑아 봅시다. 가격을 내림차순 정렬한 후 리스트의 가장 앞에 있는 요소 3개만 출력하면 됩니다.

```
mart = {'과자': 1500, '아이스크림': 1700, '휴지': 4800, '고기': 10500, '우유': 2600}
print(sorted(mart.values(), reverse=True)[:3])
```

실행결과

```
[10500, 4800, 2600]
```

reverse=True 옵션을 붙여 sorted(mart.values()) 명령어를 실행한 후 [:3]으로 슬라이싱하니 가장 앞에 있는 요소 3개만 결과로 볼 수 있습니다(닫는 괄호의 위치에 유의하세요).

	[0]	[1]	[2]	[3]	[4]
sorted(mart.values(), reverse=True)	10500	4800	2600	1700	1500

이처럼 sorted()를 사용해 키나 값을 기준으로 딕셔너리를 정렬하거나 원하는 값을 뽑아낼 수 있습니다.

> **NOTE sorted() 정렬의 기본값**
>
> 딕셔너리를 정렬할 때 sorted(딕셔너리명)만 실행하면 자동으로 키를 기준으로 정렬합니다.
>
> ```
> mart = {'과자': 1500, '아이스크림': 1700, '휴지': 4800, '고기': 10500, '우유': 2600}
> print(sorted(mart))
> ```
>
> 실행결과
>
> ```
> ['고기', '과자', '아이스크림', '우유', '휴지']
> ```

그럼 딕셔너리의 키와 값을 한 쌍으로 묶어서 정렬할 수는 없을까요? 예를 들어, 마트에서 가장 싼 물건과 그 가격을 알고 싶을 때는 어떻게 할까요? 이때는 딕셔너리의 키-값을 동시에 꺼낼 때 쓴 items()를 사용하면 됩니다.

```
sorted(딕셔너리명.items())
```

mart 딕셔너리에 적용해 봅시다.

```
mart = {'과자': 1500, '아이스크림': 1700, '휴지': 4800, '고기': 10500, '우유': 2600}
print(sorted(mart.items()))
```

실행결과

[('고기', 10500), ('과자', 1500), ('아이스크림', 1700), ('우유', 2600), ('휴지', 4800)]

키와 값이 소괄호 안에 한 쌍으로 묶여 출력됩니다. 이때 정렬 기준은 무엇일까요? 키와 값을 비교해 보면 키를 기준으로 오름차순 정렬됐음을 알 수 있습니다.

키를 기준으로 오름차순 정렬되니 sorted(딕셔너리명.items(), reverse=True)를 실행하면 키를 기준으로 내림차순 정렬되겠죠? 한번 실행해 봅시다.

```
mart = {'과자': 1500, '아이스크림': 1700, '휴지': 4800, '고기': 10500, '우유': 2600}
print(sorted(mart.items(), reverse=True))
```

실행결과

[('휴지', 4800), ('우유', 2600), ('아이스크림', 1700), ('과자', 1500), ('고기', 10500)]

결과에서 키와 값이 한 쌍으로 묶여 있어서 딕셔너리로 보이지만, items()로 정렬한 결과도 리스트입니다. (키, 값) 한 쌍이 리스트 한 칸에 요소로 들어간 형태죠.

	[0]	[1]	[2]	[3]	[4]
sorted(mart.items())	('고기', 10500)	('과자', 1500)	('아이스크림', 1700)	('우유', 2600)	('휴지', 4800)

	[0]	[1]	[2]	[3]	[4]
sorted(mart.items(), reverse=True)	('휴지', 4800)	('우유', 2600)	('아이스크림', 1700)	('과자', 1500)	('고기', 10500)

이번에는 물건을 저렴한 순서대로 정렬해서 어떤 물건이 싼지 알고 싶습니다. 이때는 키가 아닌 값을 기준으로 정렬해야 합니다. 값으로 정렬하려면 operator라는 모듈이 필요합니다. operator에는 계산을 도와주는 다양한 명령어가 포함되어 있습니다. 여기서는 operator에 포함된 itemgetter()를 사용합니다. itemgetter()는 기준에 따라 키와 값을 모으는 명령어입니다. 우선 다음처럼 코드를 작성하고 실행해 봅시다.

```
import operator

mart = {'과자': 1500, '아이스크림': 1700, '휴지': 4800, '고기': 10500, '우유': 2600}
print(sorted(mart.items(), key=operator.itemgetter(0)))
```

실행결과

[('고기', 10500), ('과자', 1500), ('아이스크림', 1700), ('우유', 2600), ('휴지', 4800)]

모듈도 라이브러리처럼 import로 추가합니다. sorted()에 추가된 key는 정렬 기준을 나타내는 옵션입니다. 여기서는 operator의 itemgetter()를 정렬 기준으로 사용한단 의미로 operator.itemgetter()를 값으로 넣습니다. 그리고 소괄호 안의 숫자는 키 또는 값을 표시하는 숫자입니다. **0이면 키를 기준**으로, **1이면 값을 기준으로 정렬**합니다.

```
import operator

mart = {'과자': 1500, '아이스크림': 1700, '휴지': 4800, '고기': 10500, '우유': 2600}
print(sorted(mart.items(), key=operator.itemgetter(1)))
```

실행결과

[('과자', 1500), ('아이스크림', 1700), ('우유', 2600), ('휴지', 4800), ('고기', 10500)]

key=operator.itemgetter(1) 옵션을 주니 값을 기준으로 정렬합니다.

이번에는 높은 가격부터 낮은 가격 순서로 물건과 가격을 정렬해 봅시다. 값을 기준으로 정렬하고 내림차순 옵션만 추가하면 됩니다.

```
import operator

mart = {'과자': 1500, '아이스크림': 1700, '휴지': 4800, '고기': 10500, '우유': 2600}
print(sorted(mart.items(), key=operator.itemgetter(1), reverse=True))
```

실행결과

[('고기', 10500), ('휴지', 4800), ('우유', 2600), ('아이스크림', 1700), ('과자', 1500)]

가장 비싼 고기부터 가장 싼 과자까지 가격순으로 정렬합니다.

그러면 더 나가서 가장 저렴한 물건 두 가지와 그 가격을 출력해 봅시다. 책의 코드를 확인하기 전에 앞에서 배운 내용을 참고해 직접 작성해 보세요!

```
import operator

mart = {'과자': 1500, '아이스크림': 1700, '휴지': 4800, '고기': 10500, '우유': 2600}
print(sorted(mart.items(), key=operator.itemgetter(1))[:2])
```

실행결과

[('과자', 1500), ('아이스크림', 1700)]

sorted() 결과가 리스트이므로 이 뒤에 [:2]를 붙여 슬라이싱합니다. 가장 저렴한 물건 세 가지를 알고 싶다면 [:3]을 붙이면 되겠죠? 딕셔너리를 정렬하는 기능은 데이터 분석 프로젝트에서 많이 쓰니 잘 알아 두기 바랍니다.

> **NOTE 딕셔너리를 정렬해도 원본 딕셔너리는 영향을 받지 않는다?**
>
> 이 말이 무슨 뜻일까요? 코드를 살펴봅시다.
>
> ```
> mart = {'과자': 1500, '아이스크림': 1700, '휴지': 4800, '고기': 10500, '우유': 2600}
> sorted(mart.keys())
> print(mart)
> ```

{'과자': 1500, '아이스크림': 1700, '휴지': 4800, '고기': 10500, '우유': 2600}

mart 딕셔너리를 만든 다음 키를 기준으로 딕셔너리를 정렬했습니다. 그리고 나서 mart 딕셔너리를 출력해 보니 정렬되지 않은 처음 상태 그대로 출력됩니다. 이처럼 sorted() 는 딕셔너리를 정렬해서 보여 줄 뿐, 딕셔너리에 저장된 내용에는 영향을 주지 않습니다. 정렬한 결과는 다음처럼 원래 딕셔너리와는 별개입니다. 정렬한 결과를 기억하고 싶으면 변수에 저장해야 합니다.

정렬한 결과를 원래 딕셔너리가 저장되어 있던 mart에 다시 저장해 봅시다.

```
mart = {'과자': 1500, '아이스크림': 1700, '휴지': 4800, '고기': 10500, '우유': 2600}
mart = sorted(mart.keys())
print(mart)
```

실행결과

['고기', '과자', '아이스크림', '우유', '휴지']

	['과자']	['아이스크림']	['휴지']	['고기']	['우유']
mart	1500	1700	4800	10500	2600

mart = sorted(mart.keys())

	[0]	[1]	[2]	[3]	[4]
mart	'고기'	'과자'	'아이스크림'	'우유'	'휴지'

sorted()의 결과는 리스트이기 때문에 mart = sorted(mart.items())를 실행하면 mart 는 딕셔너리가 아닌 리스트가 됩니다. 코드 실행 후 키가 사라지고 인덱스가 생긴 걸 확 인할 수 있습니다.

정렬된 결과를 딕셔너리로 저장하려면 dict()로 감싸 데이터 타입을 딕셔너리로 변환하 면 됩니다. 단, 딕셔너리는 키와 값이 필요하므로 items()로 정렬한 결과만 딕셔너리로 변환할 수 있습니다.

🔿 계속

```
mart = {'과자': 1500, '아이스크림': 1700, '휴지': 4800, '고기': 10500, '우유': 2600}
mart = dict(sorted(mart.items()))
print(mart)
```

실행결과

{'고기': 10500, '과자': 1500, '아이스크림': 1700, '우유': 2600, '휴지': 4800}

키-값 쌍으로 딕셔너리를 정렬하고, 이를 dict()로 감싸 딕셔너리 타입으로 다시 저장
합니다.

1분 퀴즈

1 다음 코드는 영상의 주제별 시청 횟수를 딕셔너리로 저장한 것입니다. 다음 중 옳지 않은
것을 고르세요.

```
history = {'강아지': 290, '먹방': 194, '요리': 491, '뉴스': 85, '다이어트': 362}
```

① '먹방' 시청 횟수를 출력하려면 print(history['먹방'])을 실행한다.

② 새로운 주제인 '고양이' 영상을 시청했다면 history['고양이'] += 1을 실행한다.

③ 뉴스 시청 기록을 삭제하려면 del history['뉴스']를 실행한다.

④ print(history.values())를 실행하면 시청 횟수만 출력된다.

⑤ 영상을 많이 시청한 횟수순으로 정렬하려면 import operator를 추가한 후,
   print(sorted(history.items(), reverse=True, key=operator.itemgetter(1)))
   을 실행한다.

정답 및 해설: 해설 노트 733쪽

7.2

제어구조로 딕셔너리 다루기

이번에는 조건문과 반복문을 사용해 딕셔너리를 다뤄 보겠습니다.

7.2.1 조건문으로 딕셔너리 다루기

다음과 같이 학생 다섯 명의 중간고사 점수를 담은 딕셔너리를 만듭니다.

```
midterm = {'도윤': 43, '하윤': 82, '시우': 76, '지유': 61, '주원': 94}
```

딕셔너리명은 midterm이며, 학생 이름을 키로, 중간고사 점수를 값으로 넣었습니다. 학생 이름을 입력받아서 학생 이름이 midterm 딕셔너리에 있으면 점수를 출력하고, 딕셔너리에 없으면 '해당 학생이 없습니다.'라고 출력해 봅시다.

코딩하기 전에 먼저 생각해 볼까요? 딕셔너리에 학생 이름이 있는 경우와 없는 경우를 기준으로 실행해야 하는 명령이 달라집니다. 따라서 조건문을 활용하면 됩니다. 조건은 뭐가 될까요? 입력받은 학생 이름이 midterm 딕셔너리의 키에 있는가 또는 없는가입니다. 프로그램의 흐름을 정리하면 다음과 같습니다.

그림 7-2 프로그램 흐름

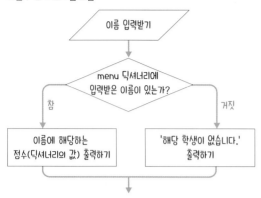

프로그램의 흐름에 맞춰 코드를 작성해 봅시다.

```
midterm = {'도윤': 43, '하윤': 82, '시우': 76, '지유': 61, '주원': 94}
student = input('어떤 학생의 점수가 궁금한가요? ')
if student in midterm.keys():
    print(midterm[student], '점입니다.')
else:
    print('해당 학생이 없습니다.')
```

실행결과

키가 있을 때
어떤 학생의 점수가 궁금한가요? **하윤**
82 점입니다.

키가 없을 때
어떤 학생의 점수가 궁금한가요? **서진**
해당 학생이 없습니다.

입력된 학생 이름을 student 변수에 저장하고, 저장된 이름이 딕셔너리의 키(midterm.keys())에 있다면 해당 키의 값(midterm[student])을 출력합니다. 저장된 이름이 키에 없다면 '해당 학생이 없습니다.'를 출력합니다. 딕셔너리에 해당 키가 있는지 없는지를 확인하므로 in 키워드를 활용해 조건은 student in midterm.keys()로 작성합니다. 이처럼 조건문을 사용해 딕셔너리에서 조건을 충족하는 값만 선택할 수 있습니다.

7.2.2 반복문으로 딕셔너리 다루기

이번에는 반복문을 사용해 보겠습니다. midterm 딕셔너리에서 학생 이름을 반복문으로 출력해 봅시다. 반복문의 형식은 for i in data입니다. data 위치에 무엇이 들어갈까요? 먼저 딕셔너리의 키를 넣어 보겠습니다.

```python
midterm = {'도윤': 43, '하윤': 82, '시우': 76, '지유': 61, '주원': 94}
for k in midterm.keys():
    print(k, end=' ')
```

실행결과

도윤 하윤 시우 지유 주원

midterm.keys()는 dict_keys(['도윤', '하윤', '시우', '지유', '주원'])이므로 다음처럼 data 위치에 midterm 딕셔너리의 키만 추출한 리스트가 들어갑니다. 그리고 이 키가 차례대로 변수 k에 저장되죠(데이터가 딕셔너리의 키라서 변수는 k를 사용합니다).

dict_keys(['도윤', '하윤', '시우', '지유', '주원'])

⬇

for k in midterm.keys():

for k in dict_keys(['도윤', '하윤', '시우', '지유', '주원']):

이번에는 점수만 출력해 봅시다. data 위치에 딕셔너리의 값을 추출해 넣으면 되니 midterm. keys()를 midterm.values()로 바꾸면 되겠죠? 실행해 봅시다.

```python
midterm = {'도윤': 43, '하윤': 82, '시우': 76, '지유': 61, '주원': 94}
for v in midterm.values():
    print(v, end=' ')
```

실행결과

43 82 76 61 94

midterm 딕셔너리의 값, 즉 학생들의 점수만 출력됩니다. 여기서는 반복할 데이터 묶음이 딕셔너리의 값이어서 반복문의 변수를 v로 지정했습니다. 딕셔너리의 값을 차례대로 변수 v에 담고 값의 개수만큼 반복해서 print()를 실행합니다.

이번에는 키와 값을 같이 출력해 보겠습니다. 키와 값을 같이 출력하는 방법은 세 가지입니다. 먼저 키를 이용해 값을 출력하는 방법입니다. 반복문 for k in midterm.keys()에서 midterm 딕셔너리의 키가 k에 차례대로 담깁니다. 따라서 k에 대응하는 값은 midterm[k]로 얻을 수 있습니다.

```python
midterm = {'도윤': 43, '하윤': 82, '시우': 76, '지유': 61, '주원': 94}
for k in midterm.keys():
    print(k, midterm[k], end=' ')
```

실행결과

도윤 43, 하윤 82, 시우 76, 지유 61, 주원 94

이번에는 midterm.items()로 키-값을 쌍으로 출력해 보겠습니다.

```python
midterm = {'도윤': 43, '하윤': 82, '시우': 76, '지유': 61, '주원': 94}
for i in midterm.items():
    print(i, end=' ')
```

실행결과

('도윤', 43) ('하윤', 82) ('시우', 76) ('지유', 61) ('주원', 94)

학생 이름과 중간고사 점수가 한 쌍씩 출력됩니다.

반복문에 midterm.items()를 사용할 때 키와 값을 각각 저장하는 방법도 있습니다. 변수를 2개 사용하면 자동으로 첫 번째 변수에 키를, 두 번째 변수에 값을 넣습니다. 코드로 확인해 봅시다.

```python
midterm = {'도윤': 43, '하윤': 82, '시우': 76, '지유': 61, '주원': 94}
for k, v in midterm.items():
    print(k, v, end=' ')
```

도윤 43 하윤 82 시우 76 지유 61 주원 94

반복문에서 변수를 k와 v 2개로 지정했습니다. 첫 번째 변수 k에는 midterm 딕셔너리의 키인 학생 이름이, 두 번째 변수 v에는 midterm의 값인 점수가 담겨 출력됩니다. 다음처럼 반복할 때마다 키-값이 한 쌍씩 변수 k와 v에 저장됩니다.

```
dict_items([('도윤', 43), ('하윤', 82), ('시우', 76), ('지유', 61), ('주원', 94)])
```

```
for k in midterm.items():
```

```
for k, v in dict_items([('도윤', 43), ('하윤', 82), ('시우', 76), ('지유', 61), ('주원', 94)]:
                                        ...
for k, v in dict_items([('도윤', 43), ('하윤', 82), ('시우', 76), ('지유', 61), ('주원', 94)]:
```

7.2.3 중첩 제어구조로 딕셔너리 다루기

배운 내용을 응용해 봅시다. midterm 딕셔너리에서 점수가 70점 이상인 학생의 이름과 점수를 출력하고 싶습니다. 어떻게 작성할까요? 먼저 점수 70점 이상인 조건을 충족하는 경우를 골라 내야 하므로 조건문이 필요합니다. 그리고 조건을 충족하는지 딕셔너리의 모든 요소를 확인해야 하므로 반복문이 필요하고 조건문은 반복문 내부에 있어야 합니다. 프로그램 흐름을 정리하면 다음과 같습니다.

> 딕셔너리의 모든 요소에서 반복
>> 만약 점수가 70 이상이라면
>>> 이름, 점수 출력하기

프로그램의 흐름에 맞춰 코드를 작성해 봅시다.

```
midterm = {'도윤': 43, '하윤': 82, '시우': 76, '지유': 61, '주원': 94}
print('점수가 70점 이상인 학생의 이름과 점수를 모두 출력합니다.')
for k, v in midterm.items():
    if v >= 70:
        print(k, v, end=' ')
```

실행결과

점수가 70점 이상인 학생의 이름과 점수를 모두 출력합니다.
하윤 82 시우 76 주원 94

학생 이름과 점수를 출력해야 하므로 딕셔너리의 키와 값이 모두 필요합니다. 앞에서 반복문으로 키와 값을 출력하는 방법은 세 가지였습니다. 이 중에서 midterm.items()로 키와 값을 각각 저장하는 방법을 사용하겠습니다. 앞에서처럼 변수 2개를 사용하고, 첫 번째 변수 k에는 키가, 두 번째 변수 v에는 값이 자동으로 담깁니다. 그리고 조건문에서 v가 70 이상일 때만 print()를 실행해 70점 이상인 학생들의 이름과 점수를 출력합니다.

> **NOTE 반복문에 딕셔너리명만 사용한다면?**
>
> 지금까지는 반복문에 범위를 딕셔너리의 키, 값, 키-값 쌍으로 직접 지정해 넣었습니다. 만약 딕셔너리명만 넣으면 어떻게 될까요?
>
> ```
> midterm = {'도윤': 43, '하윤': 82, '시우': 76, '지유': 61, '주원': 94}
> for m in midterm:
>     print(m, end=' ')
> ```
>
> **실행결과**
>
> 도윤 하윤 시우 지유 주원
>
> 딕셔너리의 이름만 넣으면 자동으로 딕셔너리의 키를 기준으로 반복문을 실행합니다. 딕셔너리를 정렬할 때도 sorted()에 딕셔너리명만 넣으면 키로 딕셔너리를 정렬했습니다. 딕셔너리에서 키는 기준 역할을 하기 때문에 기준을 따로 명시하지 않으면 대부분 키를 기준으로 사용합니다.

7.2.4 딕셔너리로 간단한 프로그램 만들기

딕셔너리를 활용해 영단어장을 만들어 봅시다. 영단어장은 빈도수를 기준으로 빈도수가 높은 단어부터 낮은 단어순으로 정렬합니다. 단어장은 『알리바바와 40인의 도적』[1]을 기반으로 만듭니다. 파일은 자료실에서 내려받을 수 있습니다. 원하는 글을 직접 넣어도 됩니다.

제공하는 파일은 원활한 실습을 위해 원문을 재편집했습니다. 영단어장을 만들 때 split()을 사용하므로 공백을 기준으로 단어가 분리되도록 문장 기호 양옆에는 공백을 넣었습니다. 그리고 대소문자를 구분하지 않으려고(Alibaba와 alibaba를 동일한 단어로 취급하도록) 모든 대문자를 소문자로 변경했습니다.

빈도순으로 단어장 만들기

단어장 프로그램의 흐름을 구상해 봅시다. 원문을 공백 기준으로 분리하므로 모든 문장이 단어로 쪼개집니다. 이 단어를 키로, 단어의 빈도수를 값으로 저장하는 딕셔너리를 만듭니다. 그리고 딕셔너리를 빈도수, 즉 값을 기준으로 내림차순 정렬하면 가장 자주 등장하는 단어부터 순서대로 정렬합니다.

그림 7-3 단어장 프로그램의 흐름

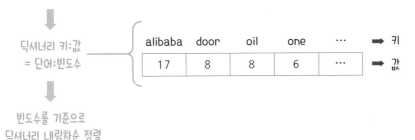

원문은 alibaba 변수에, 단어와 빈도수는 vocab 딕셔너리에 저장합니다. 아직 넣을 단어가 없으므로 vocab은 빈 딕셔너리로 만듭니다. 그런 다음 원문을 저장한 alibaba 변수를 split()으로 분리합니다. split()을 실행하면 분리된 결과가 리스트에 담기는 것을 기억하죠? 분리된

---

1 출처: https://www.gutenberg.org/files/37679/37679-h/37679-h.htm

결과를 담은 리스트를 word_list에 저장합니다.

```
alibaba = " in a town of persia lived two brothers ,  sons of a poor man; one
named cassim ,  the other alibaba  .  cassim ,  the elder…"
vocab = {}
word_list = alibaba.split()
```

이제 분리된 단어와 빈도수를 vocab 딕셔너리에 넣어 줄 차례입니다. 현재 word_list에는 수많은 단어가 있습니다. alibaba를 예로 들어 보겠습니다. alibaba가 vocab 딕셔너리에 없다면 alibaba를 키로 추가해야 합니다. alibaba의 첫 등장이므로 빈도수는 당연히 1이 되죠. 이는 vocab 딕셔너리에 단어를 키로 하는 요소가 없다면 vocab[단어] = 1로 요소를 추가해야 한다는 뜻입니다. 두 번째 alibaba를 만나면 이미 딕셔너리에 alibaba를 키로 하는 요소가 있으므로 해당 요소의 빈도수에 1을 더해야 합니다. 즉, vocab[단어] += 1을 해야죠. 이 작업을 word_list에 들어 있는 모든 단어에서 실행합니다. 따라서 word_list의 첫 단어부터 마지막 단어까지 vocab 딕셔너리에 있는지 반복해서 확인하는 작업이 필요합니다. 이 부분을 정리하면 다음과 같습니다.

> word_list의 첫 단어부터 마지막 단어까지 반복하기
>
> > 단어가 vocab 딕셔너리의 키에 없으면
> >
> > > vocab[단어] = 1
> >
> > 단어가 vocab 딕셔너리의 키에 있으면
> >
> > > vocab[단어] += 1

정리한 내용을 코드로 작성하면 다음과 같습니다.

```
for w in word_list:
    if w not in vocab: # 단어가 vocab 딕셔너리의 키에 없으면
        vocab[w] = 1   # 새로운 요소 추가
    else:              # 단어가 vocab 딕셔너리의 키에 있으면
        vocab[w] += 1  # vocab[w]의 값 1 증가
print(vocab)
```

반복문에서 word_list에 담긴 단어를 w 변수에 차례대로 저장하며 반복문 내부에 있는 조건문을 실행합니다. 만약 w에 저장한 단어가 vocab 딕셔너리에 없으면 이 단어는 처음으로 등장하므로 새로 키를 추가하고 값에는 빈도수 1을 넣습니다. 만약 w에 저장한 단어가 이미 vocab에 있다면 빈도수만 1을 증가시킵니다. 반복이 끝나면 마지막에 print(vocab)을 실행해 vocab 딕셔너리에 담긴 내용을 확인합니다.

실행결과

```
{'in': 15, 'a': 24, 'town': 1, 'of': 33, 'persia': 1, 'lived': 2, 'two': 3,
'brothers': 1, ',': 103, 'sons': 1, 'poor': 3, 'man': 3…}
```

단어와 빈도수가 쌍으로 출력됩니다. 이제 빈도수를 기준으로 내림차순 정렬할 차례입니다. 이때 값만으로 정렬하는 것이 아니라 값을 기준으로 키-값 쌍으로 정렬한다는 점에 유의해야 합니다. 따라서 sorted(vocab.items())로 정렬해야 합니다. 그리고 키-값 쌍에서 값을 기준으로 정렬하므로 key=operator.itemgetter(1) 옵션을 줍니다. 또한 내림차순 정렬이므로 reverse=True 옵션도 추가해야 합니다.

```
import operator

print(sorted(vocab.items(), key=operator.itemgetter(1), reverse=True))
```

실행결과

```
[(',', 103), ('the', 78), ('.', 41), ('and', 37), ('to', 34), ('of', 33), ('a',
24), ('his', 22), ('he', 22), ('alibaba', 17)…]
```

실행결과를 보면 가장 많이 등장한 것은 단어가 아닌 콤마(,)고, 그다음으로 많이 등장한 단어는 the네요. 예상한 결과와 조금 다릅니다. 다음 단계에서 이 부분을 해결해 봅시다.

의미 없는 단어 제거하기

앞서 실행결과에서 확인했듯이 의미 없는 단어나 기호가 가장 많이 등장합니다. 문장 기호, 전치사, 관사 등은 단어장에 필요 없으니 이런 기호나 단어는 지워 주겠습니다. 필요 없는 단어를 하나의 리스트로 묶은 후, 이 단어들을 vocab 딕셔너리에서 삭제합니다.

> **제제쌤의 조언**
> 자료실에 의미 없는 단어를 정리해 두었으니 그대로 복사해서 사용하면 됩니다.

```
meaningless = ['.', ',', '!', '?', 'the', 'he', 'and', 'to', 'a', 'of',
               'was', 'in', 'had', 'for', 'it', 'that', 'but', 'as', 'with',
               'at', 'i', 'into', 'be', 'this', 'me', 'from', 'then', 'him',
               'his', 'her', 'she', 'they', 'them', 'you']
for word in meaningless:
    del vocab[word]
```

필요 없는 단어를 meaningless 리스트에 담습니다. 반복문을 활용해 meaningless 리스트의 단어를 차례대로 word에 넣은 후, del로 vocab 딕셔너리에서 삭제합니다.

필요 없는 단어를 모두 제거한 후 다시 값을 기준으로 키-값 쌍을 내림차순 정렬해 변수에 저장합니다.

```
import operator

vocab_final = sorted(vocab.items(), key=operator.itemgetter(1), reverse=True)
print(vocab_final)
```

실행결과

[('alibaba', 17), ('door', 8), ('oil', 8), ('one', 6), ('cassim', 6), ('took', 6), ('said', 6), ('out', 6), ('put', 6), ('open', 5), ('which', 5)…]

빈도수 없이 단어만 출력하고 싶으면 빈도수를 기준으로 정렬한 리스트에서 반복문을 사용해 키만 출력하면 됩니다.

```
for k, v in vocab_final:
    print(k, end=' ')
```

실행결과

alibaba door oil one cassim took said out put open which morgiana house captain went…

2 앞에서 작성한 단어장 프로그램을 일부 수정해 단어만 알파벳순으로 정렬해 보세요.

실행결과

```
['accosting', 'admission', 'adopt', 'again', 'alibaba', 'all', 'allowed',
'am', 'among', 'any', 'appeared', 'approaching', 'armed', 'arose',
'assemble', 'assembled', 'asses', 'away', 'back', 'bade', 'bags', 'bed',
'before', 'best'… ]
```

정답 및 해설: 해설 노트 733쪽

7 마무리

1 딕셔너리

키(key)와 값(value)이 한 쌍으로 대응되는 데이터 타입

> **형식**
>
> 딕셔너리명 = { 키: 값, 키: 값…}

2 데이터 변경, 추가, 삭제하기

구분	설명	사용법
값 변경하기	키가 딕셔너리에 이미 존재하면 대응되는 값이 변경된다.	딕셔너리명[키] = 값
키-값 추가하기	키가 딕셔너리에 없으면 새로운 키-값이 추가된다.	딕셔너리명[키] = 값
키-값 삭제하기	키와 해당 키에 대응되는 값을 삭제한다.	del 딕셔너리명[키]

3 딕셔너리 명령어

설명	사용법
딕셔너리의 키만 보여 주는 명령어	딕셔너리명.keys()
딕셔너리의 값만 보여 주는 명령어	딕셔너리명.values()
딕셔너리의 키-값 쌍을 보여 주는 명령어	딕셔너리명.items()

4 딕셔너리 정렬하기

정렬 대상(기준)	정렬 방법	사용법
키	오름차순	sorted(딕셔너리명.keys()) 또는 sorted(딕셔너리명)
	내림차순	sorted(딕셔너리명.keys(), reverse=True) 또는 sorted(딕셔너리명, reverse=True)

정렬 대상(기준)	정렬 방법	사용법
값	오름차순	sorted(딕셔너리명.values())
	내림차순	sorted(딕셔너리명.values(), reverse=True)
키-값(키)	오름차순	sorted(딕셔너리명.items()) 또는 sorted(딕셔너리명.items(), key=operator.itemgetter(0))
	내림차순	sorted(딕셔너리명.items(), reverse=True) 또는 sorted(딕셔너리명.items(), key=operator.itemgetter(0), reverse=True)
키-값(값)	오름차순	sorted(딕셔너리명.items(), key=operator.itemgetter(1))
	내림차순	sorted(딕셔너리명.items(), key=operator.itemgetter(1), reverse=True

Self Check

1 다음과 같이 요일을 키, 요일의 영어 약어를 값으로 하는 day 딕셔너리가 있습니다.
문제에 맞춰 코드를 작성해 보세요.

```
day = {'월요일': 'Mon', '화요일': 'Tue', '수요일': 'Wed', '목요일': 'Thu', '금
요일': 'Fri'}
```

1) day 딕셔너리에 토요일 – Sat, 일요일 – Sun을 각각 키–값으로 하는 데이터를 추
   가하세요.
2) 일요일 키에 해당하는 값을 Sun에서 SUN으로 변경하세요.
3) day 딕셔너리에서 수요일 – Wed 데이터를 삭제하세요.

2 다음과 같이 도서명과 도서 가격을 키–값으로 하는 book 딕셔너리가 있습니다. 제
작비 상승으로 도서 가격을 인상해야 합니다. 도서 가격이 15,000원 이하면 10%

인상, 15,000원 초과면 5% 인상한다고 할 때, 인상된 가격으로 book 딕셔너리의 도서 가격을 변경하세요.

```
book = {'역사대모험': 20000,
        '영단어': 9000,
        '파이썬': 17000,
        '여행에세이': 22000,
        '삼국지': 33000
       }
```

힌트 조건문과 반복문을 활용해 보세요!

3 다음과 같이 오디션 프로그램의 참가자와 득표수를 키-값으로 하는 ranking 딕셔너리가 있습니다. ranking 딕셔너리를 득표수가 높은 참가자부터 낮은 참가자 순서대로 정렬하세요.

```
ranking = {'라이언': 956412,
           '어피치': 796354,
           '니니즈': 861832,
           '네오': 387896,
           '프로도': 534840
          }
```

정답 및 해설: 해설 노트 734쪽

찾아보기

혼자 하기 어려운 프로그래밍 공부!
따라 해 보고, 같이 해 보자!

문법을 배워도 뭘 만들지 모르겠어요!

이 책은 기본 문법뿐만 아니라 데이터 분석 프로젝트와 함수, 클래스, tkinter까지 다루며 파이썬을 배워서 무엇을 할 수 있는지 명확하게 제시합니다. 프로그래밍하는 데 필요한 기본 개념은 1분 퀴즈와 셀프체크로 확인하고 올림픽 순위 데이터 분석, 카드 이용내역 데이터, 인구 데이터 분석 프로젝트를 통해 파이썬을 완전하게 학습할 수 있습니다.

내용은 UP! 부담은 DOWN!

자세히 설명하고 직관적으로 이해할 수 있게 내용은 풍부하게 넣고, 가볍게 들고 다니도록 2권으로 분권 구성했습니다.

이 책의 구성

Vol. 1

Part 1 일주일만에 끝내는
파이썬 기초

Vol. 2

Part 2 파이썬으로 데이터 분석하기

Part 3 효율적인 프로그래밍을 위한
중급 파이썬

책이 없어도 언제 어디서나 웹북과 동영상으로 학습할 수 있어요!

책이 없어도 언제 어디서나 학습할 수 있도록 웹북을 제공합니다. PC나 모바일 기기로 더북(https://thebook.io)에 접속하면 『Let's Get IT 파이썬 프로그래밍』의 내용을 언제든지 볼 수 있습니다. 또한, 저자의 알찬 설명이 담긴 동영상 강의도 함께 제공합니다.

프로그래밍 공부, 혼자 하기 어려워요!

프로그래밍을 하나도 모르고 뭐부터 시작해야 할지 모르겠다면 학습단과 함께 동영상 강의를 보며 시작해 보세요. 학습단과 함께라면 어렵지 않습니다. 학습 프로그램에 맞춰 매일매일 조금씩 꾸준히 하다 보면 어느새 프로그래밍 자신감이 커져 있을 겁니다.

예제 소스 https://github.com/teacher-jiejie/Lets-get-it-Python-Lecture

추천 도서 파이썬 코딩 도장 | 모던 파이썬 입문 | 파이썬 프로그래밍 교과서(개정3판)

Let's Get IT
파이썬 프로그래밍
Let's Get IT Python

정가 22,000원

ISBN 979-11-6521-596-5

93000

9 791165 215965

독자의 1초를
아껴주는 정성을
만나보세요!

세상이 아무리 바쁘게 돌아가더라도 책까지 아무렇게나 빨리 만들 수는 없습니다.
인스턴트 식품 같은 책보다 오래 익힌 술이나 장맛이 밴 책을 만들고 싶습니다.
땀 흘리며 일하는 당신을 위해 한 권 한 권 마음을 다해 만들겠습니다.
마지막 페이지에서 만날 새로운 당신을 위해 더 나은 길을 준비하겠습니다.

Let's Get IT 파이썬 프로그래밍
Let's Get IT Python

초판 발행 · 2021년 7월 5일
3쇄 발행 · 2022년 11월 1일

지은이 · 안지혜
발행인 · 이종원
발행처 · (주)도서출판 길벗
출판사 등록일 · 1990년 12월 24일
주소 · 서울특별시 마포구 월드컵로10길 56(서교동)
대표전화 · 02)332-0931 | **팩스** · 02)323-0586
홈페이지 · www.gilbut.co.kr | **이메일** · gilbut@gilbut.co.kr

기획 및 책임편집 · 정지연(stopy@gilbut.co.kr) | **디자인** · 책돼지 | **제작** · 이준호, 손일순, 이진혁
마케팅 · 임태호, 전선하, 차명환, 박민영, 박성용, 지운집 | **영업관리** · 김명자 | **독자지원** · 윤정아, 최희창

교정교열 · 이미연 | **전산편집** · 책돼지 | **출력 및 인쇄** · 북토리 | **제본** · 신정문화사

· 잘못된 책은 구입한 서점에서 바꿔 드립니다.
· 이 책은 저작권법에 따라 보호받는 저작물이므로 무단전재와 무단복제를 금합니다. 이 책의 전부 또는 일부를 이용하려면 반드시
  사전에 저작권자와 (주)도서출판 길벗의 서면 동의를 받아야 합니다.

ISBN 979-11-6521-596-5 93000
(길벗 도서번호 080251)

정가 22,000원

. . . .

독자의 1초를 아껴주는 정성 길벗출판사

길벗 | IT단행본, IT교육서, 교양&실용서, 경제경영서
길벗스쿨 | 어린이학습, 어린이어학

페이스북 · https://www.facebook.com/gbitbook
예제소스 · https://github.com/teacher-jiejie/Lets-get-it-Python-Lecture

Let's Get IT 파이썬 프로그래밍 Vol. 2

안지혜 지음

데이터 분석 프로젝트로
프로그래밍 사고력 기르기

베타 학습단의 한마디

이 책을 처음부터 끝까지 읽으면서 '입문자를 생각해서 쓴 책'이라는 것을 느꼈습니다. 기초 문법부터 데이터 분석까지 다루고, 이를 더 간결하게 작성할 수 있도록 도와주는 고급 문법, 작성한 프로그램을 화면에 나타낼 수 있는 위젯까지 자세하게 설명되어 있습니다. 그리고 주피터 노트북과 구글 코랩으로 구성한 실습은 파이썬을 학습하는 데 매우 편했습니다. 프로그래밍을 처음 접하거나 다른 책으로 공부하다 지친 사람에게 좋은 책입니다. **– 김영준**

C와 C++ 언어를 주로 사용하는 전공생입니다. 파이썬이 저에게 익숙한 C나 C++ 언어와 많이 달라서 헷갈릴 줄 알았는데, 이름이나 사용 방법만 다르고 비슷한 개념이었네요. 또한, 여러 라이브러리를 제공하고 문자열을 분리하는 것이 편리해서 '신세계다!'고 느꼈습니다. 동화책을 읽듯이 설명이 쉬워서 프로그래밍 언어를 처음 접하는 사람도 이해하기 쉽습니다. **– 남태우**

파이썬을 제대로 빠르게 배우고 싶었는데 이번 기회에 많은 도움이 되었습니다. 개념 설명으로 익히고 여러 예제를 직접 실습해 보며 실력을 쌓을 수 있었습니다. 다시 학습단을 뽑는다면 주변에 소개하고 싶습니다. **– 김정관**

요즘 누구나 배운다는 코딩, 그중에서도 요즘 제일 핫한 언어인 파이썬을 학습해 볼 기회가 없었는데, 좋은 기회로 학습단을 알게 되어 2주 동안 열심히 공부했습니다. 설명이 충분하고 그림 자료로 이해하기 쉽게 되어 있어서 프로그래밍 언어를 처음 접하는 사람도 어렵지 않게 다가갈 수 있었습니다. 일상생활 속에서 접할 수 있고 활용할 수 있는 예제로 구성된 것도 마음에 들었습니다. **– 이지현**

파이썬 프로그래밍을 쉽고 재밌게 배울 수 있는 책이었습니다. 기초적인 프로그래밍부터 시작해 실제 공공 데이터를 사용해 그래프와 지도로 시각적 자료를 보여 주는 프로젝트까지 구현해 볼 수 있었습니다. 책을 완독하고 나니 파이썬과 라이브러리에 익숙해진 느낌이 들었습니다. 배운 것을 활용해 나만의 프로젝트도 기획하고 개발해 볼 수 있겠다는 자신감을 키워 준 책입니다. 이 책을 공부하고 나서 이어 공부할 다음 책도 출간됐으면 하는 바람입니다.
– 강지승

파이썬을 혼자 공부할 때는 제대로 정리되지 않는데, 이 책을 처음부터 차근차근 따라 하다 보니 기초부터 정리할 수 있었습니다. 글이 술술 잘 읽혀서 독학으로 정리가 안 되던 부분도 한 번에 정리할 수 있었고 궁금한 점이 생기지 않네요. 파이썬 기본 문법부터 데이터 처리 방법까지 한 권으로 끝낼 수 있다는 점이 이 책의 매력입니다. 특히 파이썬 코드를 쉽게 이해하게 도와준 흥미로운 예제가 좋았습니다. **– 금예은**

50대 비전공자 직장인으로, 아이가 코딩을 접하기 전에 부모인 제가 먼저 배워 보려고 학습단을 신청했습니다. 좋은 교재 덕분에 코딩에 입문하는 데 큰 도움을 받았습니다. 혼자서는 학습하기 어려웠는데 이 책의 상세한 설명을 참고하고 예제를 따라 실습하면서 해결해 나갈 수 있었습니다. 저처럼 컴퓨터도 잘 모르는, 나이 많은 사람에게도 도움이 되는 좋은 교재라 주변에도 추천하고 싶네요. **- 구성우**

비전공자이고 프로그래밍 학습 경험도 없던 사람입니다. 파이썬 학습단을 통해 코딩 공부에 흥미가 붙고 제가 직접 코딩할 수 있다는 사실에 신기함과 재미를 느꼈습니다. 매일매일 학습하는 게 부담으로 느껴질 수도 있지만 새로운 분야를 배울 때는 그만큼 시간을 투자해야 하는 게 맞다고 생각합니다. 다음 학습단도 기회가 있다면 꼭 참여하고 싶습니다. **- 이지은**

비전공자로, 개발자 취업을 준비하고 있습니다. 파이썬이란 언어는 이름만 들어 봤을 뿐, 아무것도 모르는 상태에서 처음 배워 보는 것이었습니다. 새로운 언어를 배운다는 것이 쉽지는 않는데, 이 책에 나온 많은 예제와 꼼꼼한 설명 덕분에 자신감을 갖고 끝까지 완독할 수 있어서 정말 뜻깊은 경험이었습니다. 파이썬을 주 언어로 취업할지는 모르지만 저의 개발자 커리어에 꼭 도움이 될 거라 생각하며 꾸준히 공부하려고 합니다. **- 장승민**

베타 학습단에 참여해 주신 모든 분께 감사드립니다.
여러분의 소중한 의견이 모여 더 좋은 책을 만들 수 있었습니다.

지은이의 말

안녕하세요? 이 책의 저자 안지혜입니다. 드디어 책이 출간된다니 감회가 새롭습니다.

IT를 전공하긴 했지만 대학교 1학년 1학기 C 언어 수업을 듣고 흔히 말하는 탈전공을 꿈꿨습니다. 명령어 하나하나가 외계어처럼 느껴졌고 수업을 들어도 머리에 잘 들어오지 않았습니다. 나름 열심히 공부하는 학생이었는데 C 언어 수업은 저에게 학업에서 첫 무력감을 느끼게 했습니다.

왜 그렇게나 힘들었는지 지금 와서 돌이켜 보니 그 당시 저는 고등학교에서 배운 국영수사과 지식에 지나치게 매몰되어 있었던 것 같습니다. 지금이야 초등학교에서도 코딩을 배울 기회가 많지만 그 당시만 해도 코딩을 가르치는 학교가 많지 않았습니다. 첫 프로그래밍을 백과사전처럼 문법 위주로 배우다 보니 이해도 잘 안 가고, 이걸 왜 배워야 하는지 의욕도 떨어졌습니다. 그래서 프로그래밍과는 아예 다른 길로 가려고 했습니다.

그런데 전공 수업을 계속 듣다 보니 어느 순간 프로그래밍 언어가 하나의 외국어처럼 와닿는 시점이 있었습니다. 영어나 중국어, 일본어 등의 외국어를 배울 때 이 언어 구조가 왜 이런지, 왜 이런 단어를 사용하는지 알기가 쉽지 않죠. 처음 외국어를 배울 때 많은 노력이 필요합니다. 하지만 언어 체계를 한 번 받아들이고 나면 비슷한 문장 패턴을 알게 되고 언어의 규칙을 발견하는 재미도 생깁니다. 언어의 역사와 문화를 동시에 배우면 흥미가 더 생기기도 합니다. 외국어를 배우는 것처럼 저에게도 프로그래밍 언어가 갑자기 재밌어지는 그런 시점이 있었습니다. 그리고 제 나름대로 현실 상황을 프로그래밍 언어로 표현하며 공부하기도 했습니다. 그러다 보니 처음 C 언어를 배울 때 느꼈던 좌절감이 사라졌습니다. 머릿속에서 생각한 상황을 코드로 표현해 눈으로 직접 확인할 수 있을 정도가 됐습니다.

대학을 졸업하고 금융업의 IT직에 종사했다가 현재는 교사가 됐습니다. 교사가 되어 프로그래밍을 가르치다 보니 저처럼 프로그래밍을 받아들이기 힘들어하는 학생을 많이 만나게 됐습니다. 이때부터 '어떻게 가르쳐야 아이들이 프로그래밍을 쉽고 재밌게 받아들일 수 있을까?' 하는 고민을 안고, 수업을 구상하고 수정하고 또 수정했습니다. 그리고 그 고민의 결과가 이 책에 오롯이 담겨 있습니다.

이 책의 특징을 이야기하기 전에 프로그래밍을 왜 배워야 하는지부터 짚고 넘어가겠습니다.

왜 프로그래밍인가, 왜 파이썬인가?

요즘 개발자가 인기 직업으로 떠오르고 있습니다. 문과생도 프로그래밍을 배우기 위해 강의를 듣거나 스터디 모임을 한다고 하죠. 프로그래밍이 왜 이렇게 중요할까요? 다들 알겠지만, 최근 대부분의 혁신이 IT를 매개로 일어나고 있습니다. 이 때문에 기업들은 IT 전문가를 찾고, IT 분야 외의 다른 업무에서도 본업과 동시에 IT를 잘 아는 인재를 찾습니다. 이런 의도가 취업 시장에 반영되고 있죠.

비슷하면서도 조금 다르게 표현해 보겠습니다. 프로그래밍이 중요한 이유는, 바로 프로그래밍 이야말로 상상력을 실현할 수 있는 빠르고 강력한 도구이기 때문입니다. 우리는 누군가가 상상한 결과물 속에서 살아갑니다. 아이폰을 상상한 스티브 잡스, 페이스북을 상상한 마크 주커버그 등 많은 사람이 본인의 상상력을 프로그래밍을 통해 실현합니다(물론 프로그래밍 외의 요소가 필요하기도 하지만 핵심은 프로그래밍입니다). 저는 프로그래밍을 배운다면 모든 사람이 본인의 상상력을 현실로 표현할 수 있다고 확신합니다. 그런 점에서 프로그래밍은 내 능력을 더욱 확장시켜 줄 치트키입니다. 모든 사람이 전문 개발자가 될 필요는 없지만, 각자 분야에서 본인이 가진 잠재력과 상상력을 현실로 나타낼 수 있다면, 본인만의 개성을 드러낼 수 있다면, 그 이유만으로 프로그래밍을 배워야 합니다. 그리고 사람들이 기사를 보고 의견을 나누듯이, 학생들이 수학 문제를 토론하듯이, 모든 사람이 코드를 매개로 의사소통할 수 있는 사회가 점점 다가오고 있습니다.

많은 프로그래밍 언어 중에서도 왜 파이썬이어야 하는지는 1장에 잘 설명해 놓았습니다. 간단히 말하면 파이썬은 프로그래밍 입문자가 배우기 쉬운 언어입니다. 하드웨어와 소프트웨어의 긴밀한 관계를 잘 파악하려면 C 언어를 배우긴 해야 하지만, 전공자가 아니라면 파이썬만으로 충분합니다. 보통 무언가를 배울 때 학습 과정이 쉬우면 그 결과는 초라한 경우가 많은데, 파이썬은 그렇지 않습니다. 파이썬에 강력한 라이브러리가 많은 덕분에 사용법만 제대로 익히면 노력 대비 훌륭한 결과를 낼 수 있습니다.

Let's Get IT 파이썬 프로그래밍의 차별점

앞서 말씀드렸듯, 이 책에는 제가 탈전공하고 싶던 시절에 무엇을 어려워했는지, 학생들이 어려워하는 부분은 무엇인지 고민한 내용이 충분히 담겨 있습니다. 실생활 사례를 많이 넣어 파이썬 코드로 구현하려 했고, 이해하기 쉽게 설명하기 위한 비유도 많습니다. 설명도 최대한 친절하게 작성하려 노력했습니다. 이 책의 분량이 많은 것은 친절한 설명과 직관적인 이해를 위한 예제를 많이 넣었기 때문입니다.

처음 프로그래밍을 배우면 내가 구상한 것이 코드로 쉽게 표현되지 않는 어려움이 있을 수 있습니다. 저 역시 그런 어려움을 겪은 적이 있기에 구현 과정을 최대한 자세히 실어 놓았습니다. 머릿속으로 구상한 아이디어를 차근차근 글이나 그림으로 옮겨 보고, 이를 코드로 옮기는 방식입니다.

그리고 실제 프로젝트를 구성해 파이썬을 배워서 무엇을 할 수 있는지를 명확하게 제시했습니다. 제가 처음 프로그래밍을 배울 때는 이 부분을 확인하지 못해 의욕이 생기지 않았습니다. 명령어를 배워 무엇을 할 수 있는지 와닿지 않았던 거죠. 이 책에서는 작은 프로젝트에서 큰 프로젝트로 점진적으로 코드의 크기를 키워갑니다. 올림픽 데이터 분석, 카드 데이터 분석, 인구 데이터 분석순으로 프로젝트의 난도와 복잡도가 서서히 올라가도록 설계해 적절한 수준의 도전정신과 흥미를 유발합니다.

초심자는 오류가 발생하면 당황할 수 있습니다. 프로그래밍에서 오류는 당연한 것입니다. 마치 자전거를 능숙하게 타기 전에 수십 번 넘어지고 부딪히는 것처럼요. 그러니 오류에 겁먹거나 당황하지 말고 오류 내용을 해석해 보기를 추천합니다. 번역 프로그램을 활용해 오류 내용을 해석하는 것도 좋습니다. 왜 오류가 났는지를 파악하고 코드를 수정하는 것이 오류를 해결하는 가장 좋은 방법입니다. 코드를 이리저리 수정해도 오류가 계속 발생한다면 인터넷에 검색해 보세요. '아하!' 하는 탄성과 함께 해결되는 경우가 대부분일 겁니다.

Thanks to

이 책을 집필하는 데 결정적 도움을 주신 해적왕 송석리 선생님께 감사드립니다. 송석리 선생님과 교육적 영감을 공유하고, 같이 성장할 수 있는 저는 행운아입니다. 그리고 투박한 제 글을 전문적으로 다듬어 주신 길벗출판사 편집팀에게도 감사의 마음을 표합니다. 저를 믿어 주신 덕분에 제 버킷리스트 중 하나를 이룰 수 있게 됐습니다. 마지막으로 저에게 도전할 용기를 끊임없이 불어넣어 주는 가족에게 감사합니다. 제가 하고 싶은 것을 원 없이 할 수 있게 지지해 주는 가족 덕분에 행복한 삶을 살고 있다고 전하고 싶습니다.

안지혜

지은이 소개 안지혜

프로그래밍을 쉽고 재밌게 가르치는 방법을 끊임없이 고민하는 고등학교 정보 교사입니다. 컴퓨터교육과를 졸업한 후 은행에 취업하여 금융 IT 업무를 담당했으나, 인생에 대한 진지한 고민 끝에 퇴사 후 교사가 됐습니다. 전공, 직업과 상관없이 프로그래밍을 배우면 본인의 분야에서 날개를 달 수 있다고 믿고, 교육을 실천하고 있습니다. 고등학교 인공지능 기초(2021, 길벗), 수리와 인공지능 교과서(2021, 한국과학창의재단) 집필에도 참여했습니다.

이 책을 학습하는 방법

혼자 하기 어려운 프로그래밍 공부! 따라 해 보고, 같이 해 봐요!

문법을 배워도 뭘 만들지 모르겠어요!

개념 이해는 물론, 1분 퀴즈와 셀프체크, 예제 프로젝트로 파이썬을 완전하게 학습할 수 있습니다.

기초 이론 → 실습 → 1분 퀴즈 → 마무리 → 셀프체크

책이 없어도 언제 어디서나 웹북, 동영상으로 학습할 수 있어요!

웹북 https://thebook.io

동영상 강의(길벗_IT 전문서 채널) http://bit.ly/glibutIT

혼자 공부하기 어려워요!

학습단과 함께 공부하면 어렵지 않습니다. 학습 프로그램에 맞춰 매일매일 조금씩 꾸준히 탄탄하게 프로그래밍 자신감을 키우세요!

학습단 카페 참여하기 https://cafe.naver.com/gilbutitbook

예제 파일로 확인해 보세요!

프로그래밍 언어를 배우는 가장 확실한 방법은 손으로 직접 입력해 실행하고 작성한 코드가 어떻게 구현됐는지 결과를 눈으로 확인하는 것입니다. 예제 파일을 사용하는 방법은 다음과 같습니다.

① 크롬 브라우저로 https://github.com/teacher-jiejie/Lets-get-it-Python-Lecture 에 접속합니다. 학습하려는 장의 실습용 파일을 클릭합니다. 모든 강의는 실습용 파일과 완성본 파일을 제공합니다. 처음 공부할 때는 실습용 파일을 사용하고, 복습할 때 완성본 파일을 참고하길 권합니다.

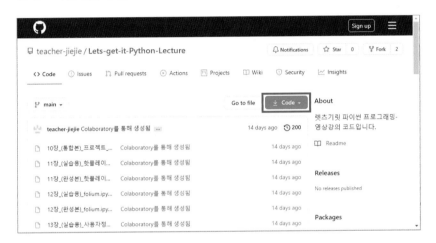

② 실습용 파일이 나타나면 가운데 보이는 **open in colab**을 클릭해 구글 코랩으로 파일을 엽니다. 파일을 내려받아 주피터 노트북으로 열어도 됩니다. 자세한 방법은 1장에서 확인할 수 있습니다.

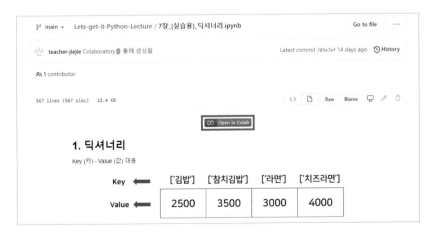

③ **Drive로 복사**를 클릭해 파일을 내 구글 드라이브로 복사합니다(구글 계정이 있어야 합니다). 실습용 파일을 본인 계정의 드라이브로 복사하는 과정입니다. 드라이브로 복사하지 않으면 변경사항이 저장되지 않으니 **Drive로 복사**를 꼭 해 주세요.

가끔 깃허브 사이트 자체 오류로 "Sorry, something went wrong. Reload?"라고 뜰 때가 있습니다. [Reload] 버튼을 누르거나 조금 뒤에 다시 시도하면 정상적으로 열립니다. 그래도 해결되지 않는다면 ①단계에서 화면 위쪽에 있는 [Code → Download ZIP] 버튼을 클릭해서 전체 파일을 내려받으세요. 내려받은 파일의 압축을 풀고 주피터 노트북에서 열면 파일을 확인할 수 있습니다.

Let's Get IT 학습 프로그램

이 책으로 파이썬을 효과적으로 학습할 수 있는 방법을 알려 드리겠습니다. 자신에게 맞는 방법을 선택해 파이썬을 익히길 바랍니다.

책을 중심으로 학습하기

이 책은 입문자가 스스로 학습할 수 있도록 자세한 설명과 다양한 예제를 실었기 때문에 책만으로도 충분히 학습할 수 있습니다. 책의 코드를 차례대로 타이핑하고 설명을 보면서 차근차근 학습할 수 있습니다. 효과적인 학습을 위해 자신만의 데드라인을 설정하고, 일자별 학습을 진행해도 좋습니다. 여유시간이 많다면 하루에 1개 장을 목표로 하는 것을 추천합니다. 학업이나 직장을 병행한다면 10장까지는 하루에 1개 장(또는 2개 장), 11장부터 15장은 이틀에 1개 장으로 잡는 것을 권합니다. 강제성을 부여하고 싶다면 마음이 맞는 사람끼리 스터디 모임을 하는 것도 효과적입니다. 같이 달리는 이들이 있다는 것만으로도 이 책을 완주하는 데 큰 도움이 됩니다.

동영상 강의 수강 후 책 학습하기

개인 성향에 따라 책보다는 강의가 학습에 더 효과적인 경우도 있습니다. 이런 사람을 위해 동영상 강의를 준비했습니다. 동영상 강의는 각 장의 핵심 내용만 추렸기 때문에 책으로 진도를 나가기 전에 빠르게 내용을 학습하는 데 활용합니다. 먼저 해당 장의 동영상 강의를 시청한 후 책을 보면서 강의 내용을 복습함과 동시에 강의에 포함되지 않은 내용을 학습합니다.

학습 방법을 정할 때 참고할 수 있게 학습 프로그램을 구성했습니다. 책을 기준으로 매일매일 꾸준히 프로그래밍 공부하는 것을 목표로 합니다. 하루 학습량은 베타 학습단의 리뷰를 참고해 내용의 난이도에 따라 설정했습니다. 제시된 학습 프로그램은 하나의 예시일 뿐이므로 본인만의 스타일대로 학습하셔도 됩니다. 가장 중요한 것은 일단 시작하는 것입니다.

처음부터 빨리 달리려고 하지 마세요. 쉽게 지칩니다. 가벼운 마음으로 워밍업하면서 프로그래밍 공부에 시동을 걸어 보세요. 하루가 쌓여 한 주가 되고 한 주가 쌓여 한 달이 지나면 어느새 공부 습관이 들어 있을 거예요. 주말에는 한 주 동안 공부한 내용을 정리해 보세요. 이해되지 않는 부분이 있다면 다시 읽어 보고, 풀지 못한 1분 퀴즈와 셀프체크가 있다면 다시 풀어 보세요.

1주차	1일	2일	3일	4일	5일
책	1장 Hello, Python!	2장 데이터 입력하고 결과 출력하기	3장 변수로 데이터 저장하기	4장 조건에 따라 해야 할 일이 다를 때: 조건문	5장 같은 일을 여러 번 반복해야 할 때: 반복문
강의	1-1	2-1	3-1~3-2	4-1~4-2	5-1~5-2

2주차	1일	2일	3일	4일	5일
책	6장 여러 데이터를 한 번에 묶어 표현하기: 리스트 6.1 여러 데이터 한 번에 묶기	6장 여러 데이터를 한 번에 묶어 표현하기: 리스트 6.2 제어구조로 리스트 다루기 6.3 여러 개의 리스트 묶기	7장 문자 기준으로 데이터 묶기: 딕셔너리 7.1 사전처럼 단어와 의미 연결하기	7장 문자 기준으로 데이터 묶기: 딕셔너리 7.1 사전처럼 단어와 의미 연결하기 7.2 제어구조로 딕셔너리 다루기	8장 데이터를 그래프로 시각화하기 8.1 그래프 그리기
강의	6-1~6-2	6-3~6-4	7-1	7-2	8-1

3주차	1일	2일	3일	4일	5일
책	8장 데이터를 그래프로 시각화하기 8.2 다양한 유형의 그래프 그리기 8.3 그래프 겹쳐 그리기	9장 데이터 분석 기초 9.1 데이터 준비: 파일에서 데이터 읽어 들이기 9.2 데이터 추출: 필요한 데이터만 골라내기	9장 데이터 분석 기초 9.3 데이터 분석 도전: 카드 이용내역 분석하기	10장 프로젝트 로드맵 그리기	11장 프로젝트로 파이썬 완성하기: 핫플레이스 인구 분석 11.1 프로젝트 목표 수립하기 11.2 프로그램으로 구현하기
강의	8-2	9-1~9-2	9-3~9-4	10-1~10-2	11-1~11-3

4주차	1일	2일	3일	4일	5일
책	11장 프로젝트로 파이썬 완성하기: 핫플레이스 인구 분석 11.2 프로그램으로 구현하기	12장 위치 정보 시각화하기: folium	13장 명령어 직접 만들어 사용하기: 사용자 정의 함수 13.1 단축키 역할을 하는 사용자 정의 함수	13장 명령어 직접 만들어 사용하기: 사용자 정의 함수 13.2 함수를 사용해 핫플레이스 프로젝트 작성하기	14장 데이터와 함수를 한 단위로 묶어 재사용하기: 클래스와 객체 14.1 자주 사용되는 단위를 클래스로 정의하기
강의	11-4~11-5	12-1~12-2	13-1~13-2	13-3~13-4	14-1~14-2

5주차	1일	2일	3일	4일	5일
책	14장 데이터와 함수를 한 단위로 묶어 재사용하기: 클래스와 객체 14.2 클래스와 객체로 프로그램 작성하기	14장 데이터와 함수를 한 단위로 묶어 재사용하기: 클래스와 객체 14.3 클래스와 객체로 핫플레이스 프로젝트 재구성하기	15장 프로그램 화면 구성하기: tkinter 15.1 tkinter 살펴보기 15.2 위젯 다루기	15장 프로그램 화면 구성하기: tkinter 15.2 위젯 다루기	15장 프로그램 화면 구성하기: tkinter 15.3 핫플레이스 프로젝트에 화면 입히기
강의	14-3	–	15-1~15-2	15-3	15-4

Vol. 1

Part 1 일주일 만에 끝내는 파이썬 기초 025

Let's
Get IT

Part
2

파이썬으로
데이터 분석하기

Part
2

지금까지 파이썬 프로그래밍의 기본이 되는 개념을 배웠습니다. 입출력 명령어부터 3가지 제어구조, 여러 데이터를 한 번에 저장하는 리스트와 딕셔너리까지 많은 것을 배웠어요. 이제는 이렇게 배운 내용을 바탕으로 무언가를 해볼 때입니다.

파이썬으로 할 수 있는 일은 많습니다. 웹 페이지를 만들 수도 있고, 웹에서 필요한 정보를 자동으로 긁어모으는 웹 크롤링이나 업무 자동화를 할 수 있습니다. 또한, 애플리케이션이나 게임을 개발할 수도 있죠. 그중에서도 이 책에서 도전해 볼 과제는 '데이터 분석'입니다. 파이썬은 데이터를 수집하고 분석하기 쉽게 도와주는 다양한 도구를 지원해서 데이터 분석에 활용하기 좋습니다. 데이터만 있으면 원하는 대로 이리저리 분석할 수 있고 사전에 알아야 하는 프로그래밍 지식도 Part 1에서 배운 정도면 충분합니다. 물론 데이터 분석에 필요한 라이브러리 사용법은 더 알아야 하지만요. 그래도 순서대로 잘 따라온다면 무리 없이 프로젝트를 완성할 수 있습니다. 그럼 동기 유발을 위해 이 책에서 배울 프로젝트를 미리 훑어볼까요?

휴일이나 주말에 친구 또는 가족과 맛집이나 재밌는 장소에 가고 싶을 때가 있죠. 그런데 사람들이 너무 많을까봐 걱정된 적은 없나요? 그래서 이 책에서는 가고 싶은 지역의 인구 데이터를 분석하는 프로젝트를 진행합니다. 프로젝트를 완성하고 나면 서울시에서 원하는 행정동의 인구 그래프를 조회할 수 있습니다. 또한 프로젝트를 참고해 스스로 다른 도시의 인구도 분석할 수 있습니다. 그리고 배운 내용을 응용한다면 인구 데이터가 아닌 다른 데이터도 분석할 수 있습니다.

이 책에서는 핫플레이스가 있는 지역의 인구 데이터로 그래프를 그려 분석합니다. 코드를 작성해 다음과 같이 여러 형태의 그래프를 그려 보고 그 결과를 분석하는 것이죠.

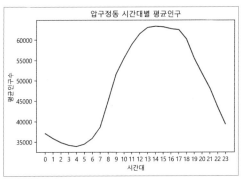
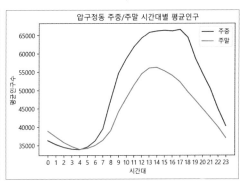

시간대별 인구뿐만 아니라 성별 인구와 두 지역의 인구를 비교하기도 합니다.

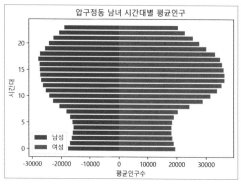
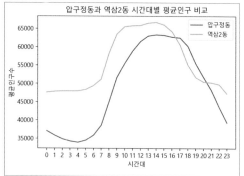

결과를 지도로도 나타내 봅니다.

배운 내용을 참고해 잘 응용한다면 여러분이 원하는 형태로도 나타낼 수 있을 거예요. 재밌을 것 같지 않나요? 그럼 데이터 분석 프로젝트에 필요한 몇 가지부터 배우고 프로젝트에 들어갑시다. Let's get it!

8장

그래프로 데이터 시각화하기

데이터를 이해하기 쉽게 시각적으로 표현하는 것을 **데이터 시각화**라고 합니다. 앞에서 살펴본 그래프나 지도가 데이터 시각화의 대표적인 예입니다. 시간대별 인구 데이터를 한눈에 볼 수 있도록 그래프로 표현했기 때문입니다. 이 장에서는 데이터 분석에 들어가기 전에 데이터를 시각화하는 방법을 배워 보겠습니다.

8.1
그래프 그리기

8.1.1 데이터 시각화 도구 사용하기

데이터 시각화의 기본은 그래프 그리기입니다. 그림을 그릴 때 화구가 필요하듯이 그래프를 그리려면 도구가 필요합니다. 파이썬에는 matplotlib이라는 매우 강력한 도구가 있습니다. matplotlib은 데이터 시각화를 돕는 파이썬 라이브러리입니다.

모듈, 패키지, 라이브러리

1장에서 파이썬은 다양한 확장 기능을 구현해 놓은 라이브러리가 많다고 했죠. 5장에서는 라이브러리에 관해 잠깐 설명했습니다. 여기서 그 개념을 조금 더 짚고 넘어가겠습니다.

인터넷에서 파이썬 자료를 검색하다 보면 모듈, 패키지, 라이브러리라는 용어를 자주 접하게 됩니다. 이 셋은 비슷해 보이지만 조금씩 차이가 있습니다.

- **모듈**(module) 특정 기능이 정의되어 있는 단일 파일
- **패키지**(package) 여러 모듈을 모아 둔 것
- **라이브러리**(library) 모듈과 패키지를 모아 둔 것

모듈은 특정 기능을 구현해 놓은 코드가 들어 있는 하나의 파일입니다. **패키지**는 여러 문서를 한 폴더에 넣어 관리하듯이 여러 모듈을 하나로 묶은 것을 말합니다. 이런 모듈과 패키지를 묶어 **라이브러리**라고 합니다.

라이브러리에도 표준 라이브러리와 외부 라이브러리가 있습니다. **표준 라이브러리**는 파이썬에서 공식적으로 제공하는 라이브러리로, 파이썬을 설치할 때 함께 설치됩니다. 표준에 포함되

지 않은 외부 라이브러리는 파이썬을 설치할 때 자동으로 설치되지 않으므로 사용할 때 별도로 설치해야 합니다.

모듈, 패키지, 라이브러리는 혼용하는 경우가 많습니다. 5장에서 random을 라이브러리라고 했죠. 그러나 찾아보면 random을 모듈이라고 하기도 합니다. 이 장에서 배울 matplotlib 역시 패키지 또는 라이브러리로 혼용합니다. 따라서 처음부터 그 의미를 정확히 구분하려고 하기보다는 '특정 기능을 구현해 놓은 형태' 정도로 이해해도 괜찮습니다.

이 셋을 파이썬 파일 또는 프로그램에서 사용하려면 import로 추가해야 합니다. 5장에서 import random으로 random 라이브러리를 추가한 것처럼 패키지나 모듈도 추가해야 합니다.

> **NOTE help()로 정보 확인하기**
>
> 파이썬에서 사용하는 명령어, 모듈, 패키지, 라이브러리 등의 정보를 알고 싶다면 help()를 활용해 보세요. help()는 괄호 안의 대상에 관한 정보를 알려 주는 명령어입니다. help(random)을 실행해 random에 대한 정보를 확인해 봅시다. 코드에서 보듯이 help()를 실행할 때는 작업하는 파일에서 읽을 수 있게 대상이 속한 모듈, 패키지, 라이브러리를 추가해야 합니다.
>
> ```
> import random
> help(random)
> ```
>
> **실행결과**
> ```
> Help on module random:
>
> NAME
>     random - Random variable generators.
> ...
> FUNCTIONS
> ...
>     randint(a, b) method of Random instance
>         Return random integer in range [a, b], including both end points.
> ...
> ```
>
> 실행결과가 굉장히 길게 출력되는데, 몇 가지만 살펴봅시다. 첫 줄에 Help on module random을 보면 random을 모듈로 소개합니다. 스크롤을 내려 FUNCTIONS 항목을 봅시다.

➲ 계속

FUCTIONS 항목에서는 random 모듈에 속한 명령어를 보여 줍니다. 알파벳 순서로 나열되어 있는데, r 부분을 찾으면 앞에서 사용한 randint()가 있습니다. 설명을 보면 '범위 [a, b]에서 양 끝을 모두 포함하는 무작위 정수를 돌려준다'고 나옵니다. 모듈만이 아니라 특정 명령어에 대한 정보도 바로 확인할 수 있습니다. help(random.randint)처럼 직접 명령어를 넣으면 됩니다. 궁금한 명령어가 있으면 help()로 정보를 확인해 보세요.

이 장에서 사용할 matplotlib은 모듈, 패키지, 라이브러리 중에 무엇일까요?

```
import matplotlib
help(matplotlib)
```

실행결과
```
Help on package matplotlib:

NAME
    matplotlib - This is an object-oriented plotting library.
...
```

첫 줄을 보면 matplotlib은 패키지라고 나옵니다. 그런데 바로 아래 NAME 항목에는 'matplotlib은 그래프를 그리는 객체 지향 라이브러리'라고 나옵니다. 여기서도 패키지와 라이브러리를 혼용하고 있습니다. 이 장에서는 matplotlib 중 pyplot을 주로 사용하니 pyplot도 살펴보죠.

```
import matplotlib
help(matplotlib.pyplot)
```

실행결과
```
Help on module matplotlib.pyplot in matplotlib:
...
```

matplotlib 안에 있는 모듈 matplotlib.pyplot이라고 나오는 걸로 보아 pyplot은 모듈임을 알 수 있습니다.

포함 관계를 나타내는 도트(.)

모듈, 패키지, 라이브러리를 배워 보니 포함 관계가 굉장히 많죠. 이 포함 관계를 표현하는 방법으로 파이썬에서는 도트(.)를 사용합니다. 도트(.)는 상위 개념에서 하위 개념으로 내려갈 때 상위개념.하위개념 형식으로 사용합니다.

random 모듈에는 다양한 명령어가 있는데, 대표적으로 randint()가 있습니다. 이를 나타내는 의미로 randint()를 사용할 때 random.randint()로 작성합니다.

matplotlib 패키지는 그 안에 모듈이 한 단계 더 있으므로 도트 역시 한 번 더 사용해야 합니다. 예를 들어, matplotlib의 모듈인 pyplot의 명령어 a()를 사용한다면 다음과 같이 코드를 작성합니다.

```
import matplotlib
matplotlib.pyplot.a()
```

matplotlib.pyplot은 matplotlib의 모듈인 pyplot에 접근한다는 의미이고, 여기에 .a()를 붙이면 pyplot에 있는 명령어 a()를 사용한다는 의미가 되죠. 도트는 이처럼 한 단계 아래로 접근할 수 있게 합니다.

그림 8-1 패키지 안의 명령어 사용하기

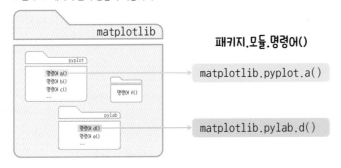

as로 명령어 줄여 쓰기

사용하고 싶은 명령어가 패키지나 모듈에 속해 있으면 명령어를 사용할 때마다 패키지 이름이나 모듈 이름을 넣어야 해서 번거롭습니다. 명령어가 길어지기도 하고요. 가령 matplotlib의 pyplot 모듈에 속한 명령어를 사용한다고 해 봅시다. 명령어 b()와 c()를 사용하려면 다음과 같이 작성해야겠죠.

```
import matplotlib
matplotlib.pyplot.b()
matplotlib.pyplot.c()
```

이런 경우 as 키워드를 사용해 줄여 표현하는 방법이 있습니다.

```
import matplotlib.pyplot as plt
```

import matplotlib.pyplot은 matplotlib의 pyplot 모듈을 포함한다는 의미입니다. 이때 코드 마지막에 as plt를 추가하면 앞에 있는 matplotlib.pyplot을 앞으로 plt로 부르겠다는 의미가 됩니다. 따라서 pyplot에 있는 명령어를 다음과 같이 줄여서 사용할 수 있습니다.

```
import matplotlib.pyplot as plt
plt.b()
plt.c()
```

다른 단어를 써도 있지만, 일반적으로 matplotlib.pyplot은 plt로 사용하니 이 책에서도 plt를 사용하겠습니다. 이 장에서는 matplotlib의 pyplot만 사용하므로 파일 시작 부분에서 import matplotlib.pyplot as plt를 한 번만 실행하면 그래프를 그리는 명령어를 계속 사용할 수 있습니다. 그럼 도구 사용법을 알았으니 본격적으로 그래프를 그려 봅시다.

제제쌤의 조언

지금까지는 주피터 노트북과 구글 코랩에서 코드를 실행했을 때 큰 차이가 없었습니다. 그런데 matplotlib의 일부 명령어는 조금 차이가 있습니다. 해당 부분에 설명을 추가해 두었으니 설명을 보고 충분히 따라할 수 있습니다.

또한, 코랩은 인터넷에 데이터 파일을 업로드해야 해서 데이터 파일 용량이 크면 업로드 시간이 오래 걸립니다. 하지만 주피터 노트북은 로컬에서 구동되기 때문에 내 PC에 파일이 있다면 업로드 없이 빠르게 데이터 파일을 읽어 들일 수 있습니다. 10장까지는 큰 데이터를 사용하지 않으므로 코랩을 사용해도 됩니다. 다만, 11장부터는 용량이 매우 큰 데이터를 사용하므로 주피터 노트북을 사용하길 추천합니다.

8.1.2 꺾은선 그래프 그리기

앞으로 여러 유형의 그래프를 그려 볼 텐데요. 그중에서 하나를 골라 제대로 이해한 후 다른 그래프로 넘어가겠습니다. 사용법이 비슷해서 하나를 제대로 알면 다른 그래프도 이해하기가 쉽습니다. 여기서는 꺾은선 그래프를 기준으로 설명합니다.

꺾은선 그래프는 plot() 명령어로 그립니다. 그래프를 그릴 데이터를 plot()의 소괄호 안에 넣고 실행하면 그래프가 그려집니다. plot()은 pyplot 모듈에 속한 명령어이므로 앞에서 배웠듯이 plt.plot()으로 사용합니다. 다음을 실행해 봅시다.

```
import matplotlib.pyplot as plt
plt.plot([1, 5, 7, 3, 7])
```

실행결과

```
[<matplotlib.lines.Line2D at 0x234bfaffd60>]
```

아무 일도 벌어지지 않네요. 정상적인 결과이니 당황하지 마세요. 그래프를 보여 주는 별도의 명령어가 필요해서 그렇습니다. plt.show()를 추가해 다시 실행해 봅시다.

TIP 앞의 코드를 실행했을 때 결과창에 텍스트와 그래프가 같이 표현될 수도 있습니다. 그래프를 볼 수 있더라도 그래프를 화면에 그리게 하는 plt.show()를 마지막에 넣는 것이 제대로 된 형식입니다.

```
import matplotlib.pyplot as plt
plt.plot([1, 5, 7, 3, 7])
plt.show()
```

실행결과

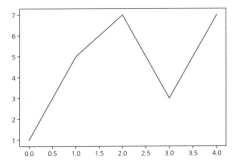

드디어 그래프가 그려집니다. 코드와 결과를 살펴봅시다. plot()에 넣은 리스트 [1, 5, 7, 3, 7]은 x축일까요? y축일까요? 그래프를 보면 y축으로 보이죠? 이처럼 plt.plot()은 데이터가 단일 값이면 입력된 값을 y축으로 보고 x축을 기본으로 0부터 설정됩니다. 만약 x축에도 특정 값을 넣고 싶다면 x축 데이터도 추가하면 됩니다. 2개의 데이터를 넣으면 앞은 x축, 뒤는 y축 으로 인식해 그래프를 그립니다.

형식

```
plt.plot(x축, y축)
```

그래프를 그리려면 앞에서처럼 여러 개의 데이터 즉, 데이터 묶음이 필요합니다. 이 책에서는 리스트로 그래프를 그리겠습니다.

앞에서는 plt.plot()에 리스트를 직접 넣었지만, 리스트를 변수에 저장하고 변수를 넣는 것이 일반적입니다. [1, 5, 7, 3, 7]을 3월부터 7월까지 5개월 간의 매출이라고 가정해 봅시다. 그럼 3월부터 7월을 리스트 [3, 4, 5, 6, 7]로 만들고, 이를 변수 month에 저장합니다. [1, 5, 7, 3, 7]도 변수 sales에 저장합니다. month와 sales를 plt.plot()에 넣으면 각각 x축과 y축을 나타내는 리스트가 되겠죠? 다음 코드를 실행해 봅시다.

```
month = [3, 4, 5, 6, 7]
sales = [1, 5, 7, 3, 7]
plt.plot(month, sales)
plt.show()
```

실행결과

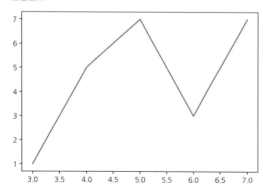

plt.plot()에 month를 넣으니 이를 x축으로 인식해 x축이 3부터 7 사이의 값으로 바뀌었습니다. y축은 여전히 sales의 값으로 대응되고요.

그림 8-2 꺾은선 그래프의 x축과 y축

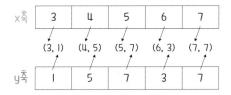

 그래프를 그릴 때 눈금 간격은 지정하지 않으면 간격이 자동으로 설정됩니다. 그래서 앞의 결과처럼 3.5, 4.5와 같은 소수점이 있는 실수가 나옵니다. 자세한 내용은 뒤에서 배우겠습니다.

이번에는 의미를 조금 더 알기 쉽게 x축의 '월'을 문자로 바꿔 봅시다. 3월부터 7월을 영어 약자로 변경해 리스트에 넣습니다.

```python
month = ['mar', 'apr', 'may', 'jun', 'jul']
sales = [1, 5, 7, 3, 7]
plt.plot(month, sales)
plt.show()
```

실행결과

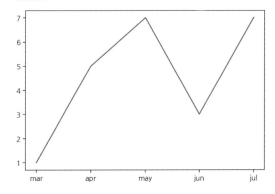

month를 [3, 4, 5, 6, 7]에서 ['mar', 'apr', 'may', 'jun', 'jul']로 변경하니 x축이 ['mar', 'apr', 'may', 'jun', 'jul']로 변경됐습니다.

> **NOTE 자주 하는 실수 – 데이터 개수 맞추기**
>
> plt.plot()에서 x축과 y축에 데이터를 넣을 때 오류가 자주 발생하는 부분이 있습니다. 다음 코드를 실행해 보고 왜 오류가 났는지 생각해 봅시다.
>
> ```python
> sales = [1, 5, 7, 3, 7]
> plt.plot([3, 4, 5, 6, 7, 8], sales)
> plt.show()
> ```
>
> **실행결과**
> ```
> ----> 2 plt.plot([3, 4, 5, 6, 7, 8], sales)
> ValueError: x and y must have same first dimension, but have shapes (6,) and (5,)
> ```
>
> 오류 설명을 보면 'x와 y는 첫 번째 차원이 반드시 같아야 하는데, 이 코드는 (6,)과 (5,) 형태여서 ValueError가 발생한다'고 나옵니다. 여기서 형태라고 하는 (6,)과 (5,)는 리스트의 요소 개수를 의미합니다. x축은 [3, 4, 5, 6, 7, 8]로 6개인데, y축은 [1, 5, 7, 3, 7]로 5개입니다. 이렇게 x축과 y축의 데이터 개수가 같지 않으면 그래프를 그릴 수 없습니다. 그래프에 값을 넣을 때는 데이터 개수가 같은지 항상 확인하세요!

8.1.3 그래프 꾸미기

이번에는 그래프를 보기 좋게 꾸며 보겠습니다.

제목 넣기

먼저 그래프에 제목을 붙여 봅시다. 제목은 영어로 title이죠. 그래서 그래프에 제목을 붙이는 명령어도 plt.title()입니다. 원하는 그래프 제목을 plt.title()의 소괄호에 넣고 실행해 봅시다.

```
sales = [1, 5, 7, 3, 7]
month = ['mar', 'apr', 'may', 'jun', 'jul']
plt.title('월별 판매 실적')  # 그래프 제목 넣기
plt.plot(month, sales)
plt.show()
```

실행결과

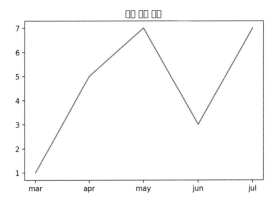

영어로 된 x축은 문제없이 잘 출력되지만, 한글로 입력한 제목은 제대로 표시되지 않습니다. 이는 matplotlib이 기본으로 한글을 지원하지 않아서 그렇습니다. 한글이 나오게 하려면 다음 형식으로 한글 글꼴을 지정하는 명령어를 추가해야 합니다.

형식

```
plt.rc('font', family='글꼴 이름')
```

다음처럼 코드를 추가해 봅시다.

```
sales = [1, 5, 7, 3, 7]
month = ['mar', 'apr', 'may', 'jun', 'jul']
plt.rc('font', family='Malgun Gothic')  # 글꼴 설정, macOS에서는 AppleGothic
plt.title('월별 판매 실적')              # 그래프 제목 넣기
plt.plot(month, sales)
plt.show()
```

실행결과

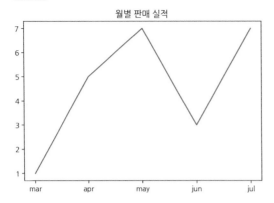

보통 그래프 제목이 있고 그 아래 그래프가 나오죠. 그래서 plt.title()이 plt.plot()보다 위에 있습니다. 그리고 그래프 제목을 한글로 출력하려면 그래프 제목을 출력하기 전에 한글 글꼴을 설정해야 하므로 plt.rc()를 plt.title()보다 위에 작성합니다. 글꼴은 Windows일 경우 Malgun Gothic을, macOS일 경우 AppleGothic을 넣으면 됩니다. Malgun Gothic은 중간에 공백이 있으니 유의하세요!

NOTE 코랩에서 한글 글꼴 설치하기

주피터 노트북은 로컬 PC에서 글꼴을 가져오기 때문에 실습하는 컴퓨터에 지정한 글꼴이 있으면 명령어만으로 한글 글꼴을 지정할 수 있습니다. 하지만 코랩은 클라우드에서 작동하기 때문에 한글 글꼴을 설정하려면 글꼴을 따로 설치해야 합니다.

여기서는 무료 글꼴인 나눔 글꼴을 설치합니다. 다음 코드를 작성 중인 코랩 파일의 첫 번째 셀에서 실행합니다.

```
!sudo apt-get install -y fonts-nanum  # 코랩의 첫 번째 코드 셀에서 실행
!sudo fc-cache -fv
!rm ~/.cache/matplotlib -rf
```

설치가 끝나면 코랩 메뉴에서 **런타임 → 런타임 다시 시작**을 선택하고 팝업창이 뜨면 [예]를 클릭합니다.

↻ 계속

주피터 노트북과 동일한 방법으로 글꼴을 지정하고 코드를 실행합니다.

```
plt.rc('font', family='NanumGothic')
```

그래프 색 바꾸기

이번에는 그래프의 색을 바꿔 보겠습니다. 색을 바꾸려면 plt.plot()에 color 옵션을 추가합니다. color 옵션의 값을 yellow를 의미하는 y로 설정하고 실행해 봅시다.

```
plt.rc('font', family='Malgun Gothic')
plt.title('월별 판매 실적')
plt.plot(month, sales, color='y') # 그래프 색 바꾸기
plt.show()
```

실행결과

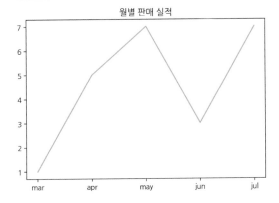

그래프가 노란색으로 바뀝니다. 다른 색을 넣고 실행해 보면 그래프의 색이 변하는 걸 볼 수 있습니다. 색상 코드는 https://matplotlib.org/examples/color/named_colors.html 을 참고하세요.

크기 바꾸기

화면은 큰데 결과 그래프가 조금 작아 보입니다. 이럴 때는 plt.figure()를 사용해 그래프 크기를 조절합니다. 크기를 조절할 때는 figsize와 dpi라는 2가지 옵션을 줄 수 있습니다. figsize는 figsize=(가로, 세로) 형식으로, 그래프의 가로와 세로 크기를 인치 단위로 직접 지정합니다. dpi는 해상도로 크기를 조절합니다. dpi는 dot per inch의 약어로, 해상도를 나타내는 단위입니다. 1제곱인치 안에 점(dot), 즉 픽셀이 몇 개 있는지를 의미합니다.

여기서는 dpi 옵션으로 크기를 조절합니다. 값을 150으로 설정하고 실행합니다.

```python
plt.figure(dpi=150) # 그래프 크기 바꾸기
# plt.figure(figsize=(8, 4))
plt.rc('font', family='Malgun Gothic')
plt.title('월별 판매 실적')
plt.plot(month, sales, color='b')
plt.show()
```

실행결과

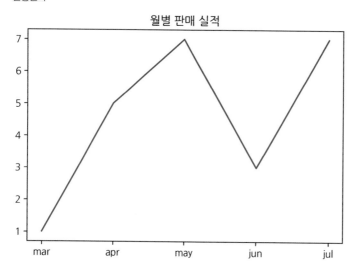

그래프 크기가 커지면서 글자가 조금 더 잘 보입니다. 크기를 더 키우고 싶을 때는 더 큰 숫자를 넣으면 됩니다. figsize로도 실습해 보세요.

범례 넣기

이번에는 범례를 추가해 보겠습니다. 그래프에서 점, 선, 막대의 색이나 모양에 따른 의미를 설명하는 부분을 **범례**(legend)라고 합니다. 보통 그래프의 한쪽에 글상자 형태로 표시됩니다. 그래프에 범례를 표시하려면 plt.plot()에 label 옵션으로 라벨을 붙이면 됩니다.

흔히 종이나 천에 상표나 제품명 등을 인쇄해 상품에 붙여 놓은 조각을 **라벨**(또는 레이블, label)이라고 합니다. 상품에 라벨이 달려 있듯이 그래프의 구성 요소가 의미하는 바를 나타내고 싶을 때 라벨을 사용합니다.

그림 8-3 라벨

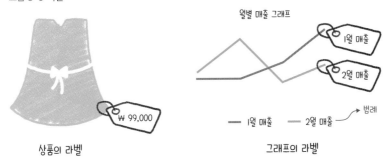

상품의 라벨　　　　　　　　　그래프의 라벨

plt.plot()에 label 옵션을 추가하면 그림처럼 그래프 선에 라벨이 달립니다. 다만, 그래프에서는 라벨이 상품 라벨과 같은 형태로 나타나는 것이 아니라 범례의 형태로 나타납니다. matplotlib으로 그래프에 라벨을 붙이려면 2가지가 필요합니다. 먼저 plt.plot()에 label 옵션으로 라벨 내용을 설정하고, plt.legend()로 그래프에 범례를 표시합니다. 일단 코드를 실행해 봅시다.

```
plt.rc('font', family='Malgun Gothic')
plt.title('월별 판매 실적')
plt.plot(month, sales, color='b', label='단위: 개수') # 범례 넣기
plt.legend()
plt.show()
```

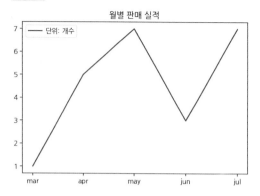

label='단위: 개수'로 그래프의 라벨을 지정하고 plt.legend()로 범례를 표시합니다. plt. legend()를 추가하지 않으면 라벨 옵션을 줘도 범례가 표시되지 않습니다.

plt.legend()에 loc 옵션을 추가하면 범례 위치를 바꿀 수 있습니다.

```
plt.rc('font', family='Malgun Gothic')
plt.title('월별 판매 실적')
plt.plot(month, sales, color='b', label='단위: 개수')
plt.legend(loc='lower right')
plt.show()
```

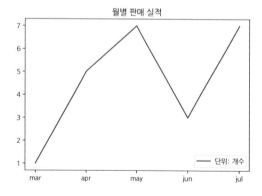

범례가 오른쪽 아래로 옮겨집니다. 범례 위치는 다음과 같이 그래프를 9등분해 지정하고, best로 지정하면 그래프의 생김새에 따라 자동으로 최적이라 판단되는 위치에 범례를 표시합니다.

그림 8-4 옵션 값에 따른 범례 위치

	월별 판매 실적	
upper left	upper center	upper right
center left	center	center right
lower left	lower center	lower right

축 이름 넣기

그래프에 x축과 y축의 이름이 없으니 의미를 한 번에 알기 어렵네요. 이번에는 x축과 y축에 이름을 붙여 봅시다. x축에 이름을 붙이는 명령어는 plt.xlabel(), y축에 이름 붙이는 명령어는 plt.ylabel()입니다. 축 이름은 소괄호 안에 넣습니다.

```
plt.rc('font', family='Malgun Gothic')
plt.title('월별 판매 실적')
plt.plot(month, sales, color='b', label='단위: 개수')
plt.legend(loc='lower right')
plt.xlabel('월')
plt.ylabel('매출')
plt.show()
```

실행결과

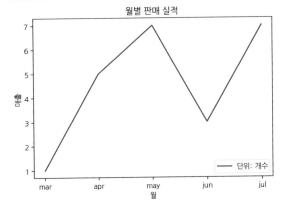

x축과 y축에 축 이름이 표시됩니다. plt.xlabel()과 plt.ylabel()은 label 옵션과 비슷해 보이지만, 명령어에 추가되는 옵션이 아니라 별도의 명령어라는 점을 유의하세요!

지금까지 꺾은선 그래프를 그리고 여러 옵션으로 그래프를 꾸며 봤습니다. 앞에서 봤듯이 그래프를 그릴 때는 일정한 형식이 있습니다. 가장 먼저 라이브러리를 추가하고 plt.title()로 제목을 붙이고 plt.plot()으로 그래프를 그리는 것이죠. 만든 그래프를 보여 주지 않으면 소용이 없으니 마지막에 그래프를 보여 주는 명령어 plt.show()도 필수입니다. 정리하면 다음과 같습니다.

```python
import matplotlib.pyplot as plt    # plt로 명령어 줄여 쓰기

plt.rc('font', family='글꼴 이름')  # 한글 글꼴 지정하기
plt.title('그래프 제목')            # 그래프 제목 넣기
plt.plot(x축 데이터, y축 데이터)    # 꺾은선 그래프 그리기
plt.show()                         # 그래프 보여 주기
```

여기에 해상도, 범례, 색상 등 그래프를 꾸미는 명령어를 선택적으로 추가할 수 있습니다.

1 다음 코드를 보고 <u>틀린</u> 설명을 고르세요.

```python
import matplotlib.pyplot as plt

mon = [1, 2, 3, 4, 5, 6, 7, 8, 9]
data = [92, 63, 8, 27, 39, 84, 76, 18, 46]

plt.figure(dpi=200)
plt.rc('font', family='Malgun Gothic')
plt.plot(mon, data, color='r', label='지출')
plt.legend(loc='upper left')
plt.show()
```

① x축의 범위는 1부터 9다.

② 범례는 왼쪽 위에 표시된다.

③ '지출'이라는 그래프 제목이 나타난다.

④ import matplotlib.pyplot as plt는 matplotlib.pyplot을 줄여 plt로 사용할 수 있게 한다.

⑤ plt.rc('font', family='Malgun Gothic')은 한글 글꼴을 설정하는 코드로, 이 코드가 없다면 그래프에서 한글이 표시되지 않는다.

정답 및 해설: 해설 노트 736쪽

8.2
다양한 유형의 그래프 그리기

꺾은선 그래프 외에도 다양한 그래프를 그릴 수 있습니다. 기본 구조는 같고, 그래프를 그리는 명령어 plt.plot()만 바뀔 뿐이죠. 그럼 하나씩 살펴봅시다.

8.2.1 막대그래프 그리기

막대그래프는 꺾은선 그래프만큼 자주 쓰입니다. 응용할 수 있는 부분도 무궁무진하죠. 막대그래프는 plt.bar()로 그립니다. 꺾은선 그래프를 그린 것처럼 다음 코드로 막대그래프를 그려 봅시다.

```
import matplotlib.pyplot as plt

sales = [1, 5, 7, 3, 7]
plt.bar(sales)
plt.show()
```

실행결과
```
----> 4 plt.bar(sales)
TypeError: bar() missing 1 required positional argument: 'height'
```

오류가 뜨지만 당황하지 말고 오류 내용을 잘 살펴봅시다. 마지막 줄을 보니 TypeError가 발생했고, 'bar()에 요구되는 위치 요소인 높이(height)가 누락됨'이라고 합니다. 즉, bar()에는 높이도 넣어 줘야 하는데, 빠뜨렸다는 뜻입니다.

plt.plot()은 데이터를 하나만 넣어도 됐지만, plt.bar()는 2개의 데이터(x축, y축)를 모두 넣어야 그래프를 그립니다. 그럼 데이터를 추가해 다시 실행해 봅시다.

```
sales = [1, 5, 7, 3, 7]
month = [3, 4, 5, 6, 7]
plt.bar(month, sales)
plt.show()
```

실행결과

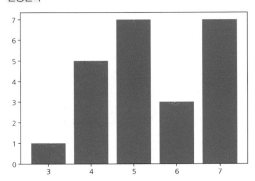

막대그래프가 잘 그려집니다. x축에 month의 값이 차례대로 들어가고, y축에도 sales의 값이 차례대로 들어갑니다.

제목 넣고 그래프 색 바꾸기

이번에는 그래프에 제목도 넣고, 막대도 파란색으로 바꿔 봅시다. 제목은 plt.title()로 추가하면 됩니다. 제목은 한글이니 글꼴도 설정해야죠. 파란색은 color 옵션을 추가해 'blue' 또는 'b'로 설정하면 됩니다.

```
sales = [1, 5, 7, 3, 7]
month = [3, 4, 5, 6, 7]
plt.rc('font', family='Malgun Gothic')
plt.title('월별 판매 실적')
plt.bar(month, sales, color='b')
plt.show()
```

실행결과

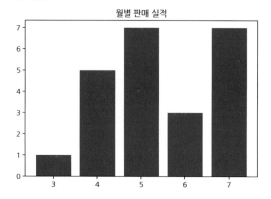

월별 판매 실적

꺾은선 그래프에서 배운 형식을 그대로 적용해서 그래프 제목과 색을 출력했습니다. 범례를 적용하는 것 역시 꺾은선 그래프와 같으니 직접 수정해 보세요!

x축에 range()로 연속 숫자 넣기

반복문에서 연속되는 숫자 범위를 표현할 때 range()라는 명령어를 배웠습니다. 리스트 [3, 4, 5, 6, 7]도 3부터 7까지 연속된 숫자이므로 range()를 사용해 range(3, 8)로 표현할 수 있습니다. x축에 [3, 4, 5, 6, 7] 대신 range(3, 8)을 넣고 실행해 봅시다.

```python
sales = [1, 5, 7, 3, 7]
plt.rc('font', family='Malgun Gothic')
plt.title('월별 판매 실적')
plt.bar(range(3, 8), sales, color='b')
plt.show()
```

실행결과

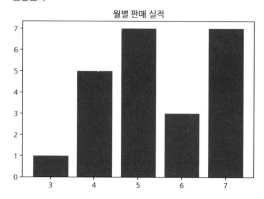

월별 판매 실적

x축 데이터가 [3, 4, 5, 6, 7]일 때와 똑같은 그래프가 그려집니다. range()의 숫자를 변경하면 다른 달의 그래프로도 그릴 수 있겠죠? 예를 들어, range(1, 6)을 넣으면 1월부터 5월까지, range(2, 11, 2)를 넣으면 2부터 시작해 2씩 건너뛰므로 짝수 월로 x축을 설정할 수 있습니다.

```
sales = [1, 5, 7, 3, 7]
plt.rc('font', family='Malgun Gothic')
plt.title('월별 판매 실적')
plt.bar(range(2, 11, 2), sales, color='b')
plt.show()
```

실행결과

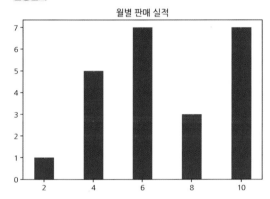

이처럼 데이터가 연속된 숫자일 때는 리스트 대신 range() 명령어로 데이터를 넣을 수도 있습니다.

 NOTE 자주 하는 실수 - 데이터 개수 맞추기

plt.bar()에서도 x축 데이터의 개수와 y축 데이터의 개수가 같지 않으면 오류가 발생합니다.

```
sales = [1, 5, 7, 3, 7]
plt.rc('font', family='Malgun Gothic')
plt.title('월별 판매 실적')
plt.bar(range(6), sales, color='b')
plt.show()
```

○ 계속

```
----> 4 plt.bar(range(6), sales, color='b')
ValueError: shape mismatch: objects cannot be broadcast to a single shape
```

오류 내용이 길어도 화살표가 가리키는 부분과 마지막 내용만 봐도 오류를 이해할 수 있으니 두려워하지 마세요. 화살표가 plt.bar(range(6), sales, color='b')를 가리키죠? 이 부분에서 오류가 발생했음을 알 수 있습니다. 마지막 줄을 보면 '형태 불일치: 대상들이 하나의 형태로 뿌려질 수 없다'고 나옵니다. 복잡해 보이지만, 이는 x축 데이터와 y축 데이터의 형태가 일치하지 않아서 오류가 발생한다는 뜻입니다. range(6)은 0부터 5까지를 의미하므로 값이 총 6개지만, sales에는 5개만 있습니다. 그래프를 그릴 때는 x축 데이터와 y축 데이터의 개수가 같아야 한다는 점을 꼭 기억해 두세요.

막대 방향 전환하기

막대가 세로로 선 형태(수직)가 아니라 가로로 누운 형태(수평)로도 그래프를 그릴 수 있습니다. plt.bar()에 한 글자를 추가한 plt.barh()를 사용하면 됩니다. 여기에서 h는 horizontal을 의미합니다.

```
sales = [1, 5, 7, 3, 7]
plt.rc('font', family='Malgun Gothic')
plt.title('월별 판매 실적')
plt.barh(range(3, 8), sales, color='b')
plt.show()
```

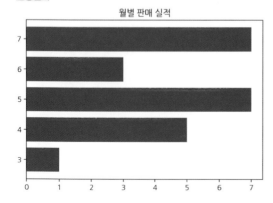

plt.barh()는 plt.bar()와 사용법이 같고, 기준점만 x축이 아닌 y축으로 바뀝니다. 따라서 range(3, 8)이 y축이 되고, sales가 x축이 됩니다.

꺾은선 그래프를 배울 때 적용한 방식과 같으니 막대그래프 그리기도 어렵지 않죠? 그래프 그리기 명령어만 plt.plot()에서 plt.bar()나 plt.barh()로 바꾸면 됩니다. 단, plt.bar()와 plt.barh()에는 반드시 x축과 y축 데이터를 모두 넣어야 합니다.

8.2.2 히스토그램 그리기

이번에는 히스토그램을 그려 보겠습니다. 히스토그램은 막대 모양의 도형으로 나타내는 그래 프로, x축에는 데이터를, y축에는 데이터의 개수(빈도)를 넣어 분포를 표현합니다. 히스토그램 을 그리는 명령어는 plt.hist()입니다. 다음 코드로 히스토그램을 그려 봅시다.

```
sales = [1, 5, 7, 3, 7]
plt.hist(sales)
plt.show()
```

실행결과

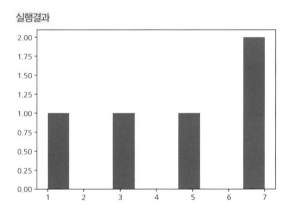

plt.hist()는 데이터를 넣으면 데이터의 최솟값과 최댓값을 골라내서 최솟값을 x축의 가장 왼 쪽에, 최댓값을 x축의 가장 오른쪽에 놓고 범위를 지정합니다. [1, 5, 7, 3, 7]에서 최솟값은 1, 최댓값은 7이죠. 그리고 1이 1개, 3이 1개, 5가 1개, 7이 2개입니다. 따라서 x축은 [1, 3, 5, 7]이 되고, y축은 [1, 1, 1, 2]가 됩니다. 이처럼 plt.hist()는 리스트를 하나만 넣어도 자동으로 리스트의 값이 다른 요소를 x축으로, 리스트의 각 요소 개수를 y축으로 설정합니다.

데이터가 적어서 막대그래프와 비슷해 보이네요. random 라이브러리를 사용해 무작위 정수 10개를 만들고, 이 데이터로 히스토그램을 그려 봅시다. 무작위 정수 10개를 저장하는 리스트명은 a라고 하겠습니다.

```python
import random

a = []
for i in range(10):
    a.append(random.randint(1, 10))
print(a)
plt.hist(a)
plt.show()
```

실행결과

[7, 5, 3, 3, 1, 3, 2, 10, 7, 8]

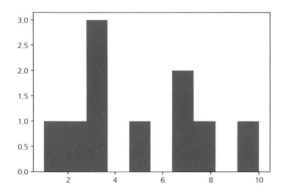

책과 결과가 다르다고 놀라지 마세요. 무작위 정수이므로 그래프 모양이 다를 수밖에 없습니다. 코드를 봅시다. 반복문을 활용해 a 리스트에 1부터 10 사이의 무작위 정수 10개를 추가했습니다. 반복문이 끝나면 a에 들어 있는 데이터를 출력해 확인하고 바로 plt.hist(a)로 히스토그램을 그렸습니다.

구간 조정하기

히스토그램을 그릴 때 구간을 조정할 수 있습니다. 구간은 막대의 너비라고 보면 됩니다. 옵션을 bins로 주는데, 이때 bin이 구간을 뜻합니다. 앞의 코드에서 얻은 무작위 값을 넣어 구간이 20인 히스토그램을 그려 보겠습니다.

```python
a = [7, 5, 3, 3, 1, 3, 2, 10, 7, 8]
plt.hist(a, bins=20)
plt.show()
```

실행결과

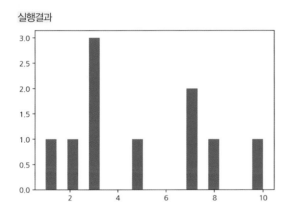

bins로 구간 개수를 설정하면 데이터의 x축 범위를 산출한 후 설정한 구간 개수로 나눕니다. 여기서는 1부터 10까지를 20개 구간으로 나누므로 처음 히스토그램보다 막대가 얇아졌습니다.

bins는 히스토그램에만 있는 옵션으로 다른 그래프 명령어에서는 사용할 수 없습니다. 그리고 plt.hist()는 리스트가 하나만 필요합니다. 따라서 x축과 y축 데이터를 모두 넣으면 오류가 발생합니다.

8.2.3 원그래프 그리기

원그래프도 그려 봅시다. 원그래프는 파이를 닮았다고 해서 '파이차트'라고도 합니다. 원그래프를 그리는 명령어는 plt.pie()이며, 히스토그램처럼 리스트 하나를 넣으면 됩니다.

혈액형별 사람 수를 원그래프로 그려 보겠습니다. 혈액형을 뜻하는 blood type을 줄인 b_type으로 리스트명을 짓고 [25, 19, 37, 11]을 저장합니다. 이를 각각 A형, B형, O형, AB형인 사람 수라고 가정합시다.

```
b_type = [25, 19, 37, 11]
plt.pie(b_type)
plt.show()
```

실행결과

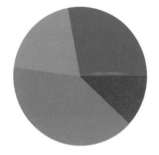

라벨 표시하기

앞의 코드를 실행하면 원그래프가 잘 나옵니다. 그런데 범례가 없으니 각 영역이 무엇을 의미하는지 알기가 어렵네요. 각 영역이 무엇을 나타내는지 원그래프에 라벨을 붙여 봅시다. 원그래프에서 라벨은 labels 옵션으로 붙일 수 있습니다. plt.pie()에서는 한 번에 그리는 영역이 여러 개이므로 앞에서 나온 label 옵션과 달리 뒤에 s가 붙은 labels임에 유의하세요. 라벨을 붙이려는 데이터가 4개이므로 리스트로 표현해야죠. 차례대로 리스트 안에 넣어 labels=['A형', 'B형', 'O형', 'AB형'] 형태로 지정하면 됩니다. 그리고 한글이 나오므로 한글 글꼴도 설정합니다.

```
b_type = [25, 19, 37, 11]
plt.rc('font', family='Malgun Gothic')   # macOS에서는 'AppleGothic'
plt.pie(b_type, labels=['A형', 'B형', 'O형', 'AB형'])
plt.show()
```

실행결과

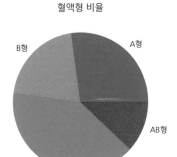

혈액형 비율

이제 원그래프 영역별로 라벨이 표시됩니다. labels에 옵션 값을 넣을 때 앞에서처럼 리스트로 직접 넣어도 되지만, 변수를 사용해도 됩니다. 다음 코드처럼 영역 이름을 b_name이란 리스트에 저장하고 이를 labels에 지정합니다.

```
b_type = [25, 19, 37, 11]
b_name = ['A형', 'B형', 'O형', 'AB형']
plt.rc('font', family='Malgun Gothic')
plt.pie(b_type, labels=b_name)
plt.show()
```

결과는 같으니 코드를 실행해서 확인해 보세요!

비율 표시하기

원그래프의 영역이 각각 크기가 달라서 어느 정도 짐작은 가지만, 정확한 비율은 알 수가 없습니다. 혈액형별 비율이 얼마인지 나온다면 그래프를 이해하기가 더 수월하겠죠? 비율은 autopct 옵션으로 표시합니다. 'auto percent'라는 의미입니다.

```
b_type = [25, 19, 37, 11]
b_name = ['A형', 'B형', 'O형', 'AB형']
plt.rc('font', family='Malgun Gothic')
plt.pie(b_type, labels=b_name, autopct='%1.1f%%')
plt.show()
```

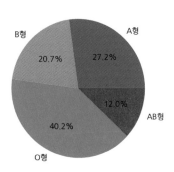

혈액형 비율

영역별로 차지하는 비율이 나옵니다. 옵션에서 값으로 넣은 '%1.1f%%'는 퍼센트를 소수점 몇 자리까지 나타내는가를 지정합니다. '%1.1f%%'는 소수점 첫째 자리까지, '%1.4f%%'는 소수점 넷째 자리까지 나타냅니다. 소수점 이하 자릿수를 직접 바꿔 가면서 실행해 보세요.

8.2.4 산점도 그리기

통계 분석에 많이 쓰는 산점도라는 그래프가 있습니다. **산점도**는 x값과 y값이 만나는 지점을 점으로 찍어서 표현한 그래프입니다. 산점도는 plt.scatter() 명령어로 그리며, plt.bar()나 plt.barh()처럼 x축과 y축 리스트를 넣어 주면 됩니다.

국어 점수와 영어 점수의 상관관계를 보여 주는 그래프를 그려 봅시다. 국어 점수를 저장한 리스트는 kor, 영어 점수를 저장한 리스트는 eng로 하겠습니다.

```
kor = [80, 20, 50, 20, 10, 50, 60, 30, 60]
eng = [90, 40, 60, 40, 10, 30, 50, 70, 90]
plt.scatter(kor, eng)
plt.show()
```

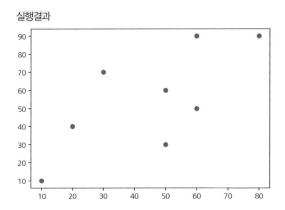

실행결과

실행하면 x축에 kor 리스트를, y축에 eng 리스트를 넣어서 산점도를 그립니다. kor 리스트의
첫 번째 요소와 eng 리스트의 첫 번째 요소끼리 짝을 이뤄 (80, 90)에, kor와 eng의 두 번째 요
소끼리 짝을 이뤄 (20, 40)에 점을 찍습니다. 이렇게 두 리스트의 각 요소가 짝을 이뤄 산점도
에 점을 찍습니다.

그림 8-5 산점도의 x축과 y축

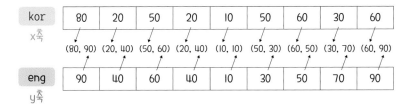

색 바꾸고 투명도 설정하기

이번에는 산점도를 꾸며 보겠습니다. 먼저 점의 색을 바꾸고 투명도를 설정합니다. 투명도는
색의 '진한 정도'로 보면 됩니다. 점의 색은 다른 그래프와 마찬가지로 color 옵션을 사용하면
됩니다. 투명도는 alpha 옵션으로 설정합니다. x축 이름과 y축 이름도 추가합시다.

```
kor = [80, 20, 50, 20, 10, 50, 60, 30, 60]
eng = [90, 40, 60, 40, 10, 30, 50, 70, 90]
plt.rc('font', family='Malgun Gothic')
```

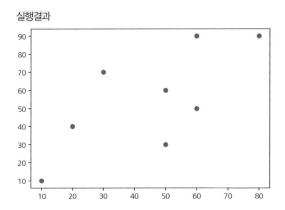

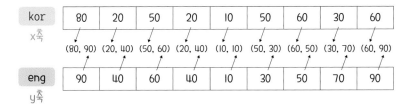

```
plt.scatter(kor, eng, color='red', alpha=0.7)
plt.xlabel('국어 점수')
plt.ylabel('영어 점수')
plt.show()
```

실행결과

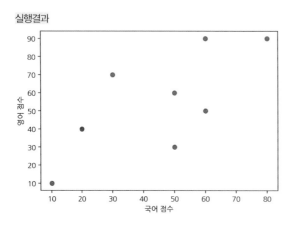

점의 색은 red로 하되 alpha로 투명도를 1보다 낮게 설정해서 조금 연한 빨간색으로 바꿨습니다. 투명도를 0.5, 0.3 등으로 바꾸고 투명도 변화를 확인해 보세요. 축 이름이 한글이라서 한글 글꼴 설정도 넣었습니다. x축과 y축 이름도 추가했고요.

컬러맵 적용하기

이번에는 데이터를 바꿔 키와 몸무게의 상관관계를 표현하는 산점도를 그려 보겠습니다. 100명의 데이터를 표시하는데, 숫자 100개를 직접 입력하긴 어려우므로 random 라이브러리를 사용해 무작위로 키와 몸무게 100개를 만듭니다. 키를 저장하는 리스트는 height, 몸무게를 저장하는 리스트는 weight로 하고, 반복문을 활용해 각 리스트에 숫자 100개를 넣습니다. 그리고 컬러맵(color map)을 사용해 산점도를 다채롭게 표현합니다. 컬러맵을 사용하려면 2가지 옵션을 추가해야 합니다. cmap 옵션으로 사용할 컬러맵의 이름을 지정하고, c 옵션으로 컬러맵을 표현할 기준이 되는 축을 설정합니다. 코드를 봅시다.

```
import random

height, weight = [], []
```

```
for i in range(100):
    height.append(random.randint(100, 200))
    weight.append(random.randint(20, 100))
plt.rc('font', family='Malgun Gothic')
plt.title('키와 몸무게의 상관관계')
plt.scatter(height, weight, c=height, cmap='RdPu')
plt.xlabel('키')
plt.ylabel('몸무게')
plt.show()
```

실행결과

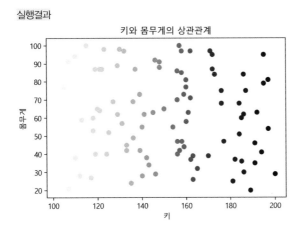

키와 몸무게를 저장할 height, weight를 빈 리스트로 한 번에 만듭니다. 5장에서 배웠듯이 여러 변수에 값을 한 번에 넣어 정의할 수 있습니다. 리스트도 마찬가지고요. 다음으로 무작위 값의 키와 몸무게를 리스트에 추가하는 코드를 반복문에 넣었습니다. 키는 100에서 200 사이로, 몸무게는 20부터 100 사이 값이 나오도록 설정했습니다. plt.scatter()의 c 옵션에서 색상 기준을 height로 지정했기 때문에 키가 작을수록 연하게, 클수록 점의 색이 진하게 나타납니다. c 옵션의 값을 weight로 바꾸면 몸무게에 따라 점의 색상 농도가 다르게 나타납니다. c 옵션을 변경해서 색상 변화를 확인해 보세요. 컬러맵은 RdPu를 지정했습니다.

> **TIP** matplotlib의 컬러맵은 여러 범주로 나뉘고 범주마다 더 많은 하위 컬러맵이 있습니다. https://matplotlib.org/tutorials/colors/colormaps.html에 가면 다양한 컬러맵을 볼 수 있습니다. 컬러맵 왼쪽에 있는 영단어가 해당 컬러맵의 이름입니다. 원하는 컬러맵을 넣어서 코드를 실행해 보세요.

그림 8-6 컬러맵

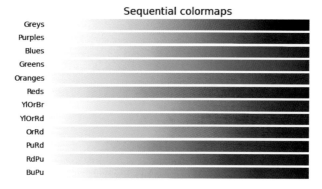

cmap을 사용할 때 plt.colorbar() 명령어를 추가하면 그래프 옆에 숫자별 색상값을 나타내는 컬러바를 보여 줍니다.

```
...
plt.scatter(height, weight, c=height, cmap='RdPu')
plt.colorbar(label='키')
```

실행결과

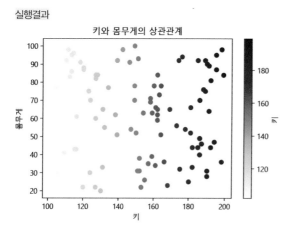

산점도 옆에 컬러바가 생깁니다. plt.colorbar()에 label 옵션을 추가해 컬러바에 라벨도 붙였습니다. 실행결과를 보면 컬러바 옆에 키라고 적혀 있습니다. 컬러바가 있으니 색상이 의미하는 바를 좀 더 직관적으로 알 수 있습니다.

점의 크기 조절하기

다른 그래프는 항목을 2개까지 표현할 수 있지만, 산점도는 세 항목도 한 번에 표현할 수 있습니다. x축, y축으로 두 항목을, 점의 크기로 세 번째 항목을 표현합니다. 점의 크기는 plt. scatter()에 s 옵션으로 추가해 조절합니다.

키와 몸무게가 체육 점수에 영향을 미치는지 알아봅시다. 이를 위해 키와 몸무게, 체육 점수의 상관관계를 살펴봅시다. 앞의 코드에 체육 점수를 의미하는 score 리스트를 추가하고 점의 크기를 score로 지정합니다. 체육 점수는 점의 크기가 뚜렷이 차이나도록 1부터 1000 사이의 무작위 값을 넣겠습니다.

```python
height, weight, score = [], [], []
for i in range(100):
    height.append(random.randint(100, 200))
    weight.append(random.randint(20, 100))
    score.append(random.randint(1, 1000))

plt.rc('font', family='Malgun Gothic')
plt.title('키와 몸무게, 체육 점수의 상관관계')
plt.scatter(height, weight, s=score, c=score, cmap='rainbow', alpha=0.7)
plt.xlabel('키')
plt.ylabel('몸무게')
plt.colorbar(label='체육 점수')
plt.show()
```

실행결과

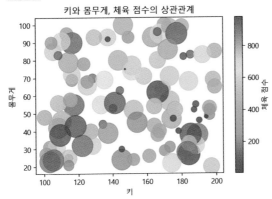

score 개수는 height와 weight 개수에 맞춰야 하므로 반복문 내부에 score.append(random.randint(1, 1000))을 추가해 무작위 값 100개를 score에 저장합니다. 그리고 s 옵션에 score를 지정해 체육 점수를 기준으로 점의 크기가 조절되게 합니다. 컬러맵의 기준은 체육 점수로 지정해(c=score) 체육 점수에 따라 점의 색이 변하게 합니다. 컬러맵은 rainbow로 설정하고 컬러바의 라벨도 키에서 체육 점수로 변경합니다.

결과 화면에 점의 크기가 다양하게 나타납니다. 지금은 무작위 값이라 경향성을 찾기 어렵지만, 실제 상관관계가 있는 세 항목을 넣으면 제대로 된 결괏값을 얻을 수 있습니다.

8.2.5 상자 수염 그림 그리기

상자 수염 그림도 그려 봅시다. **상자 수염 그림**(상자 그림)이란 데이터의 최솟값, 25% 값(Q1), 중앙값(Q2), 75% 값(Q3), 최댓값을 상자로 표현한 그래프입니다. 다음 그림처럼 최솟값과 최댓값을 세로로 잇는 선 위에 25% 값과 75% 값을 테두리로 하는 상자를 그립니다. 그리고 그 안에 중앙값을 표현하죠. 이때 최댓값과 최솟값은 이상치를 제외한 값 중 최댓값과 최솟값을 의미합니다.

그림 8-7 상자 수염 그림

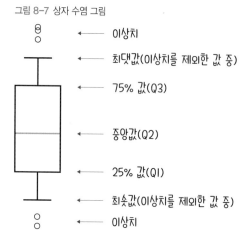

중앙값은 평균값과는 다른 개념입니다. 평균은 모든 요소의 합을 개수로 나눈 값이죠. 평균값은 원본 데이터에 없을 수도 있습니다. 예를 들어, 국어 점수를 저장하는 kor 리스트에 [80,

20, 50, 20, 10, 50, 60, 30, 60]이 있습니다. 국어 점수의 평균값은 (80 + 20 + 50 + 20 + 10 + 50 + 60 + 30 + 60)/9 = 42.2222…로, 이 점수는 원본 데이터에 없습니다.

중앙값은 원본 데이터에서 중앙에 위치한 값입니다. kor 리스트를 오름차순으로 정렬하면 [10, 20, 20, 30, 50, 50, 60, 60, 80]이죠. 여기에서 가운데 위치하는 값은 다섯 번째에 있는 50입니다. 50이 바로 kor의 중앙값입니다. 따라서 중앙값은 반드시 원본 데이터에 있습니다.

그림 8-8 국어 점수의 중앙값

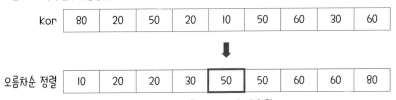

그럼 국어 점수의 25% 값과 75% 값도 구해 보죠. 25% 값은 상위 25%에 있는 값을 의미합니다. 총 9개의 숫자가 있으니 (데이터 개수 9 × 0.25)번째에 위치한 값입니다. 계산하면 2.25가 나오네요. 반올림하면 2가 됩니다. 국어 점수에서 두 번째에 있는 값은 20이죠. 따라서 25% 값은 20이 됩니다.

75% 값은 앞에서 75%에 있는 값을 의미합니다. 데이터 개수 9에 0.75를 곱하면 6.75가 나오고 반올림하면 7이 되죠. 국어 점수에서 일곱 번째에 있는 데이터는 60이므로 75% 값은 60이 됩니다.

NOTE 이상치

최댓값과 최솟값은 이상치를 제외한 값 중 가장 큰 값과 작은 값으로 각각 정합니다. 그럼 이상치란 무엇일까요? **이상치**(outlier)란 표본 데이터 범위에서 과하게 벗어난 값을 의미합니다. 상자 수염 그래프에서 이상치를 정하는 기준은 상자의 길이를 활용합니다. 상자의 길이를 **IQR**이라고 하는데 IQR은 Q3 − Q1으로 구할 수 있습니다. 따라서 국어 점수 데이터에서의 IQR은 60 − 20인 40이 됩니다.

최댓값은 Q3부터 (Q3 + 1.5 × IQR) 범위에서 가장 큰 값이고, 최솟값은 (Q1 − 1.5 × IQR)부터 Q1 범위에서 가장 작은 값입니다. 그리고 이 값보다 더 크거나 작은 값은 이상치가 됩니다.

○ 계속

국어 점수 데이터에서 IQR은 40이고, Q1은 20, Q3는 60입니다. 따라서 60~120(60 + 1.5 × 40) 범위에서 가장 큰 값인 80이 최댓값, −40(20 − 1.5 × 40)~20 범위에서 가장 작은 값인 10이 최솟값이 됩니다. 국어 점수에는 120보다 크거나 −40보다 작은 값은 없으므로 이상치는 없습니다. 이를 상자 수염 그림으로 그리면 다음과 같은 모양이 됩니다.

그림 8-9 국어 점수의 상자 수염 그림

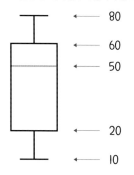

만약 이상치가 있다면 상자 수염 그림은 다음처럼 그려집니다.

그림 8-10 이상치가 표시된 상자 수염 그림

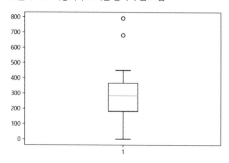

그래프에 보이는 동그라미는 이상치를 나타냅니다. 그래프를 보면 대다수의 데이터는 0과 500 사이에 있는데, 이 범위를 벗어난 700에서 800 사이에 값이 있다는 의미로 해석하면 됩니다.

국어 점수의 분포를 상자 수염 그림으로 표현해 봅시다. 상자 수염 그림을 그리는 명령어는 `plt.boxplot()`입니다. 여기에 데이터를 넣으면 자동으로 상자 수염 그림을 그립니다.

```
kor = [80, 20, 50, 20, 10, 50, 60, 30, 60]
plt.boxplot(kor)
plt.show()
```

실행결과

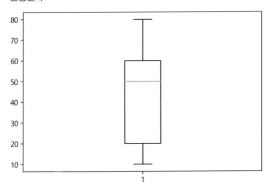

상자 수염 그림이 그려지는데, x축이 1로 나옵니다. 상자 수염 그림에서 x축은 데이터의 라벨을 나타냅니다. 라벨은 지정하지 않으면 1을 기본값으로 표시합니다. 이를 '국어 점수'로 바꿔봅시다. 라벨을 지정하려면 plt.boxplot()에 labels 옵션을 추가합니다.

```
kor = [80, 20, 50, 20, 10, 50, 60, 30, 60]
plt.boxplot(kor, labels=['국어 점수'])
plt.show()
```

실행결과

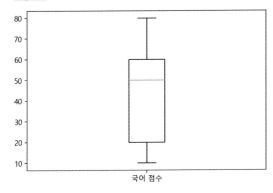

labels 옵션에는 원그래프에서 영역에 라벨을 붙일 때처럼 리스트 형태로 값을 넣습니다. 그렇지 않으면 오류가 발생합니다.

이외에도 다양한 옵션과 명령어가 있지만, 입문 단계에서는 이 정도로 충분합니다.

1분 퀴즈

2 다음 코드에 대한 설명으로 틀린 것을 고르세요.

```python
import matplotlib.pyplot as plt

data = [92, 63, 8, 27, 39, 84, 76, 18, 46]
plt.plot(range(9), data)
plt.show()
```

① plt.plot()을 plt.bar()로 변경하면 막대그래프가 그려진다.

② plt.plot()을 plt.barh()로 변경하면 가로형 막대그래프가 그려진다.

③ plt.plot()을 plt.hist()로 변경하면 히스토그램이 그려진다.

④ plt.plot()을 plt.scatter()로 변경하면 산점도가 그려진다.

정답 및 해설: 해설 노트 736쪽

8.3

그래프 겹쳐 그리기

지금까지 다양한 그래프를 그려 봤습니다. 이번에는 앞에서 배운 그래프를 여러 개 겹쳐 그리는 방법을 배워 보겠습니다. 그래프를 겹쳐 그리면 여러 데이터를 비교할 수 있고 다양하게 응용할 수도 있어요.

8.3.1 꺾은선 그래프 겹쳐 그리기

신인 가수를 뽑는 오디션 프로그램에서 나온 첫째 주의 득표수와 둘째 주의 득표수를 비교하는 그래프를 그려 봅시다. 참가자는 총 5명으로 편의상 A, B, C, D, E로 하고 singer 리스트에 저장하겠습니다. 그리고 첫째 주의 득표수는 week1 리스트, 둘째 주의 득표수는 week2 리스트에 저장합니다. 그럼 다음과 같이 리스트 3개가 만들어집니다.

```
singer = ['A', 'B', 'C', 'D', 'E']
week1 = [42, 58, 19, 92, 84]
week2 = [53, 52, 48, 98, 73]
```

week1과 week2가 참가자별 첫째 주와 둘째 주 득표수이므로 week1과 week2로 꺾은선 그래프를 그리면 됩니다. plt.plot() 명령어 하나당 1개의 꺾은선 그래프가 그려지니 이를 참고해서 코드를 작성합니다.

```
import matplotlib.pyplot as plt

singer = ['A', 'B', 'C', 'D', 'E']
week1 = [42, 58, 19, 92, 84]
week2 = [53, 52, 48, 98, 73]

plt.plot(singer, week1)
plt.plot(singer, week2)
plt.show()
```

실행결과

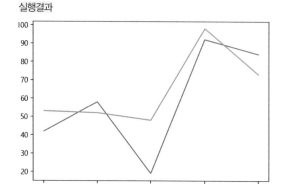

꺾은선 그래프 2개가 겹쳐서 그려집니다. plt.plot(singer, week1)로 참가자별 첫째 주 득표
수 그래프를, plt.plot(singer, week2)로 참가자별 둘째 주 득표수 그래프를 그렸습니다. 이
처럼 여러 개의 꺾은선 그래프를 겹쳐 그릴 때는 그래프 개수만큼 plt.plot()을 작성한 다음,
plt.show()를 실행해 그래프를 한 번에 그리면 됩니다.

이번에는 그래프에 범례를 표시하고 그래프 색도 변경해 보겠습니다. 제목도 추가합시다.

```
plt.rc('font', family='Malgun Gothic')
plt.title('오디션 프로그램 득표 현황')
plt.plot(singer, week1, label='첫째 주', color='hotpink')
plt.plot(singer, week2, label='둘째 주', color='royalblue')
plt.legend()
plt.show()
```

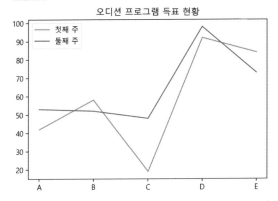

plt.title()로 제목을 추가하고, label 옵션으로 라벨을, color 옵션으로 그래프의 색을 지정합니다. 이렇게 label 옵션을 추가하면 그 아래에 plt.legend()를 추가해야 범례가 그래프에 표시됩니다. 제목과 범례를 추가하니 어떤 그래프인지 알아보기 쉬워졌습니다.

첫째 주보다 성적이 향상된 참가자는 A, C, D이고 성적이 떨어진 참가자는 B, E네요. 2주 연속 D가 1등, C가 꼴등을 했음이 한눈에 보입니다.

8.3.2 막대그래프로 겹쳐 그리기

막대그래프 2개를 다음 그림처럼 항아리 모양으로 그려 봅시다.

그림 8-11 항아리형 막대그래프로 그리기

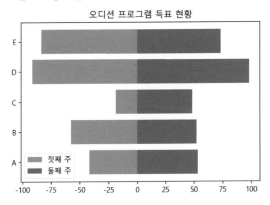

가로형 막대그래프이므로 plt.barh( ) 2개로 그리면 됩니다. 그리고 x축을 보면 둘째 주 그래프는 x축이 양수지만, 첫째 주 그래프는 x축이 모두 음수입니다. 따라서 첫째 주 득표수는 음수를 만들어야 합니다. 이를 코드로 작성하면 다음과 같습니다.

```
for i in range(len(week1)):
    week1[i] = -week1[i]

plt.rc('font', family='Malgun Gothic')
plt.title('오디션 프로그램 득표 현황')
plt.barh(singer, week1, label='첫째 주', color='hotpink')
plt.barh(singer, week2, label='둘째 주', color='royalblue')
plt.legend()
plt.show()
```

실행결과

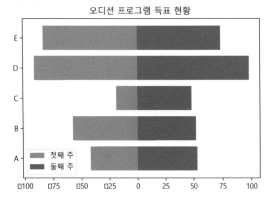

week1 리스트의 모든 요소를 음수로 만들어야 하므로 week1의 모든 요소에 week1[i] = -week1[i]를 수행하도록 반복문에 넣습니다. 그리고 plt.barh( )로 가로형 막대그래프 2개를 그리면 좌우로 펼쳐진 막대그래프가 만들어집니다.

그런데 x축을 보면 값이 제대로 표시되지 않습니다. 이런 표시는 문자 인식을 제대로 못했을 때 나타납니다. 따라서 − 기호를 인식하도록 다음처럼 코드 한 줄을 더 추가해야 합니다. 코드를 추가하고 실행해 봅시다.

```
for i in range(len(week1)):
    week1[i] = -week1[i]

plt.rcParams['axes.unicode_minus'] = False
plt.rc('font', family='Malgun Gothic')
...
```

실행결과

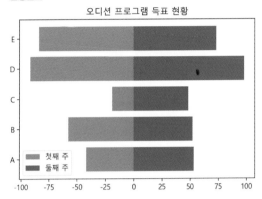

— 기호가 제대로 표시됩니다. plt.rcParams['axes.unicode_minus'] = False는 그래프에서
— 기호가 나타나게 하는 설정 코드입니다. 이때 다음 그림의 오른쪽 부분처럼 그래프가 겹쳐
서 나타나도 당황하지 마세요! 정상적인 결과입니다.

그림 8-12 실행할 때마다 달라지는 그래프 모양

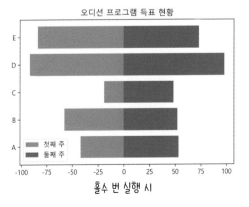

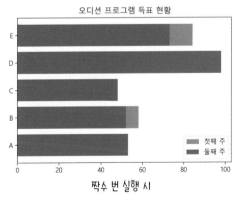

원인은 다음 코드에 있습니다.

```
for i in range(len(week1)):
    week1[i] = -week1[i]
```

셀을 한 번 실행할 때마다 week1 리스트의 요소를 음수로 만드는 반복문이 실행됩니다. 따라서 코드를 처음 실행하면 양수였던 값이 음수로 변환되어 왼쪽 그래프처럼 표현됩니다. 그런데 한 번 더 코드를 실행하면 음수였던 week1의 값들이 양수로 변환되어 오른쪽 그래프로 표현하는 것이죠. 만약 실행결과가 오른쪽 그래프처럼 나온다면 코드를 한 번 더 실행하면 됩니다.

> **NOTE 막대그래프를 그리는 다른 방법**
>
> 여기서는 2개의 막대그래프를 항아리 모양으로 구성했지만, 다른 방식으로도 표현할 수 있습니다. 다음 그림을 봅시다.
>
> 그림 8-13 막대그래프를 겹쳐 그리는 방법
>
>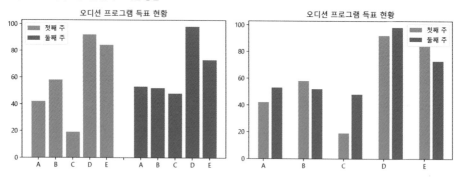
>
> 첫 번째 방법은 한 그래프 안에서 2개의 막대그래프를 좌우로 분리해 나란히 그리는 것입니다. 앞의 결과 그래프와 비교했을 때 x축이 다르다는 점이 보이나요? 가장 왼쪽의 A가 숫자 1의 위치라고 가정한다면 다음과 같이 정리할 수 있습니다.
>
> | x축 위치 | 1 | 2 | 3 | 4 | 5 | 6 | 7 | 8 | 9 | 10 | 11 |
> |---|---|---|---|---|---|---|---|---|---|---|---|
> | 라벨 | A | B | C | D | E | | A | B | C | D | E |
> | 그래프 색 | | | | | | | | | | | |
>
> ❏ 계속

분홍색 그래프의 x축은 1부터 5까지, 파란색 그래프의 x축은 7부터 11까지 표현되도록 코드를 변경해야 합니다. 그리고 x축의 숫자를 오디션 프로그램 참가자 이름으로 바꿔야 죠. 이럴 때는 plt.xticks()를 사용합니다. plt.xticks()는 그래프에 표시되는 x축의 눈금 위치와 라벨을 지정하며, plt.xticks(눈금 위치, 눈금 라벨) 형식으로 작성하면 됩니다. 참고로, 틱(tick)은 그래프에 표시하는 눈금을 의미합니다. 코드는 다음과 같습니다.

```
plt.bar(range(1, 6), week1, label='첫째 주', color='hotpink')
plt.bar(range(7, 12), week2, label='둘째 주', color='royalblue')
plt.xticks(range(1, 12), ['A', 'B', 'C', 'D', 'E', ' ', 'A', 'B', 'C', 'D', 'E'])
```

분홍색 그래프의 x축 눈금은 1부터 5까지 연속된 숫자이므로 range()를 사용해 range(1, 6)으로 범위를 나타낼 수 있습니다. 파란색 그래프는 x축 역시 7부터 11까지 연속된 숫자이므로 range(7, 12)로 작성할 수 있습니다. x축 눈금 라벨은 1부터 11까지 표시해야 하니 눈금 위치를 range(7, 12)로 잡습니다. 그리고 원하는 라벨을 뒤에 넣습니다. 눈금 위치를 잘 따진 후, 눈금 라벨을 변경해 주면 그래프가 잘 그려집니다. 같은 형식으로 plt.yticks()를 사용하면 y축 라벨도 지정할 수 있습니다.

그림 8-13의 두 번째 그래프도 그려 봅시다. 이 역시 x축을 조정하면 됩니다.

x축 위치	1	2	3	4	5	6	7	8	9	10	11	12	13	14
라벨	A			B			C			D			E	
그래프 색														

분홍색 그래프와 파란색 그래프가 번갈아가며 나옵니다. 간격이 둘 다 3입니다. 분홍색 그래프의 x축 눈금은 1, 4, 7, 10, 13이므로 range(시작 숫자, 종료 숫자, 간격) 형식을 사용해 range(1, 14, 3)으로 작성할 수 있습니다. 파란색 그래프는 x축 눈금이 2, 5, 8, 11, 14이므로 range(2, 15, 3)으로 작성할 수 있습니다. 그리고 plt.xticks()를 사용해 눈금 위치와 라벨을 넣습니다. 눈금이 분홍색 그래프 위치인 1, 4, 7, 10, 13에 표시되므로 range(1, 14, 3)으로 위치를 넣습니다. 눈금 라벨은 참가자 이름을 넣으면 되므로 singer 리스트를 넣습니다.

● 계속

코드는 다음과 같습니다.

```
plt.bar(range(1, 14, 3), week1, label='첫째 주', color='hotpink')
plt.bar(range(2, 15, 3), week2, label='둘째 주', color='royalblue')
plt.xticks(range(1, 14, 3), singer)
```

8.3.3 산점도 겹쳐 그리기

이번에는 산점도 2개를 겹쳐서 표현해 보겠습니다. 키와 몸무게의 상관관계를 그리는데, 이번
에는 그룹1과 그룹2에 각 100명씩 있다고 가정합니다. 그룹1의 키와 몸무게, 그룹2의 키와 몸
무게를 산점도에 각기 다른 색상으로 표시해 봅시다.

그룹1의 키와 몸무게는 height1, weight1 리스트에, 그룹2의 키와 몸무게는 height2, weight2
리스트에 저장합니다. 예시이므로 총 400개의 값을 random 라이브러리를 사용해 무작위로
넣습니다. 비교를 위해 그룹1과 그룹2의 키와 몸무게 범위를 다르게 설정합니다. 그룹1의 키
는 140~180, 그룹2의 키는 160~200으로, 그룹1의 몸무게는 40~80, 그룹2의 몸무게는
50~100으로 설정합니다.

```
import random

height1, weight1, height2, weight2 = [], [], [], []
for i in range(100):
    height1.append(random.randint(140, 180))
    weight1.append(random.randint(40, 80))
    height2.append(random.randint(160, 200))
    weight2.append(random.randint(50, 100))

plt.rc('font', family='Malgun Gothic')
plt.title('키와 몸무게의 상관관계')
plt.scatter(height1, weight1, color='crimson', alpha=0.7, label='그룹1')
plt.scatter(height2, weight2, color='indigo', alpha=0.7, label='그룹2')
plt.xlabel('키')
```

```
plt.ylabel('몸무게')
plt.show()
```

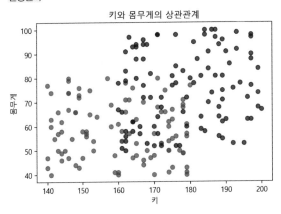

그룹1과 그룹2에 각각 100명씩 있으므로 키와 몸무게를 리스트에 추가하는 명령어를 반복문으로 100번 반복합니다. 산점도를 2개 그려야 하므로 plt.scatter()를 두 번 사용합니다. 그룹1의 산점도는 x축을 height1으로, y축을 weight1으로 하고, 색상은 crimson(진홍색), 투명도는 0.7로 설정합니다. 그룹2의 산점도는 height2와 weight2를 각각 x축, y축으로 하고, 색상을 indigo(남색), 투명도는 0.7로 설정합니다.

그룹1과 그룹2의 데이터 범위가 다른 것이 보이나요? 대체적으로 진홍색의 그룹1은 그래프의 왼쪽 아래에, 남색의 그룹2는 그래프의 오른쪽 위에 위치합니다. 그리고 가운데 영역에 그룹1과 그룹2가 겹치는 구간이 있고요. 이처럼 산점도는 데이터의 분포를 비교할 때 용이합니다.

이번에는 체육 점수를 추가해 점의 크기까지 설정해 보겠습니다. 그룹1의 체육 점수는 score1, 그룹2의 체육 점수는 score2로 합니다. 그리고 두 그룹 모두 체육 점수 범위는 0~200 사이로 합니다.

```
height1, weight1, score1, height2, weight2, score2 = [], [], [], [], [], []
for i in range(100):
    height1.append(random.randint(140, 180))
    weight1.append(random.randint(40, 80))
    score1.append(random.randint(0, 200))
    height2.append(random.randint(160, 200))
```

```
        weight2.append(random.randint(50, 100))
        score2.append(random.randint(0, 200))

plt.rc('font', family='Malgun Gothic')
plt.title('키와 몸무게, 체육 점수의 상관관계')
plt.scatter(height1, weight1, s=score1, color='crimson', alpha=0.7, label='그룹1')
plt.scatter(height2, weight2, s=score2, color='indigo', alpha=0.7, label='그룹2')
plt.xlabel('키')
plt.ylabel('몸무게')
plt.legend()
plt.show()
```

실행결과

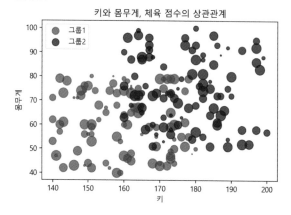

산점도를 그릴 때 s 옵션을 추가하니 점의 크기가 달라집니다. 이처럼 산점도도 겹쳐서 비교 그래프를 그릴 수 있습니다.

8.3.4 상자 수염 그림 여러 개 그리기

이번에는 상자 수염 그림 2개를 그려 봅시다. 영어 점수 리스트를 추가해 국어 점수와 영어 점수를 각각 상자 수염 그림으로 그립니다. 상자 수염 그림은 다른 그래프와 달리 그래프를 그리는 명령어를 여러 개 사용하지 않고, plt.boxplot()의 데이터에 이차원 리스트를 넣으면 됩니다. 다음 코드를 봅시다.

```
kor = [80, 20, 50, 20, 10, 50, 60, 30, 60]
eng = [90, 40, 60, 40, 10, 30, 50, 70, 90]

plt.boxplot([kor, eng], labels=['국어 점수', '영어 점수'])
plt.show()
```

실행결과

두 리스트를 묶어 이차원 리스트 [kor, eng]로 만들었습니다. 이차원 리스트의 첫 번째 요소는 kor, 두 번째 요소는 eng입니다. 이차원 리스트를 넣은 plt.boxplot()을 실행하면 이차원 리스트의 요소(일차원 리스트)별로 상자 수염 그림을 그리고 한 그래프 안에 나타냅니다. 그리고 labels 옵션으로 넣은 각 그래프의 라벨이 표시됩니다.

그래프를 보니 국어 점수와 영어 점수의 중앙값이 같네요. 하지만 국어 점수의 상자는 중앙값보다 아래쪽이 길고 영어 점수의 상자는 중앙값보다 위쪽이 깁니다. 따라서 국어 점수가 영어 점수보다 대체로 낮다고 볼 수 있습니다.

이차원 리스트 안에 더 많은 일차원 리스트를 넣으면 일차원 리스트 개수대로 상자 수염 그림이 그려집니다.

3 다음 코드를 실행한 결과, 그림과 같은 그래프가 나왔습니다. (가)와 (나)에 들어갈 코드로 알맞게 짝지어진 것을 고르세요.

```python
import matplotlib.pyplot as plt

employee = ['a', 'b', 'c']
incen2018 = [50, 91, 37]
incen2019 = [18, 67, 93]

plt.rc('font', family='Malgun Gothic')
plt.title('직원 성과급 현황(2018~2019)')
plt.bar(range(1, 8, 3), incen2018, label='2018년')
plt.bar((가), incen2019, label='2019년')
plt.xticks(range(1, 8, 3), (나))
plt.legend()
plt.show()
```

실행결과

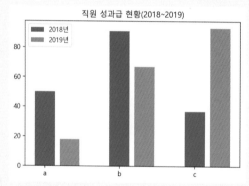

	(가)	(나)
①	range(6)	– range(1, 8, 3)
②	range(1, 8, 3)	– range(1, 8, 3)
③	range(1, 8, 3)	– employee
④	range(2, 9, 3)	– employee
⑤	range(2, 9, 3)	– label

정답 및 해설: 해설 노트 736쪽

1 그래프 그리기

형식

```
import matplotlib.pyplot as plt

plt.rc('font', family='글꼴 이름')
plt.title('그래프 제목')
# 그래프 형태에 따라 알맞은 명령어 넣기
plt.show()
```

2 그래프 유형별 그리기 명령어

유형	형식	비고
꺾은선 그래프	plt.plot([x축 리스트], [y축 리스트])	
막대그래프	plt.bar([x축 리스트], [y축 리스트])	
가로형 막대그래프	plt.barh([x축 리스트], [y축 리스트])	
히스토그램	plt.hist([리스트], bins=구간 개수)	x축, y축을 구분하지 않고 하나의 리스트만 넣는다.
원그래프	plt.pie([리스트])	x축, y축을 구분하지 않고 하나의 리스트만 넣는다.
산점도	plt.scatter([x축 리스트], [y축 리스트])	
상자 수염 그림	plt.boxplot([리스트])	x축, y축을 구분하지 않고 하나의 리스트만 넣는다. 상자 수염 그림을 겹쳐 그릴 때는 이차원 리스트로 넣는다.

3 그래프 그리기 명령어에 추가 가능한 옵션

구분	옵션	설명
그래프 색상 (그래프 공통)	color='색상 이름'	그래프의 색 설정하기
	alpha=투명도	그래프의 투명도 설정하기
라벨과 범례 (그래프 공통)	label='라벨'	라벨 표시하기 사용 가능한 그래프: 꺾은선 그래프, 막대그래프, 산점도
	labels=[라벨]	사용 가능한 그래프: 원그래프, 수염 상자 그림
히스토그램	bins=구간 개수	히스토그램의 구간 개수 설정하기
원그래프	autopct='%1.1%%'	영역별 비율 자동 표시하기
산점도	cmap='컬러맵 이름'	컬러맵 적용하기
	c='컬러맵을 적용할 데이터'	컬러맵을 적용할 데이터 지정하기
	s='점의 크기'	점의 크기 설정하기

4 기타 명령어

구분	명령어	설명
그래프 크기	plt.figure(dpi=해상도)	그래프 크기를 해상도로 설정하기
	plt.figure(figsize=가로, 세로)	그래프 크기를 인치 단위의 가로, 세로 길이로 설정하기
범례	plt.legend()	범례 표시하기
축 이름	plt.xlabel()	x축 이름 붙이기
	plt.ylabel()	y축 이름 붙이기
눈금 라벨	plt.xticks()	x축 눈금 라벨 설정하기
	plt.yticks()	y축 눈금 라벨 설정하기
컬러바	plt.colorbar()	산점도에 컬러바 표시하기

Self Check

다음 두 리스트는 자동차 통행량을 3시간마다 측정한 데이터입니다. weekday는 주중 자동차 통행량을, weekend는 주말 자동차 통행량을 의미합니다. 데이터를 이용해 주중과 주말 자동차 통행량을 비교하는 그래프를 다양한 방식으로 그리려고 합니다.

```
weekday = [3, 2, 16, 19, 9, 12, 23, 16]    # 주중 자동차 통행량
weekend = [1, 7, 13, 15, 19, 10, 19, 12]    # 주말 자동차 통행량
```

1 다음 그래프를 그려 보세요.

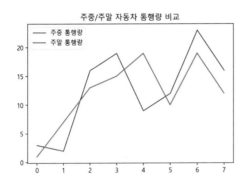

조건
- x축 눈금은 편의상 숫자 0부터 7까지로 한다.
- 주중 통행량 그래프 색상은 crimson, 주말 통행량 그래프 색상은 royalblue이다.

2 다음 그래프를 그려 보세요.

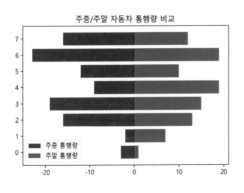

조건
- y축 눈금은 편의상 숫자 0부터 7까지로 한다.
- 주중 통행량 그래프 색상은 crimson, 주말 통행량 그래프 색상은 royalblue이다.

3 다음 그래프를 그려 보세요.

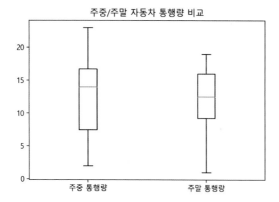

주중/주말 자동차 통행량 비교

정답 및 해설: 해설 노트 737쪽

## 9장

데이터 분석 기초

지금까지는 리스트나 딕셔너리에 임의로 데이터를 넣어 프로그래밍했습니다. 긴 데이터는 아니지만, 일일이 입력해야 해서 조금 번거로웠죠. 그래서 이 장에서는 파일로 된 데이터를 읽는 방법을 배워 보겠습니다. 그리고 읽어 들인 파일로 데이터 분석합니다. 데이터 파일을 읽어 들이는 방법을 알면 대량의 데이터를 한꺼번에 프로그램 안에 넣을 수 있고, 데이터를 하나씩 입력해야 하는 번거로움을 줄일 수 있습니다. 이번 장에서는 가상이 아닌 실제 데이터를 사용하므로 더욱 재미있을 겁니다. 그럼 시작해 볼까요?

9.1

데이터 준비:
파일에서 데이터 읽어 들이기

9.1.1 CSV 파일이란

데이터 분석에서 사용하는 데이터 파일은 여러 종류가 있습니다. XLS, XLSX 형식의 엑셀 파일도 있고, 텍스트로만 이루어진 TXT 파일도 있습니다. 여기서는 CSV 파일을 다루겠습니다. **CSV**(Comma Separated Values) 파일은 쉼표(,)로 구분된 텍스트 형식의 파일로, 메모장이나 엑셀 등에서 열 수 있습니다.

> TIP 이 책에서 CSV 파일을 사용하는 이유는 엑셀 파일보다 용량이 적기 때문입니다. 그리고 엑셀 파일은 지금까지 배우지 않은 다른 라이브러리와 데이터 타입을 알아야 하기 때문에 지금 단계로는 조금 어려운 측면이 있습니다. 그래서 지금까지 배운 리스트와 딕셔너리만으로 충분히 다룰 수 있는 CSV 파일을 사용합니다.

먼저 이 책의 자료실에서 card.csv 파일을 내려받습니다. 그런 다음, 내려받은 파일을 선택한 상태에서 [마우스 오른쪽 버튼 클릭 → 연결 프로그램 → 메모장]을 눌러 메모장으로 파일을 엽니다. 그러면 다음처럼 쉼표(,)로 구분된 텍스트 파일이 열립니다.

그림 9-1 메모장으로 CSV 파일 열기

이 파일은 2019년 10월부터 12월까지 3개월간의 실제 카드 이용내역입니다. 수많은 텍스트가 행마다 쉼표(,)로 구분되어 있는데, 내용을 보기가 조금 불편하죠.

card.csv 파일을 메모장이 아닌 엑셀로 열어 봅시다. 앞에서와 마찬가지로 파일을 선택한 상태에서 [마우스 오른쪽 버튼 클릭 → 연결 프로그램 → Excel]을 눌러 파일을 엽니다(엑셀 프로그램이 없는 경우 열어 보지 않아도 됩니다).

그림 9-2 엑셀로 CSV 파일 열기

카드 이용내역이 표 형태로 나옵니다. 조금 더 보기 편하죠? 파일에서 첫 번째 행은 표의 헤더(머리글 행)에 해당하고, 두 번째 행부터 실제 데이터가 되는 카드 이용내역입니다. 각 행은 한 건의 카드 이용내역 정보를 담고 있습니다. 메모장에서 쉼표로 구분한 각 행의 텍스트는 칸으로 구분됩니다. 헤더를 보면 첫 번째 열(A열)이 이용일시, 두 번째 열(B열)이 승인번호, 마지막 열(I열)이 매입상태입니다.

결국 CSV 파일은 행과 열이 있는 표 형식의 데이터를 표현한 것임을 알 수 있습니다. 이런 행과 열이 있는 데이터 타입을 앞 장에서 배운 적이 있죠? 바로 이차원 리스트입니다. 그래서 파이썬 프로그램에서는 CSV 파일을 읽은 후, 이차원 리스트로 데이터 타입을 변경해 데이터 분석을 진행합니다.

9.1.2 CSV 파일 읽어 들이기

파이썬 프로그램에서 CSV 파일을 어떻게 읽어 들이는지 알아봅시다. 먼저 파이썬 파일 하나를 만듭니다. 그리고 **앞에서 내려받은 card.csv 파일을 방금 만든 파이썬 파일과 같은 폴더에 넣습니다.**

CSV 파일과 파이썬 파일을 다른 폴더에 두면 CSV 파일을 읽을 때 따로 경로를 설정해야 합니다. 따라서 이 책에서는 같은 폴더에 넣고 진행하겠습니다. 그리고 파이썬 파일에 이후 내용을 작성합니다.

CSV 파일은 **[파일 열기 → 파일 읽기 → 표의 헤더 제거하기 → 리스트로 변환하기]**의 4단계로 읽어 들입니다.

CSV 파일을 다루려면 csv 라이브러리가 필요합니다. 따라서 가장 먼저 import csv로 작성하는 파이썬 파일에 라이브러리를 추가해야 합니다. 같은 파일 내에서는 한 번만 포함하면 되므로 이후 실행할 때는 셀마다 넣지 않아도 됩니다.

첫 번째 단계인 **파일 열기**는 f = open('파일명.csv')로 실행합니다. 이 코드는 CSV 파일을 열고 파일 내용을 변수 f에 담는다는 의미입니다. 일단 여기까지만 작성하고 print()로 변수 f에 담긴 값을 출력해 봅시다.

```
import csv

f = open('card.csv')
print(f)
```

실행결과

```
<_io.TextIOWrapper name='card.csv' mode='r' encoding='cp949'>
```

> **NOTE 코랩에서 파일 열기**
>
> 코랩에서는 파일을 열려면 다음과 같이 파일 업로드 명령어를 추가해야 합니다.
>
> ```
> import csv
> from google.colab import files
> uploaded = files.upload()
>
> f = open('card.csv')
> print(f)
> ```

○ 계속

두 줄을 추가하고 실행하면 다음처럼 [파일 선택] 버튼이 나옵니다. [파일 선택] 버튼을
누르고 card.csv 파일을 선택합니다.

그림 9-3 코랩에 파일 올리기

```
1   import csv
2
3   from google.colab import files
4   uploaded = files.upload()
5
6   f = open('card.csv')
7   print(f)
```
파일 선택 | 선택된 파일 없음   Cancel upload

파일 업로드가 끝나면 다음처럼 100% done 표시가 뜹니다. 이후부터는 주피터 노트북과
동일하게 CSV 파일을 읽어 들일 수 있습니다.

그림 9-4 코랩에 파일 올리기 완료

파일 선택 card.csv
- **card.csv**(application/vnd.ms-excel) - 21739 bytes, last modified: 2020. 5. 11. - 100% done
Saving card.csv to card.csv
<_io.TextIOWrapper name='card.csv' mode='r' encoding='UTF-8'>

card.csv 파일에는 많은 데이터가 들어 있는데 겨우 한 줄만 출력됩니다. 이는 open()만으로
는 파일의 데이터를 읽지 못한다는 뜻입니다. 화면에 나온 실행결과는 card.csv 파일의 정보
만 보여 준 것이죠.

여기서 주목할 부분은 마지막의 encoding입니다. 사용하는 운영체제가 Windows라면
encoding을 utf8로, macOS라면 cp949로 설정해야 합니다(같은 파일이더라도 주피터 노트북
과 코랩에서 인코딩 방식이 다르게 나타날 수 있습니다). 이럴 때는 다음처럼 open() 명령어에
encoding 옵션을 추가합니다.

```
# 운영체제가 Windows인 경우 encoding = 'utf8', macOS인 경우 encoding = 'cp949'
f = open('card.csv', encoding='utf8')
print(f)
```

```
<_io.TextIOWrapper name='card.csv' mode='r' encoding='utf8'>
```

옵션을 추가하니 출력 결과도 encoding='utf8'로 바뀝니다. 이 부분이 PC의 운영체제와 맞게 설정돼야 다음 단계에서 오류가 발생하지 않습니다.

두 번째 단계인 **파일 읽기**는 명령어 csv.reader()에 CSV 파일의 내용을 저장한 변수 f를 넣습니다. 그리고 이를 다시 변수 data에 저장합니다. 여기까지 진행한 후 data에 저장된 값을 출력해 봅시다.

```
f = open('card.csv', encoding='utf8')
data = csv.reader(f)
print(data)
```

```
<_csv.reader object at 0x00000221F0F93E48>
```

이번에도 기대한 데이터는 출력되지 않고 알아보기 어려운 실행결과가 한 줄 출력됩니다. 사실 CSV 파일의 데이터를 data 변수에 저장하긴 했지만, 결과에 출력할 수 있는 데이터 타입이 아니라서 그렇습니다(실행결과의 내용은 csv.reader()를 실행한 결과가 담긴 메모리 위치를 나타냅니다).

TIP UnicodeDecodeError가 발생했다면 open()의 encoding 옵션이 운영체제에 맞게 설정됐는지 확인해 주세요. 운영체제에 맞춰 바꿔도 오류가 발생한다면 euc-kr로 설정하거나 encoding 옵션을 아예 없애고 실행해 보기 바랍니다. 옵션이 없어야만 오류가 발생하지 않는 경우도 있습니다.

여전히 data 변수에 담긴 내용을 보려면 한 단계를 더 거쳐야 합니다. 네 번째 단계인 **리스트로 변환하기**로, data 변수의 데이터 타입을 데이터 분석에서 사용할 수 있는 리스트로 변경합니다. 데이터 타입을 리스트로 바꿀 때는 6장에서 배웠듯이 list()로 감싸면 됩니다.

```
f = open('card.csv', encoding='utf8')
data = csv.reader(f)
data = list(data)
print(data)
```

[['이용일시', '승인번호', '본인구분', '브랜드', '이용카드', '가맹점명', '이용금액', '이용구분', '매입상태'], ['2019-10-12 9:13', '1972753', '본', 'S&', '185', '네이버파이낸셜(주)', '546800', '일시불(A)', '부분취소']⋯]

드디어 원하던 데이터가 출력됩니다. 가장 앞에 대괄호 2개는 리스트 안에 리스트, 즉 이차원 리스트라는 의미임을 알죠? 그런데 실행결과 앞부분에 표의 헤더 부분도 함께 출력됩니다. 헤더는 데이터 분석에 필요한 순수한 데이터가 아닙니다. 그래서 헤더를 제거해야 합니다. 이는 앞의 형식에 나왔듯이 next( ) 명령어로 처리합니다. next(data)는 읽어온 data에서 한 행을 건너뛰고 다음 행을 읽게 합니다. 이 부분은 data를 리스트로 변환하기 전인 세 번째 단계에서 먼저 수행해야 합니다.

```
f = open('card.csv', encoding='utf8')
data = csv.reader(f)
next(data)
data = list(data)
print(data)
```

실행결과

[['2019-10-12 9:13', '1972753', '본', 'S&', '185', '네이버파이낸셜(주)', '546800', '일시불(A)', '부분취소'], ['2019-10-12 11:56', '3399357', '본', 'S&', '185', 'GS샵', '60440', '일시불(A)', '전표매입']⋯]

헤더 부분이 없어지고 온전히 데이터만 출력됐습니다. 실행결과는 뒤에서 더 자세히 살펴보겠습니다. 여기서는 CSV 파일을 읽어 들이는 4단계 [**파일 열기 → 파일 읽기 → 표의 헤더 제거하기 → 리스트로 변환하기**]와 명령어 형식만 잘 기억해 두세요.

CSV 파일 읽어 들이기 형식

```
import csv               # csv 라이브러리 포함하기

f = open('파일명.csv')     # 파일 열기
data = csv.reader(f)      # 파일 읽기
next(data)               # 표의 헤더 제거하기
data = list(data)        # 리스트로 변환하기
```

9.2
데이터 추출:
필요한 데이터만 골라내기

파일 데이터가 data 변수에 저장된 상태를 전제하고 내용을 진행하므로 파일 읽어 들이기 4단계가 실행된 상태인지 확인해 주세요. 이후로도 앞의 코드가 실행 완료된 상태라 가정하고 진행합니다.

9.2.1 원하는 데이터 추출하기

card.csv 파일을 읽고 리스트로 변환해 data에 저장했습니다. 실행결과를 보면 대괄호 2개가 있는 이차원 리스트였죠. data의 타입을 출력해 이차원 리스트가 맞는지 확인해 봅시다.

```
print(type(data))
```

실행결과
```
<class 'list'>
```

리스트 타입이라고 나옵니다. data의 길이도 구해 봅시다.

```
print(len(data))
```

이차원 리스트의 길이를 구하면 총 행의 개수가 출력됩니다. data에는 236개 행이 있군요. 이용내역이 236개라는 의미이며, 리스트의 인덱스가 [0]부터 시작해 [235]까지 있다는 뜻입니다. 이런 이차원 리스트 구조를 그려 보면 다음과 같습니다.

그림 9-5 이차원 리스트 data의 구조

data	[0]	[1]	[2]	[3]	[4]	[5]	[6]	[7]	[8]
[0]	2019-10-12 9:13	1972753	본	S&	185	네이버파이낸셜(주)	546800	일시불(A)	부분취소
[1]	2019-10-12 11:56	3399357	본	S&	185	GS샵	60440	일시불(A)	전표매입
...					...				
[234]	2019-12-31 12:50	18277034	본	S&	185	(주)현대백화점신촌점	15000	일시불	전표매입
[235]	2019-12-31 14:12	19443195	본	S&	185	쿠팡	16640	일시불	전표매입

이차원 리스트 data 안에는 236개의 일차원 리스트가 있습니다. 카드 이용내역 한 건이 일차원 리스트 1개로 표현됩니다. 첫 번째 이용내역(2019-10-12 9:13)이 data의 첫 번째 일차원 리스트이므로 data[0]이 되고, 두 번째 이용내역(2019-10-12 11:56)이 두 번째 일차원 리스트이므로 data[1]이 됩니다.

한 행 출력하기

이번에는 data의 첫 행을 출력해 봅시다.

```
print(data[0])
```

실행결과
```
['2019-10-12 9:13', '1972753', '본', 'S&', '185', '네이버파이낸셜(주)', '546800',
'일시불(A)', '부분취소']
```

첫 행은 2019년 10월 12일에 네이버파이낸셜(주)에서 546,800원을 결제한 건입니다.

여러 행 한꺼번에 출력하기

이번에는 처음부터 세 번째 이용내역까지 출력해 봅시다. 인덱스 [0]부터 [2]까지 출력하면 됩니다. 이때 슬라이싱을 사용해 data[0:3] 또는 0을 빼고 data[:3]으로 작성하면 되겠죠?

```
print(data[:3])
```

실행결과

```
[['2019-10-12 9:13', '1972753', '본', 'S&', '185', '네이버파이낸셜(주)', '546800',
'일시불(A)', '부분취소'], ['2019-10-12 11:56', '3399357', '본', 'S&', '185', 'GS
샵', '60440', '일시불(A)', '전표매입'], ['2019-10-13 9:16', '12621902', '본', 'S&',
'185', 'G마켓', '91520', 'P(A)', '전표매입']]
```

여러 건을 한 번에 출력하면 이처럼 결과가 이차원 리스트로 나옵니다. CSV 파일을 열어서 가장 위에 있는 세 건의 이용내역이 맞는지 직접 확인해 보세요.

특정 값 골라서 출력하기

그럼 첫 번째 이용내역의 이용금액만 출력해 봅시다. 첫 번째 이용내역은 data[0]입니다. 그리고 이용금액은 data[0] 리스트의 인덱스 [6]에 있죠. 따라서 data[0][6]을 출력하면 첫 번째 이용내역의 이용금액을 알 수 있습니다.

그림 9-6 첫 번째 이용내역의 이용금액

data	[0]	[1]	[2]	[3]	[4]	[5]	[6]	[7]	[8]
[0]	2019-10-12 9:13	1972753	본	S&	185	네이버파이낸셜(주)	546800	일시불(A)	부분취소
[1]	2019-10-12 11:56	3399357	본	S&	185	GS샵	60440	일시불(A)	전표매입
...				...			data[0][6]		
[234]	2019-12-31 12:50	18277034	본	S&	185	(주)현대백화점신촌점	15000	일시불	전표매입
[235]	2019-12-31 14:12	19443195	본	S&	185	쿠팡	16640	일시불	전표매입

```
print(data[0][6])
```

첫 번째 이용내역의 가맹점명과 이용금액을 한꺼번에 출력해 봅시다. 앞의 코드 설명을 이해했다면 쉽게 작성할 수 있을 겁니다.

```
print(data[0][5], data[0][6])
```

실행결과

네이버파이낸셜(주) 546800

가맹점명은 열 인덱스 [5]에 있죠. 따라서 data[0][5]와 data[0][6]를 연결해 출력하면 됩니다. 이번에는 이용일시까지 출력해 봅시다.

```
print(data[0][0], data[0][5], data[0][6])
```

실행결과

2019-10-12 9:13 네이버파이낸셜(주) 546800

이용일시는 첫 열에 있으므로 열 인덱스 [0]를 사용하면 됩니다.

9.2.2 제어구조로 원하는 데이터 추출하기

앞에서 반복문과 조건문을 활용하면 이차원 리스트를 다루기가 쉬웠습니다. 수많은 데이터가 들어 있는 데이터 파일에서도 반복문과 조건문을 사용하면 전체 데이터에서 원하는 데이터를 추출하기도 쉽고 코드도 덜 복잡해집니다. 이번에는 반복문을 활용해 카드 이용내역에서 원하는 데이터를 뽑아 보겠습니다.

반복문으로 데이터 추출하기

현재 카드 이용내역은 변수 data에 이차원 리스트 형태로 저장되어 있습니다. data에서 한 행은 한 건의 이용내역입니다. 따라서 반복문의 반복 구간에 이차원 리스트를 넣으면 한 행(일차원 리스트)씩 변수에 저장됩니다. 이를 이용해 다음과 같이 이용내역을 한 건씩 출력할 수 있습니다.

```
for row in data:
    print(row)
```

실행결과

```
['2019-10-12 9:13', '1972753', '본', 'S&', '185', '네이버파이낸셜(주)', '546800', '일시불(A)', '부분취소']
['2019-10-12 11:56', '3399357', '본', 'S&', '185', 'GS샵', '60440', '일시불(A)', '전표매입']
...
```

반복문 내부에 print(row)가 있어서 반복할 때마다 row에 담긴 데이터가 출력됩니다(행을 뜻하는 row를 변수로 사용). 따라서 반복할 때마다 이용내역이 한 건씩 출력되고 반복이 끝나면 모든 이용내역이 출력됩니다. 반복 회차별로 row에 담기는 데이터는 다음과 같습니다.

그림 9-7 반복문의 실행과정

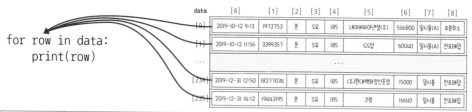

반복 회차	row에 담기는 데이터
1번째	data[0] ['2019-10-12 9:13', '1972753', '본', 'S&', '185', '네이버파이낸셜(주)', '546800', '일시불(A)', '부분취소']
2번째	data[1] ['2019-10-12 11:56', '3399357', '본', 'S&', '185', 'GS샵', '60440', '일시불(A)', '전표매입']

...

| 235번째 | data[234]
['2019-12-31 12:50', '1827703U', '본', 'S&', '185', '(주)현대백화점신촌점', '15000', '일시불', '전표매입'] |
| 236번째 | data[235]
['2019-12-31 1U:12', '19UU3195', '본', 'S&', '185', '쿠팡', '16640', '일시불', '전표매입'] |

그럼 모든 이용내역에서 이용금액만 출력하려면 어떻게 해야 할까요? 그림에서 보듯이 row에는 이용내역 한 건에 해당하는 일차원 리스트가 들어갑니다. 이용금액은 열 인덱스 [6]에 있죠. 따라서 반복문 for row in data에서 row[6]을 출력하면 전체 이용내역을 돌며 인덱스 [6]에 위치한 각 행(일차원 리스트)의 일곱 번째 요소를 출력합니다. 실행해 봅시다.

```
for row in data:
    print(row[6])
```

실행결과
```
546800
60440
91520
...
```

이용금액만 출력됩니다. CSV 파일을 직접 열어서 금액이 맞는지 확인해 보세요.

이번에는 반복문을 활용해 전체 카드 이용내역의 이용일시, 가맹점명, 이용금액을 차례대로 출력해 봅시다. 이용일시는 열 인덱스 [0]에, 가맹점명은 [5]에, 이용금액은 [6]에 있습니다.

```
for row in data:
    print(row[0], row[5], row[6])
```

실행결과
```
2019-10-12 9:13 네이버파이낸셜(주) 546800
2019-10-12 11:56 GS샵 60440
2019-10-13 9:16 G마켓 91520
...
```

각 카드 이용내역에서 이용일시, 가맹점명, 이용금액만 골라서 출력됩니다. 가맹점명과 이용금액을 입력할 때 인덱스를 뒤에서부터 세는 것이 더 편하다면 print(row[0], row[-4], row[-3])처럼 음수 인덱스로 표현해도 됩니다. 실행결과는 같습니다.

이번에는 가맹점명의 데이터 타입을 출력해 봅시다.

```
for row in data:
    print(row[5], type(row[5]))
```

실행결과
```
네이버파이낸셜(주) <class 'str'>
GS샵 <class 'str'>
G마켓 <class 'str'>
...
```

str, 즉 문자열로 나옵니다. 이용금액의 데이터 타입도 출력해 봅시다. 이용금액은 숫자니까 당연히 int가 나오지 않을까요?

```
for row in data:
    print(row[6], type(row[6]))
```

실행결과
```
546800 <class 'str'>
60440 <class 'str'>
91520 <class 'str'>
...
```

예상과 달리 문자열인 str이 나옵니다. input()으로 데이터를 입력받으면 문자로 인식했죠. 이와 마찬가지로 파일에서 읽어 들인 데이터도 문자로 인식합니다. 그래서 형태가 숫자라 하더라도 데이터 타입은 모두 문자열로 나옵니다.

앞서 반복문에서 print(row)로 이용내역을 한 줄씩 출력했을 때를 잘 살펴보세요. 첫 번째 이용내역인 ['2019-10-12 9:13', '1972753', '본', 'S&', '185', '네이버파이낸셜(주)', '546800', '일시불(A)', '부분취소']에서도 두 번째 요소인 승인번호 '1972753'과 일곱 번째 요소인 이용금액 '546800'의 형태는 숫자인데 양옆에 작은따옴표가 있죠. 문자열로 인식됐다는 의미입니다.

사실 data 리스트의 모든 요소가 작은따옴표로 감싸져 있습니다. 즉, **CSV 파일에서 읽어 들인 데이터는 모두 문자로 인식됩니다.** 따라서 이용금액 등의 데이터를 연산하고 싶으면 문자열을 숫자형으로 바꿔 주는 데이터 타입 변환이 필요합니다. 이용금액은 소수점이 없는 정수이므로

int()로 감싸 주면 되겠죠? 변수를 사용해 결괏값을 따로 저장해 봅시다. 이용금액 row[6]을
int()로 감싸서 변수 payment에 저장한 후 출력합니다.

```
for row in data:
    payment = int(row[6])
    print(payment, type(payment))
```

실행결과

```
546800 <class 'int'>
60440 <class 'int'>
91520 <class 'int'>
...
```

이용금액이 정수형으로 바뀐 것을 확인할 수 있습니다. payment 변수에는 반복문이 실행될 때
마다 다른 값이 들어갑니다. 반복할 때마다 각기 다른 행(일차원 리스트)이 row 변수에 들어가
고, 달라지는 row의 열 인덱스 [6]에 해당하는 값이 payment 변수에 저장되기 때문에 그렇습니
다. 그림으로 표현하면 다음과 같습니다.

그림 9-8 반복문의 실행과정

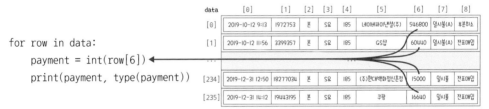

반복 회차	row에 담기는 데이터	payment
1번째	data[0] ['2019-10-12 9:13', '1972753', '본', 'S외', '185', '네이버파이낸셜(주)', '546800', '일시불(A)', '부분취소']	546800
2번째	data[1] ['2019-10-12 11:56', '3399357', '본', 'S외', '185', 'GS샵', '60440', '일시불(A)', '전표매입']	60440

...

| 235번째 | data[234]
['2019-12-31 12:50', '18277034', '본', 'S외', '185', '(주)현대백화점신촌점', '15000', '일시불', '전표매입'] | 15000 |
| 236번째 | data[235]
['2019-12-31 14:12', '19443195', '본', 'S외', '185', '쿠팡', '16640', '일시불', '전표매입'] | 16640 |

가맹점명도 변수에 저장해 봅시다. 변수 store에 가맹점명이 들어 있는 row[5]를 저장하고 '○○(가맹점명)에서 ○○○원(이용금액) 결제' 형식으로 출력해 봅시다.

```
for row in data:
    payment = int(row[6])
    store = row[5]
    print(store, '에서', payment, '원 결제')
```

실행결과

```
네이버파이낸셜(주) 에서 546800 원 결제
GS샵 에서 60440 원 결제
G마켓 에서 91520 원 결제
...
```

모든 이용내역이 의도한 대로 출력됩니다. 이전 코드와 마찬가지로 변수 store와 payment에 저장되는 값은 반복할 때마다 따라 달라집니다.

이번에는 이용일시도 넣어서 출력해 봅시다. 이용일시는 첫 번째 열에 있습니다. 그런데 '2019-10-12 9:13'처럼 시간도 포함되어 있습니다. 시간은 제외하고 일자만 출력하려면 어떻게 할까요? 힌트는 2019-10-12와 9:13 사이에 있는 공백입니다.

문자열을 분리하는 명령어 split()을 사용하면 됩니다. split()은 괄호 안에 아무것도 넣지 않으면 자동으로 공백을 기준으로 문자열을 분리합니다. 따라서 공백을 기준으로 ['2019-10-12', '9:13']으로 나눈 후, 앞부분만 선택하면 됩니다. 이용일시가 들어 있는 row[0]을 split()으로 분리한 후 row의 첫 번째 요소만 출력해 봅시다.

```
for row in data:
    date = row[0].split()[0]
    payment = int(row[6])
    store = row[5]
    print(date, store, '에서', payment, '원 결제')
```

2019-10-12 네이버파이낸셜(주) 에서 546800 원

2019-10-12 GS샵 에서 60440 원

2019-10-13 G마켓 에서 91520 원 결제

...

row[0].split()[0]으로 이용일시를 분리해 변수 date에 저장하고 이를 출력하니 일자만 출력됩니다. 전체 거래 내역이 들어 있는 리스트 data와 날짜를 저장한 변수 date는 철자가 비슷하니 입력할 때 유의하세요!

반복문과 조건문으로 데이터 추출하기

이번에는 매입상태에 따라 구매확정 건과 구매취소 건을 구분해 출력해 보겠습니다. 매입상태란 단어가 조금 생소할 텐데요. 매입상태는 카드 이용내역이 승인거래인지 취소거래인지를 나타냅니다. CSV 파일을 잘 살펴보면 크게 전표매입, 승인취소, 매출취소, 부분취소라는 4가지 매입상태가 있습니다.

그림 9-9 데이터 파일의 매입상태에 따른 구분

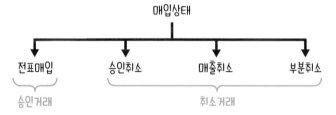

'취소'를 포함한 단어와 포함하지 않은 단어로 나눌 수 있죠. 유일하게 '취소'가 들어가지 않은 '전표매입'은 승인거래인데, 승인거래란 카드 사용자의 결제가 성공해서 판매자에게 금액을 지급해야 할 거래입니다. 승인취소와 매출취소는 취소 시점의 차이만 있을 뿐 둘 다 이용금액 결제가 모두 취소된 건입니다. 부분취소는 이용금액 중 일부만 취소된 건을 의미합니다. 원래 표시된 금액만큼 결제했으나 이후에 일부 금액이 취소된 건이죠. 이 데이터로는 부분취소 건의 실제 결제금액을 알 수 없습니다. 그래서 전표매입 건만 '구매확정'으로 출력하고, 승인취소, 매출취소, 부분취소는 모두 '구매취소'로 출력하겠습니다.

모든 이용내역에 대해 '구매확정!' 또는 '구매취소!' 둘 중 하나를 출력해야 합니다. 지금까지 진행한 대로 data를 반복문으로 돌며 각 행의 매입상태를 확인하면 됩니다. 만약 매입상태가 '전표매입'이면 '구매확정!'을, '전표매입'이 아니라면 '구매취소!'를 출력합니다. 2가지 상황이 있으므로 조건문이 필요하고요.

```
for row in data:
    if row[-1] == '전표매입':
        print('구매확정!')
    else:
        print('구매취소!')
```

실행결과

구매취소!
구매확정!
구매확정!
...

매입상태를 나타내는 열이 [-1]이므로 조건문으로 row[-1]의 값을 확인합니다. row[-1]의 값이 '전표매입'인 경우(if)와 그렇지 않은 경우(else)로 나누면 되죠. 그리고 2가지 경우에 실행할 출력 명령어를 각각 작성하면 조건에 따라 결과가 출력됩니다.

지금까지 데이터 분석 작업에 들어가기 전에 분석할 데이터를 준비하는 과정을 살펴봤습니다. 이차원 리스트로 저장된 데이터를 이리저리 다뤄 보기도 했고요. 읽어 들인 CSV 파일이 이차원 리스트로 저장되는 과정을 이해하고 있어야 실제 데이터 분석 과정에서 수월하게 진행할 수 있습니다. 만약 이해되지 않는 부분이 있다면 코드를 한 줄씩 살펴보며 복습하기를 권합니다!

분석하고 싶은 데이터가 엑셀 파일일 때 CSV 파일로 간단하게 변경할 수 있습니다. 엑셀 파일을 연 후 [파일 → 다른 이름으로 저장 → 파일 형식을 'CSV (쉼표로 분리)' 선택] 순서로 저장하면 됩니다. 엑셀 버전에 따라 'CSV (쉼표로 분리)' 외에 'CSV UTF-8 (쉼표로 분리)' 형식이 있을 수도 있습니다. 이럴 경우 'CSV (쉼표로 분리)' 대신 'CSV UTF-8 (쉼표로 분리)'를 선택하세요.

그림 9-10 엑셀 파일을 CSV 파일로 바꾸기

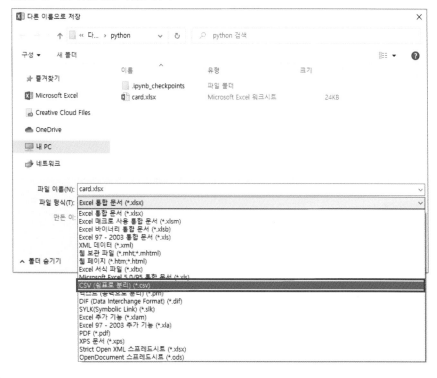

1 다음 코드를 보고 <u>틀린</u> 설명을 고르세요.

```
for row in data:
    payment = int(row[-3])
    month_pay = row[-2]
    print((가), '원', (나), '로 결제')
```

실행결과

546800 원 일시불(A) 로 결제
60440 원 일시불(A) 로 결제
...

① 첫 번째 줄은 data 리스트의 첫 번째 요소부터 마지막 요소까지 반복하는 반복문이다.

② 두 번째 줄은 이용금액을 payment 변수에 저장한다.

③ CSV 파일을 읽으면 모든 데이터가 문자로 인식되므로 숫자 연산을 하려면 두 번째 줄처럼 데이터 타입을 바꿔야 한다.

④ (가)에는 month_pay, (나)에는 payment가 들어가야 한다.

⑤ row와 payment, month_pay에는 반복할 때마다 각각 다른 데이터가 들어간다.

정답 및 해설: 해설 노트 738쪽

데이터 분석 도전: 카드 이용내역 분석하기

파일로 된 데이터를 읽어 들여 필요한 데이터를 골라내는 방법을 살펴봤습니다. 이번에는 데이터를 가공해 원하는 정보를 뽑아내는 데이터 분석 작업을 어떻게 수행하는지 살펴보겠습니다.

9.3.1 총 지출액 구하기

앞 절에서 읽어 들인 데이터를 활용해 3개월간 카드를 얼마나 사용했는지 총 지출액을 구해 보겠습니다. 코드를 작성하기 전에 어떻게 프로그래밍할지 생각해 봅시다. 총 지출액은 이용금액을 모두 더하면 될 것 같군요. 나중에 활용할 수 있게 총 지출액을 변수에 저장하면 좋겠죠? 총 지출액을 저장하는 변수이므로 spend로 합시다. spend 변수에 각 행의 이용금액을 더합니다. 이때 파일에서 읽어온 이용금액은 문자로 인식하므로 앞에서 설명했듯이 연산할 수 있는 정수형으로 변환해서 더해야 합니다.

```
spend = int(data[0][-3]) + int(data[1][-3]) + int(data[2][-3]) + …
```

그런데 이용금액이 236개이므로 이를 일일이 더하려면 매우 힘듭니다. 이럴 때 반복문을 사용하면 쉽게 더할 수 있습니다. 반복되는 부분이 보이나요? int(data[n][-3]) 형태가 계속해서 spend에 더해집니다. 이 부분이 반복문 내부에 들어가야 합니다. 여기서 data[n]은 이차원 리스트의 행을 나타내므로, 이차원 리스트 data의 첫 행부터 마지막 행까지 차례대로 반복되는 반복문이어야 합니다.

그리고 5장에서 반복문으로 숫자 합을 구할 때(**5.1.3 반복문으로 간단한 프로그램 만들기** 참고) 계산에 사용되는 변수에는 초깃값을 넣어 줘야 한다고 했습니다. 따라서 반복문이 시작되기 전에는 변수 spend를 만들면서 초깃값 0을 저장합니다. 이제 반복문으로 전체 카드 이용내역이 담긴 이차원 리스트 data의 처음부터 마지막까지 각 행을 row에 저장하고 건별 이용금액을 spend에 더합니다. 프로그램의 흐름을 정리해 봅시다.

⟨프로그램 흐름⟩

1. 총 지출액을 저장할 변수(spend)를 만들고 초깃값 0 저장하기

2. 전체 이용내역(data)의 처음부터 마지막까지 반복하기

    2.1 이용금액(data[n][-3])만 골라 정수형으로 변환한 후 총 지출액(spend)에 더하기

그런데 여기서 한 가지 더 고려해야 할 것이 있습니다. 현재 데이터 파일에는 승인거래로 결제가 완료된 건도 있지만, 승인취소, 매입취소, 부분취소 등으로 결제가 취소된 건도 섞여 있습니다. 결제가 취소됐는데 지출액에 포함하면 안 되겠죠. 따라서 한 가지 조건을 추가해야 합니다. 매입상태가 '전표매입'인 건에 한해서만 이용금액을 spend에 더해야 합니다(부분취소는 정확히 얼마가 결제됐는지 파일만으로 알기 어렵기 때문에 여기서는 취소거래로 처리합니다). 조건을 추가해 다시 정리해 봅시다.

⟨프로그램 흐름⟩

1. 총 지출액을 저장할 변수(spend)를 만들고 초깃값 0 저장하기

2. 전체 이용내역(data)의 처음부터 마지막까지 반복하기

    2.1 각 이용내역(data[n][-1])에서 매입상태가 '전표매입'이라면

        2.1.1 이용금액(data[n][-3])만 골라 정수형으로 변환한 후 총 지출액(spend)에 더하기

승인거래임을 확인하는 조건을 과정 2.1에 추가했습니다. 이제 각 과정을 코드로 옮기면 됩니다(지면상 코드 부분 들여쓰기는 생략했습니다).

1. 총 지출액을 저장할 변수(spend)를 만들고 초깃값 0 저장하기

2. 전체 이용내역(data)의 처음부터 마지막까지 반복하기

    2.1 각 이용내역(data[n][-1])에서 매입상태가 '전표매입'이라면

        2.1.1 이용금액(data[n][-3])만 골라 정수형으로 변환한 후
           총 지출액(spend)에 더하기

```
spend = 0
for row in data:
    if row[-1] == '전표매입':
        spend += int(row[-3])
        // 또는
        payment = int(row[-3])
        spend += payment
```

매입상태는 열 인덱스 [-1]에 있으므로 과정 2.1에서 조건문 if row[-1] == '전표매입'으로 승인거래만 골라낼 수 있습니다. 그리고 조건을 만족할 때만 이용금액을 총 지출액인 spend 변수에 더하면 승인거래의 이용금액만 spend에 저장됩니다. 이때 data[n]이 row에 들어가는 일차원 리스트이므로 data[n][-3]은 반복문 내부에서는 row[-3]과 같습니다. 따라서 합은 spend += int(row[-3])으로 구하면 됩니다. 또는 이용금액만을 추출해 payment 변수에 저장하고 이 값을 spend에 더해도 됩니다. 실행결과는 같습니다. 이는 코딩 스타일의 차이일 뿐이니 선호하는 방식으로 작성하면 됩니다.

정리한 내용을 실제 파이썬 프로그램으로 옮겨 봅시다. 마지막에 print(spend)도 넣어 결과를 확인합니다.

```
spend = 0
for row in data:
    if row[-1] == '전표매입':
        payment = int(row[-3])
        spend += payment
print(spend)
```

실행결과

8174028

3개월간 총 지출액이 8,174,028원이네요. 꽤 많은 돈은 썼군요!

TIP NameError가 발생한다면 프로그램을 실행하는 과정에서 CSV 파일을 읽어 들이지 못해서 그렇습니다. 이는 data 변수가 만들어지지 않아서 발생하는 오류입니다. CSV 파일은 처음 한 번만 읽어 오면 되므로 앞의 코드 위에 1절에 나온 CSV 파일 읽어 들이기 코드를 추가해야 합니다. 앞으로는 CSV 파일을 읽어 들이는 코드를 이미 실행했다고 가정하고 진행하겠습니다.

이번에는 반복문이 어떻게 진행되는지 살펴봅시다. 반복할 때마다 실행되도록 반복문 내부에 print(spend)를 넣습니다.

```python
spend = 0
for row in data:
    if row[-1] == '전표매입':
        payment = int(row[-3])
        spend += payment
        print(spend)
```

실행결과
```
0
60440
151960
241770
275370
275370
275370
306970
...
```

print(spend)는 조건문 내부에 있기 때문에 매입상태가 '전표매입'일 때만 실행됩니다. 실행결과를 보면 처음에는 0이 나옵니다. 첫 번째 이용내역의 매입상태가 '부분취소'라서 spend에 아무것도 더해지지 않았기 때문이죠(데이터 파일을 열고 비교하면서 보세요). 두 번째 반복에서는 매입상태가 '전표매입'이므로 조건문을 실행해 이용금액을 payment에 저장한 후 spend에 더했습니다. 실행결과에서 spend 값이 증가한 것이 보이죠? 세 번째부터 다섯 번째 이용내역도 승인거래여서 spend에 이용금액이 더해졌습니다.

그런데 여섯 번째와 일곱 번째 거래는 승인 거래가 아닌가 봅니다. spend 값이 275370으로 유지됩니다. CSV 파일을 살펴보면 여섯 번째와 일곱 번째 이용내역의 매입상태가 모두 부분취소입니다. 조건을 충족하지 못해서 이용금액이 spend에 더해지지 않았네요.

반복문과 조건문이 어떻게 실행되는지 일곱 번째 반복까지 간단하게 정리해 보겠습니다.

표 9-1 반복문의 실행과정

반복 회차	저장된 값			
	row	row[-1]	payment	spend
1	['2019-10-12 9:13', '1972753', '본', 'S&', '185', '네이버파이낸셜(주)', '546800', '일시불(A)', '부분취소']	부분취소	실행되지 않음	0
2	['2019-10-12 11:56', '3399357', '본', 'S&', '185', 'GS샵', '60440', '일시불(A)', '전표매입']	전표매입	60440	60440
3	['2019-10-13 9:16', '12621902', '본', 'S&', '185', 'G마켓', '91520', 'P(A)', '전표매입']	전표매입	91520	151960
4	['2019-10-14 1:32', '20726947', '본', 'S&', '185', '11번가', '89810', '일시불(A)', '전표매입']	전표매입	89810	241770
5	['2019-10-14 7:06', '21234320', '본', 'S&', '185', '네이버파이낸셜(주)', '33600', '일시불(A)', '전표매입']	전표매입	33600	275370
6	['2019-10-15 23:32', '42229559', '본', 'S&', '185', '네이버파이낸셜(주)', '309600', '일시불(A)', '부분취소']	부분취소	33600	275370
7	['2019-10-16 8:00', '43433092', '본', 'S&', '185', 'SSG.COM', '61983', '일시불(A)', '부분취소']	부분취소	33600	275370

여섯 번째 반복을 봅시다. 매입상태가 부분취소이므로 조건문이 실행되지 않아 payment에 저장된 값은 다섯 번째 반복에서 저장된 33600이 유지됩니다. spend도 마찬가지고요. 일곱 번째 반복도 매입상태가 부분취소이므로 payment와 spend는 그 이전 값인 33600과 275370을 유지합니다.

지금까지 비교적 간단한 프로그램을 작성했지만, 데이터 분석은 이보다 더 복잡할 때가 많습니다. 무작정 코드를 작성하기보다는 과정을 순서대로 정리하면 더욱 수월하게 코드를 작성할 수 있습니다. 초보자일수록 더욱 그렇고요. 그러니 앞으로 총 지출액 구하는 과정처럼 프로그램 흐름을 순서화하는 연습을 해 보세요!

9.3.2 월별 지출액 그래프 그리기

결과를 숫자로만 나열해서는 의미를 파악하기 힘드니 8장에서 배운 내용을 바탕으로 그래프를 그려 결과를 분석해 봅시다. 이번에는 3개월간의 월별 지출액을 구해 그래프를 그립니다. 결과 그래프를 미리 구상해 보면 프로그램의 흐름을 잡는 데 큰 도움이 됩니다. 손으로 직접 그려 보는 것도 좋은 방법입니다. 10~12월 지출현황을 다음 그림처럼 구상해 봅시다.

그림 9-11 예상 결과 그래프

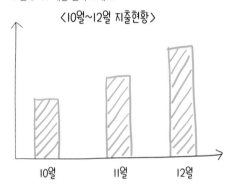

x축은 월, y축은 월별 지출액을 나타내는 막대그래프로 그립니다. 먼저 막대그래프를 그리려면 bar( ) 명령어에 x축 데이터와 y축 데이터를 리스트 형태로 넣어야 합니다. 따라서 x축에는 ['10월', '11월', '12월'], y축에는 [10월 지출액, 11월 지출액, 12월 지출액]이 들어갑니다.

y축에 들어갈 월별 지출액 리스트는 spend_month를 줄인 s_mon 변수에 저장하겠습니다. 그럼 10~12월 지출액은 각각 s_mon[0], s_mon[1], s_mon[2]에 들어갑니다. 카드 이용월과 s_mon 인덱스 사이의 규칙이 보이나요? (카드 이용월 – 10)을 하면 리스트 s_mon의 인덱스가 됩니다. 따라서 data에 저장된 이용내역 건마다 이용월에서 10을 빼서 s_mon의 인덱스를 구합니다. 그리고 해당 인덱스의 값에 이용금액을 누적해서 더하면 됩니다.

그림 9-12 카드 이용월과 인덱스의 관계

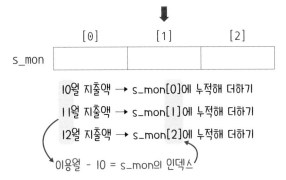

s_mon [10월 지출액, 11월 지출액, 12월 지출액]

그럼 월별 지출액은 어떻게 구할까요? 먼저 첫 번째 열의 이용일시에서 월에 해당하는 부분을 골라냅니다. 이용일시는 2019-10-12처럼 연-월-일 사이에 하이픈(-)이 있으므로 하이픈을 기준으로 split( ) 명령어를 사용해 이용일시를 분리할 수 있습니다.

이를 바탕으로 월별 지출액을 구하는 과정을 정리해 보겠습니다. 월별 지출액을 구할 때도 역시 매입상태가 전표매입인 경우(승인거래)에만 지출액에 더해야죠? 따라서 3개월간의 총 지출액을 구하는 과정에 이용월과 s_mon의 인덱스 구하는 부분을 추가하면 됩니다. 프로그램 흐름을 종합하면 다음과 같습니다.

〈프로그램 흐름〉

1. 10~12월의 월별 지출액을 저장할 리스트(s_mon)를 만들고 초깃값 0 저장하기

2. 전체 이용내역(data)의 처음부터 마지막까지 반복하기

    2.1 각 이용내역에서 매입상태가 '전표매입'이라면

        2.1.1 해당 건의 이용월과 이용금액 구하기

        2.1.2 이용월에서 10을 빼 월별 지출액 리스트(s_mon)의 인덱스(idx) 구하기

        2.1.3 과정 2.1.2에서 구한 인덱스의 값(s_mon[idx])에 과정 2.1.1에서 구한 이용금액 더하기

3. 월별 지출액 리스트(s_mon)로 막대그래프 그리기

총 지출액을 구할 때는 변수 하나에 이용금액을 계속 더했지만, 월별 지출액을 구할 때는 리스트를 사용합니다. 그래서 이용월에서 10을 빼면 리스트의 인덱스가 된다는 규칙을 찾아 과정 2.1.2과 2.1.3을 진행합니다.

그럼 프로그램 흐름을 코드로 옮겨 보겠습니다. 이용월을 저장하는 변수는 mon, 인덱스를 저장하는 변수는 idx이고, 나머지 변수는 총 지출액을 구할 때와 동일합니다.

〈프로그램 흐름〉	〈코드〉
1. 10~12월의 월별 지출액을 저장할 리스트(s_mon)를 만들고 초깃값 0 저장하기	`s_mon = [0, 0, 0]`
2. 전체 이용내역(data)의 처음부터 마지막까지 반복하기	`for row in data:`
2.1 각 이용내역에서 매입상태가 '전표매입'이라면	`if row[-1] == '전표매입':`
2.1.1 해당 건의 이용월과 이용금액 구하기	`mon, payment = row[0].split('-')[1], int(row[-3])`
2.1.2 이용월에서 10을 빼 월별 지출액 리스트(s_mon)의 인덱스(idx) 구하기	`idx = mon - 10`
2.1.3 과정 2.1.2에서 구한 인덱스의 값(s_mon[idx])에 과정 2.1.1에서 구한 이용금액 더하기	`s_mon[idx] += payment`
3. 월별 지출액 리스트(s_mon)로 막대그래프 그리기	`plt.bar(['10월', '11월', '12월'], s_mon)`

과정 3에는 8장에서 배운 `matplotlib.pyplot` 라이브러리와 한글 글꼴을 지정하는 등의 코드가 더 있지만, 여기서는 그래프를 그리는 핵심 코드만 표현했습니다. 그럼 과정 2까지 코드로 작성해 봅시다. 마지막에 결과 출력을 위한 코드도 한 줄 추가합니다.

```python
s_mon = [0, 0, 0]
for row in data:
    if row[-1] == '전표매입':
        mon, payment = row[0].split('-')[1], int(row[-3])
        idx = mon - 10
        s_mon[idx] += payment
print(s_mon)
```

실행결과
```
----> 5    idx = mon - 10
TypeError: unsupported operand type(s) for -: 'str' and 'int'
```

데이터 타입이 맞지 않을 때 나오는 TypeError가 발생합니다. TypeError가 발생한 위치는 과정 2.1.2에서 인덱스를 구하는 부분입니다. 오류를 보면 "−(뺄셈) 연산에 지원되지 않는 연산자 타입: '문자열'과 '정수형'"이라고 나옵니다. 뺄셈 연산을 하는데 하나는 문자열이고 하나는 정수형이라서 연산할 수 없다는 뜻이죠. 뒤에 있는 10은 정수가 분명하니 mon이 문자겠네요. mon에 데이터를 저장한 바로 윗줄을 봅시다. CSV 파일에서 읽어 들인 data는 모두 문자열이라고 했습니다. 그런데 row[0].split('-')[1]을 보면 이용일시를 분리만 하고 이용월을 정수형으로 바꾸는 작업은 하지 않았습니다. 그래서 아랫줄의 뺄셈 연산에서 오류가 발생한 겁니다.

row[0].split('-')[1]을 int()로 감싸서 정수형으로 변환하고 다시 실행해 봅시다.

```python
s_mon = [0, 0, 0]
for row in data:
    if row[-1] == '전표매입':
        mon, payment = int(row[0].split('-')[1]), int(row[-3])
        idx = mon - 10
        s_mon[idx] += payment
print(s_mon)
```

실행결과

```
[2093015, 4127744, 1953269]
```

이번에는 결과가 제대로 출력됩니다. 코드 실행 과정을 보고 싶다면 반복문에 print(row[0].split('-'), mon, s_mon)나 print(mon, idx, s_mon) 등의 코드를 넣어 반복할 때마다 달라지는 변수의 값을 직접 확인해 보세요.

TIP 가끔 '2019-10-12 9:13'이 아니라 '2019/10/12 9:13'나 '2019.10.12 9:13'처럼 하이픈 대신 다른 기호로 날짜가 표시되는 경우가 있습니다. 이럴 때는 반복문에 print(row[0])을 넣어 이용일시를 직접 출력해 보고 화면에 보이는 기호를 split()에 넣어 주면 됩니다.

이 코드 역시 변수를 사용하지 않고도 작성할 수 있습니다. 변수를 사용하지 않으면 다소 복잡하지만, 놀랍게도 코드가 세 줄에서 한 줄로 줄어듭니다.

```python
s_mon = [0, 0, 0]
```

```
for row in data:
    if row[-1] == '전표매입':
        s_mon[int(row[0].split('-')[1]) - 10] += int(row[-3])
print(s_mon)
```

앞의 코드에 이어 과정 3의 그래프를 그려 봅시다.

```
import matplotlib.pyplot as plt

s_mon = [0, 0, 0]
for row in data:
    if row[-1] == '전표매입':
        mon, payment = int(row[0].split('-')[1]), int(row[-3])
        idx = mon - 10
        s_mon[idx] += payment

plt.rc('font', family='Malgun Gothic')
plt.title('10~12월 지출현황')
plt.bar(['10월', '11월', '12월'], s_mon, color='royalblue')
plt.show()
```

실행결과

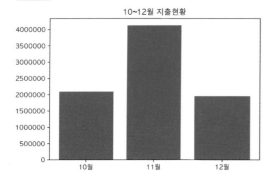

라이브러리를 포함하는 import matplotlib.pyplot as plt를 기존 코드 위에 추가하고, 그래프를 그리는 코드를 기존 코드 아래에 추가했습니다.

결과 그래프를 보면 10월과 12월은 지출액이 비슷한데, 11월에는 지출액이 다른 달의 두 배 정도 되네요. 11월에 다른 달보다 더 지출한 항목을 찾으면 그 이유를 알 수 있습니다. 데이터 시각화를 계속 진행하면서 그 이유를 찾아봅시다.

9.3.3 지출액 비교 그래프 그리기

이번에는 불필요한 지출이 얼마나 있는지 파악해 봅시다. 여기에서는 택시비와 배달음식비를 불필요한 지출로 보고, 월별 택시비 지출액과 배달음식비 지출액을 비교 그래프로 그려 보겠습니다. 이용내역을 쭉 훑어보면 유독 택시와 배달음식이 자주 등장하는 것이 보이는데요. 실제로 택시와 배달음식에 얼마를 지출했는지 알아봅시다.

월별 택시비 지출액 그래프 그리기

먼저 택시비 지출액 그래프를 그려 봅시다. 프로그래밍을 시작하기 전에 본인이 원하는 그래프를 간단히 그려 보면 코딩 과정이 편합니다. 이번에는 월별 택시비 지출액을 꺾은선 그래프로 그려 봅시다.

그림 9-13 예상 결과 그래프

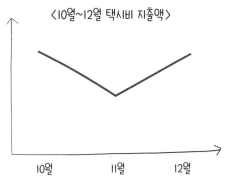

꺾은선 그래프를 그리려면 앞서 월별 지출액을 구했을 때와 마찬가지로 리스트가 필요합니다. plt.plot() 명령어에 넣을 x축 데이터는 ['10월', '11월', '12월']로 같고, y축 데이터는 월별 택시비 지출액을 저장한 리스트(['10월 택시비 지출액', '11월 택시비 지출액', '12월 택시비 지출액'])가 들어가면 됩니다. 월별 택시비 지출액을 저장한 리스트를 taxi로 이름 짓고 그림으로 나타내 봅시다.

그림 9-14 택시비 지출액 리스트

taxi [10월 지출액, 11월 지출액, 12월 지출액]

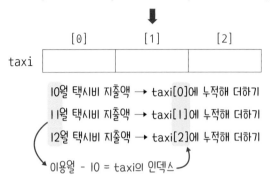

월별 지출액처럼 이용월과 taxi 리스트의 인덱스는 10 차이가 납니다.

다음으로 전체 이용내역에서 택시 이용 건만 골라내야 합니다. 어떻게 골라낼까요? 파일을 한 번 훑어보세요. 정확한 가맹점명을 모르더라도 일단 '택시'라는 키워드가 포함되면 택시 이용 내역이겠죠? 따라서 가맹점명에 '택시'가 들어간 건의 이용월과 이용금액을 구하면 됩니다. 월별 지출액을 구한 과정에 '택시'라는 조건을 하나 더 추가하면 되겠네요.

〈프로그램 흐름〉

1. 10~12월의 월별 택시비 지출액을 저장할 리스트(taxi)를 만들고 초깃값 0 저장하기

2. 전체 이용내역(data)의 처음부터 마지막까지 반복하기

　　2.1 각 이용내역에서 매입상태가 '전표매입'이고, 가맹점명에 '택시'가 들어 있다면

　　　　2.1.1 해당 건의 이용월과 이용금액 구하기

　　　　2.1.2 이용월에서 10을 빼 월별 택시비 지출액 리스트(taxi)의 인덱스(idx) 구하기

　　　　2.1.3 과정 2.1.2에서 구한 인덱스의 값(taxi[idx])에 과정 2.1.1에서 구한 이용금액 더하기

3. 월별 택시비 지출액 리스트(taxi)로 꺾은선 그래프 그리기

추가 조건인 '택시' 이용내역은 과정 2.1에 넣으면 됩니다. 그러면 자동으로 택시 이용건만 골라낼 수 있습니다. 따라서 과정 2.1의 조건이 2개가 됩니다. 두 조건을 모두 충족해야 하므로 and로 연결합니다. 그럼 각 단계를 코드로 옮겨 보죠.

〈프로그램 흐름〉	〈코드〉
1. 10~12월의 월별 택시비 지출액을 저장할 리스트(taxi)를 만들고 초깃값 0 저장하기	`taxi = [0, 0, 0]`
2. 전체 이용내역(data)의 처음부터 마지막까지 반복하기	`for row in data:`
2.1 각 이용내역에서 매입상태가 '전표매입'이고, 가맹점명에 '택시'가 들어 있다면	`if row[-1] == '전표매입' and ' 택시' in row[5]:`
2.1.1 해당 건의 이용월과 이용금액 구하기	`mon, payment = int(row[0].split('-')[1]), int(row[-3])`
2.1.2 이용월에서 10을 빼 월별 택시비 지출액 리스트(taxi)의 인덱스(idx) 구하기	`idx = mon - 10`
2.1.3 과정 2.1.2에서 구한 인덱스의 값(taxi[idx])에 과정 2.1.1에서 구한 이용금액 더하기	`taxi[idx] += payment`
3. 월별 택시비 지출액 리스트(taxi)로 꺾은선 그래프 그리기	`plt.plot(['10월', '11월', '12월'], taxi)`

가맹점명은 열 인덱스 [5]에 있으므로 가맹점명에 '택시'가 포함된 건만 골라내려면 조건 '택시' in row[5]를 추가합니다. 그리고 과정 2.1에서 두 조건을 and로 연결합니다. 그럼 과정 2까지 프로그램으로 옮겨 봅시다.

```python
taxi = [0, 0, 0]
for row in data:
    if row[-1] == '전표매입' and '택시' in row[5]:
        mon, payment = int(row[0].split('-')[1]), int(row[-3])
        idx = mon - 10
        taxi[idx] += payment
print(taxi)
```

실행결과

```
[8600, 83900, 52800]
```

택시비로 지출한 금액들이 taxi 리스트에 월별로 저장됐습니다. 월별 지출액을 구하는 코드에서 리스트명을 수정하고, 조건문에 조건 하나만 추가했는데 구해졌습니다. 이렇게 파이썬에서는 간단한 조작만으로도 수많은 데이터에서 원하는 결과를 빠르게 도출할 수 있습니다.

TIP 실행 과정을 확인하고 싶으면 반복문 안에 print(row[5], mon, taxi)를 추가해 반복 회차별 변수 값의 변화를
살펴보세요.

그래프를 그릴 때 필요한 택시비 지출액 리스트를 만들었으니 마지막 과정 3의 꺾은선 그래프
를 그려 봅시다. 이번에는 그래프에 범례를 표시하고 색상은 crimson(진분홍)으로 하겠습니다.

```python
plt.rc('font', family='Malgun Gothic')
plt.title('10~12월 택시비 지출현황')
plt.plot(['10월', '11월', '12월'], taxi, color='crimson', label='택시비 지출액')
plt.legend()
plt.show()
```

실행결과

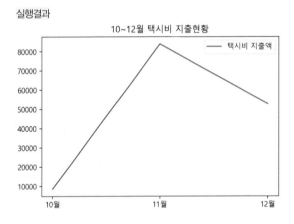

꺾은선 그래프는 plt.plot()으로 그립니다. plt.plot()에 label 옵션으로 라벨을 추가하고
plt.legend()으로 범례를 표시합니다. 택시비 지출액 역시 11월에 가장 높게 나타나네요.

월별 배달음식비 지출액 그래프 그리기

다음으로 월별 배달음식비 지출액을 구합니다. 배달음식비 지출액 그래프도 미리 구상해 봅시
다. 배달음식비 지출액 그래프도 택시비 지출액 그래프와 비교할 수 있게 꺾은선 그래프로 표
현합니다.

그림 9-15 예상 결과 그래프

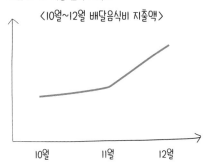

〈10월~12월 배달음식비 지출액〉

10월 11월 12월

앞에서 작성한 택시비 지출액 그래프와 비슷합니다. 배달음식비 지출액 역시 리스트가 필요하고, 리스트에 배달음식 업체에서 사용한 금액만 누적하면 됩니다. 따라서 가맹점명을 택시에서 배딜음식점으로 변경해야죠.

카드 이용내역 파일을 다시 봅시다. 배달음식을 자주 이용한다면 단번에 알 수 있습니다. 배달 주문 서비스 업체인 '(주)우아한형제들'이 보이나요? 이곳에서 이용한 내역만 뽑아서 배달음식비 지출액을 구합니다. 가맹점명이 '(주)우아한형제들'인 이용 건에 대해 리스트의 인덱스를 구한 후, 이용금액을 모두 더하면 되겠죠? 월별 배달음식비 지출액을 저장하는 리스트는 delivery의 약자 deli로 하겠습니다. 기존 코드와 비슷하니 이번에는 프로그램 흐름과 코드를 한 번에 정리해 봅시다.

〈프로그램 흐름〉

1. 10~12월의 월별 배달음식비 지출액을 저장할 리스트(deli)를 만들고 초깃값 0 저장하기

2. 전체 이용내역(data)의 처음부터 마지막까지 반복하기

　2.1 각 이용내역에서 매입상태가 '전표매입'이고, 가맹점명이 '(주)우아한형제들'이라면

　　2.1.1 해당 건의 이용월과 이용금액 구하기

　　2.1.2 이용월에서 10을 빼 월별 배달음식비 지출액 리스트(deli)의 인덱스(idx) 구하기

　　2.1.3 과정 2.1.2에서 구한 인덱스의 값(deli[idx])에 과정 2.1.1에서 구한 이용금액 더하기

3. 월별 배달음식비 지출액 리스트(deli)로 꺾은선 그래프 그리기

〈코드〉

```python
deli = [0, 0, 0]


for row in data:
    if row[-1] == '전표매입' and
    row[5] == '(주)우아한형제들':
    mon, payment = int(row[0].
    split('-')[1]), int(row[-3])
    idx = mon - 10


    deli[idx] += payment


plt.plot(['10월', '11월',
'12월'], deli)
```

과정 2.1에서 조건을 택시 대신 (주)우아한형제들로 변경하면 됩니다. 코드를 프로그램으로 옮기고 그래프도 바로 그려 봅시다. 이번에는 꺾은선 그래프를 indigo(남색)로 그려 보겠습니다.

```
deli = [0, 0, 0]
for row in data:
    if row[-1] == '전표매입' and row[5] == '(주)우아한형제들':
        mon, payment = int(row[0].split('-')[1]), int(row[-3])
        idx = mon - 10
        deli[idx] += payment
plt.rc('font', family='Malgun Gothic')
plt.title('10~12월 배달음식비 지출현황')
plt. plot(['10월', '11월', '12월'], deli, color='indigo', label='배달음식비 지출액')
plt.legend()
plt.show()
```

실행결과

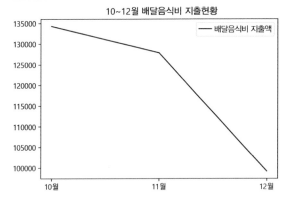

배달음식비 지출액 그래프도 잘 그려집니다.

비교 그래프 그리기

마지막으로 두 그래프를 합쳐서 비교 그래프를 그려 보겠습니다. 2개의 꺾은선 그래프를 합치려면 2개의 plt.plot() 명령어 후에 plt.show() 하나를 사용하면 됩니다.

```
plt.title('10~12월 택시비/배달음식비 지출현황')
plt.plot(['10월', '11월', '12월'], taxi, color='crimson', label='택시비 지출액')
plt.plot(['10월', '11월', '12월'], deli, color='indigo', label='배달음식비 지출액')
plt.legend()
plt.show()
```

실행결과

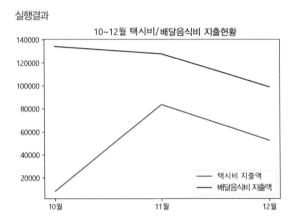

2개의 꺾은선 그래프가 그려집니다. 택시보다 배달음식에 돈을 더 많이 썼네요. 10월에는 택시비 지출액이 가장 적었지만, 배달음식비 지출액은 가장 많았어요. 외부 활동보다는 집에서 보내는 시간이 많았을 것으로 추측할 수 있습니다. 11월은 택시비와 배달음식비 둘 다 지출액이 많네요. 12월에는 택시비와 배달음식비 지출액 모두 전 달보다 조금 덜 썼습니다.

지금까지 CSV 파일을 이용해 간단한 데이터 분석을 해 보았습니다. 이렇게 코드 몇 줄로 월별 지출액 추이를 한눈에 볼 수 있도록 시각화할 수 있습니다. 응용한다면 더 다양한 재미있는 그래프를 그릴 수 있습니다. 직접 응용해서 그래프를 그려 보세요.

9.3.4 지출액 상위 10개 항목 뽑기

이번에는 3개월간 어디에 가장 많은 돈을 썼는지 알아봅시다. 먼저 가맹점별 지출액을 알아야죠. A가맹점 – 000원, B가맹점 – 000원, C가맹점 – 000원 등으로 가맹점별 지출액을 구한 후, 지출액을 기준으로 내림차순 정렬하면 지출액이 큰 내역부터 작은 내역순으로 정렬됩니다.

지금까지 월별 지출액은 리스트로 구했습니다. 월을 기준으로 이용금액을 분류하기 때문에 숫자 인덱스를 사용하는 리스트가 유리합니다. 그런데 이번에는 가맹점을 기준으로 이용금액을 분류해야 합니다. 즉, 데이터 기준이 숫자가 아닌 문자입니다. 이런 경우에는 문자를 키로 쓰는 딕셔너리를 사용합니다.

다음 그림처럼 딕셔너리를 사용해 가맹점명을 키로, 해당 가맹점에서 사용한 금액을 값으로 하면 됩니다.

그림 9-16 리스트와 딕셔너리 비교

딕셔너리를 활용해 돈을 많이 쓴 가맹점 10개를 골라 다음 그림처럼 가로형 막대그래프로 그려 봅시다.

그림 9-17 예상 결과 그래프

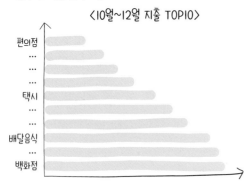

프로그램을 어떻게 만들지 생각해 봅시다. 먼저 가맹점별 지출액을 저장하는 딕셔너리를 만들어야죠. 딕셔너리의 이름은 spending으로 합시다. spending은 처음에는 빈 딕셔너리입니다. 카드 이용내역을 처음부터 마지막까지 확인하면서 매입상태가 전표매입인 건을 골라냅니다. 여기까지는 익숙하죠?

다음으로 전표매입 건에서 가맹점명과 이용금액을 구하고, spending 딕셔너리에서 해당 가맹점명을 키로 하는 값에 이용금액을 더하면 됩니다. 이때 2가지 경우가 있습니다. 해당 가맹점명이 키에 있는 경우와 없는 경우입니다. 만약 spending에 해당 가맹점명을 키로 하는 요소가 없다면 새로 키를 추가하고, 해당 가맹점명을 키로 하는 요소가 있다면 해당 요소의 값에 이용금액을 더합니다. 전체 이용내역에서 이 과정을 완료했다면 지출액을 기준으로 딕셔너리를 내림차순 정렬합니다. 그리고 앞에서 10개 요소를 선택하면 이것이 지출액 상위 10개 항목입니다.

그래프를 그릴 재료는 모두 준비했습니다. 다만, 그래프를 그릴 수 있도록 딕셔너리를 살짝 변경해야 합니다. 가로형 막대그래프를 그리려면 plt.barh()를 사용해야죠. plt.barh()에는 리스트 2개가 들어갑니다. 그림 9–17을 보면 상위 10개 가맹점을 담은 리스트와 각 가맹점의 지출액을 담은 리스트가 필요합니다. 그런데 이 두 리스트는 이미 앞에서 구한 spending 딕셔너리의 키와 값입니다. 따라서 딕셔너리의 키와 값을 다음과 같이 각각 리스트로 만드는 과정이 필요합니다.

그림 9-18 딕셔너리의 키와 값을 각각 리스트로 만들기

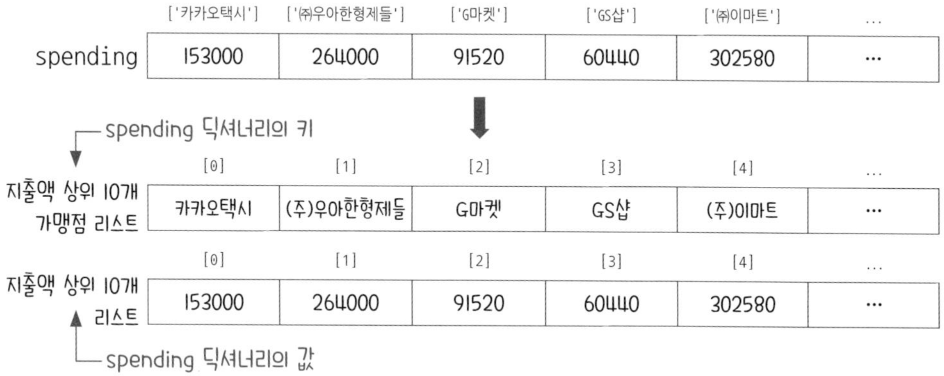

프로그램 흐름을 정리해 봅시다.

〈프로그램 흐름〉

I. 가맹점별 지출액을 저장할 빈 딕셔너리(spending) 만들기

2. 전체 이용내역(data)의 처음부터 마지막까지 반복하기

    2.1 각 이용내역에서 매입상태가 '전표매입'이라면

        2.1.1 해당 건의 가맹점명(store)과 이용금액(payment) 구하기

        2.1.2 만약 딕셔너리의 키에 해당 가맹점명(store)이 없다면

2.1.2.1 가맹점명(store)을 키로, 이용금액(payment)을 값으로 하는 요소 추가하기

2.1.3 만약 딕셔너리의 키에 해당 가맹점명(store)이 있다면

2.1.3.1 해당 요소에 이용금액(payment) 더하기

3. 값(payment)을 기준으로 완성된 딕셔너리(spending)를 내림차순 정렬한 다음, 앞에서 10개 요소 뽑기

4. 지출액 상위 10개의 가맹점명과 지출액(spending의 키와 값)을 각각 리스트에 저장하기

5. 가맹점명 리스트와 지출액 리스트로 막대그래프 그리기

과정 2와 3이 프로그램의 핵심입니다. 과정 2에서 가맹점별 지출액을 모두 구하고, 과정 3에서 지출액 상위 10개 항목을 골라냅니다. 그리고 과정 4에서 plt.bar()에 넣을 리스트를 만듭니다.

제제쌤의 조언
과정 3까지 이해되지 않는다면 7장에서 영어 단어장 만들기 과정을 참고하기 바랍니다.

단계가 많고 조금 복잡하니 나눠서 진행해 보겠습니다.

가맹점별 지출액을 저장하는 딕셔너리 만들기

우선 과정 2.1까지만 코드를 작성해 봅시다.

〈프로그램 흐름〉	〈코드〉
1. 가맹점별 지출액을 저장할 빈 딕셔너리(spending) 만들기	`spending = {}`
2. 전체 이용내역(data)의 처음부터 마지막까지 반복하기	`for row in data:`
2.1 각 이용내역에서 매입상태가 '전표매입'이라면	`if row[-1] == '전표매입':`
2.1.1 해당 건의 가맹점명(store)과 이용금액(payment) 구하기	`store, payment = row[-4], int(row[-3])`
2.1.2 만약 딕셔너리의 키에 해당 가맹점명(store)이 없다면	`if store not in spending.keys():`
2.1.2.1 가맹점명(store)을 키로, 이용금액(payment)을 값으로 하는 요소 추가하기	`spending[store] = payment`
2.1.3 만약 딕셔너리의 키에 해당 가맹점명(store)이 있다면	`else:`
2.1.3.1 해당 요소에 이용금액(payment) 더하기	`spending[store] += payment`

과정 2.1.1까지는 익숙한 코드죠. 과정 2.1.2와 2.1.3은 if-else 문으로 표현할 수 있습니다. spending 딕셔너리의 키에 가맹점명 store가 없다면 {키:값}이 {store:payment}인 요소를 추가하고, 키에 store가 있다면 해당 요소에 이용금액 payment를 더합니다. 모든 이용내역에 대해 이 과정을 반복하면 가맹점명과 이용금액을 키-값으로 하는 spending 딕셔너리를 완성할 수 있습니다. 여기까지 작성해 봅시다.

```python
spending = {}
for row in data:
    if row[-1] == '전표매입':
        store, payment = row[-4], int(row[-3])
        if store not in spending.keys():
            spending[store] = payment
        else:
            spending[store] += payment
print(spending)
```

실행결과

```
{'GS샵': 60440, 'G마켓': 201630, '11번가': 151010, '네이버파이낸셜(주)': 1395840,
 '(주)에이랜드 타임스퀘어': 31600, '(주)곱': 96000, '카카오페이(택시)': 78000, '포도당':
 75000, …}
```

가맹점명과 해당 가맹점에서 지출한 금액이 쌍을 이룬 긴 딕셔너리가 출력됩니다.

이번에는 print(spending)을 반복문 내부에 넣어 반복 회차별로 딕셔너리가 어떻게 변하는지 확인해 봅시다.

실행결과

```
{}
{'GS샵': 60440}
{'GS샵': 60440, 'G마켓': 91520}
{'GS샵': 60440, 'G마켓': 91520, '11번가': 89810}
{'GS샵': 60440, 'G마켓': 91520, '11번가': 89810, '네이버파이낸셜(주)': 33600}
...
```

반복할 때마다 새 요소가 추가됩니다. 첫 번째 if 문을 충족한 첫 번째 승인거래의 키는 'GS샵'입니다. 딕셔너리의 키에 GS샵이 없기 때문에 두 번째 if 문 또한 충족해 spending[store]

= payment를 실행합니다. 따라서 GS샵을 키로, 이용금액 60440을 값으로 하는 요소가 추가됩니다. 두 번째 승인거래도 G마켓을 키로 하는 요소가 없으므로 spending 딕셔너리에 추가됩니다. 이렇게 반복문을 완료하면 spending 딕셔너리가 완성됩니다.

지출액 상위 10개 가맹점 골라 그래프 그리기

다음으로 과정 3과 4를 코드로 작성해 봅시다.

〈프로그램 흐름〉	〈코드〉
3. 값(payment)을 기준으로 완성된 딕셔너리(spending)를 내림차순 정렬한 다음, 앞에서 10개 요소 뽑기	```python top10 = sorted(spending.items(), key=operator.itemgetter(1), reverse=True)[:10]```

과정 3에서는 값을 기준으로 spending 딕셔너리를 내림차순 정렬해야 하므로 operator 라이브러리의 itemgetter()와 reverse=True 옵션을 활용합니다(7장 참고). 이렇게 만들어진 리스트에서 앞의 10개 항목을 추출해야 하므로 [:10]으로 슬라이싱한 결과를 top10에 저장합니다.

과정 3까지 작성하고 top10을 출력하면 리스트 요소가 소괄호로 감싸진 형태, [('네이버파이낸셜(주)', 1395840), ('스마일페이 (신라면세점)', 978035)...]로 출력됩니다. 이처럼 소괄호로 감싸진 한 단위를 튜플(tuple)이라고 하는데, 이 책에서는 자세히 다루지 않았습니다.

과정 4를 진행하려면 튜플 안에 있는 가맹점명과 이용금액을 분리해야 합니다. 여기서 바로 반복문으로 튜플의 요소를 분리하는 방법을 배워 보겠습니다. 간단합니다. 튜플의 요소에는 리스트처럼 인덱스로 접근할 수 있습니다. 따라서 for t in top10 으로 반복문을 작성하면 top10을 구성하는 튜플이 하나씩 t에 저장됩니다. 튜플의 요소에 접근하려면 인덱스를 활용해 t[0] 또는 t[1]로 접근할 수 있습니다. t[0]은 가맹점명이므로 가맹점명 리스트에, t[1]은 이용금액이므로 이용금액 리스트에 추가하면 됩니다.

〈프로그램 흐름〉	〈코드〉

4. 지출액 상위 10개의 가맹점명과 지출액을 각각 리스트에 저장하기	```python
	top10_store, top10_amount = [], []
	for t in top10:
	    top10_store.append(t[0])
	    top10_amount.append(t[1])```

가맹점 리스트는 top10_store, 지출액 리스트는 top10_amount로 만들었습니다. 코드를 보면 top10_store에는 가맹점명을 의미하는 t[0]이, top10_amount에는 지출액을 의미하는 t[1]이 추가됩니다.

이제 과정 5에서 그래프를 그릴 차례입니다. 앞에서 구한 두 리스트를 plt.barh()에 넣어 그래프를 그리면 됩니다.

〈프로그램 흐름〉	〈코드〉
5. 가맹점명 리스트와 지출액 리스트로 막대그래프 그리기	plt.barh(top10_store, top10_amount)

프로그램을 완성해 그래프를 그려 봅시다.

```python
import operator
import matplotlib.pyplot as plt

spending = {}
for row in data:
    if row[-1] == '전표매입':
        store, payment = row[-4], int(row[-3])
        if store not in spending.keys():
            spending[store] = payment
        else:
            spending[store] += payment

top10 = sorted(spending.items(), key=operator.itemgetter(1), reverse=True)[:10]
top10_store, top10_amount = [], []
for t in top10:
    top10_store.append(t[0])
    top10_amount.append(t[1])
plt.rc('font', family='Malgun Gothic')
plt.title('10~12월 지출 TOP 10')
plt.barh(top10_store, top10_amount, color='b')
plt.show()
```

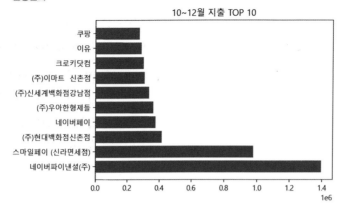

처음에 손으로 그린 그래프와 비슷하게 그려집니다. 결과를 분석해 봅시다. 가장 많은 금액을 사용한 가맹점은 네이버파이낸셜(주)로, 약 140만 원을 지출했습니다. 두 번째로 많은 금액을 사용한 곳은 스마일페이 (신라면세점)입니다. 그런데 면세점은 해외여행을 갈 때만 이용할 수 있죠. 카드 내역 파일을 보면 11월에 신라면세점 이용이 집중됩니다. 11월에 해외여행을 다녀왔을 거라 추측할 수 있겠죠?

앞서 월별 지출액 그래프에서 11월이 다른 달보다 압도적으로 지출액이 많았습니다. 다른 달에는 없는 면세점 이용이 집중되면서 11월 지출액이 늘었다고 생각할 수 있습니다. 그리고 여행 가서 사용한 다른 부대비용도 있을 테고요. 지출 규모 3위와 6위는 백화점이네요. 배달음식 가맹점도 5위에 있습니다. 2019년 1회 평균 외식 비용 12,600원을 기준으로 계산했을 때 월 평균 9.6회 정도 배달음식을 주문했군요. 가장 불필요한 지출이라 생각하는데 지출 횟수가 많네요.

지금까지 데이터 파일을 읽어와 몇 가지 분석을 해 봤습니다. Part 1에서 배운 변수, 조건문, 반복문, 리스트, 딕셔너리를 실제로 어떻게 사용하는지도 배웠습니다. 본인의 카드 이용내역을 내려받아서 직접 분석해 보면 더 재밌는 결과를 얻을 수 있겠죠? 이 과정에서 파이썬 프로그래밍 실력도 키우고, 소비 생활도 점검할 수 있을 겁니다. 파이썬 데이터 분석 방법을 알았으니 다른 데이터 파일도 분석할 수 있습니다. 다음 장부터는 공공 데이터를 이용해 본격적으로 데이터 분석 프로젝트를 진행해 보겠습니다.

2 다음은 card.csv 파일을 바탕으로 지출액 상위 10개 가맹점을 구하는 코드입니다.
(가)~(마)에 들어갈 코드로 <u>틀린</u> 것을 고르세요.

```python
import operator

spending = {}
for row in data:
    if row[-1] == '전표매입':
        store, payment = row[-4], int(row[-3])
        if store not in spending.keys():
            (가)
        else:
            (나)

top10 = sorted((다), key=(라), reverse=True)(마)
top10_store, top10_amount = [], []
for t in top10:
    top10_store.append(t[0])
    top10_amount.append(t[1])
```

① (가) – spending[store] = payment

② (나) – spending[store] += payment

③ (다) – spending.values()

④ (라) – operator.itemgetter(1)

⑤ (마) – [:10]

정답 및 해설: 해설 노트 738쪽

9 마무리

1 파일 읽어 들이기

```
import csv                      # csv 라이브러리 포함하기

f = open('파일명.csv')          # 파일 열기
data = csv.reader(f)           # 파일 읽기
next(data)                     # 표의 헤더 제거하기
data = list(data)              # 리스트로 변환하기
```

2 인코딩 옵션 추가하기

파일을 읽을 때 오류가 발생하면 open( )에서 encoding 옵션을 추가한다.

```
# encoding 옵션으로 사용할 수 있는 값: utf8, cp949, euc-kr
f = open('파일명.csv' encoding = 'utf8')
```

3 데이터 타입 변환하기

CSV 파일에서 읽어 들인 데이터는 모두 문자로 인식되므로 연산이 필요하면 int( )나 float( )로 감싸서 숫자형으로 변환해야 한다.

Self Check

1　card.csv 파일은 10월부터 12월까지 3개월간의 카드 이용내역을 담은 파일입니다. 카드 이용내역에는 승인거래와 취소거래가 섞여 있습니다. 카드 이용내역 중 취소거래의 총액을 구하는 코드를 작성하세요.

> 힌트　1. 매입상태가 전표매입이 아닌 건은 모두 취소거래입니다.
> 　　　2. 취소거래의 총액을 저장하는 변수가 있어야 합니다.

2　card.csv 파일의 카드 이용내역에서 월별로 백화점에서 사용한 금액을 꺾은선 그래프로 그리세요. 그래프 이름은 '10~12월 백화점 지출액'으로 합니다.

> 힌트　1. 그래프를 그리려면 10~12월 백화점 지출액을 하나의 리스트로 저장해야 합니다.
> 　　　2. 백화점 지출액은 가맹점명에 '백화점' 키워드가 들어 있습니다.

정답 및 해설: 해설 노트 739쪽

10장

프로젝트 로드맵 그리기

프로젝트를 진행하는 데 필요한 준비 과정이 끝났습니다. 그런데 프로젝트를 무작정 시작하면 중간에 생각치 못한 난항에 빠지기 쉽습니다. 프로젝트는 단순히 지식을 배우고 이를 실습하는 정도가 아니라 직접 주제를 정해 기획하고 목표를 세우고 결과를 내야 하는 일종의 창작 과정이기 때문입니다. 예술적인 결과물을 만드는 것은 아니지만, 직접 아이디어를 내고 이를 코드로 구현하는 일련의 과정은 큰 틀에서 창작 행위라 생각합니다. 다소 막막할 수 있는 프로젝트를 무작정 들어가기 전에 먼저 큰 그림과 과정을 그려 보면 도움이 되겠죠? 이 장에서는 프로젝트의 청사진을 그리는 프로젝트 로드맵을 알아보겠습니다.

10.1
효율적인 프로젝트 진행을 도와주는
프로젝트 로드맵

여러분이 여행을 떠난다고 한번 생각해 봅시다. 무작정 떠나는 여행도 설레고 즐겁지만, 시간과 비용이 아깝지 않은 여행이 되려면 아무래도 여행 계획을 미리 짜는 게 좋겠죠. 그래서 보통 여행을 가기 전에 여행 계획을 세웁니다. 그리고 계획에 맞춰 실제 여행하고 돌아와서는 비용을 정산하고 짐을 정리하며 여행을 마무리합니다. 이런 여행 과정을 단계별로 나눠 보면 다음과 같습니다.

그림 10-1 여행 과정

① 여행 계획 짜기 ② 실제 여행하기 ③ 여행 결과 정리하기

여행을 계획하는 단계에서는 결정할 것이 많습니다. 먼저 목적지를 정한 후 여행지의 정보를 수집하죠. 그리고 수집한 정보를 바탕으로 내가 선호하는 여행에 맞게끔 방문 순서와 경로 등을 구성합니다. 여행지에 도착하면 계획한 경로대로 여행합니다. 물론 여행이라는 게 100% 계획한 대로 되지는 않지만, 그래도 사전에 정보를 수집하고 계획을 세워 놓는다면 예상치 못한 상황에 처하게 되더라도 어느 정도 대처가 가능합니다. 여행이 끝난 후 돌아오는 길에는 이것저것 생각하게 됩니다. 사진을 보며 '여기는 정말 좋았어. 또 가야지.' 하거나 '이번에는 환전을 적게 해서 조금 불편했어. 다음 여행 때는 꼭 부족하지 않게 환전해야지.' 하고 생각할 수도 있습니다.

프로젝트 로드맵도 여행처럼 크게 세 단계로 나눌 수 있습니다. **프로젝트 목표를 수립하는 단계 →
프로그램을 구현하는 단계 → 프로그램 결과를 분석하는 단계**입니다.

그림 10-2 프로젝트 로드맵

프로젝트 목표 수립	프로그램 구현	결과 분석

> **TIP** 실제로 데이터 분석이나 개발 프로젝트를 진행할 때는 더 세분화된 단계를 거칩니다. 문제 정의, 요구 분석, 테스트 등
> 의 단계가 더 있지만, 이 책에서는 핵심 요소만 추려 세 단계로 진행합니다.

목표 수립 → 구현 → 결과 분석의 각 단계 밑에는 세부 단계가 있습니다. 첫 단계부터 찬찬히 살펴
봅시다.

10.1.1 프로젝트 목표 수립

첫 단계는 **프로젝트의 목표 수립**입니다. 프로젝트 목표는 프로젝트를 통해 얻고자 하는 결과가
무엇인지를 명확하게 드러내야 합니다. 9장에서는 '10~12월 카드 이용내역을 분석해 소비 패
턴과 불필요한 지출 규모 파악하기'가 목표였습니다.

프로젝트의 목표를 달성하려면 목표를 실현하기 위한 수단인 하위 목표가 필요합니다. **하위 목
표**는 구체적일수록 좋습니다. 목표는 글로 표현할 수도 있지만, 그림으로도 표현할 수도 있습
니다. 카드 이용내역 데이터 분석에서 하위 목표는 다음과 같습니다.

표 10-1 프로젝트의 하위 목표

① 10~12월의 월별 지출액 파악하기	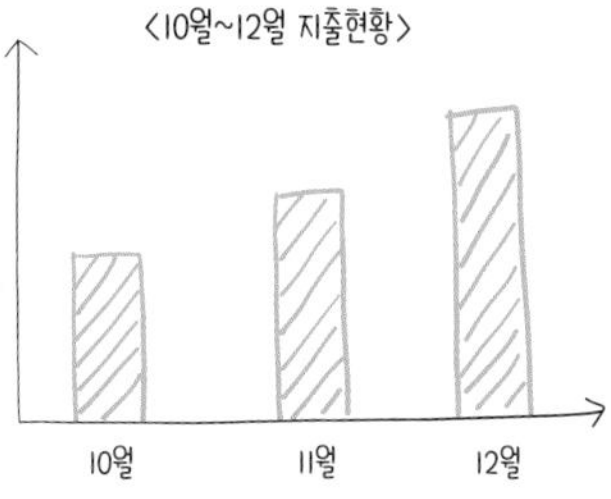 〈10월~12월 지출현황〉

○ 계속

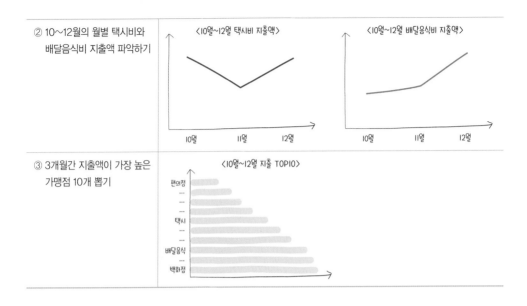

② 10~12월의 월별 택시비와 배달음식비 지출액 파악하기

〈10월~12월 택시비 지출액〉

〈10월~12월 배달음식비 지출액〉

10월 11월 12월

10월 11월 12월

③ 3개월간 지출액이 가장 높은 가맹점 10개 뽑기

〈10월~12월 지출 TOP10〉

편의점
…
택시
…
배달음식
…
백화점

9장에서 카드 이용내역을 분석할 때 그래프로 어떻게 그릴지 프로그래밍하기 전에 손으로 직접 그려 봤죠. 이처럼 프로젝트의 목표를 글이나 그림 등으로 표현하면 프로젝트의 목표가 좀 더 명확해집니다.

목표를 수립하고 나면 프로젝트를 진행할 데이터를 선정해야 합니다. 카드 이용내역을 분석하기로 했다면 필요한 데이터를 수집합니다. 9장에서 다룬 '10~12월 카드 이용내역' 파일이 바로 필요한 데이터입니다.

그림 10-3 프로젝트 목표 수립 단계

프로젝트 목표 수립

1) 목표 수립하기
2) 데이터 선정하기

프로젝트 목표 수립 단계에서 목표 수립과 데이터 선정은 순서가 바뀔 수도 있습니다. 데이터를 먼저 수집하고, 수집된 데이터를 바탕으로 목표를 수립할 수도 있습니다.

10.1.2 프로그램 구현

두 번째는 **프로그램 구현** 단계입니다. 목표를 실제 동작하는 프로그램으로 만드는 단계죠. 목표 수립 단계에서 프로젝트 목표를 세워도 막상 프로그래밍에 들어가면 머리가 뒤죽박죽 정리되지 않는 경우가 종종 있습니다. 이러한 상황을 줄이기 위해 코드를 작성하기 전에 **알고리즘을 작성**합니다.

그림 10-4 프로그램 구현 단계

> **프로그램 구현**
>
> 1) 알고리즘 작성하기
> 2) 코드 작성하기

알고리즘이란 단어를 처음 듣는 사람도 있을 겁니다. **알고리즘은 어떤 문제를 해결하기 위해 필요한 절차를 순서대로 표현한 것**입니다. 알고리즘은 **문제, 해결, 절차**라는 3가지 키워드만 기억하면 됩니다. 이 3가지 키워드로 알고리즘을 설명할 수 있습니다.

여기에서 문제는 어떤 것일까요? '문제'는 다양한 것이 될 수 있지만 현재 상황에서 우리의 문제는 바로 수립한 목표를 아직 달성하지 못했다는 것입니다. 앞의 프로그램 목표 수립 단계에서 프로젝트 목표와 하위 목표를 정했죠. 하지만 목표를 어떻게 달성할지는 아직 모릅니다. 그래서 우리가 수립한 각각의 하위 목표를 달성할 수 있는 (그래서 프로젝트 목표를 달성해 문제를 해결할 수 있는) 절차를 정리해야 합니다. 하위 목표는 프로젝트 목표를 실현하기 위한 수단으로 하위 목표 각각을 알고리즘으로 작성해야 합니다. 우리는 이미 카드 이용내역 분석에서 알고리즘을 수차례 접했습니다. 프로그래밍하기 전에 작성한 **프로그램 흐름**을 기억할 거예요.

〈프로그램 흐름〉

1. 10~12월의 월별 지출액을 저장할 리스트(s_mon)를 만들고 초깃값 0 저장하기

2. 전체 이용내역(data)을 돌며 반복하기

    2.1 각 이용내역에서 매입상태가 '전표매입'이라면

        2.1.1 해당 건의 이용월과 이용금액 구하기

2.1.2 이용월에서 10을 빼 월별 지출액 리스트(s_mon)의 인덱스(idx) 구하기

2.1.3 과정 2.1.2에서 구한 인덱스의 값(s_mon[idx])에 과정 2.1.1에서 구한 이용금액 더하기

3. 월별 지출액 리스트(s_mon)로 막대그래프 그리기

첫 번째 하위 목표 '10~12월의 월별 지출액 파악하기'를 달성하는 과정을 순서대로 표현했습니다. 이것이 바로 **알고리즘**입니다. 이렇게 알고리즘을 작성하면 목표를 코드로 옮기기가 훨씬 쉬워집니다. 각 과정을 차례대로 코드로 옮긴 후 전체로 합쳐 주면 되기 때문이죠.

> **TIP** 알고리즘은 문제를 해결하는 절차입니다. 그런데 이 알고리즘은 다양한 방법으로 표현할 수 있습니다. 4장 조건문에서 배운 순서도로 표현할 수도 있고, 9장에서처럼 글로 표현할 수도 있습니다. 또한, 수식을 활용해 표현하는 방법도 있습니다. 여기서는 글로 작성하겠습니다.

알고리즘을 작성하고 나면 이를 바탕으로 **코드를 작성하는** 단계로 넘어갑니다. 잘 짜인 알고리즘은 코드로 옮기기 쉽습니다.

〈알고리즘〉	〈코드〉
1. 10~12월의 월별 지출액을 저장할 리스트(s_mon)를 만들고 초깃값 0 저장하기	`s_mon = [0, 0, 0]`
2. 전체 이용내역(data)을 돌며 반복하기	`for row in data:`
2.1 각 이용내역에서 매입상태가 '전표매입'이라면	`if row[-1] == '전표매입':`
2.1.1 해당 건의 이용월과 이용금액 구하기	`mon, payment = row[0].split('-')[1], int(row[-3])`
2.1.2 이용월에서 10을 빼 월별 지출액 리스트(s_mon)의 인덱스(idx) 구하기	`idx = mon - 10`
2.1.3 과정 2.1.2에서 구한 인덱스의 값(s_mon[idx])에 과정 2.1.1에서 구한 이용금액 더하기	`s_mon[idx] += payment`
3. 월별 지출액 리스트(s_mon)로 막대그래프 그리기	`plt.bar(['10월', '11월', '12월'], s_mon)`

이처럼 구현 단계에서는 알고리즘을 코드로 작성해 프로그램을 구현합니다.

```
import matplotlib.pyplot as plt

s_mon = [0, 0, 0]
for row in data:
    if row[-1] == '전표매입':
        mon, payment = int(row[0].split('-')[1]), int(row[-3])
        idx = mon - 10
        s_mon[idx] += payment

plt.rc('font', family='Malgun Gothic')
plt.title('10~12월 지출현황')
plt.bar(['10월', '11월', '12월'], s_mon, color='royalblue')
plt.show()
```

목표가 어떻게 프로그램으로 구현되는지 보입니다. 이처럼 프로그램 구현 단계에서는 목표한 결과를 프로그래밍을 통해 직접 도출합니다. 그리고 조금 더 체계적으로 코딩하기 위해 코딩하기 전에 문제 해결 과정을 순서대로 정리하는 알고리즘을 작성합니다.

10.1.3 결과 분석

마지막은 **결과 분석** 단계입니다. 프로그램을 실행해 어떤 결과가 나오면 이 결과를 분석하고 정리해 목표를 달성하는 단계입니다.

그림 10-5 결과 분석 단계

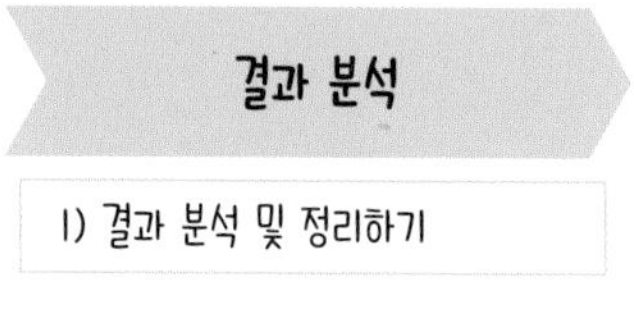

결과 분석

l) 결과 분석 및 정리하기

10~12월의 지출액을 파악해 보니 10월과 12월은 지출액이 비슷한데 11월에는 다른 달의 두 배였습니다. 그 이유를 찾기 위해 다른 하위 목표를 수립하고 데이터를 분석했습니다.

3개월간 택시비와 배달음식비 지출액을 비교해 10월에는 외부 활동이 적었을 것이라 추론하거나 지출액 상위 10개 가맹점을 도출한 뒤 면세점 항목을 보고 해외여행을 다녀왔을 거라고 추측한 것도 결과를 분석해서 나온 내용입니다. 또한, 불필요한 지출이라 생각하는 배달음식비 지출액이 5위에 있음을 확인했습니다. 이로써 **목표**였던 '카드 이용내역을 분석해 소비 패턴과 불필요한 지출 규모 파악하기'를 달성한 셈입니다.

그림 10-6 그래프로 작성한 프로젝트 결과

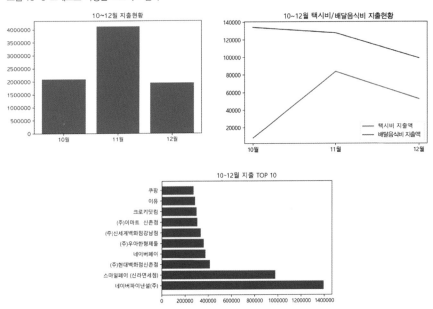

앞 장에서 확실히 짚고 넘어가지는 않았지만, 사실 모든 과정이 프로젝트 로드맵을 따른 것이었습니다. 다른 프로젝트를 진행할 때도 이 과정을 거친다면 처음부터 끝까지 체계적으로 프로젝트를 이끌어 갈 수 있습니다.

프로젝트 로드맵 작성하기

프로젝트 로드맵의 전체적인 모습을 예시로 제공합니다. 예시를 참고해 이 책에서 진행하는 프로젝트의 로드맵을 작성해 보세요. 로드맵을 채워 가면서 작성 방법을 익히고 나중에 자신만의 프로젝트에 반영해 보세요.

앞 장에서 진행한 카드 이용내역 분석을 프로젝트 로드맵으로 작성하면 다음과 같습니다. 제시된 예시는 하위 목표가 3개인 경우를 기준으로 작성했습니다. 하위 목표는 처음에 개수를 정하지만, 하위 목표 진행하면서 추가 또는 생략해도 됩니다.

그림 10-7 프로젝트 로드맵 예시 – 프로젝트 목표 수립 단계

프로젝트 로드맵

프로젝트 목표 수립	프로그램 구현	결과 분석
1) 목표 수립하기 2) 데이터 선정하기	1) 알고리즘 작성하기 2) 코드 작성하기	1) 결과 분석 및 정리하기

I. 프로젝트 목표 수립

1) 목표 수립하기

목표 10~12월 카드 이용내역을 분석해 소비 패턴과 불필요한 지출 규모 파악하기

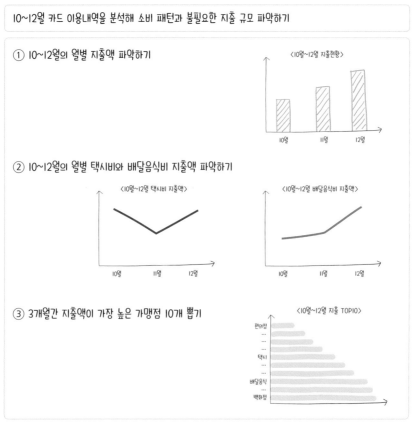

하위 목표
① 10~12월의 월별 지출액 파악하기

〈10월~12월 지출현황〉

② 10~12월의 월별 택시비와 배달음식비 지출액 파악하기

〈10월~12월 택시비 지출액〉   〈10월~12월 배달음식비 지출액〉

③ 3개월간 지출액이 가장 높은 가맹점 10개 뽑기

〈10월~12월 지출 TOP10〉

편의점
…
택시
…
배달음식
백화점

2) 데이터 선정하기

데이터 10~12월 카드 이용내역 파일

그림 10-8 프로젝트 로드맵 예시 - 프로그램 구현 단계

2. 프로그램 구현

하위 목표 1 ┃ 10~12월의 월별 지출액 파악하기

알고리즘

1. 10~12월의 월별 지출액을 저장할 리스트를 만들고 초깃값 0 저장하기
2. 전체 이용내역을 돌며 반복하기
   2.1 각 이용내역에서 매입상태가 '전표매입'이라면
   2.1.1 해당 건의 이용월과 이용금액 구하기
   2.1.2 이용월에서 10을 빼 월별 지출액 리스트의 인덱스 구하기
   2.1.3 과정 2.1.2에서 구한 인덱스의 값에 과정 2.1.1에서 구한 이용금액 더하기
3. 월별 지출액 리스트로 막대그래프 그리기

코드

```
s_mon = [0, 0, 0]
for row in data:
  if row[-1] == '전표매입':
    mon, payment =
row[0].split('-')[1], int(row[-3])
    idx = mon - 10
    s_mon[idx] += payment
plt.bar(['10월', '11월', '12월'],
s_mon)
```

하위 목표 2 ┃ 10~12월의 월별 택시비와 배달음식비 지출액 파악하기

알고리즘

1. 10~12월의 월별 택시비 지출액을 저장할 리스트를 만들고 초깃값 0 저장하기
2. 전체 이용내역을 돌며 반복하기
   2.1 각 이용내역에서 매입상태가 '전표매입'이고, 가맹점명에 '택시'가 들어 있다면
   2.1.1 해당 건의 이용월과 이용금액 구하기
   2.1.2 이용월에서 10을 빼 월별 택시비 지출액 리스트의 인덱스 구하기
   2.1.3 과정 2.1.2에서 구한 인덱스의 값에 과정 2.1.1에서 구한 이용금액 더하기
----
1. 10~12월의 월별 배달음식비 지출액을 저장할 리스트를 만들고 초깃값 0 저장하기
2. 전체 이용내역을 돌며 반복하기
   2.1 각 이용내역에서 매입상태가 '전표매입'이고, 가맹점명이 '(주)우아한형제들'이라면
   2.1.1 해당 건의 이용월과 이용금액 구하기
   2.1.2 이용월에서 10을 빼 월별 배달음식비 지출액 리스트의 인덱스 구하기
   2.1.3 과정 2.1.2에서 구한 인덱스의 값에 과정 2.1.1에서 구한 이용금액 더하기
----
3. 월별 택시비/배달음식비 지출액 리스트로 꺾은선 그래프 그리기

코드

```
taxi = [0, 0, 0]
for row in data:
  if row[-1] == '전표매입' and '택시'
in row[5]:
    mon, payment =
int(row[0].split('-')[1]),
int(row[-3])
    idx = mon - 10
    taxi[idx] += payment


---------
deli = [0, 0, 0]
for row in data:
  if row[-1] == '전표매입' and row[5]
== '(주)우아한형제들':
    mon, payment =
int(row[0].split('-')[1]),
int(row[-3])
    idx = mon - 10
    deli[idx] += payment


---------
plt.plot(['10월', '11월', '12월'],
taxi)
plt.plot(['10월', '11월', '12월'],
deli)
```

그림 10-8 프로젝트 로드맵 예시 – 프로그램 구현 단계 (계속)

| 하위 목표 3 | 3개월간 지출액이 가장 높은 가맹점 10개 뽑기 |

알고리즘

1. 가맹점별 지출액을 저장할 빈 딕셔너리 만들기
2. 전체 이용내역을 돌며 반복하기
  2.1 각 이용내역에서 매입상태가 '전표매입'이라면
    2.1.1 해당 건의 가맹점명과 이용금액 구하기
    2.1.2 만약 딕셔너리의 키에 해당 가맹점이
      없다면
      2.1.2.1 가맹점명을 키로, 이용금액을 값으로
        하는 요소 추가하기
    2.1.3 만약 딕셔너리의 키에 해당 가맹점명이
      있다면
      2.1.3.1 해당 요소에 이용금액 더하기
3. 값을 기준으로 완성된 딕셔너리를 내림차순 정렬한
  다음, 앞에서 10개 요소 뽑기
4. 지출액 상위 10개의 가맹점명과 지출액을 각각
  리스트에 저장하기
5. 가맹점명 리스트와 지출액 리스트로 막대그래프
  그리기

코드

```python
spending = {}
for row in data:
  if row[-1] == '전표매입':
    store, payment = row[-4],
int(row[-3])
    if store not in spending.keys():
      spending[store] = payment
    else:
      spending[store] += payment
top10 = sorted(spending.items(),
key=operator.itemgetter(1),
reverse=True)[:10]
top10_store, top10_amount = [], []
for t in top10:
  top10_store.append(t[0])
  top10_amount.append(t[1])
plt.barh(top10_store, top10_amount)
```

그림 10-9 프로젝트 로드맵 예시 - 결과 분석 단계

3. 결과 분석

하위 목표 1 | 10~12월의 월별 지출액 파악하기

프로그래밍 결과

10~12월 지출현황

결과 분석

- 11월 지출액이 10월과 12월 지출액의 두 배 정도
  된다.

하위 목표 2 | 10~12월의 월별 택시비와 배달음식비 지출액 파악하기

프로그래밍 결과

10~12월 택시비/배달음식비 지출현황

결과 분석

- 택시보다 배달음식에 돈을 더 많이 썼다.
- 10월에는 택시비 지출액이 가장 적고 배달음식비
  지출액은 가장 많은 것으로 보아 외부 활동이
  적었을 것이다.
- 11월과 비교했을 때 12월에는 택시비와 배달음식비
  지출액 모두 줄었다.

하위 목표 3 | 3개월간 지출액이 가장 높은 가맹점 10개 뽑기

프로그래밍 결과

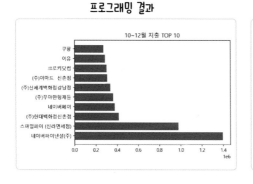

10~12월 지출 TOP 10

결과 분석

- 백화점 지출액이 3위와 5위에 있다.
- 배달음식비 지출액이 5위로 높다.

11장

프로젝트로 파이썬 완성하기: 핫플레이스 인구 분석

지금까지 배운 내용을 바탕으로 실제 파이썬 프로젝트를 진행해 보겠습니다. 프로젝트 로드맵에 따라 프로젝트 목표를 수립하고 프로그램을 구현한 후 실행결과를 분석합니다. Part 2 시작 부분에서 언급했듯이 핫플레이스의 인구 데이터를 분석합니다. 유명한 맛집이나 카페 등에는 언제 가야 가장 덜 붐빌지 인구 분석을 통해 사람이 적은 시간대를 구해 보겠습니다.

11.1

프로젝트 목표 수립하기

10장에서 배운 대로 첫 단계인 데이터를 선정해 수집하고 프로젝트 목표를 수립해 봅시다. 여기서는 핫플레이스 인구를 표현할 수 있는 데이터를 수집한 후, 수집한 데이터를 바탕으로 목표를 수립해 보겠습니다.

11.1.1 데이터 선정하기

핫플레이스의 인구 분석이므로 인구 데이터가 필요하겠네요. 그리고 사람이 적은 시간대를 구하니 시간대별 인구 데이터가 있어야 하고요. 그런데 찾는 범위를 전국으로 하면 데이터가 너무 커질 테니 지역을 서울로 한정하겠습니다.

데이터를 찾을 때는 구글을 추천합니다. 찾으려는 키워드 옆에 '데이터'를 붙여 구글에서 검색하면 적절한 데이터를 찾을 수 있습니다. 우리에게 필요한 데이터는 서울의 시간대별 인구죠. 그럼 구글에서 '서울 시간대별 인구 데이터'를 검색해 봅시다(다른 지역을 알고 싶다면 해당 지역으로 바꿔서 검색하면 됩니다).

그림 11-1 구글에서 데이터 찾기

검색 결과가 뜨면 하나씩 클릭하면서 찾는 데이터가 맞는지 확인합니다. 첫 번째로 나온 **서울 생활인구〉 데이터즐기기 | 서울열린데이터광장**을 클릭해 봅시다.

그림 11-2 서울 생활인구 페이지

'서울 열린데이터 광장'이라는 사이트의 **서울 생활인구** 페이지가 뜨네요. '생활인구'라는 단어가 조금 생소한데, **생활인구**란 거주 인구가 아닌 실제로 생활하는 인구로, 통신기지국을 기반으로 1시간 단위로 추정한 인구 데이터입니다(이 책에서 인구는 생활인구를 의미합니다).

페이지를 좀 내려 보면 중간쯤에 **데이터 내려받기**가 있습니다. 집계구 단위, 행정동 단위, 자치구 단위로 나뉘어 있는데, 용어가 다소 생소합니다. 주소는 '서울시 00구 00동'으로 표현하죠. 여기에서 '00구'에 해당하는 것이 자치구입니다. 서울에는 총 25개 자치구가 있습니다. 그다음 00동에 해당하는 것이 행정동입니다. 행정동은 자치구를 한 번 더 하위 지역을 나눈 것으로, 강남구를 보면 개포동, 논현동, 도곡동, 삼성동 등의 행정동이 있죠. 서울에는 총 424개의 행정동이 있습니다. 당연히 행정동이 자치구보다 더 세밀하게 지역을 분석할 수 있겠죠? 그래서 행정동 데이터로 데이터 분석 프로젝트를 진행하겠습니다.

그럼 데이터를 내려받아 봅시다. **행정동 단위**에서 [서울 생활인구 (내국인)]을 클릭합니다.

그림 11-3 데이터 내려받기

NOTE **집계구가 아닌 행정동 단위를 선택한 이유**

집계구는 인구 규모(최적 500명), 사회경제적 동질성(주택유형, 평균지가), 집계구의 형태와 크기를 고려해 행정동을 더 세부적으로 나눈 통계 단위입니다. 서울 생활인구 페이지에 따르면 2020년 12월 기준 서울에는 총 19,153개의 집계구가 있습니다. 집계구 숫자가 압도적으로 많으니 집계구 데이터로 더 정확한 분석이 가능하다고 생각할 수 있어요. 그러나 집계구 데이터를 확인해 보면 해당 집계구가 속한 행정동코드와 집계구코드만 나와 있을 뿐이고, 집계구의 위치가 정확하게 어디인지는 없습니다. 그래서 분석하려는 지역을 찾기도, 자료를 보고 분석하기도 어렵습니다.

파일 내려받기 항목에 몇 개 파일만 뜨는데, 파일 목록 아래에 있는 [전체 파일보기]를 클릭하면 전체 파일 목록이 나열됩니다.

그림 11-4 파일 내려받기

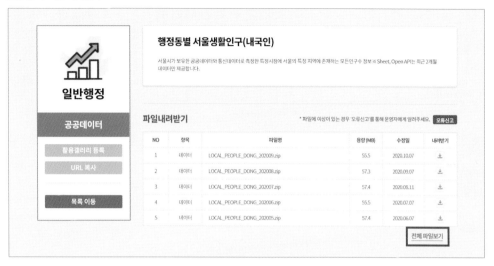

파일명을 잘 보면 마지막에 연도-월이 있습니다. 한 달을 기준으로 데이터가 올라와 있네요. 모든 데이터로 분석하는 것이 원래 취지에 맞으나 규모가 너무 커지므로 파일 하나만으로 진행하겠습니다. 2019년 12월 데이터인 LOCAL_PEOPLE_DONG_201912.zip을 클릭해 파일을 내려받아 봅시다(가장 최근 데이터를 분석하는 것이 좋지만 2020년 1월부터 코로나19 때문에 인구 이동이 감소됐죠. 그래서 2019년 12월 데이터로 진행합니다).

파일을 내려받고 압축을 풀면 폴더 안에 LOCAL_PEOPLE_DONG_201912.csv 파일이 있습니다. 파일을 마우스로 우클릭한 후 연결 프로그램을 Excel로 선택해 열어 보세요.

그림 11-5 내려받은 서울 생활인구 데이터 파일

	A	B	C	D	E	F	G	H	I
1	기준일ID	시간대구분	행정동코드	총생활인구수	남자0세부터9	남자10세부터	남자15세부터	남자20세부터.	남자25세부터.
2	20191201	0	11215710	45694.9988	452.3937	208.7971	1267.7678	5642.9235	5433.6801
3	20191201	0	11680545	37375.4506	1298.5585	731.2901	889.5126	895.5983	1397.2099
4	20191201	0	11680610	37266.9526	1083.215	1559.2566	2339.8178	991.4434	990.1854
5	20191201	0	11680655	25231.2064	1191.0306	607.5946	639.2233	608.4116	697.5009
6	20191201	0	11710570	40728.5564	1586.6273	818.9047	1204.9034	1172.2571	1195.7198
7	20191201	0	11710531	11547.1842	310.5995	219.2461	343.8328	321.8387	435.1919
8	20191201	0	11710561	16811.9601	731.3241	448.4862	746.4326	397.8013	509.9872
9	20191201	0	11200535	23920.0334	932.6176	269.9108	404.7168	749.2405	1078.3448
10	20191201	0	11710690	25047.6622	1931.6501	756.8446	444.8957	424.1559	611.9113

굉장히 많은 데이터가 있네요. 첫 번째 행에 있는 헤더를 살펴봅시다.

그림 11-6 서울 생활인구 데이터 파일의 헤더

기준일ID	시간대구분	행정동코드	총생활인구수	남자0세부터9세생활인구수	남자10세부터14세생활인구수	남자15세부터19세생활인구수	남자20세부터24세생활인구수	남자25세부터29세생활인구수	남자30세부터34세생활인구수	남자35세부터39세생활인구수	남자40세부터44세생활인구수	남자45세부터49세생활인구수	남자50세부터54세생활인구수	남자55세부터59세생활인구수	남자60세부터64세생활인구수	남자65세부터69세생활인구수	남자70세이상생활인구수	여자0세부터9세생활인구수	여자10세부터14세생활인구수	여자15세부터19세생활인구수	여자20세부터24세생활인구수	여자25세부터29세생활인구수	여자30세부터34세생활인구수	여자35세부터39세생활인구수	여자40세부터44세생활인구수	여자45세부터49세생활인구수	여자50세부터54세생활인구수	여자55세부터59세생활인구수	여자60세부터64세생활인구수	여자65세부터69세생활인구수	여자70세이상생활인구수

총 32개의 항목이 있습니다. 기준일ID와 시간대구분, 행정동코드, 총 생활인구수가 있고, 남자 연령대별 인구수와 여자 연령대별 인구수가 차례대로 있습니다. 성별, 연령대별 인구수는 나중에 확인하고 먼저 앞의 4개 항목만 보겠습니다.

그림 11-7 데이터 파일의 일부 항목

	A	B	C	D
1	기준일ID	시간대구분	행정동코드	총생활인구수
2	20191201	0	11215710	45694.9988
3	20191201	0	11680545	37375.4506
4	20191201	0	11680610	37266.9526
5	20191201	0	11680655	25231.2064

헤더 다음의 첫 번째 행을 해석하면 2019년 12월 1일 0시에 행정동코드 11215710인 지역의 총 생활인구가 45694.9988명이라는 의미입니다. 인구가 소수점으로 나오네요. 서울 열린데 이터 광장에서 제공하는 생활인구 매뉴얼을 잘 살펴보면 인구는 통계 추정치이기 때문에 소 수점이 발생할 수 있다고 되어 있습니다. 두 번째 행은 2019년 12월 1일 0시에 행정동코드 11680545인 지역의 총 생활인구가 37375.4506명임을 나타냅니다.

그런데 데이터에는 행정동코드 8자리만 나와 있고 실제 어느 지역인지를 알 수가 없어요. 행정 동코드 11215710이 어떤 동인지를 알아야 프로젝트를 진행하기 쉬울 텐데 말이죠. 이때 참고 할 자료가 있습니다. 서울 열린데이터 광장에서는 행정동코드와 코드에 해당하는 행정동명을 별도의 파일로 제공합니다. 서울 생활인구 페이지(https://data.seoul.go.kr/dataVisual/ seoul/seoulLivingPopulation.do)로 다시 가서 이번에는 **자치구 단위**의 [행정구역 코드정 보]를 클릭해 파일을 내려받습니다.

그림 11-8 행정구역 코드정보 내려받기

내려받은 '행정동코드_매핑정보.xlsl' 파일을 열어 보면 하단에 '행정동코드'와 '유입지코드'라는 2개의 시트가 있습니다. 우리에게 필요한 것은 행정동코드이므로 [행정동코드] 시트를 클릭합니다.

그림 11-9 행정동코드 정보

	A	B	C	D	E
1	통계청행정동코드	행자부행정동코드	시도명	시군구명	행정동명
2	H_SDNG_CD	H_DNG_CD	DO_NM	CT_NM	H_DNG_NM
3	1101053	11110530	서울	종로구	사직동
4	1101054	11110540	서울	종로구	삼청동
5	1101055	11110550	서울	종로구	부암동
6	1101056	11110560	서울	종로구	평창동
7	1101057	11110570	서울	종로구	무악동

헤더에 2가지 행정동코드와 시도명, 시군구명, 행정동명이 보입니다. 그런데 통계청 코드는 숫자 7자리, 행자부 코드는 8자리입니다. 앞서 내려받은 LOCAL_PEOPLE_DONG_201912.csv 파일의 행정동코드는 8자리고요. 따라서 여기서는 두 번째 열에 있는 8자리 행자부 행정동코드를 사용하면 됩니다. 행정동코드_매핑정보.xlsl 파일에서 11215710과 11680545를 찾아보니 광진구 화양동과 강남구 압구정동입니다.

이처럼 LOCAL_PEOPLE_DONG_201912.csv 파일로는 인구 데이터를, 행정동코드_매핑정보.xlsl 파일로는 행정동명을 알 수 있으므로 필요한 데이터는 다음과 같이 선정합니다.

I. 프로젝트 목표 수립

1) 데이터 선정하기

데이터	인구 데이터: 서울 생활인구(내국인) 행정동코드 데이터: 행정구역 코드정보

파이썬에서 csv 라이브러리를 사용할 수 있도록 내려받은 파일의 파일명과 확장자를 수정하겠습니다. 행정동코드_매핑정보.xlsl 파일을 dong_code.csv로 바꿉니다. 행정동코드_매핑정보.xlsl 파일의 [행정동코드] 시트에서 [파일 → 다른 이름으로 저장]을 누르고 LOCAL_PEOPLE_DONG_201912.csv 파일과 같은 폴더를 선택합니다. 팝업 창이 뜨면 파일명은 dong_code로 하고, 파일 형식은 CSV (쉼표로 분리) (*.csv) 또는 CSV UTF-8(쉼표로 분리) (.csv)를 선택합니다. 이때 2개의 시트를 하나의 파일로 만들기 때문에 경고창이 뜹니다. [확인] 버튼을 누르면 현재 열려 있는 시트만 CSV 파일로 변환합니다.

그림 11-10 파일명과 파일 형식 바꾸기

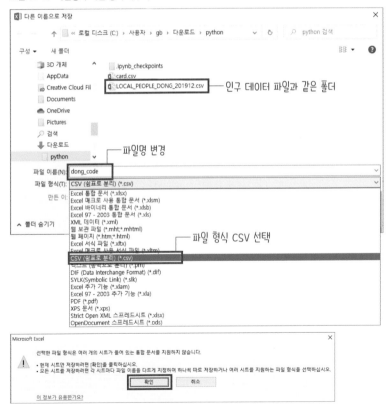

11.1.2 목표 수립하기

다음으로 프로젝트의 목표를 수립해 봅시다. 우리는 핫플레이스가 덜 붐비는 시간을 알고 싶습니다. 핫플레이스가 혜화동에 있다면 혜화동의 인구가 가장 적은 시간을 찾으면 됩니다. 따라서 프로젝트의 목표는 **핫플레이스가 있는 행정동에서 인구가 가장 적은 시간대 파악하기**로 정리할 수 있습니다.

2) 목표 수립하기

> **목표**   핫플레이스가 있는 행정동에서 인구가 가장 적은 시간대 파악하기

목표를 달성할 수 있는 하위 목표를 수립해 봅시다. 하위 목표는 더 구체적으로 분석할 요소를 정하는 것이어서 데이터 항목을 보면서 실제로 달성할 수 있는 내용으로 수립하는 것이 좋습니다.

우리가 가장 궁금한 것은 핫플레이스가 있는 행정동의 시간대별 인구입니다. 행정동의 시간대별 인구는 어떻게 구할까요?

> **제제쌤의 조언**
>
> 행정동보다 더 세부적으로 접근할 수 있다면, 즉 구체적인 가게명이나 주소를 입력하고 이 지역의 시간대별 인구를 구할 수 있다면 더 정확한 답을 구할 수 있습니다. 하지만 더 세부적인 데이터는 구글 검색만으로 구할 수 없습니다. 데이터 분석은 데이터를 구하는 것(수집)에서 시작합니다. 이처럼 원하는 데이터를 구하기 어려울 때는 구할 수 있는 데이터를 활용해 프로젝트 방향을 정해야 합니다.

먼저 dong_code.csv 파일에서 핫플레이스가 있는 행정동의 행정동코드를 알아내야죠. LOCAL_PEOPLE_DONG_201912.csv 파일에서 알아낸 행정동코드와 일치하는 행만 골라냅니다. 그리고 시간대별로 나뉜, 네 번째 항목에 있는 생활인구수를 더한 후 평균을 구하면 됩니다.

그림 11-11 행정동코드로 평균인구 구하기

	A	B	C	D	E
1	통계청행정동코드	행자부행정동코드	시도명	시군구명	행정동명
376	1123075	11680750	서울	강남구	수서동
377	1123076	11680700	서울	강남구	세곡동
378	1123077	11680545	서울	강남구	압구정동
379	1123078	11680565	서울	강남구	청담동
380	1123079	11680610	서울	강남구	대치2동
381	1123080	11680670	서울	강남구	개포2동
382	1124051	11710510	서울	송파구	풍납1동

dong_code.csv

	A	B	C	D
1	기준일ID	시간대구분	행정동코드	총생활인구수
3	20191201	0	11680545	37375.4506
518	20191201	1	11680545	36036.1208
880	20191201	2	11680545	35050.7777
1549	20191201	3	11680545	34224.7169
1776	20191201	4	11680545	33579.9165
2390	20191201	5	11680545	33636.4017
2597	20191201	6	11680545	34352.6946

LOCAL_PEOPLE_DONG_201912.csv

11장 프로젝트로 파이썬 완성하기: 핫플레이스 인구 분석

구한 평균인구를 시간대별 그래프로 표현하면 인구 변화가 시각적으로 더 잘 보이겠죠? 따라서 첫 번째 하위 목표는 **핫플레이스가 있는 행정동의 시간대별 평균인구 그래프를 그려 분석하기**로 정합니다. 목표와 함께 그래프를 어떻게 그릴지 간단히 스케치합니다. 꺾은선 그래프가 시간대별 추이를 잘 보여 줄 것 같네요.

2) 목표 수립하기

목표	핫플레이스가 있는 행정동에서 인구가 가장 적은 시간대 파악하기
하위 목표 I	핫플레이스가 있는 행정동의 시간대별 평균인구 그래프를 그려 분석하기

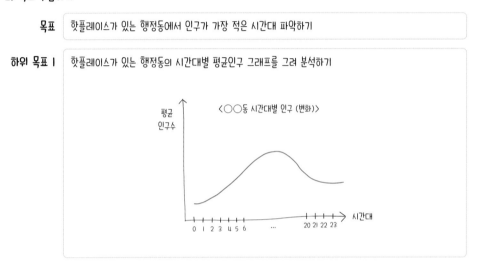

그런데 주중과 주말의 생활인구가 비슷할까요? 놀이공원 입장료나 숙박비나 항공 요금 등을 보면 주말과 주중에 따라 금액을 달리 하는 경우가 많습니다. 이는 사람들이 몰리는 정도가 다르기 때문이죠. 핫플레이스 역시 주중 인구와 주말 인구가 다를 수 있으므로 둘을 나눠서 비교하는 것도 의미 있을 것 같습니다.

데이터 파일은 주중과 주말로 구분되어 있지 않은데, 어떻게 구분할까요? 간단합니다. 데이터 파일을 보면 첫 번째 항목에 일자를 나타내는 기준일ID가 있습니다. 파이썬에는 일자를 입력하면 숫자로 요일을 알려 주는 datetime 라이브러리가 있습니다. 이를 활용하면 기준일ID로 요일을 알아내 주중과 주말을 구분할 수 있습니다.

그럼 두 번째 목표는 **핫플레이스가 있는 행정동의 주중/주말 시간대별 평균인구 그래프를 그려 분석하기**로 하겠습니다. 이 역시 그래프를 미리 스케치합니다. 막대그래프로도 비교 그래프를 그릴 수도 있겠죠. 같은 데이터를 사용하므로 두 그래프 모두 스케치합니다.

하위 목표 2 핫플레이스가 있는 행정동의 주중/주말 시간대별 평균인구 그래프를 그려 분석하기

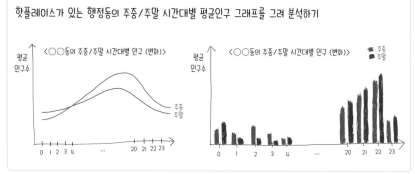

제제쌤의 조언

두 번째 하위 목표를 결정할 때 주중과 주말을 어떻게 구분할지 생각해 보는 과정이 있었습니다. 이처럼 목표 수립 단계에서는 프로그래밍이 가능할지, 가능하다면 어떻게 구현할지 확인하고 하위 목표를 수립하길 추천합니다. 구현 단계에서 시행착오를 줄일 수 있습니다.

더 분석할 거리가 없을까요? 인구 데이터 파일을 보면 다섯 번째 항목부터 남녀의 연령별 생활인구가 나와 있습니다. 이를 사용해 성별 인구도 비교할 수 있습니다. 가려는 곳이 여성이 선호하는 곳인지, 남성이 선호하는 곳인지에 따라 붐비는 시간대가 다를 수 있으니까요. 그럼 세번째 목표는 **핫플레이스가 있는 행정동의 남녀 시간대별 평균인구 그래프를 그려 분석하기**로 하고 그래프를 스케치해 봅시다. 이번에는 꺾은선 그래프와 좌우로 펼쳐진 가로형 막대그래프로 표현합니다.

하위 목표 3 핫플레이스가 있는 행정동의 남녀 시간대별 평균인구 그래프를 그려 분석하기

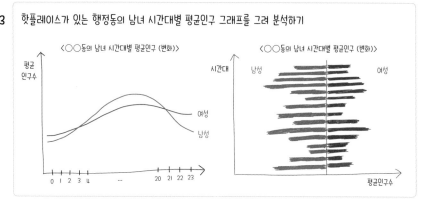

지금까지 '핫플레이스가 있는 행정동에서 인구가 가장 적은 시간대 파악하기'라는 목표를 달성하는 데 필요한 하위 목표 3가지를 세웠습니다. 핫플레이스가 위치한 행정동의 인구 그래프를 다양한 기준으로 그려 분석하는 것이었죠. 그런데 인구를 한 장소의 절대치로만 보니 실제 어느 정도 붐비는지 잘 와닿지 않을 것 같습니다. 천 명 또는 만 명일 때 어느 정도 붐비는지 실감이 안 나죠. 이럴 때는 자신이 잘 아는 지역과 핫플레이스가 속한 지역을 비교하면 사람이 얼마나 많은지 적은지를 판단할 수 있지 않을까요? 그래서 마지막 하위 목표로 **핫플레이스가 있는 행정동과 나에게 익숙한 행정동의 시간대별 평균인구 그래프를 그려 비교 분석하기**로 정하고 그래프를 스케치해 봅시다.

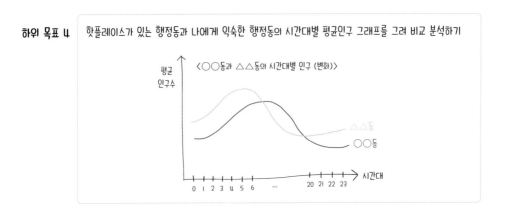

프로젝트 목표를 수립하고 하위 목표까지 모두 작성했습니다. 지금처럼 목표 수립 단계에서 모든 목표를 도출해도 되지만, 실제로는 프로젝트를 진행하면서 새로운 목표가 추가되는 일이 많습니다. 데이터 분석 결과를 보고 나면 이와 연관된 새로운 궁금증이 생기기 때문이죠. 그러니 프로젝트 로드맵을 유연하게 활용하기를 추천합니다!

NOTE **공공 데이터**

데이터를 내려받은 서울 열린데이터 광장(https://data.seoul.go.kr)은 누구나 공공 데이터를 이용할 수 있도록 서울시에서 운영하는 사이트입니다. 공공 데이터는 공공 기관이 업무상 작성하거나 취득해 관리하는 자료를 말합니다. 공개된 데이터라면 특별한 인증이나 절차 없이 내려받을 수 있습니다. 인구 데이터는 물론 교통, 교육, 행정 등 여러 분야의 다양한 데이터를 제공합니다. 대표적인 공공 데이터 사이트로 공공데이터포털(https://www.data.go.kr)이 있습니다. 공공데이터포털은 서울시뿐만 아니라 대한민국 정부가 보유한 다양한 공공 데이터를 제공합니다.

그림 11-12 공공데이터포털

이외에도 구글에서 검색하면 민간 기업이 제공하는 데이터도 구할 수 있습니다.

11.2

프로그램으로 구현하기

두 번째 단계인 프로젝트 구현으로 들어가 보겠습니다. 하위 목표 4가지의 알고리즘을 작성하고 코드로 구현해야죠. 하위 목표를 코드로 구현하기 전에 먼저 해야 할 작업이 있습니다. 내려받은 데이터를 프로그램에서 사용하려면 파이썬 파일에서 읽어 들여야 합니다. 그리고 앞에서 언급했듯이 행정동명에 해당하는 행정동코드를 알아내야 합니다. 그럼 2가지 작업부터 진행해 보겠습니다.

11.2.1 데이터 파일 읽고 행정동명과 행정동코드 연결하기

먼저 인구 데이터인 LOCAL_PEOPLE_DONG_201912.csv와 행정동코드 데이터인 dong_code.csv 파일이 **같은 폴더 안에 있는지 확인**하세요. 그리고 나서 **동일한 폴더에 파이썬 파일을 생성**하세요(코랩에서 실행할 경우 파일을 직접 선택할 수 있으므로 같은 폴더가 아니어도 됩니다).

> **제제쌤의 조언**
> 생활인구 데이터 파일이 매우 크므로 이 장에서는 구글 코랩이 아닌 주피터 노트북으로 실습하기를 추천합니다. 코랩을 사용하면 파일을 업로드하는 데 시간이 오래 걸립니다. 주피터 노트북은 파일을 업로드하는 방식이 아니어서 파일을 빠르게 읽을 수 있습니다.

데이터 파일 읽어 들이기

9장에서 배운 대로 파이썬 파일에 데이터 파일을 읽어 들여 봅시다. 인구 데이터 파일을 읽어 리스트로 변환한 후 이를 변수(data)에 저장합니다. 마지막에 전체 데이터 길이도 출력해 보겠습니다.

```python
import csv

f = open('LOCAL_PEOPLE_DONG_201912.csv', encoding='utf8') # 또는 'eur-kr',
'cp949'
data = csv.reader(f)
next(data)
data = list(data)
print(len(data))
```

실행결과

315456

결과가 출력된다면 데이터 읽기에 성공한 겁니다. 결과를 보니 파일에 약 31만 개의 행이 있네요. 데이터 양이 많으므로 처음 파일을 읽을 때 시간이 좀 걸립니다.

> **제제쌤의 조언**
>
> 인코딩 에러가 발생한다면 utf8 대신 eur-kr 또는 cp949를 넣거나 인코딩 옵션 자체를 삭제해 보세요. 사용하는 PC 환경에 따라 인코딩 옵션이 다르게 적용됩니다.

두 번째 파일인 dong_code.csv도 읽어 봅시다. 앞서 인구 데이터를 읽을 때 f와 data를 사용했으므로 dong_code.csv 파일을 읽을 때는 다른 변수를 사용해야 데이터가 겹치지 않습니다. 이번에는 f2와 code_data를 사용하겠습니다.

```python
f2 = open('dong_code.csv', encoding = 'utf8')
code_data = csv.reader(f2)
next(code_data)
next(code_data)
code_data = list(code_data)
print(len(code_data))
```

dong_code.csv 파일에는 총 424개 행이 있습니다. 행정동 개수가 총 424개라는 의미죠. 그런데 이번에는 next(code_data)가 두 줄입니다. dong_code.csv 파일을 보면 헤더가 두 줄이고, 실제 데이터는 세 번째 행부터 있습니다. 그래서 next(code_data)를 두 번 실행해 한글 헤더와 영문 헤더를 모두 제거합니다.

그림 11-13 dong_code.csv 파일 헤더

	A	B	C	D	E
1	통계청행정동코드	행자부행정동코드	시도명	시군구명	행정동명
2	H_SDNG_CD	H_DNG_CD	DO_NM	CT_NM	H_DNG_NM
3	1101053	11110530	서울	종로구	사직동
4	1101054	11110540	서울	종로구	삼청동
5	1101055	11110550	서울	종로구	부암동
6	1101056	11110560	서울	종로구	평창동
7	1101057	11110570	서울	종로구	무악동

데이터 타입 변환하기

읽어 들인 데이터의 실제 값을 확인해 봅시다. 인구 데이터의 첫 번째 행만 출력해 봅시다.

```
print(data[0])
```

실행결과

```
['20191201', '00', '11215710', '45694.998800000001', '452.3937', '208.7971',
'1267.7678000000001', '5642.9234999999999', '5433.6800999999996', …]
```

데이터가 잘 보입니다. 그런데 숫자가 모두 작은 따옴표로 감싸져 있습니다. CSV 파일을 읽어 들였기 때문에 실제 데이터가 숫자라 할지라도 문자열로 저장돼서 그렇습니다. 우리는 행정동의 평균인구를 구하기 위해 인구수를 더하고 나누는 작업을 해야 합니다. 따라서 데이터는 연산이 가능한 숫자형이어야 하므로 데이터 타입을 변환해야 합니다.

그림 11-14 서울 생활인구 데이터 파일의 헤더

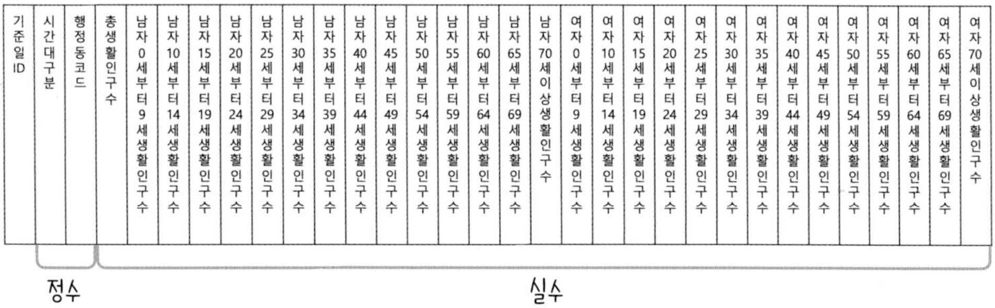

기준일ID	시간대구분	행정동코드	총생활인구수	남자0세부터9세생활인구수	남자10세부터14세생활인구수	남자15세부터19세생활인구수	남자20세부터24세생활인구수	남자25세부터29세생활인구수	남자30세부터34세생활인구수	남자35세부터39세생활인구수	남자40세부터44세생활인구수	남자45세부터49세생활인구수	남자50세부터54세생활인구수	남자55세부터59세생활인구수	남자60세부터64세생활인구수	남자65세부터69세생활인구수	남자70세이상생활인구수	여자0세부터9세생활인구수	여자10세부터14세생활인구수	여자15세부터19세생활인구수	여자20세부터24세생활인구수	여자25세부터29세생활인구수	여자30세부터34세생활인구수	여자35세부터39세생활인구수	여자40세부터44세생활인구수	여자45세부터49세생활인구수	여자50세부터54세생활인구수	여자55세부터59세생활인구수	여자60세부터64세생활인구수	여자65세부터69세생활인구수	여자70세이상생활인구수

정수 (기준일ID ~ 행정동코드) / 실수 (총생활인구수 ~ 여자70세이상생활인구수)

헤더를 보고 각 항목(열)을 어떻게 변환해야 할지 생각해 봅시다. 먼저 네 번째 열인 총생활인구수부터 마지막 열까지는 모두 소수점이 있는 실수입니다. 따라서 읽어 들인 데이터를 float()를 사용해 실수형으로 변환해야 합니다.

그리고 두 번째와 세 번째 열은 모두 정수입니다. 따라서 int()를 사용해 정수형으로 변환하면 되죠. 그런데 날짜를 의미하는 첫 번째 열인 기준일ID는 읽어 들인 문자열 그대로 두어야 합니다. 기준일ID는 '20191201' 형태입니다. 날짜는 나중에 슬라이싱해서 연도, 월, 일을 분리합니다. 문자열이 슬라이싱하기가 편하므로 기준일ID만 문자열 그대로 두겠습니다(6장에 나온 문자열 슬라이싱을 참고하세요).

정리하면 시간대구분, 행정동코드는 정수형으로, 총생활인구수부터 마지막 열까지는 실수형으로 변환해야 합니다. 데이터 타입을 변환하는 코드는 다음과 같이 작성할 수 있습니다.

```
for row in data:
    row[1] = int(row[1])        # 시간대구분
    row[2] = int(row[1])        # 행정동코드
    row[3] = float(row[1])      # 총생활인구수
    row[4] = float(row[1])      # 남자0세부터9세생활인구수
    ...
    row[31] = float(row[31])    # 여자70세이상생활인구수
```

row[1]부터 row[31]까지 모두 바꿔야 하므로 반복문을 사용합니다. 변경해야 할 열이 총 31개이므로 데이터 타입을 31번 변환해야 합니다. 그런데 잘 살펴보면 여기서도 반복되는 부분이 보입

니다. 인덱스가 1부터 31까지 1씩 증가하며 데이터 타입을 변환하고 있죠. 이 부분에 반복문을 사용할 수 있습니다. 그리고 인덱스가 2보다 작거나 같을 때는 정수형으로, 2보다 클 때는 실수형으로 변환하면 됩니다.

```
for row in data:
    for i in range(1, 32):
        if i <= 2:        # 인덱스가 2 이하인 경우 정수형으로 변환
            row[i] = int(row[i])
        else:             # 인덱스가 2 초과인 경우 실수형으로 변환
            row[i] = float(row[i])
print(data[0])
```

실행결과

```
['20191201', 0, 11215710, 45694.9988, 452.3937, 208.7971, 1267.7678, 5642.9235,
5433.6801, 2494.5993, 1691.4831, 1042.7096, 1058.3378, 895.4639, 875.9212,
601.9097, 496.2165, 850.682, 388.4005, 180.3721, 1586.7039, 6973.6176,
4259.7022, 2036.1446, 1285.42, 794.6241, 833.7179, 772.1417, 773.2152,
827.1455, 565.5378, 1405.3707, '']
```

첫 번째 열인 기준일ID를 제외하고 모든 데이터가 숫자형으로 변경됐습니다. 마지막의 ''는 존재하지 않는 열인데 파일을 읽어 들이는 과정에서 포함됐습니다. 연산에 활용할 데이터는 아니니 그대로 둬도 괜찮습니다. 인구 데이터를 분석하기 편하도록 데이터 타입을 변환하는 작업을 완료했습니다.

이번에는 행정동코드 데이터를 봅시다.

```
print(code_data[0])
```

실행결과

```
['1101053', '11110530', '서울', '종로구', '사직동']
```

역시 모든 값이 문자열로 저장되어 있습니다. 이 중에서 사용할 항목은 두 번째 열의 행자부 행정동코드와 마지막 열인 행정동명입니다. 행정동명은 문자열 그대로 사용하므로 행자부 행정동코드만 숫자형으로 변경합니다.

```
for row in code_data:
    row[1] = int(row[1])
print(code_data[0])
```

실행결과

```
['1101053', 11110530, '서울', '종로구', '사직동']
```

행정동코드 데이터도 데이터 타입 변환이 잘 됐습니다.

행정동명과 행정동코드 연결하기

필요한 데이터를 모두 읽고, 적절한 데이터 타입으로 변환했으니 행정동명과 행정동코드를 연결해 봅시다. 여기서부터는 코드가 복잡하니 먼저 알고리즘을 작성하고 나서 이를 코드로 구현하겠습니다.

분석할 핫플레이스가 위치한 행정동을 선택해야 합니다. 사용자가 알고 싶은 행정동명을 직접 입력하게 해 봅시다. 사용자가 서울시의 행정동 중 하나를 입력하면 행정동명과 행정동코드의 매핑 정보가 담긴 dong_code.csv에서 해당하는 행정동코드를 찾습니다.

알고리즘
> 1. 사용자에게서 행정동명을 입력받아 변수(dong_name)에 저장하기
> 2. 행정동코드 데이터(code_data)를 돌며 반복하기
>   2.1 행정동코드 데이터의 마지막 열인 행정동명(열 인덱스[-1])이 입력된 행정동명(dong_name)과 같다면
>   2.1.1 해당하는 행정동코드를 변수(dong_code)에 저장하기

과정 1은 간단하게 행정동명을 input()으로 입력받아 변수 dong_name에 저장하면 됩니다. 과정 2에서 행정동코드를 구하려면 dong_code.csv 파일의 데이터를 담고 있는 code_data를 사용해야 합니다. code_data에서 행정동명은 마지막 열에 있죠(dong_code.csv 파일을 확인해 보세요). code_data 전체를 돌면서 입력받은 행정동명(dong_name)이 code_data의 마지막 열(열 인덱스 [-1])과 같을 때 해당 행의 행정동코드를 dong_code에 저장합니다.

알고리즘에 해당하는 코드를 작성해 봅시다(지면상 코드 부분은 들여쓰기를 생략합니다).

〈알고리즘〉	〈코드〉
1. 사용자에게서 행정동명을 입력받아 변수(dong_name)에 저장하기	`dong_name = input()`
2. 행정동코드 데이터(code_data)를 돌며 반복하기	`for row in code_data:`
2.1 행정동코드 데이터의 마지막 열인 행정동명(열 인덱스 [-1])이 입력된 행정동명(dong_name)과 같다면	`if row[-1] == dong_name:`
2.1.1 해당하는 행정동코드를 변수(dong_code)에 저장하기	`dong_code = row[1]`

코드를 프로그램으로 옮겨 봅시다. 알아보기 쉽게 안내문도 적당히 추가합니다.

```
dong_name = input('핫플레이스가 위치한 행정동을 입력하세요. --> ')
for row in code_data:
    if row[-1] == dong_name:
        dong_code = row[1]
print(dong_name, '-', dong_code, '을(를) 분석합니다!')
```

프로그램을 실행해 압구정동을 입력해 봅시다.

실행결과
```
핫플레이스가 위치한 행정동을 입력하세요. --> 압구정동
압구정동 - 11680545 을(를) 분석합니다!
```

입력된 행정동명(압구정동)과 행정동코드(11680545)가 각각 dong_name, dong_code에 저장됐음을 확인할 수 있습니다. 이후 구현 과정에서 dong_name과 dong_code 변수를 활용합니다.

이 책에서는 압구정동을 기준으로 프로젝트를 진행합니다. 다른 지역이 궁금하다면 바꿔서 입력해 보고 결과가 어떻게 달라지는지 직접 확인해 보세요.

핫플레이스 인구 분석 프로젝트에서 실행해야 하는 기본 코드를 정리하면 다음과 같습니다.

```
import csv

# 데이터 파일 읽어 들이기
f = open('LOCAL_PEOPLE_DONG_201912.csv', encoding='utf8') # 또는 'eur-kr',
'cp949'
data = csv.reader(f)
```

```
next(data)
data = list(data)

f2 = open('dong_code.csv', encoding = 'utf8') # 또는 'eur-kr', 'cp949'
code_data = csv.reader(f2)
next(code_data)
next(code_data)
code_data = list(code_data)

# 데이터 타입 변환하기
# 인구 데이터 변환하기
for row in data:
    for i in range(1, 32):
        if i <= 2:       # 인덱스가 2 이하인 경우 정수형으로 변환
            row[i] = int(row[i])
        else:            # 인덱스가 2 초과인 경우 실수형으로 변환
            row[i] = float(row[i])

# 행정동코드 변환하기
for row in code_data:
    row[1] = int(row[1])

# 행정동명과 행정동코드 연결하기
dong_name = input('핫플레이스가 위치한 행정동을 입력하세요. --> ')
for row in code_data:
    if row[-1] == dong_name:
        dong_code = row[1]
print(dong_name, '-',dong_code, '을(를) 분석합니다!')
```

이제 프로젝트 목표 수립 단계에서 정리한 하위 목표를 하나씩 프로그램으로 구현해 봅시다.

11.2.2 하위 목표 1 – 시간대별 인구 분석하기

첫 번째 하위 목표는 '핫플레이스가 있는 행정동의 시간대별 평균인구 그래프를 그려 분석하기'입니다. 알고리즘부터 작성해 봅시다.

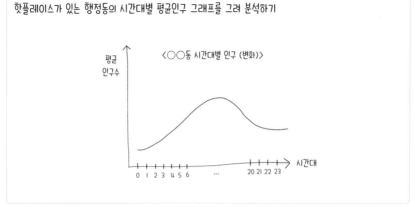

알고리즘 작성하기

하위 목표 1에서는 x축을 시간대, y축을 시간대별 평균인구로 하는 꺾은선 그래프를 그려야 합니다. 꺾은선 그래프는 plt.plot()으로 그립니다. plt.plot()에는 x축 리스트와 y축 리스트를 각각 넣어야 하죠. x축은 0~23이라는 연속된 숫자 범위를 나타내므로 range(24)로 작성할 수 있습니다. y축에 넣는 리스트는 행정동의 시간대별 평균인구를 담고 있어야 합니다. 인구를 저장하니 리스트명은 population으로 합시다. population 리스트의 구조는 다음과 같습니다.

그림 11-15 population 리스트의 구조

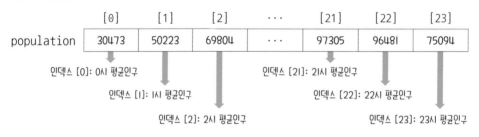

y축 리스트는 x축과 개수가 같아야 하므로 24개 요소가 있는 일차원 리스트입니다. population은 시간대별 평균인구를 담고 있으므로 0시 평균인구는 population[0]에, 1시 평균인구는 population[1]에 각각 저장하는 방식으로 population[23]까지 저장합니다. 그림을 보면 population 리스트의 인덱스는 시간대를 의미합니다.

리스트 구조를 알았으니 데이터를 채우면 됩니다. 리스트에 데이터는 어떻게 채울까요? 현재 dong_name과 dong_code에 저장된 '압구정'과 '11680545'를 기준으로 생각해 봅시다. data 리스트에는 2019년 12월 1일부터 2019년 12월 31일까지 총 31일간의 시간대별 인구 데이터가 들어 있습니다. 이 중에서 압구정동 인구 데이터만 고르면 31일 × 24시 = 744개 행입니다. LOCAL_PEOPLE_DONG_201912.csv 파일에서 압구정동 부분만 잘라서 보면 다음과 같습니다. 이 데이터가 data 리스트에서 행정동코드가 '11680545'인 행에 들어갑니다.

그림 11-16 population 리스트에 인구 데이터 저장하기

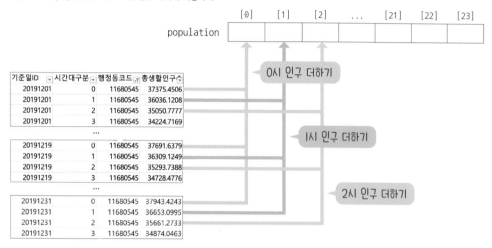

744개 행에서 같은 시간대의 인구를 더하면 시간대별 총생활인구수를 구할 수 있습니다. 예를 들어, 0시의 총생활인구라면 각 날짜의 0시 총생활인구(12월 1일 0시 총생활인구 + 12월 2일 0시 총생활인구 + … + 12월 31일 0시 총생활인구)를 모두 더해 구합니다. 그리고 이 값을 population[0]에 저장하면 됩니다. 같은 방법으로 population[1]에는 12월 1일부터 31일까지의 1시 총생활인구 합을 구해 넣습니다.

정리하면 data의 행정동코드(열 인덱스 [2])가 dong_code의 값과 같은 행을 찾고 해당 행의 시간대구분과 총생활인구수를 구합니다. 시간대구분은 population의 인덱스이므로 시간대구분에 해당하는 총생활인구수를 population[시간대]에 더하면 됩니다. 이 과정을 data의 첫 행부터 마지막 행까지 반복합니다. population의 각 요소에는 dong_code 시간대별 총생활인구수의 합이 저장됩니다. 이를 평균인구로 바꾸기 위해 population 리스트의 모든 요소를 31로 나눈 후 다시 저장합니다. 이 과정을 거치면 입력한 행정동(dong_code)의 시간대별 평균인구가 population 리스트에 차례대로 담기게 됩니다. 이 과정을 알고리즘으로 작성해 봅시다.

핫플레이스가 있는 행정동의 시간대별 평균인구 그래프를 그려 분석하기

알고리즘

1. 시간대별 평균인구를 저장할 리스트(population)를 길이 24로 만들고 초깃값 0 저장하기
2. 인구 데이터(data)의 첫 행부터 마지막 행까지 반복하기
   2.1 사용자가 입력한 행정동의 행정동코드(dong_code)와 인구 데이터(data)의 행정동코드
      (열 인덱스 [2])가 같다면
      2.1.1 해당 행의 시간대(열 인덱스 [1])와 총생활인구수(열 인덱스 [3])를 각각 변수(time, p)에
         저장하기
      2.1.2 과정 2.1.1에서 저장한 시간대(time)가 population의 인덱스이므로 population[time]
         에 총생활인구수(p) 더하기
3. 반복이 끝나면 population 리스트의 모든 값을 31로 나눈 후 population에 다시 저장하기
4. 완성된 population 리스트로 시간대별 평균인구 그래프 그리기

코드 작성하기

작성한 알고리즘대로 프로그래밍해 봅시다. 카드 이용내역 분석에서 한 것처럼 알고리즘 옆에 단계별 코드를 작성하면 편합니다.

과정 1부터 작성해 봅시다. 시간대별 평균인구를 저장할 리스트 population을 만듭니다. 배운 대로 구현한다면 다음처럼 빈 리스트를 만들고 0을 추가하는 작업을 24번 반복할 겁니다.

```
population = []
for i in range(24):
    population.append(0)
```

이렇게 작성하면 코드는 세 줄입니다. 그런데 이 코드를 한 줄로 줄일 방법이 있습니다. 리스트를 처음 배울 때는 어려울 수 있어서 언급하지 않았지만, 실제 프로그램을 작성할 때는 알아두면 유용하므로 여기서 설명하겠습니다.

반복문을 리스트 안에 넣어 리스트를 만드는 동시에 초기화하는 방법입니다.

```
population = []
for i in range(24):        ➡        population = [초깃값 반복문]
    population.append(0)              population = [0 for i in range(24)]
```

코드는 매우 비슷합니다. 빈 리스트를 만들 때처럼 리스트를 선언하고 대괄호([ ]) 안에 초깃값과 반복문을 넣어 줍니다. 초깃값은 0이고 24번 반복하므로 population = [0 for i in range(24)]가 됩니다. 이때 반복문에 콜론(:)은 넣지 않습니다. 구조를 잘 살펴보면 population.append()가 빠지고 나머지 코드가 대괄호 안에 들어갑니다. 이처럼 리스트 안에 반복문을 포함하는 것을 **리스트 내포**라고 합니다.

```
population = [0 for i in range(24)]
print(len(population), population)
```

실행결과

24 [0, 0, 0, 0, 0, 0, 0, 0, 0, 0, 0, 0, 0, 0, 0, 0, 0, 0, 0, 0, 0, 0, 0, 0]

길이가 24인 population 리스트가 생성됐고, 각 요소에도 초깃값 0이 저장됐습니다.

이를 조금만 변형해서 population에 숫자 0부터 23까지 차례대로 넣는 방법을 생각해 봅시다. 반복문 for i in range(24)를 실행하면 i에 0부터 23까지 차례대로 담기죠. 따라서 앞의 초깃값 0 대신 i를 넣어 population = [i for i in range(24)]라고 작성하면 됩니다. 실행해 봅시다.

```
population = [i for i in range(24)]
print(len(population), population)
```

실행결과

24 [0, 1, 2, 3, 4, 5, 6, 7, 8, 9, 10, 11, 12, 13, 14, 15, 16, 17, 18, 19, 20, 21, 22, 23]

이처럼 리스트 생성과 동시에 초기화하는 방법을 활용하면 코드가 더욱 간결해집니다.

과정 1의 설명이 길어졌네요. 마무리하고 나머지 코드도 작성해 봅니다. 스스로 코드를 완성해 보고 싶으면 표의 오른쪽 부분은 가리고 코드를 작성해 보세요.

<알고리즘>

1. 시간대별 평균인구를 저장할 리스트(population)를 길이 24로 만들고 초깃값 0 저장하기

2. 인구 데이터(data)의 첫 행부터 마지막 행까지 돌며 반복하기

   2.1 사용자가 입력한 행정동의 행정동코드(dong_code)와 인구 데이터(data)의 행정동코드(열 인덱스 [2])가 같다면

   2.1.1 해당 행의 시간대(열 인덱스 [1])와 총생활인구수(열 인덱스 [3])를 각각 변수(time, p)에 저장하기

   2.1.2 과정 2.1.1에서 저장한 시간대(time)가 population의 인덱스이므로 population[time]에 총생활인구수(p) 더하기

3. 반복이 끝나면 population 리스트의 모든 값을 31로 나눈 후 population에 다시 저장하기

4. 완성된 population 리스트로 시간대별 평균인구 그래프 그리기

<코드>

```python
population = [0 for i in range(24)]

for row in data:

if row[2] == dong_code:


time, p = row[1], row[3]


population[time] += p


population = [p/31 for p in population]

plt.plot(range(24), population)
```

카드 이용내역을 분석할 때도 같은 형식으로 했기 때문에 익숙할 테니 데이터의 차이만 짚고 넘어가겠습니다. data에는 총 32개 항목(열)이 있습니다. 데이터 항목 위에 열 인덱스를 넣어 보면 다음과 같습니다. 실제로 data에는 헤더가 없지만, 각 열이 의미하는 바를 파악하기 쉽게 데이터 파일의 헤더를 보면서 진행하겠습니다.

그림 11-17 인구 데이터의 헤더와 인덱스

[0]	[1]	[2]	[3]	[4]	[5]	[6]	[7]	[8]	[9]	[10]	[11]	[12]	[13]	[14]	[15]	[16]	[17]	[18]	[19]	[20]	[21]	[22]	[23]	[24]	[25]	[26]	[27]	[28]	[29]	[30]	[31]
기준일ID	시간대구분	행정동코드	총생활인구수	남자0세부터9세생활인구수	남자10세부터14세생활인구수	남자15세부터19세생활인구수	남자20세부터24세생활인구수	남자25세부터29세생활인구수	남자30세부터34세생활인구수	남자35세부터39세생활인구수	남자40세부터44세생활인구수	남자45세부터49세생활인구수	남자50세부터54세생활인구수	남자55세부터59세생활인구수	남자60세부터64세생활인구수	남자65세부터69세생활인구수	남자70세이상생활인구수	여자0세부터9세생활인구수	여자10세부터14세생활인구수	여자15세부터19세생활인구수	여자20세부터24세생활인구수	여자25세부터29세생활인구수	여자30세부터34세생활인구수	여자35세부터39세생활인구수	여자40세부터44세생활인구수	여자45세부터49세생활인구수	여자50세부터54세생활인구수	여자55세부터59세생활인구수	여자60세부터64세생활인구수	여자65세부터69세생활인구수	여자70세이상생활인구수

과정 1에서 만든 population 리스트에 시간대별 평균인구를 담는 과정을 인구 데이터(data)의 첫 행부터 마지막 행까지 반복해야 하므로 과정 2에서는 이를 수행할 반복문을 작성합니다. 반복문에서 data의 한 행씩 row 변수에 담깁니다.

과정 2.1에서는 사용자가 입력한 행정동의 행정동코드(dong_code)와 data의 행정동코드가 같은지 한 행씩 확인합니다. data에서 행정동코드는 열 인덱스 [2]에 있으므로 row[2]가 됩니다. 따라서 dong_code와 row[2]가 같은지 if 조건문으로 확인합니다. 일치하는 행을 찾으면 과정 2.1.1로 가고 조건을 충족하지 않으면 다음 반복 회차로 넘어갑니다.

과정 2.1.1에서는 뒤에서 계산하는 데 필요한 시간대와 총생활인구수를 각각 변수 time과 p에 저장합니다. 이때 시간대는 열 인덱스 [1]에, 총생활인구수는 열 인덱스 [3]에 있으므로 time, p = row[1], row[3]으로 한 번에 저장합니다. 과정 2.1.2에서는 시간대(time)를 인덱스로 하는 population 리스트의 요소에 총생활인구수(p)를 더합니다.

그럼 과정 2 전체를 코드로 작성한 후 population 값을 확인해 봅시다.

TIP 이 코드를 작성할 때는 앞서 작성한 파일 읽기와 행정동명 검색하기가 이미 실행되어야 합니다. 즉, dong_code에 11680545가 저장된 상태여야 오류가 발생하지 않습니다.

```python
population = [0 for i in range(24)]
for row in data:
    if row[2] == dong_code:
        time, p = row[1], row[3]
        population[time] += p
print(population)
```

실행결과

```
[1150057.7245, 1112646.2784000002 … 1350683.4461, 1220104.0514]
```

압구정동의 시간대별 총생활인구수의 합이 나옵니다. 이 숫자는 12월 한 달간의 시간대별 총생활인구이니 이제 하루 평균인구를 구해야 합니다.

NOTE **코드 줄이기**

반복문의 코드 줄 수를 줄이고 싶다면 변수 time과 p를 사용하지 않아도 됩니다. time은 곧 row[1]이고, p는 row[3]이므로 이를 대체해 작성해도 결과는 같습니다.

○ 계속

463

```
for row in data:
    if row[2] == dong_code:
        population[row[1]] += row[3]
```

반복문이 끝나면 과정 3에서 population 리스트를 31로 나누어 시간대별 평균인구를 구합니다. 이때도 리스트 내포를 활용합니다. population의 각 요소를 p에 차례대로 담은 후 p를 31로 나눈 값을 리스트에 다시 저장하면 됩니다.

```
population = [p/31 for p in population]
print(population)
```

실행결과

[37098.63627419355, 35891.815432258074 … 43570.433745161296,
39358.195206451615]

population의 모든 요소를 31로 나누니 숫자가 확 줄었습니다. 0시 인구는 3만7천 명, 1시 인구는 3만6천 명 정도입니다. 오후에 사람이 많을 때는 대략 6만3천 명까지 있고요.

이제 과정 4의 그래프만 그리면 됩니다. 그래프를 그릴 때 필요한 라이브러리인 matplotlib을 추가해 꺾은선 그래프를 그려 봅시다. 제목과 x축, y축 이름도 적절히 추가해 보세요. 완성된 코드는 다음과 같습니다.

```
import matplotlib.pyplot as plt

population = [0 for i in range(24)]
for row in data:
    if row[2] == dong_code:
        time, p = row[1], row[3]
        population[time] += p
population = [p/31 for p in population]

plt.rc('font', family='Malgun Gothic')      # macOS에서는 AppleGothic
plt.title(dong_name + ' 시간대별 평균인구')      # 그래프 제목
```

```
plt.plot(range(24), population, color='indigo')  # 그래프 그리기
plt.xticks(range(24), range(24))                 # x축 눈금
plt.xlabel('시간대')                              # x축 이름
plt.ylabel('평균인구수')                          # y축 이름
plt.show()
```

실행결과

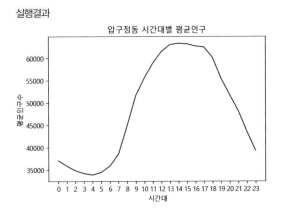

indigo 색상의 꺾은선 그래프가 그려집니다. plt.xlabel(), plt.ylabel()로 x축과 y축 이름도 붙였습니다. plt.title()에서 dong_name 변수를 넣어 입력한 행정동에 맞춰 그래프 제목이 출력되도록 했습니다. 그리고 plt.xticks(range(24), range(24))를 추가해 x축을 1시간 단위로 표기했습니다(넣지 않으면 눈금이 5시간 단위로 표시됩니다).

결과 분석하기

하위 목표 1의 결과를 보니 압구정동에서 인구가 가장 적을 때는 1시에서 6시 사이입니다. 새벽에는 인구 움직임이 매우 적으니 새벽 생활인구 대부분은 압구정에 거주하는 사람일 것 같네요. 8시부터 인구가 증가합니다. 직장인들이 출근하거나 학생들이 등교하나 봅니다. 가장 인구가 많은 시간대는 12시부터 18시까지입니다. 이 시간대에는 평균인구가 약 6만 명이므로 이 시간에 압구정을 방문하면 평소보다 붐비겠네요. 압구정에서는 12~18시를 피해 오전 10~11시쯤 브런치 약속이나 19시 이후에 저녁 약속을 잡으면 좋을 것 같습니다.

11.2.3 하위 목표 2 – 주중/주말 시간대별 인구 분석하기

이번에는 두 번째 하위 목표인 '핫플레이스가 있는 행정동의 주중/주말 시간대별 평균인구 그래프를 그려 분석하기'를 구현해 보겠습니다.

하위 목표 2 핫플레이스가 있는 행정동의 주중/주말 시간대별 평균인구 그래프를 그려 분석하기

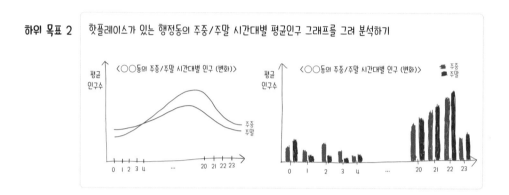

주중과 주말 2개의 그래프를 그려야 하므로 주중 인구와 주말 인구가 담긴 리스트가 필요합니다. 목표 수립 단계에서 주중과 주말 구분은 datetime 라이브러리를 사용한다고 했죠. 정확히는 datetime 라이브러리의 date( ).weekday( ) 명령어를 사용합니다. date( ) 안에 연도, 월, 일을 순서대로 넣은 후 weekday( )를 붙이면 월, 화, 수, 목, 금, 토, 일을 각각 숫자 0, 1, 2, 3, 4, 5, 6으로 나타냅니다. 따라서 실행했을 때 0부터 4 사이의 숫자가 나오면 주중이고 5와 6이 나오면 주말입니다. 이를 활용해 주중 인구 리스트와 주말 인구 리스트를 만들 수 있습니다.

2019년 12월 15일의 요일을 확인해 봅시다.

```
import datetime

# 0-월, 1-화, 2-수, 3-목, 4-금, 5-토, 6-일
datetime.date(2019, 12, 15).weekday()
```

실행결과

6

6이 나오므로 일요일이네요. 달력을 확인해 보면 2019년 12월 15일은 일요일이 맞습니다. 오늘 날짜를 넣어서 실행해 보고 요일에 대응하는 숫자가 올바르게 출력되는지 확인해 보세요.

알고리즘 작성하기

그럼 알고리즘을 작성해 봅시다. 일단 큰 틀은 평균인구를 구할 때와 비슷하지만, 다른 점도 있습니다. 평균인구는 리스트 하나를 사용했지만, 이번에는 그래프 2개를 겹쳐 그리기 때문에 주중 인구와 주말 인구를 저장한 2개의 리스트가 필요합니다. 그리고 반복문으로 시간대별 총 생활인구수를 구할 때 주중과 주말을 판단해 주중이면 주중 인구 리스트에, 주말이면 주말 인구 리스트에 더해야 합니다. 주중 인구의 평균과 주말 인구의 평균도 각각 구해야죠. 주중이 주말보다 날짜가 많으니 평균 작업을 제대로 해 주지 않으면 심한 데이터 왜곡이 생길 수 있습니다. 따라서 2019년 12월의 주중 일수와 주말 일수를 구한 후, 이를 활용해 주중과 주말 인구의 평균을 구해야 합니다.

하위 목표 2	핫플레이스가 있는 행정동의 주중/주말 시간대별 평균인구 그래프를 그려 분석하기
알고리즘	1. 주중 시간대별 생활인구를 저장할 리스트(weekday)와 주말 시간대별 생활인구를 저장할 리스트(weekend)를 길이 24로 만들고 초깃값 0 저장하기 2. 인구 데이터(data)의 첫 행부터 마지막 행까지 돌며 반복하기 　2.1 사용자가 입력한 행정동의 행정동코드(dong_code)와 인구 데이터(data)의 행정동코드(열 인덱스 [2])가 같다면 　　2.1.1 해당 행의 시간대(time)와 총생활인구수(p), 기준일ID의 연도(year), 월(mon), 일(day)을 각각 변수에 저장하기 　　2.1.2 과정 2.1.1에서 저장한 연도(year), 월(mon), 일(day)을 datetime.date(). weekday()에 넣어 주중/주말 구분하기 　　2.1.3 주중이면 주중 리스트(weekday[time])에 총생활인구수(p), 주말이면 주말 리스트(weekend[time])에 총생활인구수(p) 더하기 3. 반복이 끝나면 2019년 12월의 주중 일수(weekday_cnt)와 주말 일수(weekend_cnt)를 저장할 변수를 만들고 초깃값 0 저장하기 4. 2019년 12월의 일수만큼 반복하기 　4.1 주중이면 주중 일수(weekday_cnt)에 1, 주말이면 주말 일수(weekend_cnt)에 1 더하기 5. 주중 리스트(weekday)의 각 요소를 주중 일수(weekday_cnt)로, 주말 리스트(weekend)의 각 요소를 주말 일수(weekend_cnt)로 나누어 주중/주말 평균인구 구하기 6. 완성된 weekday와 weekend 리스트로 주중/주말 시간대별 평균인구 그래프 그리기

하위 목표 1의 알고리즘과 비교했을 때 과정 2가 가장 크게 변했네요. 과정 2.1.1에서 구한 연도, 월, 일을 활용해 각 행이 주중인지 주말인지를 판단하고, 주중이면 주중 리스트, 주말이면

주말 리스트에 총생활인구수를 더합니다. 과정 3에서는 2019년 12월의 주중 일수와 주말 일수를 반복문으로 구합니다. 그리고 과정 4에서 오차가 생기지 않게 주중 일수와 주말 일수로 정확히 나눕니다.

코드 작성하기

알고리즘을 바탕으로 코드를 작성해 봅시다. 하위 목표 1의 알고리즘과 비슷하기 때문에 알고리즘을 코드로 옮기기는 어렵지 않습니다. 다음 표의 오른쪽 부분을 가리고 직접 작성해 본 후 책과 비교해 보세요. 참고로 2019년 12월의 주중은 총 22일, 주말은 총 9일입니다.

<알고리즘>

1. 주중 시간대별 생활인구를 저장할 리스트(weekday)와 주말 시간대별 생활인구를 저장할 리스트(weekend)를 길이 24로 만들고 초깃값 0 저장하기

2. 인구 데이터(data)의 첫 행부터 마지막 행까지 반복하기

   2.1 사용자가 입력한 행정동의 행정동코드(dong_code)와 인구 데이터(data)의 행정동코드(열 인덱스 [2])가 같다면

      2.1.1 해당 행의 시간대(time)와 총생활인구수(p), 기준일ID의 연도(year), 월(mon), 일(day)을 각각 변수에 저장하기

      2.1.2 과정 2.1.1에서 저장한 연도(year), 월(mon), 일(day)을 datetime.date().weekday()에 넣어 주중/주말 구분하기

      2.1.3 주중이면 주중 리스트(weekday[time])에 총생활인구수(p), 주말이면 주말 리스트(weekend[time])에 총생활인구수(p) 더하기

3. 반복이 끝나면 2019년 12월의 주중 일수(weekday_cnt)와 주말 일수(weekend_cnt)를 저장할 변수를 만들고 초깃값 0 저장하기

4. 2019년 12월의 일수만큼 반복하기

<코드>

```python
weekday = [0 for i in range(24)]
weekend = [0 for i in range(24)]


for row in data:


if row[2] == dong_code:



time, p = row[1], row[3]
year, mon, day = int(row[0][:4]),
int(row[0][4:6]), int(row[0][6:])
num = datetime.date(year, mon,
day).weekday()


if num < 5:
    weekday[time] += p
else:
    weekend[time] += p
weekday_cnt, weekend_cnt = 0,0



for i in range(1, 32):
```

| 4.1 주중이면 주중 일수(weekday_cnt)에 1, 주말이면 주말 일수(weekend_cnt)에 1 더하기 | ```python
if datetime.date(2019, 12,
i).weekday() < 5:
    weekday_cnt += 1
else:
    weekend_cnt += 1
``` |
| 5. 주중 리스트(weekday)의 각 요소를 주중 일수 (weekday_cnt)로, 주말 리스트(weekend)의 각 요소를 주말 일수(weekend_cnt)로 나누어 주중/주말 평균인구 구하기 | ```python
weekday = [w/weekday_cnt for w
in weekday]

weekend = [w/weekend_cnt for w
in weekend]
``` |
| 6. 완성된 weekday와 weekend 리스트로 주중/주말 시 간대별 평균인구 그래프 그리기 | ```python
plt.plot(range(24), weekday)
plt.plot(range(24), weekend)
``` |

과정 2.1까지는 하위 목표 1과 리스트명만 다르고 거의 비슷하므로 바로 과정 2.1.1을 봅시다. 기준일ID는 data의 열 인덱스 [0](row[0])에 있습니다. 뒤에서 주중과 주말을 구분하는 작업 할 때 연도, 월, 일이 각각 필요합니다. 그런데 날짜가 '20191201'처럼 공백 없이 붙어 있으 므로 이를 분리하는 작업이 필요합니다. 6장에서 배운 문자열 슬라이싱을 적용하면 됩니다. row[0]에 들어 있는 여덟 글자 중 연도를 의미하는 앞 네 자리만 잘라내려면 row[0][:4]로 작 성합니다. 잘라낸 값은 데이터 타입이 문자열이므로 int()로 감싸 정수형으로 변경한 후 변수 year에 저장합니다. 같은 방법으로 월(mon)과 일(day)을 저장합니다.

과정 2.1.2에서는 과정 2.1.1에서 구한 연도(year), 월(mon), 일(day)을 datetime.date(). weekday()에 넣어 결과로 나온 값을 변수 num에 저장합니다. num이 4 이하면 주중, 5 또는 6이 면 주말이므로 과정 2.1.3에서 if-else 문으로 주중, 주말을 판단합니다. 판단 결과 주중이면 weekday 리스트의 같은 시간대([time])에, 주말이면 weekend 리스트의 같은 시간대([time])에 총생활인구수 p를 더하면 됩니다.

과정 4에서는 주중과 주말 일수를 구합니다. 연도와 월은 2019년 12월로 같지만, 일은 1일부 터 31일까지 바뀌기 때문에 반복문을 사용합니다. datetime.date().weekday(2019, 12, i)이 5 미만이면 주중이므로 주중 일수를 의미하는 weekday_cnt에 1을 더하고, 아니라면 주말이므 로 주말 일수인 weekend_cnt에 1을 더합니다.

과정 5에서는 주중과 주말 일수를 활용해 주중과 주말의 평균인구를 구합니다. weekday 리스트 의 모든 요소를 weekday_cnt로, weekend 리스트의 모든 요소를 weekend_cnt로 나누면 됩니다.
```

그럼 처음부터 과정 5까지 프로그램으로 옮겨 봅시다. 필요한 라이브러리를 추가하고 알고리즘 옆의 코드를 차례대로 적습니다. 리스트 weekday와 weekend에 값이 제대로 들어갔는지 확인하기 위해 마지막에 print()를 추가합니다.

```python
import datetime

weekday = [0 for i in range(24)]
weekend = [0 for i in range(24)]

for row in data:
    if row[2] == dong_code:
        time, p = row[1], row[3]
        year, mon, day = int(row[0][:4]), int(row[0][4:6]), int(row[0][6:])
        num = datetime.date(year, mon, day).weekday()
        if num < 5:
            weekday[time] += p
        else:
            weekend[time] += p

# 2019년 12월의 주중/주말 일수 구하기
weekday_cnt, weekend_cnt = 0, 0
for i in range(1, 32):
    if datetime.date(2019, 12, i).weekday() < 5:
        weekday_cnt += 1
    else:
        weekend_cnt += 1

print('2019년 12월의 주중 일수 =', weekday_cnt, '주말 일수 =',weekend_cnt)

weekday = [w/weekday_cnt for w in weekday]
weekend = [w/weekend_cnt for w in weekend]

print('주중 인구:', weekday)
print('주말 인구:', weekend)
```

실행결과

2019년 12월의 주중 일수 = 22 주말 일수 = 9

주중 인구: [36348.0879, 35284.529854545464… 45000.37916363635,
40292.146422727266]
주말 인구: [38933.31007777777, 37376.29128888888… 40075.01161111111,
37075.203344444446]

시간대별로 주중과 주말 인구가 조금씩 차이납니다.

마지막 과정 6도 작성해 봅시다. 주중과 주말 리스트를 각각 꺾은선 그래프로 그리고, 주중과
주말을 구분하기 위해 범례를 추가하고 그래프 색상도 다르게 합니다.

```python
import matplotlib.pyplot as plt

plt.rc('font', family='Malgun Gothic')
plt.title(dong_name + ' 주중/주말 시간대별 평균인구')
plt.plot(weekday, color='indigo', label='주중')
plt.plot(weekend, color='orangered', label='주말')
plt.legend()
plt.xlabel('시간대')
plt.ylabel('평균인구수')
plt.xticks(range(24), range(24))
plt.show()
```

실행결과

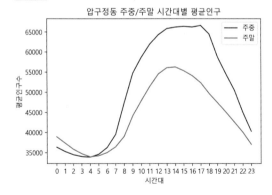

주중과 주말 인구의 꺾은선 그래프가 겹쳐 그려집니다.

하위 목표를 세울 때 막대그래프도 제시했죠? 막대그래프도 한번 그려 봅시다. 그래프 그리는
명령어를 바꾸고 x축 눈금을 조정하면 됩니다.

```
plt.figure(figsize=(20, 10))
plt.rc('font', family='Malgun Gothic')
plt.title(dong_name+ ' 주중/주말 시간대별 평균인구')
plt.bar(range(0, 72, 3), weekday, color='indigo', label='주중')
plt.bar(range(1, 73, 3), weekend, color='orangered', label='주말')
plt.legend()
plt.xlabel('시간대')
plt.ylabel('평균인구수')
plt.xticks(range(0, 72, 3), range(24))
plt.show()
```

실행결과

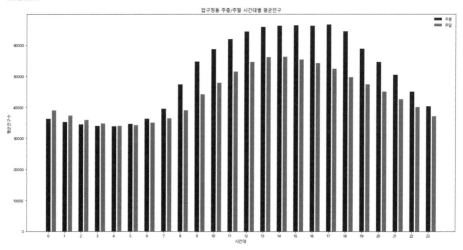

그래프 크기가 작으면 구분이 잘 안 될 수 있어서 plt.figure()로 그래프 크기를 키웠습니다. 여기서는 가로 크기를 20인치, 세로 크기를 10인치로 지정했습니다.

결과 분석하기

압구정에는 맛집이나 예쁜 카페가 많아서 당연히 주중보다는 주말에 사람이 더 많을 거라 생각했는데 예상과는 정반대의 결과가 나왔습니다. 대체로 주말보다 주중 인구가 훨씬 더 많군요. 주말에 압구정에 간다면 그리 걱정하지 않아도 되겠어요. 예외적으로 0시에서 4시 사이에 주중 인구보다 주말 인구가 더 많은 것으로 나오네요. 아마 유흥을 즐기는 인구가 아닐까 추측해 볼 수 있습니다.

11.2.4 하위 목표 3 – 남녀 시간대별 평균인구 분석하기

세 번째 하위 목표를 구현할 차례입니다. 목표 수립 단계에서 '핫플레이스가 있는 행정동의 남녀 시간대별 평균인구 그래프를 그려 분석하기'로 하위 목표를 잡았습니다.

하위 목표 3 핫플레이스가 있는 행정동의 남녀 시간대별 평균인구 그래프를 그려 분석하기

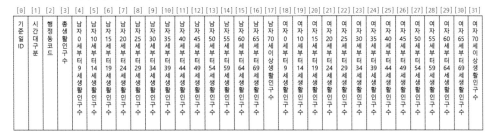

알고리즘 작성하기

주중과 주말처럼 남성과 여성의 시간대별 평균인구 그래프를 겹쳐 그려 비교하면 됩니다. 여기에서도 역시 리스트가 2개 필요합니다. 남성의 시간대별 평균인구를 담은 24칸짜리 리스트와 여성의 시간대별 평균인구를 담은 24칸짜리 리스트입니다. 남성 생활인구 리스트의 이름은 `male`, 여성 생활인구 리스트의 이름은 `female`로 하겠습니다. 성별은 주중/주말과 달리 데이터에 이미 구분되어 있어서 작업하기 쉽습니다.

그림 11–18 인구 데이터의 헤더와 인덱스

[0]	[1]	[2]	[3]	[4]	[5]	[6]	[7]	[8]	[9]	[10]	[11]	[12]	[13]	[14]	[15]	[16]	[17]	[18]	[19]	[20]	[21]	[22]	[23]	[24]	[25]	[26]	[27]	[28]	[29]	[30]	[31]
기준일 ID	시간대구분	행정동코드	총생활인구수	남자 0세부터 9세생활인구수	남자 10세부터 14세생활인구수	남자 15세부터 19세생활인구수	남자 20세부터 24세생활인구수	남자 25세부터 29세생활인구수	남자 30세부터 34세생활인구수	남자 35세부터 39세생활인구수	남자 40세부터 44세생활인구수	남자 45세부터 49세생활인구수	남자 50세부터 54세생활인구수	남자 55세부터 59세생활인구수	남자 60세부터 64세생활인구수	남자 65세부터 69세생활인구수	남자 70세이상생활인구수	여자 0세부터 9세생활인구수	여자 10세부터 14세생활인구수	여자 15세부터 19세생활인구수	여자 20세부터 24세생활인구수	여자 25세부터 29세생활인구수	여자 30세부터 34세생활인구수	여자 35세부터 39세생활인구수	여자 40세부터 44세생활인구수	여자 45세부터 49세생활인구수	여자 50세부터 54세생활인구수	여자 55세부터 59세생활인구수	여자 60세부터 64세생활인구수	여자 65세부터 69세생활인구수	여자 70세이상생활인구수

`data`의 열 인덱스 [4]부터 [17]까지 남성 생활인구 데이터가, [18]부터 [31]까지는 여성 생활인구 데이터가 들어 있습니다. 행정동코드가 11680545(압구정동)인 행을 골라낸 후 열 인덱스

[4]부터 [17]까지 들어 있는 값을 합하면 해당 행의 총 남성 생활인구가 됩니다. 열 인덱스 [18]부터 [31]까지 합을 구하면 해당 행의 총 여성 생활인구가 되죠. 즉, 행마다 남성 생활인구와 여성 생활인구의 합이 나오며 이 값을 성별에 맞는 리스트에 각각 더하면 됩니다. 여기에서도 각 행의 시간대가 곧 리스트의 인덱스입니다. 그림으로 정리해 보겠습니다. 번호 순서대로 흐름을 확인하세요.

그림 11-19 2019년 12월 1일 0시의 남녀 생활인구 구하기

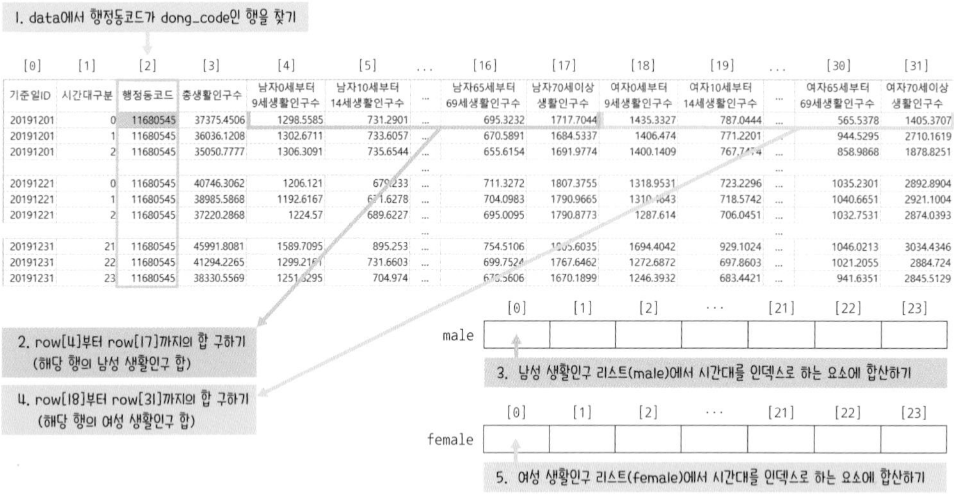

그림은 data에서 행정동코드가 11680545(압구정동)인 행만 보여 줍니다. data가 날짜와 시간 순으로 되어 있으므로 2019년 12월 1일 0시 데이터가 가장 먼저 선택됩니다. 첫 번째 행에서 열 인덱스 [4]~[17]의 합이 2019년 12월 1일 0시의 남성 생활인구가 되죠. row[4] + row[5] + ... + row[17]로 표현할 수 있습니다. 이 값을 male[0]에 더합니다. 열 인덱스 [18]~[31]의 합은 2019년 12월 1일의 0시의 여성 생활인구입니다. row[18] + row[19] + ... + row[31]로 합을 구하고 합한 값을 female[0]에 더합니다. 이렇게 하면 2019년 12월 1일 0시의 남성과 여성 생활인구가 각각 구해집니다.

두 번째 행도 봅시다. 과정은 동일합니다. 2019년 12월 1일 1시 데이터가 row에 들어 있다는 점만 다를 뿐이죠. 마찬가지로 열 인덱스 [4]부터 [17]까지의 합을 구한 후 male[1]에 더합니다. 열 인덱스 [18]부터 [31]까지의 합은 female[1]에 더하고요.

그림 11-20 2019년 12월 1일 1시의 남녀 생활인구 구하기

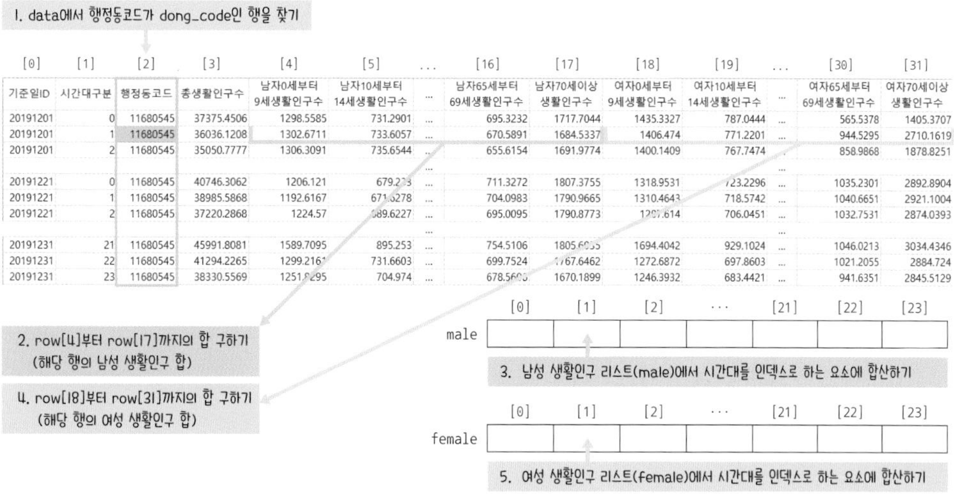

I. data에서 행정동코드가 dong_code인 행 찾기

	[0]	[1]	[2]	[3]	[4]	[5]	...	[16]	[17]	[18]	[19]	...	[30]	[31]
	기준일ID	시간대구분	행정동코드	총생활인구수	남자0세부터 9세생활인구수	남자10세부터 14세생활인구수	...	남자65세부터 69세생활인구수	남자70세이상 생활인구수	여자0세부터 9세생활인구수	여자10세부터 14세생활인구수	...	여자65세부터 69세생활인구수	여자70세이상 생활인구수
	20191201	0	11680545	37375.4506	1298.5585	731.2901	...	695.3232	1717.7044	1435.3327	787.0444	...	565.5378	1405.3707
	20191201	1	11680545	36036.1208	1302.6711	733.6057	...	670.5891	1684.5337	1406.474	771.2201	...	944.5295	2710.1619
	20191201	2	11680545	35050.7777	1306.3091	735.6544	...	655.6154	1691.9774	1400.1409	767.7474	...	858.9868	1878.8251
	20191221	0	11680545	40746.3062	1206.3175	679.273	...	711.3272	1807.3755	1318.9531	723.2296	...	1035.2301	2892.8904
	20191221	1	11680545	38985.5868	1192.6167	671.8278	...	704.0983	1790.9665	1310.4643	718.5742	...	1040.6651	2921.1004
	20191221	2	11680545	37220.2868	1224.57	689.6227	...	695.0095	1790.8773	1297.614	706.0451	...	1032.7531	2874.0393
	20191231	21	11680545	45991.8081	1589.7095	895.253	...	754.5106	1805.6955	1694.4042	929.1024	...	1046.0213	3034.4346
	20191231	22	11680545	41294.2265	1299.2161	731.6603	...	699.7524	1767.6462	1272.6872	697.8603	...	1021.2055	2884.724
	20191231	23	11680545	38330.5569	1251.8295	704.974	...	678.5608	1670.1899	1246.3932	683.4421	...	941.6351	2845.5129

2. row[4]부터 row[17]까지의 합 구하기
(해당 행의 남성 생활인구 합)

4. row[18]부터 row[31]까지의 합 구하기
(해당 행의 여성 생활인구 합)

	[0]	[1]	[2]	...	[21]	[22]	[23]
male							

3. 남성 생활인구 리스트(male)에서 시간대를 인덱스로 하는 요소에 합산하기

	[0]	[1]	[2]	...	[21]	[22]	[23]
female							

5. 여성 생활인구 리스트(female)에서 시간대를 인덱스로 하는 요소에 합산하기

이 과정을 data의 행정동코드가 11680545인 모든 행에서 반복합니다. 그러면 가장 마지막 행은 2019년 12월 31일 23시 데이터가 됩니다. 마지막 행까지 반복하고 나면 남성과 여성 생활인구의 합이 시간대별로 구해집니다. 이때 male과 female 리스트 역시 한 달간의 생활인구 총합을 저장하고 있으므로 평균인구를 알려면 31로 나누어 저장하는 과정이 필요합니다. 그리고 구한 리스트로 마지막에 그래프를 그립니다.

하위 목표 3	핫플레이스가 있는 행정동의 남녀 시간대별 평균인구 그래프를 그려 분석하기

알고리즘	I. 남성 시간대별 생활인구를 저장할 리스트(male)와 여성 시간대별 생활인구를 저장할 리스트 (female)를 길이 24로 만들고 초깃값 0 저장하기
	
	2. 인구 데이터(data)의 첫 행부터 마지막 행까지 반복하기
	  2.1 사용자가 입력한 행정동의 행정동코드(dong_code)와 인구 데이터(data)의 행정동코드 (열 인덱스 [2])가 같다면
	    2.1.1 해당 행의 시간대(열 인덱스 [1])를 변수(time)에 저장하기
	    2.1.2 열 인덱스 [4]부터 [17]까지의 합을 male[time]에 더하기
	    2.1.3 열 인덱스 [18]부터 [31]까지의 합을 female[time]에 더하기
	3. 반복이 끝나면 남성 생활인구 리스트(male)와 여성 생활인구 리스트(female)를 각각 31로 나누어 시간대별 평균인구 구하기
	4. 완성된 male과 female 리스트로 시간대별 평균인구 그래프 그리기

TIP '남성 생활인구를 구한 후 총생활인구에서 남성 생활인구를 빼면 여성 생활인구를 구할 수 있지 않을까' 하고 생각할 수 있습니다. 그런데 그렇게 하지 않은 이유가 있습니다. 인구 데이터를 내려받은 서울 열린데이터 광장 페이지를 보면 '추정된 데이터이기 때문에 각 값의 합은 전체합계와 일치하지 않을 수 있다'는 유의사항 있습니다. 이는 열 인덱스 [4]부터 [31]까지의 합이 해당 열의 총생활인구와 일치하지 않을 수 있다는 얘기입니다. 실제로 계산해 보면 인구 오차는 한 자리나 그 이하 소수점으로 크지 않습니다. 전체 통계에 큰 영향을 미치지 않는 수준이죠. 이런 사항을 인지하고 있다면 여성 생활인구를 총생활인구 – 남성 인구(f = float(row[3]) - m)로 계산해도 됩니다. 다만, 정확하지 않은 숫자이니 중요한 데이터를 분석할 때는 유의해야 합니다.

코드 작성하기

알고리즘을 코드로 구현해 보겠습니다.

〈알고리즘〉

1. 남성 시간대별 생활인구를 저장할 리스트(male)와 여성 시간대별 생활인구를 저장할 리스트(female)를 길이 24로 만들고 초깃값 0 저장하기

2. 인구 데이터(data)의 첫 행부터 마지막 행까지 반복하기

　2.1 사용자가 입력한 행정동의 행정동코드(dong_code)와 인구 데이터(data)의 행정동코드(열 인덱스 [2])가 같다면

　　2.1.1 해당 행의 시간대(열 인덱스 [1])를 변수(time)에 저장하기

　　2.1.2 열 인덱스 [4]부터 [17]까지의 합을 male[time]에 더하기

　　2.1.3 열 인덱스 [18]부터 [31]까지의 합을 female[time]에 더하기

3. 반복이 끝나면 남성 생활인구 리스트(male)와 여성 생활인구 리스트(female)를 각각 31로 나누어 시간대별 평균인구 구하기

4. 완성된 male과 female 리스트로 시간대별 평균인구 그래프 그리기

〈코드〉

```python
male = [0 for i in range(24)]
female = [0 for i in range(24)]


for row in data:
    if row[2] == dong_code:




        time = row[1]


        male[time] += sum(row[4:18])


        female[time] +=
        sum(row[18:32])
male = [m/31 for m in male]
female = [f/31 for f in
female]
plt.plot(range(24), male)
plt.plot(range(24), female)
```

과정 2.1.1까지는 하위 목표 2와 비슷하므로 과정 2.1.2부터 살펴보겠습니다. 남성 생활인구는 row[4] + row[5] + … + row[17]로 구하는데, 이를 리스트 슬라이싱과 리스트 요소의 합을 구하는 sum()을 활용하면 간단해집니다(**6.1.6 다양한 리스트 명령어 사용하기** 참고). 먼저 row[4:18]로 리스트를 슬라이싱해 row[4]부터 row[17]까지 잘라냅니다. 이렇게 슬라이싱한 결과도 리스트이므로 sum()으로 요소의 합을 구합니다. sum(row[4:18])으로 해당 행의 남성 생활인구의 합을 구한 후 시간대별 남성 총생활인구인 male[time]에 합산합니다. 여성도 동일한 방법으로 sum(row[18:32])로 해당 행의 여성 생활인구의 합을 구한 후 시간대별 여성 총생활인구인 female[time]에 합산합니다.

성별 생활인구의 합이 모두 더해지면 과정 3에서 male 리스트와 female 리스트의 모든 요소를 31로 나누어 평균인구를 구합니다.

앞에서 작성한 코드를 프로그램으로 옮겨 봅시다. 전체 과정을 모두 작성합니다. 중간에 리스트에 담긴 값을 확인하고 싶다면 반복문 내부에 print()를 적절히 넣어 값을 확인해 보세요. 남성 평균인구 그래프와 여성 평균인구 그래프는 색을 다르게 해서 구분합니다.

```python
import matplotlib.pyplot as plt

male = [0 for i in range(24)]
female = [0 for i in range(24)]

for row in data:
    if row[2] == dong_code:
        time = row[1]
        male[time] += sum(row[4:18])     # 남성 인구 총합 구하기
        female[time] += sum(row[18:32])  # 여성 인구 총합 구하기
male = [m/31 for m in male]
female = [f/31 for f in female]

plt.rc('font', family='Malgun Gothic')
plt.title(dong_name + ' 남녀 시간대별 평균인구')
plt.plot(male, color='b', label='남성')
plt.plot(female, color='r', label='여성')
plt.xlabel('시간대')
plt.ylabel('평균인구수')
plt.legend()
```

```
plt.xticks(range(24), range(24))
plt.show()
```

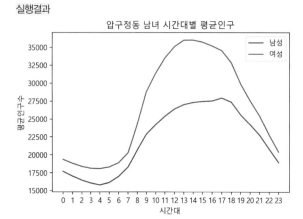

비교 그래프가 잘 그려집니다. 목표 수립 단계에서 스케치한 두 번째 그래프도 그려 봅시다. 좌우로 펼쳐진 가로형 막대그래프였죠. 남성 평균인구를 왼쪽에 여성 평균인구를 오른쪽에 표현해 보겠습니다. 그래프를 왼쪽에 표현하려면 데이터를 음수 처리해야 합니다. 적용해서 그려 봅시다.

```
import matplotlib

male = [-m for m in male]
matplotlib.rcParams['axes.unicode_minus'] = False

plt.rc('font', family='Malgun Gothic')
plt.title(dong_name + ' 남녀 시간대별 평균인구')
plt.barh(range(24), male, color='b', label ='남성')
plt.barh(range(24), female, color='r', label='여성')
plt.xlabel('평균인구수')
plt.ylabel('시간대')
plt.legend()
plt.show()
```

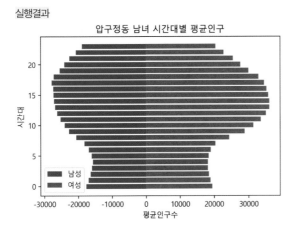

압구정동 남녀 시간대별 평균인구

왼쪽에 남성 데이터를 표시하기 위해 male의 모든 요소를 음수로 바꾸었습니다. 리스트 내포를 사용하면 반복문을 사용하면서도 간결하게 모든 요소를 음수로 바꿀 수 있습니다.

마이너스를 그래프에 표시하는 matplotlib.rcParams['axes.unicode_minus'] = False 코드도 잊지 마세요. 그리고 꺾은선 그래프와 달리 y축이 시간대, x축이 평균인구수이므로 plt.xlabel()과 plt.ylabel()도 바꿔야 합니다. y축이 시간대이므로 가장 작은 숫자인 0이 가장 밑에, 가장 큰 숫자인 23이 가장 위에 있습니다.

결과 분석하기

압구정동에는 여성이 남성보다 항상 더 많은 것으로 나타납니다. 남성보다 여성 인구가 출근 시간에 급격하게 늘어나고 퇴근 시간 이후 급격히 줄어듭니다. 물론 남성 인구의 증감 패턴도 비슷합니다. 하지만 그 증가폭과 감소폭이 여성보다는 훨씬 덜하죠. 아무래도 압구정동으로 출퇴근하는 여성이 남성보다 더 많은 것 같습니다. 그러니 만약 가고 싶은 핫플레이스가 여성이 선호하는 장소라면 점심 시간에 붐빌 수도 있겠네요. 막대그래프에서 그래프의 부피를 비교해봐도 여성 평균인구가 더 많은 것을 알 수 있습니다. 평소에 막연하게 느끼던 것을 그래프로 시각화하니 확실히 비교할 수 있습니다.

11.2.5 하위 목표 4 − 다른 지역과 인구 비교 분석하기

마지막 하위 목표를 작성해 봅시다. 지금까지는 인구의 절대치로만 그래프를 그렸기 때문에 실제로 어느 정도 붐비는지 실감나지 않습니다. 이를 위해 잘 아는 지역과 핫플레이스가 있는 지역의 인구 그래프를 비교해 보겠습니다. 목표 수립 단계에서 '핫플레이스가 있는 행정동과 익숙한 행정동의 시간대별 평균인구 그래프를 그려 비교 분석하기'로 하위 목표를 잡았습니다.

하위 목표 4 핫플레이스가 있는 행정동과 익숙한 행정동의 시간대별 평균인구 그래프를 그려 비교 분석하기

알고리즘 작성하기

그래프 2개를 겹쳐 그려야 하므로 역시 리스트가 2개 필요합니다. 두 지역의 시간대별 평균인구로 그래프를 그려 봅시다. 그런데 핫플레이스가 있는 행정동의 평균인구를 구하는 것은 이미 하위 목표 1에서 진행했습니다. 그러므로 여기에서는 잘 아는 지역을 입력받아 평균인구를 구하는 것만 추가로 하면 됩니다. 이 역시 어렵지 않습니다. 평균인구를 구하는 방법은 동일하기 때문이죠.

다만, 두 데이터가 겹치지 않게 서로 다른 변수를 사용해야 합니다. 핫플레이스가 있는 행정동 코드와 인구 데이터는 dong_code와 population에, 비교할 지역의 행정동코드와 인구 데이터는 dong_code2와 population2에 저장합시다.

그리고 앞서 구현한 **행정동명과 행정동코드 연결하기** 코드를 두 번 반복해 한 번은 핫플레이스의 행정동을 입력받고(dong_name, dong_code 사용), 다른 한 번은 비교할 지역의 행정동을 입력받습니다(dong_name2, dong_code2 사용). 반복문으로 data의 첫 행부터 마지막 행까지 돌면서

행정동코드가 dong_code인 행의 총생활인구수를 population에, 행정동코드가 dong_code2인 행의 총생활인구수를 population2에 더합니다.

알고리즘으로 정리하면 다음과 같습니다.

하위 목표 4	핫플레이스가 있는 행정동과 익숙한 행정동의 시간대별 평균인구 그래프를 그려 비교 분석하기

알고리즘	1. 사용자에게서 행정동명을 입력받아 행정동코드를 구한 후 이 값을 dong_code에 저장하기
	2. 비교할 행정동명을 입력받아 행정동코드를 구한 후 이 값을 dong_code2에 저장하기
	3. 핫플레이스의 행정동 인구를 저장할 리스트(population)와 비교할 행정동 인구를 저장할 리스트(population2)를 길이 24로 만들고 초깃값 0 저장하기
	4. 인구 데이터(data)의 첫 행부터 마지막 행까지 반복하기
	  4.1 사용자가 입력한 행정동의 행정동코드(dong_code)와 인구 데이터(data)의 행정동코드(열 인덱스 [2])가 같다면
	    4.1.1 해당 행의 시간대(열 인덱스 [1])와 총생활인구수(열 인덱스 [3])를 각각 변수(time, p)에 저장하기
	    4.1.2 인덱스가 time인 population 리스트의 요소(population[time])에 총생활인구수(p)를 더하기
	  4.2 비교할 행정동의 행정동코드(dong_code2)와 인구 데이터(data)의 행정동코드(열 인덱스 [2])가 같다면
	    4.2.1 해당 행의 시간대(열 인덱스[1])와 총생활인구수(열 인덱스[3])를 각각 변수(time, p)에 저장하기
	    4.2.2 인덱스가 time인 population2 리스트의 요소(population2[time])에 총생활인구수(p)를 더하기
	5. 반복이 끝나면 두 리스트(population, population2)의 모든 값을 31로 나누어 다시 저장하기
	6. 완성된 리스트로 두 지역의 시간대별 평균인구 그래프 그리기

코드 작성하기

동일한 원리가 반복되는 구조라 코드로 구현하기 어렵진 않습니다. 각 알고리즘 과정에 해당하는 코드를 작성해 봅시다.

<알고리즘>

1. 사용자에게서 행정동명을 입력받아 행정동코드를 구한 후 이 값을 dong_code에 저장하기

2. 비교할 행정동명을 입력받아 행정동코드를 구한 후 이 값을 dong_code2에 저장하기

3. 핫플레이스의 행정동 인구를 저장할 리스트(population)와 비교할 행정동 인구를 저장할 리스트(population2)를 길이 24로 만들고 초깃값 0 저장하기

4. 인구 데이터(data)의 첫 행부터 마지막 행까지 반복하기

   4.1 사용자가 입력한 행정동의 행정동코드(dong_code)와 인구 데이터(data)의 행정동코드(열 인덱스 [2])가 같다면

      4.1.1 해당 행의 시간대(열 인덱스 [1])와 총생활인구수(열 인덱스 [3])를 각각 변수(time, p)에 저장하기

      4.1.2 인덱스가 time인 population 리스트의 요소 (population[time])에 총생활인구수(p)를 더하기

   4.2 비교할 행정동의 행정동코드(dong_code2)와 인구 데이터(data)의 행정동코드(열 인덱스 [2])가 같다면

      4.2.1 해당 행의 시간대(열 인덱스[1])와 총생활인구수(열 인덱스[3])를 각각 변수(time, p)에 저장하기

      4.2.2 인덱스가 time인 population2 리스트의 요소 (population2[time])에 총생활인구수(p)를 더하기

5. 반복이 끝나면 두 리스트(population, population2)의 모든 값을 31로 나누어 다시 저장하기

6. 완성된 리스트로 두 지역의 시간대별 평균인구 그래프 그리기

<코드>

```
행정동명과 행정동코드 연결하기 코드 재사용

행정동명과 행정동코드 연결하기 코드 재사용

population = [0 for i in range(24)]
population2 = [0 for i in range(24)]
for row in data:
    if row[2] == dong_code:



        time, p = row[1], row[3]


        population[time] += p


    elif row[2] == dong_code2 :


        time, p = row[1], row[3]


        population2[time] += p


population = [p/31 for p in population]
population2 = [p/31 for p in population2]
plt.plot(population)
plt.plot(population2)
```

과정 1과 2만 프로그램으로 옮겨 봅시다.

```python
# 핫플레이스가 있는 행정동
dong_name = input('핫플레이스가 위치한 행정동을 입력하세요. --> ')
for row in code_data:
    if row[-1] == dong_name:
        dong_code = row[1]

# 비교할 행정동
dong_name2 = input('비교할 행정동을 입력하세요. --> ')
for row in code_data:
    if row[-1] == dong_name2:
        dong_code2 = row[1]
```

핫플레이스가 있는 행정동은 '압구정동', 비교할 행정동은 '역삼2동'으로 입력해 실행합니다.

실행결과

핫플레이스가 위치한 행정동을 입력하세요. --> **압구정동**
비교할 행정동을 입력하세요. --> **역삼2동**

앞에서 설명한 대로 행정동명과 행정동코드 연결하기 코드를 두 번 반복하되 변수만 다르게 넣습니다.

과정 4는 data를 반복문으로 돌며 반복문 내부에서 data의 행정동코드(row[2])가 dong_code와 같은지, dong_code2와 같은지를 if-elif 문으로 판단합니다. 그리고 조건에 맞는 시간대별 총생활인구(p)를 인덱스([time])에 맞게 저장하도록 코딩합니다. 나머지 과정은 기존 코드와 거의 같습니다. 그래프는 그래프 제목과 x축 이름, y축 이름만 바꿔 그리면 됩니다.

그럼 나머지 과정을 프로그램으로 옮겨 봅시다.

```python
import matplotlib.pyplot as plt

population = [0 for i in range(24)]
population2 = [0 for i in range(24)]

for row in data:
    # 핫플레이스가 있는 행정동인 경우
```

```
        if row[2] == dong_code:
            time, p = row[1], row[3]
            population[time] += p
        # 비교할 지역의 행정동인 경우
        elif row[2] == dong_code2:
            time, p = row[1], row[3]
            population2[time] += p

population = [p/31 for p in population]
population2 = [p/31 for p in population2]

plt.rc('font', family='Malgun Gothic')
plt.title(dong_name + '과 ' + dong_name2 + ' 시간대별 평균인구 비교')
plt.plot(population, color='m', label=dong_name)
plt.plot(population2, color='orange', label=dong_name2)
plt.legend()
plt.xlabel('시간대')
plt.ylabel('평균인구수')
plt.xticks(range(24), range(24))
plt.show()
```

실행결과

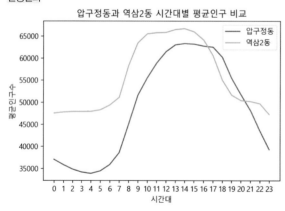

그래프가 그려졌으니 결과를 분석하는 시간을 가져 볼까요?

결과 분석하기

역삼2동은 새벽에 인구수가 4만 7천~4만 8천 명 정도인데 압구정동은 3만 5천 명 내외네요. 새벽에는 인구 이동이 적으므로 새벽 인구가 해당 동에 거주하는 인구라 가정한다면, 역삼2동이 압구정동보다 거주 인구가 많은 것으로 보입니다.

그런데 인구 이동은 역삼2동보다 압구정동이 더 많은 것으로 나타나죠. 압구정동의 등락폭은 약 2만 9천 명이고 역삼2동의 등락폭은 약 2만 명입니다. 대부분의 시간에는 역삼2동이 인구가 더 많지만, 17~20시 사이에는 역전되네요. 이 시간대에 압구정동이 역삼2동보다 더 붐빌 것 같습니다. 이 시간대 외에는 압구정동으로 가는 것이 더 나을 것 같고요. 이처럼 잘 아는 지역을 직접 입력해 인구 그래프를 비교해 보세요. 막연하게 느낀 부분들이 그래프에 정확한 수치로 나타날 겁니다.

사실 두 행정동의 크기 차이까지 고려하면 붐비는 정도는 다를 수 있습니다. 여기서는 단순히 평균인구수로만 비교하고 있으니 참고해 주세요.

위치 정보 시각화하기:
folium

이 장에서는 위치 정보를 시각화하는 방법을 배워 보겠습니다. 위치 정보를 시각화한 대표적인 예로 지도가 있죠. 파이썬에서는 folium(폴리움) 라이브러리를 제공해 지도에 위치 정보를 표시할 수 있게 합니다. 그럼 시작해 볼게요!

12.1

지도 만들기

12.1.1 folium 설치하고 지도 만들기

먼저 folium을 설치해 봅시다. folium은 파이썬에 내장된 라이브러리가 아니어서 따로 설치해야 합니다. 주피터 노트북에서는 !pip install folium으로 설치합니다. 코랩에서는 따로 설치할 필요 없습니다.

```
!pip install folium
```

실행결과
```
Collecting folium
  Downloading folium-0.12.1-py2.py3-none-any.whl (94 kB)
...
Successfully installed branca-0.4.2 folium-0.12.1
```

설치 내용이 나오다가 가장 마지막 줄에 'Successfully installed...'라는 메시지가 보이면 설치가 끝납니다(버전은 책과 다를 수 있습니다). 이제 folium 라이브러리를 자유롭게 사용할 수 있습니다.

먼저 위치 정보를 표시할 지도를 만들어 봅시다. 지도는 folium 라이브러리의 Map([위도, 경도]) 명령어로 만들 수 있습니다. 나타내고 싶은 위치의 위도, 경도를 명령어에 넣어 주면 해당 위치를 중심으로 지도가 만들어집니다. 위치를 넣지 않으면 세계지도를 기본으로 만듭니다. folium 라이브러리에 속한 명령어를 사용하므로 실제 사용할 때는 folium.Map([위도, 경도]) 라고 작성합니다.

형식

```
folium.Map([위도, 경도])
```

지도에 여의도 한강공원을 표시해 봅시다. 여의도 한강공원의 위도와 경도를 알아야겠죠. 위도, 경도는 구글 지도에서 알아낼 수 있습니다. 그림을 보면서 차례대로 따라 해 보세요. 구글에서 **여의도 한강공원**을 검색한 후 검색창 바로 아래에 있는 지도 탭을 클릭합니다.

그림 12-1 구글 지도에서 장소 검색하기

여의도 한강공원이 구글 지도 위에 빨간 마커로 표시됩니다. **마커**(maker)란 다음 그림처럼 지도 위에 특정 지점을 표시하는 데 사용하는 핀 모양 이미지입니다. 마커에 마우스를 놓고 우클릭하면 팝업 메뉴가 뜨고 가장 위에 숫자 2개가 나타납니다. 이 숫자가 여의도 한강공원의 위도와 경도입니다.

그림 12-2 여의도 한강공원의 위도와 경도 구하기

위도는 37.52860, 경도는 126.93431로 나오네요. 마커의 어떤 부분을 클릭했는지에 따라 위도와 경도는 소수점 넷째 자리부터 조금씩 다를 수 있습니다. 하지만 진행하는 데는 문제없으니 각자 화면에 보이는 숫자를 입력해 진행합니다.

이제 알아낸 위도와 경도를 명령어에 넣습니다. 위도와 경도는 리스트로 묶어야 오류가 발생하지 않습니다. 그리고 문자열, 숫자형, 리스트, 딕셔너리 등의 데이터를 변수에 저장한 것처럼 folium.Map([위도, 경도])로 만든 지도 역시 변수에 저장할 수 있습니다. 여의도 한강공원을 표시하는 지도이므로 여의도의 y을 따서 변수명을 map_y로 하겠습니다. 그리고 지도를 화면에 출력하기 위해 지도가 저장된 map_y 변수를 한 번 더 작성하고 실행합니다.

```
import folium

map_y = folium.Map([37.52860, 126.93431])
map_y
```

실행결과

지도가 나타났지만, 여의도 한강공원이 안 보이죠? 지도 왼쪽 상단에 있는 + 버튼을 계속 클릭하면 비로소 여의도 한강공원이 보입니다. 사실 입력한 좌표로 지도가 정확히 표현되긴 했으나 지도 비율이 맞지 않아서 보이지 않았던 겁니다. 우리가 원하는 정도로 보려면 지도를 확대해야 하죠.

지도 비율 조절하기

지도의 확대 및 축소를 조절하는 옵션은 zoom_start입니다. 옵션을 추가해 봅시다.

```
import folium

map_y = folium.Map([37.52860, 126.93431], zoom_start=15)
map_y
```

실행결과

이제는 여의도 한강공원이 지도에서 바로 보이네요. zoom_start 옵션의 숫자가 커질수록 지도
가 확대됩니다. + 버튼을 누르는 효과죠. 반대로 숫자가 작을수록 지도가 축소(- 버튼 효과)됩
니다.

이번에는 앞의 코드를 조금 수정해 보겠습니다. 지금은 예제이니 folium.Map([37.52860,
126.93431])처럼 위도와 경도를 명령어에 바로 넣을 수 있지만 보통은 위도와 경도가 별도의
변수에 저장되는 경우가 많습니다. 영어로 위도는 latitude, 경도는 longitude이므로 위도는
변수 lat에, 경도는 변수 long에 저장하고 실행해 보겠습니다.

```
lat, long = 37.52860, 126.93431
map_y = folium.Map([lat, long], zoom_start=15)
map_y
```

실행하면 앞의 코드와 동일한 결과가 나옵니다. 이처럼 변수를 활용하는 방식에 익숙해지면 프로그래밍하기가 훨씬 수월해집니다.

마커 표시하기

앞의 지도에 마커를 추가해 보겠습니다. 마커를 만드는 명령어는 Marker([위도, 경도])입니다. Map()과 마찬가지로 folium에 속한 명령어이므로 실제 사용할 때는 folium.Marker([위도, 경도])라고 작성합니다. 그리고 여기에 마커를 표시할 지도 이름을 .add_to(지도)로 추가합니다. 그럼 앞에서 만든 지도에 여의도 한강공원을 마커로 표시해 봅시다.

```
lat, long = 37.52860, 126.93431
map_y = folium.Map([lat, long], zoom_start=15)
folium.Marker([lat, long]).add_to(map_y)
map_y
```

실행결과

여의도 한강공원에 마커가 표시됩니다. 이때 마커의 위도와 경도는 지도를 만들 때 사용한 위도, 경도와 같지 않아도 됩니다. folium.Map([위도, 경도])의 위도와 경도는 지도를 만들 때 사용하는 기준 좌표일 뿐입니다. 다른 좌표에 마커를 표시해도 됩니다.

12.1.2 여러 위치 표시하기

이번에는 지도에 여러 위치를 표시해 보겠습니다. 여의도 한강공원과 여의도공원을 표시해 보죠. 구글 지도에서 여의도공원을 검색한 후, 위도와 경도를 알아냅니다(마우스를 우클릭한 위치에 따라 소수점 넷째자리부터 책과 다를 수 있습니다).

그림 12-3 여의도공원의 위도와 경도 구하기

앞의 지도에 여의도 한강공원은 이미 표시되어 있으니 여의도공원만 추가하면 됩니다. 앞의 코드에 여의도공원 마커를 추가해 봅시다. 위도와 경도가 2개이므로 변수명을 lat1, long1, lat2, long2로 변경한 후 진행합니다.

```
lat1, long1 = 37.52860, 126.93431 # 여의도 한강공원
lat2, long2 = 37.52400, 126.91889 # 여의도공원

map_y = folium.Map([lat1, long1], zoom_start=15)
folium.Marker([lat1, long1]).add_to(map_y)
folium.Marker([lat2, long2]).add_to(map_y)
map_y
```

지도에 마커 2개가 잘 보입니다.

마커에 텍스트 표시하기

마커가 여러 개일 때 마커가 각각 어디를 나타내는지 정보를 보여 주면 더 좋겠죠? 이럴 때 사용할 수 있는 옵션이 있는데, tooltip과 popup입니다. tooltip은 마커에 마우스를 올리면 텍스트가 나타나고 마우스를 옮기면 텍스트가 바로 사라집니다. popup은 마커를 클릭할 때 말풍선 모양으로 텍스트가 나타나고 마커를 다시 클릭하면 텍스트가 사라집니다.

tooltip부터 실습해 봅시다.

```
lat1, long1 = 37.52860, 126.93431 # 여의도 한강공원
lat2, long2 = 37.52400, 126.91889 # 여의도공원

map_y = folium.Map([lat1, long1], zoom_start=15)
folium.Marker([lat1, long1], tooltip='여의도 한강공원').add_to(map_y)
folium.Marker([lat2, long2], tooltip='여의도공원').add_to(map_y)
map_y
```

실행결과

마커에 마우스를 올렸다 내렸다 하면서 텍스트가 나타났다 사라지는지 확인해 보세요.

NOTE **툴팁에서 한글이 깨져 보인다면**

다음 설명대로 실행하면 한글이 잘 보입니다.

1. 다음 코드를 실행해 패키지를 설치합니다.

```
!pip install git+https://github.com/python-visualization/branca.git@master
```

2. 메뉴에서 [런타임 → 런타임 다시 시작]을 클릭합니다.

3. 한글이 포함된 코드를 재실행합니다.

이번에는 tooltip을 popup으로 바꾸어 실행해 봅시다.

```
lat1, long1 = 37.52860, 126.93431 # 여의도 한강공원
lat2, long2 = 37.52400, 126.91889 # 여의도공원
```

```
map_y = folium.Map([lat1, long1], zoom_start=15)
folium.Marker([lat1, long1], popup='여의도 한강공원').add_to(map_y)
folium.Marker([lat2, long2], popup='여의도공원').add_to(map_y)
map_y
```

실행결과

마커를 클릭하면 마우스 움직임과 상관없이 설정한 텍스트가 고정적으로 표시됩니다. 다시 마커를 클릭하면 텍스트는 사라집니다. 이처럼 지도에 여러 위치를 표시할 때는 tooltip과 popup을 활용해 마커에 정보를 넣을 수 있습니다.

위치를 하나 더 추가해 봅시다. 여의도의 또 다른 공원인 샛강생태공원을 구글 지도에서 찾으면 위도 37.51865, 경도 126.92041로 나옵니다. 샛강생태공원의 위도와 경도를 lat3, long3에 저장하고 마커를 추가합니다.

```
lat1, long1 = 37.52860, 126.93431 # 여의도 한강공원
lat2, long2 = 37.52400, 126.91889 # 여의도공원
lat3, long3 = 37.51865, 126.92041 # 샛강생태공원

map_y = folium.Map([lat1, long1], zoom_start=15)
folium.Marker([lat1, long1], tooltip='여의도 한강공원').add_to(map_y)
folium.Marker([lat2, long2], tooltip='여의도공원').add_to(map_y)
```

```
folium.Marker([lat3, long3], tooltip='샛강생태공원').add_to(map_y)
map_y
```

실행결과

마커 3개와 툴팁이 잘 보입니다.

마커의 아이콘과 색 변경하기

이번에는 마커에 아이콘과 색을 넣어 구분해 보겠습니다. 마커의 아이콘과 색 변경은
icon=folium.Icon()으로 합니다. 아이콘 모양은 설정하지 않으면 기본으로 info-sign(i 모양)
이 됩니다. 아이콘 색상은 color 옵션으로 설정해 icon=folium.Icon(color='색상 이름')처럼
작성합니다. 이렇게 색상을 설정한 아이콘을 folium.Marker()에 추가합니다.

앞의 지도에서 각 마커의 색상을 red, blue, purple로 설정하고 코드를 실행해 봅시다.

```
lat1, long1 = 37.52860, 126.93431 # 여의도 한강공원
lat2, long2 = 37.52400, 126.91889 # 여의도공원
lat3, long3 = 37.51865, 126.92041 # 샛강생태공원

map_y = folium.Map([lat1, long1], zoom_start=15)
folium.Marker(
```

```
    [lat1, long1], tooltip='여의도 한강공원', icon=folium.Icon(color='red')
).add_to(map_y)
folium.Marker(
    [lat2, long2], tooltip='여의도공원', icon=folium.Icon(color='blue')
).add_to(map_y)
folium.Marker(
    [lat3, long3], tooltip='샛강생태공원', icon=folium.Icon(color='purple')
).add_to(map_y)
map_y
```

실행결과

아이콘 모양이 info-sign으로 바뀌고 각 마커가 3가지 색으로 표시됩니다. 위치를 더 명확하게 구분할 수 있습니다.

TIP 마커에 설정할 수 있는 색상은 다음과 같습니다.

'red', 'blue', 'green', 'purple', 'orange', 'darkred', 'lightred', 'beige', 'darkblue', 'darkgreen', 'cadetblue', 'darkpurple', 'white', 'pink', 'lightblue', 'lightgreen', 'gray', 'black', 'lightgray'

마커의 아이콘을 다른 모양으로 변경해 보겠습니다. 아이콘 모양은 아이콘 색상과 마찬가지로 folium.Icon()에 icon 옵션으로 설정합니다. 바꿀 수 있는 모양은 heart, star, flag, bookmark, home 등이 있습니다. 아이콘 모양을 heart(하트), home(집), flag(깃발)로 변경해 봅시다.

```
lat1, long1 = 37.52860, 126.93431 # 여의도 한강공원
lat2, long2 = 37.52400, 126.91889 # 여의도공원
lat3, long3 = 37.51865, 126.92041 # 샛강생태공원

map_y = folium.Map([lat1, long1], zoom_start=15)
folium.Marker(
    [lat1, long1], tooltip='여의도 한강공원',
    icon=folium.Icon(color='red', icon='heart')
).add_to(map_y)
folium.Marker(
    [lat2, long2], tooltip='여의도공원',
    icon=folium.Icon(color='blue', icon='home')
).add_to(map_y)
folium.Marker(
    [lat3, long3], tooltip='샛강생태공원',
    icon=folium.Icon(color='purple', icon='flag')
).add_to(map_y)
map_y
```

실행결과

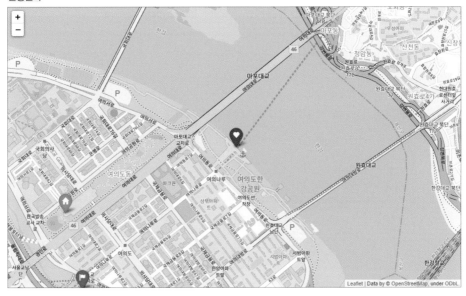

아이콘이 i에서 하트, 집, 깃발 모양으로 변경됐습니다. 옵션을 추가하면 외부에서 더 많은 아이콘을 가져와 사용할 수 있습니다. 대표적으로 fontawesome 사이트가 있습니다. https://

fontawesome.com/v4.7.0/icons에 가면 folium에서 적용할 수 있는 다양한 아이콘이 있습니다. https://fontawesome.com으로 가면 최신 버전으로 연결되니 반드시 URL에 /v4.7.0/icons를 붙여 주세요. 최신 버전은 설정되지 않는 아이콘과 유료 아이콘이 많아 추천하지 않습니다.

이 중에서 automobile(자동차), balance-scale(저울), ban(금지)을 아이콘으로 설정해 봅시다. 아이콘 모양을 설정하는 방법은 동일하나 fontawesome 사이트의 아이콘을 사용한다는 의미로 prefix='fa'를 표시해야 합니다.

```
folium.Marker(
    [lat1, long1], tooltip='여의도 한강공원',
    icon=folium.Icon(color='red', icon='automobile', prefix='fa')
).add_to(map_y)
folium.Marker(
    [lat2, long2], tooltip='여의도공원',
    icon=folium.Icon(color='blue', icon='balance-scale', prefix='fa')
).add_to(map_y)
folium.Marker(
    [lat3 , long3], tooltip='샛강생태공원',
    icon=folium.Icon(color='purple', icon='ban', prefix='fa')
).add_to(map_y)
map_y
```

실행결과

반복문으로 마커 표시하기

이번에는 반복문을 사용해 여러 개의 마커를 표시해 보겠습니다. 코드를 보면 folium. Marker().add_to() 부분이 마커 개수만큼 반복되는 것을 알 수 있습니다. 이 부분을 반복문으로 만들면 다음과 같습니다.

```
for i in range(마커개수):
    folium.Marker(
        [위도, 경도], tooltip='위치 이름',
        icon=folium.Icon(color='아이콘 색상', icon='아이콘 모양', prefix='fa')
        ).add_to(지도이름)
```

코드에서 반복할 때마다 변하는 것은 위도, 경도, 위치 이름, 아이콘 색상, 아이콘 모양입니다. 따라서 다섯 가지 요소를 리스트로 각각 만들고, 각 리스트의 인덱스를 활용합니다. 예를 들어, 첫 번째 반복에서는 5개의 리스트의 첫 번째 요소([0])가 자동으로 위도, 경도, 위치 이름, 아이콘 색상, 아이콘 모양에 들어가고, 두 번째 반복에서는 각 리스트의 두 번째 요소([1])가 자동으로 들어가면 되죠.

다음처럼 총 5개의 리스트를 만들 수 있습니다. 위도 리스트의 첫 번째 요소와 경도 리스트의 첫 번째 요소를 결합하면 첫 번째 마커의 좌표가 됩니다.

그림 12-4 위도, 경도, 위치 이름, 아이콘 색상, 아이콘 모양으로 리스트 만들기

	[0]	[1]	[2]
위도 리스트	첫 번째 위치의 위도	두 번째 위치의 위도	세 번째 위치의 위도
경도 리스트	첫 번째 위치의 경도	두 번째 위치의 경도	세 번째 위치의 경도
위치 이름 리스트	첫 번째 위치의 이름	두 번째 위치의 이름	세 번째 위치의 이름
아이콘 색상 리스트	첫 번째 위치의 아이콘 색상	두 번째 위치의 아이콘 색상	세 번째 위치의 아이콘 색상
아이콘 모양 리스트	첫 번째 위치의 아이콘 모양	두 번째 위치의 아이콘 모양	세 번째 위치의 아이콘 모양

이와 마찬가지로 위치 이름 리스트, 아이콘 색상 리스트, 아이콘 모양 리스트의 첫 번째 요소가 첫 번째 마커의 이름과 아이콘 속성에 해당합니다. 두 번째 마커를 나타내려면 5개 리스트의 두 번째 요소들이 모이면 되고요.

그림 12-5 리스트의 코드 대입

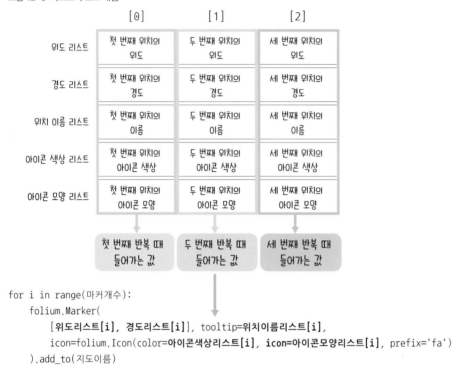

```
for i in range(마커개수):
    folium.Marker(
        [위도리스트[i], 경도리스트[i]], tooltip=위치이름리스트[i],
        icon=folium.Icon(color=아이콘색상리스트[i], icon=아이콘모양리스트[i], prefix='fa')
    ).add_to(지도이름)
```

그럼 코드로 작성해 봅시다. 지도를 만들려면 기준 위치가 필요하니 지도를 그리는 명령어에 첫 번째 위치의 위도, 경도를 넣고 시작합니다.

```
import folium

lat = [37.52860, 37.52400, 37.51865]              # 위도 리스트
long = [126.93431, 126.91889, 126.92041]          # 경도 리스트
names = ['여의도 한강공원', '여의도공원', '샛강생태공원']    # 위치 이름 리스트
icons = ['automobile', 'balance-scale', 'ban']    # 아이콘 모양 리스트
colors = ['red', 'blue', 'purple']                # 아이콘 색상 리스트

map_y = folium.Map([lat[0], long[0]], zoom_start=15)
```

```
for i in range(len(lat)):
    folium.Marker(
        [lat[i], long[i]], tooltip=names[i],
        icon=folium.Icon(color=colors[i], icon=icons[i], prefix='fa')
        ).add_to(map_y)
map_y
```

실행결과

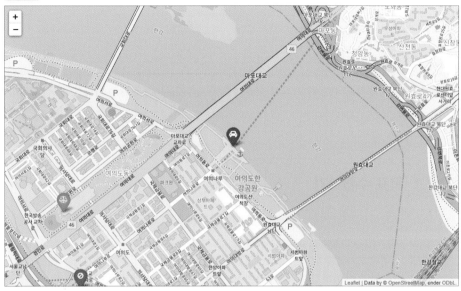

위치 개수가 적을 때는 반복문을 사용하지 않아도 되지만, 표시할 위치가 늘어나면 반복문을 사용하는 것이 효율적입니다. 반복문과 리스트를 활용하는 방법은 다른 곳에서도 자주 사용하니 잘 알아 두기 바랍니다.

12.2

지도에 프로젝트 결과 표시하기

그럼 앞서 다룬 핫플레이스 인구 분석 프로젝트와 folium을 접목해 봅시다.

12.2.1 목표 수립하기

핫플레이스 인구 분석 프로젝트에서는 4개의 하위 목표를 세워 프로그램을 구현했습니다. 여기에 하위 목표 하나를 추가하겠습니다.

앞에서 수집한 인구 데이터를 통해 생활인구가 많은 행정동을 순서대로 구할 수 있습니다. 그래서 이번에는 '인구가 많은 상위 10개 행정동을 뽑아 지도에 표시하기'를 하위 목표로 추가해 프로그램을 작성해 봅시다. 해당 지역을 마커로 표시하고 tooltip으로 행정동명도 나타냅니다. 목표를 간단히 스케치해 보겠습니다.

하위 목표 5	인구가 많은 상위 10개 행정동을 뽑아 지도에 표시하기

프로그램을 어떻게 작성할지 한번 생각해 봅시다. 일단 행정동별 인구수를 모두 구해야 합니다. 카드 이용내역에서 매출액 상위 10개 가맹점을 뽑을 때처럼 **행정동명을 키**로, **인구수를 값**으로 하는 딕셔너리를 만들면 됩니다. 그리고 딕셔너리를 인구수 기준으로 내림차순 정렬하고 앞에서 10개 요소만 선택하면 인구수가 가장 많은 행정동 10개가 추려집니다. 딕셔너리 정렬은 sorted()와 operator 라이브러리의 itemgetter()와 reverse=True 옵션을 사용하면 됩니다.

이렇게 인구수 상위 10개 지역을 추렸다면 folium으로 해당 지역을 지도 위에 표시합니다. 지도에 위치를 표시하려면 위도와 경도를 알아야 하죠. 그런데 우리가 받은 파일에는 인구수만 나와 있을 뿐이고 행정동의 위도와 경도 정보는 없습니다. 따라서 행정동의 위도와 경도를 알려 주는 새로운 데이터를 구해야 합니다.

인구 데이터를 내려받은 서울 열린데이터 광장 사이트로 가 봅시다.

그림 12-6 행정동 위치 정보 검색하기

'행정동 위치 정보'를 검색하면 다양한 검색결과가 나오지만, 우리가 원하는 위치 정보만 있는 데이터는 없어 보입니다. 하지만 상심하지 마세요. 이런 데이터에도 위도, 경도가 포함되어 있으므로 이를 활용하면 됩니다. '서울시 행정동별 전력 사용량 2008년 위치정보(좌표계: WGS1984)'를 클릭해 봅시다.

스크롤을 내려 보면 하단에 데이터 미리보기가 있어서 내려받기 전에 데이터 항목을 확인할 수 있습니다. 미리보기를 보니 행정동코드와 경도, 위도가 포함되어 있네요. 그럼 이 데이터를

CSV 파일로 내려받아 봅시다. 그리고 LOCAL_PEOPLE_DONG_201912.csv와 dong_code.csv 파일이 있는 폴더에 내려받고, 파일명을 영문으로 변경합니다. 이번에는 dong_location.csv로 하겠습니다.

그림 12-7 공공 데이터의 CSV 파일 내려받기

고유번호	기준연도	행정동코드	행정동명	2007년사용량	2008년사용량	경도	위도
3	2008	1103058	효창동	20.814328	21.459975	126.960713	37.5436889
6	2008	1101071	숭인2동	72.809621	74.027617	127.0195273	37.5749267
8	2008	1102052	소공동	423.513379	424.742285	126.9746802	37.5644921
9	2008	1105062	구의3동	133.85004	131.664698	127.0961417	37.5357391
103	2008	1111059	하계2동	36.930365	37.577989	127.0646016	37.6351662

그런데 dong_location.csv 파일을 살펴보니 행정동코드가 7자리입니다. 핫플레이스 프로젝트에서 dong_code.csv 파일을 다룰 때 행정동코드가 7자리와 8자리, 2가지가 있었죠. 인구 데이터는 8자리 행정동코드가 기준이었습니다. 이처럼 행정동코드가 다를 때는 어떻게 해야 할까요? 이때는 7자리 코드와 8자리 코드를 모두 가지고 있는 파일을 활용하면 됩니다. 파일별로 가지고 있는 정보를 정리하면 다음과 같습니다.

그림 12-8 데이터의 연결 관계 1

인구 데이터 파일과 행정동코드 데이터 파일은 익숙하죠? 인구 데이터는 8자리 행정동코드를 사용하므로 입력된 행정동명에 해당하는 8자리 코드를 행정동코드 데이터에서 알아낸 후 반영했습니다.

추가된 dong_location.csv 파일에는 7자리 행정동코드와 행정동명, 위치 정보가 포함되어 있습니다. 같은 항목끼리 연결해 보면 파일 간 연결 관계가 드러납니다. 인구 데이터와 위치 데이터는 공통 항목이 없지만, 행정동코드 데이터는 인구 데이터, 위치 데이터와 각각 접점이 있으니 이를 활용합니다.

우선 1단계에서는 인구 데이터를 분석해 인구가 많은 상위 10개 지역의 8자리 행정동코드를 알아냅니다. 그리고 2단계에서는 행정동코드 데이터에서 8자리 행정동코드에 해당하는 행정동명을 구합니다. 마지막 3단계에서는 위치 데이터에서 행정동명의 위도, 경도를 알아내면 됩니다. 그림으로 정리해 볼까요? 화살표와 추가된 텍스트를 잘 보세요.

그림 12-9 데이터의 연결 관계 2

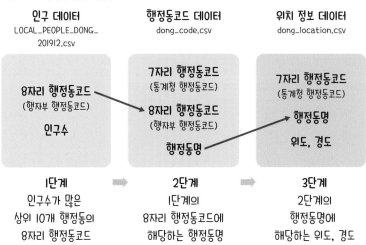

연결 관계를 보면 인구 데이터와 위치 데이터를 이어주는 행정동코드 데이터가 매우 중요한 역할을 합니다. 행정동을 10개 골라야 하므로 1단계에서 얻어야 하는 행정동코드도 10개입니다. 이를 리스트로 묶으면 효율적입니다. 2단계에서도 행정동명이 10개 나오면 이를 묶어 하나의 리스트로 만듭니다. 마지막 단계에서도 마찬가지로 위도 10개, 경도 10개를 각각 묶어 리스트로 만들면 됩니다. 단계별로 만들어지는 리스트까지 정리하면 다음과 같습니다.

그림 12-10 데이터의 연결 관계 3

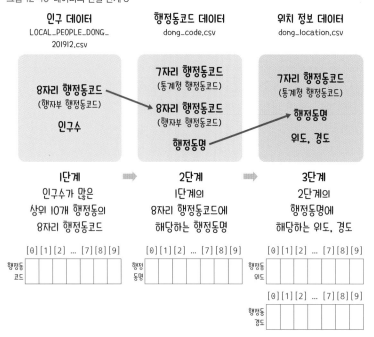

행정동코드[0]에 해당하는 행정동명은 행정동명[0]에 있습니다. 위도와 경도는 행정동위도 [0], 행정동경도[0]에 있고요. 이와 마찬가지로 행정동코드[1]에 저장된 지역의 정보도 다른 리스트의 인덱스 [1]에 있습니다. 글로 표현하면 조금 복잡해 보이지만 앞에서 지도에 여러 위치를 표시할 때 리스트를 여러 개 만든 적이 있으니 참고하면 이해하기 쉬울 겁니다.

그림 12-11 리스트들의 인덱스 호응관계

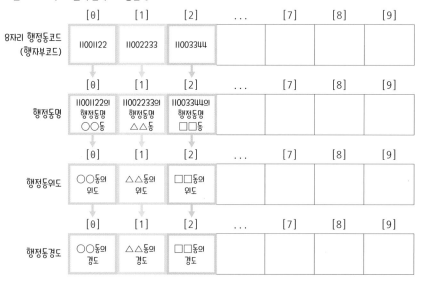

그림을 보면 리스트의 인덱스를 맞춘다는 의미를 이해할 겁니다. 행정동코드[0]에 저장된 행정동코드가 11001122이라면, 11001122의 행정동명은 행정동명[0]에, 위도와 경도는 각각 행정동위도[0], 행정동경도[0]에 저장됩니다. 이처럼 행정동명과 위치 정보를 구하는 과정은 다른 인덱스에도 동일하게 적용돼야 하므로 이 과정을 리스트 요소 개수대로 10번 반복합니다.

12.2.2 프로그램으로 구현하기

지금까지 설명한 내용을 바탕으로 프로그램을 구현해 봅시다.

알고리즘 작성하기

우선 알고리즘부터 작성해 봅시다.

그림 12-12 알고리즘

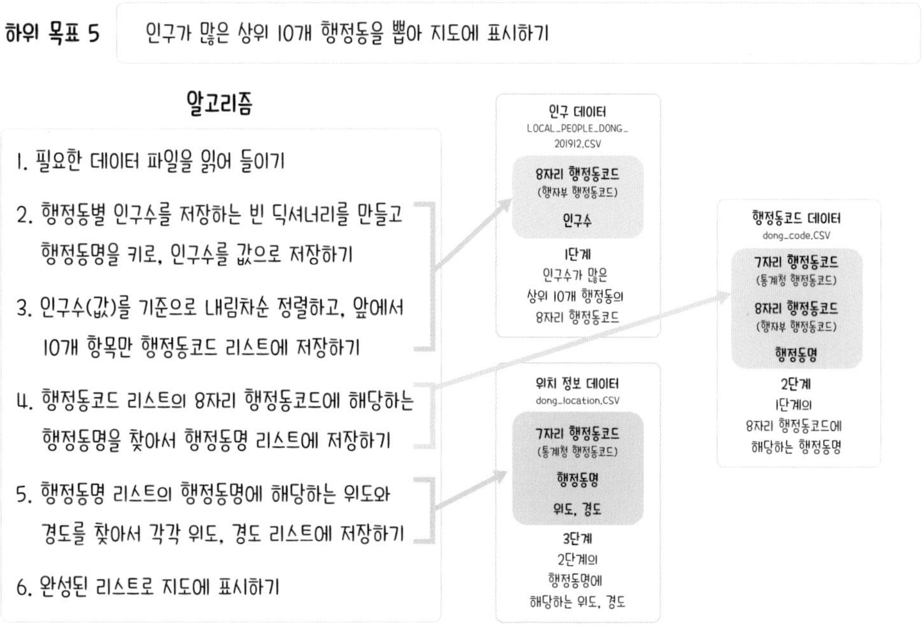

앞에서 설명한 내용을 단계에 맞춰 정리하면 자연스럽게 알고리즘이 완성됩니다. 처음에 파일을 읽어 들여 빈 딕셔너리를 만드는 과정을, 마지막에 완성된 리스트를 지도에 표시하는 과정을 추가했습니다.

7자리 행정동코드로 연결하기

행정동코드보다는 행정동명이 더 알기 쉽기 때문에 책에서는 행정동명을 매개로 위치 정보를 찾지만, 7자리 행정동코드를 매개로 위치 정보를 찾아도 됩니다. 행정동명과 마찬가지로 7자리 행정동코드 역시 행정동코드 데이터와 위치 정보 데이터, 둘 다에 있습니다.

그림 12-13 데이터의 연결 관계 4

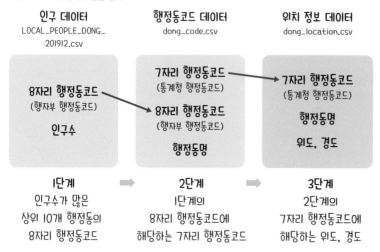

프로그램을 작성하다 보면 행정동명을 매개로 하는 것과 7자리 행정동코드를 사용하는 것이 서로 보완적이라는 것을 알게 될 겁니다. 이는 뒤에서 차근차근 살펴보겠습니다.

코드 작성하기

작성한 알고리즘을 코드로 구현해 봅시다. 먼저 과정 1과 2를 코드로 옮겨 봅시다. 알고리즘을 참고해서 먼저 작성해 본 후 이 책의 코드를 보세요.

사용하는 데이터 파일이 3개이므로 CSV 파일을 여는 변수와 데이터를 저장하는 변수들이 겹치지 않게 정합니다. 인구 데이터는 data, 행정동코드 데이터는 code_data, 위치 데이터는 location_data에 리스트로 저장합니다. 11장의 파일 읽기 코드에 위치 데이터를 읽어 들이는 코드를 추가하면 됩니다.

```
# 1. 필요한 데이터 파일 모두 읽어 들이기
import csv
```

```
# 코랩의 파일 업로드
# from google.colab import files
# uploaded = files.upload()

# 인구 데이터 읽어와서 리스트로 저장하기
f1 = open('LOCAL_PEOPLE_DONG_201912.csv', encoding='utf8')
data = csv.reader(f1)
next(data)
data = list(data)

# 행정동코드 데이터 읽어와서 리스트로 저장하기
f2 = open('dong_code.csv', encoding='utf8') # 또는 'cp949'
code_data = csv.reader(f2)
next(code_data)
next(code_data)
code_data = list(code_data)

# 위치 정보 데이터 읽어와서 리스트로 저장하기
f3 = open('dong_location.csv')
location_data = csv.reader(f3)
next(location_data)
location_data = list(location_data)

# 인구 데이터의 데이터 타입 변환하기
for row in data:
    for i in range(1, 32):
        if i <= 2:
            row[i] = int(row[i])
        else:
            row[i] = float(row[i])

# 행정동코드 데이터의 데이터 타입 변환하기
for row in code_data:
    row[0], row[1] = int(row[0]), int(row[1]) # 7자리 행정동코드, 8자리 행정동코드

# 위치 정보 데이터의 데이터 타입 변환하기
for row in location_data: # row[2]: 행정동코드, row[-2]: 경도,  row[-1]: 위도
    row[2], row[-2], row[-1] = int(row[2]), float(row[-2]), float(row[-1])
```

코드는 길지만, 모두 배운 내용이기 때문에 이해하기 어려운 부분은 없을 겁니다. 11장에서는 행정동코드 파일(dong_code.csv)에서 8자리 행정동코드만 변환했지만, 여기에서는 7자리 행정동코드도 데이터 타입을 변환합니다. 그 이유는 뒤에서 확인합니다. 위치 데이터에서도 필요한 항목인 행정동코드, 경도, 위도를 숫자로 변경했습니다. 다음 과정으로 넘어가 봅시다.

> **제제쌤의 조언**
>
> dong_location.csv 파일을 읽어 들일 때도 인코딩 옵션에 유의해 주세요. Windows라도 PC 세부 사양에 따라 인코딩 옵션을 지정하지 않거나 utf8, euc-kr, cp949 등을 지정해야 하는 경우도 있습니다. 오류가 발생하더라도 당황하지 말고 다른 옵션을 넣어서 실행해 보세요.

과정 2에서는 행정동별 인구수를 저장하는 dong_population 딕셔너리를 만듭니다. 그리고 인구 데이터를 담은 data를 돌며 행정동코드(열 인덱스 [2])를 키로, 총생활인구수(열 인덱스 [3])를 값으로 해서 한 쌍씩 dong_population에 저장합니다(data의 항목은 11장을 참고하거나 직접 파일을 열어서 확인해 보세요).

```python
# 2. 행정동별 인구수를 저장하는 빈 딕셔너리를 만들고
#    행정동별 총생활인구수를 딕셔너리에 저장하기
dong_population = {}

for row in data:
    dong_code, p = row[2], row[3]
    if dong_code not in dong_population.keys():
        dong_population[dong_code] = p
    else:
        dong_population[dong_code] += p

# print(dong_population)
```

실행결과
```
{11215710: 32699578.380499963, 11680545: 36303123.67050001, 11680610:
39427473.14730003... }
```

비어 있던 dong_population 딕셔너리에 데이터가 저장됩니다.

코드를 한 줄씩 살펴봅시다. 먼저 반복문으로 data를 돌며 행정동코드(row[2])와 총생활인구수(row[3])를 변수 dong_code와 p에 각각 저장합니다. 이때 해당 행의 dong_code를 키로 하는 항목이 없다면 {키:값}이 {dong_code:p}인 항목을 dong_population 딕셔너리에 추가합니다. 만약 dong_code를 키로 하는 항목이 있다면 해당 키의 값에 현재 행의 인구수 p를 더합니다. 결과를 보면 dong_code가 11215710인 행정동은 2019년 12월 한 달간 총 생활인구수가 약 32,699,578명입니다(결과가 길게 출력되므로 한 번만 확인하고 그 이후에는 주석 처리하거나 삭제해도 됩니다).

이제 과정 3에서 총인구수를 기준으로 딕셔너리를 내림차순 정렬할 차례입니다.

```
# 3. 인구수를 기준으로 내림차순 정렬하고, 앞에서 10개 항목만 별도로 저장하기
import operator

top10 = sorted(dong_population.items(), key=operator.itemgetter(1),
reverse=True)[:10]
# print(top10)

top10_code8 = []
for t in top10:
    top10_code8.append(t[0])
print(top10_code8)
```

실행결과
```
[11680640, 11560540, 11440660, 11110615, 11650530, 11410585, 11380690,
11545510, 11680650, 11680610]
```

딕셔너리의 키-값 쌍으로 정렬해야 하므로 dong_population.items()를 사용합니다. 그리고 operator의 itemgetter()를 사용해 값을 기준으로 내림차순 정렬합니다. 이 중 앞에서 10개 항목을 선택해야 하므로 [:10]을 추가해 슬라이싱합니다. 이 상태로 변수 top10에 저장된 값을 출력하면(print(top10)) 딕셔너리의 키-값이 괄호로 묶여 리스트 형태로 출력됩니다(주석을 지우고 출력해 보세요). 필요한 것은 행정동코드이므로 첫 번째 항목(키에 해당하는 행정동코드)만 뽑아서 다시 top10_code8 리스트에 차례대로 저장합니다. top10에 저장된 순서대로 top10_code8에 저장되므로 top10_code8에도 인구가 많은 행정동코드부터 차례대로 추가됩니다.

TIP 이해되지 않으면 **7.1.4 다양한 명령어 사용하기**의 **딕셔너리 정렬하기: sorted()**를 참고하세요.

그런데 행정동코드를 top10_code8에 저장하는 과정에서 반복문을 사용하네요. 11장에서 배운 리스트 내포를 사용하면 코드를 한 줄로 바꿀 수 있습니다. 리스트 내포를 사용해 코드를 다음과 같이 수정합니다.

```
top10 = sorted(dong_population.items(), key=operator.itemgetter(1), reverse=True)
[:10]
top10_code8 = [t[0] for t in top10]
```

다음 과정으로 넘어갑시다. 과정 4에서는 top10_code8 리스트에 저장한 행정동코드에 해당하는 행정동명을 행정동코드 데이터에서 찾아 행정동명 리스트에 저장합니다. 그리고 과정 5에서는 행정동명에 해당하는 위도와 경도를 찾아 위도와 경로 리스트에 각각 저장합니다.

먼저 필요한 리스트를 만듭니다. 행정동명을 저장하는 리스트는 top10_name, 위도와 경도를 저장하는 리스트는 각각 top10_lat, top10_long으로 이름을 정합니다. 10개 지역이므로 각각 초깃값 0을 넣어 10칸짜리 리스트로 만듭니다.

```
top10_name = [0 for i in range(10)]
top10_lat = [0 for i in range(10)]
top10_long = [0 for i in range(10)]
```

리스트를 만들었으니 데이터를 넣어야죠. top10_name 리스트에는 top10_code8 리스트의 행정동코드에 해당하는 행정동명을 찾아 저장합니다. 이는 top10_code8[0]부터 top10_code8[9]까지의 행정동명을 모두 찾아야 한다는 뜻입니다. 반복되는 부분이 보이죠? top10_code8[i]의 행정동명 찾기가 반복되므로 다음처럼 반복문을 작성할 수 있습니다.

```
for i in range(len(top10_code8)):  ← for i in range(len(top10_code8)):
    top10_code8[i]의 행정동명 찾기  ← ┌ for row in code_data:
                                      └     row[1] == top10_code8[i]
```

range(len(top10_code8))로 반복 범위를 설정합니다. 반복문에서 range(len(리스트명))을 사용하면 자동으로 인덱스 [0]부터 인덱스 [리스트길이-1](리스트의 마지막)까지 반복 범위가 된다고 배웠습니다.

그 다음으로 '행정동명 찾기'인데 8자리 행정동코드가 주어졌으므로 dong_code.csv 데이터를 담은 code_data를 활용합니다. code_data에서 행정동코드는 열 인덱스 [1]에 있고, 행정동명은 열 인덱스 [−1]에 담겨 있습니다. 따라서 행정동코드(top10_code8[i])와 code_data의 열 인덱스 [1]의 값으로 행정동명(열 인덱스 [−1])을 구하면 됩니다(code_data의 각 요소에 들어 있는 항목은 11장을 참고하세요).

```
for i in range(len(top10_code8)):          for i in range(len(top10_code8)):

    top10_code8[i]의 행정동명 찾기              for row in code_data:

        행정동명 리스트에 저장하기  ◀━━━━━━          if row[1] == top10_code8[i]:

                                                    top10_name[i] = row[-1]
```

이렇게 찾은 행정동명을 행정동명 리스트인 top10_name에 저장하면 됩니다. 인덱스가 같도록 top10_name[i]에 저장합니다.

```
# 4. 8자리 행정동코드에 해당하는 행정동명 찾기
for i in range(len(top10_code8)):
    for row in code_data:
        if row[1] == top10_code8[i]:
            top10_name[i] = row[-1]   # 행정동명 리스트에 저장하기
```

반복문 안에 반복문, 또 그 안에 조건문이 있는 형태네요. 이처럼 제어구조가 중첩될 때는 앞에서와 같이 단계를 나눠 생각하는 것이 좋습니다. 인덱스를 의미하는 i가 변할 때마다 행정동명을 찾는 반복문이 실행됩니다.

다음 과정으로 행정동명에 해당하는 위도, 경도를 구해야 합니다. 위도, 경도를 구하는 코드역시 반복문 안에 들어가야 합니다.

```
for i in range(len(top10_code8)):

    top10_code8[i]의 행정동명을 찾아

        행정동명 리스트에 저장하기

    행정동명에 해당하는 위도, 경도 찾기
```

행정동명을 활용해 위도와 경도를 찾아야 하므로 행정동명을 찾는 코드 아래에 작성합니다. 위도와 경도 찾기는 dong_location.csv 파일을 담고 있는 location_data 리스트를 활용합니다. dong_location.csv 파일의 항목은 다음과 같습니다.

그림 12-14 dong_location.csv 파일의 데이터 항목

고유번호	기준연도	행정동코드	행정동명	2007년사용량	2008년사용량	경도	위도
3	2008	1103058	효창동	20.814328	21.459975	126.960713	37.5436889
6	2008	1101071	숭인2동	72.809621	74.027617	127.0195273	37.5749267
8	2008	1102052	소공동	423.513379	424.742285	126.9746802	37.5644921
9	2008	1105062	구의3동	133.85004	131.664698	127.0961417	37.5357391
103	2008	1111059	하계2동	36.930365	37.577989	127.0646016	37.6351662

행정동명이 네 번째 항목에 있습니다. 즉, location_data 리스트의 열 인덱스 [3]이 행정동명입니다. 따라서 location_data의 열 인덱스 [3]과 앞에서 구한 top10_name[i]이 같은 행의 위도와 경도가 찾는 값입니다(location_data는 경도, 위도 순서로 되어 있으니 유의하세요). 위도(열 인덱스 [-1])는 위도 리스트(top10_lat)의 인덱스 [i]에 넣고, 경도(열 인덱스 [-2])는 경도 리스트(top10_long)의 인덱스 [i]에 각각 넣습니다. 이를 코드로 작성하면 다음과 같습니다.

```
for i in range(len(top10_code8)):
    top10_code8[i]의 행정동명 찾아
        행정동명 리스트에 저장하기
    행정동명에 해당하는 위도, 경도를 찾아
        위도/경도 리스트에 각각 저장하기
```

```
for i in range(len(top10_code8)):
    for row in code_data:
        if row[1] == top10_code8[i]:
            top10_name[i] = row[-1]
    for row in location_data:
        if row[3] == top10_name[i]:
            top10_lat[i] = row[-1]
            top10_long[i] = row[-2]
```

과정 5의 추가 코드는 다음과 같습니다. 마지막에 위도와 경도 리스트의 값을 출력해 직접 확인해 봅시다.

```
# 4. 8자리 행정동코드에 해당하는 행정동명 찾기
for i in range(len(top10_code8)):
    for row in code_data:
        if row[1] == top10_code8[i]:
            top10_name[i] = row[-1] # 행정동명 리스트에 저장하기
```

```
# 5. 행정동명에 해당하는 위도와 경도를 찾아 리스트에 저장하기
for row in location_data:
    if row[3] == top10_name[i]:
        top10_lat[i], top10_long[i] =  row[-1], row[-2]
print(top10_lat)
print(top10_long)
```

실행결과

```
[37.4999211, 0, 37.5550337, 37.5777701, 37.4856591, 37.5659638, 37.64193,
37.4756389, 37.4984733, 37.4955294]
[127.0367584, 0, 126.9228533, 126.9892737, 127.0097616, 126.9384315,
126.9387277, 126.8850721, 127.0449272, 127.0662436]
```

위도와 경도 리스트가 출력됩니다. 그런데 두 리스트의 인덱스 [1]의 값이 0으로 나옵니다. 다른 9개 값은 잘 저장됐는데 인덱스 [1]만 다를까요?

답은 데이터에 있습니다. 과정 3 코드를 실행한 결과에서 두 번째 행정동코드는 11560540입니다. code_data(dong_code.csv)에서 8자리 행정동코드가 11560540인 곳은 '여의동'입니다. 따라서 top10_name[i]에 '여의동'이 저장됩니다. 그런데 location_data(dong_location.csv)에는 여의동이 아닌 '여의도동'으로 저장되어 있습니다. dong_location.csv가 오래전에 작성된 파일이라서 그간의 행정동명 변화가 반영되어 않아서 그렇습니다.

그림 12-15 데이터가 일치하지 않는 경우(행정동명이 바뀐 경우)

통계청행정동코드	행자부행정동코드	시도명	시군구명	행정동명
H_SDNG_CD	H_DNG_CD	DO_NM	CT_NM	H_DNG_NM
1119054	11560540	서울	영등포구	여의동
1119055	11560550	서울	영등포구	당산1동
1119056	11560560	서울	영등포구	당산2동

dong_code.csv

고유번호	기준연도	행정동코드	행정동명	2007년사용량	2008년사용량	경도	위도
202	2008	1119054	여의도동	831.769753	862.389607	126.9290731	37.5286662
255	2008	1115053	신월7동	54.570018	55.359121	126.8313103	37.5169283
265	2008	1116058	화곡3동	55.221105	55.880596	126.8351141	37.5439302
231	2008	1114069	망원1동	51.942734	53.124791	126.9007265	37.5521849

dong_location.csv

이렇게 위치 정보가 누락된 경우에는 7자리 행정동코드를 매개로 찾습니다. 데이터 파일에서 7자리 행정동코드가 1119054로 같은 것이 보이죠. 그래서 위도 리스트와 경도 리스트의 값 중에서 하나라도 0인 요소는 7자리 행정동코드로 다시 위치 정보를 찾게 합니다.

```
# 추가. 행정동명으로 위치 정보를 찾지 못하면 7자리 행정동코드로 찾기
for i in range(len(top10_lat)):
    # 위도나 경도가 0인 요소가 있다면
    if top10_lat[i] == 0 or top10_long[i] == 0:
        # code_data에서 7자리 행정동코드를 구해 dong7에 저장하기
        for row in code_data:
```

```
                    if top10_code8[i] == row[1]:
                        dong7 = row[0]
            # location_data에서 7자리 행정동코드가 dong7인 행을 찾아 위도와 경도를 구하기
            for row in location_data:
                if dong7 == row[2]:
                    top10_lat[i], top10_long[i] = row[-1], row[-2]
    print(top10_lat)
    print(top10_long)
```

실행결과

```
[37.4999211, 37.5286662, 37.5550337, 37.5777701, 37.4856591, 37.5659638,
37.64193, 37.4756389, 37.4984733, 37.4955294]
[127.0367584, 126.9290731, 126.9228533, 126.9892737, 127.0097616, 126.9384315,
126.9387277, 126.8850721, 127.0449272, 127.0662436]
```

top10_lat[1]과 top10_long[1]에 정상적인 값이 저장됐습니다. 데이터 파일이 서로 잘 맞으면 작성하지 않아도 될 코드입니다. 사실 데이터 분석을 진행하다 보면 데이터 자체에 문제가 있는 경우가 상당히 많습니다.

TIP 행정동명이 일치하지 않으면 위도와 경도 모두 값이 제대로 저장되지 않습니다. 그래서 if top10_lat[i] == 0 or top10_long[i] == 0 대신 if top10_lat[i] == 0 또는 if top10_long[i] == 0으로 작성해도 이 프로그램에서는 같은 결과가 나옵니다.

NOTE 7자리 행정동코드를 매개로 사용한다면

'처음부터 7자리 행정동코드를 매개로 위치 정보를 찾았다면 추가 코드가 필요 없지 않았을까?' 하는 의문이 들 수 있습니다. 여기서 행정동명을 매개로 한 이유는 이후 지도를 그릴 때 마커의 tooltip 옵션에서 행정동명을 설정하므로 행정동명을 미리 저장해 두는 것이 편하기 때문입니다. 그리고 7자리 행정동코드를 매개로 코드를 작성해도 행정동 1개의 위치 정보는 찾지 못합니다. 강남구 대치2동은 7자리 행정동코드 자체가 변경됐습니다.

그림 12-16 데이터가 일치하지 않는 경우(행정동코드가 바뀐 경우)

통계청행정동코드	행자부행정동코드	시도명	시군구명	행정동명
H_SDNG_CD	H_DNG_CD	DO_NM	CT_NM	H_DNG_NM
1123079	11680610	서울	강남구	대치2동
1123080	11680670	서울	강남구	개포2동
1124051	11710510	서울	송파구	풍납1동

dong_code.csv

고유번호	기준연도	행정동코드	행정동명	2007년사용량	2008년사용량	경도	위도
343	2008	1123061	대치2동	60.524873	61.273872	127.0662436	37.4955294
344	2008	1123070	개포3동	31.428367	31.704273	127.0718191	37.4885825
347	2008	1123066	도곡1동	119.655308	123.822486	127.0407387	37.4894403
349	2008	1124051	풍납1동	53.800824	49.416853	127.1137027	37.5382922

dong_location.csv

지도 그리기

이제 folium으로 지도를 그려 보죠. 10개 장소를 마커로 표시해야 하니 앞서 여러 위치를 지도에 한 번에 표시할 때 배운 리스트와 반복문을 활용합니다. 지도 이름은 map_top10으로 하고 지도를 만드는 좌표는 위도, 경도 리스트의 첫 번째 요소로 하겠습니다. 마커의 아이콘과 색상은 각자 원하는 대로 설정하세요.

```
# 6. 완성된 리스트로 지도 그리기
import folium

map_top10 = folium.Map([top10_lat[0], top10_long[0]], zoom_start=12)
for i in range(10):
    folium.Marker(
        [top10_lat[i], top10_long[i]], tooltip=top10_name[i],
        icon=folium.Icon(color='red', icon='star')
    ).add_to(map_top10)
map_top10
```

실행결과

행정동 10곳에 마커가 뜹니다. 마커에 마우스를 올려서 행정동명도 직접 확인해 보세요.

지도에 순위가 표시되면 좋겠죠? 어렵지 않습니다. 행정동명을 저장한 top10_name 리스트가 이미 인구가 많은 순서대로 저장되어 있기 때문이죠. '1. △△동'처럼 인구가 많은 순서대로 1부터 10까지 순위를 붙여 봅시다. 인덱스는 0부터 시작하므로 순위는 인덱스에 1을 더한 값입니다. 따라서 top10_name의 인덱스에 1을 더한 값을 문자로 바꾸어 top10_name[i]의 이름과 합치면 됩니다.

순위를 표시하는 코드까지 추가해 전체 코드를 정리하면 다음과 같습니다.

```python
# 1. 필요한 데이터 파일 모두 읽어 들이기
import csv

# 인구 데이터 읽어와서 리스트로 저장하기
f1 = open('LOCAL_PEOPLE_DONG_201912.csv', encoding='utf8')
data = csv.reader(f1)
next(data)
data = list(data)

# 행정동코드 데이터 읽어와서 리스트로 저장하기
f2 = open('dong_code.csv', encoding='utf8') # 또는 'cp949'
code_data = csv.reader(f2)
next(code_data)
next(code_data)
code_data = list(code_data)

# 위치 정보 데이터 읽어와서 리스트로 저장하기
f3 = open('dong_location.csv')
location_data = csv.reader(f3)
next(location_data)
location_data = list(location_data)

# 인구 데이터의 데이터 타입 변환하기
for row in data:
    for i in range(1, 32):
        if i <= 2:
            row[i] = int(row[i])
        else:
            row[i] = float(row[i])

# 행정동코드 데이터의 데이터 타입 변환하기
for row in code_data:
```

```python
        row[0], row[1] = int(row[0]), int(row[1])


# 위치 정보 데이터의 데이터 타입 변환하기
for row in location_data:
        row[2], row[-2], row[-1] = int(row[2]), float(row[-2]), float(row[-1])


# 2. 행정동별 인구수를 저장할 수 있게 빈 딕셔너리를 만들고
#    행정동별 총생활인구를 딕셔너리에 저장하기
dong_population = {}
for row in data:
        dong_code, p = row[2], row[3]
        if dong_code not in dong_population.keys():
                dong_population[dong_code] = p
        else:
                dong_population[dong_code] += p


# 3. 인구수를 기준으로 내림차순 정렬하고, 앞에서 10개 항목만 별도로 저장하기
import operator

top10 = sorted(dong_population.items(), key=operator.itemgetter(1), reverse=True)
[:10]
top10_code8 = [t[0] for t in top10]


top10_name = [0 for i in range(10)]
top10_lat  = [0 for i in range(10)]
top10_long = [0 for i in range(10)]


# 4. 8자리 행정동코드에 해당하는 행정동명 찾기
for i in range(len(top10_code8)):
        for row in code_data:
                if row[1] == top10_code8[i]:
                        top10_name[i] = row[-1]    # 행정동명 리스트에 저장하기
        # 5. 행정동명에 해당하는 위도와 경도를 찾아 리스트에 저장하기
        for row in location_data:
                if row[3] == top10_name[i]:
                        top10_lat[i], top10_long[i] =  row[-1], row[-2]


# 추가. 행정동명으로 위치 정보를 찾지 못하면 7자리 행정동코드로 찾기
for i in range(len(top10_lat)):
        # 위도나 경도가 0인 요소가 있다면
        if top10_lat[i] == 0 or top10_long[i] == 0:
```

```
        # code_data에서 7자리 행정동코드를 구해 dong7에 저장하기
        for row in code_data:
            if top10_code8[i] == row[1]:
                dong7 = row[0]
        # location_data에서 7자리 행정동코드가 dong7인 행을 찾아 위도와 경도 구하기
        for row in location_data:
            if dong7 == row[2]:
                top10_lat[i], top10_long[i] = row[-1], row[-2]


# 6. 완성된 리스트로 지도 그리기
import folium

# 행정동명 앞에 순위 표시하기
for i in range(len(top10_name)):
    top10_name[i] = str(i + 1) + '. ' + top10_name[i]


map_top10 = folium.Map([top10_lat[0], top10_long[0]], zoom_start=12)
for i in range(10):
    folium.Marker(
        [top10_lat[i], top10_long[i]], tooltip=top10_name[i],
        icon=folium.Icon(color='red', icon='star')
    ).add_to(map_top10)
map_top10
```

실행결과

과정이 좀 길긴 했지만, 알고리즘을 작성한 것처럼 단계별로 나누어 진행하면 더 체계적이고 쉽게 프로그래밍할 수 있습니다.

12.2.3 결과 분석하기

결과를 분석해 봅시다. 인구수 상위 10개 지역의 분포를 보면 강남구에 몰려 있네요. 무려 4개의 행정동이 순위에 올랐습니다. 서울시에서 인구가 가장 많은 행정동은 역삼1동이고, 여의도동, 서교동, 종로 1,2,3,4가동 순입니다. 이들은 서울의 3대 중심업무지구인 KBD(Kangnam Business District), YBD(Yeouido Business District), CBD(Central Business District)에 속합니다.

조금 재미있는 것은 은평구 진관동입니다. 다른 지역은 사람이 많은 지역임을 익히 알고 있었지만, 진관동이 순위에 꼽을 정도로 인구가 많을 줄은 몰랐어요. 진관동을 11장에서 작성한 핫플레이스 프로그램에 넣어 분석해 보면 다음과 같은 그래프가 나타납니다.

그림 12-17 진관동 분석 결과

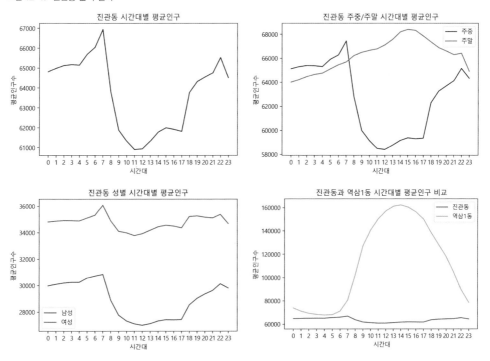

11장에서 분석해 본 압구정동과는 확연히 다른 모양의 그래프가 나타납니다. 진관동의 평균인

523

구는 출근시간 이후에 급격히 줄고 퇴근시간 이후에 급격히 늘어나네요. 업무지구가 아닌 주거지구의 역할이 크다고 볼 수 있습니다. 주중/주말 그래프를 보면 이 점이 더 뚜렷해집니다. 주말에는 주중과 비교해 낮 시간대에 인구수가 매우 많습니다. 가족과 집이나 동네에서 시간을 많이 보내는 것 같죠?

남녀 인구 그래프도 흥미롭습니다. 남성보다 여성이 압도적으로 많네요. 그런데 출근 시간대에 여성인구가 줄어드는 폭보다 남성인구가 줄어드는 폭이 훨씬 큽니다. 아마 맞벌이 부부는 모두 출근하고, 전업주부인 여성은 출근하지 않기 때문이 아닐까 추측할 수 있습니다.

인구수 1위 역삼1동과 비교해 봅시다. 모든 시간대에서 역삼1동이 진관동보다 인구수가 많군요. 업무지구인 역삼1동은 출근시간부터 인구가 꾸준히 늘어나고 퇴근시간에는 인구가 줄어드는 반면, 진관동은 반대 현상이 나타납니다. 업무지구와 주거지구의 차이를 그래프로 확인할 수 있습니다.

다른 관점에서도 앞의 결과를 분석해 보세요. 그동안 보이지 않던 것이 보일지도 모릅니다.

12.2.4 추가 분석: 남성이 많은 지역과 여성이 많은 지역 비교하기

지금까지 진행한 코드를 이해했다면 남성이 많은 지역 상위 10곳, 여성이 많은 지역 10곳도 각각 지도에 표시할 수 있습니다. 남성이나 여성이 많은 지역 10곳을 지도 위에 마커로 표시하되 1~5위 지역과 6~10위 지역을 다른 색으로 표시해 보겠습니다. 앞서 작성한 알고리즘을 조금만 수정하면 남성 또는 여성 인구만을 기준으로 프로그램을 작성할 수 있어요. 총생활인구를 구하는 대신, 남성 인구와 여성 인구의 합을 구하는 것으로 대체하면 됩니다. 변경된 부분만 붉게 표시해 보겠습니다.

하위 목표 5	인구가 많은 상위 10개 행정동을 뽑아 지도에 표시하기
알고리즘	1. 필요한 데이터 파일을 읽어 들이기 2. 행정동별 남녀 인구수를 저장하는 빈 딕셔너리를 만들고 행정동명을 키로, 인구수를 값으로 저장하기 3. 인구수를 기준으로 내림차순 정렬하고, 앞에서 10개 항목만 행정동코드 리스트에 저장하기 4. 행정동코드 리스트의 8자리 행정동코드에 해당하는 행정동명을 찾아서 행정동명 리스트에 저장하기 5. 행정동명 리스트의 행정동명에 해당하는 위도와 경도를 찾아서 각각 위도, 경도 리스트에 저장하기 6. 완성된 리스트로 지도를 그리고 1~5위 지역과 6~10위 지역을 다른 색으로 표시하기

먼저 남성 인구를 기준으로 작성해 보겠습니다. 알고리즘이 거의 같아서 코드도 바뀔 부분이 많지 않습니다. 리스트명이 top10_code8에서 male_code8로 변경되고 남성 인구를 구하는 코드를 추가하면 됩니다. 남성 인구를 구하는 코드는 11장에서 배운 바 있죠. 인구 데이터인 data의 인덱스 [4]부터 [17]까지의 합을 구하면 됩니다. 그럼 변경된 부분만 작성해 보겠습니다.

```python
# 2. 인구 데이터를 읽으며 행정동별 남성 인구수를 저장하는 딕셔너리 완성하기
dong_population = {}
for row in data:
    # 남성 인구수를 저장하는 변수 p
    dong_code, p = row[2], sum(row[4:18])
...

# 6. 완성된 리스트로 지도 그리기
import folium

for i in range(len(top10_name)):
    top10_name[i] = str(i + 1) + '. ' + top10_name[i]

map_top10 = folium.Map([top10_lat[0], top10_long[0]], zoom_start=12)
for i in range(10):
    # 1~5위 지역은 진한 파란색, 6~7위 지역은 연한 파란색으로 표시하기
    if i < 5:
        folium.Marker(
            [top10_lat[i], top10_long[i]], tooltip=top10_name[i],
            icon=folium.Icon(color='darkblue', icon='male', prefix='fa')
            ).add_to(map_top10)
    else:
        folium.Marker(
            [top10_lat[i], top10_long[i]], tooltip=top10_name[i],
            icon=folium.Icon(color='lightblue', icon='male', prefix='fa')
            ).add_to(map_top10)
map_top10
```

실행결과

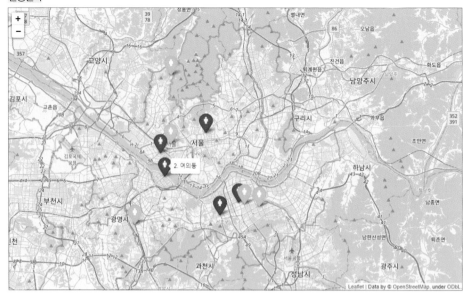

코드에서 변경된 부분은 앞에서 배운 내용이라 설명을 생략하겠습니다. 지도 그리는 부분만 짚고 넘어가 봅시다. 1~5위 지역과 그 외 지역은 색상을 달리하기로 했죠. 그래서 마커를 추가하는 반복문 내부에 i가 5 이하인 경우와 그렇지 않은 경우를 분리해 색상을 다르게 했습니다. 그리고 남성임을 나타내는 아이콘을 https://fontawesome.com/v4.7.0/icons에서 찾아 아이콘 모양을 icon='male'로 변경하고 prefix='fa' 옵션도 추가했습니다.

결과를 보니 앞서 전체 인구를 대상으로 분석한 것과 큰 차이는 없는 것 같군요. 강남에 4곳과 중심업무지구, 진관동까지 앞에서 봤던 지역입니다. 다만 인구수에 따라 색상을 달리하니 남성인구가 더 많은 곳이 보입니다. 확실히 서울 도심과 중심업무지구에 남성인구가 많네요.

이번에는 여성이 많은 상위 10개 지역을 지도에 표시해 봅시다. 앞에서 진행한 것처럼 1~5위 지역은 빨간색으로, 6~10위 지역은 분홍색으로 표시하겠습니다. 앞의 코드에서 리스트명의 male 부분을 female로만 변경하면 여성 데이터를 저장하는 새로운 리스트를 만들 수 있습니다.

```
# 2. 인구 데이터를 읽으며 행정동별 여성 인구수를 저장하는 딕셔너리 완성하기
dong_population = {}
for row in data:
    # 여성 인구수를 저장하는 변수 p
    dong_code, p = row[2], sum(row[18:32])
    ...
```

```
# 6. 완성된 리스트로 지도 그리기
import folium

for i in range(len(top10_name)):
    top10_name[i] = str(i + 1) + '. ' + top10_name[i]

map_top10 = folium.Map([top10_lat[0], top10_long[0]], zoom_start=12)
for i in range(10):
    # 1~5위 지역은 빨간색, 6~7위 지역은 분홍색으로 표시하기
    if i < 5:
        folium.Marker(
            [top10_lat[i], top10_long[i]], tooltip=top10_name[i],
            icon=folium.Icon(color='red', icon='female', prefix='fa')
            ).add_to(map_top10)
    else:
        folium.Marker(
            [top10_lat[i], top10_long[i]], tooltip=top10_name[i],
            icon=folium.Icon(color='pink', icon='female', prefix='fa')
            ).add_to(map_top10)
map_top10
```

실행결과

여성이 많은 지역을 표시하니 재미있는 결과가 나타납니다. 여성이 많은 지역 상위 5곳은 대부분 남성이 많은 지역 상위 5곳과 겹칩니다. 진관동을 제외하고요. 진관동은 기본적으로 인구가 많은 지역이고, 남성보다는 여성이 더 많은 것으로 나타납니다. 그리고 남성 인구 지도에서는 보이지 않던 지역이 등장했습니다. 바로 송파구의 잠실3동(9위)과 강동구 길동(10위)입니다. 그리고 남성 인구 지도에서 6위를 차지한 금천구 가산동은 여성 인구 지도에서는 나타나지 않는군요.

종합해 보면, 여성과 남성의 생활인구가 많은 지역은 비슷합니다. 그러나 남성 생활인구가 여성 생활인구보다 서울의 서쪽 지역(금천구 가산동)에서 조금 더 많고, 여성 생활인구는 서울의 동쪽 지역(송파구 잠실3동, 강동구 길동)에서 더 많습니다. 성별 분포의 차이가 나타나는 이유는 정확히 설명하기는 어렵지만, 각 지역에 많이 분포하는 업종이 어떤 것이냐에 영향이 있지 않을까요?

지금까지 진행한 데이터와 코드를 참고하면 연령별 인구 분석도 가능하겠죠. 시간대별 분석을 그래프가 아닌 지도에 표시할 수도 있을 겁니다. 본인이 원하는 대로 이리저리 프로그램을 작성해 보고 결과를 분석하다 보면 프로그래밍에 성취감을 느낄 수 있을 거예요.

벌써 Part 2까지 배웠네요. Part 1에서는 파이썬 프로그래밍의 기초를 다졌고, Part 2에서는 배운 내용을 응용하는 프로젝트를 진행해 봤습니다. 마지막으로 Part 3에서는 파이썬의 심화 문법을 배워 보겠습니다. 심화 문법을 알아야 이 책이 끝나고도 머신러닝, 딥러닝과 같은 더 복잡하고 어려운 코드를 이해할 수 있습니다. 그리고 우리가 평소에 사용하는 프로그램의 외형을 만드는 방법도 배워 보겠습니다.

12 마무리

1 folium 설치

!pip install folium

2 folium 지도 만들고 나타내기

> **형식**
>
> 지도이름 = folium.Map([위도, 경도], zoom_start=지도비율)
> 지도이름

3 folium 마커 만들고 추가하기

> **형식**
>
> folium.Marker([위도, 경도]).add_to(지도이름)

4 마커에 추가할 수 있는 옵션

툴팁 표현	tooltip='표현할 텍스트'
팝업 표현	popup='표현할 텍스트'
아이콘	icon= folium.Icon(color='아이콘 색상', icon='아이콘 모양') fontawesome의 아이콘 활용 시 prefix='fa' 추가

Self Check

1   folium을 활용하여 해운대 해수욕장을 중심으로 하는 지도를 표시하고, fontawesome
     의 hand-o-down을 사용해 마커를 추가하세요. zoom_start는 11로 설정합니다.

위치명	위도	경도	마커 아이콘(fontawesome)
해운대 해수욕장	35.15870	129.16047	hand-o-down

2   다음 위치를 모두 folium으로 나타내세요. 마커에 마우스를 올리면 위치명이 나오게
     툴팁을 설정하세요.

위치명	위도	경도	마커 아이콘(fontawesome)
해운대 해수욕장	35.15870	129.16047	hand-o-down
부산대학교	35.23360	129.08309	university
김해국제공항	35.17357	128.94632	plane

정답 및 해설: 해설 노트 741쪽

Let's Get IT

Part 3

효율적인 프로그래밍을 위한 중급 파이썬

Part 3

Part 2에서는 지금까지 배운 파이썬 프로그래밍 요소를 활용해 실제 데이터로 데이터 분석 프로그램을 작성해 봤습니다. 단편적인 코드만 배우다가 전체 프로그램을 완성하니 좀 더 재밌지 않았나요?

Part 3에서는 사용자 정의 함수와 객체, 사용자 인터페이스(UI, User Interface)를 배워 Part 2에서 만든 프로젝트를 좀 더 효율적으로 사용할 수 있게 프로그램 구조를 개선해 보겠습니다. 사용자 정의 함수와 객체는 프로그래밍의 기초라고 하기는 어렵지만, 프로그래밍을 깊이 있게 배우려면 반드시 이해하고 넘어가야 합니다. 프로그램을 작성하는 사람의 시간과 노력을 획기적으로 단축하고, 이해하기 쉬운 코드를 작성하는 데 필수이기 때문이죠. 자, 그럼 사용자 정의 함수부터 배워 봅시다.

13장

명령어 직접 만들어 사용하기: 사용자 정의 함수

사용자 정의 함수를 본격적으로 배우기 전에 함수에 대해 짚고 넘어갑시다. 함수라는 단어는 수학에서 시작된 개념입니다. 수학에 나오는 함수를 한번 생각해 볼까요?

가령, $y = 10x$라는 식이 있을 때 y는 변하는 수 즉, 변수 x에 따라 값이 정해지죠. 이렇게 변수 x에 따라 y의 값이 정해질 때 y를 x의 함수라 하고, 이러한 y를 $f(x)$라고 씁니다. 파이썬 명령어와 형태가 비슷하지 않나요? print(), input(), plt.plot() 등 우리가 사용한 명령어도 명령어() 형태입니다. 명령어라는 단어로 표현했지만, 지금까지 사용한 모든 명령어는 정확히 표현하면 **함수**(function)입니다. 프로그래밍에서 함수는 특정한 기능을 수행하는 코드를 의미합니다.

프로그래밍 언어마다 함수를 만들어 제공합니다. 우리는 지금까지 파이썬에서 제공하는 함수만 사용했습니다. 앞에 나온 print(), input() 등이 대표적이죠. 이처럼 프로그래밍 언어에 이미 만들어져 있어서 바로 사용할 수 있는 함수를 **내장 함수**라고 합니다. 내장 함수와 반대되는 개념이 바로 사용자 정의 함수입니다. **사용자 정의 함수**는 프로그램을 작성하는 사용자가 직접 정의하는 함수를 의미합니다. '정의한다'는 개념은 '만든다', '규칙을 정한다'로 이해하면 됩니다. 간단하게 내가 원하는 대로 만들어 사용할 수 있는 명령어인 셈이죠. 원하는 기능이 내장 함수에 없을 때 사용자 정의 함수를 만들 수 있습니다.

13.1

단축키 역할을 하는 사용자 정의 함수

사용자 정의 함수는 우리가 익히 잘 아는 단축키 같은 개념입니다. 게임에서 공격하는 키와 앞으로 전진하는 키가 별도로 있을 때, 공격하고 전진하려면 각각의 키를 한 번씩, 총 두 번 눌러야 합니다. 단축키를 설정하면 편한 키 조합으로 전진하고 공격하기를 한 번에 할 수 있습니다.

그림 13-1 단축키 설정

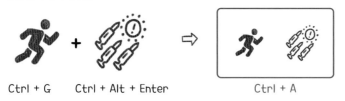

Ctrl + G   Ctrl + Alt + Enter   Ctrl + A

프로그래밍에서도 단축키처럼 내장 함수를 조합해 다양한 기능을 한 번에 구현할 수 있습니다. 그럼 함께 사용자 정의 함수를 만들어 봅시다.

13.1.1 사용자 정의 함수 만들어 사용하기

게임에서 단축키를 사용하려면 먼저 단축키 조합을 만들어야 합니다. 그리고 단축키를 눌렀을 때 수행할 동작을 설정해야 단축키를 눌렀을 때 원하는 동작을 수행할 수 있습니다.

사용자 정의 함수도 마찬가지입니다. 먼저 함수명을 정하고, 함수가 수행할 기능을 지정해야 합니다. 그럼 첫 번째 사용자 정의 함수를 간단하게 만들어 봅시다.

```
def hi():
    print('hi!')
    print('My name is Python!')
```

조건문에서 if, 반복문에서 for를 사용하듯이 함수를 만들 때는 def를 사용합니다. def 다음에 만들고 싶은 함수의 이름(hi)을 적고 이름 다음에 소괄호(())를, 마지막에 콜론(:)을 붙입니다. 그러고 나서 Enter 를 누르면 조건문과 반복문에서처럼 자동으로 들여쓰기됩니다. 이 상태에서 함수가 수행할 기능을 작성하면 됩니다. 조건문에서 배웠듯이 들여쓰기는 소속을 시각적으로 표현하는 방법입니다. 앞의 코드는 hi()라는 사용자 정의 함수에 print('hi!')와 print('My name is Python!')이 속함을 보여 줍니다.

이렇게 함수명과 함께 함수가 어떤 기능을 수행할지 내용을 작성하는 것을 **함수를 정의한다**고 표현합니다. 즉, hi()라는 함수를 만들고, 이 함수는 print('hi!')와 print('My name is Python!')을 수행하는 함수라고 알려 주는 것이죠. 함수를 만들 때 가장 앞에 적었던 def도 정의한다는 의미의 영단어 define의 약어입니다.

형식

```
def 함수명():
    함수 내용
```

함수를 만들었으니 사용해 봅시다. 간단하게 함수명에 소괄호를 붙여 코드를 작성하면 실행됩니다.

```
def hi():
    print('hi!')
    print('My name is Python!')

hi()
```

```
hi!
My name is Python!
```

hi() 함수를 사용했습니다. 다시 말해, 내부에 있는 print('hi!')와 print('My name is Python!')이 실행됐습니다. 단축키를 만든 후에는 단축키를 누르기만 하면 사용할 수 있죠. 사용자 정의 함수는 함수명에 소괄호를 붙여 코드에 넣는 것만으로도 함수를 사용할 수 있습니다. 이렇게 함수를 사용하는 것을 **함수를 호출한다**고 표현합니다. 호출은 상대방을 부르는 행위죠. 함수명으로 함수를 부른다고 생각하면 됩니다.

hi() 함수를 두 번 호출해 볼까요?

```
hi()
hi()
```

```
hi!
My name is Python!
hi!
My name is Python!
```

hi() 함수의 내용이 두 번 실행되어 자기소개를 두 번 합니다. 이처럼 함수는 한 번만 정의하고, 그 이후에는 원하는 대로 호출해 사용할 수 있습니다.

그림 13-2 함수 정의와 함수 호출

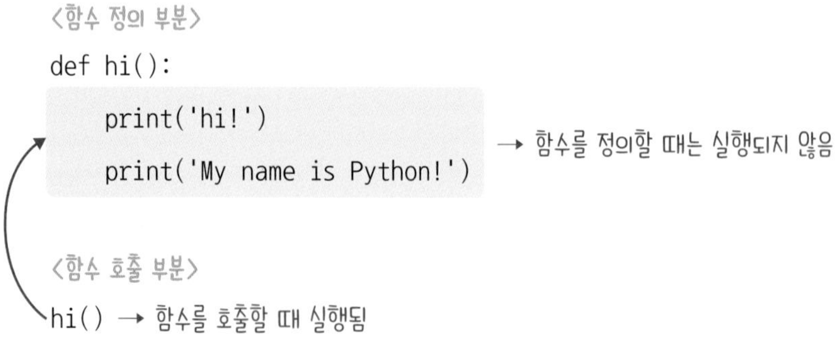

〈함수 정의 부분〉

```
def hi():
    print('hi!')
    print('My name is Python!')
```
→ 함수를 정의할 때는 실행되지 않음

〈함수 호출 부분〉

```
hi()
```
→ 함수를 호출할 때 실행됨

한 가지 유의해야 할 점이 있습니다. 함수는 정의한 후, 호출해야 합니다. 함수를 만들지도 않았는데 사용할 수는 없죠. 다음 코드처럼 함수를 정의하기도 전에 호출하면 당연히 오류가 발생합니다.

```
hello()

def hello():
    print('hello!')
    print('My name is Python!')
```

실행결과

```
----> 1 hello()
NameError: name 'hello' is not defined
```

코드에서 hello() 함수를 정의하는 부분이 호출하는 부분보다 아래에 있죠. 프로그램은 위에서부터 아래로 실행되는 순차구조이기 때문에 hello()를 호출하기 전에 hello()가 정의돼야 합니다. 오류 내용에도 'hello()가 정의되지 않았다'고 나오네요.

```
def hello():
    print('hello!')
    print('My name is Python!')

hello()
```

실행결과

```
hello!
My name is Python!
```

hello() 함수를 정의하는 부분을 위로 올리고 그 후에 함수를 호출하니 오류가 발생하지 않습니다.

1분 퀴즈

1 다음 중 **틀린** 것을 고르세요.

코드 (가)	코드 (나)

```
wakeup()
```

```
def wakeup():
    print('일어날 시간입니다!')
    print('빨리 일어나세요!')
```

① 코드 (가)는 함수 wakeup()을 호출한다.

② 코드 (나)는 함수 wakeup()을 정의한다.

③ 코드 (나)의 def를 포함해야 함수가 제대로 정의된다.

④ 코드 (나) 아래에서 코드 (가)를 실행해야 오류가 발생하지 않는다.

⑤ 코드 (나) 아래에서 코드 (가)를 실행하면 '일어날 시간입니다!'만 출력되고 '빨리 일어나세요!'는 출력되지 않는다.

정답 및 해설: 해설 노트 742쪽

13.1.2 사용자 정의 함수의 입력과 출력

매개변수로 사용자 정의 함수에 데이터 전달하기

내장 함수를 사용할 때 소괄호 안에 데이터를 넣는 경우가 종종 있었습니다. 예를 들어 input('학번: ')처럼 입력 안내문을 넣거나 print('hello!')처럼 출력할 문자열을 넣기도 하고, len(s)처럼 길이를 알고 싶은 데이터를 넣기도 합니다. 이처럼 내장 함수명 옆의 소괄호 안에 적절한 데이터를 넣어 주면 이 데이터를 활용해 내장 함수를 실행합니다.

사용자 정의 함수도 데이터를 받아 함수에서 사용할 수 있습니다. 함수 외부에서 데이터를 전달받아 저장하는 변수는 소괄호 안에 만들 수 있습니다. 다음과 같이 코드를 작성해 봅시다.

```
def hi(name):
    print('hi!')
    print('My name is', name, '!')
```

hi() 함수의 소괄호 안에 변수 name을 만들었습니다. 그리고 함수 내부에서 name으로 받은 데이터를 print() 함수를 사용해 출력합니다. hi()를 실행해 봅시다. hi()를 정의할 때 변수를 같이 정의했다면 변수에 전달할 데이터를 넣어 호출해야 합니다. 다음과 같이 코드를 작성해 봅시다.

```
hi(name = 'dragon')
```

실행결과
```
hi!
My name is dragon !
```

name에 dragon을 넣어 hi() 함수를 호출했습니다. 그러면 hi() 함수의 print('My name is', name, '!')가 실행될 때 name에는 dragon이 저장됐으므로 결과가 My name is dragon !으로 출력됩니다.

다른 데이터도 넣어 봅시다.

```
hi(name = 'Python')
hi(name = 2020)
```

실행결과
```
hi!
My name is Python !
hi!
My name is 2020 !
```

name에 Python을 넣으면 My name is Python !이, 숫자 2020을 넣으면 My name is 2020 !이 출력됩니다. name에 어떤 값을 전달하느냐에 따라 hi() 함수의 실행결과가 달라집니다.

이처럼 함수 외부에서 데이터를 전달받는 사용자 정의 함수의 변수를 **매개변수**(parameter)라고 합니다. 함수 외부와 함수 내부를 매개하는 변수라는 뜻입니다. 그리고 함수를 호출할 때, 매개변수에 넣는 데이터를 **인자**(argument)라고 합니다. 앞의 코드에서 매개변수는 name이고 인자는 Python과 2020입니다.

그림 13-3 매개변수와 인자

〈함수 정의 부분〉 def 함수명(매개변수):

　　　　　　　　　　함수 내용

➡

```
def hi(name):
    print('hi!')
    print('My name is', name, '!')
```

〈함수 호출 부분〉 함수명(매개변수 = 인자)

```
hi(name = 'Python')
```

이제 오류에서 parameter나 argument라는 단어가 등장하면 parameter를 매개변수, argument를 인자로 해석하면 됩니다.

함수를 정의할 때 매개변수를 포함해 정의했는데 인자를 전달하지 않으면 어떻게 될까요? 다음 코드처럼 인자를 포함하지 않고 호출해 봅시다.

```
hi()
```

실행결과

```
----> 1 hi()
TypeError: hi() missing 1 required positional argument: 'name'
```

오류가 발생합니다. 오류 내용을 보면 hi() 함수에 필요한 위치 인자 1개를 누락했다고 나옵니다. hi() 함수를 호출할 때는 반드시 name이라는 항목이 필요한데 name 없이 호출했다는 뜻입니다. 위치 인자라는 용어는 뒤에서 다룹니다.

TIP 사용자 정의 함수를 처음 배울 때 매개변수가 없는 hi() 함수를 정의했습니다. 그리고 이번에는 매개변수를 포함한 hi() 함수를 다시 정의했습니다. 한 프로그램 안에서 같은 이름의 함수를 여러 번 정의하게 되면 마지막에 정의한 함수로 동작하게 됩니다. 이는 변수와 같은 원리입니다. 같은 변수에 다른 값을 여러 번 저장할 수 있지만, 마지막으로 저장된 값만 변수에 기억되는 것과 같습니다.

이번에는 매개변수가 여러 개인 함수를 만들어 보겠습니다. 이름과 함께 직업까지 입력받는 hi_2() 함수를 다음처럼 정의하고 실행해 봅시다.

```python
def hi_2(name, job):
    print('hi!')
    print('My name is', name, 'and My job is', job, '!')

hi_2(name = '고라니', job = 'programmer')
```

실행결과

```
hi!
My name is 고라니 and My job is programmer !
```

매개변수가 2개라면 각 매개변수에 각각 인자를 넣어 줍니다. hi_2(name = '고라니', job = 'programmer')는 매개변수 name에는 고라니, 매개변수 job에는 programmer를 인자로 넣어 hi_2() 함수를 호출한다는 뜻입니다.

매개변수의 순서를 바꿔 호출하면 어떻게 될까요? 이번에는 매개변수의 순서를 job, name으로 바꿔서 함수를 호출해 보겠습니다.

```python
hi_2(job = 'programmer', name = '고라니')
```

실행결과

```
hi!
My name is 고라니 and My job is programmer !
```

문제없이 출력됩니다. 매개변수와 인자를 직접 지정했기 때문에 순서와 상관없이 실행됩니다. 이렇게 매개변수 = 인자 방식으로 데이터를 매개변수에 직접 지정하는 방식을 **키워드 인자**라고 합니다. 그리고 함수를 호출할 때 매개변수를 생략하고 인자만 넣어 인자의 위치에 따라 매개변수와 매칭시키는 방법도 있습니다. 이를 **위치 인자** 방식이라고 합니다. 다음 코드를 실행해 봅시다.

```python
hi_2('고라니', 'programmer')
```

```
hi!
My name is 고라니 and My job is programmer !
```

매개변수 없이 인자만 넣어도 잘 실행됩니다. 처음에 들어오는 인자는 첫 번째 매개변수에, 두 번째로 들어오는 인자는 두 번째 매개변수에 자동으로 대응되기 때문입니다.

그림 13-4 위치 인자 대응 관계

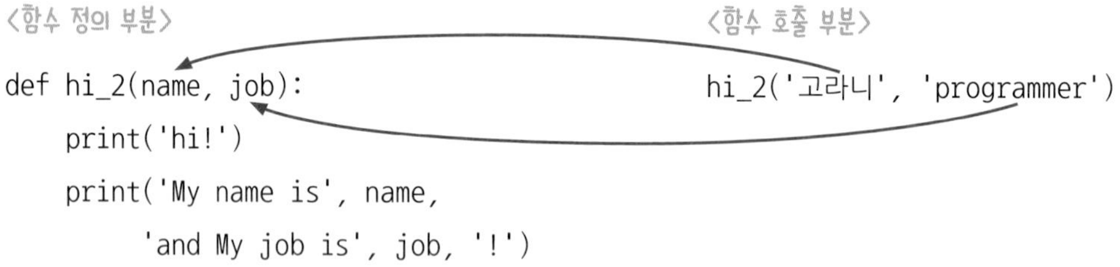

⟨함수 정의 부분⟩   ⟨함수 호출 부분⟩

```
def hi_2(name, job):                    hi_2('고라니', 'programmer')
    print('hi!')
    print('My name is', name,
          'and My job is', job, '!')
```

이번에는 인자의 순서를 바꿔서 호출해 봅시다.

```
hi_2('programmer', '고라니')
```

실행결과

```
hi!
My name is programmer and My job is 고라니 !
```

인자의 순서를 바꾸니 결과가 달라집니다. 매개변수 없이 인자만 넣으면 매개변수의 순서대로 인자를 대응시키기 때문에 이런 현상이 발생합니다. 이처럼 함수를 호출할 때 매개변수를 명시해도 되고 생략해도 됩니다. 다만, 매개변수의 순서대로 인자가 대응되므로 매개변수를 생략할 때는 인자의 순서에 유의해야 합니다.

> **NOTE 함수에서 많이 발생하는 오류**
>
> 함수를 호출할 때 매개변수 개수와 인자 개수가 일치하지 않으면 오류가 발생합니다.
>
> ```
> hi_2('고라니')
> ```

↻ 계속

```
----> 1 hi_2('고라니')
TypeError: hi_2() missing 1 required positional argument: 'job'
```

TypeError가 발생합니다. 오류 내용을 보면 hi_2() 함수에 필요한 위치 인자 하나가 없다고 나옵니다. 함수 정의에는 매개변수가 2개인데, 인자는 1개여서 그렇습니다. 앞으로 이런 오류가 발생하면 당황하지 말고 매개변수와 인자 개수를 확인하세요.

함수를 정의할 때 매개변수에 초깃값을 넣을 수도 있습니다. 다음 코드를 실행해 봅시다.

```python
def hi(name = 'A'):
    print('hi!')
    print('My name is', name, '!')

hi()
hi('B')
hi(name = 'C')
```

```
hi!
My name is A !
hi!
My name is B !
hi!
My name is C !
```

매개변수 name에 초깃값으로 'A'를 저장했습니다. 초깃값이 저장됐기 때문에 hi()처럼 함수 호출 시 인자가 없어도 오류가 발생하지 않고, name에 저장된 초깃값 'A'를 넣어 실행합니다. 함수 호출 시 인자가 입력되면 해당 인자로 매개변수의 값을 바꿉니다. 따라서 hi('B')처럼 인자를 넣어 실행하면 자동으로 name에 'B'가 저장됩니다.

초깃값을 특정하기 어렵다면 None을 사용합니다. None은 값이 비어 있음을 표현하는 파이썬의 데이터 타입입니다.

13장 명령어 직접 만들어 사용하기: 사용자 정의 함수

545

```
def hi(name = None):
    print('hi!')
    print('My name is', name, '!')

hi()
```

```
hi!
My name is None !
```

None을 넣고 실행하면 결과에는 None이 그대로 출력됩니다. 초깃값을 설정하기 어려울 때 None을 자주 사용합니다.

return으로 함수 외부에 값 전달하기

두 수의 합을 구하는 함수를 만들어 보겠습니다.

```
def plus(num1, num2):
    result = num1 + num2

plus(486, 849)
```

실행결과

함수를 호출했는데 결과에 아무것도 출력되지 않습니다. 함수의 결과를 알려면 어떻게 해야 할까요? 결과가 출력되도록 print() 함수를 실행하면 될까요?

```
def plus(num1, num2):
    result = num1 + num2

print(plus(486, 849))
```

실행결과

```
None
```

546

print( ) 함수에 사용자 정의 함수 plus( )를 넣어 실행해도 결과는 None이 나옵니다. 이는 함수를 호출해서 실행했으나 결괏값으로는 아무것도 받지 못했다는 의미죠. 함수 내부의 결괏값을 함수 외부에서 사용하려면 함수의 결괏값을 함수 외부로 전달해야 합니다. 여기서 **함수 내부**는 함수가 정의된 부분에서 들여쓰기 처리되어 함수에 소속되는 영역을 의미하고, **함수 외부**는 함수에 소속된 부분 이외의 영역을 의미합니다.

그림 13-5 함수의 내부와 외부

```
def plus(num1, num2):
    result = num1 + num2
```
→ plus( ) 함수의 내부

```
print(plus(486, 849))
```
→ plus( ) 함수의 외부

코드를 실행하면 plus( ) 함수 내부에서 변수 result에 1335가 저장되지만, 함수 외부에서 result의 값에 접근할 수 있는 방법이 없습니다. 그래서 사용자 정의 함수 내부에서 만들어진 값을 함수 외부에 알려 주는 기능이 필요합니다. 이때 return을 사용합니다. return 옆에 값이나 변수를 작성하면 해당 값을 함수 외부에 전달합니다. 다음 코드를 실행해 봅시다.

```
def plus(num1, num2):
    result = num1 + num2
    return result

print(plus(486, 849))
```

실행결과

1335

print( ) 함수 안의 plus(486, 849)가 실행되어 plus( ) 함수를 호출합니다. 호출된 plus( ) 함수는 486과 849를 인자로 받아 더합니다. 그런 다음 num1 + num2의 계산 결과인 1335를 result 변수에 저장합니다. return result는 변수 result에 저장된 값을 돌려준다는 의미이므로 plus( ) 함수를 호출한 곳으로 값 1335를 전달합니다. 따라서 plus(486, 849)를 실행한 결과는 1335가 됩니다. 이를 print( ) 함수로 출력하므로 실행결과로 1335가 출력됩니다.

return은 우리말로 '돌려주다, 반환하다'는 뜻입니다. 그래서 함수에 있는 return을 '함수의 결과를 돌려준다/반환한다'고 표현하며, 함수의 결과로 반환되는 결괏값을 **반환값**이라고 합니다.

그림 13-6 반환값

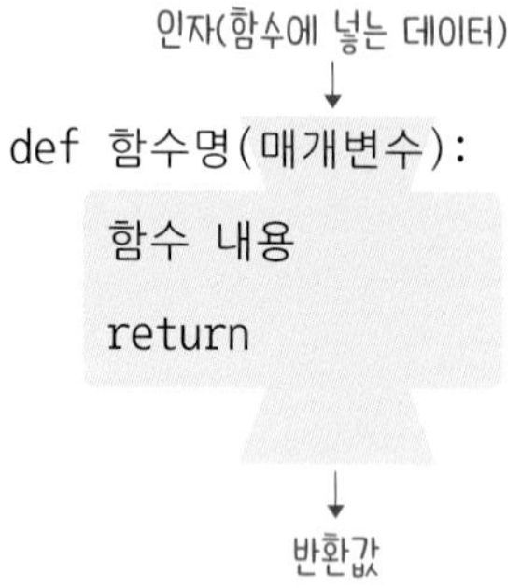

```
         인자(함수에 넣는 데이터)
              ↓
def  함수명(매개변수):

      함수 내용

      return
```
              ↓
            반환값

함수 외부에 return으로 결괏값을 돌려주고 나면 함수의 목적을 다했기 때문에 함수는 바로 종료됩니다. return은 결괏값을 반환하고 함수를 종료하므로 return 아래에 다른 명령어를 추가해도 실행되지 않습니다.

```
def plus(num1, num2):
    result = num1 + num2
    return result
    print(num1, '+', num2, '=', num1 + num2)

print(plus(486, 849))
```

실행결과
1335

return이 실행되는 즉시 plus() 함수가 종료되므로 print(num1, '+', num2, '=', num1 + num2) 코드는 실행되지 않습니다.

두 수를 입력받아 합을 구하는 프로그램을 작성해 봅시다. plus() 함수를 활용하는 간단한 프로그램이니 직접 작성해 본 후 책에 나온 코드를 보세요.

```
def plus(num1, num2):
    result = num1 + num2
    return result

a, b = int(input('첫 번째 숫자 : ')), int(input('두 번째 숫자 : '))
sum_ab = plus(a, b)
print('두 수의 합 :', sum_ab)
```

실행결과

첫 번째 숫자 : **379**
두 번째 숫자 : **184**
두 수의 합 : 563

함수를 정의해야 호출할 수 있으므로 가장 먼저 plus() 함수를 정의합니다. 그리고 함수 외부에서 숫자 2개를 입력받아 각각 변수 a, b에 저장합니다. a, b 변수를 인자로 plus() 함수를 호출해 두 수의 합을 구한 후 반환값을 출력합니다. 이처럼 함수의 인자로 데이터를 직접 넣지 않고 변수를 넣을 수도 있습니다. 사실 실제 프로그래밍에서는 인자로 데이터 자체를 넣기보다 변수를 넣는 경우가 훨씬 많습니다.

이번에는 환산점수를 계산하는 calculate_score() 함수를 작성해 보겠습니다. 환산점수는 100점 만점에 국영수 반영비율이 각각 30%, 30%, 40%로 가정합니다. 환산점수가 80점이 넘으면 합격, 80점 이하면 탈락이라고 안내합니다. 예를 들어, 한 학생의 국어 점수 99점, 영어 점수 80점, 수학 점수 72점일 때 어떤 값을 반환하는지 확인해 봅시다. 지금까지 함수를 잘 이해했다면 스스로 코드를 작성하고 책을 확인해 보세요.

```
def calculate_score(kor, eng, mat):
    score = kor * 0.3 + eng * 0.3 + mat * 0.4
    return score

student1 = calculate_score(99, 80, 72)
if student1 > 80:
    print('합격입니다! 점수는', student1)
else:
    print('탈락입니다. 점수는', student1)
```

calculate_score() 함수는 점수 3개를 전달받아 하나의 환산점수를 돌려줘야 합니다. 따라서 매개변수는 국어 점수 kor, 영어 점수 eng, 수학 점수 mat으로 총 3개가 필요합니다. 그리고 함수 내부에서 각 과목의 반영비율에 맞게 환산점수를 구하는 과정이 필요합니다. 이렇게 구한 최종 환산점수를 score에 저장합니다. 그리고 결괏값이 저장된 score를 반환값으로 돌려주고 함수를 종료합니다.

함수 외부에서는 각 과목 점수를 인자로 함수를 호출해 환산점수를 구합니다. 그리고 함수의 반환값을 student1에 저장하고 이 값이 80을 초과하면 합격, 그렇지 않으면 탈락이라고 안내합니다.

사용자 정의 함수를 만들 때 여러 개의 인자를 받고 싶다면 받고 싶은 인자의 개수만큼 매개변수를 설정하면 됩니다. 그렇다면 결괏값도 여러 개를 반환할 수 있을까요? 물론, 가능합니다. 각 반환값을 콤마(,)로 구분해 return과 연결하면 됩니다. return a, b처럼요.

calculate_score() 함수를 수정해 환산점수와 합격 여부를 한 번에 반환하는 함수를 만들어 봅시다.

```python
def calculate_score_pass(kor, eng, mat):
    score = kor * 0.3 + eng * 0.3 + mat * 0.4
    if score > 80:
        pass_yn = 'yes'
    else:
        pass_yn = 'no'
    return score, pass_yn

stu1_score, stu1_pass = calculate_score_pass(99, 80, 72)
print('환산점수 :', stu1_score, '합격 여부 :', stu1_pass)
```

실행결과

환산점수 : 82.5 합격 여부 : yes

합격 여부를 저장하는 변수 pass_yn을 추가하고, 80점을 기준으로 조건 충족 여부에 따라 pass_yn에 yes 또는 no를 저장합니다. 그리고 결괏값 반환 부분을 return score, pass_yn으로 변경해 2개의 값을 반환하게 합니다. calculate_score_pass( ) 함수의 반환값이 2개이므로 이를 저장하는 변수도 2개여야 합니다. 반환값이 환산점수, 합격 여부 순서이므로 stu1_score에는 환산점수가, stu1_pass에는 합격 여부가 저장됩니다. 이처럼 반환값도 여러 개가 될 수 있습니다.

NOTE 튜플

반환값이 여러 개인데, 반환값을 저장하는 변수는 하나라면 어떻게 될까요?

```
stu1 = calculate_score_pass(99, 80, 72)
print(stu1)
```

실행결과

```
(82.5, 'yes')
```

오류가 발생하지는 않습니다. 다만, 반환값이 소괄호(( ))로 묶여 나옵니다. 이 책에서는 여러 데이터를 묶어 표현하는 방법으로 총 두 가지를 배웠습니다. 대괄호([ ])로 묶으면 리스트, 중괄호({})로 묶으면 딕셔너리였죠. 앞의 결과처럼 소괄호로 묶인 데이터 타입은 **튜플**(tuple)이라고 합니다. 튜플은 리스트와 거의 유사하지만, 제한점이 많아 프로그래밍에서는 리스트가 더 많이 쓰입니다. 여러 개의 반환값을 하나의 변수에 담게 되면 이처럼 결괏값이 튜플로 나타납니다.

2 사용자 정의 함수 odd_even( )은 숫자 하나를 전달받아 홀수인지, 짝수인지를 판단합니다. 다음 중 odd_even( ) 함수에 관한 설명으로 옳지 <u>않은</u> 것을 고르세요.

```
def odd_even(num):
    if num % 2 == 1:
        result = '홀수'
    else:
        result = '짝수'
    return result


odd_even(num = 26)
```

① num은 함수 외부로부터 데이터를 전달받는 매개변수다.

② odd_even(num = 26)에서 26을 인자라고 한다.

③ 프로그램을 실행하면 result에는 '짝수'가 저장된다.

④ return으로 반환하는 값은 하나만 설정할 수 있다.

⑤ odd_even(num = 26)은 odd_even(26)으로 바꿔도 된다.

정답 및 해설: 해설 노트 742쪽

13.1.3 활동범위가 다른 지역변수와 전역변수

지금까지 사용자 정의 함수를 정의하고 호출하는 방법을 배웠습니다. 이번에는 사용자 정의 함수를 사용할 때 오류가 가장 많이 발생하는 부분인 지역변수와 전역변수의 개념을 다뤄 보겠습니다.

특정 지역에서만 사용하는 지역변수

다음 코드를 실행해 봅시다.

```
def hi():
    name = input('이름은? ')
    print('hi!')
    print('My name is', name, '!')

print('자기소개를 시작합니다.')
hi()
print(name, '님 안녕하세요.')
```

실행결과

```
자기소개를 시작합니다.
이름은? 제임스
hi!
My name is 제임스 !
------------------------------------------------------------------------
----> 8 print(name, '님 안녕하세요.')
NameError: name 'name' is not defined
```

name 변수가 정의되지 않았다며 NameError 오류가 발생합니다. 분명 코드에 name 변수가 있는데 왜 정의되지 않았다고 나올까요?

함수는 호출되기 전까지 불이 꺼져 내부가 보이지 않는다고 생각하면 됩니다. 함수 외부에서는 함수가 있다고는 인식하지만, 함수 내부가 어떻게 생겼는지는 알 수 없습니다. 함수가 호출되면 그제서야 불을 켜고 내부를 볼 수 있게 되죠. 함수가 종료되면 불이 다시 꺼집니다. 따라서 함수 내부에 정의된 변수는 호출되기 전까지 함수 외부에서는 보이지 않습니다. 코드를 보면 name 변수는 hi() 함수 내부에 정의되어 있습니다. 이렇게 함수 내부에 정의된 변수는 함수가 호출될 때만 사용할 수 있습니다. 코드의 실행 과정을 정리하면 다음과 같습니다.

표 13-1 실행 과정

실행 순서	실행되는 명령어	설명

1	```def hi():```
	
	➡ ```print('자기소개를 시작합니다.')```
	```hi()```
	```print(name, '님 안녕하세요.')```
		hi() 함수 내부가 보이지 않음

2	```def hi():```
	
	```print('자기소개를 시작합니다.')```
	➡ ```hi()```
	```print(name, '님 안녕하세요.')```
		hi() 함수 호출

3	```def hi():```
	➡ ```name = input('이름은? ')```
	```print('hi!')```
	```print('My name is', name, '!')```
	
	```print('자기소개를 시작합니다.')```
	➡ ```hi()```
	```print(name, '님 안녕하세요.')```
		hi() 함수 내부가 보이고, hi() 함수의 첫 번째 명령어 실행

4	```def hi():```
	```name = input('이름은? ')```
	➡ ```print('hi!')```
	```print('My name is', name, '!')```
	
	```print('자기소개를 시작합니다.')```
	➡ ```hi()```
	```print(name, '님 안녕하세요.')```
		hi() 함수의 두 번째 명령어 실행

5	```def hi():```
	```name = input('이름은? ')```
	```print('hi!')```
	➡ ```print('My name is', name, '!')```
	
	```print('자기소개를 시작합니다.')```
	➡ ```hi()```
	```print(name, '님 안녕하세요.')```
		hi() 함수의 의 세 번째 명령어 실행
		hi() 함수 종료

6	```def hi():```
	
	```print('자기소개를 시작합니다.')```
	```hi()```
	➡ ```print(name, '님 안녕하세요.')```
		hi() 함수가 종료되며 내부가 다시 보이지 않음
		다음 명령어 실행

함수는 함수 내부의 세부적인 기능을 외부에는 숨깁니다. 그래프를 그리기 위해 plt.plot()을 사용하지만 그 내부가 어떤 구조인지 알지 못하는 것처럼 말이죠. plt.plot()으로 그래프를 그릴 데이터와 옵션을 넣을 뿐입니다. 사용자 정의 함수도 마찬가지입니다. 함수 내부에서 사용하는 변수를 함수 외부에서 알 수 없습니다. 이처럼 프로그램의 특정 지역(여기서는 함수 내부)에서만 사용하는 변수를 **지역변수**라고 합니다. 지역변수는 정해진 지역을 벗어나면 사용할 수 없습니다.

앞의 코드에서 name은 지역변수입니다. name에 저장된 값을 함수 외부에서 사용하고 싶다면 다음과 같이 return으로 반환해야 합니다.

```python
def hi():
    name = input('이름은? ')
    print('hi!')
    print('My name is', name, '!')
    return name

print('자기소개를 시작합니다.')
person = hi()
print(person, '님 안녕하세요.')
```

실행결과
```
자기소개를 시작합니다.
이름은? 제임스
hi!
My name is 제임스 !
제임스 님 안녕하세요.
```

모든 지역에서 사용하는 전역변수

지역변수와 반대되는 개념으로 **전역변수**가 있습니다. 이름에서도 알 수 있듯이 전역변수는 프로그램 전체(전역)에서 사용되는 변수입니다. 따라서 전역변수는 사용자 정의 함수 내부가 아니라 외부에 정의된 변수입니다.

다음 코드를 봅시다. func1() 함수가 실행될 때마다 a 변수는 2만큼 증가하고, b 변수는 2배로 증가합니다. 이 코드에서 a와 b는 지역변수일까요? 전역변수일까요?

```
def func1():
    a += 2
    b *= 2
    print(a, b)

a, b = 5, 10   # a, b 변수 정의
func1()
```

이 코드에는 지역변수가 없습니다. func1() 함수 내부에 정의한 변수가 없기 때문이죠. 하지만 전역변수는 2개 있습니다. 바로 a와 b입니다. a와 b는 함수 외부의 프로그램이 진행되는 부분에 a, b = 5, 10으로 정의되어 있습니다. 이 코드를 실행하면 어떻게 될까요? 전역변수 a에 2를 더하고 b에 2를 곱할까요? 코드를 실행해 봅시다.

실행결과
```
        6 a, b = 5, 10
----> 7 func1()

        1 def func1():
----> 2     a += 2
```

UnboundLocalError: local variable 'a' referenced before assignment

오류가 발생합니다. 그리고 기존에는 오류를 표시하는 화살표가 하나였는데, 이번에는 2개고요. 첫 번째 화살표는 func1()에 있습니다. 함수 외부에서는 함수 내부를 볼 수 없기 때문에 첫 번째 화살표에서는 '오류 내용은 잘 모르겠지만 func1() 함수를 호출하는 부분에서 오류가 발생했다'고 알려 주기만 합니다. 두 번째 화살표는 호출된 func1() 함수의 어디에서 오류가 발생했는지를 구체적으로 알려 줍니다.

함수 정의가 가장 위에 있지만, 함수가 호출되기 전까지 실행되지 않습니다. 그래서 프로그램이 시작되면 가장 먼저 a, b = 5, 10이 실행되고, 두 번째로 func1() 함수가 호출됩니다. func1() 함수가 호출되고 나서야 func1()에 속한 명령어들이 실행되는 것이죠. 따라서 func1() 함수가 가장 위에 있지만, func1() 내부의 명령어들은 세 번째부터 실행됩니다.

표 13-2 실행 과정

실행 순서	실행되는 명령어

1	```def func1():```
	
	 ➡ ```a, b = 5, 10```
	 ```func1()```

2	```def func1():```
	
	 ```a, b = 5, 10```
	 ➡ ```func1()```

3	```def func1():```
	 ➡ ```a += 2```
	 ```b *= 2```
	 ```print(a, b)```
	
	 ```a, b = 5, 10```
	 ➡ ```func1()```

오류 내용을 봅시다. 처음 보는 UnboundLocalError입니다. Unbound는 '매여 있지 않은', '해방된'이라는 뜻이고, Local은 지역을 뜻합니다. 즉, 지역을 벗어난 오류란 의미죠. 지역변수는 특정 지역에서만 사용한다고 했습니다. 코드에서 변수 a와 b는 함수 외부에 정의되어 있으므로 전역변수입니다. 이런 전역변수의 값을 함수 안에서 수정하려고 해서(a += 2) 오류가 발생한 겁니다.

a, b의 값을 수정하는 부분을 주석 처리한 후 다시 실행해 봅시다.

```
def func1():
    # a += 2
    # b *= 2
    print(a, b)

a, b = 5, 10
func1()
```

오류가 발생하지 않습니다. 무슨 차이일까요? 함수 내부에서는 전역변수의 값을 변경할 수 없고 읽을 수만 있습니다. 그래서 a += 2, b *= 2를 주석 처리하고 실행하면 print(a, b)는 실행됩니다.

정리하면, **지역변수는 함수 내부에서만 값을 읽고 변경**할 수 있습니다. **전역변수는 프로그램 전역에서 값을 읽을 수 있지만, 함수 내부에서 값을 변경할 수 없습니다.**

그런데 함수 내부에서 전역변수의 값을 변경해야 하는 경우가 있습니다. 이때는 함수 내부에서 전역변수를 사용하겠다고 global을 붙여 명시하면 값을 변경할 수 있습니다.

```python
def func1():
    global a, b
    a += 2
    b *= 2
    print(a, b)

a, b = 5, 10
func1()
```

실행결과

7 20

오류 없이 실행됩니다. 결과를 보면 a는 2만큼 증가하고, b는 2배가 됐습니다. 전역변수의 값을 함수 내부에서 변경하는 데 성공했다는 의미죠.

TIP 함수 내부에서 전역변수의 값을 변경하는 대표적인 경우는 공통 데이터에 접근해야 할 때입니다. 마트에서 물건을 들여오고, 판매하는 과정을 생각해 봅시다. 물건 개수를 변수 count에 저장한다고 하겠습니다. 재고를 파악하는 함수는 inventory()이며, 물건을 들여오면 함수 내부에서 물건 개수인 count를 증가시킵니다. 판매하는 함수는 sold()이고, 물건이 팔릴 때마다 팔린 개수만큼 물건 개수인 count를 감소시킵니다. count는 inventory()와 sold() 모두 수정할 수 있어야 합니다. 이 경우 count를 전역변수로 사용하고 두 함수 내부에서는 global 키워드를 사용하여 count 값을 변경하면 됩니다.

이번에는 func1( ) 함수를 5번 반복해서 실행해 봅시다.

```
def func1():
    global a, b
    a += 2
    b *= 2
    print(a, b)

a, b = 5, 10
for i in range(5):
    func1()
```

실행결과

```
7 20
9 40
11 80
13 160
15 320
```

a는 5에서 시작해 7, 9, 11, 13, 15로 2씩 증가하고, b는 10에서 시작해 20, 40, 80, 160, 320으로 두 배씩 커집니다.

지금까지 살펴본 지역변수와 전역변수의 사용 범위를 정리하면 다음과 같습니다.

표 13-3 지역변수와 전역변수의 범위

변수	함수 내부	함수 외부
지역변수	값 읽기 O 값 변경 O	값 읽기 X 값 변경 X
전역변수	값 읽기 O 값 변경 X(global 사용 시 값 변경 O)	값 읽기 O 값 변경 O

지역변수와 전역변수 비교

지역변수와 전역변수의 차이를 프로그램을 작성해 알아봅시다.

상점이나 벌점을 주는 reward_penalty() 함수를 정의하고, 이 함수를 호출해 현재 점수에 상점 5점을 추가해 보겠습니다. 프로그램을 다음과 같이 작성합니다.

```
def reward_penalty(kind, points):
    print('현재 점수 :', current_point)
    if kind == '상점':
        current_point += points
    elif kind == '벌점':
        current_point -= points
    return current_point

current_point = 5
reward_penalty('상점', 5)
print('최종 점수 :', current_point)
```

현재 점수는 reward_penalty() 함수에 영향을 받지 않는 점수이므로 함수 외부에 current_point라는 이름으로 변수를 정의했습니다. reward_penalty() 함수는 상점인지 벌점인지(kind)와 그에 따른 점수(points)를 받아서 실행합니다. 따라서 매개변수가 2개 필요합니다. 만약 kind 변수의 값이 '상점'이라면 현재 점수(current_point)에 추가 점수(points)를 더하고, kind 변수의 값이 '벌점'이라면 현재 점수에서 추가 점수만큼 뺍니다. 프로그램을 실행해 보면 오류가 발생합니다. 왜 오류가 발생할까요?

실행결과
```
      9 current_point = 5
---> 10 reward_penalty('상점', 5)

      1 def reward_penalty(kind, points):
----> 2     print('현재 점수 :', current_point)

UnboundLocalError: local variable 'current_point' referenced before assignment
```

current_point는 함수 외부에 정의됐기 때문에 전역변수입니다. 그런데 함수 내부에서 값을 변경하려고 해서 UnboundLocalError가 발생합니다.

함수 내부에서 전역변수 current_point의 값을 변경하고 싶다면 앞서 배운 것처럼 global로 전역변수 사용을 명시하면 됩니다.

```python
def reward_penalty(kind, points):
    global current_point
    print('현재 점수 :', current_point)
    if kind == '상점':
        current_point += points
        print('상점 입력 후 점수 :', current_point)
    elif kind == '벌점':
        current_point -= points
        print('벌점 입력 후 점수 :', current_point)
    return current_point

current_point = 5
reward_penalty('상점', 5)
print('최종 점수 :', current_point)
```

실행결과

```
현재 점수 : 5
상점 입력 후 점수 : 10
최종 점수 : 10
```

함수에서 지역변수와 전역변수의 사용 범위를 이해하는 것이 매우 중요합니다. 사용 범위가 다른 두 변수를 잘못 쓰면 오류가 발생하거나 의도하지 않은 값이 변경될 수 있기 때문이죠. 프로그램을 작성할 때 변수의 사용 범위를 한 번 더 생각해 보기 바랍니다.

3 eat() 함수는 음식의 이름과 칼로리를 받아서 해당 칼로리를 소모하기 위해 걸어야 하는 시간을 알려 줍니다. 다음 프로그램을 보고 옳지 <u>않은</u> 설명을 고르세요.

```
total_calorie = 0
food = []

def eat(food_name, food_calorie):
    (가)
    # 1시간 걸으면 250칼로리 소모된다고 가정
    walking_hour = food_calorie / 250
    print(food_calorie, '칼로리인', food_name, '를 소모하려면',
          walking_hour, '시간을 걸어야 합니다!')
    total_calorie += food_calorie
    food.append(food_name)
    print('지금까지 드신 칼로리는', total_calorie, ', 음식은', food, '입니다.')
    return walking_hour

hamburger_walking = eat(food_name = '햄버거', food_calorie = 750)
chicken_walking = eat(food_name = '치킨', food_calorie = 1000)
```

① total_calorie와 food는 전역변수다.

② 함수 외부에서 print(walking_hour)를 실행하면 오류가 발생한다.

③ 프로그램을 실행하면 total_calorie에는 750, food에는 ['햄버거', '치킨']이 저장된다.

④ (가)에 들어갈 코드는 global total_calorie, food다.

⑤ (가)를 채우지 않고 프로그램을 실행했을 때 오류가 발생하지 않으려면 total_calorie += food_calorie와 food.append(food_name)이 없어야 한다.

정답 및 해설: 해설 노트 742쪽

13.1.4 사용자 정의 함수로 프로그램 재구성하기

이번에는 앞에서 만든 프로그램을 함수를 활용한 방식으로 수정해 보겠습니다. 다음은 5장에서 break를 배울 때 작성한 구구단 게임입니다.

```python
import random

print('구구단을 외자! 구구단을 외자!')
for i in range(20):
    a, b = random.randint(2, 9), random.randint(1, 9)
    answer = int(input(str(a) + 'x' + str(b) + '? '))

    if answer != a * b:
        print('땡! 정답은', a * b)
        break
```

함수를 활용해 프로그램을 재작성해 봅시다. 우선 함수로 묶을 부분을 정해야 합니다. 문제를 내고 정답을 입력받아 오답 여부를 반환하는 부분을 함수로 작성해 봅시다. 함수명은 gugudan()으로 하겠습니다. 숫자 2개는 함수를 호출할 때 인자로 받게 합니다.

```python
import random

def gugudan(num1, num2):
    answer = int(input(str(num1) + 'x' + str(num2) + '? '))

    if answer == num1 * num2:
        return 0
    else:
        print('땡! 정답은', num1 * num2)
        return -1
```

숫자 2개를 받아 곱해야 하므로 매개변수도 2개가 필요합니다. 매개변수는 num1, num2를 사용합니다. 문제를 내고 사용자로부터 입력받은 값이 정답인 경우와 오답인 경우를 if-else로 나누어 작성합니다. 원래 코드와 달리 변수 a, b가 매개변수 num1, num2로 변경됐으므로 이 부분을 알맞게 변경해야 합니다. 그리고 정답과 오답 여부를 함수 외부에 알려 줘야 하므로 정답일 경우 0을, 오답일 경우 -1을 반환합니다.

TIP 프로그래밍에서는 관습적으로 return 0은 정상 종료, return -1은 오류라는 의미로 사용합니다.

앞에서 작성한 gugudan() 함수를 호출해 구구단 게임을 완성합시다. 원래 코드를 참고해 프로그램을 작성합니다.

```python
import random

def gugudan(num1, num2):
    answer = int(input(str(num1) + 'x' + str(num2) + '? '))

    if answer == num1 * num2:
        return 0
    else:
        print('땡! 정답은', num1 * num2)
        return -1

print('구구단을 외자! 구구단을 외자!')
for i in range(20):
    a, b = random.randint(2, 9), random.randint(1, 9)
    if gugudan(a, b) != 0:
        break
```

실행결과

구구단을 외자! 구구단을 외자!
6x3? **18**
2x2? **4**
9x6? **4**
땡! 정답은 54

원래 코드와 동일하게 구구단 문제를 내고 정답이 맞는지 판단하는 부분이 20번 반복되게 합니다. 반복문 내부에서는 임의의 두 수를 생성해 변수 a, b에 저장합니다. 그리고 변수 a, b를 gugudan()의 인자로 전달합니다. gugudan() 함수는 인자로 받은 변수 a, b의 값을 각각 매개변수 num1, num2에 넣어 곱합니다. 사용자가 입력한 정답이 곱한 값과 맞는지 틀린지에 따라 0 또는 –1을 반환합니다. gugudan(a, b)의 반환값이 0이면 정답이므로 다음 문제를 계속해서 냅니다. 반환값이 –1이면 정답이 아니므로 break로 문제 출제를 중단합니다.

이번에는 **5장 Self Check**에 있던 프로그램을, 함수를 활용해 발전시켜 보겠습니다. 이름과 횟수를 입력받고, 횟수만큼 이름을 반복해서 말하는 게임입니다.

```python
print('팅 팅팅팅 탱 탱탱탱 팅팅 탱탱 프라이팬 놀이!')
for i in range(5):
    name = input('이름? ')
    cnt = int(input('횟수? '))
    print(name * cnt)
```

원래 이 게임은 참가자가 정해져 있고, 참가자 중에서 이름을 호명해야 합니다. 이름이 틀리거나 참가자가 아닐 때는 벌칙을 받게 되죠. 여기서는 추가로 횟수를 1부터 4까지로 제한하겠습니다. 따라서 음수나 5 이상의 숫자를 외쳐도 역시 벌칙을 받습니다. 5장에서 작성한 코드에는 벌칙을 받는 부분이 없었습니다. 실제로 벌칙을 코딩하기는 어려우니 이름과 횟수 중 하나라도 틀렸을 때 틀렸다는 것을 알려 주는 기능을 넣어 보겠습니다.

먼저 참가자가 필요하죠. 참가자는 다음처럼 리스트로 만들어 players에 넣어 줍니다. 그리고 프로그램 전역에서 사용해야 하므로 함수 외부에 정의합니다.

```python
players = ['까치', '강아지', '토끼', '고양이', '참새']
```

다음으로 필요한 함수를 작성합니다. 프로그램에 필요한 기능은 크게 두 가지입니다. 참가자 이름과 횟수를 외쳤을 때 횟수만큼 이름을 반복해서 출력하는 기능과, 이름과 횟수 중 하나라도 틀렸을 때 틀렸다는 것을 알려 주는 기능입니다. 두 기능을 각각 game_play()와 wrong_play() 함수로 다음과 같이 구현합니다.

```python
def game_play(name, cnt):
    print(name * cnt)

def wrong_play(name, cnt):
    if name not in players:
```

```
        print(name, '은/는 없는 이름입니다!')
        return -1
    if cnt < 1 or cnt > 4:
        print('1~4의 숫자만 가능합니다! 입력한 숫자', cnt)
        return -1
```

game_play() 함수는 2개의 매개변수로 이름과 횟수를 전달받아 횟수만큼 이름을 출력합니다. wrong_play() 함수 역시 2개의 매개변수로 이름과 횟수를 전달받습니다. 그리고 벌칙을 받아야 하는 상황일 때 즉, 입력받은 이름(name)이 참가자 리스트에 없거나 횟수(cnt)가 1~4의 숫자가 아닐 때는 -1을 반환하고 함수를 종료합니다. players는 전역변수지만, 함수 내부에서 players의 값은 변경이 없으므로 UnboundLocalError가 발생하지 않습니다.

함수 외부의 게임 진행 부분도 작성해 봅시다.

```
print('팅 팅팅팅 탱 탱탱탱 팅팅 탱탱 프라이팬 놀이')

for i in range(5):
    next_player, count = input('이름? '), int(input('횟수? '))
    check = wrong_play(next_player, count)
    if check == -1:
        break
    else:
        game_play(next_player, count)
```

실행결과

팅 팅팅팅 탱 탱탱탱 팅팅 탱탱 프라이팬 놀이
이름? **까치**
횟수? **3**
까치까치까치
이름? **강아지**
횟수? **4**
강아지강아지강아지강아지
이름? **냥이**
횟수? **2**
냥이 은/는 없는 이름입니다!

원래 코드처럼 최대 5번 반복되도록 반복문을 작성합니다. 반복할 때마다 사용자로부터 이름과 횟수를 입력받아 이름은 next_player, 횟수는 count에 저장합니다. 이 부분은 한 줄로 작성할 수 있습니다. 두 변수를 wrong_play() 함수의 인자로 넘겨 틀린 부분이 없는지 확인합니다. 틀린 부분이 있다면 결과로 -1이 반환됩니다. 함수 호출 결과는 변수 check에 저장합니다. check가 -1이면 게임을 중단하고, -1이 아니면 next_player와 count 변수를 인자로 game_play() 함수가 호출됩니다.

1분 퀴즈

4 다음은 상품 가격이 만 원 이상일 경우 25% 할인을 적용하고, 그렇지 않으면 할인을 적용하지 않는 프로그램입니다. 다음 프로그램을 보고 틀린 것을 고르세요.

```python
def cal_price(price):
    discount = 0
    if price >= 10000:
        print('25% 할인이 적용됩니다.')
        discount = price * 0.75
    else:
        print('할인되지 않습니다.')
        discount = price
    return discount

current_price = int(input('현재 가격 : '))
discount_price = cal_price((가))
print('할인 가격 : ', discount_price)
```

① cal_price() 함수의 매개변수는 price고, 함수의 반환값은 discount다.

② 프로그램의 마지막 줄에 print(discount)를 추가해도 정상적으로 실행된다.

③ (가)에는 current_price가 들어간다.

④ cal_price() 함수를 호출할 때 인자를 넣지 않으면 오류가 발생한다.

⑤ cal_price() 함수 내부에서 current_price의 값을 변경하고 싶다면, 함수 내부의 첫 줄에 global current_price를 추가한다.

정답 및 해설: 해설 노트 743쪽

13.2
함수를 사용해 핫플레이스 프로젝트 작성하기

이번에는 핫플레이스 프로젝트를 함수로 재구성해 보겠습니다. 프로그램 실행 시 나타나는 결괏값이나 출력은 같지만, 코드를 더 직관적이고 구조화된 형태로 변경하는 것이죠. 결과가 달라지지 않는데, 왜 이런 시간과 노력을 들일까요?

첫 번째, **재사용성** 때문입니다. 프로그램을 작성하다 보면 비슷하거나 같은 기능이 여러 군데서 필요한 경우가 많습니다. 함수는 한 번 만들어 놓으면 호출만으로 기능을 간단하게 실행할 수 있습니다. 그래서 자주 사용하는 기능을 함수로 만들어 놓으면 편리합니다.

두 번째, **직관성** 때문입니다. 기능을 매번 세세하게 살펴보는 것보다 세부 기능은 숨기고 그 기능을 대표하는 함수명으로 표현하면 프로그램 흐름이 직관적으로 눈에 들어옵니다. 앞서 gugudan()이나 game_play(), wrong_play()를 사용해 재구성한 코드를 보면 함수 정의 부분을 제외한 프로그램 진행 부분은 함수를 활용하기 전보다 깔끔하게 정리됐습니다. 이처럼 한눈에 프로그램의 흐름을 파악할 수 있기 때문에 함수를 활용합니다.

그럼 핫플레이스 프로젝트를 함수로 재구성해 봅시다.

13.2.1 함수로 재구성하기

함수를 활용하면 프로그램을 기능 단위로 나눠 관리할 수 있습니다. 프라이팬 놀이 게임에서 이름을 횟수만큼 반복해서 출력하는 기능과, 이름과 횟수 중 하나라도 틀렸을 때 틀렸다는 것을 알려 주는 기능을 각각 함수로 구현했죠.

그런데 함수를 사용해 프로그램을 작성할 때 유의해야 할 점이 있습니다. 함수 하나에 너무 많은 기능을 넣지 않아야 하는 것이죠. 함수에 너무 많은 기능을 포함하면 나중에 프로그램을 수정할 때 오히려 복잡해질 수도 있습니다. 함수에 포함된 여러 기능 중 하나만 골라서 사용해야 하거나 수정해야 할 때가 있기 때문입니다.

핫플레이스 프로젝트를 기능 단위로 쪼개 봅시다. 핫플레이스 프로젝트의 주제는 '핫플레이스가 덜 붐비는 시간대 찾기'죠. 이는 다음처럼 기능을 나눌 수 있습니다.

그림 13-7 기능별로 핫플레이스 프로젝트 나누기 1단계

1. 파일 읽어 들이기

2. 행정동명과 행정동코드 연결하기

3. 하위 목표 1 - 핫플레이스가 있는 행정동의 시간대별 평균인구 그래프를 그려 분석하기

4. 하위 목표 2 - 핫플레이스가 있는 행정동의 주중/주말 시간대별 평균인구 그래프를 그려 분석하기

5. 하위 목표 3 - 핫플레이스가 있는 행정동의 남녀 시간대별 평균인구 그래프를 그려 분석하기

6. 하위 목표 4 - 핫플레이스가 있는 행정동과 익숙한 행정동의 시간대별 평균인구 그래프를 그려 비교 분석하기

이대로라면 총 6개로 나눌 수 있지만, '재사용'의 관점에서 조금 더 생각해 봅시다. 하위 목표에 공통으로 포함되는 더 작은 기능은 없을까요? 또는 여러 번 사용되는 기능은요?

앞의 6개 기능을 좀 더 세분하면 다음과 같습니다. 11장에서 작성한 알고리즘을 참고하면 쉽게 나눌 수 있어요.

그림 13-8 기능별로 핫플레이스 프로젝트 나누기 2단계

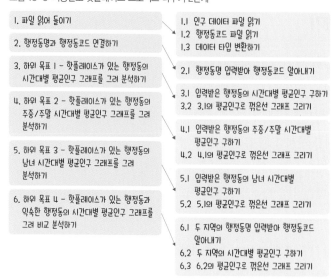

11장에서는 데이터 특성이 잘 드러나는 그래프 형태로 데이터를 시각화했습니다. 그러나 이 장에서는 프로그램의 공통 부분을 찾는 것이 중요하므로 모든 결과를 꺾은선 그래프로만 그리겠습니다.

각 항목은 기능에 따라 2~3개의 하위 기능으로 다시 나눌 수 있습니다. 하위 기능을 나열하고 나니 공통 부분이 보입니다. '꺾은선 그래프 그리기'는 하위 목표에 모두 포함되어 있습니다. '꺾은선 그래프 그리기'를 함수로 만들면 되겠네요. 이 함수의 이름은 graph_plot( )으로 합시다.

2.1의 '행정동명 입력받아 행정동코드 알아내기'가 6.1에서도 나옵니다. 이 역시 함수로 만들 수 있습니다. 함수의 이름은 dong_search( )로 하겠습니다. 이를 반영하면 다음과 같습니다.

그림 13-9 기능별로 핫플레이스 프로젝트 나누기 3단계

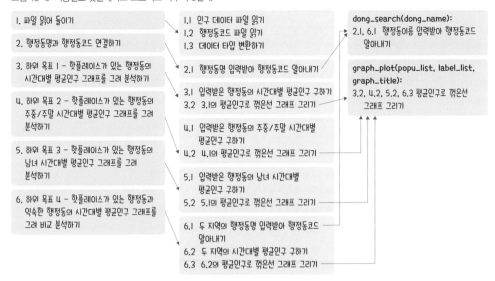

11장에서는 동일한 기능의 코드가 반복되는 경우가 많았습니다. 그래프를 그리는 코드만 해도 5번이나 반복됩니다. 하지만 이제 재사용되는 기능을 함수로 정리하면 코드를 반복하는 대신 함수명만 호출하면 됩니다!

각 함수의 구조를 살펴봅시다. dong_search() 함수는 입력된 행정동명에 해당하는 행정동코드를 구하는 함수죠. 따라서 dong_search() 함수의 매개변수는 행정동명, 반환값은 행정동코드가 됩니다. 행정동명을 전달받으니 매개변수는 dong_name으로 하겠습니다.

graph_plot() 함수는 그래프를 그릴 인구 리스트가 필요합니다. 그리고 성별 인구나 주중/주말 인구처럼 두 가지 조건을 비교하는 그래프를 그릴 때는 어떤 그래프가 무엇을 의미하는지 알아야 합니다. 따라서 그래프에 적용할 라벨을 매개변수로 전달받아야 합니다. 그래프 제목도 있어야 하니 graph_plot()에는 매개변수가 총 3개 필요합니다. 인구 리스트는 popu_list로, 라벨명은 label_list로, 그래프 제목은 graph_title로 하겠습니다.

이제 나머지 부분을 함수로 바꿔 봅시다. 자주 재사용되는 부분은 아니지만, 함수로 구성하면 프로그램 흐름이 좀 더 정리됩니다.

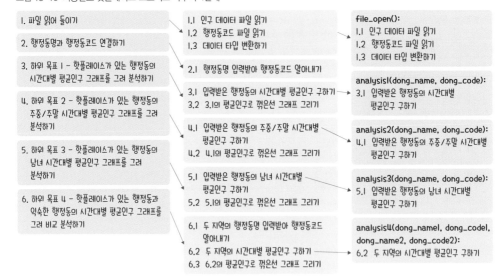

그림 13-10 기능별로 핫플레이스 프로젝트 나누기 4단계

CSV 파일을 읽어 들이는 부분과 각 하위 목표에서 인구를 구하는 부분을 각각 함수로 구성합니다. CSV 파일을 읽어 들이는 부분은 항목이 3개지만, 각 항목이 개별적으로 재사용되지는 않아서 file_open()이라는 함수 하나로 구성합니다. 그리고 하위 목표 1~3은 함수명을 analysis1~analysis3으로 정하고 행정동명과 행정동코드를 매개변수 dong_name과 dong_code로 전달받습니다. 행정동코드는 하위 목표에 맞는 인구 리스트를 구성하는 데 사용하고, 행정동명은 그래프 이름을 만들 때 필요합니다. analysis4 함수는 다른 하위 목표 함수와 달리 매개변수가 4개입니다. 두 지역을 비교하기 때문에 행정동명과 행정동코드를 각각 2개씩 입력받아야 합니다. 따라서 dong_name과 dong_code 뒤에 숫자를 붙여 구분했습니다.

13.2.2 함수 작성하기

핫플레이스 프로젝트의 구조를 함수로 재구성했습니다. 이제 실제 코드로 옮겨 볼 차례입니다. 코드는 이미 11장에서 작성했고, 이 코드를 함수로 재구성하는 것이므로 앞서 작성한 코드를 보면서 진행하면 편합니다.

파일 읽기

첫 번째 함수인 file_open()부터 진행해 봅시다. 함수를 정의하는 형식에 따라 함수명을 적고 앞의 코드를 함수 안에 넣어 주면 됩니다. 바꿔 봅시다(456쪽에 있는 변경 전 코드와 비교해 보세요).

file_open()

```python
import csv


def file_open():
    # 1.1 인구 데이터 파일 읽기
    f = open('LOCAL_PEOPLE_DONG_201912.csv', encoding='utf8') # 또는 'eur-kr',
'cp949'
    data = csv.reader(f)
    next(data)
    data = list(data)

    # 1.2 행정동코드 파일 읽기
    f2 = open('dong_code.csv', encoding = 'cp949') # 또는 'eur-kr', 'utf8'
    code_data = csv.reader(f2)
    next(code_data)
    next(code_data)
    code_data = list(code_data)

    # 1.3 데이터 타입 변환하기 : 문자 --> 숫자
    # 인구 데이터 변환하기
    for row in data:
        for i in range(1, 32):
            if i <= 2:
                row[i] = int(row[i])
            else:
                row[i] = float(row[i])

    # 행정동코드 변환하기
    for row in code_data:
        row[1] = int(row[1])

    return data, code_data
```

파일을 열 때는 별도의 데이터를 전달받지 않으므로 매개변수는 없어도 됩니다. 함수 내부에서는 파일 내용을 리스트로 만들고 이를 변수 data와 code_data에 저장한 후 마지막에 반환합니다. 그리고 프로그램에서 file_open()을 다음과 같이 호출합니다.

함수 호출 부분
```
data, code_data = file_open()
```

file_open() 함수의 결과, 즉 반환값을 data와 code_data에 저장합니다. file_open() 내부에 있던 data와 code_data는 지역변수지만, file_open() 함수의 반환값을 저장하는 data와 code_data는 전역변수입니다. 이름은 같지만, 사용 범위가 전혀 다르니 헷갈리면 안 됩니다. 전역변수 data와 code_data는 다른 함수에서도 읽을 수 있는 변수입니다.

행정동명과 행정동코드 연결하기

그럼 두 번째 함수를 만들어 봅시다. 행정동명을 입력받으면 행정동코드를 알려 주는 dong_search() 함수입니다. dong_search() 함수는 행정동명을 입력받아 행정동코드를 반환합니다. 매개변수 dong_name으로 행정동명을 입력받고 함수 내부에서 찾은 행정동코드는 code에 저장하겠습니다(변경 전 코드는 457쪽에 있습니다).

dong_search()
```
def dong_search(dong_name):
    for row in code_data:
        if row[-1] == dong_name:
            code = row[1]
    print(dong_name, '-', code, '을(를) 분석합니다!')
    return code
```

프로그램에서 dong_search() 함수를 호출할 때는 인자로 행정동명을 넣어 호출하고, 반환값으로 받은 행정동코드를 저장하면 됩니다.

함수 호출 부분
```
data, code_data = file_open()

input_name = input('핫플레이스가 위치한 행정동을 입력하세요. --> ')
input_code = dong_search(input_name)
```

사용자에게 행정동명을 입력받아 input_name에 저장하고, dong_search( ) 함수를 호출할 때 input_name을 인자로 넣습니다. 함수 실행결과로 반환되는 값은 input_code에 저장합니다. 앞으로 진행할 인구 데이터 분석은 모두 input_name과 input_code에 저장된 지역을 기준으로 합니다.

그래프 그리기

다음 함수를 작성해 봅시다. 프로그램 실행 순서대로라면 하위 목표 1에 해당하는 부분(3.1)을 작성해야 합니다. 그런데 모든 하위 목표에서 공통으로 사용하는 기능이 있죠. 바로 꺾은선 그래프 그리기입니다. 그래프 그리기 함수가 먼저 정의되어야 이 함수를 각 하위 목표에서 호출할 수 있으므로 graph_plot( ) 함수부터 작성합니다.

하위 목표 1, 2, 4의 그래프를 먼저 봅시다. 이전에 작성한 코드는 다음과 같습니다.

```python
import matplotlib.pyplot as plt

# 하위 목표 1의 그래프 그리기
plt.rc('font', family='Malgun Gothic')
plt.title(dong_name + ' 시간대별 평균인구')
plt.plot(range(24), population, color='indigo')
plt.xticks(range(24), range(24))
plt.xlabel('시간대')
plt.ylabel('평균인구수')
plt.show()

# 하위 목표 2의 그래프 그리기
plt.rc('font', family='Malgun Gothic')
plt.title(dong_name + ' 주중/주말 시간대별 평균인구')
plt.plot(weekday, color='indigo', label='주중')
plt.plot(weekend, color='orangered', label='주말')
plt.legend()
plt.xlabel('시간대')
plt.ylabel('평균인구수')
plt.xticks(range(24), range(24))
plt.show()
```

```
# 하위 목표 4의 그래프 그리기
plt.rc('font', family='Malgun Gothic')
plt.title(dong_name + '과 ' + dong_name2 + ' 시간대별 평균인구 비교')
plt.plot(population, color='m', label=dong_name)
plt.plot(population2, color='orange', label=dong_name2)
plt.legend()
plt.xlabel('시간대')
plt.ylabel('평균인구수')
plt.xticks(range(24), range(24))
plt.show()
```

글꼴, 그래프 제목, x축과 y축 이름 설정, x축 눈금 설정, 그래프 보여 주기가 공통으로 들어 있습니다. 다른 부분은 그래프를 그리는 plt.plot() 함수의 호출 횟수와 범례를 보여 주는 plt.legend() 함수입니다. 그래프를 하나만 그릴 때는 인구 리스트 하나를 전달받습니다. 그래프를 2개 그려야 할 때는 서로 다른 인구 리스트 2개를 전달받습니다. 또한, 전달받는 인구 리스트의 개수에 맞춰 label 옵션의 개수와 plt.legend() 함수의 호출도 달라집니다. 하위 목표 1에서는 그래프가 하나이므로 별도의 label이 없습니다. 따라서 plt.legend()도 없죠. 하지만 하위 목표 2와 4에서는 두 그래프를 구분하기 위한 label이 있고 plt.legend()도 호출합니다. 이처럼 바뀌는 부분이 여럿인데 매개변수 하나로 받을 수 있을까요?

생각을 전환해 봅시다. 여러 개 리스트를 입력받아야 한다면 이 리스트를 묶어서 하나로 만들면 되지 않을까요? 일차원 리스트를 묶은 이차원 리스트로요.

그림 13-11 인구 리스트를 이차원 리스트로 만들기

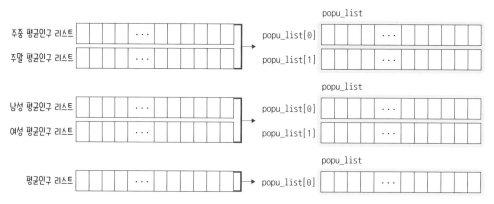
```
610
```

그림처럼 주중 인구 리스트와 주말 인구 리스트를 합쳐 2 × 24 형태의 이차원 리스트로 만듭니다. 이차원 리스트의 이름을 popu_list라고 하면 popu_list[0](popu_list의 첫 번째 행)은 주중 인구 리스트를, popu_list[1](popu_list의 두 번째 행)은 주말 인구 리스트를 의미하게 됩니다. 남성과 여성 인구 리스트도 묶어서 이차원 리스트를 만들 수 있습니다. 이렇게 만든 이차원 리스트를 그래프를 그리는 graph_plot() 함수의 매개변수로 넣어 줍니다.

그래프 라벨도 리스트로 만듭니다. 그래프가 주중 인구, 주말 인구 2개라면 label_list = ['주중', '주말']로 리스트를 만들면 됩니다. 그리고 그래프 개수가 하나인 하위 목표 1은 label_list = ['평균인구']로 만듭니다.

그림 13-12 그래프 라벨을 이차원 리스트로 만들기

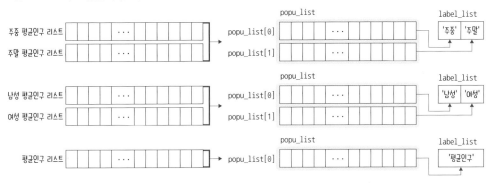

popu_list와 label_list가 인덱스별로 대응해 하나의 그래프를 그리게 됩니다. 주중 인구 그래프는 plt.plot(popu_list[0], label=label_list[0])으로, 주말 인구 그래프는 plt.plot(popu_list[1], label=label_list[1])로 그릴 수 있습니다. 코드를 보면 반복되죠. 달라지는 것은 리스트의 인덱스뿐입니다. 따라서 plt.plot(popu_list[i], label=label_list[i])를 반복문에 넣어 i가 0일 때부터 마지막 인덱스일 때까지 반복하면 됩니다.

그럼 graph_plot() 함수를 작성해 봅시다. 앞에서 원래 코드를 함수로 구성할 때 graph_plot()의 매개변수는 총 3개였습니다. 각각 인구 데이터, 그래프 라벨, 그래프 제목을 의미하는 popu_list, label_list, graph_title였죠. 프로그램에서 graph_plot() 함수를 호출할 때 popu_list에는 이차원 리스트를, label_list에는 일차원 리스트를, graph_title에는 문자를 입력하는 함수를 작성합니다.

```python
import matplotlib.pyplot as plt

def graph_plot(popu_list, label_list, graph_title):
    plt.rc('font', family='Malgun Gothic')
    plt.title(graph_title)
    for i in range(len(popu_list)):
        plt.plot(range(24), popu_list[i], label=label_list[i])
    plt.legend()
    plt.xlabel('시간대')
    plt.ylabel('평균인구수')
    plt.xticks(range(24), range(24))
    plt.show()
```

한글 글꼴을 설정하고, 전달받은 매개변수 graph_title로 그래프 제목을 넣었습니다. 그 다음 인구 데이터로 입력받은 popu_list의 첫 행부터 마지막 행까지 반복합니다. 그리고 반복문 내부에서 popu_list의 인덱스와 label_list의 인덱스를 맞춰 plt.plot()으로 그래프를 그립니다. 그래프 색상은 자동으로 설정되도록 따로 지정하지 않았습니다. 나머지 공통 부분을 추가해서 함수를 완성했습니다.

각 하위 목표에서는 graph_plot() 함수를 호출해 그래프를 그립니다. 예를 들어, 하위 목표 1 (3.1)에서는 시간대별 평균인구 리스트로 그래프를 그려야 하므로 마지막에 graph_plot() 함수를 호출합니다. 다른 하위 목표도 먼저 알맞은 인구 데이터를 도출한 후, 해당 데이터를 graph_plot() 함수에 매개변수로 넘겨 그래프를 그립니다.

TIP 이 책에서는 최대 2개의 그래프를 동시에 그리는 경우만 다뤄서 굳이 이차원 리스트로 합치지 않아도 함수로 구현할 수 있습니다. 하지만 이렇게 여러 개의 인구 리스트를 이차원 리스트로 graph_plot()에 전달하면 인구 리스트가 3개 이상이라도 그래프를 그릴 수 있는 장점이 있습니다. 예를 들어 미성년, 청년, 중년, 장년, 노년의 평균인구 그래프를 동시에 그린다고 가정해 봅시다. 리스트가 5개 필요하죠. 이때 길이가 24인 일차원 리스트 5개를 하나로 묶은 이차원 리스트를 graph_plot()의 popu_list로 전달하면 반복문에서 자동으로 이차원 리스트의 길이를 계산해(이 경우에는 5가 됩니다) 5번의 plt.plot()을 수행합니다. label_list의 값을 자동으로 라벨로 넣으면서 말이죠. 동시에 여러 개의 그래프를 그리는 코드를 추가로 실습하면 그 의미를 더 정확하게 이해할 겁니다.

그럼 이제 4개의 하위 목표를 하나씩 함수로 구성해 봅시다.

하위 목표 1 − 시간대별 인구 분석하기

첫 번째 하위 목표는 시간대별 평균인구를 그래프로 그려 분석하는 것이었죠. 따라서 하위 목표 1의 함수명은 analysis1()으로 하고, 함수 외부에서 행정동명과 행정동코드를 dong_name과 dong_code로 입력받습니다. 이에 맞게 코드를 작성해 봅시다(변경 전 코드는 464쪽에 있습니다).

```python
def analysis1(dong_name, dong_code):
    # 3.1 입력된 행정동의 시간대별 평균인구 구하기
    population = [0 for i in range(24)]
    for row in data:
        if row[2] == dong_code:
            time, p = row[1], row[3]
            population[time] += p
    population = [p/31 for p in population]

    # 3.2 3.1에서 구한 평균인구 리스트로 꺾은선 그래프 그리기
    population = [population]
    labels = ['평균인구']
    title = dong_name + ' 시간대별 평균인구'
    graph_plot(popu_list = population, label_list = labels, graph_title = title)
```

시간대별 평균인구를 저장하는 population 리스트를 만드는 부분은 그대로 analysis1() 함수에 들어갑니다. 그 아래 그래프를 그리는 부분은 앞서 작성한 graph_plot() 함수를 호출하는 것으로 변경되죠. 이때 graph_plot()의 매개변수 popu_list, label_list, graph_title에 전달할 인자를 설정합니다.

인구 데이터를 받는 매개변수 popu_list는 graph_plot() 함수를 정의할 때 이차원 리스트로 받기로 했습니다. 그래서 일차원 리스트인 population을 인자로 넘길 때는 대괄호([])로 한 번 더 감싸서 이차원 리스트로 만들어야 합니다. 매개변수 label_list도 리스트로 받으므로 그래프 라벨인 labels도 일차원 리스트로 만듭니다. 그래프 제목은 기존대로 행정동명(dong_name)으로 그래프 제목을 만들어 title 변수에 저장합니다. 그리고 이 변수들을 graph_plot()의 인자로 넘겨 줍니다.

TIP 그래프를 하나만 그리는데도 이차원 리스트로 만들어야 할까요? 결론부터 말하면 그렇습니다. 그렇지 않으면 오류가 발생합니다. 일차원 리스트를 넣으면 graph_plot() 함수의 반복문에서 반복 횟수는 24가 되므로(len(popu_list)) 그래프를 24번 그리게 됩니다(물론 24개의 데이터가 없기 때문에 그려지지 않고 오류가 발생합니다). 그래서 꺾은선 그래프를 하나만 그리더라도 인구 리스트는 이차원 리스트 형태로 넘겨야 합니다.

프로그램에 analysis1() 함수를 호출하는 부분을 추가해 봅시다.

함수 호출 부분

```
data, code_data = file_open()

input_name = input('핫플레이스가 위치한 행정동을 입력하세요. --> ')
input_code = dong_search(input_name)

analysis1(dong_name = input_name, dong_code = input_code)
```

지금까지 작성한 함수와 함수 호출 부분을 모두 합쳐 실행해 보세요.

실행결과

핫플레이스가 위치한 행정동을 입력하세요. --> **압구정동**
압구정동 - 11680545 을(를) 분석합니다!

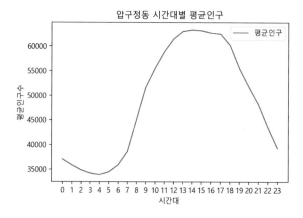

11장과 같은 모양의 그래프가 나타납니다. 범례만 추가됐을 뿐이죠. 함수를 활용하니 프로그램의 구조가 더 잘 보이지 않나요? 남은 부분도 함수로 재구성해 봅시다.

하위 목표 2 – 주중/주말 시간대별 인구 분석하기

하위 목표 2도 수정해 봅시다. 이 역시 그래프 그리는 부분은 graph_plot() 함수를 호출하는 것으로 대신하고, graph_plot() 함수에 넣을 인자를 만들어 주면 됩니다(변경 전 코드는 470 쪽에 있습니다).

```python
import datetime

def analysis2(dong_name, dong_code):
    # 4.1 입력된 행정동의 주중/주말 시간대별 평균인구 구하기
    weekday = [0 for i in range(24)]
    weekend = [0 for i in range(24)]

    for row in data:
        if row[2] == dong_code:
            time, p = row[1], row[3]
            year, mon, day = int(row[0][:4]), int(row[0][4:6]), int(row[0][6:])
            num = datetime.date(year, mon, day).weekday()
            if num < 5:
                weekday[time] += p
            else:
                weekend[time] += p

    weekday_cnt, weekend_cnt = 0, 0
    for i in range(1, 32):
        if datetime.date(2019, 12, i).weekday() < 5:
            weekday_cnt += 1
        else:
            weekend_cnt += 1

    weekday = [w/weekday_cnt for w in weekday]
    weekend = [w/weekend_cnt for w in weekend]

    # 4.2 4.1에서 구한 평균인구 리스트로 꺾은선 그래프 그리기
    data_set = [weekday, weekend]
    labels = ['주중', '주말']
    title = dong_name + ' 주중/주말 시간대별 평균인구'
    graph_plot(popu_list = data_set, label_list = labels, graph_title = title)
```

역시 그래프 2개를 겹쳐 그리기 때문에 일차원 인구 리스트 2개를 이차원 리스트로 만들어야 합니다. 첫 번째 행이 weekday, 두 번째 행이 weekend 리스트가 되는 이차원 리스트 data_set을 만듭니다. 그래프에 붙일 라벨과 그래프 제목도 변수로 만든 후 graph_plot() 함수의 인자로 넘깁니다.

마지막으로 프로그램에 analysis2() 함수를 호출하는 부분을 추가합니다.

함수 호출 부분

```
data, code_data = file_open()

input_name = input('핫플레이스가 위치한 행정동을 입력하세요. --> ')
input_code = dong_search(input_name)

# analysis1(dong_name = input_name, dong_code = input_code)
analysis2(dong_name = input_name, dong_code = input_code)
```

실행결과

핫플레이스가 위치한 행정동을 입력하세요. --> **압구정동**
압구정동 - 11680545 을(를) 분석합니다!

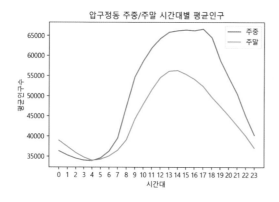

analysis1() 함수를 호출하는 부분은 주석 처리하고 analysis2() 함수만 실행합니다. 앞으로도 함수를 추가할 때마다 이전 함수는 주석으로 처리합니다. 그리고 모든 함수가 완성되면 함수 호출 부분을 정리하겠습니다.

코드를 실행하니 압구정동의 주중/주말 그래프가 그려집니다. 이차원 리스트로 인구 데이터를 넘겨도 그래프가 잘 그려지고 범례도 잘 표시됩니다. 완성된 코드를 함수로 재구성하는 것이 어렵지 않죠?

하위 목표 3 – 남녀 시간대별 인구 분석하기

하위 목표 3도 함수로 재구성해 봅시다. 성별 인구를 비교하는 그래프를 그려야 하는데, 주중/주말 인구에서 남녀 인구로 변경됐을 뿐이라서 앞에서 작성한 analysis2() 함수와 비슷합니다. 직접 수정해 본 후 책에 있는 코드와 비교해 보세요(변경 전 코드는 477쪽에 있습니다).

```python
def analysis3(dong_name, dong_code):
    # 5.1 입력된 행정동의 남녀 시간대별 평균인구 구하기
    male = [0 for i in range(24)]
    female = [0 for i in range(24)]

    for row in data:
        if row[2] == dong_code:
            time = int(row[1])
            male[time] += sum(row[4:18])
            female[time] += sum(row[18:32])
    male = [m/31 for m in male]
    female = [f/31 for f in female]

    # 5.2 5.1에서 구한 평균인구 리스트로 꺾은선 그래프 그리기
    data_set = [male, female]
    labels = ['남성', '여성']
    title = dong_name + ' 남녀 시간대별 평균인구'
    graph_plot(popu_list = data_set, label_list = labels, graph_title = title)
```

남녀 시간대별 인구를 구하는 부분은 그대로 analysis3() 함수 안에 넣고, 마지막에 그래프 그리는 부분만 graph_plot() 함수를 호출하도록 바꿉니다. 남성 인구 리스트 male과 여성 인구 리스트 female을 하나로 묶어 이차원 리스트 data_set을 만듭니다. 그래프의 순서대로 라벨을 리스트로 만들고 그래프 제목도 넣어서 graph_plot() 함수에 인자로 넘깁니다.

프로그램에 analysis3() 함수를 호출하는 부분을 추가합니다.

> **함수 호출 부분**

```python
data, code_data = file_open()

input_name = input('핫플레이스가 위치한 행정동을 입력하세요. --> ')
input_code = dong_search(input_name)
```

```
# analysis1(dong_name = input_name, dong_code = input_code)
# analysis2(dong_name = input_name, dong_code = input_code)
analysis3(dong_name = input_name, dong_code = input_code)
```

실행결과

핫플레이스가 위치한 행정동을 입력하세요. --> **압구정동**
압구정동 - 11680545 을(를) 분석합니다!

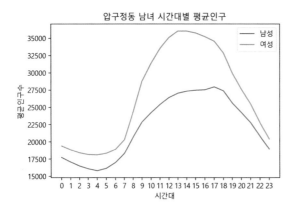

남녀 시간대별 평균인구 비교 그래프도 잘 그려집니다.

하위 목표 4 - 다른 지역과 인구 비교 분석하기

마지막으로 하위 목표 4도 함수로 만들어 봅시다. 하위 목표 4는 하위 목표 1~3과 다르게 한 단계가 더 있습니다. 비교할 행정동을 입력받는 부분이죠. 이 부분은 앞서 만든 dong_search() 함수를 사용하면 됩니다. 그래프를 그리는 부분은 graph_plot() 함수를 호출하도록 변경하고요.

각 행정동의 평균인구를 구하는 부분을 봅시다. 이 부분은 하위 목표 1~3처럼 그대로 작성하면 될까요? 사실 평균인구를 구하는 함수는 이미 정의했습니다. 바로 analysis1() 함수입니다. 따라서 analysis4() 함수에서는 analysis1() 함수를 호출해 두 지역의 평균인구 리스트를 각각 구하면 됩니다. 그런데 analysis1()의 내용 전체가 다 필요한 건 아닙니다. 입력된 행정동의 평균인구를 구하는 부분만 필요하고, 그래프를 그리는 graph_plot() 함수를 호출하는 부분은 필요 없습니다. 따라서 그래프 그리는 부분을 선택적으로 사용하기 위해 analysis1() 함수를 다음과 같이 수정해야 합니다.

```
# graph_yn 매개변수 추가: 그래프 그리기가 필요하면 y, 필요하지 않으면 n
def analysis1(dong_name, dong_code, graph_yn = 'y'):
    population = [0 for i in range(24)]
    for row in data:
        if row[2] == dong_code:
            time, p = row[1], row[3]
            population[time] += p
    population = [p/31 for p in population]

    # 그래프를 그리지 않는 경우 인구 리스트만 반환하고 종료
    if graph_yn == 'n':
        return population

    population = [population]
    labels = ['평균인구']
    title = dong_name + ' 시간대별 평균인구'
    graph_plot(popu_list = population, label_list = labels, graph_title = title)
```

analysis1() 함수에 그래프를 그릴지 안 그릴지 전달받는 매개변수 graph_yn을 추가합니다. analysis1() 함수가 호출될 때 graph_yn에 값을 따로 입력하지 않으면 기본값 y로 간주하고 진행합니다. 그렇지 않고 graph_yn에 n이 전달된다면 그래프를 그리기 전에 인구 데이터 population을 반환하고 analysis1() 함수를 종료합니다. 조건문으로 그래프 그리는 부분을 선택할 수 있게 했습니다.

그럼 analysis1() 함수를 활용하도록 analysis4()를 작성해 봅시다(변경 전 코드는 483쪽에 있습니다).

```
def analysis4(dong_name1, dong_code1):
    # 6.1 비교할 지역을 입력받아 행정동코드 알아내기
    dong_name2 = input('비교할 행정동을 입력하세요. --> ')
    dong_code2 = dong_search(dong_name2)

    # 6.2 두 지역의 시간대별 평균인구 구하기
    population1 = analysis1(dong_name = dong_name1, dong_code = dong_code1,
graph_yn = 'n')
```

```
        population2 = analysis1(dong_name = dong_name2, dong_code = dong_code2,
    graph_yn = 'n')

        # 6.3 6.2에서 구한 평균인구 리스트로 꺾은선 그래프 그리기
        data_set = [population1, population2]
        labels = [dong_name1, dong_name2]
        title = dong_name1 + '과 ' + dong_name2 + ' 시간대별 평균인구'
        graph_plot(popu_list = data_set, label_list = labels, graph_title = title)
```

미리 정의한 함수를 활용하니 기능에 비해 코드가 매우 간결합니다. 앞서 analysis1()~
analysis3() 함수는 매개변수가 dong_name, dong_code였습니다. 하지만 analysis4() 함
수에서는 비교할 지역이 2곳이므로 매개변수인 핫플레이스가 있는 행정동을 dong_name1,
dong_code1로 변경하고, 비교할 지역은 지역변수 dong_name2, dong_code2로 설정했습니다.
그리고 analysis1()의 결과로 반환되는 두 지역의 인구 리스트를 각각 변수 population1,
population2에 저장합니다. analysis1() 함수를 호출할 때 graph_yn = 'n'을 추가하는 것도
잊지 마세요.

population1, population2로 그래프를 그립니다. 인구 데이터를 이차원 리스트로 만들고, 그
래프 라벨도 지역 순서에 맞게 리스트에 넣어 graph_plot() 함수를 호출합니다.

프로그램에 analysis4() 함수를 호출하는 부분을 추가하고 analysis4()를 실행해 봅시다.

함수 호출 부분
```
data, code_data = file_open()

input_name = input('핫플레이스가 위치한 행정동을 입력하세요. --> ')
input_code = dong_search(input_name)

# analysis1(dong_name = input_name, dong_code = input_code)
# analysis2(dong_name = input_name, dong_code = input_code)
# analysis3(dong_name = input_name, dong_code = input_code)
analysis4(dong_name1 = input_name, dong_code1 = input_code)
```

실행결과

핫플레이스가 위치한 행정동을 입력하세요. --> **압구정동**
압구정동 - 11680545 을(를) 분석합니다!

비교할 행정동을 입력하세요. --> **역삼2동**
역삼2동 - 11680650 을(를) 분석합니다!

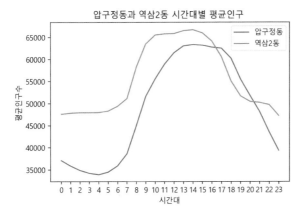

함수 호출하기

이번에는 함수 호출 부분을 수정해 봅시다. 대부분 프로그램에서는 사용자가 원하는 것을 보여 주기 위해 사용자에게 입력을 받고 입력에 따른 결과를 출력합니다. 예를 들어, 뉴스에서 정치 부분을 선택하면 정치 관련 뉴스만, 경제 부분을 선택하면 경제 관련 뉴스만 보여 줍니다. 그리고 메신저에서도 친구를 누르면 연락할 수 있는 친구 목록이, 채팅을 누르면 현재 열려 있는 채팅창 목록이 보입니다.

이처럼 핫플레이스 프로젝트도 사용자가 보기를 원하는 항목의 번호를 입력받고, 이에 해당하는 그래프만 보여 줄 수 있습니다. 1번부터 4번까지 선택지를 주고, 숫자를 입력받아 해당 숫자에 해당하는 기능만 실행해 봅시다. 예를 들어, 1을 입력하면 하위 목표 1에 해당하는 그래프를, 3을 입력하면 하위 목표 3에 해당하는 그래프를 출력하는 것이죠.

> **함수 호출 부분**

```
# 필요한 파일 읽기
data, code_data = file_open()

print('핫플레이스는 언제 가야 가장 덜 붐빌까?')

# 핫플레이스가 있는 행정동 입력받기
input_name = input('핫플레이스가 위치한 행정동을 입력하세요. --> ')
input_code = dong_search(input_name)
```

```
print('1. 시간대별 평균인구는 어떻게 될까?')
print('2. 주중에 가야 할까, 주말에 가야 할까?')
print('3. 남성이 많을까, 여성이 많을까?')
print('4. 나에게 익숙한 지역과 비교해 얼마나 붐빌까?')

selection = int(input('분석하고 싶은 내용의 번호를 입력해 주세요. -->'))
if selection == 1:
    analysis1(dong_name = input_name, dong_code = input_code)
elif selection == 2:
    analysis2(dong_name = input_name, dong_code = input_code)
elif selection == 3:
    analysis3(dong_name = input_name, dong_code = input_code)
elif selection == 4:
    analysis4(dong_name1 = input_name, dong_code1 = input_code)
else:
    print('잘못된 입력입니다.')
```

실행결과

핫플레이스는 언제 가야 가장 덜 붐빌까?
핫플레이스가 위치한 행정동을 입력하세요. --> **여의동**
여의동 - 11560540 을(를) 분석합니다!
1. 시간대별 평균인구는 어떻게 될까?
2. 주중에 가야 할까, 주말에 가야 할까?
3. 남성이 많을까, 여성이 많을까?
4. 나에게 익숙한 지역과 비교해 얼마나 붐빌까?
분석하고 싶은 내용의 번호를 입력해 주세요. --> **3**

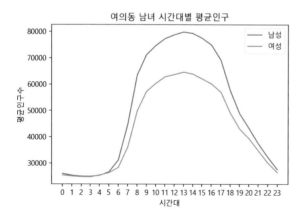

프로젝트 주제와 각각의 하위 목표를 먼저 출력하고, selection 변수에 분석하려는 번호를 입력받습니다. selection이 1~4일 때 각각 analysis1()~analysis4() 함수를 호출하고, 그 외값을 입력하면 잘못된 입력이라고 출력합니다. 조건에 맞는 함수를 실행하도록 if-elif-else문을 사용합니다.

지금까지 11장의 핫플레이스 프로젝트를 함수를 활용해 재구성해 봤습니다. 결과는 동일하지만 내부 코드는 훨씬 더 간결하고 직관적인 방향으로 수정됐습니다. 이처럼 프로그램의 기능이 많아지고 코드가 길어질 때 함수를 활용하면 효율적인 프로그램을 작성할 수 있습니다.

13
마무리

1 사용자 정의 함수 정의하기

형식

```
def 함수명(매개변수1, 매개변수2):
        함수 내용
        return 반환값
```

2 사용자 정의 함수 호출하기

형식

```
함수명(매개변수1 = 인자1, 매개변수2 = 인자2)
# 또는
함수명(인자1, 인자2)
```

사용자 정의 함수를 호출할 때는 매개변수에 직접 인자를 대입하거나 매개변수를 생략하고 인자로만 호출하는 두 가지 방법을 사용할 수 있다. 매개변수를 생략하고 인자만 전달하는 경우, 함수를 정의할 때 설정한 매개변수의 순서대로 인자가 차례대로 대입된다.

3 사용자 정의 함수의 매개변수에 기본값 설정하기

형식

```
def 함수명(매개변수1 = 기본값1, 매개변수2 = 기본값2):
        함수 내용
        return 반환값
```

Self Check

1. 구구단 프로그램을 작성하려고 합니다. 숫자를 입력받으면 해당 단 전체를 출력하는 gugudan( ) 함수를 작성하세요. 예를 들어, gugudan(9)를 실행하면 결과는 다음과 같습니다.

---

gugudan(9)

실행결과

```
9 x 1 = 9
9 x 2 = 18
9 x 3 = 27
9 x 4 = 36
9 x 5 = 45
9 x 6 = 54
9 x 7 = 63
9 x 8 = 72
9 x 9 = 81
```

2. 1번에서 작성한 gugudan( ) 함수를 활용해 구구단을 2단부터 9단까지 출력하는 프로그램을 작성하세요. 각 단이 시작될 때 제시된 실행결과처럼 몇 단인지 출력하는 기능도 추가하세요.

실행결과

```
2 단 --------
2 x 1 = 2
2 x 2 = 4
2 x 3 = 6
2 x 4 = 8
2 x 5 = 10
2 x 6 = 12
2 x 7 = 14
2 x 8 = 16
2 x 9 = 18

...
```

```
9 단 --------
9 x 1 = 9
9 x 2 = 18
9 x 3 = 27
9 x 4 = 36
9 x 5 = 45
9 x 6 = 54
9 x 7 = 63
9 x 8 = 72
9 x 9 = 81
```

3 점수를 입력받아 등급을 산출하는 cal_grade() 함수를 작성하려고 합니다. 80점 이상은 A, 40점 이상 80점 미만은 B, 40점 미만은 C로 출력하되 다음 결과처럼 출력되게 하세요.

```
# cal_grade() 함수 정의 부분

s = int(input('점수 : '))
print('등급 :', cal_grade(s))
```

실행결과

```
점수 : 85
등급 : A
```

정답 및 해설: 해설 노트 743쪽

데이터와 함수를 한 단위로 묶어 재사용하기: 클래스와 객체

- - - - - - - - - - -

이 장에서는 클래스와 객체를 배워 보겠습니다. 클래스는 자주 사용되는 단위를 묶어서 표현한다는 점에서 사용자 정의 함수와 유사한 면이 있습니다. 다만, 사용자 정의 함수는 기능을 재사용하는 부분에 초점을 맞추고, 클래스는 함수에 데이터까지 포함해 재사용하는 개념입니다. 설명만으로는 이해하기 어려운 개념이니 실습하며 자세히 살펴봅시다.

14.1
자주 사용되는 단위를 클래스로 정의하기

14.1.1 클래스와 객체

클래스와 객체의 관계

게임을 예로 들어 봅시다. 게임을 처음 시작하면 캐릭터 선택하기 화면이 나옵니다. 여기서 원하는 캐릭터를 고를 수 있는데, 캐릭터들은 공통 특성을 가지고 있습니다. 예를 들면 체력이나 공격력, 방어력 등의 능력치죠. 그리고 공통 기능도 가지고 있습니다. 공격하기, 방어하기, 전진하기, 후퇴하기 등의 기술이죠. 게임을 설계할 때 게임에 등장하는 캐릭터들이 공통으로 가져야 하는 특성과 기능을 정해 둔 것입니다. 이처럼 캐릭터들이 가져야 할 공통 특성과 기능을 모아 놓은 것이 **클래스**(class)입니다. 즉, 모든 캐릭터가 가져야 하는 형식을 정의한 것이죠.

여기에서는 간단하게, 모든 캐릭터가 체력, 공격력이라는 특성과 공격하기 기능이 있다고 가정하고 캐릭터 클래스(캐릭터의 형식)를 만들어 봅시다. 그리고 캐릭터의 특성과 기능을 바탕으로 검술사, 요정, 도적이라는 실제 캐릭터를 만든다고 합시다. 형식을 바탕으로 만들어진 모든 캐릭터는 체력, 공격력과 공격하기라는 공통 특성과 기능을 가집니다.

그림 14-1 클래스와 객체의 관계

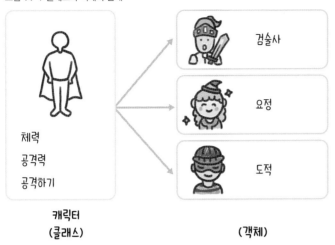

캐릭터
(클래스)

검술사

요정

도적

(객체)

게임에서 '캐릭터'가 클래스라면 검술사, 요정, 도적은 '캐릭터' 클래스를 바탕으로 구현된 실체입니다. 이처럼 클래스를 바탕으로 만들어진 실체를 **객체**(object)라고 합니다.

정리하면 클래스는 형식이고, 객체는 형식을 바탕으로 만들어지는 실체를 뜻합니다. 형식이 없는데 실체를 만들 순 없습니다. 따라서 개별 값을 가진 실체(객체)를 만들기 전에 형식(클래스)을 먼저 정의해야 합니다.

TIP 객체를 **인스턴스**(instance)라고도 표현합니다. 인스턴스는 클래스와 객체의 관계를 중심으로 설명할 때 많이 씁니다. 어떤 클래스에 속한 객체를 표현할 때 인스턴스라고 하죠. 처음 배울 때 두 용어를 모두 사용하면 헷갈릴 수 있으니 여기서는 객체라는 표현으로 통일해서 사용하겠습니다.

속성과 메서드

객체인 검술사, 요정, 도적은 캐릭터 클래스의 특성인 체력과 공격력을 공통으로 가집니다. 객체마다 특성의 구체적인 값은 다릅니다. 예를 들어, 검술사는 체력이 100이지만, 요정은 체력이 60일 수 있습니다. 공격력도 객체마다 값이 다 다릅니다. 값이 달라지므로 이를 변수에 저장합니다. 클래스의 특성을 저장하는 변수를 **속성**(attribute)이라고 합니다. 속성의 사전적 의미가 '사물의 특징이나 성질'이므로 클래스의 속성이란 '클래스가 가진 특징'을 의미합니다.

캐릭터 클래스에는 공격하기라는 기능도 있습니다. 캐릭터 클래스에 공격하기 기능이 있다면, 이 클래스를 바탕으로 생성한 검술사, 요정, 도적 객체도 동일한 기능을 갖게 됩니다. 클래스의 기능은 앞서 배운 사용자 정의 함수로 표현할 수 있습니다. 클래스의 기능을 표현하는 사용자 정의 함수를 **메서드**(method)라고 합니다. 메서드는 사용자 정의 함수와 딱 한 가지만 다르고 다른 부분은 모두 동일한데, 이 부분은 차차 배워 가겠습니다. 속성과 메서드는 모두 클래스에 포함됩니다.

그림 14-2 속성과 메서드

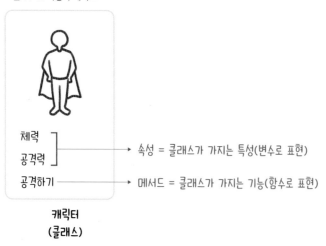

체력
공격력 → 속성 = 클래스가 가지는 특성(변수로 표현)
공격하기 → 메서드 = 클래스가 가지는 기능(함수로 표현)

캐릭터
(클래스)

캐릭터 클래스에서 모든 캐릭터는 체력과 공격력이라는 속성을 가져야 한다고 정해 놨습니다. 클래스를 바탕으로 만든 검술사, 요정, 도적이라는 객체는 속성에 구체적이고 개별적인 값을 가지게 됩니다. 예를 들어, 검술사의 체력은 100, 공격력은 10입니다. 요정은 각각 60, 5이고 도적은 85, 8이죠. 검술사, 요정, 도적 모두 체력과 공격력이라는 특성을 가지고 있지만 그 값은 각각 다릅니다.

이처럼 동일한 속성이나 기능을 가지고 있지만 세부 값만 변경해 여러 번 사용해야 할 때, 클래스로 미리 정의할 수 있습니다. 그리고 필요할 때마다 클래스에 개별 값을 넣어 객체를 만들고요.

14.1.2 클래스 정의하고 객체 만들기

클래스 정의와 객체 생성 형식

클래스가 먼저 만들어져야 이를 바탕으로 객체를 만들 수 있습니다. 실체를 만들기 전에 형식을 미리 정의해야 하는 것이죠. 따라서 프로그램은 **클래스 정의 → 객체 생성**의 순서로 작성해야 합니다. 먼저 클래스를 정의해 봅시다.

클래스는 앞에서 설명했듯이 속성과 메서드로 구성됩니다. 이를 다음 형식으로 정의합니다.

형식

```
class 클래스명:
    def __init__(self, a, b):
        속성1 = a
        속성2 = b
    def 메서드1():
    def 메서드2():
```

사용자 정의 함수를 만들 때 def 키워드에 함수명과 콜론(:)을 붙여 작성했죠. 클래스를 만들 때도 class 키워드에 클래스명과 콜론(:)을 붙여 작성합니다. 클래스명은 보통 관습적으로 CapWords 규칙에 따라 단어의 첫 글자를 대문자로 적습니다. 그리고 클래스명 뒤에는 소괄호(())를 넣지 않습니다.

클래스 내부를 살펴봅시다. 가장 먼저 __init__()을 정의합니다. 객체가 생성될 때 가장 처음으로 실행되는 부분으로, 뒤에서 자세히 다루겠습니다. __init__() 아래에는 클래스에 포함될 메서드를 작성합니다.

클래스를 정의하고 나면 객체를 다음과 같이 만듭니다. 클래스보다 굉장히 간단하죠?

형식

```
객체명 = 클래스명()
```

그럼 클래스부터 만들어 봅시다. 게임 캐릭터의 형식을 담은 클래스를 만들어 보겠습니다. 게임 캐릭터는 여러 속성과 메서드를 갖고 있지만, 학습을 위해 작은 것부터 완성해 나가겠습니다. 클래스명은 Character고, 메서드 hi()를 가진 클래스를 정의해 봅시다.

```
class Character:
    def hi():
        print('안녕하세요')
```

클래스를 정의했으니 객체를 만들어야죠. 객체를 만드는 방법에 따라 검술사를 의미하는 swordsman이라는 객체를 만들어 봅시다.

```
swordsman = Character()
```

클래스명인 Character에 소괄호(())를 붙이면 Character 클래스를 바탕으로 하는 객체가 생성됩니다. 이 객체를 swordsman이라는 이름으로 저장합니다. 이제 Character 클래스를 형식으로 하는 swordsman 객체가 만들졌습니다.

그림 14-3 Character 클래스 정의와 swordsman 객체 생성

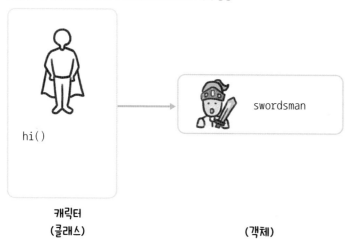

swordsman의 타입을 확인해 봅시다.

```
print(type(swordsman))
```

실행결과
```
<class '__main__.Character'>
```

__main__의 Character 클래스라고 나옵니다. swordsman은 Character 클래스의 형식을 가지고 있다는 의미입니다.

NOTE __main__

실행결과에 나온 __main__은 실행파일을 뜻합니다. 파이썬에서는 다양한 라이브러리를 추가해 사용할 수 있습니다. 앞에서 random이나 matplotlib 같은 라이브러리를 추가해서 사용했죠. random, matplotlib은 별도의 파이썬 파일로 존재하는데, 이 파일을 우리가 만든 파이썬 파일에 import해서 함께 실행합니다. 이때 우리가 만든 실행파일이 __main__으로 설정되고, import된 라이브러리는 __main__이 아닌 파일로 설정됩니다. 따라서 실행결과의 __main__.Character는 실행파일에 정의된 Character 클래스라는 의미입니다.

요정 객체와 도적 객체도 만들어 봅시다.

```
fairy = Character()
thief = Character()
```

이제 Character 클래스를 바탕으로 3개의 객체가 만들어졌습니다.

그림 14-4 Character 클래스와 생성된 객체들

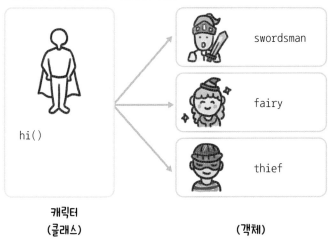

swordsman

fairy

thief

hi()

캐릭터
(클래스)

(객체)

메서드 정의하고 사용하기

메서드는 클래스 내부에 정의된 사용자 정의 함수입니다. 함수는 미리 정의된 기능을 수행하죠. 13장의 plus(a, b)는 두 수를 전달받아 더하는 기능을, gugudan()은 구구단 문제를 출제하는 기능을 수행합니다. 메서드 역시 함수이므로 함수처럼 미리 정의하고 호출되면 해당 기능을 수행합니다.

현재 Character 클래스에는 인사하는 기능인 hi() 메서드가 있습니다. 따라서 swordsman, fairy, thief 객체도 hi() 메서드를 사용할 수 있습니다. swordsman 객체가 인사한다고 해 봅시다. 그럼 swordsman이 hi()를 실행해야 합니다. 객체가 메서드를 실행(호출)하는 방법은 객체명.메서드()입니다. 따라서 swordsman.hi()로 작성하면 됩니다. 한번 실행해 봅시다.

```
swordsman.hi()
```

실행결과

```
----> 1 swordsman.hi()
TypeError: hi() takes 0 positional arguments but 1 was given
```

메서드를 호출한 swordsman.hi()에서 오류가 발생합니다. 오류 내용에는 'hi()는 위치 인자가 0개인데, 1개가 주어졌다'고 나옵니다. 이게 무슨 뜻일까요?

hi() 메서드를 정의할 때 매개변수를 넣지 않았습니다. 전달받을 것이 없기 때문이죠. 그런데 오류 내용에서는 인자 1개를 넣어 호출했다고 나옵니다. 코드에서도 swordsman.hi()로 인자 없이 호출했는데 말이죠. 이 부분이 바로 사용자 정의 함수와 메서드의 다른 점입니다.

메서드에는 유의해야 할 점이 있습니다. 메서드를 객체명.메서드()로 호출할 때 메서드 앞에 붙은 객체명이 자동으로 메서드의 인자로 전달됩니다. 즉, swordsman.hi()를 하면 자동으로 swordsman 객체가 hi()의 인자로 넘어간다는 뜻입니다. 따라서 클래스의 메서드를 정의할 때 자동으로 넘어오는 인자를 받을 매개변수가 필요합니다. 이럴 때 파이썬에서는 self를 사용합니다. self는 메서드를 호출한 객체를 의미하는 아주 중요한 키워드입니다.

```
class Character:
    def hi(self):
        print('안녕하세요.')
```

```
swordsman = Character()
swordsman.hi()
```

실행결과

안녕하세요.

메서드에 매개변수로 self를 추가하니 오류가 발생하지 않습니다. self가 자동으로 넘어 오는 인자를 받기 때문입니다. self는 '자기 자신'이라는 뜻으로, 여기서는 메서드를 호출한 swordsman 객체 자신을 가리킵니다.

TIP 자동으로 전달되는 객체를 받는 매개변수로 self 대신 다른 이름을 사용해도 오류가 발생하지 않습니다. 하지만 파이 썬에서는 자기 자신의 객체를 전달받는다는 의미로 self를 관습적으로 사용합니다.

self는 클래스와 객체에서 반드시 이해해야 하는 개념입니다.

그림 14-5 메서드의 매개변수 self
```
def hi(self):
    print('안녕하세요.')


swordsman.hi()
```
객체 swordsman이 hi()를 호출했으므로
self에는 swordsman이 전달됨

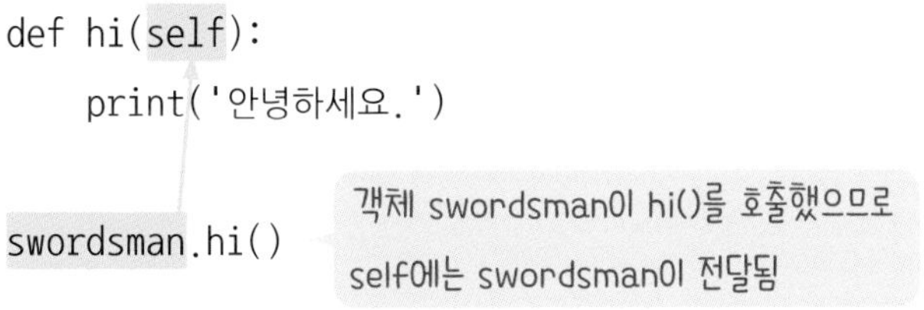

그럼 다음 코드에서 self로 전달되는 인자는 무엇일까요?

```
fairy = Character()
fairy.hi()
```

self로 전달되는 인자는 fairy 객체입니다.

메서드는 클래스 내부에 있는 사용자 정의 함수입니다. 따라서 매개변수를 self 외에도 더 추 가할 수 있습니다. hi() 메서드에 매개변수 name으로 이름을 전달받아 출력해 봅시다.

```
class Character:
    def hi(self, name):
        print('안녕! 난', name)
```

```
swordsman = Character()
swordsman.hi('검술사')
fairy = Character()
fairy.hi('요정')
thief = Character()
thief.hi('도적')
```

실행결과

안녕! 난 검술사
안녕! 난 요정
안녕! 난 도적

hi() 메서드에서 self 뒤에 매개변수 name을 추가했습니다. 매개변수가 여러 개일 때는 항상 self를 가장 먼저 적어야 합니다. 메서드가 호출될 때 객체를 가장 먼저 전달하기 때문입니다. 매개변수 name을 추가했으므로 hi()를 호출할 때 name에 해당하는 인자를 넣어야 합니다. 인자로 각 캐릭터 이름을 넣고 메서드를 호출하니 오류 없이 출력됩니다. 단, name은 메서드 내부에서만 사용 가능한 지역변수이므로 hi() 메서드 외부에서는 사용할 수 없습니다.

그림 14-6 메서드에 매개변수가 여럿일 때

```
def hi(self, name):
    print('안녕! 난', name)


swordsman.hi('검술사')
```

이번에는 공격하기 기능인 attack() 메서드를 추가로 작성해 봅시다. 공격할 대상을 매개변수 target으로 전달받아 '000 을/를 공격합니다!'를 출력해 보겠습니다.

```
class Character:
    def hi(self, name):
        print('안녕! 난', name)
    def attack(self, target):
        print(target, '을/를 공격합니다.')

swordsman = Character()
swordsman.hi('검술사')
swordsman.attack('도적')
```

```
swordsman.attack('요정')
```

실행결과

안녕! 난 검술사
도적 을/를 공격합니다.
요정 을/를 공격합니다.

attack() 메서드는 hi() 메서드와 형식이 비슷합니다. self를 첫 번째 매개변수로 작성해서 자동으로 전달되는 객체를 담습니다. 그리고 추가한 매개변수 target으로 공격 대상의 이름을 전달받아 메서드 내부의 print()를 실행합니다.

생성자와 인스턴스 속성

이제 속성을 배워 봅시다. 속성은 객체가 공통으로 가지는 특성이라고 했습니다. 속성에는 클래스 속성과 인스턴스 속성이 있는데 인스턴스 속성을 많이 사용하므로 먼저 배워 보겠습니다.

검술사, 요정, 도적은 모두 체력과 공격력이라는 속성을 가지고 있습니다. 그런데 캐릭터별로 체력과 공격력이 다르죠. 검술사의 체력은 100이지만, 요정과 도적의 체력은 각각 60과 85입니다. 공격력도 객체별로 다릅니다. 이처럼 객체별로 개별적인 값을 가진 속성을 **인스턴스 속성**이라고 합니다.

인스턴스 속성은 객체명.속성으로 접근할 수 있습니다. 체력의 속성명을 strength로, 공격력의 속성명을 attack_damage로 정한다고 할 때, 검술사의 체력은 swordsman.strength, 요정의 공격력은 fairy.attack_damage로 접근할 수 있습니다.

그림 14-7 객체의 인스턴스 속성

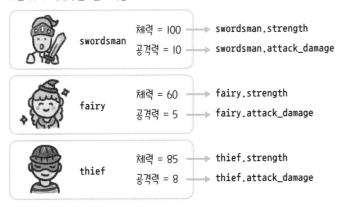

이렇게 객체별로 속성에 개별적인 값을 저장하려면 **생성자**(constructor)라는 특별한 메서드를 정의해야 합니다. 생성자는 객체가 생성될 때 자동으로 실행되는 메서드로, 객체별로 속성에 다른 값을 저장할 때 유용합니다. 생성자는 이름이 이미 정해져 있습니다. 앞에서 클래스를 정의할 때 나온 __init__()이 바로 생성자입니다. __init__()을 클래스 내부에서 사용하면 해당 메서드가 생성자가 됩니다.

> **TIP** 앞뒤에 언더스코어(_)가 2개씩 있으니 유의하세요! 언더스코어가 없거나 개수가 맞지 않으면 오류가 발생합니다.

Character 클래스에 생성자를 추가해 봅시다. 생성자를 사용하면 객체 생성과 동시에 인스턴스 속성을 만들 수 있습니다. 가령 검술사라는 객체 생성과 동시에 체력은 100, 공격력은 10으로 설정하는 것이죠. 클래스는 객체가 생성될 때 필요한 속성값을 전달받아야 하므로 __init__()에 매개변수가 있어야 합니다. 이름은 매개변수 name으로, 체력은 hp로, 공격력은 ad로 전달받겠습니다. hi() 메서드를 삭제하고 그 자리에 생성자 __init__()을 추가해 봅시다.

```python
class Character:
    def __init__(self, name, hp, ad):
        self.name = name
        self.strength = hp
        self.attack_damage = ad
        print('Character 클래스의 객체 생성 =>', self.name)
    def attack(self, target):
        print(target, '을/를 공격합니다.')
```

생성자는 객체가 생성될 때 바로 실행되므로 클래스의 가장 상단에 두는 것이 일반적입니다. __init__() 역시 메서드이므로 self를 첫 번째 매개변수로 넣어야 합니다. 그리고 캐릭터 이름, 체력, 공격력을 전달받는 매개변수 name, hp, ad를 차례로 넣습니다.

인스턴스 속성은 객체명.속성으로 접근한다고 했죠? 생성자에서 객체는 self로 전달되므로 self.name, self.strength, self.attack_damage에 매개변수로 전달받은 값을 각각 저장합니다. 그리고 객체 생성이 완료됐음을 알리는 안내문과 캐릭터 이름을 출력합니다.

객체를 다시 만들어 봅시다. 기존 방식으로 검술사를 만들어 보겠습니다.

```
swordsman = Character()
```

실행결과

```
TypeError: __init__() missing 3 required positional arguments: 'name', 'hp',
and 'ad'
```

오류가 발생합니다. 오류 내용을 보면 인자 3개가 없다고 나옵니다. 생성자 __init__()은 객체를 생성하면 자동으로 실행됩니다. 따라서 swordsman = Character()로 객체를 생성할 때 생성자도 실행됩니다. 그런데 객체를 생성하면서 어떤 인자도 넣어 주지 않았습니다. 결국 __init__()에서 전달받은 인자는 객체 자신인 self 하나입니다.

self는 자동으로 전달되지만 name, hp, ad는 직접 값을 전달받아야 하는 매개변수입니다. 따라서 객체를 생성할 때 Character()의 소괄호 안에 name, hp, ad에 해당하는 값(인자)을 넣어줘야 합니다. 객체를 생성하는 코드에 인자를 넣고 실행해 봅시다.

```
swordsman = Character('검술사', 100, 10)
```

실행결과

```
Character 클래스의 객체 생성 => 검술사
```

이번에는 오류 없이 객체가 생성됩니다. 객체를 만들 때 자동으로 생성자 __init__()이 실행되고, 첫 매개변수 self에 객체 이름인 swordsman이 전달됩니다. 그럼 __init__() 내부에서 self.name = name을 실행할 때 self에는 swordsman이, 매개변수 name에는 '검술사'가 저장된 상태입니다. 즉 self.name = name은 swordsman.name = '검술사'로 실행되는 것이죠. 동일한 원리로 객체 swordsman 내에 strength, attack_damage 속성을 만들고 각각 100, 10을 저장하게 됩니다. 인스턴스 속성에 값이 잘 저장됐는지 확인해 봅시다.

```
print(swordsman.name, swordsman.strength, swordsman.attack_damage)
```

실행결과

```
검술사 100 10
```

swordsman 객체의 인스턴스 속성값이 출력됩니다. 그런데 객체를 생성할 때마다 속성값이 잘 설정됐는지 일일이 출력하는 것은 비효율적이겠죠? 인스턴스 속성을 알려 주는 information() 메서드를 추가해 봅시다.

```python
class Character:
    def __init__(self, name, hp, ad):
        self.name = name
        self.strength = hp
        self.attack_damage = ad
        print('Character 클래스의 객체 생성 =>', self.name)
    def information(self):
        print('이름 =>', self.name, ', 체력 =>', self.strength,
              ', 공격력 =>', self.attack_damage)
    def attack(self, target):
        print(target,'을/를 공격합니다.')

swordsman = Character('검술사', 100, 10)
swordsman.information()
```

실행결과

```
Character 클래스의 객체 생성 => 검술사
이름 => 검술사 , 체력 => 100 , 공격력 => 10
```

인스턴스 속성을 출력하는 information() 메서드를 작성했습니다. 검술사 객체를 생성하고 나서 swordsman.information()을 실행하니 검술사가 가진 속성이 한 번에 보입니다.

요정과 도적 객체도 생성해 봅시다.

```python
fairy = Character('요정', 60, 5)
fairy.information()

thief = Character('도적', 85, 8)
thief.information()
```

실행결과

```
Character 클래스의 객체 생성 => 요정
```

이름 => 요정 , 체력 => 60 , 공격력 => 5
Character 클래스의 객체 생성 => 도적
이름 => 도적 , 체력 => 85 , 공격력 => 8

요정 객체를 생성할 때 __init__()에 전달되는 self는 fairy입니다. 따라서 생성자 내에서 fairy.name, fairy.strength, fairy.attack_damage에 각각 '요정', 60, 5를 저장합니다. 도적 객체를 생성할 때도 self에 thief를 전달한 후 동일한 원리가 적용됩니다.

인스턴스 속성 변경하기

게임을 플레이하는 도중에 캐릭터가 레벨 업하면 체력이 20% 증가되고, 공격력도 5 증가한다고 해 봅시다. 그렇다면 이미 생성된 객체의 인스턴스 속성을 변경해야 합니다. 이처럼 프로그램 실행 중에 인스턴스 속성의 값을 변경하고 싶을 때 객체명.속성 = 값 형식으로 직접 값을 넣어 줄 수 있습니다. 예를 들어, 검술사의 체력을 120으로 올리려면 swordsman.strength = 120을 실행하면 됩니다. 공격력도 15로 다시 설정하려면 같은 방법으로 swordsman.attack_damage = 15를 실행하면 됩니다.

```
print('변경 전 ----------')
swordsman.information()

swordsman.strength = 120
swordsman.attack_damage = 15

print('변경 후  ----------')
swordsman.information()
```

실행결과
```
변경 전 ----------
이름 => 검술사 , 체력 => 100 , 공격력 => 10
변경 후  ----------
이름 => 검술사 , 체력 => 120 , 공격력 => 15
```

이와 같이 이미 생성한 객체의 인스턴스 속성값을 클래스 외부에서 직접 변경하고 출력할 수 있습니다.

또한, 메서드로 인스턴스 속성값을 변경할 수도 있습니다. 체력을 20% 증가시키고, 공격력은

5 증가시키는 level_up( )이라는 메서드를 추가해 봅시다.

```python
class Character:
    def __init__(self, name, hp, ad):
        ...
    def information(self):
        ...
    def attack(self, target):
        ...
    def level_up(self):
        self.strength *= 1.2
        self.attack_damage += 5


swordsman = Character('검술사', 100, 10)
print('변경 전 ----------')
swordsman.information()

swordsman.level_up()
print('변경 후 ----------')
swordsman.information()
```

실행결과

```
Character 클래스의 객체 => 검술사
변경 전 ----------
이름 => 검술사 , 체력 => 100 , 공격력 => 10
변경 후 ----------
이름 => 검술사 , 체력 => 120.0 , 공격력 => 15
```

level_up( ) 역시 메서드이므로 자동으로 전달되는 객체를 받아 줄 매개변수 self가 필요합니다. 그리고 메서드 내부에서 인스턴스 속성인 self.strength가 20% 증가하도록 1.2를 곱하고, self.attack_damage가 5 증가하도록 5를 더합니다. 클래스 외부에서 객체명을 붙여 level_up( )을 실행하면 해당 객체의 인스턴스 속성이 변경됩니다.

메서드의 매개변수로 객체 전달하기

이번에는 한 캐릭터가 다른 캐릭터를 공격해 체력이 감소되는 상황을 구현해 보겠습니다. 객체가 다른 객체를 공격하는 상황입니다.

검술사가 요정을 공격하면 요정의 체력이 감소되어야 합니다. 이때 공격하는 캐릭터의 공격력만큼 상대방 캐릭터의 체력이 감소됩니다. 이를 구현하려면 attack() 메서드에 공격 대상인 객체를 인자로 전달해야 합니다. 공격 대상을 받는 매개변수는 target입니다. 그리고 메서드 내부에서 해당 캐릭터의 체력을 감소시켜야죠. target 자체가 하나의 객체이므로 공격받는 캐릭터의 체력(target.strength)을 공격하는 캐릭터의 공격력(self.attack_damage)만큼 감소시킵니다.

```python
class Character:
    def __init__(self, name, hp, ad):
        ...
    def information(self):
        ...
    def attack(self, target):
        print(self.name,'이/가', target.name, '(', target.strength, ') 을/를 공격합니다.')
        # 공격받은 대상의 체력을 공격력만큼 감소시키기
        target.strength -= self.attack_damage
        print('공격 성공!', target.name, '(', target.strength, ')')
    def level_up(self):
        ...


# 검술사, 요정, 도적 객체 생성
swordsman = Character('검술사', 100, 10)
fairy = Character('요정', 60, 5)
thief = Character('도적', 85, 8)


# 검술사가 요정을 공격
swordsman.attack(fairy)
```

실행결과

```
Character 클래스의 객체 생성 => 검술사
Character 클래스의 객체 생성 => 요정
Character 클래스의 객체 생성 => 도적
검술사 이/가 요정 ( 60 ) 을/를 공격합니다.
공격 성공! 요정 ( 50 )
```

target 자체가 객체이므로 attack()의 인자로 객체명을 넘겨주면 됩니다. swordsman이 attack() 메서드를 호출했으므로 self에는 swordsman이 전달되고 target에는 fairy가 전달됩니다. 도적이 검술사를 공격하는 코드와 요정이 도적을 공격하는 코드도 작성해 봅시다.

```
thief.attack(swordsman)    # 도적이 검술사를 공격
fairy.attack(thief)        # 요정이 도적을 공격
```

실행결과

```
도적 이/가 검술사 ( 100 ) 을/를 공격합니다.
공격 성공! 검술사 ( 92 )
요정 이/가 도적 ( 85 ) 을/를 공격합니다.
공격 성공! 도적 ( 80 )
```

클래스 속성

속성에는 클래스 속성과 인스턴스 속성 두 가지가 있다고 했죠? 지금까지 인스턴스 속성을 배웠으니 클래스 속성도 다뤄 보겠습니다. **클래스 속성**은 클래스 내부에 만든 변수로, 클래스가 직접 값을 가지고 있는 속성을 의미합니다.

가령 게임에서 전체 캐릭터 개수를 관리해야 한다고 해 봅시다. 캐릭터 객체 하나가 생길 때마다 전체 캐릭터 개수는 1씩 증가합니다. 전체 캐릭터 개수가 인스턴스 속성이라면 한 객체에서만 접근할 수 있습니다. 이렇게 되면 새로운 객체가 생성될 때 전체 캐릭터 개수를 수정할 수 없습니다. 그래서 모든 객체가 접근할 수 있는 클래스 속성을 만듭니다.

그림 14-8 인스턴스 속성과 클래스 속성

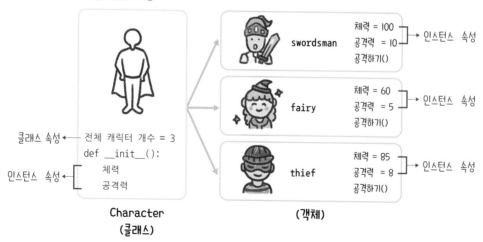

610

클래스 속성은 클래스 내부의 메서드 외부 공간에 정의하면 됩니다. 인스턴스 속성에 객체명.속성으로 접근하듯이 메서드에서 클래스 속성에 접근할 때는 **클래스명.속성**으로 접근합니다. 전체 캐릭터 개수를 나타내는 속성을 total_character_cnt라 하고 객체가 하나 새로 생길 때마다 1을 증가시키겠습니다. 그러려면 생성자 내부에 total_character_cnt를 증가시키는 명령어가 있어야 합니다. 다음 코드를 실행해 봅시다.

```python
class Character:
    # 클래스 속성
    total_character_cnt = 0

    def __init__(self, name, hp, ad):
        self.name = name
        self.strength = hp
        self.attack_damage = ad
        print('Character 클래스의 객체 =>', self.name)
        # 객체 생성 시 클래스 속성 1씩 증가시키기
        Character.total_character_cnt += 1
        print('현재 캐릭터 개수 =', Character.total_character_cnt)
    def information(self):
        ...
    def attack(self, target):
        ...
    def level_up(self):
        ...


# 검술사, 요정, 도적 객체 생성
swordsman = Character('검술사', 100, 10)
fairy = Character('요정', 60, 5)
thief = Character('도적', 85, 8)
```

실행결과

```
Character 클래스의 객체 => 검술사
현재 캐릭터 개수 = 1
Character 클래스의 객체 => 요정
현재 캐릭터 개수 = 2
Character 클래스의 객체 => 도적
현재 캐릭터 개수 = 3
```

클래스에 클래스 속성을 만들었습니다. 클래스 속성도 변수이므로 초깃값 0을 넣어 줍니다. 이렇게 만든 클래스 속성은 해당 클래스를 바탕으로 만든 모든 객체에서 접근할 수 있습니다. 생성자는 객체가 생성될 때 같이 실행되므로 total_character_cnt를 1씩 증가시키는 코드를 생성자 내부에 추가합니다. 메서드에서 클래스 속성을 다루므로 클래스명을 붙여 Character. total_character_cnt로 사용해야 오류가 발생하지 않습니다. 캐릭터를 새로 만들 때마다 현재 캐릭터 개수가 하나씩 증가하는 것이 보입니다.

정리하면, 클래스 속성은 클래스 내부에 존재하며 모든 객체에서 접근할 수 있고 모든 객체에 영향을 미칩니다.

14.1.3 클래스와 사용자 정의 함수 비교

클래스는 앞서 배운 사용자 정의 함수처럼 같은 기능을 여러 번 사용하려고 할 때 필요합니다. 사용자 정의 함수는 자주 사용하는 기능을 미리 정의하고, 기능이 필요할 때마다 정의해 둔 함수명으로 간단하게 호출합니다. 클래스 역시 자주 사용하는 단위를 미리 만들어 놓고, 필요할 때마다 사용하는 방식입니다. 다른 점은 사용자 정의 함수에서는 자주 사용하는 단위가 하나의 기능이었습니다. 예를 들어, 숫자의 합을 구하는 기능, 구구단 문제를 내는 기능 등이죠. 하지만 클래스의 단위는 하나 이상의 기능과 변수까지 포함합니다. 다시 말해 하나 이상의 사용자 정의 함수(메서드)와 변수(속성)를 합쳐 단위를 만들고 이를 클래스로 정의합니다.

학자금을 대출받는 상황을 가정해 봅시다. 대출 상품에 따라 상환 방식도 다르고, 금리도 다릅니다. 비교하고 싶은 조건은 다음과 같습니다.

표 14-1 학자금 대출 조건

구분	대출 금액	대출 기간	대출 금리	상환 방식
조건 1	100만 원	3년	4.0%	원리금 균등 상환
조건 2	100만 원	2.5년	4.5%	원금 균등 상환
조건 3	100만 원	3.5년	3.5%	만기 일시 상환

사용자 정의 함수를 사용해 조건별로 총 상환 금액과 월 상환 금액을 비교해 봅시다. 총 상환 금액을 계산하는 함수와 월 상환 금액을 계산하는 함수가 각각 하나씩 있어야죠. 각각 total_repay, monthly_repay로 정의한다면 대출 금액과 대출 금리, 상환 방식 등을 함수의 인자로 전달받아야 합니다. 이때 상환 방식은 원리금 균등 상환 = 1, 원금 균등 상환 = 2, 만기 일시 상환 = 3이라고 가정합니다. 조건별로 정리하면 다음과 같습니다.

표 14-2 사용자 정의 함수로 구현한 학자금 대출 조건

조건	사용자 정의 함수
조건 1	1000000 3 4.0 1 ↓ ↓ ↓ ↓ total_repay(amount, period, rate, repay_method) 1000000 3 4.0 1 ↓ ↓ ↓ ↓ monthly_repay(amount, period, rate, repay_method)
조건 2	1000000 2.5 4.5 2 ↓ ↓ ↓ ↓ total_repay(amount, period, rate, repay_method) 1000000 2.5 4.5 2 ↓ ↓ ↓ ↓ monthly_repay(amount, period, rate, repay_method)
조건 3	1000000 3.5 3.5 3 ↓ ↓ ↓ ↓ total_repay(amount, period, rate, repay_method) 1000000 3.5 3.5 3 ↓ ↓ ↓ ↓ monthly_repay(amount, period, rate, repay_method)

각 조건을 비교하는 데 함수를 여섯 번 사용해야 합니다. 여기에 중도 상환 수수료 계산 등의 다른 기능을 추가하면 더 복잡해지겠죠.

반면에 클래스는 변수와 함수를 동시에 하나의 단위로 묶을 수 있습니다. 대출 금액, 대출 기간, 대출 금리, 상환 방식을 각각 저장하는 변수와 총 상환 금액을 계산하는 total_repay 함수, 월 상환 금액을 계산하는 monthly_repay 함수를 묶어 클래스로 만듭니다. 학자금 대출 조건을 클래스로 구성하면 다음과 같습니다. 클래스명은 Loan이라고 하겠습니다.

그림 14-9 클래스로 구현한 학자금 대출 조건

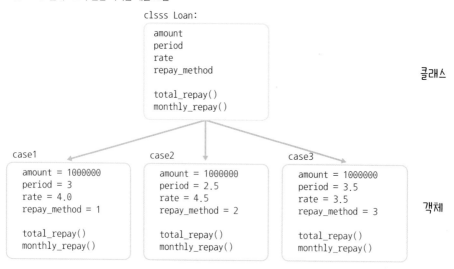

대출과 관련한 변수와 함수를 모두 Loan 클래스에 넣어 속성과 메서드로 만들었습니다. 이렇게 클래스를 정의하면 인스턴스 속성값을 바꿔 조건별 객체를 만들 수 있습니다. 여기서는 각 객체를 case1, case2, case3로 이름 붙였습니다. case1의 총 상환 금액을 알려면 case1 객체에서 total_repay() 메서드를 호출하고, case3의 월 상환 금액을 알려면 case3 객체에서 monthly_repay() 메서드를 호출하면 됩니다.

이처럼 클래스는 속성(변수)과 메서드(함수)를 하나로 묶어 다룬다는 점이 사용자 정의 함수와 다릅니다.

클래스와 객체는 이 책에서 배우는 내용 중 가장 복잡한 부분이라 이해하기 조금 어려울 수 있습니다. 하지만 한 번 이해하고 나면 높은 수준의 프로그래밍을 할 때 유용하니 시간이 조금 걸리더라도 꼭 자신의 것으로 만들어 보세요.

1 다음 코드를 보고 틀린 설명을 고르세요.

```python
class Student:
    def __init__(self, name, kor, eng, mat):
        self.name, self.kor, self.eng, self.mat = name, kor, eng, mat
    def score_avg(self):
        (가)
        print(self.name, '학생의 국영수 평균점수는', self.avg)

Jordy = Student((나))
```

① Student 클래스의 객체를 만들 때 __init__() 메서드도 동시에 실행된다.

② score_avg()가 세 과목의 평균 점수를 구하는 메서드라고 할 때, (가)에 들어갈 코드는 self.avg = (self.kor + self.eng + self.mat)/3이다.

③ Jordy가 Student 클래스의 객체일 때 Jordy의 국어 점수를 100으로 수정하려면 Jordy.kor = 100을 실행한다.

④ 이름이 'Jordy'고 국영수 점수가 각각 '56, 91, 39'인 객체를 만든다면 (나)에 들어갈 코드는 self, 'Jordy', 56, 91, 39다.

⑤ Jordy 객체의 평균 점수를 출력하려면 Jordy.score_avg()를 실행한다.

정답 및 해설: 해설 노트 744쪽

14.2

클래스와 객체로 프로그램 작성하기

클래스와 객체의 기본 구조와 사용법을 배웠습니다. 이번에는 클래스와 객체를 사용해 실생활 사례를 프로그램으로 작성해 보겠습니다.

온라인 쇼핑을 생각해 봅시다. 온라인 쇼핑몰에는 매우 다양한 상품이 등록되어 있습니다. 사람들은 온라인 쇼핑몰에 회원가입을 하고 물건을 구매합니다. 이를 클래스와 객체의 개념에 대입해 상품과 회원이라는 클래스를 만들어 보겠습니다. 그리고 새로운 상품을 등록할 때마다 상품 객체를 만들고, 새로운 회원이 가입할 때마다 회원 객체를 만듭니다.

14.2.1 상품 클래스 만들기

상품 클래스부터 구상해 봅시다. 온라인 쇼핑몰에 등록되는 상품들이 반드시 가져야 할 속성에는 무엇이 있을까요? 당연히 상품이름과 가격이겠죠. 그리고 품절된 제품을 구매하지 않도록 재고수량도 보여 줍시다. 클래스명은 Product로 하겠습니다.

그림 14-10 상품 클래스 구조

```
class Product:

    def __init__(self, n, p, s):
        self.name
        self.price
        self.stock
```

그림처럼 Product 클래스는 name(상품이름), price(상품가격), stock(재고수량)을 의미하는 인스턴스 속성이 있습니다. 그리고 새로운 상품을 등록할 때마다 Product 클래스를 바탕으로 하는 객체를 만들면 됩니다. 예를 들어, 양말을 쇼핑몰에 등록한다고 하면 name, price, stock 속성을 포함한 socks 객체를 생성합니다. 다른 상품도 마찬가지입니다.

그림 14-11 상품 클래스와 객체 구조

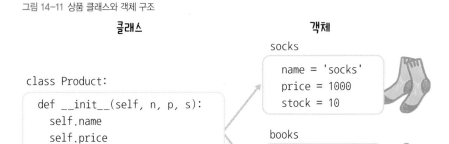

Product 클래스부터 정의해 봅시다.

```
class Product:
    def __init__(self, n, p, s):
        self.name, self.price, self.stock = n, p, s

    def information(self):
        print('상품이름 :', self.name)
        print('상품가격 :', self.price)
        print('재고수량 :', self.stock)
```

Product 클래스에 생성자 __init__() 메서드를 작성했습니다. __init__() 메서드는 객체를 만들 때 상품이름, 상품가격, 재고수량을 전달받아 각 객체의 인스턴스 속성(self.name, self.price, self.stock)에 저장합니다. 상품의 정보를 알려주는 메서드 information()도 추가했습니다. 이렇게 상품 클래스가 완성됐습니다.

14.2.2 회원 클래스 만들기

회원 클래스도 구상해 봅시다. 회원 클래스에 있어야 할 기본 속성은 무엇일까요? 우선 회원이름이 있어야 합니다. 가입날짜도 있으면 좋으니 추가하죠. 그리고 구매내역과 누적 구매금액도 속성으로 넣어 봅시다. 고객이 직접 자신의 정보를 확인하는 경우도 있고, 쇼핑몰 관리자가 고객 소비 패턴을 분석할 때 유용하게 쓰일 수 있습니다.

그림 14-12 회원 클래스와 객체 구조

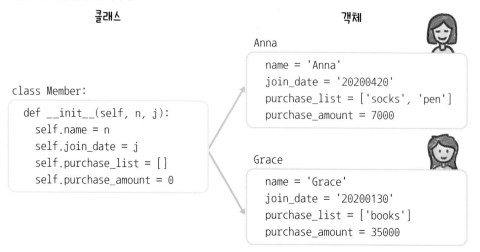

회원 클래스인 Member를 작성해 봅시다. Member 클래스는 회원이름과 가입날짜만 전달받아 각 인스턴스 속성에 저장합니다. 구매내역은 여러 개의 상품이 추가될 수 있으므로 리스트로 만듭니다. 구매내역과 누적 구매금액은 회원가입 시점(객체 생성 시)에는 아무것도 없는 상태이므로 각각 초깃값으로 빈 리스트와 0을 넣어 줍니다. 그리고 회원의 기본정보를 출력하는 information() 메서드도 추가로 작성합니다.

```python
class Member:
    def __init__(self, n, d):
        self.name, self.join_date = n, d
        self.purchase_list = []
        self.purchase_amount = 0
```

```
    def information(self):
        print('회원이름 :', self.name)
        print('가입날짜 :', self.join_date)
        print('구매내역 :', self.purchase_list)
        print('누적 구매금액 :', self.purchase_amount)
```

속성에 값을 저장하고, 이를 출력하는 것이 전부이기 때문에 어려운 부분은 없습니다.

다음으로 Member 클래스에 있어야 하는 기능을 생각해 봅시다. 쇼핑몰에서 회원이 가장 많이 하는 일은 구매죠. 따라서 상품을 구매하는 메서드가 있어야 합니다. 메서드명은 buy로 하겠습니다. 상품 구매 시 일어나는 일을 생각해 봅시다. 회원이 상품을 결제하면 회원의 구매내역 (purchase_list)에 상품이름이 추가되고, 누적 구매금액(purchase_amount)에 결제금액만큼 더해져야 합니다. 회원이 가진 속성을 제대로 변경했다면 팔린 상품의 재고수량을 팔린 개수만큼 차감해야 합니다.

구매내역에 구매한 상품을 추가하려면 상품이름을 알아야죠. 누적 구매금액을 변경하려면 상품가격과 구매수량을 알아야 하고요. 상품이름과 가격은 Member 클래스에서는 알 수가 없고, 어떤 상품을 사느냐에 따라 달라집니다. 따라서 상품이름과 가격은 인자로 전달받아야 합니다. Product 객체를 인자로 전달받으면 그 객체의 속성(상품이름, 가격)에 접근할 수 있겠죠. 구매 수량도 그때그때 다르므로 클래스 외부에서 전달받도록 매개변수 count를 사용하겠습니다.

```
class Member:
    def __init__(self, n, d):
        self.name, self.join_date = n, d
        self.purchase_list = []
        self.purchase_amount = 0

    def information(self):
        print('회원이름 :', self.name)
        print('가입날짜 :', self.join_date)
        print('구매내역 :', self.purchase_list)
        print('누적 구매금액 :', self.purchase_amount)

    # Product 객체가 인자로 전달됨
    def buy(self, product, count):
        print(self.name, '고객님이', product.name, count, '개 구매!')
```

```
        product.stock -= count   # 구매수량만큼 재고 감소
        self.purchase_list.append(product.name)        # 구매내역에 상품 추가
        self.purchase_amount += (product.price * count) # 누적 구매금액 증가
```

Product 클래스의 객체가 매개변수 product로 전달되면 상품이름과 상품가격은 product.name 과 product.price로 접근할 수 있습니다. 따라서 구매내역에 상품이름을 추가할 수 있습니다. 상품 구매수량은 count로 전달되므로 Product 객체의 속성인 재고(product.stock)도 구매수 량만큼 감소시킬 수 있습니다. 총 구매금액은 상품가격(product.price) × 구매수량(count)이 되고, 이를 이용해 누적 구매금액도 수정합니다. Member 클래스도 완성했습니다.

14.2.3 상품등록, 회원가입, 물품구매 코드 작성하기

실제 쇼핑몰처럼 상품을 등록하고, 회원가입도 해 보겠습니다. 상품은 양말(1,000원, 10개)과 책(17,500원, 15개)을, 회원은 Anna(20200420 가입)와 Grace(20200130 가입)를 등록합 니다.

```
# 물건 등록
socks = Product('socks', 1000, 10)
books = Product('books', 17500, 15)

# 회원가입
Anna = Member('Anna', '20200420')
Grace = Member('Grace', '20200130')
```

물품 구매 행위를 구현해 봅시다. Anna가 양말 1개를 구매한다면 다음 코드처럼 작성할 수 있 습니다.

```
Anna.buy(socks, 1)
```

실행결과
```
Anna 고객님이 socks 1 개 구매!
```

Anna.buy(socks, 1)로 Anna가 양말을 구매한 행위를 표현합니다.

현재 Anna 객체의 정보를 출력해 봅시다.

```
Anna.information()
```

실행결과

```
고객이름 : Anna
가입날짜 : 20200420
구매내역 : ['socks']
누적 구매금액 : 1000
```

구매내역과 누적 구매금액에 새로운 값이 저장됐습니다. 구매한 양말은 구매내역(Anna.purchase_list)에, 결제금액 1,000원(1,000원 × 1개)은 누적 구매금액(Anna.purchase_amount)에 저장됐습니다. socks 객체의 정보도 출력해 봅시다.

```
socks.information()
```

실행결과

```
상품이름 : socks
상품가격 : 1000
재고수량 : 9
```

이번에는 Grace가 책을 2권 샀다고 가정하고 코드를 작성해 봅시다.

```
Grace.buy(books, 2)
books.information()
```

실행결과

```
Grace 고객님이 books 2 개 구매!
상품이름 : books
상품가격 : 17500
재고수량 : 13
```

상품을 구매하면 Grace 객체가 buy( ) 메서드를 실행하고 다음으로 books 객체가 information( ) 메서드를 실행합니다. 책 2권을 구매했으므로 재고수량은 13권이 됩니다.

그럼 Grace 객체의 정보를 조회해 봅시다.

```
Grace.information()
```

실행결과
```
고객이름 : Grace
가입날짜 : 20200130
구매내역 : ['books']
누적 구매금액 : 35000
```

구매내역과 누적 구매금액에 값이 저장됐습니다. 책 한 권이 17,500원이므로 누적 구매금액 (product.price * count)은 35,000원이 됩니다.

이번에는 새로운 상품인 펜(1,200원, 25개)을 등록하고, Anna가 펜을 5개 샀다고 가정해 봅시다. 이제 클래스와 객체에 익숙해졌을테니 책을 확인하기 전에 먼저 코드를 직접 작성해 보세요.

```
# 새로운 물건 입고
pen = Product('pen', 1200, 25)

Anna.buy(pen, 5)
```

실행결과
```
Anna 고객님이 pen 5 개 구매!
```

새로운 상품이 등장했으니 Product 클래스의 새로운 객체를 만듭니다. 객체명은 pen으로 하고, 상품이름, 상품가격, 재고수량을 차례대로 인자로 넣어 객체를 만듭니다. 그리고 Anna가 펜 5개를 구매하면 남은 펜의 개수를 5개 줄입니다.

Anna의 정보를 확인해 봅시다.

```
Anna.information()
```

실행결과
```
고객이름 : Anna
가입날짜 : 20200420
구매내역 : ['socks', 'pen']
누적 구매금액 : 7000
```

구매내역 리스트의 요소가 2개가 됐습니다. 앞서 구매한 양말 뒤에 펜이 추가됐죠. Anna 객체의 purchase_list 속성이 사라지지 않고 계속 유지되는 것을 알 수 있습니다. 누적 구매금액역시 1,000원에서 7,000원으로 증가했습니다. 펜 구매금액(1,200원 × 5개)이 추가된 결과입니다.

이처럼 클래스와 객체는 자주 반복되는 단위를 표현하고 재사용하기에 좋습니다. 또한, 클래스와 객체를 잘 활용하면 프로그래밍의 직관성과 효율성을 동시에 높일 수 있습니다.

14.3
클래스와 객체로 핫플레이스
프로젝트 재구성하기

13장에서 사용자 정의 함수로 핫플레이스 프로젝트를 재구성했습니다. 그 결과로 중복 코드가 제거되고 전체 코드도 직관적으로 변했습니다. 이번에는 클래스와 객체로 핫플레이스 프로젝트를 재구성해 봅시다. 앞 장에서 완성한 코드를 바탕으로 더욱 발전시켜 보겠습니다.

14.3.1 클래스 구조 만들기

핫플레이스 프로젝트를 어떻게 클래스와 객체로 재구성할 수 있을까요? 핫플레이스 프로젝트는 행정동명과 행정동코드로 해당 행정동의 인구를 분석합니다. 따라서 행정동명과 행정동코드를 속성으로, 인구 분석 기능을 메서드로 가진 핫플레이스 클래스를 만들면 됩니다.

클래스명은 Hotplace로 정합니다. 클래스의 속성은 인구 분석을 진행할 행정동명과 행정동코드이므로 행정동명은 name, 행정동코드는 code로 합니다. 클래스의 메서드는 13장에서 인구를 분석한 사용자 정의 함수 analysis1(), analysis2(), analysis3(), analysis4()를 그대로 사용하면 되고요. 클래스의 메서드에는 매개변수로 self만 사용합니다. 인자로 전달받는 각 객체에 이미 self.name과 self.code가 있으니까요.

Hotplace 클래스의 구조를 정리하면 다음과 같습니다.

그림 14-13 Hotplace 클래스의 구조

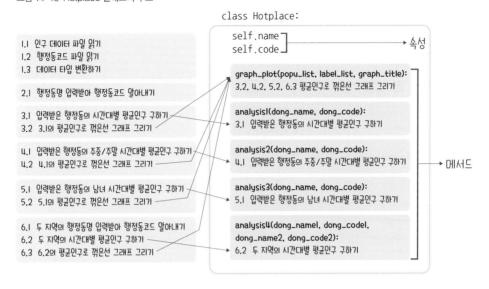

인구 분석 함수는 모두 그래프를 그립니다. 그래서 모든 인구 분석 함수는 마지막에 그래프를 그리는 함수인 graph_plot()을 호출합니다. 그리고 file_open()과 dong_search() 함수도 있었죠. 객체를 생성하기 전에 미리 file_open() 함수로 필요한 데이터 파일을 읽고, dong_search() 함수로 행정동명과 행정동코드를 알아내 Hotplace 클래스의 객체를 생성할 때 인자로 전달해야 합니다. 따라서 Hotplace 클래스에 포함하지 않고 클래스 외부에 둡니다.

그림 14-14 Hotplace 클래스 외부 함수

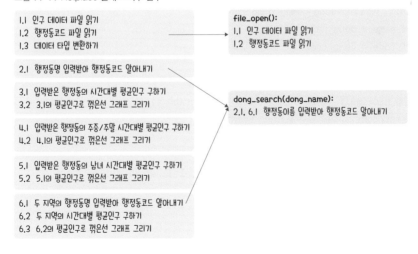

핫플레이스 프로젝트를 클래스로 재구성하면 이와 같습니다. 그럼 코드를 직접 수정해 봅시다.

14.3.2 코드 수정하기

Hotplace 클래스에는 행정동명과 행정동코드를 저장하는 속성이 필요합니다. 따라서 객체를 생성하면 자동으로 전달받은 행정동명과 행정동코드를 인스턴스 속성에 저장하도록 생성자 __init__() 메서드에 추가합니다. 생성자에서는 행정동명과 행정동코드를 매개변수 dong_name과 dong_code로 받아 인스턴스 속성 self.name과 self.code에 저장합니다.

Hotplace 클래스에는 6개의 메서드가 있습니다. 생성자 __init__()과 graph_plot() 그리고 analysis1()~analysis4()입니다. 모든 메서드에 첫 번째 매개변수로 self를 추가하고, 각 메서드 내부에서 사용하는 dong_name과 dong_code는 인스턴스 속성인 self.name, self.code로 변경합니다.

graph_plot()과 analysis2(), analysis3()부터 Hotplace 클래스의 메서드로 바꿔 봅시다.

```python
import matplotlib.pyplot as plt
import datetime

class Hotplace:
    def __init__(self, dong_name, dong_code):
        self.name = dong_name
        self.code = dong_code

    # 그래프 그리기 메서드
    def graph_plot(self, popu_list, label_list, graph_title):
        plt.rc('font', family='Malgun Gothic')
        plt.title(graph_title)
        for i in range(len(popu_list)):
            plt.plot(range(24), popu_list[i], label=label_list[i])
        plt.legend()
        plt.xlabel('시간대')
        plt.ylabel('평균인구수')
        plt.xticks(range(24), range(24))
        plt.show()
```

```python
# 하위 목표 1 부분

# 하위 목표 2
def analysis2(self):
    weekday = [0 for i in range(24)]
    weekend = [0 for i in range(24)]
    for row in data:
        if row[2] == self.code:
            time, p = row[1], row[3]
            year, mon, day = int(row[0][:4]), int(row[0][4:6]), int(row[0][6:])
            num = datetime.date(year, mon, day).weekday()
            if num < 5:
                weekday[time] += p
            else:
                weekend[time] += p
    weekday_cnt, weekend_cnt = 0, 0
    for i in range(1, 32):
        if datetime.date(2019, 12, i).weekday() < 5:
            weekday_cnt += 1
        else:
            weekend_cnt += 1
    weekday = [w/weekday_cnt for w in weekday]
    weekend = [w/weekend_cnt for w in weekend]
    data_set = [weekday, weekend]
    labels = ['주중', '주말']
    title = self.name + ' 주중/주말 시간대별 평균인구'
    self.graph_plot(popu_list = data_set, label_list = labels, graph_title = title)

# 하위 목표 3
def analysis3(self):
    male = [0 for i in range(24)]
    female = [0 for i in range(24)]
    for row in data:
        if row[2] == self.code:
            time = row[1]
            male[time] += sum(row[4:18])
            female[time] += sum(row[18:32])
    male = [m/31 for m in male]
    female = [f/31 for f in female]
```

14장 데이터와 함수를 한 단위로 묶어 재사용하기: 클래스와 객체

```
        data_set = [male, female]
        labels = ['남성', '여성']
        title = self.name + ' 남녀 시간대별 평균인구'
        self.graph_plot(popu_list = data_set, label_list = labels, graph_title
= title)


# 하위 목표 4 부분
```

코드가 길지만, 앞에서 여러 번 다뤘으므로 익숙할 겁니다. 바뀐 부분만 따로 표시했습니다. 생성자 __init__() 부분을 추가하고 속성과 메서드를 사용할 때 앞에 self를 붙였습니다.

나머지 analysis1()과 analysis4() 메서드를 봅시다. analysis1() 메서드만 보면 analysis1(self)로 변경하면 됩니다. 그런데 analysis4() 메서드에는 두 지역을 비교하기 위해 analysis1() 메서드를 호출하는 부분이 있죠. analysis1(dong_name, dong_code)에서 매개변수 dong_name, dong_code를 삭제하고 analysis1(self)로 작성하면 핫플레이스가 있는 지역의 평균인구는 self.name, self.code로 구할 수 있습니다. 하지만 비교하려는 지역의 평균인구는 구할 수 없습니다. 매개변수가 self 하나여서 비교하려는 지역의 행정동명과 코드를 전달받을 수 없기 때문이죠. 따라서 행정동명과 행정동코드를 전달받는 매개변수를 analysis1()에 그대로 두어야 합니다. 물론 가장 앞에 객체를 전달받는 self를 추가하고요.

analysis1() 메서드를 작성해 봅시다(하위 목표 1 부분에 추가하면 됩니다).

```
# 하위 목표 1
# analysis4()에서 다른 지역을 넣어 호출하는 부분이 있어 매개변수를 그대로 두어야 함
def analysis1(self, dong_name, dong_code, graph_yn = 'y'):
    population = [0 for i in range(24)]
    for row in data:
        if row[2] == dong_code:
            time, p = row[1], row[3]
            population[time] += p
    population = [p/31 for p in population]
    if graph_yn == 'n':
        return population
    population = [population]
    labels = ['평균인구']
```

```
    title  = dong_name + ' 시간대별 평균인구'
    self.graph_plot(popu_list=population, label_list=labels, graph_title=title)
```

analysis1() 메서드에서는 매개변수 self를 추가하고, graph_plot() 메서드를 호출할 때 앞에 self를 추가하는 부분만 수정하면 됩니다.

마지막으로 analysis4() 메서드를 작성해 봅시다(하위 목표 4 부분에 추가하면 됩니다). analysis4(dong_name1, dong_code1) 함수에서 매개변수 dong_name1, dong_code1은 핫플레이스의 행정동명과 행정동코드죠. 인스턴스 속성 self.name, self.code에 저장된 상태이므로 두 속성으로 대체하면 됩니다. 그리고 11장에서 비교할 지역의 행정동명과 코드는 analysis4() 함수 내부에서 dong_search()를 활용해 얻었습니다.

그런데 앞에서 클래스로 재구성할 때 dong_search() 함수를 클래스 외부에 정의하기로 했습니다. 따라서 비교할 행정동명과 코드는 클래스 외부에서 전달받아야 합니다. 따라서 Hotplace 클래스 내부에 정의하는 analysis4() 메서드는 비교할 행정동명과 코드를 전달받을 매개변수가 필요합니다. 이 매개변수를 각각 dong_name2, dong_code2라고 하겠습니다. dong_name2, dong_code2를 전달받으면 해당 지역의 평균인구를 구하는 부분부터는 동일합니다.

```
# 하위 목표 4
def analysis4(self, dong_name2, dong_code2):
    population1 = self.analysis1(dong_name = self.name, dong_code = self.code,
graph_yn = 'n')
    population2 = self.analysis1(dong_name = dong_name2, dong_code = dong_code2,
graph_yn = 'n')
    data_set = [population1, population2]
    labels = [self.name, dong_name2]
    title = self.name + '과 ' + dong_name2 + ' 시간대별 평균인구'
    self.graph_plot(popu_list = data_set, label_list = labels, graph_title =
title)
```

이렇게 기존 핫플레이스 프로젝트를 Hotplace 클래스로 변경했습니다. 클래스에 포함되지 않는 나머지 함수 부분은 그대로 유지하므로 기존 코드를 그대로 복사해서 붙여넣기합니다. 파이썬 파일이 있는 폴더에 인구 데이터 파일(LOCAL_PEOPLE_DONG_201912.csv)과 행정동코드 파일(dong_code.csv)을 넣는 것도 잊지 마세요!

```
import csv

def file_open():
    f = open('LOCAL_PEOPLE_DONG_201912.csv', encoding = 'utf8') # 또는 'eur-kr',
'cp949'
    data = csv.reader(f)
    next(data)
    data = list(data)

    f2 = open('dong_code.csv', encoding = 'cp949') # 또는 'eur-kr', 'utf8'
    code_data = csv.reader(f2)
    next(code_data)
    next(code_data)
    code_data = list(code_data)

    for row in data:
        for i in range(1, 32):
            if i <= 2:
                row[i] = int(row[i])
            else:
                row[i] = float(row[i])
    for row in code_data:
        row[1] = int(row[1])
    return data, code_data

def dong_search(dong_name):
    for row in code_data:
        if row[-1] == dong_name:
            code = row[1]
    print(dong_name, '-', code, '를 분석합니다!')
    return code
```

클래스와 외부 함수까지 준비됐습니다. 그럼 수정한 프로그램으로 인구 분석을 진행해 봅시다. 인구 분석에 필요한 파일을 읽고, 분석할 행정동을 입력받는 부분이 가장 먼저 실행돼야하죠. 행정동을 입력받아 input_name1에 저장하고, 이를 행정동코드로 변환해 input_code1에 저장하겠습니다. 이 장에서는 성동구의 행당1동과 행당2동을 입력받아 인구 데이터를 비교합니다.

```
data, code_data = file_open()
input_name1 = input('핫플레이스가 위치한 행정동을 입력하세요. --> ')
input_code1 = dong_search(input_name1)
```

실행결과

핫플레이스가 위치한 행정동을 입력하세요. --> **행당1동**
행당1동 - 11200560 을(를) 분석합니다!

행당1동을 입력하니 input_name1, input_code1에 행정동명과 행정동코드가 각각 저장됐습니다. 행당1동의 행정동코드를 알았으니 Hotplace 클래스의 객체를 만들어 봅시다. 객체명은 hangdang1로 하겠습니다.

```
hangdang1 = Hotplace(input_name1, input_code1)
```

객체를 생성할 때 행당1동의 이름과 행정동코드가 저장된 변수를 인자로 전달하면 __init__() 메서드에서 self.name과 self.code에 자동으로 저장됩니다. 이렇게 Hotplace의 첫 번째 객체 hangdang1이 만들어집니다.

행당2동의 객체도 만들어 봅시다.

```
input_name2 = input('핫플레이스가 위치한 행정동을 입력하세요. --> ')
input_code2 = dong_search(input_name2)
hangdang2 = Hotplace(input_name2, input_code2)
```

실행결과

핫플레이스가 위치한 행정동을 입력하세요. --> **행당2동**
행당2동 - 11200570 을(를) 분석합니다!

행당2동의 행정동명과 행정동코드를 input_name2, input_code2에 저장해 Hotplace 클래스의 생성자에 전달했습니다. 이제 행당1동을 분석하려면 hangdang1 객체, 행당2동을 분석하려면 hangdang2 객체에서 필요한 메서드를 실행하면 됩니다.

행당1동과 행당2동의 평균인구 그래프를 그려 보겠습니다.

```
hangdang1.analysis1(input_name1, input_code1)
hangdang2.analysis1(input_name2, input_code2)
```

실행결과

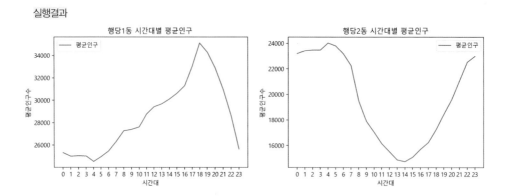

hangdang1과 hangdang2 객체에서 각각 analysis1() 메서드를 실행합니다. analysis1() 메서드는 행정동명과 행정동코드가 필요하므로 input_name1, input_code1과 input_name2, input_code2를 각각 인자로 전달합니다.

실행결과로 그래프 2개가 그려집니다. 행당1동과 행당2동은 인접한 동네지만, 인구 패턴이 완전히 다릅니다. 행당1동은 출근시간 즈음부터 인구가 증가하다가 퇴근시간 무렵에 인구가 가장 많습니다. 반면에 행당2동은 전형적인 주거지구의 인구 패턴을 보입니다. 아침과 저녁에 인구가 가장 많고 일과 시간에 인구가 적습니다.

행당1동을 지도에서 검색해 보니 왕십리역이 있습니다. 왕십리역은 2호선, 5호선, 분당선, 경의중앙선 총 4개의 도시철도가 지나가는 교통의 요지죠. 교통이 편리해서 약속을 잡기에 좋은 장소가 아닐까요? 그리고 교통이 발달하면 상권도 자연스럽게 형성되므로 놀거리와 먹거리가 많습니다. 행당2동을 검색하면 거의 대부분의 지역에 아파트가 분포합니다. 평균인구 그래프가 실행결과처럼 나온 이유가 이해됩니다.

이번에는 행당1동과 행당2동의 주중/주말 인구를 비교해 봅시다.

```
hangdang1.analysis2()
hangdang2.analysis2()
```

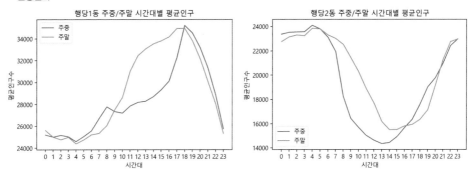

analysis2( ) 메서드는 인자를 전달하지 않아도 되므로 메서드명만으로 호출하면 됩니다. 출력된 그래프를 보니 행당1동과 행당2동은 주중, 주말 인구에서도 차이가 있습니다. 행당1동은 오전 9시부터 오후 5시 사이에 주말 인구가 더 많습니다. 왕십리역에서 환승하거나 약속을 잡는 인구가 주말 낮에 많다고 분석할 수 있습니다. 행당2동은 오전 6시부터 오후 4시까지 주말인구가 더 많은 것으로 나옵니다. 주거지구이므로 아무래도 주말에는 느긋하게 집에서 쉬다가 오후에 외출하는 것이 아닐까요?

성별 인구 그래프도 비교해 봅시다. analysis3( ) 역시 인자를 넣어 주지 않아도 됩니다.

```
hangdang1.analysis3( )
hangdang2.analysis3( )
```

실행결과

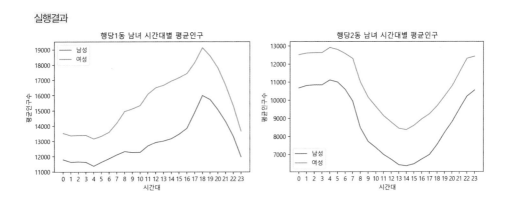

행당1동과 행당2동 모두 남녀 시간대별 인구 변화는 유사합니다. 그런데 항상 여성 생활인구가 더 많습니다. 행당동은 여성 생활인구가 더 많은 지역이군요.

14장 데이터와 함수를 한 단위로 묶어 재사용하기: 클래스와 객체 이번에는 행당1동, 행당2동을 다른 지역과 비교해 보겠습니다. 서울에서 인구가 많은 지역 중 하나인 역삼1동과 비교해 봅시다. 먼저 dong_search() 함수로 역삼1동의 행정동코드를 조회해야죠. 그러고 나서 역삼1동의 이름과 행정동코드를 input_name3, input_code3에 저장합니다. 행당1동과 역삼1동의 비교하려면 hangdang1 객체에서 analysis4() 메서드를 실행합니다. 행당2동과 역삼1동의 비교하려면 hangdang2 객체에서 analysis4() 메서드를 실행합니다.

```
input_name3 = input('비교할 행정동을 입력하세요. --> ')
input_code3 = dong_search(input_name3)

hangdang1.analysis4(input_name3, input_code3)
hangdang2.analysis4(input_name3, input_code3)
```

실행결과

비교할 행정동을 입력하세요. --> **역삼1동**
역삼1동 - 11680640 을(를) 분석합니다!

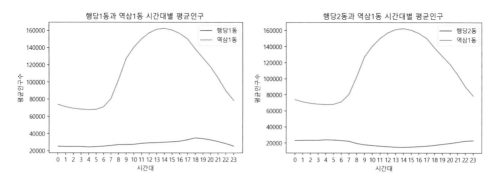

결과를 보면 역삼1동의 인구가 행당1동과 행당2동보다 압도적으로 많네요. 역삼1동은 인구 변화도 커서 행당동의 인구 변화가 미미하게 느껴질 정도입니다.

핫플레이스 프로젝트를 클래스와 객체로 재구성하니 동시에 다양한 지역을 비교할 수 있게 됐습니다. 이 장 초반에 여러 대출 조건을 객체로 만들어 비교하는 예시로 클래스와 객체의 이점을 설명했는데, 핫플레이스 프로젝트에도 동일하게 적용할 수 있습니다. 지역별로 각각 객체를 만들 수 있으니 다양한 지역을 동시에 비교할 수 있습니다. 다른 궁금한 지역이 있다면 객체를 생성해 분석해 보세요!

14 마무리

1 클래스 정의하기

형식

```
class 클래스명:
    속성1                # 클래스 속성
    속성2                # 클래스 속성
    def __init__(self):  # 생성자: 객체 생성과 동시에 실행되는 메서드
        self.속성1        # 인스턴스 속성
        self.속성2        # 인스턴스 속성
    def 메서드(self):
```

2 객체 생성하기

형식

```
객체명 = 클래스명( )
```

3 객체의 속성 사용하기

형식

```
객체명.속성
```

4 객체에서 메서드 호출하기

클래스에 정의된 메서드는 객체명.메서드( )로 호출한다. 호출 시 첫 번째 인자로 호출한 객체를 넘긴다. 따라서 클래스에서 메서드를 정의할 때는 첫 번째 매개변수로 self를 항상 넣어야 한다.

형식

```
객체명.메서드( )
```

Self Check

고객계좌 클래스와 은행 클래스를 정의해 금융 거래 프로그램을 작성하려고 합니다. 다음은 각 클래스가 가져야 하는 조건과 완성된 클래스의 일부입니다. 내용을 보고 다음 물음에 답하세요.

┤ 조건 ├

- 고객계좌 클래스(Customer_account)는 고객이름과 잔고를 속성으로 가지며, 메서드는 없습니다.
- 은행 클래스(Bank)는 3개의 메서드가 있습니다. 계좌에 입금하는 deposit( ), 계좌에서 출금하는 withdrawal( ), 한 계좌에서 다른 계좌로 이체하는 send_money( )입니다.
- 은행 클래스의 각 메서드는 고객계좌 객체와 거래금액을 인자로 전달받아 고객계좌 객체의 거래금액만큼 잔고를 수정합니다.

```python
# 계좌 클래스
class Customer_account:
    def __init__(self, name, bal):
        self.name = name
        self.balance = bal      # 통장 잔고
        print(self.name, '고객님! 계좌를 개설했습니다. 잔고는', self.balance, '원')


# 은행 클래스
class Bank:
    # 입금 거래, customer에 customer_account 객체 전달
    def deposit(self, customer, amount):
        (가)
        print(customer.name, '고객님', amount, '원 입금')
        print('입금 후 잔고는', customer.balance, '원')

    # 출금 거래, customer에 customer_account 객체 전달
    def withdrawal(self, customer, amount):
        (나)
        print(customer.name, '고객님', amount, '원 출금')
        print('출금 후 잔고는', customer.balance, '원')

    # 계좌이체 거래, sender와 reciever에 customer_account 객체 전달
```

```
    def send_money(self, sender, reciever, amount):
        (다)
        print(sender.name, '고객님이', reciever.name, '고객님께', amount, '원
송금')
        print('이체 후 잔고는', sender.name, sender.balance, reciever.name,
reciever.balance)
```

1 고객계좌의 잔고를 수정하는 코드를 (가), (나), (다)에 작성해 Bank 클래스를 완성하세요.

2 완성된 customer_account와 bank 클래스를 바탕으로 다음 조건을 만족하는 프로그램을 작성하세요.

> ┤ 조건 ├
>
> • 이름이 라이언, 잔고가 5만 원인 고객계좌 객체를 생성하고, 객체명은 ryan으로 하세요.
>
> • 이름이 프로도, 잔고가 10만 원인 고객계좌 객체를 생성하고, 객체명은 prodo로 하세요.
>
> • Bank 클래스의 객체를 생성하고 객체명은 bank_a로 하세요.
>
> • 라이언이 본인 계좌에서 15,000원을 출금합니다.
>
> • 프로도가 본인 계좌에 20,000원을 입금합니다.
>
> • 프로도가 라이언에게 25,000원을 이체합니다.

3 은행이 거래할 때마다 수수료를 받는다고 합니다. 다음 조건을 바탕으로 Bank 클래스 정의를 수정하세요.

> ┤ 조건 ├
>
> • Bank 클래스에 새로운 인스턴스 속성 commission을 추가하고, 객체 생성 시 commission은 0이 되도록 수정하세요.
>
> • 거래 시에는 고객이 입력한 금액(전달된 금액)에서 수수료를 차감한 금액이 최종 거래금액이 됩니다.
>
> • 거래 시 발생하는 수수료는 은행 객체의 commission에 더합니다.
>
> • 입금 거래와 출금 거래는 수수료가 500원입니다.
>
> • 계좌이체 거래는 수수료가 800원입니다.

4 3번에서 완성한 코드를 바탕으로 다음 조건을 만족하는 프로그램을 작성하세요.

│ 조건 ├

- 이름이 라이언, 잔고가 5만 원인 고객계좌 객체를 생성하고, 객체명은 ryan으로 하세요.

- 이름이 프로도, 잔고가 10만 원인 고객계좌 객체를 생성하고, 객체명은 prodo로 하세요.

- Bank 클래스의 객체를 생성하고 이름은 bank_a로 하세요.

- 라이언이 본인 계좌에 10,000원을 입금합니다.

- 프로도가 라이언에게 25,000원을 이체합니다.

- 라이언이 본인 계좌에서 30,000원을 출금합니다.

- 세 건의 거래 이후 bank_a의 수수료 수입을 출력하세요.

정답 및 해설: 해설 노트 745쪽

프로그램 화면 구성하기:
tkinter

마지막 장에서는 프로그램의 화면을 구성합니다. tkinter라는 패키지를 활용하는데, 유의

할 점이 하나 있습니다. tkinter 화면은 서버가 구성된 곳에서만 실행결과를 확인할 수 있

습니다. 주피터 노트북은 로컬 PC를 서버로 사용하지만, 구글 코랩은 구글 클라우드에서

돌아가므로 서버를 구성할 수 없습니다. 따라서 지금까지 코랩에서 프로그램을 작성했더

라도 이 장에서는 **주피터 노트북을 사용하길 추천**합니다.

15.1

tkinter 살펴보기

앱, 게임 등 대부분 프로그램은 사용자가 화면을 클릭하거나 터치해서 동작을 실행하는, 사용하기 편리하고 직관적인 화면으로 되어 있습니다. 그동안 파이썬 프로그래밍의 기본적인 요소를 배우고 프로젝트도 진행했으니 이제는 화면을 만들어 프로그램의 완성도를 높여 봅시다.

15.1.1 GUI란

앞에서 작성한 프로그램은 우리가 평소 사용하던 프로그램 모습과는 조금 달랐죠? 실제 사용하는 프로그램은 코드가 보이지 않고 텍스트나 이미지가 나오는 화면과 버튼 등이 주로 보이죠. 그래서 버튼을 클릭하거나 화면을 터치해 프로그램을 조작할 수 있습니다.

이는 프로그램에 UI를 입혔기 때문입니다. UI란 User Interface의 약자로 사용자 인터페이스를 의미합니다. **사용자 인터페이스**란 사용자와 코드 사이를 연결하는 모든 것을 의미합니다. 사용자 화면, 안내 음성 등이 이에 해당됩니다. UI 앞에 graphical의 약자인 G를 붙여 GUI라고 합니다. **GUI**(Graphical User Interface)는 프로그램의 기능을 다양한 그래픽으로 나타낸 것을 의미합니다. 사용자와 프로그램이 소통할 수 있게 도와주는 UI 중에서도 시각적 부분이 GUI입니다.

처음 프로그래밍을 배우면서 '내가 생각한 프로그램이 아닌데?'라고 느꼈다면 이런 사용자 화면(GUI)이 없어서 그랬을 겁니다. 지금까지 작성한 프로그램의 형태는 사용자가 직접 프로그램에 입력값을 넣고 실행결과를 결과창에서 확인하는 형태였습니다. 그러나 사용자 화면이 있는 프로그램에서는 사용자가 코드를 볼 수 없고, 사용자 화면만 볼 수 있습니다. 사용자 화면에 값을 입력하고 버튼을 클릭하는 등의 동작을 하면 이에 맞는 결괏값이 결과창이 아닌 사용자 화면에 나타납니다. 사용자 화면이 없는 경우와 있는 경우를 비교하면 다음과 같습니다.

그림 15-1 프로그램 형태

지금까지 작성한 프로그램 형태

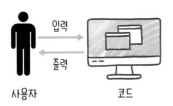

사용자   코드

사용자 화면(GUI)이 중간에 추가된 형태

사용자   사용자 화면(GUI)   코드

파이썬에는 이런 GUI 프로그래밍을 돕는 다양한 라이브러리가 있습니다. 그중에서 파이썬 표준 라이브러리에 속한 tkinter를 다루겠습니다.

15.1.2 파이썬의 표준 GUI tkinter

파이썬은 범용성이 뛰어난 프로그래밍 언어인 만큼 적용할 수 있는 GUI가 다양합니다. PyQt처럼 정교한 GUI를 만들 수 있는 도구도 있지만, 이 책에서는 가장 기본 도구이 tkinter를 간단하게 배워 봅니다. tkinter 자체도 기능이 매우 많아서 GUI의 핵심이 되는 레이블, 버튼, 엔트리, 메시지박스, 콤보박스 위주로 살펴보겠습니다. 더 많은 기능은 다음 사이트를 참고하세요.

- **python.org의 공식 tkinter 문서** https://docs.python.org/ko/3/library/tkinter.html?highlight=tkinter#module-tkinter
- **TkDocs Tutorial** https://tkdocs.com/tutorial/index.html

GUI를 그림 그리기에 비유하면 이해하기 쉽습니다. 그림을 그리려면 가장 먼저 도화지나 연습장 등이 필요하죠. 도화지를 준비하는 것처럼 GUI를 구성하기 전에 바탕이 되는 화면을 만들어야 합니다. tkinter에서는 이를 라이브러리 내부에 있는 Tk 클래스의 객체를 생성해 만듭니다. 14장에서 클래스를 정의하면 객체를 만들 수 있었죠? 화면을 만들 수 있는 클래스가 이미 tkinter에 정의되어 있고, 우리는 이 클래스를 바탕으로 객체만 만들면 됩니다.

그림을 그릴 때는 도화지 위에 원하는 구도에 맞게 꽃, 나무, 풀 등 그리려는 대상을 하나씩 그립니다. 프로그래밍에서도 GUI에 필요한 요소들을 화면에 배치하는데, 이런 요소들을 **위젯**이라고 합니다. 위젯에는 텍스트, 이미지, 버튼 등 다양한 종류가 있습니다. 위젯 역시 tkinter에 이미 클래스로 정의되어 있습니다. 따라서 위젯을 나타내는 클래스의 객체를 생성한 다음, Tk 클래스의 객체 위에 배치하면 됩니다.

그림 15-2 도화지(화면)에 요소(위젯) 배치하기

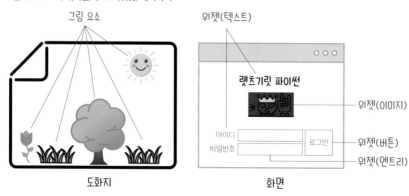

15.1.3 tkinter 사용하기

tkinter 추가하기

GUI와 tkinter의 관계를 알아봤으니 사용법을 배워 봅시다. 먼저 tkinter의 정보를 help()로 알아보죠.

```
import tkinter

help(tkinter)
```

실행결과

Help on package tkinter:

NAME

```
        tkinter - Wrapper functions for Tcl/Tk.

    …
```

실행결과를 보니 tkinter는 패키지입니다. 패키지는 내부에 여러 모듈이 있다고 했습니다. 패키지에 있는 모듈은 다음 형식으로 사용합니다. 사용법은 보이는 것처럼 from 큰범위 import 작은범위입니다.

> **형식**
>
> ```
> from 패키지 import 모듈            # 패키지 중 특정 모듈만 사용하고 싶을 때
> from 패키지.서브패키지 import 모듈   # 패키지에 서브패키지가 있을 때 1
> from 패키지 import 서브패키지       # 패키지에 서브패키지가 있을 때 2
> ```

tkinter를 다룰 때는 from tkinter import *로 사용하겠습니다. *는 모든 것을 포함한다는 의미입니다. 그렇다면 import tkinter와 다른 점은 무엇일까요?

```
import tkinter

root = Tk()              # 오류 발생
# root = tkinter.Tk()    # 오류 발생 안 함
```

실행결과

```
NameError: name 'Tk' is not defined
```

Tk는 tkinter 패키지에 속한 클래스입니다. 이때 import tkinter로만 작성하면 클래스명 앞에 항상 tkinter를 추가해야 합니다. root = Tk()를 주석 처리하고 마지막 줄의 주석 처리를 해제한 후 실행하면 오류가 발생하지 않습니다.

```
from tkinter import *

root = Tk()
```

앞에 tkinter를 넣지 않아도 오류가 발생하지 않습니다. 그래서 tkinter 패키지의 명령어를 사용할 때 일일이 tkinter를 추가하지 않게 from tkinter import *를 사용합니다.

tkinter 창 만들어 띄우기

앞에서 작성한 root = Tk()는 Tk 클래스의 객체를 만드는 코드입니다. Tk는 창을 생성하는 클래스입니다. 따라서 Tk 클래스로 만든 객체 root가 생성됩니다. 그런데 객체를 생성한 후 아무일도 일어나지 않습니다. Tk 클래스에는 결과를 화면으로 보여 주는 메서드가 따로 있습니다. 다음처럼 프로그램 마지막에 root.mainloop()를 추가해 코드를 실행해 봅시다.

```
from tkinter import *

root = Tk()
root.mainloop()
```

실행결과

프로그램을 실행하는 브라우저 위로 별도의 창(윈도우)이 하나 뜹니다. root 객체가 실행한 mainloop()는 프로그램의 메인 창 root를 화면에 띄우는 Tk 클래스의 메서드입니다. 프로그램의 바탕이 되는 화면을 만들기 때문에 객체명을 root(뿌리, 근원)로 작성합니다. 그림 그리는데 필요한 도화지를 만든 셈입니다.

root 객체가 생성된 직후부터 root.mainloop() 바로 위까지의 코드를 실행한 결과가 창에 나타납니다. 따라서 창에 표현될 내용은 두 줄 사이에 들어가야 합니다.

```
          from tkinter import *
창 생성 → root = Tk()
                                  ← 창에 표현되는 부분
창 띄우기 → root.mainloop()
```

그러므로 창이 띄워져 있으면 프로그램이 실행 중인 상태입니다. 창이 떠 있는 상태에서 주피터 노트북의 코드 입력창 왼쪽을 보면 [*] 표시가 있습니다. 이는 프로그램이 '실행 중'이라는 의미입니다. 창 오른쪽 위에 있는 X 표시를 눌러 창을 닫으면 프로그램 실행이 멈추고 [*] 부분이 코드 줄 수를 나타내는 숫자로 바뀝니다.

창 상단에 창 이름이 나타납니다. 별도로 창 이름을 설정하지 않으면 기본값으로 tk라고 뜹니다. 창 이름은 바꿀 수 있습니다. 그래프에 제목을 붙일 때처럼 창 이름도 title()로 설정합니다. 원하는 이름을 title()의 소괄호 안에 넣고, root = Tk()와 root.mainloop() 사이에 추가합니다.

```
root = Tk()
root.title('my first tkinter')
root.mainloop()
```

실행결과

상단 바에 있는 창 이름이 'my first tkinter'로 바뀝니다. 창의 가로 길이가 짧아 제목이 잘려 보이죠? 창의 크기를 늘려 봅시다. 마우스로 늘려도 되지만, 코드로 조절할 수도 있습니다. 창의 크기는 geometry()로 설정합니다. 역시 소괄호 안에 창의 크기를 '너비x높이' 형태로 넣습니다. 이때 x는 알파벳 소문자고 앞뒤로 띄어 써서는 안 됩니다.

```
root = Tk()
root.title('my first tkinter')
root.geometry('400x200')
root.mainloop()
```

처음 창을 생성했을 때보다 창의 너비가 더 넓어졌습니다. 여기서 숫자 400과 200은 픽셀을 의미합니다. 앞의 코드는 너비 400픽셀, 높이 200픽셀인 창을 만들라는 뜻이죠.

창의 크기뿐만 아니라 창이 나타나는 위치도 설정할 수 있습니다. 앞서 작성한 창의 크기 설정 뒤에 다음과 같이 가로 시작 위치와 세로 시작 위치를 추가하면 됩니다.

```
root = Tk()
root.title('my first tkinter')
root.geometry('400x200+0+300')
root.mainloop()
```

코드를 실행하면 창이 모니터 화면의 왼쪽 끝 중간쯤에 나타납니다(나타나는 위치는 모니터 크기에 따라 조금씩 다를 수 있습니다). 가로가 0이므로 가장 왼쪽에, 세로가 300이므로 위에서 300번째 픽셀에 해당하는 위치에 창이 타납니다. 숫자를 바꾸며 다양하게 실습해 보세요.

창의 크기를 변경하지 못하게 할 수도 있습니다. resizable() 명령어로 창의 너비와 높이를 변경할 수 있게 할지 설정합니다. 변경할 수 있다면 True를, 변경할 수 없다면 False를 넣습니다. 예를 들어, 다음과 같이 작성하면 창의 너비는 변경할 수 없지만, 높이는 변경할 수 있습니다.

```
root.resizable(False, True)
```

1분 퀴즈

1 다음 설명 중 <u>틀린</u> 것을 고르세요.

① tkinter는 파이썬에서 화면을 표현하는 GUI 라이브러리다.

② root = Tk()는 Tk 클래스의 객체를 만드는 코드다.

③ 화면에 표현할 코드는 root.mainloop() 뒤에 작성한다.

④ root.geometry()로 창의 크기를 조절할 수 있다.

⑤ root.resizable()로 창의 크기를 변경할 수 없게 설정한다.

정답 및 해설: 해설 노트 748쪽

15.2

위젯 다루기

지금까지 프로그램의 바탕이 되는 사용자 화면을 만들어 보았습니다. 이제 창에 배치할 위젯을 몇 가지 배워 봅시다. 위젯에는 텍스트, 이미지, 버튼, 콤보박스, 메시지박스 등 여러 종류가 있습니다. 이런 위젯을 화면에 표시하려면 다음 두 가지 작업을 해야 합니다.

1 사용하려는 위젯의 객체 만들기

2 만든 위젯을 창에 배치하기

이 두 가지를 모두 진행해야 위젯을 창에 표시할 수 있습니다.

15.2.1 레이블

첫 번째 위젯으로 **레이블**(Label)을 다뤄 보겠습니다. 레이블로는 텍스트와 이미지를 표현할 수 있습니다.

TIP Label은 레이블 또는 라벨로 읽습니다. 다른 곳에서 Label 위젯을 라벨로 표현해도 같은 것으로 보면 됩니다.

help()로 레이블에 대한 정보를 간략히 살펴봅시다.

```
from tkinter import *

help(Label)
```

```
Help on class Label in module tkinter:

class Label(Widget)
    ...


  ¦  Methods defined here:
  ¦
  ¦  __init__(self, master=None, cnf={}, **kw)
  ¦      Construct a label widget with the parent MASTER.
  ¦
  ¦      STANDARD OPTIONS
  ¦
  ¦          activebackground, activeforeground, anchor,
  ¦          background, bitmap, borderwidth, cursor,
  ¦          disabledforeground, font, foreground,
  ¦          highlightbackground, highlightcolor,
  ¦          highlightthickness, image, justify,
  ¦          padx, pady, relief, takefocus, text,
  ¦          textvariable, underline, wraplength
  ¦
  ¦      WIDGET-SPECIFIC OPTIONS
  ¦
  ¦          height, state, width
  ¦
  ¦      --------------------------------
    ...
```

Label은 많은 요소를 포함하고 있는 클래스입니다. 생성자 __init__ 부분을 봅시다. 생성자 내부에 STANDARD OPTIONS가 있습니다. 이 중에서 주로 사용할 옵션만 굵게 표시했습니다. 모든 것을 다 알 필요는 없으니 부담 갖지 말고 훑어만 보세요. 차차 설명하겠습니다.

텍스트 레이블 만들기

텍스트 레이블을 만들어 봅시다. 먼저 Label 클래스의 객체를 만들어야 합니다. 레이블 객체는 Label()로 만들고, 텍스트는 text 옵션으로 나타냅니다.

```
root = Tk()
root.title('my first tkinter')
root.geometry('400x200+0+300')

label1 = Label(root, text='안녕하세요!')

root.mainloop()
```

실행결과

Label 클래스의 객체 label1을 생성합니다. 위젯의 객체를 만들 때는 첫 인자로 위젯을 띄울 창을 정해야 합니다. 여기서는 root 객체를 넣습니다. 그리고 창에 나타날 텍스트를 text 옵션으로 추가합니다.

그러나 창에 텍스트가 나타나지 않죠? 왜 그럴까요? 여기도 역시 레이블 객체를 생성하기만 했을 뿐 창에 배치하고 보여 주는 명령어가 없기 때문입니다. 위젯을 창에 표시하려면 pack() 메서드를 호출해야 합니다(위젯을 만들기만 해서는 화면에 나타낼 수 없습니다. 위젯의 위치를 지정해야 화면에 나타나는데, pack()은 위치를 지정하는 방법 중 하나입니다. pack()에 관한 설명은 뒤에 나옵니다). label1.pack()을 추가해 다시 실행해 봅시다.

```
root = Tk()
root.title('my first tkinter')
root.geometry('400x200+0+300')

label1 = Label(root, text='안녕하세요!')
label1.pack()

root.mainloop()
```

실행결과

이번에는 창에 텍스트가 나타납니다. 코드의 실행 과정은 다음과 같습니다.

표 15-1 코드 실행 과정

실행 순서	실행되는 명령어	컴퓨터에서 일어나는 일
1	`root = Tk()`	창 생성하기
2	`root.title('my first tkinter')`	
3	`root.geometry('400x200')`	
4	`label1 = Label(root, text='안녕하세요!')`	label1 객체 생성하기
5	`label1.pack()`	label1 객체의 위치 지정하기

❍ 계속

실행 순서	실행되는 명령어	컴퓨터에서 일어나는 일
6	root.mainloop()	생성한 창 띄우기

NOTE **텍스트 레이블에 사용 가능한 옵션**

레이블로 텍스트를 나타낼 때 글꼴, 글씨 크기, 색상, 테두리 모양 등 다양한 옵션을 추가할 수 있습니다. 주요 옵션은 다음과 같습니다.

표 15-2 주요 옵션

옵션	설명
font=('글꼴', 크기)	글꼴과 크기 설정
fg='색상'	텍스트 색상 설정
bg='색상'	텍스트 바탕색 설정
relief=테두리모양	레이블 테두리 모양 설정 flat(테두리 없음, 기본값), solid(굵은 테두리), groove(움푹 파인 테두리), ridge(돌출된 테두리), raised(레이블 전체가 돌출), sunken(레이블 전체가 파임)
borderwidth=테두리두께	레이블 테두리 두께 설정
width=너비	레이블 너비 설정
height=높이	레이블 높이 설정
anchor=정렬	레이블 내부 정렬 방법 설정(center, e, w, s, n, se, sw, ne, nw)

○ 계속

다음처럼 레이블의 객체를 생성할 때 필요한 옵션을 추가합니다.

```
label1 = Label(root, text='Hello', font=('Malgun Gothic', 20), fg='blue',
bg='gray', width= 20, height=5, anchor='se')
```

실행결과

더 많은 옵션은 https://tkdocs.com/shipman/label.html 문서를 참고하세요.

이미지 레이블 만들기

이미지 레이블도 만들 수 있습니다. 텍스트 레이블과 다르게 이미지 레이블은 레이블 생성 전에 이미지 객체인 PhotoImage 클래스의 객체를 만들어야 합니다. PhotoImage의 객체를 생성한후, 레이블 객체를 생성할 때 image 옵션으로 나타낼 PhotoImage 객체를 추가합니다. 이미지 크기에 맞게 tkinter 창의 크기도 800x400으로 늘려 봅시다.

```
root = Tk()
root.title('my first tkinter')
root.geometry('800x400')

letsgetit = PhotoImage(file='lets get it.png') # PhotoImage 객체 생성
img_label = Label(root, image=letsgetit)        # 레이블 객체 생성
img_label.pack()

root.mainloop()
```

창에 표시할 이미지 파일 하나를 가져와 현재 작업 중인 파이썬 파일과 같은 폴더에 넣습니다(제공하는 lets get it.png 파일을 사용해도 됩니다). PhotoImage 클래스로 이미지 객체 letsgetit을 만듭니다. 이때 file 옵션으로 같은 폴더에 있는 lets get it.png 파일(확장자까지 적어야 합니다)을 불러옵니다. 그 다음 레이블 객체인 img_label을 생성하며 image 옵션으로 레이블에 띄울 이미지 객체를 설정합니다. pack() 메서드를 호출해 이미지 레이블을 창에 표시합니다.

기존보다 커진 화면에 추가한 이미지가 잘 나옵니다. PhotoImage는 GIF, PNG, PGM, PPM 형식만 사용할 수 있습니다. 이미지 파일을 읽을 수 없다는 오류가 발생하면 파일의 확장자를 확인해 보세요!

이처럼 Label로 객체를 만들 때 text를 설정하면 문자를, image를 설정하면 이미지를 나타낼 수 있습니다.

NOTE 알 수 없는 오류 발생 시

이미지 레이블을 만들 때 다음처럼 TclError가 발생하진 않았나요? 심지어 코드를 올바르게 작성했는데도요.

실행결과

```
----> 6 img_label = Label(root, image=letsgetit)

TclError: image "pyimage4" doesn't exist
```

○ 계속

654

이전 코드를 실행했을 때 오류가 발생하면 올바른 코드로 수정하더라도 해당 코드에서 오류가 발생합니다. 재실행해도 pyimage 뒤의 숫자만 증가할 뿐이죠. 해결책은 간단합니다. 에디터 프로그램의 커널을 재실행하면 됩니다. 주피터 노트북에서는 상단 [RUN] 버튼 옆의 [restart] 버튼을 클릭하세요.

창에 띄운 이미지가 조금 커 보이니 이미지 크기를 줄여 봅시다. 이미지 크기는 PhotoImage 클래스의 subsample() 메서드로 조절합니다.

```python
root = Tk()
root.title('my first tkinter')
root.geometry('800x400')

letsgetit = PhotoImage(file='lets get it.png')
letsgetit = letsgetit.subsample(2, 2)
img_label = Label(root, image=letsgetit)
img_label.pack()

root.mainloop()
```

실행결과

이미지 크기가 줄어듭니다. letsgetit 객체의 크기를 letsgetit.subsample(2, 2)로 줄이고 이를 다시 letsgetit에 저장했습니다.

subsample()은 그림의 n개 픽셀 중 1개 픽셀을 선택해 그림 크기를 줄일 때 사용합니다. 이미지는 보통 픽셀로 이루어져 있는데 크기를 줄이려면 픽셀의 크기를 줄이는 것이 아니라 픽셀 개수를 줄여야 합니다(픽셀 크기는 고정입니다). 그런데 전체 그림의 형태가 훼손되도록 그림 한 쪽의 픽셀만 선택하거나 제거하면 안 되겠죠. 그래서 균일하게 n번째 픽셀만 제거하는 겁니다. letsgetit.subsample(2, 2)는 가로, 세로 모두 픽셀을 2개마다 하나씩 제거하고 하나만 선택한다는 의미입니다. 그림으로 표현하면 다음과 같습니다. 이렇게 되면 가로와 세로 길이가 각각 1/2로 줄어듭니다.

그림 15-3 픽셀 줄이기

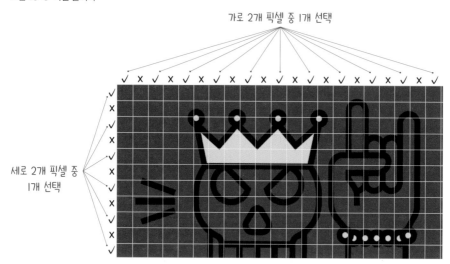

가령 subsample(5, 3)은 가로 픽셀은 다섯 번째마다, 세로 픽셀은 세 번째마다 선택하므로 가로는 1/5, 세로는 1/3로 줄어듭니다.

15.2.2 위젯 배치하기

가장 기본 위젯인 레이블을 배웠습니다. 보통 위젯은 단독으로 있는 경우가 많지 않고 대부분 여러 위젯이 모여서 기능합니다. 그래서 다른 레이블을 배우기 전에 여러 위젯을 배치하는 방법을 먼저 배워 보겠습니다.

앞의 코드에서 봤듯이 위젯을 창에 표시하려면 생성한 위젯마다 위젯을 배치하는 명령어

(pack())를 설정해야 합니다. 그렇지 않으면 위젯이 화면에서 표시되지 않습니다. tkinter에서 위젯을 배치할 때는 절대위치를 활용하는 방법과 상대위치를 활용하는 방법이 있습니다.

절대위치로 배치하기

절대위치는 다음과 같이 위젯이 표시될 위치의 좌표를 숫자로 정확하게 제시하는 방법입니다.

> **형식**
>
> place(x=x좌표, y=y좌표)

값을 넣어 실행해 봅시다.

```python
from tkinter import *

root = Tk()
root.geometry('400x200')

label1 = Label(root, text='절대위치 x = 200, y = 100')
label1.place(x=200, y=100)

root.mainloop()
```

실행결과

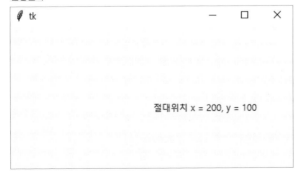

레이블 객체 label1을 생성하면서 위치를 (200, 100)으로 설정했습니다. 화면 크기가 너비 400픽셀, 높이 200픽셀이므로 텍스트 레이블의 왼쪽 상단 모서리 부분이 place()로 설정한 위치에 해당함을 알 수 있습니다.

그림 15-4 위젯의 절대위치 기준점

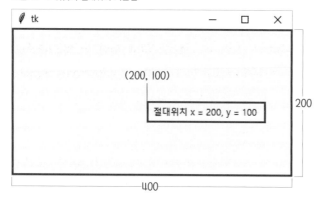

상대위치로 배치하기: pack()

절대위치는 위치를 세밀하게 정할 수 있다는 장점이 있으나 위젯 위치를 일일이 지정해야 하므로 위젯이 많은 경우에는 코드가 복잡합니다. 그래서 상대위치를 사용합니다.

상대위치는 위치 좌표 대신에 위젯 간 상대적 위치로 위젯을 배치하는 방법입니다. 예를 들어, '위젯 A는 위젯 B보다 위에 있어야 하고, 위젯 C는 위젯 B의 오른쪽에 있어야 한다'는 기준으로 위치를 설정하는 것이죠. tkinter에서 상대위치를 설정하는 방법은 앞에서 배운 pack()과 뒤에 나올 grid()가 있습니다. pack()부터 살펴봅시다.

pack()은 별다른 위치를 설정하지 않으면 창 중앙에 위에서 아래의 순서로 위젯을 배치합니다. 위젯을 구분할 수 있게 groove 옵션으로 테두리 모양을 설정한 레이블 4개를 만든 후 pack()으로 배치해 봅시다.

```
root = Tk()
root.title('my first tkinter')
root.geometry('400x200')

label1 = Label(root, text='안녕하세요!', relief='groove')
label1.pack()
label2 = Label(root, text='Hello!', relief='groove')
label2.pack()
label3 = Label(root, text='니하오!', relief='groove')
label3.pack()
label4 = Label(root, text='봉쥬르!', relief='groove')
```

```
label4.pack()
```

```
root.mainloop()
```

실행결과

4개의 레이블을 만들고, 각 레이블의 위치를 각각 label1.pack(), label2.pack(), label3. pack(), label4.pack()으로 정합니다. 위젯을 만들고 배치하는 명령어가 없으면 창에 표시되지 않으므로 모든 위젯에서 pack()을 실행해야 합니다. 위치를 설정하지 않아 창 중앙에 순서대로 배치됐습니다.

이번에는 pack()에 위치를 설정하는 옵션을 추가해 보겠습니다. 위치를 설정하는 옵션은 side이며, left, right, top, bottom을 옵션 값으로 넣을 수 있습니다.

```
root = Tk()
root.title('my first tkinter')
root.geometry('400x200')

label1 = Label(root, text='안녕하세요!', relief='groove')
label1.pack(side='left')
label2 = Label(root, text='Hello!', relief='groove')
label2.pack(side='right')
label3 = Label(root, text='니하오!', relief='groove')
label3.pack(side='top')
label4 = Label(root, text='봉쥬르!', relief='groove')
label4.pack(side='bottom')

root.mainloop()
```

레이블이 사방으로 배치됩니다. 이처럼 pack()은 창 내에서 상대위치를 활용해 위젯을 정렬합니다.

상대위치로 배치하기: grid()

위젯을 상대위치로 배치하는 다른 방법으로 grid()가 있습니다. grid()는 이름 그대로 격자를 만들어 격자 한 칸에 위젯을 배치하는 방법입니다. grid()는 배치할 위치를 row와 column 옵션으로 지정해야 합니다. row는 행, column은 열을 의미하죠.

그림 15-5 grid()에 옵션주기

	column=0	column=1	column=2	column=3	column=4
row=0	grid(row=0, column=0)	grid(row=0, column=1)	grid(row=0, column=2)	grid(row=0, column=3)	grid(row=0, column=4)
row=1	grid(row=1, column=0)	grid(row=1, column=1)	grid(row=1, column=2)	grid(row=1, column=3)	grid(row=1, column=4)
row=2	grid(row=2, column=0)	grid(row=2, column=1)	grid(row=2, column=2)	grid(row=2, column=3)	grid(row=2, column=4)

그림처럼 창을 지정한 행과 열 수로 나눈 후에 위젯을 배치하려는 위치의 행과 열을 row와 column 옵션에 숫자로 지정합니다.

```
root = Tk()
root.title('my first tkinter')
root.geometry('400x200')

label1 = Label(root, text='안녕하세요!', relief='groove')
label1.grid(row=0, column=0)
label2 = Label(root, text='Hello!', relief='groove')
label2.grid(row=0, column=1)
label3 = Label(root, text='니하오!', relief='groove')
label3.grid(row=1, column=0)
label4 = Label(root, text='봉쥬르!', relief='groove')
label4.grid(row=1, column=1)

root.mainloop()
```

실행결과

지정한 행과 열에 각 위젯이 나타납니다. 창에 표시된 위젯의 행과 열은 다음 그림과 같습니다.

그림 15-6 위젯의 상대위치 배치

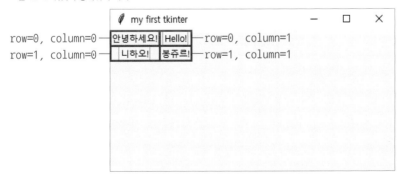

grid()는 특히 위젯이 여러 개일 때 사용하기 편합니다. 격자에서 칸에 맞는 숫자만 적어 주면 되기 때문이죠. 그런데 레이블이 너무 붙어 있어서 중간에 공간을 넣는다고 해 봅시다. 두 번째 행의 위치를 (row=9, column=0), (row=9, column=9)로 설정하면 될까요?

```
root = Tk()
root.title('my first tkinter')
root.geometry('400x200')

label1 = Label(root, text='안녕하세요!', relief='groove')
label1.grid(row=0, column=0)
label2 = Label(root, text='Hello!', relief='groove')
label2.grid(row=0, column=1)
label3 = Label(root, text='니하오!', relief='groove')
label3.grid(row=9, column=0)
label4 = Label(root, text='봉쥬르!', relief='groove')
label4.grid(row=9, column=9)

root.mainloop()
```

실행결과

공간이 의도한 대로 벌어지지 않습니다. label3은 그대로 (row=1, column=0) 위치에, label4 는 (row=1, column=2)에 배치됐습니다.

이런 결과가 나오는 이유는 grid()의 특성 때문입니다. grid()는 row와 column에 숫자가 차례 대로 나오지 않으면 직전에 나온 숫자의 바로 다음 숫자를 자동으로 설정합니다. 코드에서 row 는 0까지 나왔기 때문에 (row=9, column=0)으로 설정해도 자동으로 row의 값을 9에서 1로 바꿔 위젯을 배치합니다. column은 그 전에 0이 등장한 적이 있으므로(label1) 지정한 위치 0에 배치하고요. label4.grid(row=9, column=9)도 마찬가지입니다. 이전에 row는 0까지 나타났으므로 1로, column은 1까지 나타났으므로 2로 변경해 화면에 배치합니다.

이번에는 위젯의 크기를 설정하고 grid()로 어떻게 표현되는지 살펴봅시다.

```python
root = Tk()
root.title('my first tkinter')
root.geometry('400x200')

label1 = Label(root, text='안녕하세요!', width=20, height=5, relief='groove')
label1.grid(row=0, column=0)
label2 = Label(root, text='Hello!', width=10, height=5, relief='groove')
label2.grid(row=0, column=1)
label3 = Label(root, text='니하오!', width=10, height=5, relief='groove')
label3.grid(row=1, column=0)
label4 = Label(root, text='봉쥬르!', width=20, height=5, relief='groove')
label4.grid(row=1, column=1)

root.mainloop()
```

실행결과

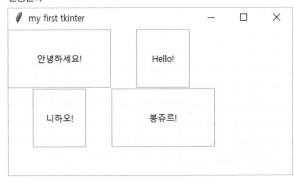

설정한 위젯 크기에 맞게 격자 크기도 커졌습니다. 결과를 보면 각 줄의 가장 긴 길이에 맞춰진 것이 보입니다. label1의 너비가 20이므로 같은 열에 있는 label3도 20만큼의 공간을 확보합니다. 단 label3은 너비가 10이므로 해당 칸을 꽉 채우지 못하고 중간에 위치합니다. label2와 label4도 마찬가지로 더 긴 칸의 너비만큼 공간을 배치했습니다.

이처럼 위젯을 생성할 때 너비와 높이를 설정해서 grid()를 사용하면 원하는 모양에 가깝게 표현할 수 있습니다.

─ **NOTE** **크기 단위** ─────────────────────────────

창 크기를 설정할 때는 픽셀을 단위로 사용했지만, 위젯의 width와 height는 한 글자의 너비와 높이를 각각의 단위로 사용합니다. 예를 들어 weight=10은 문자(숫자 혹은 알파벳)가 10개 들어갈 너비를 의미하고, height=3은 문자가 3개 들어갈 수 있는 높이를 의미합니다.

```
root = Tk()
root.title('my first tkinter')
root.geometry('400x200')

label1 = Label(root, text='1234567890', width=10, height=3, relief='groove')
label1.grid(row=0, column=0)
label2 = Label(root, text='ABC\nABC\nABC\nABC\nABC', width=3, height=5,
relief='groove')
label2.grid(row=0, column=1)
label3 = Label(root, text='python\npython', width=6, height=2, relief='groove')
label3.grid(row=1, column=0)
label4 = Label(root, text='일이삼사오육칠팔구십일이삼사오육칠팔구십', width=20,
height=7, relief='groove')
label4.grid(row=1, column=1)

root.mainloop()
```

실행결과

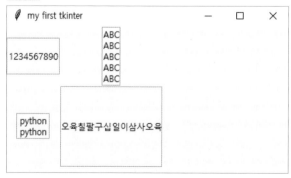

🔵 계속

ABC\nABC\nABC\nABC\nABC에 나오는 \n은 줄바꿈을 의미합니다. ABC 출력 후 4번 줄바꿈하고 마지막 줄에 ABC를 출력하므로 ABC가 총 5줄 출력됩니다. 화면 결과를 보면 width와 height가 숫자 또는 알파벳 한 자를 기준으로 길이를 설정하는 것을 확인할 수 있습니다. width=10, height=3인 label1은 10개 숫자가 label1의 가로 공간을 꽉 채웁니다. label2는 width=3, height=5인데, 다섯 줄의 ABC가 세로 공간을 꽉 채웠습니다. label3도 마찬가지입니다.

한글을 넣은 label4를 봅시다. 한글 20자를 넣었는데 앞뒤로 글자가 잘려서 표시됩니다. 이는 숫자나 알파벳 한 자보다 한글 한 자의 너비가 넓어서 그렇습니다. width, height를 사용할 때는 이 부분을 유의하세요.

이번에는 격자의 여러 칸을 합칠 때 사용하는 rowspan과 columnspan을 살펴보겠습니다. rowspan, columnspan은 엑셀에서 사용하는 셀 병합 기능과 비슷합니다. rowspan=n은 n개 행을 병합하고, columnspan=n은 n개 열을 병합합니다.

형식

```
rowspan=n       # n은 숫자
columnspan=n    # n은 숫자
```

코드에 적용해 봅시다.

```
root = Tk()
root.title('my first tkinter')
root.geometry('400x200')

label1 = Label(root, text='안녕하세요!', width=15, relief='groove')
label1.grid(row=0, column=0)
label2 = Label(root, text='Hello!', width=15, relief='groove')
label2.grid(row=0, column=1)
label3 = Label(root, text='니하오!', width=15, relief='groove')
label3.grid(row=1, column=0, columnspan=2)
label4 = Label(root, text='봉쥬르!', width=15, relief='groove')
```

```
label4.grid(row=0, column=2, rowspan=2)

root.mainloop()
```

실행결과

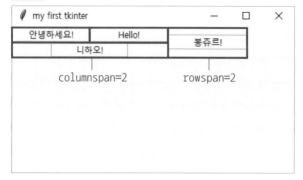

label3에 columnspan=2를 설정하니 가로 두 칸이 병합된 위치에 레이블이 배치됩니다. label3의 width는 15이기 때문에 병합된 칸을 모두 채우지 않고 중앙에 있습니다. label4도 rowspan=2를 설정하니 세로 두 칸을 병합하고 중앙에 레이블을 배치합니다. 각 레이블의 너비와 높이를 조절하면 병합한 칸의 크기에 딱 맞게 위젯을 만들 수 있습니다.

grid()를 활용해 텍스트와 이미지를 함께 창에 띄울 수도 있습니다.

```
root = Tk()
root.title('my first tkinter')
root.geometry('700x450')

label_txt = Label(root, text='파이썬 프로그래밍', font=('Malgun Gothic', 30))
label_txt.grid(row=0, column=0)
letsgetit = PhotoImage(file='lets get it.png')
label_img = Label(root, image=letsgetit)
label_img.grid(row=1, column=0)

root.mainloop()
```

실행결과

앞에서 배운 내용을 조합해 코드를 작성했으니 자세한 설명은 생략하겠습니다. 본인이 원하는
이미지와 텍스트를 조합해 다양한 화면을 만들어 보세요!

15.2.3 버튼

이번에는 tkinter에서 **버튼**(Button) 만드는 방법을 알아보겠습니다. 버튼 역시 tkinter에 미리
정의되어 있는 클래스입니다. 클래스의 생성자 옵션은 help()를 실행해 직접 확인해 보세요.

버튼 만들기

레이블을 만들 때처럼 버튼이 위치할 창과 Button 클래스의 객체를 만듭니다. 버튼에 표시할
글자는 text 옵션으로 넣고, 버튼의 크기 역시 레이블처럼 width와 height로 설정합니다.

```python
from tkinter import *

root = Tk()
root.title('Button')
root.geometry('400x200')

btn1 = Button(root, text='버튼', width=10, height=3)
btn1.pack()

root.mainloop()
```

Button의 btn1 객체를 만듭니다. 창에 btn1 객체가 나타나고, text 옵션으로 설정한 텍스트(버튼)가 표시됩니다. 이때 버튼을 클릭하면 아무 일도 일어나지 않습니다. 버튼을 클릭했을 때 실행할 내용을 작성하지 않았기 때문이죠.

이 부분은 뒤에서 배우고 먼저 다른 위젯과 버튼을 grid()로 창에 배치해 보겠습니다.

```
root = Tk()
root.title('Button')
root.geometry('400x200')

lbl1 = Label(root, text='안녕하세요!', width=40)
lbl1.grid(row=0, column=0)
btn1 = Button(root, text='확인', width=10)
btn1.grid(row=0, column=1)

root.mainloop()
```

실행결과

텍스트 레이블 옆에 버튼이 나타납니다. 투박하긴 하지만, 이런 식으로 여러 위젯을 함께 배치할 수 있습니다.

버튼 클릭 시 실행될 이벤트 추가하기

그럼 버튼을 클릭했을 때 어떤 반응이 나타나게 만들어 봅시다. 버튼을 클릭했을 때 일어나는 일을 **이벤트**라고 합니다. 이벤트는 13장에서 배운 사용자 정의 함수를 활용해 만듭니다. 그리고 버튼 객체를 만들 때 command 옵션을 사용해 함수명을 지정하면 해당 버튼을 클릭할 때마다 command에 지정한 함수가 실행됩니다.

```python
def sayhello():
    print('Hello!! ' * 3)

root = Tk()
root.title('Button')
root.geometry('400x200')

lbl1 = Label(root, text='안녕하세요! ', width=40)
lbl1.grid(row=0, column=0)
btn1 = Button(root, text='확인', width=10, command=sayhello)
btn1.grid(row=0, column=1)

root.mainloop()
```

실행결과

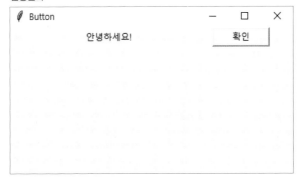

Hello!! Hello!! Hello!!

sayhello()라는 함수를 만들고, 버튼 객체를 생성할 때 command 옵션에 sayhello 함수를 넣었습니다. command는 '명령하다'라는 뜻이죠. 단어 뜻 그대로 버튼을 클릭할 때 실행될 명령어가 바로 함수 sayhello()라는 의미입니다. sayhello()는 'Hello!! '를 3번 출력하는 함수입니다.

확인 버튼을 클릭해도 tkinter 화면에는 아무 일도 벌어지지 않습니다. 그런데 결과창에 'Hello!! '가 3번 출력됩니다. 왜 tkinter 화면이 아닌 결과창에 출력될까요?

print()는 화면이 아닌 결과창에 출력하는 명령어입니다. 지금까지 tkinter 화면에 텍스트를 나타내려면 레이블을 만들고 text 옵션으로 레이블에 표시할 텍스트를 설정했습니다. 배운 대로라면 다음처럼 만듭니다.

```python
lbl2 = Label(root, text='Hello!! Hello!! Hello!! ')
lbl2.grid(row=1, column=0)
```

실행결과

기존 코드에 앞의 코드를 더해 실행해 보면 오류는 발생하지 않지만, 의도치 않은 문제가 생깁니다. 버튼을 클릭하지 않아도 텍스트가 보이죠. 버튼을 클릭할 때 텍스트가 보이게 하려면 화면을 처음 생성할 때 두 번째 레이블(lbl2)에는 어떤 글자도 보이지 않아야 합니다. 그리고 버튼을 클릭했을 때만 텍스트가 보여야 하죠. 따라서 lbl2 객체에 들어가는 값이 화면을 생성할 때와 버튼을 클릭할 때에 달라야 합니다.

이처럼 화면이 생성된 후에 변하는 값을 저장하는 변수를 **동적변수**라고 합니다. 동적변수는 화면이 만들어진 이후 다양한 이벤트에 의해 값이 변합니다. 동적변수도 변수이므로 사용하려면 먼저 만들어야 합니다. 동적변수의 값이 문자열일 때는 StringVar(), 정수형일 때는 IntVar()로 만듭니다. 그리고 실수형은 float()가 아닌 DoubleVar()로 만듭니다.

형식

```
변수명 = StringVar() # 또는 IntVar(), DoubleVar()
```

그리고 객체에 textvariable 옵션을 줘서 사용할 동적변수를 지정합니다.

형식

```
레이블명 = Label(root, textvariable=동적변수)
```

동적변수를 만들고 실행해 보면 동적변수가 들어 있는 공간은 아무것도 없는 빈 공간으로 보입니다. 이런 동적변수의 값을 변경하고 싶을 때 set()을 사용합니다. set()에 변경하려는 값을 넣고 실행하면 동적변수 위치에 변경하려는 값이 나타납니다.

형식

```
동적변수.set(변경값)
```

앞의 코드를 동적변수를 사용하는 방식으로 수정해 봅시다.

```
# ----- 프로그램 기능 부분 -----
def sayhello():
    txt.set('Hello!! ' * 3) # sayhello() 함수 실행 시 동적변수 txt에 값 넣기

# ----- 프로그램 화면 부분 -----
root = Tk()
root.title('Button')
root.geometry('400x200')

lbl1 = Label(root, text='안녕하세요! ', width=40)
lbl1.grid(row=0, column=0)
btn1 = Button(root, text='확인', width=10, command=sayhello)
btn1.grid(row=0, column=1)
```

```
txt = StringVar() # 동적변수 txt 정의
lbl2 = Label(root, textvariable=txt, width=40, height=3) # 레이블에 동적변수 txt 설정
lbl2.grid(row=1, column=0, columnspan=2)


root.mainloop()
```

실행결과

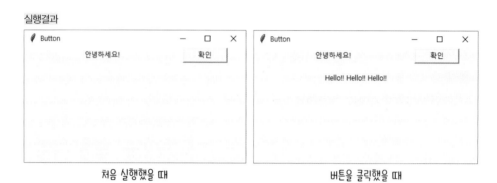

| 처음 실행했을 때 | 버튼을 클릭했을 때 |

프로그램 화면 부분에 추가된 코드부터 봅시다. StringVar()로 문자를 받는 동적변수 txt를 만들었습니다. 레이블 객체를 생성할 때 textvariable 옵션으로 동적변수 txt를 설정했습니다. 레이블의 크기와 위치도 적절하게 추가했고요. 동적변수는 레이블을 생성하기 전에 만들어야 레이블의 textvariable 옵션에 설정할 수 있습니다. 이를 그림으로 표현하면 다음과 같습니다. 레이블 lbl2 안에 동적변수 txt가 들어 있는 형태입니다.

그림 15-7 레이블에 설정된 동적변수

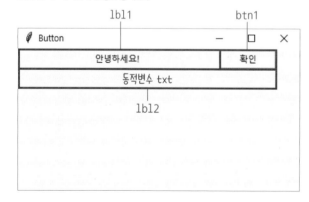

sayhello() 함수도 수정했습니다. 두 번째 레이블인 lbl2 객체는 처음에 아무것도 없다가 버튼을 클릭하고 나면 'Hello!! Hello!! Hello!! '로 변경돼야 합니다. sayhello() 함수는 버튼을 클릭했을 때 실행될 이벤트이므로 set()에 변경될 txt의 값 'Hello!! ' * 3을 넣습니다.

코드를 실행하면 초기 화면은 이전과 동일합니다. 확인 버튼을 누르면 화면에 'Hello!! Hello!! Hello!! '가 나타납니다. 이때 코드가 실행되는 순서는 다음과 같습니다.

그림 15-8 버튼 클릭 시 코드 실행 순서

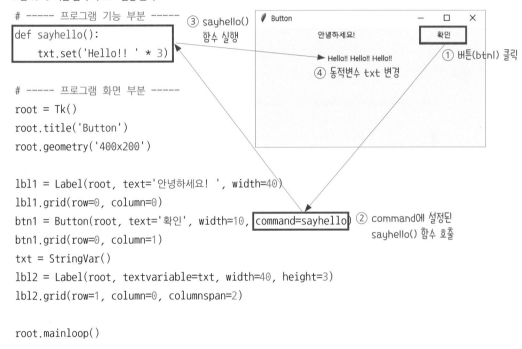

```
# ----- 프로그램 기능 부분 -----
def sayhello():
    txt.set('Hello!! ' * 3)


# ----- 프로그램 화면 부분 -----
root = Tk()
root.title('Button')
root.geometry('400x200')


lbl1 = Label(root, text='안녕하세요! ', width=40)
lbl1.grid(row=0, column=0)
btn1 = Button(root, text='확인', width=10, command=sayhello)
btn1.grid(row=0, column=1)
txt = StringVar()
lbl2 = Label(root, textvariable=txt, width=40, height=3)
lbl2.grid(row=1, column=0, columnspan=2)


root.mainloop()
```

버튼을 클릭하면 command로 설정된 sayhello() 함수가 호출됩니다. 호출된 sayhello() 내부에서 txt.set('Hello!! ' * 3)이 실행되면 lbl2 객체에 설정된 txt의 값이 변경되어 레이블에 표시됩니다.

버튼으로 구구단 프로그램의 화면 만들기

배운 내용을 활용해 구구단 프로그램의 화면을 작성해 봅시다. 구구단 문제는 반복문을 배울 때부터 꾸준히 접했기 때문에 이제 익숙해졌을 겁니다. 화면은 다음처럼 구성합니다.

그림 15-9 **구구단 프로그램 화면 구성**

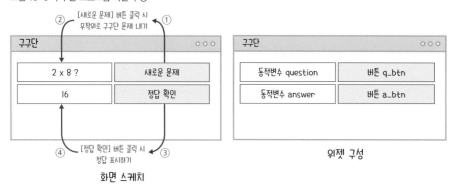

화면 스케치

위젯 구성

첫 번째 행의 오른쪽에 있는 [새로운 문제] 버튼을 클릭하면 첫 번째 행 왼쪽에 문제가 나타납니다. 그리고 두 번째 행의 오른쪽에 있는 [정답 확인] 버튼을 클릭하면 두 번째 행의 왼쪽에 정답이 나타납니다. [새로운 문제] 버튼을 클릭할 때마다 이전과는 다른 문제가 나와야 합니다. 따라서 새로운 문제가 나타나는 위치에는 화면이 생성된 후 값이 변하는 동적변수를 사용합니다. 답이 나타나는 부분도 동일합니다. 문제가 변하면 정답도 변해야 하므로 동적변수를 사용합니다.

정리한 내용을 코드로 작성해 봅시다. 프로그램 화면 부분부터 작성해 보겠습니다.

```
from tkinter import *

root = Tk()
root.title('구구단')

question = StringVar() # 무작위로 생성된 구구단 문제를 저장하는 동적변수
q_lbl = Label(root, textvariable=question, width=30) # 구구단 문제가 나타나는 레이블
q_lbl.grid(row=0, column=0)

q_btn = Button(root, text='새로운 문제', width=10)
q_btn.grid(row=0, column=1)

a_btn = Button(root, text='정답 확인', width=10)
a_btn.grid(row=1, column=1)

answer = StringVar() # 구구단 문제의 정답을 저장하는 동적변수
a_lbl = Label(root, textvariable=answer, width=30) # 구구단 정답이 나타나는 레이블
a_lbl.grid(row=1, column=0)
```

```
root.mainloop()
```

실행결과

프로그램 화면 구성은 어렵지 않습니다. 구구단 프로그램을 띄울 창을 만듭니다. 그리고 문제와 정답을 출력할 레이블, 새로운 문제를 출력할 버튼과 정답을 확인할 버튼 4가지 위젯을 만들면 됩니다.

먼저 2개의 레이블은 q_lbl과 a_lbl로 만듭니다. 이때 레이블에서 동적변수를 사용하므로 동적변수를 레이블보다 먼저 만들어야 합니다. StringVar()로 바뀌는 문제를 저장할 동적변수 question과 문제에 따라 바뀌는 정답을 저장할 answer를 만듭니다.

> **TIP** answer를 IntVar()로 정의하면 처음에 자동으로 0을 저장하게 되어 실행한 직후 정답 레이블에 0을 표시합니다. 그래서 동적변수를 StringVar()로 만듭니다.

첫 번째 레이블은 버튼을 클릭할 때마다 문제가 바뀌어야 하므로 textvariable=question으로 동적변수를 설정해 문제를 가져옵니다. 두 번째 레이블도 버튼을 클릭할 때마다 정답이 바뀌어야 하므로 textvariable=answer로 동적변수를 설정해 정답을 가져옵니다. 버튼 2개도 각각 q_btn, a_btn으로 만듭니다. 레이블 크기는 너비 30, 버튼 크기는 너비 10으로 통일했고, 높이는 둘 다 설정하지 않았습니다. root 창의 크기도 설정하지 않았습니다. 창의 크기를 설정하지 않으면 자동으로 위젯 크기에 맞춥니다.

이제 프로그램 기능 부분을 하나씩 구현해 봅시다. [새로운 문제] 버튼을 클릭하면 동적변수 question의 값이 바뀌고, question의 값을 표시하는 q_lbl 레이블에 새로운 문제가 나타나야죠. q_btn을 클릭하면 실행되는 사용자 정의 함수 make_question()을 다음과 같이 만듭니다.

```python
import random

# 무작위로 구구단 문제를 출제하는 함수
def make_question():
    num1, num2 = random.randint(2, 9), random.randint(1, 9)
    question.set(str(num1) + 'x' + str(num2) + '? ')
```

random 라이브러리를 추가하고 make_question() 함수에 무작위로 구구단 문제를 내는 코드를 작성합니다. 구구단 문제는 앞에서 여러 번 다루었으므로 여기서는 설명을 생략하겠습니다. 5장을 참고해 코드를 작성하고 마지막에 출제한 문제를 동적변수 question에 set() 함수로 설정하는 부분만 추가하면 됩니다.

[정답 확인] 버튼을 누르면 실행되는 이벤트도 작성해 봅시다. a_btn을 누르면 문제에 해당하는 답이 a_lbl 레이블에 나타나야 합니다. 구구단 문제의 정답은 num1 * num2이죠. a_btn 버튼을 누르면 정답인 num1 * num2를 동적변수 answer에 설정하는 사용자 정의 함수 check_answer()를 만듭니다.

```
def check_answer():
    answer.set(num1 * num2)
```

이제 만들어진 코드를 합치면 됩니다. 합치기 전에 make_question()과 check_answer() 함수에 사용하는 변수 num1, num2를 봅시다. num1, num2는 두 함수에서 공통으로 사용합니다. 특정 함수에서만 사용하는 지역변수로 만들면 다른 함수에서는 두 변수를 읽거나 쓸 수 없겠죠? 따라서 num1, num2는 함수 외부에 정의해 전역변수로 만들고, make_question()에서 global 키워드를 사용해 값을 변경할 수 있게 합니다.

설명대로 프로그램 기능 부분을 모두 작성하고 버튼에 두 함수를 연결합니다. 최종 코드는 다음과 같습니다(기존과 동일한 코드는 생략 표시했습니다).

```
from tkinter import *
import random

# ----- 프로그램 기능 부분 -----
num1, num2 = 0, 0 # 전역변수

def make_question():
    global num1, num2
    num1, num2 = random.randint(2, 9), random.randint(1, 9)
    question.set(str(num1) + 'x' + str(num2) + '? ')
def check_answer():
    answer.set(num1 * num2)
```

676

```
# ----- 프로그램 화면 부분 -----
...
q_btn = Button(root, text='새로운 문제', width=10, command=make_question)
q_btn.grid(row=0, column=1)

a_btn = Button(root, text='정답 확인', width=10, command=check_answer)
a_btn.grid(row=1, column=1)
...
```

실행결과

| [새로운 문제] 버튼을 클릭했을 때 | [정답 확인] 버튼을 클릭했을 때 |

[새로운 문제] 버튼을 클릭하면 문제가 출제되고 [정답 확인] 버튼을 클릭하면 문제에 맞는 답이 나옵니다. 정상적으로 실행되지 않는다면 버튼에 command로 함수를 연결했는지 확인해 보세요. [새로운 문제] 버튼을 계속 클릭해서 이전과는 다른 문제가 출제되는지, [정답 확인] 버튼을 클릭하면 정답이 제대로 나오는지 확인해 보세요.

이처럼 버튼은 사용자 정의 함수와 동적변수를 적절히 활용해 다양한 기능을 구현할 수 있습니다.

15.2.4 엔트리

세 번째 위젯으로 화면에서 값을 입력받을 수 있는 **엔트리**(Entry)를 배워 보겠습니다. entry는 '들어옴', '입장' 등을 의미하죠. 단어의 의미처럼 엔트리를 사용하면 화면을 통해 들어오는 값을 프로그램에서 입력받을 수 있습니다.

엔트리 만들기

간단한 엔트리를 하나 만들어 봅시다.

```
from tkinter import *

root = Tk()
root.title('entry')
root.geometry('400x200')

ent = Entry(root, width=25)
ent.grid(row=0, column=0)

root.mainloop()
```

화면에 흰 칸이 하나 생겼습니다. 이렇게 생긴 입력칸이 바로 엔트리입니다. 엔트리 역시 tkinter에 Entry 클래스가 정의돼 있어서 클래스를 활용해 엔트리 객체를 만듭니다. 다른 위젯처럼 엔트리를 배치할 창(root)을 가장 먼저 만듭니다. 엔트리도 width, height로 너비와 높이를 지정합니다.

텍스트 레이블도 추가해서 다음과 같이 나타내 봅시다.

```
root = Tk()
root.title('entry')
root.geometry('400x200')

lbl = Label(root, text='이름 : ' , width=10)
lbl.grid(row=0, column=0)
ent = Entry(root, width=25)
```

```
    ent.grid(row=0, column=1)

root.mainloop()
```

실행결과

엔트리 앞에 레이블을 추가해서 입력칸에 이름을 적도록 안내합니다. 입력칸에 텍스트를 입력해 보면 잘 입력됩니다.

입력된 텍스트를 프로그램으로 읽어 들여 봅시다. 엔트리에 입력된 값을 가져올 때는 get() 함수를 사용합니다. 버튼 하나를 추가하고, 버튼이 클릭될 때 엔트리에 입력된 값을 가져와 보겠습니다.

```
def entry_value():
    print(ent.get()) # 함수 실행 시 get()으로 ent의 값을 읽어 들여 출력함

root = Tk()
root.title('entry')
root.geometry('400x200')

lbl = Label(root, text='이름 : ' , width=10)
lbl.grid(row=0, column=0)
ent = Entry(root, width=25)
ent.grid(row=0, column=1)
btn = Button(root, text='확인', width=0, command=entry_value)
btn.grid(row=0, column=2)

root.mainloop()
```

실행결과

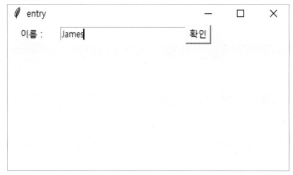

James

버튼 객체 btn을 만들고 엔트리의 오른쪽에 배치했습니다((row=0, column=2)). 버튼을 클릭하면 command로 연결된 entry_value()가 실행됩니다. 사용자 정의 함수 entry_value()는 ent에 입력된 값을 읽어와 결과창에 출력합니다. ent에 입력된 값은 ent.get()으로 읽어옵니다.

앞서 동적변수의 값을 창에 표시할 때는 set()을 사용했죠. get()은 set()과 반대로 창에 입력된 값을 읽어옵니다.

그림 15-10 get()과 set() 함수의 동작

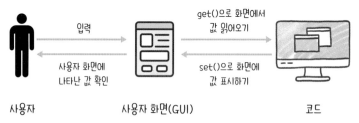

[확인] 버튼을 누르면 창에서는 아무 일도 일어나지 않지만, 코드의 결과창에는 창에 입력한 이름이 출력됩니다. James를 입력하니 결과창에 James가 출력됩니다. 창에서 값을 제대로 읽어왔다는 것이죠.

로그인 화면 만들기

지금까지 배운 레이블, 버튼, 엔트리는 사용자 화면을 구성하는 가장 기본적인 요소입니다. 기본 요소들로 로그인 화면을 만들어 봅시다. 가장 흔하게 접하는 로그인 화면은 대부분 다음과 같은 형태입니다. 로그인 화면에서 아이디와 비밀번호를 입력하고 로그인 버튼을 누르면 회원으로 입장할 수 있습니다.

그림 15-11 로그인 화면

먼저 화면을 구성해 봅시다. 첫 번째 행에는 아이디와 관련한 텍스트 레이블과 엔트리, 두 번째 행에는 비밀번호와 관련한 텍스트 레이블과 엔트리가 배치되면 됩니다. 그리고 가장 오른쪽에는 두 행을 병합해 [로그인] 버튼을 만듭니다. 먼저 코드를 직접 작성해 본 후 책을 참고하세요.

```
# ----- 프로그램 화면 부분 -----
root = Tk()
root.title('Login')
root.geometry('400x200')

id_lbl = Label(root, text='아이디 ', width=10)
id_lbl.grid(row=0, column=0)
id_ent = Entry(root, width=20)
id_ent.grid(row=0, column=1)

pw_lbl = Label(root, text='비밀번호', width=10)
pw_lbl.grid(row=1, column=0)
pw_ent = Entry(root, width=20)
pw_ent.grid(row=1, column=1)

btn = Button(root, text='로그인', width=5, height=3)
btn.grid(row=0, column=2, rowspan=2)

root.mainloop()
```

실행결과

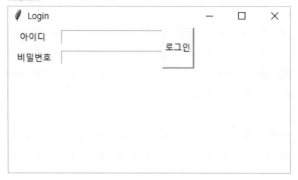

위젯 5개를 만들고 grid()로 배치합니다. 첫 번째 행의 텍스트 레이블과 엔트리는 각각 id_
lbl, id_ent로, 두 번째 행의 텍스트 레이블과 엔트리는 각각 pw_lbl, pw_ent로 만듭니다. [로
그인] 버튼인 btn은 두 행을 병합해야 하므로 rowspan을 2로 설정합니다.

다음으로 기능 부분을 구현해 봅시다. [로그인] 버튼을 누르면 입력된 아이디와 비밀번호를 검
증해 로그인 성공 또는 로그인 실패를 안내해야 합니다. 사용자 정의 함수 login()을 만들고
btn 버튼에 command로 연결합니다. 보통은 회원이 여러 명이지만, 여기에서는 간단하게 한 명
의 회원만 로그인할 수 있게 합니다. 아이디 Lian, 비밀번호 1234로만 로그인되고 그밖의 조
합은 로그인 실패로 처리합시다. 로그인 결과는 세 번째 행에 새로운 텍스트 레이블을 만들어
알려 주겠습니다. 이 코드도 먼저 작성해 본 후 책을 참고하세요. 앞 코드와 동일한 내용은 생
략하고 추가되거나 달라진 부분만 나타냈습니다.

```python
# ------ 프로그램 기능 부분 -----
def login():
    if id_ent.get() == 'Lian' and pw_ent.get() == '1234':
        result.set('로그인 성공!')
    else:
        result.set('로그인 실패. \n아이디와 비밀번호를 다시 확인하세요!')

# ----- 프로그램 화면 부분 -----
...
btn = Button(root, text='로그인', width=5, height=3, command=login)
btn.grid(row=0, column=2, rowspan=2)

result = StringVar() # 로그인 성공 여부를 저장하는 동적변수
# 로그인 성공 여부를 나타내는 텍스트 레이블
```

```
result_lbl = Label(root, textvariable=result, width=30)
result_lbl.grid(row=2, column=0, columnspan=3)


root.mainloop()
```

실행결과

아이디와 비밀번호를 제대로 입력했을 때

아이디와 비밀번호를 잘못 입력했을 때

동적변수 result를 정의하고 세 번째 행에 로그인 결과를 나타내는 result_lbl 레이블을 생성한 뒤 연결했습니다. result_lbl 레이블은 처음에 아무것도 없다가 로그인 버튼을 클릭하면 결과를 표시해야 하므로 변하는 값을 저장하는 동적변수를 사용했습니다.

로그인 결과는 [로그인] 버튼을 눌렀을 때 결정됩니다. 로그인 성공 또는 로그인 실패 둘 중 하나죠. [로그인] 버튼을 눌렀을 때 login() 함수가 실행됩니다. 입력된 아이디와 비밀번호는 id_ent.get()과 pw_ent.get()으로 읽어옵니다. 조건문을 이용해 읽어온 아이디와 비밀번호가 Lian, 1234와 같으면 result에 '로그인 성공!'을 저장합니다. 아이디와 비밀번호 중 하나라도 다르면 '로그인 실패'를 저장합니다.

다양한 조합의 아이디와 비밀번호를 입력해 보세요. 입력값을 읽어서 조건문으로 판별한 후 결과를 화면에 나타내는 프로세스를 잘 알아두면 '사용자 - 화면 - 코드'의 상호작용을 이해하기 쉽습니다.

15.2.5 콤보박스

이번에는 콤보박스를 만들어 보겠습니다. 여러 선택지 중 일부를 선택하는 위젯은 콤보박스 외에도 라디오버튼, 체크박스 등이 있지만 이 책에서는 콤보박스만 다루겠습니다.

콤보박스 만들기

콤보박스(Combobox)는 클릭했을 때 여러 선택지가 드롭다운 형태로 나타나는 위젯입니다. 한 번에 여러 개를 보여줘야 하기 때문에 리스트로 데이터를 설정합니다. 콤보박스를 사용하려면 from tkinter.ttk import *를 추가해야 합니다. ttk는 tkinter 패키지 내부에 있는 모듈인데, from tkinter import *로는 추가되지 않아서 from tkinter.ttk import *를 추가로 작성해야 합니다. ttk는 콤보박스를 만드는 Combobox 클래스를 포함하고 있습니다.

Combobox 클래스로 콤보박스 객체를 생성하고, values 옵션으로 선택지를 담은 리스트를 설정합니다. 콤보박스를 만들어 봅시다.

```python
from tkinter import *
from tkinter.ttk import *

root = Tk()
root.title('ComboBox')
root.geometry('400x200')

# 콤보박스에 나타낼 리스트
characters = ['죠르디', '프로도', '라이언', '무지', '어피치']
# 콤보박스 객체 생성, characters 리스트 연결
combo = Combobox(root, values=characters)
combo.pack()

root.mainloop()
```

실행결과

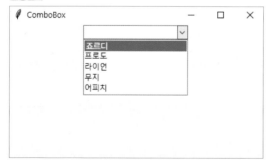

캐릭터 이름 5개가 들어간 characters 리스트를 만듭니다. 그리고 Combobox 클래스의 객체 combo를 만들면서 values 옵션에 characters 리스트를 값으로 설정합니다. 생성된 콤보박스를 클릭하면 리스트의 요소가 드롭다운 형태로 나타납니다.

이번에는 grid()를 사용해 콤보박스 왼쪽에 '캐릭터 이름'이라는 텍스트 레이블을, 오른쪽에 [선택]이라는 버튼을 추가해 봅시다. 버튼을 누르면 선택된 캐릭터의 이름을 출력합니다. 코드를 작성해 봅시다.

```python
root = Tk()
root.title('ComboBox')
root.geometry('400x200')

def select():
    print('선택된 캐릭터는', combo.get())

lbl = Label(root, text='캐릭터 이름', width=10, anchor='center')
lbl.grid(row=0, column=0)

characters = ['죠르디', '프로도', '라이언', '무지', '어피치']
combo = Combobox(root, values=characters, width=30)
combo.grid(row=0, column=1)

btn = Button(root, text='선택', command=select, width=10)
btn.grid(row=0, column=2)

root.mainloop()
```

실행결과

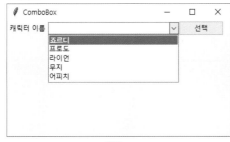

실행 시

선택된 캐릭터는 어피치

어피치 선택 시

화면 코드부터 봅시다. 레이블(lbl)과 버튼(btn)을 만들고 grid()로 콤보박스와 같은 행에 배치했습니다. 그리고 버튼을 클릭하면 select()가 실행되도록 command로 설정했습니다.

select() 함수 부분을 봅시다. 콤보박스에서 선택된 캐릭터 이름을 가져와 출력합니다. 콤보박스의 값은 엔트리처럼 get()으로 가져옵니다. 콤보박스에서도 화면에 값을 표시할 때는 set()을, 화면에서 값을 가져올 때는 get()을 주로 활용합니다.

콤보박스로 구구단 프로그램의 화면 만들기

콤보박스를 사용해 구구단 프로그램의 화면을 바꿔 봅시다. 이번에는 구구단 문제를 내면 콤보박스에서 5개의 선택지를 보여 주고 답을 고르도록 프로그램을 작성합니다. 이때 콤보박스의 선택지 중 하나는 정답이고 나머지는 오답입니다. 정답을 선택한 후 [정답 확인] 버튼을 클릭하면 정답과 오답을 안내하겠습니다. 화면은 다음과 같이 구성합니다.

그림 15-12 변경된 구구단 프로그램 화면

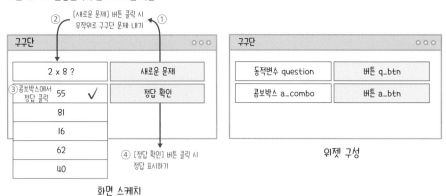

화면 스케치

프로그램 화면부터 작성해 봅시다. 앞에서 작성한 코드에서 정답을 출력하는 레이블 부분을 콤보박스로 변경하면 됩니다. 콤보박스에 표시할 선택지 리스트의 이름은 selection으로 하겠습니다.

```
from tkinter import *
from tkinter.ttk import *

# ----- 프로그램 화면 부분 -----
root = Tk()
root.title('구구단')
```

```
root.geometry('400x200')

question = StringVar()
q_lbl = Label(root, textvariable= question, width=30, anchor='center')
q_lbl.grid(row=0, column=0)
q_btn = Button(root, text='새로운 문제', width=10)
q_btn.grid(row=0, column=1)

selection = [] # 콤보박스에 연결할 리스트
a_combo = Combobox(root, values=selection, width=30)
a_combo.grid(row=1, column=0)
a_btn = Button(root, text='정답 확인', width=10)
a_btn.grid(row=1, column=1)

root.mainloop()
```

실행결과

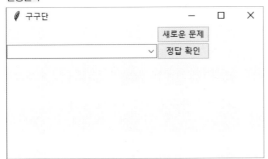

앞에서 작성한 구구단 프로그램에서 창 크기를 추가하고, 정답을 보여 주는 레이블 대신 콤보 박스를 추가했습니다.

버튼을 클릭할 때 실행되는 새로운 이벤트를 작성해 보겠습니다. [새로운 문제] 버튼을 클릭하면 make_question() 함수가 실행됩니다. 이때 구구단 문제를 무작위로 만들면서 동시에 콤보박스에 넣을 5개의 숫자도 만들어야 합니다. selection에는 정답 1개와 오답 4개가 필요합니다. 그리고 정답이 항상 같은 위치에 있으면 안 되겠죠? 정답 위치도 무작위로 결정돼야 합니다.

문제를 만드는 부분은 기존 코드를 그대로 사용하고 selection 부분만 추가하면 됩니다. [새로운 문제] 버튼을 클릭할 때마다 선택지 selection을 초기화해야 합니다. 이전 문제의 선택지를 비워야 하기 때문이죠. 그리고 오답으로 제시할 무작위 숫자 4개를 selection에 추가해야 하

고요. 오답은 구구단 결괏값 중 가장 작은 숫자인 2부터 가장 큰 숫자인 81까지 중에서 4개를 무작위로 넣겠습니다.

```python
import random

# ----- 프로그램 기능 부분 -----
num1, num2 = 0, 0

def make_question():
    global num1, num2
    # 문제 만들기
    num1, num2 = random.randint(2, 9), random.randint(1, 9)
    question.set(str(num1) + 'x' + str(num2) + '? ')
    # 선택지 초기화하고 새로 만들기
    selection = []
    for i in range(4):
        selection.append(random.randint(2, 81))
```

정답을 끼워 넣을 차례입니다. 현재 selection에는 4개의 요소가 있으므로 인덱스 [0]부터 [3]까지 있습니다. 정답을 추가하면 인덱스는 [4]까지로 늘겠죠. 정답은 selection의 무작위 위치에 들어가야 하므로 0~4 중 하나를 무작위로 선택해야 합니다. 6장에서 다루지는 않았지만 리스트 중간에도 값을 추가할 수 있습니다. 형식은 다음과 같습니다.

> **형식**
>
> 리스트명.insert(인덱스, 값)

randint()를 활용해 0부터 4 사이에서 인덱스를 구하고, 해당 인덱스에 정답인 num1 * num2를 끼워 넣으면 됩니다. 다음으로 완성된 선택지 selection을 콤보박스와 다시 연결해야겠죠? 콤보박스의 values에 새로운 값은 콤보박스명['vaules'] = 리스트명 형식으로 넣습니다. 따라서 여기에서는 a_combo['values'] = selection이 됩니다. set()을 사용하면 selection의 각 요소가 모두 한 줄로 표시되어 선택지가 하나로 나오기 때문에 이 방식을 사용합니다.

```
import random

# ----- 프로그램 기능 부분 -----
num1, num2 = 0, 0

def make_question():
    global num1, num2
    # 문제 만들기
    num1, num2 = random.randint(2, 9), random.randint(1, 9)
    question.set(str(num1) + 'x' + str(num2) + '? ')
    # 선택지 초기화하고 새로 만들기
    selection = []
    for i in range(4):
        selection.append(random.randint(2, 81))
    # 무작위 위치에 정답 끼워 넣기
    idx = random.randint(0, 4)
    selection.insert(idx, num1 * num2)

    # 콤보박스에 변경된 리스트 연결하기
    a_combo['values'] = selection
```

[새로운 문제] 버튼(q_btn)에 완성된 make_question 함수를 이벤트로 연결한 후 프로그램을 실행해 봅시다. 프로그램 기능 부분과 화면 부분 코드를 합쳐서 실행해야 합니다. 통상적으로 함수를 위에 작성하니 **프로그램 기능 → 프로그램 화면** 순서로 작성하는 것이 좋습니다.

```
q_btn = Button(root, text='새로운 문제', width=10, command=make_question)
```

실행결과

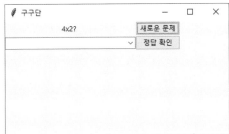

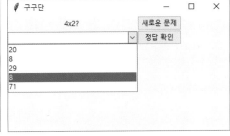

[새로운 문제] 클릭 시   콤보박스에서 정답 고르기

[새로운 문제] 버튼을 클릭할 때마다 다른 구구단 문제가 나타나고, 콤보박스에도 새로운 선택지가 나옵니다.

15.2.6 메시지박스

메시지박스(Messagebox)는 웹에서 흔히 볼 수 있는 알림창입니다. 메시지박스는 메시지 종류에 따라 기본, 정보, 경고, 질문 유형이 있는데, 여기서는 정보와 경고 유형 중 오류 메시지박스를 사용하겠습니다. 다른 유형은 https://docs.python.org/3/library/tkinter.messagebox.html?highlight=messagebox를 참고해 주세요.

메시지박스 만들기

메시지박스를 사용하려면 tkinter 패키지의 messagebox 모듈을 포함해야 합니다. 콤보박스 때처럼 from tkinter.messagebox import *로 작성하면 됩니다. 이렇게 모듈을 포함한 후 help(messagebox)를 실행하면 메시지박스에 대한 정보를 확인할 수 있습니다.

정보 유형의 메시지박스는 showinfo() 함수로 표시합니다. showinfo()는 다음과 같이 사용합니다.

> **형식**
> ```
> showinfo(title='팝업창명', message='메시지')
> ```

다음 코드를 실행해 봅시다.

```
from tkinter import *
from tkinter.messagebox import *

root = Tk()
root.geometry('400x200')
showinfo(title='메시지박스', message ='회원가입이 완료됐습니다!')
root.mainloop()
```

실행결과

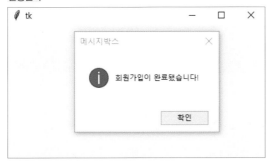

showinfo()는 information의 약자인 i가 이미지로 나타납니다.

오류 유형의 메시지 박스는 showerror()를 사용합니다. 사용 방식은 동일합니다. 앞의 코드에서 showinfo() 부분만 변경한 후 실행해 봅시다.

```
showerror(title='메시지박스', message='이미 가입한 회원입니다!')
```

실행결과

showerror()는 X 표시가 이미지로 나타납니다.

구구단 프로그램에 메시지박스 추가하기

구구단 프로그램에서 정답을 확인하는 부분을 아직 작성하지 않았습니다. 이번에는 선택한 답이 맞는지 확인하는 check_answer() 함수를 작성한 후 [정답 확인] 버튼을 클릭하면 선택한 콤보박스의 값이 정답인지 아닌지를 알려 주는 메시지박스를 추가해 보겠습니다.

앞의 구구단 프로그램에서 [정답 확인] 버튼을 클릭했을 때 check_answer() 함수가 실행되게 합니다. check_answer() 함수에서는 선택한 값이 정답이면 '정답입니다!'를, 정답이 아닐 때는 '다시 한번 풀어 보세요.'를 메시지박스로 표시합니다. 전체 코드를 작성해 봅시다.

```python
from tkinter import *
from tkinter.ttk import *
from tkinter.messagebox import *
import random

# ----- 프로그램 기능 부분 -----
# 전역변수
num1, num2 = 0, 0
selection = []  # 전역변수로 위치 이동

def make_question():
    global num1, num2
    # 문제 만들기
    num1, num2 = random.randint(2, 9), random.randint(1, 9)
    question.set(str(num1) + 'x' + str(num2) + '? ')

    # 선택지 만들기
    for i in range(4):
        selection.append(random.randint(2, 81))
    idx = random.randint(0, 4)
    selection.insert(idx, num1 * num2)
    a_combo['values'] = selection

def check_answer():
    if int(a_combo.get()) == num1 * num2:
        showinfo(title='정답 확인!', message='정답입니다.')
    else:
        showerror(title='정답 확인!', message='다시 한번 풀어 보세요!')

# ----- 프로그램 화면 부분 -----
root = Tk()
root.title('구구단')
root.geometry('400x200')
```

```
question = StringVar()
q_lbl = Label(root, textvariable=question, width=30, anchor='center')
q_lbl.grid(row=0, column=0)
q_btn = Button(root, text='새로운 문제', width=10, command=make_question)
q_btn.grid(row=0, column=1)

a_combo = Combobox(root, values=selection, width=30)
a_combo.grid(row=1, column=0)
a_btn = Button(root, text='정답 확인', width=10, command=check_answer)
a_btn.grid(row=1, column=1)

root.mainloop()
```

실행결과

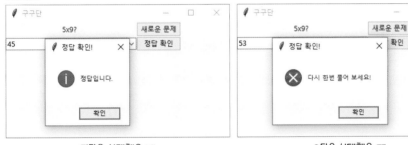

정답을 선택했을 때   오답을 선택했을 때

[정답 확인] 버튼(a_btn)에 command로 check_answer() 함수를 연결했습니다. 기존의 check_answer() 함수는 정답을 계산해 동적변수 answer에 넣는 함수였죠. 여기서는 콤보박스의 값을 읽어와 정답과 비교하는 함수로 바꿨습니다. 콤보박스의 값은 a_combo.get()으로 읽어오는데, 이때 유의할 점이 있습니다. 읽어온 값은 문자열로 인식되기 때문에 정수형 정답(num1 * num2)과 비교하려면 int()로 감싸서 정수형으로 바꿔야 합니다. 그리고 이 값을 정답과 비교해 일치하는 경우에는 showinfo()를, 일치하지 않는 경우에는 showerror()를 실행하도록 조건문을 작성했습니다. 함수 내부에 있던 selection = []는 프로그램 전체에서 사용하므로 전역변수 정의 부분으로 올렸습니다. 정답도 선택하고 오답도 선택하며 메시지박스가 잘 뜨는지 확인해 보세요.

이제 그럴듯한 구구단 프로그램이 됐습니다. 일부 위젯만 알아봤지만, '사용자 – 화면 – 코드' 간의 흐름을 이해한다면 다른 위젯도 사용하기 어렵지 않을 겁니다.

15.2.7 프레임

웹 페이지를 보면 화면을 구역별로 나눠 비슷한 콘텐츠끼리 묶어 놓는 것을 볼 수 있습니다. 이렇게 웹 페이지 화면을 구역별로 나누는 것을 **프레임**(frame)이라고 합니다.

예를 들어, 우리에게 익숙한 포털 사이트 화면은 다음 그림처럼 구역을 나눌 수 있습니다.

그림 15-13 웹 사이트 화면의 프레임

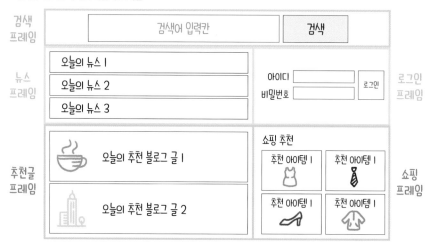

tkinter에서도 프레임 위젯을 활용해 비슷한 성격을 가진 위젯이나 위치가 가까운 위젯끼리 묶어 구역을 설정할 수 있습니다. 다른 위젯과 마찬가지로 Frame 클래스의 객체를 만들고, 이 객체에 위젯을 배치하면 해당 프레임에 위젯이 나타납니다. 프레임도 여러 개를 만들어 배치할 수 있습니다.

로그인 화면에 프레임 만들기

엔트리에서 만든 로그인 화면을 수정해 2개의 프레임으로 구성해 보겠습니다.

```
from tkinter import *

# ----- 프로그램 화면 부분 -----
root = Tk()
root.title('frame')
root.geometry('400x200')
```

```
frame_A = Frame(root, relief='groove', borderwidth=2)
frame_A.grid(row=0, column=0)
frame_B = Frame(root, relief='groove', borderwidth=2)
frame_B.grid(row=1, column=0)

id_lbl = Label(frame_A, text='아이디 ', width=10, height=2)
id_lbl.grid(row=0, column=0)
id_ent = Entry(frame_A, width=20)
id_ent.grid(row=0, column=1)

pw_lbl = Label(frame_B, text='비밀번호', width=10, height=2)
pw_lbl.grid(row=0, column=0)
pw_ent = Entry(frame_B, width=20)
pw_ent.grid(row=0, column=1)

root.mainloop()
```

실행결과

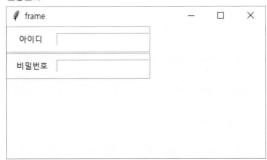

기본 창인 root를 먼저 만들었듯이 위젯을 만들기 전에 위젯을 배치할 프레임을 먼저 만들어야 합니다. 여기서는 frame_A와 frame_B라는 2개의 프레임 객체를 만들었습니다. 이렇게 만든 프레임도 기존 창에 구역을 만드는 것이므로 root를 기본 창으로 설정했습니다. 그리고 프레임을 확실하게 표현하기 위해 테두리 모양은 relief='groove'로, 테두리 두께는 borderwidth=2로 설정했습니다. frame_B도 같은 방법으로 만듭니다. 프레임 역시 place(), pack(), grid()로 배치할 수 있는데, 여기서는 grid()를 사용해 frame_A를 첫 번째 행에, frame_B를 두 번째 행에 배치했습니다.

그림 15-14 프레임의 화면 배치

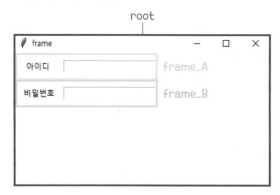

프레임 생성과 배치가 끝나면 위젯을 배치합니다. 아이디를 출력하는 레이블 객체 id_lbl과 아이디를 입력받는 엔트리 객체 id_ent를 만들 때, 위치할 곳을 root가 아닌 frame_A로 지정합니다. 그래야 frame_A 구역에 두 위젯이 배치됩니다. pw_lbl과 pw_ent도 마찬가지로 위치할 곳을 frame_B로 지정합니다. 위젯을 배치할 때는 전체 창(root)이 아닌, 해당 프레임 내에서의 위치를 지정하면 됩니다. 예를 들어 pw_lbl과 pw_ent는 root를 기준으로 하면 row=1 위치에 있지만, frame_B를 기준으로 했을 때 row=0에 위치합니다. 따라서 row=0으로 설정합니다.

프레임을 설정한 웹 페이지 화면 만들기

이번에는 포털 사이트의 메인 화면을 단순하게 만들어 보겠습니다. 가장 위에 사이트 로고와 이름이 있고, 그 아래에는 정보를 검색할 수 있도록 검색 구역과 오늘의 날씨를 알려 주는 날씨 구역을 넣어 봅시다.

```python
from tkinter import *

root = Tk()
root.title('렛츠기릿 포털 사이트')
root.geometry('400x200')

# ----- 프레임 생성 -----
frame_logo = Frame(root)
frame_logo.grid(row=0, column=0)
frame_search = Frame(root)
frame_search.grid(row=1, column=0)
frame_weather = Frame(root)
frame_weather.grid(row=2, column=0)
```

```
# ----- 로고 프레임 -----
logo = PhotoImage(file='lets get it.png')
logo = logo.subsample(6, 6)
logo_label = Label(frame_logo, image=logo)
logo_label.grid(row=0, column=0)
site_title = Label(frame_logo, text='렛츠기릿', font=('Malgun Gothic', 20))
site_title.grid(row=0, column=1)


# ----- 검색 프레임 -----
search_lbl = Label(frame_search, text='검색어 입력', width=10)
search_lbl.grid(row=0, column=0)
search_ent = Entry(frame_search, width = 35)
search_ent.grid(row=0, column=1)
search_btn = Button(frame_search, text='검색', width=8)
search_btn.grid(row=0, column=2)


# ----- 날씨 프레임-----
weather_title = Label(frame_weather, text='오늘의 날씨', font=('Malgun Gothic',
10), width=10)
weather_title.grid(row=0, column=0, rowspan =2)
weather_temperature = Label(frame_weather, text='28도', font=('Malgun Gothic',
14), width=5)
weather_temperature.grid(row=0, column=1, rowspan=2)
weather_explain = Label(frame_weather, text='흐림, 어제보다 0도 높아요. 체감온도
30.4', width=35)
weather_explain.grid(row=0, column=2)
weather_info = Label(frame_weather, text='미세먼지 좋음 / 초미세먼지 좋음', width=35)
weather_info.grid(row=1, column=2)


root.mainloop()
```

실행결과

총 3개의 프레임을 만들고 프레임에 각각 위젯을 넣었습니다. frame_logo, frame_search, frame_weather를 위에서부터 순서대로 배치하고 frame_logo에는 텍스트 레이블과 이미지 레이블로 사이트 이름과 로고를, frame_search에는 레이블, 엔트리, 버튼으로 '검색어 입력' 텍스트, 검색창, 검색 버튼을 일렬로 배치했습니다. frame_weather에는 레이블로 '오늘의 날씨' 텍스트, 기온과 날씨 상세 내용을 배치했습니다.

코드의 전체 구조는 다음과 같습니다.

그림 15-15 프레임과 위젯의 구조

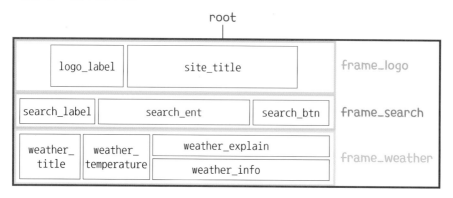

프레임을 사용하지 않고 앞의 위젯을 전부 root에 grid( )로 배치한다면 격자의 칸별로 너비와 높이를 통일해야 하기 때문에 유연하게 배치하기가 어렵습니다. 그리고 추가하거나 수정할 사항이 생겼을 때 위젯의 배치를 모두 수정해야 할 수도 있어서 매우 비효율적입니다.

유사한 기능이나 인접한 위젯끼리 프레임으로 묶으면 해당 프레임 안에서는 다른 프레임과 다른 새로운 배치를 사용할 수도 있고, 위젯을 추가 또는 삭제하더라도 해당 프레임 안에서만 수정하면 되기 때문에 프로그램의 유지 보수가 훨씬 쉽습니다.

2 다음은 sayhello 리스트의 값을 화면에 보여 주는 프로그램입니다. [-->] 버튼을 누를 때마다 화면에 현재 보이는 값의 오른쪽 요소 값이 화면에 표시됩니다. 코드를 보고 틀린 설명을 고르세요.

```python
from tkinter import *

sayhello = ['안녕하세요', 'hello', '니하오', '봉쥬르']
idx = 0    # sayhello 리스트의 인덱스

# ----- 프로그램 기능 부분 -----
def plus():
    (가)
    idx = (idx + 1) % 4
    (나)

# ----- 프로그램 화면 부분 -----
root = Tk()
root.geometry('200x100')

hello_txt = StringVar()
hello_lbl = Label(root, textvariable=hello_txt, width=20)
hello_lbl.grid(row=0, column=0)

btn_plus = Button(root, text='-->', command=plus, width=5)
btn_plus.grid(row=0, column=1)

root.mainloop()
```

실행결과

| 첫 실행 시 | [-->] 한 번 클릭 | [-->] 두 번 클릭 |

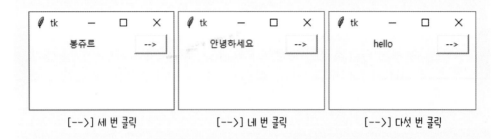

| [-->] 세 번 클릭 | [-->] 네 번 클릭 | [-->] 다섯 번 클릭 |

① idx는 전역변수다.

② plus() 함수에서 idx를 변경하려면 (가)에는 global idx가 들어가야 한다.

③ (나)에 들어갈 코드는 hello_txt.get(sayhello[idx])다.

④ hello_txt는 동적변수다.

⑤ 버튼을 클릭할 때마다 plus()가 실행된다.

정답 및 해설: 해설 노트 749쪽

핫플레이스 프로젝트에
화면 입히기

핫플레이스 프로젝트에 tkinter를 사용해 화면을 입혀 보겠습니다. 지금까지는 코드 결과창에 지역별 그래프를 그렸는데, 이번에는 코드를 숨기고 프로그램 화면으로만 표현해 결과가 더 직관적으로 보이는 프로그램을 만들어 봅시다.

기본 기능은 13장에서 완성했으므로 코드를 프로그램 화면에 맞게 수정하는 방향으로 작성해 보겠습니다. 13장에서 완성한 핫플레이스 프로젝트 파일을 열어 두고, 주피터 노트북에 새로운 파이썬 파일을 하나 만듭니다. 인구 데이터 파일(LOCAL_PEOPLE_DONG_201912.csv)과 행정동코드 파일(dong_code.csv), 위치 데이터 파일(dong_location.csv)도 새로 만든 파이썬 파일과 같은 폴더에 있어야 합니다.

15.3.1 프로그램 화면 만들기

화면부터 구성해 봅시다. 핫플레이스 프로젝트에서 화면에 보여야 하는 부분은 어디일까요? 입력이 필요한 부분과 결과겠죠.

입력 부분부터 봅시다. 분석이 시작되려면 행정동명을 입력받아야 합니다. 그리고 입력받은 행정동명의 행정동코드를 찾아야죠. 입력은 엔트리로 받고, 행정동코드를 찾는 함수가 실행되도록 버튼으로 이벤트를 설정합니다. 버튼은 각 엔트리 옆에 배치합시다. 입력할 부분이 또 있습니다. 하위 목표 4에서 두 지역을 비교할 때도 비교할 행정동명을 입력받는 엔트리와 행정동코드로 변환하는 버튼이 필요합니다.

추가로 사용자가 보기 편하게, 분석을 시작하기 전에 인구 분석을 시작한다는 안내 문구를 넣겠습니다. 입력된 행정동명에 따라 출력되는 내용이 달라지므로 동적변수를 활용한 레이블을 만들면 됩니다.

프로젝트에서 진행하는 분석은 총 4가지입니다. 따라서 어떤 분석을 진행할지도 입력받아야 합니다. 이런 경우에는 버튼을 사용하면 좋겠죠? 분석별로 각각 버튼을 만듭시다. 마지막으로 버튼을 클릭하면 결과 분석 그래프가 화면에 보이게 합니다.

정리해서 화면을 스케치해 보겠습니다.

그림 15-16 핫플레이스 프로젝트 프로그램 화면

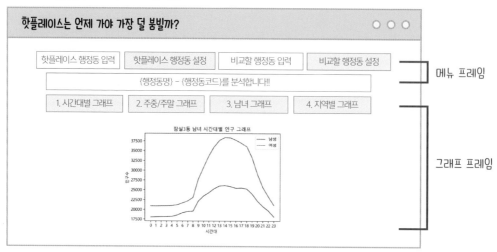

화면을 스케치하고 보니 구역이 보입니다. 프레임을 활용해 위젯을 묶을 수 있겠네요. 크게 메뉴 영역과 그래프 영역으로 나눠 프레임을 구성하고 개별 위젯을 만들어 보겠습니다.

코드를 작성해 봅시다.

```
from tkinter import *

# ----- 프로그램 화면 부분 -----
root = Tk()
root.geometry('800x500')
root.title('핫플레이스는 언제 가야 가장 덜 붐빌까?')

# ----- 프레임 -----
```

```python
Menu = Frame(root)
Menu.grid(row=0, column=0)
Graph = Frame(root)
Graph.grid(row=1, column=0)

# ----- 메뉴 프레임 -----
dong_ent1 = Entry(Menu, width=20)
dong_ent1.grid(row=0, column=0)

dong_btn1 = Button(Menu, text='핫플레이스 행정동 설정', width=20)
dong_btn1.grid(row=0, column=1)

dong_ent2 = Entry(Menu, width=20)
dong_ent2.grid(row=0, column=2)

dong_btn2 = Button(Menu, text='비교할 행정동 설정', width=20)
dong_btn2.grid(row=0, column=3)

info = StringVar()
dong_lbl = Label(Menu, textvariable=info, font=('Malgun Gothic', 12))
dong_lbl.grid(row=1, columnspan=4)

# ----- 그래프 프레임 -----
btn1 = Button(Graph, text='1. 시간대별 그래프', width=20)
btn1.grid(row=0, column=0)

btn2 = Button(Graph, text='2. 주중/주말 그래프', width=20)
btn2.grid(row=0, column=1)

btn3 = Button(Graph, text='3. 남녀 그래프', width=20)
btn3.grid(row=0, column=2)

btn4 = Button(Graph, text='4. 지역별 그래프', width=20)
btn4.grid(row=0, column=3)

graph_lbl = Label(Graph)
graph_lbl.grid(row=1, column=0, columnspan=5)

root.mainloop()
```

실행결과

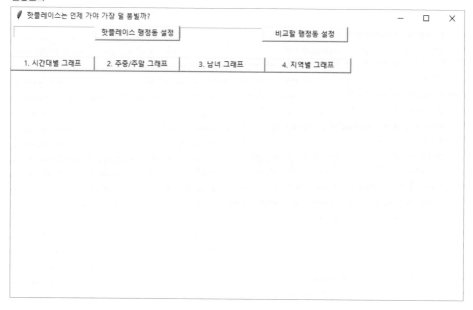

기본 창 root에 Menu와 Graph, 2개의 프레임을 배치했습니다. Menu 프레임에는 핫플레이스 행정동을 텍스트로 입력받는 dong_ent1 엔트리, 행정동코드로 변환하는 버튼의 dong_btn1, 비교할 행정동을 입력받는 dong_ent2 엔트리, 비교할 지역을 행정동코드로 변환하는 dong_btn2를 배치했습니다. Menu의 두 번째 행에는 '행정동명-행정동코드를 분석합니다!'가 출력되도록 동적변수 info를 정의하고 dong_lbl 레이블 객체를 만들었습니다.

15.3.2 프로그램 기능 구현하기

이번에는 13장 코드를 기반으로 프로그램 기능 부분을 수정해 봅시다..

파일 읽기

가장 먼저 인구 분석에 필요한 파일을 읽어야 하죠. 파일을 읽는 file_open() 함수를 화면에 맞게 수정해 보겠습니다. 화면 구현 부분과 프로그램 기능 구현 부분을 분리하기 위해(코드의 가독성이 좋아집니다) 에디터에서 tkinter 화면을 만드는 코드를 작성한 셀 위에 셀을 하나 추가하고 file_open()을 작성합니다. 13장에서 만든 함수와 같으니 그대로 복사해도 됩니다.

```python
import csv

# ----- 프로그램 기능 부분 -----
def file_open():
    f = open('LOCAL_PEOPLE_DONG_201912.csv', encoding='utf8') # 또는 'eur-kr',
'cp949'
    data = csv.reader(f)
    next(data)
    data = list(data)

    f2 = open('dong_code.csv', encoding = 'cp949') # 또는 'eur-kr', 'utf8'
    code_data = csv.reader(f2)
    next(code_data)
    next(code_data)
    code_data = list(code_data)

    for row in data:
        for i in range(1, 32):
            if i <= 2:
                row[i] = int(row[i])
            else:
                row[i] = float(row[i])

    for row in code_data:
        row[1] = int(row[1])

    return data, code_data
```

화면이 만들어지기 전에 데이터를 읽어야 합니다. 화면에는 파일 읽기를 실행하는 버튼이 없기 때문입니다. 따라서 파일 읽기 함수와 화면 코드 사이에 파일을 읽고 전역변수를 정의하는 data, code_data = file_open()을 넣습니다.

```python
# ----- 프로그램 기능 부분 -----
def file_open():
    ...

# 전역변수
```

```
data, code_data = file_open()

# ----- 프로그램 화면 부분 -----
root = Tk()
...
```

행정동명을 행정동코드로 변환하기

입력받은 행정동명의 행정동코드를 찾는 함수를 만들어 봅시다. 엔트리에 입력된 행정동명을
가져와 행정동코드 데이터인 code_data에서 검색해야 하죠? 비교 지역까지 2개의 행정동명을
입력받기 때문에 4개의 전역변수를 만들고 검색 함수도 2개를 만듭니다.

```
# ----- 프로그램 기능 부분 -----
def file_open():

    ...

# 핫플레이스가 있는 행정동명의 행정동코드(dong_code1)를 찾는 함수
def dong_search1():
    global dong_name1, dong_code1
    dong_name1 = dong_ent1.get()

    for row in code_data:
        if row[-1] == dong_name1:
            dong_code1 = row[1]
    info.set(dong_name1 + '-' + str(dong_code1) + '을(를) 분석합니다!')

# 비교할 행정동명의 행정동코드(dong_code2)를 찾는 함수
def dong_search2():
    global dong_name2, dong_code2
    dong_name2 = dong_ent2.get()

    for row in code_data:
        if row[-1] == dong_name2:
            dong_code2 = row[1]
    info.set(dong_name1 + '과 '+ dong_name2 + '을(를) 비교합니다!')

# 전역변수
data, code_data = file_open()
```

706

```
dong_name1, dong_code1 = '', ''    # 핫플레이스가 있는 행정동명과 행정동코드
dong_name2, dong_code2 = '', ''    # 비교할 행정동명과 행정동코드
```

dong_name1, dong_name2와 dong_code1, dong_code2를 전역변수로 정의해야 합니다. 함수에서 사용하는 전역변수는 함수 정의 전에 있는 것이 인지 순서상 더 편하지만, 코드의 가독성을 위해 기존 전역변수가 있는 곳 아래에 작성하겠습니다. 함수에서 사용하는 전역변수는 해당 함수 호출 전에만 정의되면 됩니다. 네 변수 모두 초깃값으로 빈 값을 넣어 줍니다.

tkinter에서 버튼의 이벤트로 연결되는 함수는 인자를 넣어서 전달할 수 없습니다. 예를 들어 command=dong_search('합정동')이 아닌 command=dong_search로 작성해야 합니다. 그래서 기존 dong_search() 함수를 dong_search1(), dong_search2()로 나누고 매개변수 없이 정의합니다. 각각 핫플레이스가 있는 행정동코드와 비교할 행정동의 코드를 찾는 함수입니다.

행정동명을 엔트리 입력에서 읽어와야 하므로 dong_ent1.get(), dong_ent2.get()으로 읽어와서 전역변수 dong_name1과 dong_name2에 값을 저장합니다. 이때 함수에서 전역변수의 값을 변경하므로 global로 선언합니다. 그리고 이 값을 code_data의 row[-1]과 비교합니다. 기존 코드에서 함수 dong_search()는 dong_code를 반환하는 부분이 있었지만, 여기서는 전역변수 dong_code1, dong_code2에 저장되므로 return으로 값을 반환하는 부분은 삭제해도 됩니다. 그리고 행정동명이 행정동코드로 제대로 변환됐다는 것을 사용자가 알 수 있게 set() 함수로 info 레이블에 값을 보여 줍니다.

> **TIP** 사실 lambda라는 익명함수를 사용하면 버튼 이벤트 연결에서도 인자를 전달할 수 있지만, 이 책에서는 다루지 않았기 때문에 전역변수를 활용합니다.

이제 함수를 버튼에 이벤트로 연결할 차례입니다. 프로그램 화면 부분에서 [핫플레이스 행정동 설정] 버튼에는 dong_search1() 함수를, [비교할 행정동 설정] 버튼에는 dong_search2() 함수를 이벤트로 연결해 봅시다.

```
# ----- 메뉴 프레임 -----
...
dong_btn1 = Button(Menu, text='핫플레이스 행정동 설정', width=20, command=dong_search1)
dong_btn1.grid(row=0, column=1)

...
```

```
dong_btn2 = Button(Menu, text='비교할 행정동 설정', width=20, command=dong_search2)
dong_btn2.grid(row=0, column=3)

...
```

실행결과

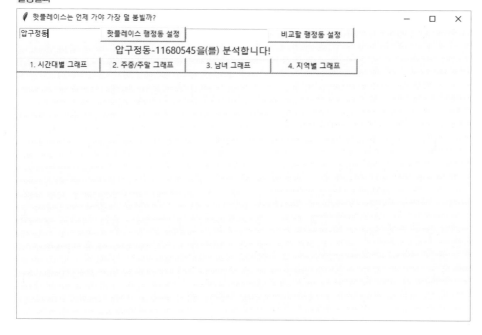

엔트리 두 곳에 행정동명을 입력해서 이벤트 연결이 잘 되나 확인해 보세요. 행정동명을 입력하고 버튼을 차례대로 클릭하면 info 레이블에 행정동명과 코드가 나타납니다. 이렇게 Menu 프레임을 완성했습니다.

그래프 그리기

다음으로 Graph 프레임 부분을 작성해 봅시다. 먼저 그래프 그리는 graph_plot() 함수입니다. graph_plot() 함수는 네 가지 분석 버튼을 눌렀을 때 분석 버튼에 이벤트로 연결된 함수들이 공통으로 호출하는 함수입니다. 따라서 그래프로 그릴 인구와 그래프 제목 등을 인자로 입력받아 그래프를 그리고 레이블 graph_lbl 위치에 나타내면 됩니다.

화면 위에 matplotlib으로 그래프를 직접 그릴 수 있으나 방법이 복잡해 이 책에서는 다루지 않습니다. 그래서 화면에 그래프를 직접 그리는 대신 그래프를 이미지로 저장한 후, 이를 PhotoImage

객체로 저장해 graph_lbl 레이블에 표시하는 방법을 사용하겠습니다. dong_search2() 함수 아래에 graph_plot() 함수를 정의하는 코드를 다음과 같이 추가합니다. graph_plot()은 버튼에 이벤트로 연결될 함수가 아니기 때문에 매개변수를 사용할 수 있습니다.

```python
import matplotlib.pyplot as plt

# 그래프 그리는 함수
def graph_plot(popu_list, label_list, graph_title):
    plt.figure(figsize=(10, 5)) # 그래프 크기 설정
    plt.rc('font', family='Malgun Gothic')
    plt.title(graph_title)
    for i in range(len(popu_list)):
        plt.plot(range(24), popu_list[i], label=label_list[i])
    plt.legend()
    plt.xlabel('시간대')
    plt.ylabel('평균인구수')
    plt.xticks(range(24), range(24))
    plt.savefig('graph.png') # 결과 그래프를 이미지로 저장하기
    plt.show()

    # 그래프 이미지를 PhotoImage의 객체로 만들고, graph_lbl 레이블에 표시하기
    graph_img = PhotoImage(file='graph.png')
    graph_lbl.configure(image=graph_img)
    graph_lbl.image = graph_img
```

그래프를 이미지로 저장하는 명령어는 plt.savefig('이미지 파일')입니다(확장자도 있어야 합니다). 실행하면 파이썬 파일이 위치한 폴더에 지정한 이름으로 그래프가 저장됩니다. 이 명령어는 plt.show() 바로 앞에 있어야 합니다. 이렇게 graph_plot() 함수에서 저장한 그래프 이미지가 graph_lbl 레이블에 표시되어야 합니다. 처음에는 비어 있던 graph_lbl에 이미지를 나타내는 방법은 다음과 같습니다.

15장 프로그램 화면 구성하기: tkinter

형식

```
이미지명 = PhotoImage(file='이미지 파일')
레이블명.configure(image=이미지명)
레이블명.image = 이미지명
```

먼저 이미지로 저장한 그래프를 PhotoImage의 객체로 만듭니다. 그리고 configure(image=이미지명)으로 레이블에 이미지를 보여 주게 합니다. 마지막으로 레이블명.image = 이미지명으로 이미지를 레이블에 나타냅니다.

> **TIP** configure() 메서드에 관한 자세한 내용은 help(Label.configure)를 실행해 확인해 보세요.

이 방법에 따라 graph_img = PhotoImage(file='graph.png')로 이미지 객체를 만든 후 graph_lbl.configure(image=graph_img)와 graph_lbl.image = graph_img로 graph_lbl 레이블에 이미지 객체 graph_img를 보여 주게 설정하면 됩니다.

인구 비교하기

첫 번째 버튼인 [1. 시간대별 그래프] 버튼에 연결할 이벤트인 analysis1() 함수를 13장을 참고해서 작성해 봅시다. 버튼에 연결되는 이벤트 함수라서 인자로 데이터를 전달받는 매개변수가 없어야 합니다. 그리고 두 지역을 비교하는 [4. 지역별 그래프] 버튼에서는 analysis1()을 호출하기 때문에 매개변수 graph_yn = 'y'는 필요합니다(코드는 거의 같으므로 변경된 부분만 표시합니다).

```python
def analysis1(graph_yn = 'y'):
    population = [0 for i in range(24)]
    for row in data:
        if row[2] == dong_code1:
            time, p = row[1], row[3]
            population[time] += p
    population = [p/31 for p in population]
    if graph_yn == 'n':
        return population

    population = [population]
    labels = ['평균인구']
    title = dong_name1 + ' 시간대별 평균인구'
    graph_plot(popu_list = population, label_list = labels, graph_title = title)
```

analysis1() 함수 작성이 끝나면 [1. 시간대별 그래프] 버튼에 이벤트로 연결합니다. 그리고 프로그램을 실행해 그래프가 나타나는지 확인해 보세요.

```
btn1 = Button(Graph, text='1. 시간대별 그래프', width=20, command=analysis1)
```

실행결과

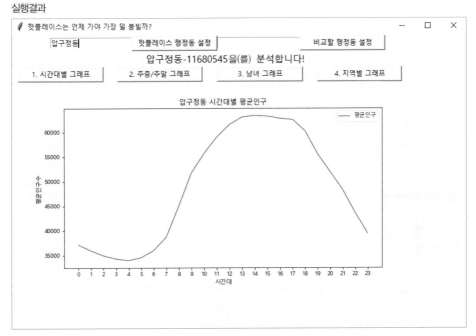

[1. 시간대별 그래프] 버튼 클릭 시

다른 분석도 동일하게 진행하면 됩니다. 데이터를 분석하는 함수는 매개변수를 삭제하고,
dong_name과 dong_code를 각각 dong_name1, dong_code1로 변경하는 것 외에는 다른 점이 없
습니다. analysis2(), analysis3()도 작성합시다(코드는 거의 같으므로 변경된 부분만 표시합
니다).

```
import datetime

def analysis2():
    weekday = [0 for i in range(24)]
    weekend = [0 for i in range(24)]

    for row in data:
        if row[2] == dong_code1:
            time, p = row[1], row[3]
```

```python
        year, mon, day = int(row[0][:4]), int(row[0][4:6]), int(row[0][6:])
        num = datetime.date(year, mon, day).weekday()
        if num < 5:
            weekday[time] += p
        else:
            weekend[time] += p

    weekday_cnt, weekend_cnt = 0, 0
    for i in range(1, 32):
        if datetime.date(2019, 12, i).weekday() < 5:
            weekday_cnt += 1
        else:
            weekend_cnt += 1
    weekday = [w/weekday_cnt for w in weekday]
    weekend = [w/weekend_cnt for w in weekend]

    data_set = [weekday, weekend]
    labels = ['주중', '주말']
    title = dong_name1 + ' 주중/주말 시간대별 평균인구'
    graph_plot(popu_list = data_set, label_list = labels, graph_title = title)

def analysis3():
    male = [0 for i in range(24)]
    female = [0 for i in range(24)]

    for row in data:
        if row[2] == dong_code1:
            time = int(row[1])
            male[time] += sum(row[4:18])
            female[time] += sum(row[18:32])

    male = [m/31 for m in male]
    female = [f/31 for f in female]

    data_set = [male, female]
    labels = ['남성', '여성']
    title = dong_name1 + ' 남녀 시간대별 평균인구'
    graph_plot(popu_list = data_set, label_list = labels, graph_title = title)
```

완성된 함수는 버튼에 이벤트로 연결합니다.

```
# ----- 프로그램 화면 부분 -----
...
btn2 = Button(Graph, text='2. 주중/주말 그래프', width=20, command=analysis2)
...
btn3 = Button(Graph, text='3. 남녀 그래프', width=20, command=analysis3)
...
```

실행결과

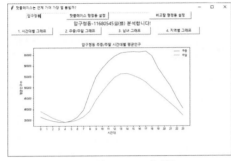 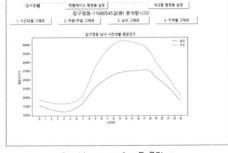

[2. 주중/주말 그래프] 버튼 클릭 시　　　　　[3. 남녀 그래프] 버튼 클릭 시

각각의 버튼을 클릭했을 때 두 그래프가 화면에 잘 나타납니다. 화면에 그래프 이미지가 나타나지 않으면 코드 결과창을 보면서 어떤 부분에서 오류가 발생하는지 추적해 틀린 부분을 수정해 보세요.

마지막으로 [4. 지역별 그래프] 버튼을 클릭할 때 실행되는 analysis4() 함수를 작성해 봅시다. 13장에서는 analysis1() 함수에 매개변수 dong_name, dong_code가 있어서 핫플레이스가 있는 행정동명과 코드, 비교할 행정동명과 코드를 인자로 전달하기만 하면 두 행정동의 평균인구를 구해 비교했습니다. 하지만 tkinter에서는 매개변수를 사용하지 않으므로 13장의 코드와는 다른 방식으로 접근해야 합니다.

analysis1()에서 이미 핫플레이스 행정동의 평균인구를 구했으므로 analysis4()에서는 dong_name2, dong_code2로 비교할 행정동의 평균인구를 직접 구하고 주중/주말 인구나 성별 인구를 비교할 때처럼 비교 그래프를 그리면 됩니다.

```
def analysis4():
    population1 = analysis1(graph_yn = 'n')
    population2 = [0 for i in range(24)]
    for row in data:
        if row[2] == dong_code2:
            time, p = row[1], row[3]
            population2[time] += p
    population2 = [p/31 for p in population2]

    data_set = [population1, population2]
    labels = [dong_name1, dong_name2]
    title = dong_name1 + '과 ' + dong_name2 + ' 시간대별 평균인구'
    graph_plot(popu_list = data_set, label_list = labels, graph_title = title)
```

작성한 함수를 btn4 버튼에 이벤트로 연결한 후 실행해 봅시다.

```
btn4 = Button(Graph, text='4. 지역별 그래프', width=20, command=analysis4)
```

실행결과

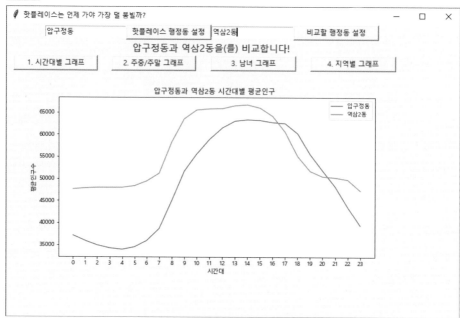

두 지역의 인구 그래프가 잘 나타납니다. 핫플레이스 프로젝트에 화면을 입히니 좀 더 프로그램다워지고 인구 분석하기도 좀 더 편해졌습니다. 이를 응용해 다양한 프로젝트를 직접 작성해 보세요! 프로그래밍 실력이 느는 것이 느껴질 겁니다.

전체 프로그램 구조는 다음과 같습니다(전체 코드는 소스 코드에서 확인해 주세요).

```python
# ----- 프로그램 기능 부분 -----
import csv
import datetime
import matplotlib.pyplot as plt
from tkinter import *

def file_open() :
    ...
def dong_search1() :
    ...
def dong_search2() :
    ...
def graph_plot(popu_list, label_list, graph_title):
    ...
def analysis1(graph_yn = 'y'):
    ...
def analysis2():
    ...
def analysis3():
    ...
def analysis4():
    ...

# 전역변수
data, code_data = file_open()        # 파일 읽기
dong_name1, dong_code1 = '', ''      # 핫플레이스가 있는 행정동명과 행정동코드
dong_name2, dong_code2 = '', ''      # 비교할 행정동명과 행정동코드

# ----- 프로그램 화면 부분 -----
root = Tk()
root.geometry('800x500')
root.title('핫플레이스는 언제 가야 가장 덜 붐빌까?')
```

```
# ----- 프레임 -----
...
# ----- 메뉴 프레임 -----
...
# ----- 그래프 프레임 -----
...
root.mainloop()
```

파이썬의 기본적인 개념과 사용법을 배우고 이를 적용해 프로젝트까지 구현해 봤습니다. 책에서는 인구 데이터 분석을 진행했지만 직접 데이터를 선정해 나만의 프로젝트를 작성해 보길 권장합니다.

프로그래밍은 아이디어를 현실화할 수 있는 효율적인 도구입니다. 아이디어를 논리적인 순서로 정리하고, 이를 프로그래밍으로 구현해 자동화할 수 있죠. 또한, 프로그래밍은 창의적인 발상을 현실화할 수 있는 훌륭한 도구입니다. 그렇기 때문에 프로그래밍을 전공자만 배워야 하는 것이 아니라, 모든 사람이 자신의 창의성을 실체화할 수 있는 방법으로 프로그래밍을 배워야 한다고 생각합니다.

그래서 이 책은 입문자가 배우기 어렵다고 판단되는 심화적인 부분은 배제하고 핵심 개념을 중심으로 설명했습니다. 예를 들어 클래스와 객체에서 상속 개념을 설명하지 않았고, matplotlib을 fig, ax = plt.subplot() 방식 대신 plt.plot()으로 설명한 것 등이 해당됩니다. 하지만 심화 부분을 알지 못하더라도 나만의 프로젝트를 할 수 있습니다. 그래서 이 책은 프로그래밍을 처음 배우는 분도 차근차근 혼자 공부할 수 있게 구성하려 노력했습니다. 만약 이 책을 통해 프로그래밍에 흥미를 느꼈다면 심화 내용을 다룬 다른 도서나 인터넷 검색을 통해 이 흥미를 지속하길 진심으로 기원합니다.

15 마무리

1 tkinter 창 나타내기

```
from tkinter import *

root = Tk()
# ----- 프로그램 화면 부분 -----
root.mainloop()
```

2 tkinter 창 설정하기

구분	형식
창의 제목 설정	root.title('창의 제목')
창의 크기 설정	root.geometry('가로 크기x세로 크기')
창이 나타나는 위치 설정	root.geometry('가로 크기x세로 크기+가로 위치+세로 위치')
창 크기 변경가능 여부 설정	root.resizable(너비변경여부, 높이변경여부) 변경할 수 있다면 True, 변경할 수 없다면 False

3 위젯

1) 위젯 만들기

> **형식**
> ```
> # 텍스트 레이블 객체 생성하기
> 레이블명 = Label(레이블위치, text='텍스트')
> # 이미지 레이블 객체 생성하기
> 이미지명 = PhotoImage(file='이미지 파일')
> 레이블명 = Label(레이블위치, image=이미지저장변수)
> # 버튼 객체 생성
> 버튼명 = Button(버튼위치, text='버튼에 나타낼 텍스트')
> # 엔트리 객체 생성
> 엔트리명 = Entry(입력칸위치)
> ```

```
# 콤보박스 객체 생성
from tkinter.ttk import *
콤보박스명 = Combobox(콤보박스위치, values='콤보박스에 나타낼 값(리스트)')
# 정보제공 메시지박스 띄우기
from tkinter.messagebox import *
showinfo(title='메시지 창 제목', message='나타낼 메시지')
# 오류 메시지박스 띄우기
from tkinter.messagebox import *
showerror(title='메시지 창 제목', message='나타낼 메시지')
```

2) 위젯에 공통으로 적용할 수 있는 옵션

구분	형식	옵션 값
위젯 너비 설정	width=너비	
위젯 높이 설정	height=높이	
위젯 내 텍스트 또는 이미지 정렬	anchor=정렬방식	center, e, w, s, n, se, sw, ne, nw
테두리 설정	relief=테두리모양	flat, groove, raised, ridge, solid, sunken
테두리 두께 설정	borderwidth=테두리두께	

3) 위젯에 추가로 적용할 수 있는 옵션과 명령어

위젯	설명	형식
버튼	이벤트 설정 옵션	command=함수명
콤보박스	콤보박스에 보여 줄 값 설정	콤보박스명.current(숫자)
	콤보박스에 새로운 값 설정	콤보박스명['values'] = 리스트

4 위젯 배치하기

구분	함수	형식	설명
절대위치	place()	위젯명.place(x=x좌표, y=y좌표)	좌표를 숫자로 직접 입력
상대위치	pack()	위젯명.pack()	위젯 간 상대위치 사용 위치 설정 옵션 side
	grid()	위젯명.grid(row=행, column=열)	격자를 활용한 상대위치 사용

Self Check

1 1분 퀴즈 2의 코드에 버튼 하나를 추가해 다음 화면처럼 나타나도록 작성해 보세요. [<--] 버튼은 [-->] 버튼과는 반대되는 기능으로, 현재 sayhello 리스트의 위치에서 왼쪽에 위치한 값을 화면에 나타냅니다.

실행결과

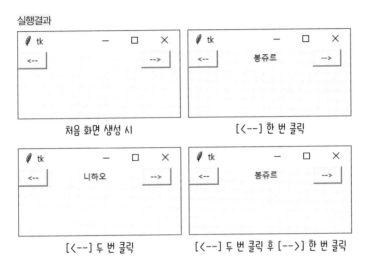

처음 화면 생성 시   [<--] 한 번 클릭

[<--] 두 번 클릭   [<--] 두 번 클릭 후 [-->] 한 번 클릭

2 퀴즈 프로그램을 tkinter를 활용해 작성하려고 합니다. 문제 3개를 출제한 후, 맞는지 틀린지 콤보박스로 된 O, X 중 하나를 선택하게 하고 몇 개가 맞았는지 알려 줍니다.

실행결과

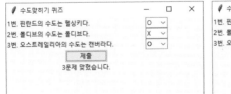

세 문제를 모두 맞혔을 때

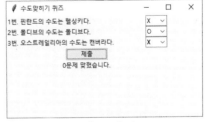

세 문제를 모두 틀렸을 때

다음은 앞의 프로그램을 만드는 코드입니다. summit을 정의하고, (가)~(마)에 알맞은 코드를 작성해 프로그램을 완성하세요. 퀴즈 프로그램의 정답은 1번은 O, 2번은 X, 3번은 O입니다.

```
from tkinter import *
from tkinter.ttk import *

def summit():
    # 이 부분을 작성하세요.

root = Tk()
root.title('수도맞히기 퀴즈')
root.geometry('400x200')

result = StringVar()
ox =['O', 'X']

# 1번 문제
lbl1 = Label(root, text='1번. 핀란드의 수도는 헬싱키다.', width=40)
lbl1.grid(row=0, column=0)

combo1 = Combobox(root, (가), width=3)
combo1.grid(row=0, column=1)

# 2번 문제
lbl2 = Label(root, text='2번. 몰디브의 수도는 몰디브다.', width=40)
lbl2.grid(row=1, column=0)

combo2 = Combobox(root, (가), width=3)
combo2.grid(row=1, column=1)

# 3번 문제
lbl3 = Label(root, text='3번. 오스트레일리아의 수도는 캔버라다.', width=40)
lbl3.grid(row=2, column=0)

combo3 = Combobox(root, (가), width=3)
combo3.grid(row=2, column=1)

btn = Button(root, text='제출', (나))
btn.grid((다), (라), columnspan=2)

lbl_result = Label(root, (마), width=35, anchor='center')
lbl_result.grid(row=4, column=0, columnspan=3)

root.mainloop()
```

정답 및 해설: 해설 노트 749쪽

해설 노트

2장

1분 퀴즈

1 정답 ③

파이썬 명령어에는 형식이 있습니다. print(), input()처럼 영단어에 반드시 소괄호가 붙죠. **2.1 파이썬 명령어의 형식**에 자세히 나와 있습니다.

2 정답 ⑤

출력 명령어의 기본 형식은 print()로, 소괄호 안에 있는 내용을 출력하는 것이 print() 명령어의 기본 역할이었습니다. 소괄호 안에 숫자를 넣을 때는 숫자만 넣으면 되지만, 문자를 넣을 때는 반드시 문자 양옆으로 작은따옴표(' ')나 큰따옴표("")를 붙여야 합니다. 내용이 다소 어렵다면 **2.2.2 출력 명령어 print()**를 복습해 보세요.

3 정답 ④

명령어 안에 명령어를 넣어 2개의 명령어를 한 줄의 코드로 실행할 수 있습니다. 아이디를 회원가입 인사에 넣는 코드를 작성할 때 print() 명령어 안의 명령어인 input()이 먼저 실행된 후 이를 둘러싼 print() 명령어가 실행된다고 배웠습니다.

Self Check

1

```
print('무궁화 꽃이 피었습니다!' * 3)
```

출력 명령어를 열심히 공부했다면 금방 알아챌 수 있었을 거예요. 반복되는 부분이 보이죠. '무궁화 꽃이 피었습니다!'가 세 번 반복됩니다. 문자를 여러 번 반복하는 방법은 **2.2.5 여러 요소 연결해 출력하기**에서 배웠습니다. 파이썬에서 문자와 숫자의 곱셈을 실행하면 숫자만큼 문자가 반복해서 출력됩니다. 직접 실행해 보세요!

2 오류/959595

'95'는 숫자처럼 보이지만 양옆에 작은따옴표가 있어서 컴퓨터는 문자로 인식합니다. 그래서 print('구오' + 3)처럼 보이죠. 컴퓨터는 문자와 숫자를 덧셈 연산할 수 없습니다. 그러므로 오류가 발생합니다.

아랫줄도 print('구오' * 3)으로 표현할 수 있습니다. 문자와 숫자는 덧셈 연산이 안 되지만, 곱셈만 오류 없이 실행됩니다. 다만 95에 3을 곱한 결과가 아니라 95를 3번 출력한 결과인 959595가 출력됩니다.

3

```
print(input('닉네임을 입력해 주세요. --> ') + '님 안녕하세요.')
```

이 문제는 출력 결과를 잘 분석하면 쉽게 풀 수 있습니다. 먼저 '라이언'과 '님 안녕하세요.' 두 부분으로 나눌 수 있을 것 같아요. '라이언'은 input() 명령어로 입력받고, '님 안녕하세요.'는 문자 출력이므로 print() 명령어를 사용하면 됩니다. 닉네임을 입력받아 문자와 연결해야 하니 먼저 실행해야 하는 input() 명령어를 print() 명령어 안에 넣고 + 연산자로 연결하면 됩니다. **2.3.4 여러 명령어 함께 실행하기**에 자세히 나와 있습니다. 잘 이해되지 않으면 정답의 명령어를 두 줄로 만들어서 실행해 보세요.

3장

1분 퀴즈

1 정답 ④

변수 a에 22가 저장되어 있을 때 print('a')를 실행하면 22가 아니라 a가 출력됩니다. a의 양옆에 작은따옴표가 보이죠? 이는 작은따옴표 안에 있는 a가 문자라는 뜻입니다. 변수 a에 저장된 값을 출력하고 싶다면 작은따옴표 없이 print(a)를 실행해야 합니다.

2 정답 ③

① 99.9

② 15.0

③ input()으로 입력받은 데이터는 문자열로 인식하므로 나누기 연산이 불가능해 오류가 발

생합니다. c = int(input(숫자 입력:))으로 작성해야 합니다.

④ 숫자 입력: **1**

   11111

⑤ 숫자 입력: **1**

   5

Self Check

1   입력받은 값을 저장할 변수가 필요합니다. me라는 변수에 입력된 값을 저장하고, 실행결과에 나오는 안내문을 추가해 출력합니다. 콤마는 공백을 포함해 출력하고, + 연산자는 공백 없이 출력한다는 점을 잘 활용하면 다음과 같이 작성할 수 있습니다.

```python
me = input('당신은 누구입니까? ')
print('나는', me + '이다.')
```

2   아이디와 이름, 두 항목을 입력받아야 합니다. 그다음 아이디가 필요한 부분에는 아이디를 저장한 변수 id를 사용하고, 이름이 필요한 부분에는 이름을 저장한 변수 name을 활용하면 됩니다.

```python
id = input('아이디 입력: ')
name = input('이름 입력: ')
print(name, '님! 회원가입을 환영합니다!')
print(id, '님에게 지금 즉시 사용 가능한 쿠폰 5개 발급!')
print(id, '님에게만 적립금 2000원 추가 지급!')
```

3   x = int(x)에서 오류가 발생합니다. 그 이유는 입력칸에 '파이썬'이라는 문자를 넣었기 때문인데요. 한글을 숫자로 변환할 수 없어서 ValueError가 발생합니다.

4   입력받는 항목이 총 3개입니다. 국어 점수, 수학 점수, 영어 점수를 저장할 변수를 각각 만들고 값을 입력받습니다. 연산해야 하므로 int()나 float()로 입력 명령어인 input()을 감싸면 됩니다.

```
# 입력받은 값을 정수형으로 바꾸는 코드
kor = int(input('국어 점수는? '))
mat = int(input('수학 점수는? '))
eng = int(input('영어 점수는? '))
score = kor * 0.16 + mat * 0.34 + eng * 0.23
print('최종 점수는', score, '입니다!')

# 입력받은 값을 실수형으로 바꾸는 코드
kor = float(input('국어 점수는? '))
mat = float(input('수학 점수는? '))
eng = float(input('영어 점수는? '))
score = kor * 0.16 + mat * 0.34 + eng * 0.23
print('최종 점수는', score, '입니다!')
```

4장

1분 퀴즈

1 정답 ④

'변수 a가 10과 같다'를 코드로 옮기면 a == 10입니다. a = 10은 변수 a에 10을 넣는(저장하는) 명령어입니다. 비교 연산자를 참고하세요.

2 정답 ④

0을 입력하면 a < 0 조건을 충족하지 않으므로 else로 넘어가 a *= 5를 실행합니다. 정상적으로 실행되고 결과로 0이 출력됩니다.

3 정답 ③, ⑤

```
gender = input('성별을 입력해 주세요. ')
if gender == '남성':
    print('<-- 남성전용탕은 왼쪽입니다.')
elif gender == '여성':
    print('여성전용탕은 오른쪽입니다. -->')
else:
```

```
    print('성별을 다시 입력해 주세요.')
```

(가)는 입력된 성별이 여성인 경우가 조건으로 들어가야 합니다. 첫 번째 조건으로 남성인 경우를 작성했으므로 두 번째 조건에서는 '남성이 아니라 여성이라면'을 나타내는 코드가 들어가야 합니다. 따라서 elif gender == '여성'으로 표현할 수 있습니다.

(나)는 잘못된 값이 입력된 경우로, 변수 gender가 '남성'도 '여성'도 아닌 경우를 표현해야 합니다. 첫 번째 조건과 두 번째 조건에 각각 남성과 여성인 경우를 작성했으므로 마지막에는 그 외 경우를 의미하는 else로 작성합니다.

4   **정답 ②**

92를 입력하면 C가 출력됩니다. 코드를 보면 먼저 a가 50 초과인 경우와 50 이하인 경우로 나누어집니다. 그리고 50 초과일 때는 내부에 세 가지 조건이, 50 이하일 때는 내부에 두 가지 조건이 더 있습니다. 50 초과인 수를 입력하면 3으로 나눈 나머지에 따라 각기 다른 알파벳을 출력합니다. 92를 입력하면 50보다 큰 숫자이므로 a > 50 조건을 충족합니다. 그리고 92를 3으로 나눈 나머지는 2이므로 a % 3 == 0과 a % 3 == 1 조건을 충족하지 않고 else에 해당합니다. 따라서 C가 출력됩니다.

Self Check

1
```
caugh = input('기침합니까? (Y/N) ')
fever = float(input('체온은 몇 도입니까? '))

if caugh == 'Y' and fever >= 38.5:
    print('독감일 수 있습니다.')
```

두 가지 조건을 모두 충족할 때 독감을 의심하는 내용을 출력합니다. 이때 두 가지 조건을 동시에 충족하게 하려면 and를 사용합니다. 기침 여부를 입력받아 저장하는 변수는 caugh, 체온을 입력받아 저장하는 변수를 fever라 합시다. input()으로 기침 여부와 체온을 입력받아 caugh와 fever에 저장합니다. 체온은 실수형으로 입력받으므로 값을 float()로 감싸 줍니다.

and가 아닌 if 문 2개를 겹쳐 쓰는 방식으로도 조건을 표현할 수 있습니다. 이때는 들여쓰기에 주의하세요.

```
caugh = input('기침합니까? (Y/N) ')
fever = float(input('체온은 몇 도입니까? '))

if caugh == 'Y':
    if fever >= 38.5:
        print('독감일 수 있습니다.')
```

2 이 문제는 다양한 방법으로 프로그래밍할 수 있습니다. 세 가지 방법이 가능한데 해설에서는 한 가지 방법을 제시합니다. 각자 편한 방법으로 프로그래밍하고, 결과만 정확하게 출력되면 됩니다. 조건 순서를 '김밥 → 라면 → 그 외 입력값'으로 진행한다면 다음과 같이 작성할 수 있습니다.

```
menu = input('어떤 메뉴가 궁금하신가요?')

if menu == '김밥':
    print('야채김밥: 2500원')
    print('참치김밥: 3500원')
elif menu == '라면':
    print('기본라면: 3500원')
    print('떡라면: 4000원')
    print('만두라면: 4000원')
else:
    print('올바른 메뉴를 입력해 주세요')
```

3 조건이 무려 4개나 됩니다. 이럴 때는 elif를 필요한 만큼 적어줍니다. 조건 4개는 잘못된 숫자를 입력한 경우, A 등급인 경우, B 등급인 경우, C 등급인 경우입니다. 이 순서대로 조건문을 작성합니다.

```
score = int(input('점수: '))
```

```
if score < 0 or score > 100:
    print('잘못된 숫자를 입력했습니다.')
elif score >= 80:
    print('A 등급')
elif score >= 40:
    print('B 등급')
else:
    print('C 등급')
```

점수가 음수 또는 100을 초과하면 범위에 맞지 않는 숫자를 입력했다고 출력합니다. 범위에 맞고 80 이상이면 A 등급을 출력합니다. 범위에 맞고 80 이상도 아니면서 40 이상이면 B 등급을 출력합니다. 마지막으로 범위에 맞고, 80 이상도 아니고 40점 이상도 아니면 C 등급을 출력합니다.

elif를 연속해서 사용하지 않고 중첩 조건문으로 구현할 수도 있습니다.

```
score = int(input('점수: '))

if score < 0 or score > 100:
    print('잘못된 숫자를 입력했습니다.')
else:
    if score >= 80:
        print('A 등급')
    elif score >= 40:
        print('B 등급')
    else:
        print('C 등급')
```

범위에 맞는 입력값과 범위에 맞지 않는 입력값을 먼저 if-else로 나누고, 범위에 맞는 입력값이라면 그 안에서 등급을 나누는 방식입니다.

5장

1분 퀴즈

1 정답 ③

for i in range(10, 20) 반복문은 i가 시작 숫자 10일 때부터 19(즉, 20-1)일 때까지 실행하고 종료합니다. 따라서 내부에 있는 명령어는 총 10번 실행합니다.

2 정답 ②

문제의 코드는 i가 0부터 99일 때까지 진행되는 반복문입니다. i에 처음으로 들어가는 숫자는 0이고, if 조건도, elif 조건도 충족하지 못하므로 else로 가서 print(i, end=' ')를 실행하게 됩니다. 따라서 가장 먼저 0을 출력합니다.

3 정답 ④

for i in range(20)은 i에 0부터 19까지의 수를 차례대로 넣으면서 반복문 내부의 명령어를 실행한다는 의미입니다. 가장 먼저 i에 0이 들어가면 if 문의 i % 2 == 0 조건을 충족해 print('짝수')가 실행됩니다. 다음으로 i에 1이 들어가면 조건을 충족하지 못하므로 else로 넘어가 '홀수'를 출력합니다. 그리고 (라) 위치에 넣은 break가 실행되므로 결과적으로 '짝수'와 '홀수'가 한 번씩 출력되고 프로그램이 종료됩니다.

Self Check

1 주어진 반복문에서 i에 들어가는 숫자가 1부터 10까지임을 고려해야 합니다. i에 1이 들어갈 때는 10을 출력하고, 2가 들어갈 때는 20을, 3이 들어갈 때는 30을 출력해야 하므로 i의 10배, 즉 i에 10을 곱해 출력하면 됩니다.

```
for i in range(1, 11):
    print(i * 10)
```

2 실행결과를 보면 5일과 10일에만 쉬고, 나머지 날에는 홈트레이닝을 합니다. 따라서 i가 5, 10인 경우에만 print(i, '일: 휴식일입니다.')를 실행할 수 있게 조건문을 작성하면 됩니다. 간단하게 i를 5로 나눈 숫자가 0인 경우(i % 5 == 0)로 작성할 수 있겠죠. 그리고

그 외의 경우는 else로 작성하면 됩니다.

```
print('홈트레이닝 2주 계획입니다.')
for i in range(1, 15):
    if i % 5 == 0:
        print(i, '일: 휴식일입니다.')
    else:
        print(i, '일: 스쿼트 - 윗몸 일으키기 - 유산소 운동')
```

3 실행결과에서 반복되는 부분과 반복 구간을 먼저 찾습니다. 이름과 횟수를 입력받고, 입력된 횟수만큼 이름을 출력하는 것이 총 5번 반복되죠. 따라서 반복되는 부분은 '이름과 횟수 입력받기, 이름을 횟수만큼 출력하기'입니다. 이름과 숫자는 input()으로 입력받아 각각 다른 변수에 저장합니다. 이때 횟수는 숫자이므로 int()로 감싸 줍니다. 이름을 횟수만큼 반복해서 출력하는 것은 힌트대로 print(name * cnt)로 작성하면 됩니다. 그리고 앞의 작업을 5번 반복하므로 range() 명령어를 이용해 반복문으로 작성하고 반복문 내부에 반복되는 부분을 넣습니다.

```
print('팅 팅팅팅 탱 탱탱탱 팅팅 탱탱 후라이팬 놀이!')
for i in range(5):
    name = input('이름? ')
    cnt = int(input('횟수? '))
    print(name * cnt)
```

6장

1분 퀴즈

1 **정답 ⑤**

리스트의 최댓값, 최솟값을 구하는 명령어는 도트를 사용하지 않고 max(), min() 괄호 안에 리스트를 넣습니다. 즉, max(a), min(a)로 작성합니다.

2 **정답 ④**

인덱스는 0부터 시작하므로 가장 마지막 인덱스는 전체 길이에서 1을 뺀 값입니다. 제시된 리스트의 길이는 5지만, 인덱스는 0, 1, 2, 3, 4입니다. 따라서 마지막 인덱스는 4이므로 print(menu[len(menu)])를 실행하면 인덱스 범위를 초과해 IndexError가 발생합니다.

3 **정답 ④**

리스트 A, B, C 중 하나에 저장된 숫자를 score 리스트에서 삭제하려면 remove()나 del 명령어가 있어야 하는데 코드에서는 사용되지 않았습니다. 따라서 리스트 score에 들어 있는 30개 요소는 프로그램이 종료될 때까지 그대로 유지됩니다. 다만, 두 번째 반복문을 거치면서 각 요소가 리스트 A, B, C 중 하나에 새롭게 추가될 뿐입니다.

4 **정답 ⑤**

'실제 점수가 목표 점수보다 낮은' 조건으로 코드로 작성하면 row[-1] < row[1]이 됩니다. 따라서 if row[-1] > row[1]은 목표 점수보다 실제 점수가 높은 경우이므로 조건이 틀렸습니다. 이 조건을 충족할 경우 목표 점수와 실제 점수의 차이를 출력해야 하므로 row[-1] - row[1]을 계산해 출력합니다.

● Self Check

1 두 리스트에 각각 도서 제목과 도서 가격을 넣은 후, 이 둘을 인덱스로 연결하는 문제입니다. 따라서 book_name[i]의 가격이 book_price[i]에 들어가야 합니다.

1) book_name의 길이에 맞춰 book_price에 가격을 넣습니다. 반복문에 직접 도서 종수인 6을 넣어도 되고, 리스트 길이를 이용해도 됩니다. 도서 가격은 15,000~25,000원 사이의 무작위 정수라고 했으므로 random.randint(15000, 25000)으로 구하고, append() 명령어로 book_price 리스트에 추가합니다. 마지막에 print() 명령어로 book_name과 book_price 리스트를 출력합니다. 도서 가격은 무작위 정수이므로 실행결과는 책과 다를 수 있습니다.

```
import random
book_name = ['역사탐험대', '파이썬', '학습법', '영단어', '여행에세이', '삼국지']
book_price = []
for i in range(len(book_name)):
```

```
    book_price.append(random.randint(15000, 25000))
print(book_name)
print(book_price)
```

실행결과

['역사탐험대', '파이썬', '학습법', '영단어', '여행에세이', '삼국지']
[22752, 17014, 23500, 21014, 16416, 24628]

2) 가장 비싼 책을 구하려면 ① book_price 리스트에서 max()로 가장 높은 가격을 구하고 ② index()로 이 금액이 book_price의 몇 번째 인덱스에 있는지 구해야 합니다. 마지막으로 가장 비싼 도서의 제목을 출력해야 하므로 ③ book_name 리스트에서 해당 인덱스에 있는 데이터를 출력합니다. book_name과 book_price는 서로 다른 리스트지만, 도서 제목 book_name[i]와 도서 가격 book_price[i]가 인덱스로 연결되어 있기 때문에 구할 수 있습니다. ①~③을 순서대로 코드로 작성하면 다음과 같습니다. 도서 가격은 무작위 정수이므로 실행결과는 책과 다를 수 있습니다.

```
expensive = max(book_price)           # ①
idx = book_price.index(expensive)     # ②
print('가장 비싼 책은', book_name[idx]) # ③
```

실행결과

가장 비싼 책은 삼국지

2 이차원 리스트 ranking의 한 행은 한 참가자의 순위와 득표수를 의미합니다. 열은 각각 순위, 참가자 이름, 이번 주 득표수, 지난주 득표수를 각각 의미하고요. 반복문에 ranking 리스트를 넣으면 각 참가자의 데이터를 사용할 수 있습니다.

1) 참가자의 순위와 이름은 열 인덱스 [0]과 [1]에 있습니다. 슬라이싱하면 row[:2]가 됩니다. 따라서 다음과 같이 코드를 작성하면 됩니다.

```
for row in ranking:
    print(row[:2])
```

```
[1, '라이언']
[2, '니니즈']
[3, '어피치']
[4, '프로도']
[5, '네오']
```

2) 이번 주 득표수는 열 인덱스 [2]에 있습니다. '이번 주 득표수가 50만 표가 넘는(초과한) 참가자의 이름과 이번 주 득표수를 출력하라'를 코드로 옮기면 다음과 같습니다.

```
for row in ranking:
    if row[2] > 500000:
        print(row[1:3])
```

실행결과

```
['라이언', 956412]
['니니즈', 861832]
['어피치', 796354]
['프로도', 534840]
```

3) 이 문제는 음수 인덱스를 사용해 작성해 봅시다. 이번 주 득표수 [-2]가 지난주 득표수 [-1]보다 적다면 그 차이를 출력하면 됩니다. 득표수 차이를 양수로 보려면 row[-1] - row[-2]로 계산하고, 음수로 '하락'의 의미를 나타내려면 row[-2] - row[-1]로 계산하면 됩니다.

```
for row in ranking:
    if row[-2] < row[-1]:
    print(row[1], row[-1] - row[-2], '표 하락') # 또는 print(row[1], row[-2] -
row[-1])
```

실행결과

```
니니즈 65343 표 하락
프로도 329486 표 하락
네오 260471 표 하락
```

4) 이번 주 득표수 또는 지난주 득표수가 80만 표를 넘었을 경우이므로 조건문으로 작성합니다. 이때 조건이 두 가지이고 둘 중 하나만 충족해도 되므로 or로 연결합니다.

```python
for row in ranking:
    if 800000 < row[-2] or 800000 < row[-1]:
        print(row[1], '80만 표 돌파!')
```

실행결과

```
라이언 80만 표 돌파!
니니즈 80만 표 돌파!
프로도 80만 표 돌파!
```

7장

1분 퀴즈

1 **정답 ②**

딕셔너리에 새로운 항목을 추가하는 방법은 딕셔너리명[키] = 값입니다. 따라서 history['고양이'] = 1을 실행해야 '고양이'를 키로, 1을 값으로 하는 데이터를 새로 추가할 수 있습니다.

2

```python
alibaba = " in a town of persia lived two brothers ,  sons of a poor man; one
named cassim ,  the other alibaba  .  cassim ,  the elder…"
vocab = {}
word_list = alibaba.split()
for w in word_list:
    if w not in vocab:
        vocab[w] = 1
    else:
        vocab[w] += 1
meaningless = ['.', ',', '!', '?', '"', "'", 's', 'the', 'he', 'and', 'to',
               'a', 'of', 'was', 'in', 'had', 'for', 'it', 'that', 'but', 'as',
               'with', 'at', 'i', 'into', 'be', 'this', 'me', 'from', 'then',
               'him', 'his', 'her', 'she', 'they', 'them', 'you']
```

```
for word in meaningless:
    del vocab[word]
vocab_final = sorted(vocab.keys())
print(vocab_final)
```

단어장을 정렬하는 sorted(vocab.items(), key=operator.itemgetter(1), reverse=True)를 sorted(vocab.keys()) 또는 sorted(vocab)으로 변경하면 키를 오름차순으로 정렬합니다. 딕셔너리의 키를 오름차순 정렬한 결과를 vocab_final에 저장한 후 바로 출력하면 단어가 알파벳 순서로 출력합니다.

Self Check

1   1) 딕셔너리에 새로운 데이터를 추가하는 방법은 딕셔너리명[키] = 값입니다. 이때 추가하려는 키가 딕셔너리에 없어야 합니다. 현재 day 딕셔너리에는 월요일부터 금요일까지의 키만 있으므로 토요일과 일요일을 딕셔너리에 추가할 수 있습니다.

```
day['토요일'] = 'Sat'
day['일요일'] = 'Sun'
```

2) 딕셔너리의 값을 바꾸는 방법은 데이터를 추가하는 방법과 같습니다. 다만, 키가 딕셔너리에 있을 때 데이터를 추가하는 방법을 사용하면 해당 키의 값을 변경하게 됩니다. 딕셔너리에 키가 있는지 없는지에 따라 데이터의 변경과 추가가 결정되니 유의하세요. 1)번 문제를 수행하고 나면 day 딕셔너리에 '일요일'을 키로 하는 항목이 생기므로 다음 코드로 값을 변경할 수 있습니다.

```
day['일요일'] = 'SUN'
```

3) 딕셔너리의 데이터를 삭제하는 명령어는 del입니다. 따라서 del day['수요일']을 실행하면 '수요일-Wed' 쌍을 삭제할 수 있습니다.

```
del day['수요일']
```

2
```
for k, v in book.items():
    if v <= 15000:
        book[k] *= 1.1
    else:
        book[k] *= 1.05
print(book)
```

먼저 book 딕셔너리의 값이 15,000 이하인지 초과인지를 판단해야겠죠. 이를 판단하는 것은 조건문을 사용하면 됩니다. 그리고 모든 딕셔너리 요소에 조건문을 적용해야 하므로 조건문을 반복문 안에 넣습니다. 반복문에서는 book 딕셔너리의 키와 값을 추출해 각각 변수 k, v에 저장하고 저장된 키와 값이 바뀔 때마다 조건문으로 v를 확인합니다. v가 15000 이하일 때는 book[k] = book[k] * 1.1을 실행해 도서 가격을 10% 인상하고, v가 15000을 초과할 때는 book[k] = book[k] * 1.05를 실행해 도서 가격을 5% 인상합니다. 실행결과는 다음과 같습니다.

실행결과
```
{'역사대모험': 21000.0, '영단어': 9900.0, '파이썬': 17850.0, '여행에세이': 23100.0,
'삼국지': 34650.0}
```

3
```
import operator
print(sorted(ranking.items(), key=operator.itemgetter(1), reverse=True))
```

값을 기준으로 ranking 딕셔너리를 내림차순 정렬하면 득표수가 높은 참가자부터 득표수가 낮은 참가자순으로 정렬할 수 있습니다. 이때 키와 값을 쌍으로 정렬해야 하므로 items()를 사용합니다. 기준이 값이므로 key=operator.itemgetter(1) 옵션을 추가합니다. 또한, 내림차순으로 정렬하도록 reverse=True 옵션도 추가해야 합니다. 실행결과는 다음과 같습니다.

[('라이언', 956412), ('니니즈', 861832), ('어피치', 796354), ('프로도', 534840),
('네오', 387896)]

8장

1분 퀴즈

1 **정답** ③

그래프 제목을 설정하는 명령어는 plt.title()이므로 그래프 제목에 '지출'을 넣어 표시하려면 plt.title('지출')을 추가해야 합니다. 문제의 코드로는 '지출'이라는 범례가 나타납니다.

2 **정답** ③

대부분 그래프는 x축과 y축으로 구성되지만, 그래프에 따라 2개의 리스트가 아닌 하나의 리스트만 넣어야 하는 경우도 있습니다. 히스토그램을 그리는 plt.hist()가 대표적입니다. 히스토그램은 데이터의 빈도를 자동으로 분석해서 그래프를 그리기 때문에 하나의 데이터 리스트만 있어도 자동으로 x축을 데이터로, y축을 데이터의 빈도로 하는 그래프를 그립니다. 직접 코드를 변경해 오류 내용을 살펴보세요.

3 **정답** ④

코드를 잘 보면 리스트 incen2018과 incen2019의 첫 번째 요소끼리, 두 번째 요소끼리, 세 번째 요소끼리 묶어서 그래프로 표현했습니다. 파란색 그래프를 봅시다. 그래프를 그리는 plt.bar(range(1, 8, 3), incen2018, label='2018년') 코드는 x축이 range(1, 8, 3)이므로 1부터 시작해 7까지 간격 3을 두고 증가하는 숫자네요. 따라서 1, 4, 7이 됩니다. 그리고 주황색 그래프는 2018년보다 x값이 1씩 증가된 위치에 그려졌으므로 2, 5, 8입니다. 2부터 시작해 8까지 3씩 증가하므로 range()를 사용해 표현하면 range(2, 9, 3)이 됩니다.

plt.xticks()는 x축 눈금의 위치와 라벨을 설정하는 명령어죠. 그래프를 보면 x값이 1, 4, 7일 때 각각 a, b, c로 설정됩니다. 따라서 눈금 위치는 1, 4, 7이므로 range(1, 8, 3)으로, 눈금 라벨은 a, b, c이므로 ['a', 'b', 'c']가 들어 있는 employee 리스트를 넣으면 됩니다.

1

```
import matplotlib.pyplot as plt

plt.rc('font', family='Malgun Gothic')
plt.title('주중/주말 자동차 통행량 비교')
plt.plot(range(8), weekday, color='crimson', label='주중 통행량')
plt.plot(range(8), weekend, color='royalblue', label='주말 통행량')
plt.legend()
plt.show()
```

꺾은선 그래프 2개를 겹쳐 그리려면 plt.plot() 명령어가 2개가 있어야 합니다. x축 눈금
의 라벨은 0~7로 한다고 했으므로 주중, 주말 통행량 그래프 둘 다 range(8)로 넣으면 됩
니다. 주중 통행량 그래프는 y축에 weekday를 넣고, 주말 통행량 그래프는 y축에 weekend
를 넣어 plt.plot()으로 그래프를 그립니다. 이때 color와 label 옵션을 줘서 그래프 색
과 라벨을 넣습니다. 그래프를 보면 제목이 있으므로 그래프를 그리기 전에 plt.title()
을 넣고 한글 글꼴도 설정합니다. 범례를 보여 주는 plt.legend() 명령어도 넣습니다. 마
지막으로 지금까지 작성한 그래프를 화면에 나타내 주는 plt.show()를 추가하면 됩니다.

2

```
for i in range(len(weekday)):
    weekday[i] = -weekday[i]

plt.rc('font', family='Malgun Gothic')
plt.title('주중/주말 자동차 통행량 비교')
plt.rcParams['axes.unicode_minus'] = False
plt.barh(range(8), weekday, color='crimson', label='주중 통행량')
plt.barh(range(8), weekend, color='royalblue', label='주말 통행량')
plt.legend()
plt.show()
```

가로형 막대그래프 2개를 좌우로 비교하려면 오른쪽 그래프의 x축은 음수여야 합니다. 제시한 그래프에서는 주중 데이터가 음수이므로 반복문을 사용해 weekday 리스트의 모든 요소를 음수로 만듭니다. 그리고 - 기호를 화면에 표현하는 plt.rcParams['axes.unicode_minus'] = False를 추가합니다. 이 코드는 그래프를 그리기 전에 설정해야 하므로 plt.barh() 위에 추가합니다. 2개의 plt.barh()로 가로형 막대그래프를 그리고 plt.legend()로 범례를 표시한 다음, plt.show()로 그래프를 보여 줍니다.

3
```
plt.rc('font', family='Malgun Gothic')
plt.title('주중/주말 자동차 통행량 비교')
plt.boxplot([weekday, weekend], labels=['주중 통행량', '주말 통행량'])
plt.show()
```

weekday와 weekend 리스트의 상자 수염 그림을 한 번에 그리려면 weekday와 weekend를 묶어 이차원 리스트로 만들어야 합니다. 첫 번째 행이 weekday, 두 번째 행이 weekend인 이차원 리스트는 [weekday, weekend]가 되고, 이를 plt.boxplot()에 넣어 주면 됩니다. 그리고 labels 옵션을 추가해 각 상자 수염 그림에 라벨을 붙입니다.

9장

1분 퀴즈

1 **정답 ④**

실행결과를 보면 (가)와 (나)에 어떤 변수가 들어가야 하는지 짐작할 수 있습니다. 이용금액이 먼저 나오고 그 다음 이용구분(일시불/할부개월)이 나옵니다. 따라서 (가)에는 이용금액을 저장한 payment 변수가 들어가야 하고 (나)에는 이용구분을 저장한 month_pay 변수가 들어가야 합니다.

2 **정답 ③**

지출액 상위 10개 가맹점을 구하는 코드는 앞에서 배웠죠. (가)와 (나)는 가맹점명을 키로, 해당 가맹점에서 지출한 금액을 값으로 하는 딕셔너리를 만드는 과정입니다. (다), (라), (마)는 spending 딕셔너리를, 값을 기준으로 내림차순 정렬한 후 앞에서 10개만 top10에 저장하는 코드입니다. 딕셔너리의 키인 가맹점명과 값인 지출액을 쌍으로 묶어 정렬해야 하므로 (다)에는 spending.items()가 들어가야 합니다. spending.values()로 코드를 작성하면 지출액만으로 내림차순 정렬하게 되어 가맹점명을 알 수 없습니다.

Self Check

1

```python
# card.csv 파일 읽어 들이기
import csv

f = open('card.csv', encoding='utf8')
data = csv.reader(f)
next(data)
data = list(data)

# 취소거래의 총액 구하기
cancel = 0
for row in data:
    if row[-1] != '전표매입':
        cancel += int(row[-3])
print(cancel)
```

실행결과

3245797

먼저 CSV 파일을 읽어 들이는 코드가 있어야죠. CSV 파일을 사용하려면 반드시 포함해야 하는 부분입니다. 그리고 취소거래의 금액을 저장하는 변수(cancel)가 필요합니다. 전표매입이 아닌 건은 모두 취소거래이므로 이용내역을 반복문으로 돌며 매입상태가 전표매입이 아닌 건을 찾으면 됩니다. 따라서 row[-1] != '전표매입' 조건으로 취소거래를 골라냅니다. 그리고 해당 건의 이용금액을 정수형으로 변환한 후, cancel에 계속 더하면 됩니다.

2

```python
import matplotlib.pyplot as plt

department = [0, 0, 0]
```

```
for row in data:
    if row[-1] == '전표매입':
        payment, store = int(row[-3]), row[-4]
        if '백화점' in store:
            mon = int(row[0].split('-')[1])
            idx = mon - 10
            department[idx] += payment

plt.rc('font', family='Malgun Gothic')
plt.title('10~12월 백화점 지출액')
plt. plot(['10월', '11월', '12월'], department)
plt.show()
```

실행결과

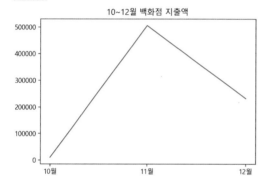

그래프를 그리려면 백화점의 월별 지출액을 저장하는 리스트(department)가 있어야 합니다. 초깃값 0을 넣어 리스트를 만듭니다. 이용내역 중 매입상태가 전표매입이라면 승인거래이므로 해당 이용내역의 이용금액(payment)과 가맹점명(store) 리스트를 구합니다. 이때 가맹점명에 '백화점'이 포함된다면 이용월을 구합니다. 이용월은 이용일시가 저장된 row[0]에 split()을 사용해 구합니다. 구한 결과는 문자열이므로 이를 정수형으로 바꿔 이용월을 의미하는 변수 mon에 저장합니다. 그리고 mon에서 10을 빼서 department의 인덱스(idx)를 구합니다. 그리고 department[idx] += payment로 이용금액을 더해줍니다. 이렇게 완성된 department 리스트로 그래프를 그립니다. 내용이 어렵다면 **9.2.3 지출액 비교 그래프 그리기**에서 **월별 택시비 지출액 그래프 그리기** 부분을 참고하세요.

12장

1

```
import folium

lat1, long1 = 35.15870, 129.16047    # 해운대 해수욕장

# 지도 만들기
map_h = folium.Map([lat1, long1], zoom_start=11)

# 마커 추가하기
folium.Marker([lat1, long1],
            icon=folium.Icon(icon='hand-o-down', prefix='fa')).add_to(map_h)

map_h
```

folium을 사용하려면 먼저 import folium으로 라이브러리를 포함합니다. 그리고 folium. Map([위도, 경도])로 지도를 만들고 마커를 추가합니다. 해운대 해수욕장의 위도와 경도를 각각 변수 lat1, long1에 저장하고 map_h = folium.Map([lat1, long1], zoom_start=11)로 해운대 해수욕장을 중심으로 하는 지도를 만듭니다. 마커는 folium. Marker([위도, 경도]).add_to(지도이름)으로 추가하니 마커를 표시할 위치인 lat1, long1을 넣고, 마커 아이콘은 folium.Icon(icon='hand-o-down', prefix='fa')로 만든 후, icon= 옵션에 설정하면 됩니다. fontawesome의 아이콘을 사용하므로 prefix='fa'를 추가해야 함을 잊지 마세요.

2

```
import folium

lat = [35.15870, 35.23360, 35.17357]
long = [129.16047, 129.08309, 128.94632]
names = ['해운대 해수욕장', '부산대학교', '김해국제공항']
icons = ['hand-o-down', 'university', 'plane']

# 지도 만들기
map_h = folium.Map([lat[0], long[0]], zoom_start=11)
```

```
# 마커 추가하기
for i in range(len(lat)):
    folium.Marker([lat[i], long[i]], tooltip=names[i],
                  icon=folium.Icon(icon= icons[i], prefix='fa')).add_to(map_h)

map_h
```

여러 장소의 마커를 동시에 표시할 때는 반복문을 사용하는 것이 편합니다. 여러 장소의 위도끼리(lat), 경도끼리(long), 아이콘끼리(icons), 위치끼리(names) 각각 리스트를 만든 후 반복문 내에서 인덱스로 마커를 추가합니다. 마커를 추가할 때 툴팁과 아이콘도 같이 설정합니다. folium.Marker([위도, 경도], tooltip=위치명, icon=folium.Icon(icon= 아이콘모양, prefix= 'fa')).add_to(지도이름) 구조에서 반복 회차별로 달라지는 부분 에 적절한 리스트를 넣어 주면 됩니다.

13장

● 1분 퀴즈

1 **정답 ⑤**

코드 (나)에서 먼저 wakeup() 함수를 정의한 후, 코드 (가)에서 함수를 호출하면 wakeup() 함수 내부에 있는 명령어가 실행됩니다. wakeup() 함수 내부에는 print('일어날 시간입 니다!')와 print('빨리 일어나세요!')가 포함되어 있으므로 두 명령어 모두 실행됩니다.

2 **정답 ④**

return으로 돌려주는 값은 여러 개를 설정해도 됩니다. 앞에서 작성한 calculate_score_pass() 함수를 다시 살펴보세요.

3 **정답 ③**

프로그램 실행결과 total_calorie에는 1750이 저장됩니다. 프로그램에서 total_calorie 와 food는 전역변수입니다. 따라서 eat(food_name = '햄버거', food_calorie = 750) 이 실행될 때 함수 eat() 함수 내부에서 total_calorie += food_calorie와 food. append(food_name)가 실행되어 total_calorie에는 750이, food에는 ['햄버거']가 저장

됩니다. 그 다음 eat(food_name = '치킨', food_calorie = 1000)이 실행될 때 eat() 함수 내부에서 total_calorie에는 기존 750에 1000이 추가되어 1750이, food에는 '치킨'이 추가되어 ['햄버거', '치킨']이 저장됩니다.

4 **정답 ②**

discount는 함수 내부에서만 사용되는 지역변수이므로 함수 외부에서는 값을 읽지도 변경하지도 못합니다. cal_price() 함수가 호출되어 실행될 때가 아니면 cal_price() 내부는 가려지기 때문에 cal_price()에 정의된 변수 역시 보이지 않습니다. 따라서 프로그램의 마지막 줄에 print(discount)를 추가하면 오류가 발생합니다.

Self Check

1

```python
def gugudan(dan):
    for i in range(1, 10):
        print(dan, 'x', i, '=', dan * i)

dan = int(input('몇 단을 외울까요? --> '))
gugudan(dan)
```

gugudan() 함수는 단을 숫자로 입력받고 해당 단을 출력하는 함수이므로 숫자를 전달받을 매개변수가 하나 필요합니다. dan이라는 매개변수를 만들고, 전달받은 인자의 숫자에 해당하는 구구단을 반복문으로 출력하면 됩니다. 인자의 값에 1부터 9까지 곱한 결과를 출력하므로 1부터 9까지 반복하는 반복문을 작성하고, 반복문 내부에 print(dan, 'x', i, '=', dan * i)를 두어 구구단을 반복하게 합니다.

2

```python
def gugudan(dan):
    for i in range(1, 10):
        print(dan, 'x', i, '=', dan * i)

for i in range(2, 10):
    print(i, '단 --------')
    gugudan(i)
```

1번에서 만든 gugudan() 함수는 한 단 전체를 출력합니다. 따라서 2단부터 9단까지 출력하려면 gugudan()을 8번 반복하면 됩니다. 단, 반복할 때마다 gugudan()의 인자로 2부터 9까지 1씩 증가하는 숫자를 넣어야 2단부터 9단까지 순서대로 구구단을 출력합니다. 따라서 range(2, 10)을 활용한 반복문으로 gugudan() 함수를 호출합니다. 그리고 한 단을 시작하기 전에 '2 단 --------'처럼 출력해야 하므로 함수를 호출하기 전에 print(i, '단 --------')을 추가합니다.

3

```python
def cal_grade(score):
    if score >= 80:
        grade = 'A'
    elif score >= 40:
        grade = 'B'
    else:
        grade = 'C'
    return grade

s = int(input('점수 : '))
print('등급은', cal_grade(s))
```

```python
def cal_grade(score):
    if score >= 80:
        return 'A'
    elif score >= 40:
        return 'B'
    else:
        return 'C'

s = int(input('점수 : '))
print('등급은', cal_grade(s))
```

cal_grade() 함수는 점수를 입력받아 A, B, C 등급을 판단해야 하므로 매개변수가 하나 필요합니다. 점수를 전달받는 매개변수 score를 만들고, score 값에 따라 등급을 저장하는 grade 변수에 A, B, C 중 하나를 저장합니다. 그리고 함수 마지막에서 grade를 반환하면 A, B, C 중 하나가 결과로 출력됩니다. 또는 오른쪽 코드처럼 변수 없이 반환값을 직접 지정해도 됩니다.

14장

1분 퀴즈

1 **정답 ④**

클래스의 메서드를 호출할 때 호출한 객체가 매개변수 self에 전달됩니다. 이는 자동으로 이루어지므로 클래스를 호출할 때 self를 인자로 넣지 않아도 됩니다.

1

```python
# 계좌 클래스
class Customer_account:
    def __init__(self, name, bal):
        self.name = name
        self.balance = bal      # 통장 잔고
        print(self.name, '고객님! 계좌를 개설했습니다. 잔고는', self.balance, '원')


# 은행 클래스
class Bank:
    # 입금 거래, customer에 customer_account 객체 전달
    def deposit(self, customer, amount):
        customer.balance += amount # (가)
        print(customer.name, '고객님', amount, '원 입금')
        print('입금 후 잔고는', customer.balance, '원')

    # 출금 거래, customer에 customer_account 객체 전달
    def withdrawal(self, customer, amount):
        customer.balance -= amount # (나)
        print(customer.name, '고객님', amount, '원 출금')
        print('출금 후 잔고는', customer.balance, '원')

    # 계좌이체 거래, sender와 reciever에 customer_account 객체 전달
    def send_money(self, sender, reciever, amount):
        sender.balance -= amount
        reciever.balance += amount # (다)
        print(sender.name, '고객님이', reciever.name, '고객님께', amount, '원 송금')
        print('이체 후 잔고는', sender.name, sender.balance, '원', reciever.name,
reciever.balance, '원')
```

Bank 클래스의 메서드는 모두 Customer_account 클래스의 객체와 거래금액을 인자로 받습니다. 따라서 매개변수 customer로 받은 고객계좌 객체의 잔고에 거래금액만큼 더하거나 빼면 됩니다.

(가)는 입금 거래이므로 customer.balance에 amount만큼 더하고, (나)는 출금 거래이므로 customer.balance에서 amount만큼 뺍니다. (다)는 계좌이체 거래이므로 보내는 사람의 잔

고에서는 이체 금액만큼 빼고(sender.balance -= amount), 받는 사람의 잔고에는 이체 금액만큼 더합니다(reciever.balance += amount).

2

```python
ryan = Customer_account('라이언', 50000)
prodo = Customer_account('프로도', 100000)
bank_a = Bank()

# 라이언이 15,000원 출금
bank_a.withdrawal(ryan, 15000)

# 프로도가 20,000원 입금
bank_a.deposit(prodo, 20000)

# 프로도가 라이언에게 25,000원 송금
bank_a.send_money(prodo, ryan, 25000)
```

실행결과

```
라이언 고객님! 계좌를 개설했습니다. 잔고는 50000 원
프로도 고객님! 계좌를 개설했습니다. 잔고는 100000 원
라이언 고객님 15000 원 출금
출금 후 잔고는 35000 원
프로도 고객님 20000 원 입금
입금 후 잔고는 120000 원
프로도 고객님이 라이언 고객님께 25000 원 송금
이체 후 잔고는 프로도 95000 원, 라이언 60000 원
```

객체는 객체명 = 클래스명()으로 생성하면 됩니다. 이때 고객이름과 잔고를 생성자에 인자로 넘겨줍니다. 따라서 ryan 객체는 Customer_account('라이언', 50000)으로, prodo 객체는 Customer_account('프로도', 100000)으로, bank_a 객체는 Bank()로 각각 생성합니다. 라이언이 15,000원을 출금할 때는 bank_a 객체에서 ryan과 15000을 인자로 전달해 메서드 withdrawal()을 호출하면 됩니다(bank_a.withdrawal(ryan, 15000)). 같은 방법으로 프로도의 입금 거래는 bank_a.deposit(prodo, 20000)으로 작성할 수 있습니다. 계좌이체 거래는 보내는 계좌와 받는 계좌, 거래금액 총 3개의 인자를 전달해야 하므로 bank_a.send_money(prodo, ryan, 25000)로 작성합니다.

3

```
class bank:
    def __init__(self):
        self.commission = 0

    def deposit(self, customer, amount):
        self.commission += 500
        customer.balance += (amount - 500)
        print(customer.name, '고객님', amount, '원 입금')
        print('수수료 500원 차감 후 입금')
        print('입금 후 잔고는', customer.balance, '원')

    def withdrawal(self, customer, amount):
        self.commission += 500
        customer.balance -= (amount + 500) # 출금액 + 수수료
        print(customer.name, '고객님', amount, '원 출금')
        print('잔고에서 수수료 500원 차감')
        print('출금 후 잔고는', customer.balance, '원')

    def send_money(self, sender, reciever, amount):
        self.commission += 800
        sender.balance -= (amount + 800) # 송금액 + 수수료
        reciever.balance += amount
        print(sender.name, '고객님이', reciever.name, '고객님께', amount, '원 송금')
        print(sender.name, '고객님 잔고에서 수수료 800원 차감')
        print('이체 후 잔고는', sender.name, sender.balance, '원', reciever.name,
reciever.balance, '원')
```

은행 객체가 생성될 때 수수료 속성 commission의 초깃값이 0으로 설정돼야 하므로 생성자 __init__()에 self.commission = 0을 작성합니다. 그리고 거래 시 전달받은 amount에서 수수료만큼 잔고에 더하거나(입금) 빼면(출금) 됩니다. 그리고 수수료는 self.commission에 더합니다.

부록 노트

4

```
ryan = Customer_account('라이언', 50000)
prodo = Customer_account('프로도', 100000)
bank_a = bank()
```

```
# 라이언이 10,000원 입금
bank_a.deposit(ryan, 10000)

# 프로도가 라이언에게 25,000원 송금
bank_a.send_money(prodo, ryan, 25000)

# 라이언이 30,000원 출금
bank_a.withdrawal(ryan, 30000)

print('은행의 수수료 수입은', bank_a.commission, '원')
```

실행결과

라이언 고객님! 계좌를 개설했습니다. 잔고는 50000 원
프로도 고객님! 계좌를 개설했습니다. 잔고는 100000 원
라이언 고객님 10000 원 입금
수수료 500원 차감 후 입금
입금 후 잔고는 59500 원
프로도 고객님이 라이언 고객님께 25000 원 송금
프로도 고객님 잔고에서 수수료 800원 차감
이체 후 잔고는 프로도 74200 라이언 84500
라이언 고객님 30000 원 출금
라이언 고객님 잔고에서 수수료 800원 차감
출금 후 잔고는 54000 원
은행의 수수료 수입은 1800 원

객체를 생성하고 입출금 및 계좌이체 거래를 하는 방법은 2번 해설을 참고하세요. 은행의 수수료는 bank_a 객체의 commission 속성이므로 bank_a.commission으로 출력할 수 있습니다.

15장

1분 퀴즈

1 **정답 ③**

화면에 표현할 내용을 작성한 코드는 Tk 클래스의 객체 생성 코드와 mainloop() 사이에

있어야 합니다. 객체명이 root라면 root = Tk()와 root.mainloop() 사이에 작성해야 합니다.

2 **정답 ③**

get()은 화면의 값을 코드로 가져올 때 사용하고, set()은 화면에 값을 표시할 때 사용합니다. 이 문제에서는 화면에 변화하는 인사말을 보여 줘야 하므로 get()이 아닌 set()을 사용해야 합니다.

Self Check

1

```python
from tkinter import *

sayhello = ['안녕하세요', 'hello', '니하오', '봉쥬르']
idx = 0

# ----- 프로그램 기능 부분 ----------
def plus():
    global idx
    idx = (idx + 1) % 4
    hello_txt.set(sayhello[idx])

def minus():
    global idx
    idx = (idx - 1) % 4
    hello_txt.set(sayhello[idx])

# ----- 프로그램 화면 부분 -----
root = Tk()
root.geometry('250x100')

btn_minus = Button(root, text='<--', command=minus, width=5)
btn_minus.grid(row=0, column=0)

hello_txt = StringVar()
hello_lbl = Label(root, textvariable=hello_txt, width=20)
hello_lbl.grid(row=0, column=1)
```

```
btn_plus = Button(root, text='-->', command=plus, width=5)
btn_plus.grid(row=0, column=2)


root.mainloop()
```

2 [제출] 버튼과 연결되는 이벤트인 **summit()** 함수를 다음과 같이 작성합니다.

```
def summit():
    correct = 0    # 정답을 맞힌 문제 개수를 저장하는 변수

    if combo1.get() == 'O':
        correct += 1
    if combo2.get() == 'X':
        correct += 1
    if combo3.get() == 'O':
        correct += 1
    # 최종 결과 안내문 만들기
    report = str(correct) + '문제 맞혔습니다.'
    result.set(report)
```

가장 먼저 맞힌 개수를 저장하는 correct 변수를 0으로 만든 후, 정답을 맞힐 때마다 correct에 1을 더합니다. 콤보박스명.get()으로 콤보박스의 입력값을 가져와 정답과 비교한 후, 정답일 때마다 correct에 1을 더합니다. 최종 결과 안내문과 맞힌 개수(corret)를 문자열로 바꾼 값을 합쳐 report에 저장합니다. report를 동적변수 result에 넣습니다.

(가)에 들어갈 콤보박스의 선택지는 values를 사용해 설정합니다. 프로그램에 등장하는 모든 콤보박스는 OX 리스트를 선택지로 사용합니다((가)).

```
combo1 = Combobox(root, values=ox, width=3)
...
combo2 = Combobox(root, values=ox, width=3)
...
combo3 = Combobox(root, values=ox, width=3)
```

[제출] 버튼에는 이벤트가 연결되어야 하므로 command에 summit을 넣어 버튼과 이벤트를 연결합니다((나)). 그리고 버튼의 위치는 row=3, column=0((다), (라))입니다(row와 column은 0부터 시작).

```
btn = Button(root, text='제출', width=5, command=summit)
btn.grid(row=3, column=0, columnspan=2)
```

최종 결과를 나타내는 lbl_result 레이블에는 결과에 따라 내용이 달라지는 안내문이 표시됩니다. 따라서 textvariable 옵션으로 동적변수 result를 연결합니다((마)).

```
lbl_result = Label(root, textvariable=result, width=35, anchor='center')
```

찾아보기